Karl Ludwig Peter

Zeittafeln der griechischen Geschichte

zum Handgebrauch und als Grundlage des Vortrags in höheren Gymnasialklassen

mit fortlaufenden belegen und Auszügen aus den Quellen

Karl Ludwig Peter

Zeittafeln der griechischen Geschichte
zum Handgebrauch und als Grundlage des Vortrags in höheren Gymnasialklassen mit fortlaufenden belegen und Auszügen aus den Quellen

ISBN/EAN: 9783742868268

Hergestellt in Europa, USA, Kanada, Australien, Japan

Cover: Foto ©ninafisch / pixelio.de

Manufactured and distributed by brebook publishing software (www.brebook.com)

Karl Ludwig Peter

Zeittafeln der griechischen Geschichte

Zeittafeln

der

Griechischen Geschichte

zum Handgebrauch

und

als Grundlage des Vortrags in höheren Gymnasialklassen

mit fortlaufenden Belegen und Auszügen aus den Quellen.

Von

Carl Peter,
Doktor der Theologie und Philosophie, Konsistorialrat und Rektor der Landesschule Pforta a. D.

Sechste verbesserte Auflage.

Vorrede zur sechsten Auflage.

Der geneigte Leser wolle mir gestatten, den nachfolgenden Vorbemerkungen zu gegenwärtigen Zeittafeln einige Worte über die persönlichen Erfahrungen vorauszuschicken, die mich zur Abfassung derselben veranlafst haben.

Als ich vor mehr als einem halben Jahrhundert in die Lage kam, auf dem Pädagogium in Halle einen Teil des historischen Unterrichts zu übernehmen und zwar namentlich in einer der oberen Klassen die alte Geschichte zu lehren, hatte ich selbstverständlich auch in betreff dieses Teils der Geschichte allerlei, sowohl Quellenschriften als Bearbeitungen derselben, gelesen. Es war dies die Zeit, in welcher die Werke von Niebuhr und Otfried Müller das Interesse von neuem auf die griechische und römische Geschichte gelenkt und eine lebhafte Bewegung auf dem Gebiete der hierauf gerichteten Forschungen hervorgebracht hatten, indem auf dem durch diese Werke gelegten Grunde teils fortgebaut, teils aber auch nicht minder dagegen angekämpft wurde. Ich selbst war damals von jugendlicher Bewunderung erfüllt für die grofse Gelehrsamkeit und die gestaltende Kraft, die beide Werke auszeichnet; indessen fühlte ich doch immer die Notwendigkeit, die darin niedergelegten Ideen selbst zu prüfen, und diese Notwendigkeit empfand ich jetzt um so stärker, wo ich in dem Falle war, meinen Schülern eine eigene Ansicht vorzutragen, und so fand ich mich aufs lebhafteste zu einem gründlichen Studium der Quellen angeregt, deren erfrischende, belebende Kraft ich um so mehr empfand, je mehr ich mich in sie vertiefte.

Indem ich aber den Wert und Nutzen des Studiums der Quellen immer deutlicher erkannte, so führte mich dies auf den Gedanken, ob nicht auch auf die Schüler unserer Gymnasien etwas von den glücklichen Wirkungen des Quellenstudiums übertragen, ob nicht auch ihnen — selbstverständlich, so weit es ihr Bildungsstand erlaubt — nicht nur eine allgemeine Kenntnis der Quellen, sondern auch ein Eindruck von deren Frische und Lebendigkeit verschafft werden könne.

Dies ist der Ursprung der vorliegenden griechischen und der bald darauf folgenden römischen Zeittafeln, von denen die ersteren im Jahre 1835, die anderen im Jahre 1841 zuerst erschienen sind. Um jenen Zweck zu erreichen, ist in denselben nicht nur den einzelnen Perioden eine allgemeine Übersicht über die Quellen nebst einer kurzen Bezeichnung ihres relativen Wertes vorausgeschickt, sondern es sind auch zu den im Text angeführten Thatsachen überall in den Anmerkungen die geeignet scheinenden Nachweise über die Quellen im einzelnen gegeben und zugleich über die vorzugsweise zu beachtenden Momente der Ereignisse Andeutungen und zwar, wo es möglich und zweckmäfsig erschien, unter wörtlicher Mitteilung besonders lehrreicher Stellen der Quellenschriftsteller hinzugefügt.

Mit dem hieraus für die Schüler zu ziehenden Gewinn soll sich aber noch ein anderer, in meinen Augen nicht minder wertvoller Vorteil verbinden. Die Zeittafeln sollen nämlich den Schülern zugleich das Hilfsmittel bieten, um geeignete Partieen aus den Quellen selbst zu bearbeiten und ihren Mitschülern vorzutragen und sich so selbstthätig an dem Geschichtsunterricht zu beteiligen, was unzweifelhaft zur Belebung dieses Unterrichts beitragen und nicht nur für die Vortragenden, sondern, obwohl in geringerem Grade, auch für ihre Mitschüler von Vorteil sein würde; denn selbstverständlich werden diese Schülervorträge sich enger an die Quellen anschliefsen und ihren Gegenstand ausführlicher behandeln, als es der Lehrer in seiner zusammenfassenden Darstellung thun würde. Warum sollten nicht z. B. bei Herodot der erste persische Krieg mit der Schlacht bei Marathon (VI, 94—120), die Schlachten bei Salamis (VIII, 83—95), bei Plataä (IX, 1—83) und nicht wenige andere Partieen, die es verdienen, im Detail gekannt zu werden, von den Schülern nachgelesen und von ihnen vorgetragen werden? Und warum sollte nicht auch — um Thukydides nicht zu erwähnen, der meist für zu schwer gehalten werden möchte — aus Xenophon und Plutarch (aus ersterem z. B. die Befreiung Athens durch Thrasybul nach Hellen. II, 4 oder die Schlacht bei Kunaxa nach Anab. I, 8—10) manches zum Gegenstand des Vortrags durch die Schüler dienen können? Auch dürfte es vielleicht nicht unthunlich sein, um noch einer andern Art der Benutzung der Zeittafeln zu gedenken, dafs den Schülern auf Grund der in denselben enthaltenen Notizen und Mitteilungen aus den Quellen ein Vortrag über die Gesetzgebung des Lykurg oder Solon oder einige andere ähnliche Gegenstände aufgegeben würde, wobei ich, wie überall bei diesen Vorträgen der Schüler, als selbstverständlich voraussetze, dafs etwaige Irrtümer und Mifsgriffe von dem Lehrer berichtigt werden. Ebenso bietet auch die römische Geschichte vielfachen Stoff zu freien Vorträgen der Schüler. Aus Livius wird z. B. die Belagerung Roms durch Porsena (II, 9—13), die Auswanderung des Volks auf den heiligen Berg (II, 23—33), die Eroberung und Verbrennung Roms durch die Gallier (V, 33 bis 49), die Clades Caudina (IX, 1—11), die Schlacht bei Cannä (XXII, 40—50), die Eroberung von Neukarthago durch Scipio (XXVI, 41—51), die Schlacht bei Zama (XXX, 29—35) und noch manches andere sich vollkommen für unsern Zweck eignen, und nicht minder werden sich auch aus Cäsar und Sallust leicht geeignete Partieen ausscheiden lassen. Ich meine, dafs sich hierdurch auch an den Schülern die erfrischende, belebende Wirkung der Quellen bewähren wird, zugleich aber wird hierdurch, um auch dies beiläufig zu erwähnen, der Geschichtsunterricht mit der Lektüre der Klassiker in eine für beide Unterrichtsgegenstände fördernde und das Interesse an beiden steigernde Verbindung gesetzt werden, und auch für die deutschen Aufsätze werden sich dabei passendere Aufgaben ergeben, als wenn z. B. den Schülern das Thema gestellt wird: Welches ist die Aufgabe der Tragödie, welches die der Komödie? oder: Wie verhalten sich zu einander die Begriffe Natur und Kultur? u. dergl. mehr.

Freilich wird der ganze Zweck der Zeittafeln sich hauptsächlich nur in der obersten Klasse der Gymnasien erreichen lassen, und hierdurch wird, so wird man vielleicht einwenden, der Unterricht in der neueren und neuesten Geschichte, der gewöhnlich für diese Klasse bestimmt wird, eine nachteilige Einschränkung erleiden. Allein abgesehen davon, dafs dem wirklichen Erfordernis für diese Seite der Geschichte in den vorhergehenden Klassen genügt werden kann und das Weitere der Universität zu reservieren ist, für welche ja überhaupt das Gymnasium hinsichtlich der höheren Aufgaben der Wissenschaft nur vorzubereiten und vorzubilden hat, so wird hierdurch dem Bedenken vorgebeugt, welches mehrfach geäufsert wird und auch mir nicht unbegründet zu sein scheint, dafs nämlich durch einen eingehenden Vortrag der neueren und neuesten Geschichte den Schülern auf einer Bildungsstufe, wo sie zu eigenem Urteil noch nicht vollkommen reif sind, durch die Lehrer leicht eine Auffassung eingeprägt wird, durch die sie entweder für die Folgezeit in der Entwickelung der eigenen historischen Urteile gehindert werden, oder gegen die sich später ein Skeptizismus regt, der sich dann zugleich gegen die gesamte historische Bildung wendet. Sollte es daher für die Erweckung des historischen Sinns und für die grundlegende Bildung des historischen Urteils nicht förderlicher sein, wenn der Gymnasiast — z. B. durch Herodot — unmittelbar in eine vergangene Zeit mit ihren Vorstellungs- und Empfindungskreisen versetzt wird, als wenn ihm von der neueren und neuesten Zeit eine Auffassung vorgetragen wird, die für ihn zunächst keine andere Gewähr hat als die Persönlichkeit des Lehrers?

Zum Schlufs erlaube ich mir noch zu bemerken, dafs ich hinsichtlich der Völker- und Personen-Namen, soweit es, ohne der deutschen Sprache Gewalt anzuthun, geschehen konnte, wie schon in den früheren Auflagen, so auch jetzt die griechischen Formen beibehalten habe, was man hoffentlich aus Rücksicht auf den praktischen Zweck der Zeittafeln nicht ungerechtfertigt finden wird. Endlich glaube ich auch hier nicht unerwähnt lassen zu dürfen, dafs der Teil „Kunst und Litteratur" in der 2. Auflage von meinem ehemaligen Kollegen, Prof. Corssen, und seit der 4. Auflage von meinem Sohne Hermann Peter bearbeitet worden ist.

Jena, im August 1886.

Einleitung.

Einteilung, Bodenbeschaffenheit und älteste Bevölkerung von Griechenland.

Griechenland ('Ἑλλάς) ist der südlichste Teil der grofsen östlichen Halbinsel von Europa, welche sich zwischen dem adriatischen und schwarzen Meere im Süden der Donau ins Mittelmeer erstreckt. Im Norden wird es von dem keraunischen und kambunischen Gebirge, im Westen vom ionischen und sicilischen, im Süden vom myrtoischen oder libyschen, im Osten vom ägäischen Meere begrenzt. Seine gröfste Länge (zwischen dem 41. und 36. Grade) beträgt etwa 450 km (= 60 Meilen), die Breite (zwischen dem 17. und 22. Grade) wechselt zwischen 340 und 150 km (~ 45 und 20 Meilen). Der Flächeninhalt beläuft sich auf etwa 100 000 qkm (= 1800 Quadratmeilen).

Dieses ganze Land zerfällt zunächst in zwei Teile, in die in sich zusammenhängende eigentliche Masse, Nord- und Mittelgriechenland, und in die durch das Eindringen des Meeres von Osten und Westen gebildete, nur durch eine schmale Landenge mit jener Masse zusammenhängende Halbinsel Peloponnesos. Aufserdem werden noch zahlreiche im Osten und Westen gelegene Inseln zu Griechenland gerechnet.

Nord- und Mittelgriechenland wird hinsichtlich seiner Gestalt und Beschaffenheit durch einen Gebirgszug bestimmt, welcher, ein Hauptglied des die ganze grofse Halbinsel bedeckenden Gebirges bildend, sich an die dalmatischen Alpen anschliefst und von da als Wasserscheide zwischen dem adriatischen und ägäischen Meere in südöstlicher Richtung bis zum südöstlichsten Punkte von Mittelgriechenland, dem Vorgebirge Sunion, fortläuft. Beim Eintritt in die Grenzen Griechenlands entsendet derselbe unter dem 40. Gr. n. Br. vom Lakmon als Knotenpunkte die genannten Grenzgebirge, das keraunische und kambunische; dann setzt er seinen Lauf unter dem Namen Pindos bis zum 39. Grade fort. Hier entsendet er, einen neuen Knotenpunkt in dem Tymphrestos bildend, wiederum zwei Querketten, den Othrys und Öta, die beide in paralleler Richtung in geringer Entfernung voneinander nach dem ägäischen Meere laufen. Südlich vom Tymphrestos setzt sich dann der Hauptgebirgszug in den Gipfeln des Parnassos, des Helikon, des Kithäron, des Parnes und des Hymettos bis zu seinem Endpunkte, dem sunischen Vorgebirge, fort.

Im Westen dieses Gebirgszuges ist das ganze Land meist mit Parallelketten desselben erfüllt. Dieser Teil ist deshalb weit weniger gegliedert als der östliche, und da er ferner wenig Häfen besitzt, die er auch den Kultureinflüssen, die in ältester Zeit alle von Osten kommen, abgewendet ist, so hat er an der Entwickelung der griechischen Kultur geringen und fast nur durch Kolonieen anderer günstiger gelegener Staaten vermittelten Anteil genommen. Da jene Parallelketten die ganze Länge des westlichen Teiles durchlaufen, so erklärt es sich, dafs sich hier der längste unter allen Flüssen Griechenlands findet, der Acheloos (j. Aspropotamos), welcher auf dem Lakmon entspringend, in den korinthischen Meerbusen mündet.

Desto reicher und mannigfaltiger ist der Osten entwickelt. Hier stofsen wir, von Norden nach Süden herabgehend, zunächst auf ein ausgedehntes fruchtbares Thalbecken, welches im Norden von dem kambunischen Gebirge, im Westen vom Pindos, im Süden vom Othrys, im Osten vom Pelion und Ossa (in welchen beiden Gebirgen sich der Othrys nördlich bis zum kambunischen Gebirge fortsetzt) rings eingeschlossen wird. Dieses Thalbecken wird vom Peneios in weitem Bogen durchströmt, welcher auf dem Lakmon entspringt und durch das enge Thal Tempe zwischen dem Olymp, dem 3250 m (= 10000 Fuſs) hohen östlichsten Gipfel des kambunischen Gebirges, und dem etwa 2000 m (= 6000 Fuſs) hohen Ossa seinen Ausweg in das Meer (die einzige Öffnung des Kessels) gefunden hat. Die von den Höhen überall in Fülle herabströmenden Gewässer bilden die 2 Seeen, Nessonis am Fuſse des Ossa, und Böbeis am Fuſse des Pelion.

Zwischen Othrys und Öta folgt hierauf die schmale, sich nur allmählich einigermaſsen erweiternde, aber ebenfalls sehr fruchtbare Thalrinne des Spercheios, welcher auf dem Tymphrestos entspringt und das Thal bis zum Meere hin in zwei ziemlich gleiche Hälften zerschneidet. Der Öta tritt bis dicht ans Meer heran und läſst, indem er steil gegen dasselbe abfällt, nur einen schmalen Streifen Landes, den Engpaſs der Thermopylen[1]), übrig. Die Küste des Landes, sonst bis hierher ganz hafenlos, wird in der Gegend der Mündung des Spercheios durch den malischen (j. Meerbusen von Zeituni) und etwas nördlich davon zwischen dem Othrys und Pelion durch den pagasäischen Meerbusen (j. Meerbusen von Volo) durchbrochen.

Südlich vom Öta finden wir wieder ein Thalbecken von ähnlicher Beschaffenheit wie das des Peneios, jedoch von geringerer Ausdehnung, das des Kephissos und des Asopos. Dasselbe ist vom Öta, Parnass, Helikon, Kithäron, Parnes und im Osten vom Knemis eingeschlossen. Nur der Asopos findet einen Ausweg zwischen dem Parnes und Knemis; der Kephissos sammelt sich in dem See Kopais, der nur einen unterirdischen Abfluſs hat; andere Gewässer bilden einen zweiten See, Hylike. Auſser diesem Becken enthält aber das Land südlich vom Öta noch das Gebirgsland des Parnass und des westlich davon in gerader südlicher Richtung hinstreichenden Korax, ferner den Südabhang des Öta selbst, das Gebirgsland des Knemis und endlich ein halbinselartiges Land, welches sich vom Kithäron und Parnes bis zum Vorgebirge Sunion ins Meer erstreckt und meist (im Osten) gebirgig ist, daneben aber auch einige fruchtbare Ebenen enthält. Längs der ganzen Ostküste südlich vom Öta erstreckt sich die gebirgige Insel Euböa (j. Negroponte), nur durch einen schmalen Euripos vom Festlande getrennt. Die Südküste des Landes zeichnet sich durch schöne Häfen aus.

Die Grenze zwischen Nord- und Mittelgriechenland wird durch den Öta und durch den tief in die Westküste einschneidenden Meerbusen von Ambrakia (j. von Arta) gebildet. Von dem Peloponnes wird Mittelgriechenland durch den saronischen und korinthischen Meerbusen (j. Meerbusen von Ägina und von Lepanto) getrennt. Die Verbindung mit dem Peloponnes bildet der Isthmos von Korinth, ein schmaler niedriger Bergrücken, der an der schmalsten Stelle noch nicht völlig eine Meile breit ist, und vor dem sich im Norden das Geraneiagebirge, im Süden das Oneiongebirge vorlagert, jenes Mittelgriechenland, dieses den Peloponnes abschlieſsend.

Der Peloponnes selbst ist, wie das übrige Griechenland, durchaus ein Gebirgsland, aber von wesentlich verschiedener Konstruktion. Den Kern desselben bildet ein plateauartiges Mittelland von einer Ausdehnung von etwa 5000 qkm (= 90 Quadratmeilen), welches die Gestalt eines ziemlich regelmäſsigen Quadrats hat und von hohen sich nur im Westen auf eine kurze Strecke öffnenden Randgebirgen umschlossen ist. Der Lauf dieser Randgebirge wird durch die Berge Pholoe, Lampeia, Erymanthos, Aroania, Kyllene (2300 m = 7308 Fuſs hoch), Artemision, Parthenion, Parnon und Lykäon bezeichnet. Die übrige Halbinsel besteht teils in Abstufungen der Randgebirge (so besonders im Westen und Norden), teils (im Osten und Süden) in Zweiggebirgen, die, von den Randgebirgen auslaufend, sich zum Teil weit ins Meer erstrecken. Das bedeutendste dieser Zweiggebirge ist der Taygetos, welcher vom Südrande des Mittellandes sich bis zum Vorgebirge Tänaron erstreckt und eine Höhe von 2400 m oder 7410 Fuſs erreicht. Östlich davon setzt sich der Parnon nach Süden bis zum Vorgebirge Malea fort, im Westen läuft der Ägaleos von der Südwestecke der Randgebirge aus; das vierte der Zweiggebirge schlieſst sich an die Nordostecke derselben an und läuft in östlicher Richtung bis zum Vorgebirge Skylläon fort. Das Meer dringt zwischen diese Ketten ein und bildet tiefe Meerbusen (den argolischen, lakonischen und messenischen). Daher die überaus reiche Küstenentwickelung des Peloponnes (670 km oder 89½ Meile auf 21500 qkm

---

1) Dessen Beschreibung bei *Herodot.* VII, 129. 176 und 198—201.

oder 392 Quadratmeilen)²). Gröfsere Flüsse hat die Bodenbeschaffenheit nicht gestattet; sie sind meist Küstenflüsse von kurzem Lauf und wenig Wasser, und nur der Eurotas zwischen Taygetos und Parnon, der Pamisos zwischen Taygetos und Ägaleos und der Alpheios, der in der Südostecke der Randgebirge am Parnon entspringend sich dann durch das Mittelland hindurchwindet und an jener offenen Stelle zwischen dem Pholoe und Lykäon einen Ausweg aus demselben findet, verdienen als von gröfserer Bedeutung genannt zu werden.

Im ganzen ist der Boden von Griechenland von der Art, dafs ihm, abgesehen von den Thälern von meist geringer Ausdehnung, nur durch angestrengte Arbeit ein gröfserer Ertrag abgewonnen werden kann, aber das Klima ist fast überall mild und für den Mangel des Bodens leistet die Schiffahrt reichen Ersatz, zu welcher die weite Ausdehnung und der Hafenreichtum der Küste einladet. Eine weitere Eigentümlichkeit von Griechenland bietet die grofse Verschiedenheit des Klimas und des Bodens und die Teilung des ganzen Landes in kleinere, durch Höhenzüge voneinander geschiedene Stücke, welche die Vereinigung der Bevölkerung zu einem Ganzen erschwerte. Der Peloponnes unterschied sich von dem übrigen Griechenland durch seine feste innere Abgeschlossenheit und wurde daher häufig als die Akropolis von ganz Griechenland angesehen.

Wie die Beschaffenheit des Festlandes, so ist auch im ganzen die der Inseln, welche sich teils an der West- und Südküste hinziehen (Kerkyra, Leukas, Ithaka, Kephallenia, Zakynthos, Kythera), teils das ägäische Meer erfüllen. Ein Teil dieser letztern bildet die Gruppe der um Delos herumliegenden Kykladen; die übrigen kleineren Inseln im ägäischen Meere werden unter dem Namen der Sporaden zusammengefafst. Nach Süden wird dieses Inselgebiet durch die beiden grofsen Inseln Kreta und Kypros abgeschlossen.

Die Einteilung des Festlandes in Landschaften ist folgende:

I. Nordgriechenland zerfällt in die 2 Landschaften Epeiros und Thessalia, die durch den Pindos geschieden sind, und von denen letztere aufser den beiden Thälern des Peneios und Spercheios noch das Gebirgsland des Pelion und Ossa, Magnesia, umfafst.

II. Mittelgriechenland (Hellas im engeren Sinne genannt) enthält 8 Landschaften: 1) Akarnanien; 2) Ätolien, die beiden westlichsten, durch den Korax von dem übrigen Mittelgriechenland, voneinander durch den Acheloos getrennt; 3) Lokris, und zwar zunächst das erste Drittteil dieser Landschaft, welches auf den Südabhängen des Korax liegt, die Lokris der Ozoler; die beiden andern Drittteile, das epiknemidische und opuntische Lokris, liegen auf dem Ostabhange des Knemis und des sich an diesen anschliefsenden Mykalessos; 4) Phokis, auf den Ost- und Südabhängen des Parnassos und am mittleren Lauf des Kephissos; 5) Doris, am Südabhange des Öta und am oberen Laufe des Kephissos bis zum Parnass hin; 6) Böotien, jenes vom Öta, Parnass, Helikon, Kithäron, Parnes und Knemis eingeschlossene Thalbecken; 7) Attika, die südlich vom Kithäron und Parnes gelegene Halbinsel (nicht ganz 2200 qkm oder 40 Quadratmeilen grofs mit einer Küstenlänge von 180 km oder 24 Meilen); 8) Megaris, im Gebiet des Geranciagebirges.

III. Der Peloponnes umfafst folgende 6 Landschaften: 1) Arkadien, das mittlere Hochland; 2) Achaja, die nördliche Abdachung der Randgebirge Arkadiens; 3) Argolis, nebst Sikyon, Korinth und Phlius, der östlichste, teils an der Abdachung des Kyllene, teils am öneischen Gebirge gelegene, teils das Gebiet jener östlichen Zweigkette der arkadischen Randgebirge umfassende Teil der Halbinsel; 4) Lakonika, das Gebiet des Parnon und des Taygetos und des Flusses Eurotas; 5) Messenien, das Land westlich vom Taygetos bis an den Nedaflufs im Nordwesten; 6) Elis, teils Abdachung des Lykäon, teils an der Öffnung der Randgebirge flaches Küstenland, teils Abdachung und Verzweigung des Pholoe und Erymanthos.

Als älteste Bevölkerung von ganz Griechenland wird meist das pelasgische Volk bezeichnet, welches aus dem mittleren Asien kommend und dem grofsen weitverbreiteten indo-germanischen Volksstamme angehörig, sich in einer vor aller historischen Kunde vorausgehenden Zeit teils unter dem allgemeinen Namen der Pelasger (von denen die tyrrhenischen Pelasger einen besonderen Zweig bilden), teils

---

²) Daher auch die Blattgestalt des Peloponnes, s. *Strab.* p. 83. 335: *ἔστιν ἡ Πελοπόννησος ἐοικυῖα φύλλῳ πλατάνου τὸ σχῆμα*, und so oft bei den Alten.

unter den Namen Leleger, Kaukonen, Kureten, Karer, teils unter den besonderen Namen von Zweigvölkern über ganz Griechenland und über die Küsten der benachbarten Meere ausbreitete³).

Epeiros hat von der ältesten Zeit an eine pelasgische Bevölkerung gehabt (die namhaftesten der dortigen pelasgischen Völkerschaften sind die Gräker, Chaoner, Thesproter und Molosser) und dieselbe auch bis in die späteste Zeit behalten⁴); es ist der hellenischen Entwickelung immer fremd geblieben⁵). Nur die Seller am Westabhange des Tomarosgebirges und im Süden des Sees Pambotis (j. See von Janina) machen hiervon eine Ausnahme, sofern dieselben teils durch die in ihrem Gebiet gelegene Orakel von Dodona, teils durch ihre Wanderungen auf ganz Griechenland in der älteren Zeit einen nicht unbedeutenden Einflufs ausgeübt haben⁶).

Thessalien, vor der Einwanderung der Thessaler⁷) Hämonien genannt von Hämon, dem Sohne oder Vater des Pelasgos⁸), hatte in der ältesten Zeit teils Pelasger⁹), teils pelasgische Zweigvölker, nämlich Lapithen, Perrhäber, Phlegyer, Magneten, Phthier, Achäer, Doloper, Änianen zu Bewohnern¹⁰). Am pagasäischen Meerbusen zu Iolkos und Halos wohnten die Minyer¹¹).

---

3) Dass die Pelasger dem indogermanischen Volksstamme angehören, geht aus der Stammverwandtschaft der griechischen Sprache mit den übrigen indogermanischen Sprachen hervor. Die Griechen selbst sahen freilich die älteste Bevölkerung als ureinheimisch und ursprünglich an und nannten sich deshalb προσέλτινοι und γηγενείς. Über die Ausbreitung der Pelasger ist eine Hauptstelle Strab. p. 220 u. 221: Τοὺς δὲ Πελασγούς, ὅτι μὲν ἀρχαῖόν τι ἔθνος κατὰ τὴν Ἑλλάδα πᾶσαν ἐπιπολάσαν καὶ μάλιστα παρὰ τοῖς Αἰολεῦσι τοῖς κατὰ Θετταλίαν, ὁμολογοῦσιν ἅπαντες σχεδόν τε. Daher sagt auch Herodot (II, 56): Τῆς νῦν Ἑλλάδος, πρότερον δὲ Πελασγίης καλεομένης, vgl. Thucyd. I, 3, und gedenkt (VIII, 44) der alten Zeit als derjenigen, wo die Pelasger ganz Griechenland inne gehabt. Über die Verbreitung der Pelasger vgl. Hauptstelle Thuc. IV, 109: Καὶ τε καὶ Χαλκιδικὸν ἐπὶ Ἀθρέῳ, τὸ δὲ πλεῖστον Πελασγικὸν τῶν καὶ Λῆμνόν ποτε καὶ Ἀθήνας Τυρσηνῶν οἰκησάντων. Kaukon wird Apollod. III, 8, 1 unter den Söhnen des Lykaon und Enkeln des Pelasgos angeführt, womit die Kaukonen unter den allgemeinen Begriff des pelasgischen Volksstammes gebracht werden. In betreff der Leleger, Kureten und Karer (vielleicht auch der Thraker) ist die Zugehörigkeit zu dem pelasgischen Stamme nicht durch besondere Zeugnisse der Alten zu belegen, sondern nur aus ihrer ganz gleichen Stellung zu schliefsen. Vgl. die folgenden Anmerkungen.

4) s. Strab. p. 221: πολλοὶ δὲ καὶ τὰ Ἠπειρωτικὰ ἔθνη Πελασγικὰ εἰρήκασιν, ὡς καὶ μέχρι δεῦρο ἐπαρξάντων.

5) Deshalb rechnen die Alten selbst Epeiros gewöhnlich nicht zu Griechenland, s. Strab. p. 323, 334, Dio Cass. LIII, 12.

6) Die Seller wurden auch Heller und Hellopen genannt und waren ebenfalls ein pelasgisches Volk, s. Strab. p. 327 u. 328. Das Orakel in Dodona war uralt und ehedem das einzige in Griechenland (Herod. II, 52: τὸ γὰρ δὴ μαντήιον τοῦτο νενόμισται ἀρχαιότατον τῶν ἐν Ἕλλησι χρηστηρίων εἶναι καὶ ἦν τὸν χρόνον τοῦτον μοῦνον), und war dem Zeus gewidmet, der deshalb Hom. Il. XVI, 234 der Dodonäische und Pelasgische genannt wird; die Seller selbst sind seine ὑποφῆται, s. ebend. v. 236. Über dieses Orakel s. hauptsächlich Hesiod. fragm. 80 ed. Göttling. Herod. II, 52—57. Strab. p. 328. Pausan. I, 17, 5. VIII, 23, 4. Der Besitz des ältesten Orakels und der uralte Dienst des Zeus läfst uns das Gebiet der Seller als einen ursprünglichen Sitz griechischer Kultur

erscheinen. Wie hoch dort der Ackerbau, diese jedenfalls von den Pelasgern mitgebrachte Grundlage aller Kultur, geachtet wurde, geht aus der merkwürdigen Anrufung der Mutter Erde hervor, welche die Priesterinnen in Dodona zuerst gebrauch haben sollen: Γᾶ καρποὺς ἀνίει, διὸ κλῄζετε μάτερα γαῖαν, Paus. X, 12, 5. Über die Wanderungen der Seller s. 8, 9, Anm. 6 u. 7.

7) s. S. 16. Anm. 27.

8) Über den alten Namen Hämonia s. Strab. p. 443. Dionys. Hal. I, 17 u. a. Über die Verwandtschaft des Hämon mit Pelasgos (d. h. so viel als über die Zugehörigkeit der Hämonier zu dem pelasgischen Stamme) s. Eustath. zu Hom. Il. II, 681. Steph. Byz. s. v. Ἡμονία. Nach der Verbreitung der Ätoler wurde die Landschaft auch Ätolis genannt, s. Herod. VII, 176.

9) Thessalien wird überall als ein Hauptsitz der Pelasger bezeichnet, s. z. B. die Stelle des Strabo oben Anm. 3. Daher noch später ein Teil des Landes Pelasgiotis hiefs, daher auch das Πελασγικὸν Ἄργος daselbst, s. Hom. Il. II, 681, vgl. Aeschyl. Suppl. 250 ff., daher endlich auch der dreimal in Thessalien vorkommende Städtename Larissa, s. Strab. p. 440, der überall wiederkehrt, wo sich eine pelasgische Bevölkerung vorfindet, s. ebend., und auf die Mutter oder die Tochter des Pelasgos zurückgeführt zu werden pflegt, s. Paus. II, 23, 9. Eustath. zu H. II, 681. Dionys. Hal. I, 17.

10) Das Land war später in die vier Landschaften eingeteilt: Phthiotis im Südosten, Pelasgiotis im Nordosten, Hestiäotis im Westen, Thessaliotis in der Mitte, Strab. p. 430. In Phthiotis wohnten die Phthier und Achäer, welche dadurch als pelasgisch bezeichnet werden, dafs Achäos und Phthios Brüder des Pelasgos und Söhne der Larissa genannt werden, Dionys. Hal. I, 17; die Lapithen in der Ebene von Pelasgiotis und die Perrhäber im Gebirge werden unter dem Gesamtnamen Pelasgioten zusammengefafst, Strab. p. 441. In Pelasgiotis und Gyrton wohnten auch die Phlegyer, Strab. p. 339, 442. Diese und die Magneten im Gebirgsland des Pelion und Ossa und die Doloper und Änianen am Nordabhang des Öta sind ebenfalls für pelasgisch zu halten, wenn dies auch nicht ausdrücklich von ihnen gemeldet wird.

11) Über diese s. Anm. 14 und S. 13 Anm. 21.

In Mittelgriechenland bilden die Leleger den Hauptbestandteil der alten Bevölkerung. Diese wohnen in Akarnanien, Ätolien, in ganz Lokris, in Megaris und in Böotien[12]. In Ätolien wohnen außerdem noch Kureten[13]; in Böotien noch Hektenen, Aonen, Temmiker, Hyanter, Thraker, Pelasger und die Minyer von Orchomenos[14]. Die Bevölkerung von Attika ist pelasgisch[15]. Doris ist in der ältesten Zeit der Wohnsitz der pelasgischen Dryoper[16].

Die Hauptkulturländer für die älteste Zeit, daher auch die Hauptsitze der ältesten Sage sind in Mittelgriechenland Böotien und Attika. Beide erscheinen ursprünglich als verbunden[17]; Megaris ist in der ältesten Zeit nur ein Teil von Attika[18].

Der Peloponnes ist in der ältesten Zeit ein vorzugsweise pelasgisches Land und hieß daher ursprünglich auch Pelasgia[19].

Als eigentliches Heimatsland der Pelasger wurde das Kern- und Mittelland der Halbinsel, Arkadien, angesehen[20]. Hier wurde Pelasgos geboren und aus seinem Stamme entsprang im dritten Gliede der Heros Eponymos des Landes, Arkas[21]; hier blieb auch die Bevölkerung ungemischt pelasgisch bis in

---

12) Die Hauptstelle über die Leleger überhaupt und über ihre oben angegebene Ausbreitung ist *Strab.* p. 321 u. 322: Τοὺς δὲ Λέλεγας τινὲς μὲν τοὺς αὐτοὺς Καρσὶν ὑπέλαβον, οἱ δὲ συνοίκους μόνον καὶ συστρατιώτας. — ὅτι μὲν οὖν φύλαρχόν ἐστιν οὗτοι, καὶ μέχρι τὰ κοινωτῆμα τοῖς Καρσὶ νομίζουσ' ἂν σημεῖον ὅτι δὲ πλάνητες, καὶ μετ' ἐκείνων καὶ χωρὶς καὶ ἐκ παλαιοῦ, καὶ αἱ Ἀριστοτέλους πολιτεῖαι δηλοῦσιν ἐν μὲν γὰρ τῇ Ἀκαρνανικῇ ἢ φησὶ τὸ μὲν ἔχειν αὐτῆς Κουρῆτας, τὸ δὲ προσεσπέριον Λέλεγας, εἶτα Τηλεβόας· ἐν δὲ τῇ Αἰτωλῶν τοὺς νῦν Λοκροὺς Λέλεγας καλεῖ, κατασχεῖν δὲ καὶ τὴν Βοιωτίαν αὐτοὺς φησιν· ὁμοίως δὲ καὶ ἐν τῇ Ὀπουντίων καὶ Μεγαρέων ἐν δὲ τῇ Λευκαδίων καὶ αὐτόχθονα τινα Λέλεγα ὀνομάζει, τούτου δὲ θυγατριδοῦν Τηλεβόαν, τοῦ δὲ παῖδας δύο καὶ εἴκοσι Τηλεβόας, ὧν τινας οἰκῆσαι τὴν Λευκάδα· μάλιστα δ' ἄν τις Ἡσιόδῳ πιστεύσειεν οὕτως περὶ αὐτῶν εἰπόντι ,,ἤτοι γὰρ Λοκρὸς Λελέγων ἡγήσατο λαῶν, τοὺς ῥά ποτε Κρονίδης Ζεὺς ἄφθιτα μήδεα εἰδώς, λεκτοὺς ἐκ γαίης λάας πόρε Δευκαλίωνι." Lelegor und Karer sind nach *Herod.* I, 171. *Strab.* p. 661 dasselbe Volk und jenes nur der ältere Name.

13) s. *Strab. a. a. O.* Deren Hauptsitz ist Pleuron, *Hom. Il.* II, 531, von wo sie blutige Kämpfe mit den Atolern in Kalydon bestehen. Pleuron und Kalydon der Schauplatz des Mythus vom kalydonischen Eber, s. *Hom. Il.* IX, 529—600. II, 641. *Apollodor.* I, 8. *Paus.* VIII, 45, 4. Vgl. *Ovid. Met.* VIII, 260 ff.

14) s. *Strab.* p. 401. 410. *Paus.* IX, 5, 1. Alte Namen von Böotien: Aonia, Messapia, Ogygia, Kadmeis. *Steph. Byz. s. v. Boiwtia*, vgl. *Strab.* p. 407. *Thuk.* I. 12. Über die Minyer s. *Herod.* I, 146. *Strab.* p. 414: Αὐτοῦ δὲ Μινύου τοῦ Ὀρχομενοῦ ἀπὸ ἔθνους, τοῦ Μινυῶν ἐντεῦθέν τε ἀποικίσαι τινὰς τῶν Μινυῶν εἰς Ἰωλκὸν φασίν, ὅθεν τοὺς Ἀργοναύτας Μινύας λεχθῆναι. Vgl. S. 11. Anm. 21.

15) Die Athener rühmten sich, allein unter allen Griechen, in ihrem Lande ureingeboren zu sein, s. *Herod.* VII, 161 (μοῦνοι ἐόντες οὐ μετανάσται Ἕλληνες). *Thuk.* I, 2. II, 36. *Plat. Menex.* p. 237. B. Über ihr Pelasgertum s. *Herod.* VIII, 44: Ἀθηναῖοι δὲ ἐπὶ μὲν Πελασγῶν τὴν νῦν Ἑλλάδα καλεομένην ἦσαν Πελασγοί αὐτοχθόνες Κραναοί. Alte Namen der Landschaft: Akte oder Aktäa, Atthis, Mopsopia, Ionia, Poseidonia, *Strab.* p. 397. *Paus.* I, 2, 5.

16) Die Dryoper werden dadurch als pelasgisch bezeichnet, daß Dryops der Sohn des Arkas, s. Arist. bei *Strab.*

p. 373, oder des Enkel des Lykaon genannt wird, *Tzetzes zu Lykophr.* 480. Die Landschaft hieß daher auch ursprünglich Dryopis. (Von Phokis werden außer den Phokern keine andern alten Bewohner genannt; wahrscheinlich ist auch hier die älteste Bevölkerung lelegisch).

17) Die Sagen von Ogyges und Kekrops sind beiden Landschaften gemeinschaftlich, s. *Paus.* IV, 5, 1. 33, 1. *Strab.* p. 407. Über die Ogygische Flut, welche 1020 J. vor der ersten Olympiade stattgefunden haben soll, s. Akusilaos, Hellanikos und Philochoros bei *Euseb. Praep. Evang.* X, 10. p. 489. Für Attika insbesondere verdient noch die Sage vom Streite des Poseidon und der Athena um den Besitz des Landes erwähnt zu werden, worüber s. *Herod.* VIII, 55. *Apollod.* III, 14, 1. *Paus.* I, 24, 3. 5. Über die weitere reiche Gestaltung der Sagen beider Länder seit Kadmos und Kekrops s. S. 8 Anm. 2 u. 3., S. 10 Anm. 8., S. 13 Anm. 22., S. 14 Anm. 24. In den übrigen Mittelgriechenland hat, von der Sage vom kalydonischen Eber abgesehen (s. Anm. 13), der Mythus nirgends eine Stelle gefunden.

18) s. *Paus.* I, 19, 5. 39, 4. *Strab.* p. 393. *Plut. Thes.* 25.

19) Pelasgia der Name des ganzen Peloponneses, *Ephoros* bei *Strab.* p. 221. Ein anderer alter Name der Halbinsel ist Apia, *Paus.* II, 5, 5. *Plin.* II, N, IV, 4, 5. (*Hom. Il.* I, 270. III, 49?), vielleicht auch Argos, *Apollod.* II, 1, 2. *Dionys. Hal.* I, 17. Der Name Peloponnes kommt zuerst im Hymnos auf Apollo vor, 250. 290.

20) *Ephoros* bei *Strab.* p. 221. Daher auch Arkadien Pelasgia hieß, *Paus.* VIII, 1, 2.

21) Pelasgos, Sohn der Erde, zeugte den Lykaon, dieser zeugte 22 (oder 31 oder 51) Söhne, worunter Nyktimos, Kaukon und die beiden ersten Gründer pelasgischer Niederlassungen in Italien, Önotros und Peuketios, und eine Tochter Kallisto; der letzteren und des Zeus Sohn war Arkas, welcher wiederum 3 Söhne hatte, Azan, Apheidas und Elatos. S. *Paus.* VIII, 1—4. *Apollod.* III, 8—9. *Dionys. Hal.* I, 11. Über Pelasgos berichtet *Paus. (a. a. O.* I, 2): Πελασγὸν δὲ καὶ λέγει τοιάδε ἐς αὐτόν, ,,Ἀντίθεος δὲ Πελασγὸς ἐν ὑψικόμοισιν ὄρεσσι γαῖα μέλαιν' ἀνέδωκεν, ἵνα θνητῶν γένος εἴη." Πελασγοὶ δὲ βασιλεύσας τοῦτο μὲν ποιήσασθαι χιτῶνας ἐπενόησεν, ὡς μὴ ῥιγοῦν τε καὶ εἰκαίως τοὺς ἀνθρώπους μηδὲ ὑπὸ τοῦ καύματος ταλαιπωρεῖν· τοῦτο δὲ τοὺς φηγοὺς τοὺς ἐν τοῖς δρυμοῖσι τῶν ἐστι· — οὔτως ἐστὶν ὁ Ἰσθμιεύς, καὶ δὴ

6 Einleitung. Einteilung, Bodenbeschaffenheit und älteste Bevölkerung von Griechenland.

die späteste Zeit[22]). Das Land zerfiel vermöge seiner Naturbeschaffenheit in viele einzelne Kantone und bildete während der Blütezeit Griechenlands fortwährend ein von der geschichtlichen Entwickelung desselben abgeschiedenes, auf sich beschränktes Gebiet[23]).

Achaja, ursprünglich Ägialos oder Ägialea genannt[24]), ist für die Bevölkerung der ältesten Zeit in die beiden Hälften westlich und östlich des Vorgebirges Rhion zu teilen. In der ersteren Hälfte wohnen ursprünglich Kaukonen und ätolische Epeier[25]), in der östlichen Hälfte Ägialeer[26]). Von letzterer Hälfte aus verbreiten sich später die Ioner über die ganze Landschaft, welche nunmehr den Namen Ionia erhält[27]).

In der Landschaft Argolis, welche vermöge ihrer Naturbeschaffenheit in eine Anzahl selbständiger Stadtgebiete zerfällt (auch Sikyon, Phlius und Korinth gehören zu denselben), beschränken sich die bemerkenswerten Nachrichten über die älteste Bevölkerung lediglich auf das im Innern des argolischen Meerbusens gelegene Argos, welches neben Arkadien als ein Hauptsitz der Pelasger erscheint[28]).

In Lakonika und Messenien bilden Teleger die ursprüngliche gemeinschaftliche Bevölkerung[29]).

Die ältesten Bewohner von Elis sind die Kaukonen[30]), nachher die Epeier, welche sich vom Norden, und die Pylier, welche sich vom Süden her ausbreiten, und welche beide die Kaukonen auf die Gebirge von Triphylien und auf die Gegend von Dyme beschränken[31]).

Auf den Inseln bestand die älteste Bevölkerung meist aus Karern[32]).

καὶ τῶν γ(ῶν τὰ ἐπὶ χώρᾳ καὶ πόις τι καὶ ἡέως· οὐδὲ ἰδωδίμους, ἀλλὰ καὶ διαφόρους ἐπὶ ἀυτορμένους τοῖς ἀνθρώποις τούτων μὲν ἐπαινῶν ὁ Πελασγός.

22) *Herod.* VIII, 73. *Paus.* V, 1, 1.

23) Die Teilung in kleine unabhängige Staaten, schon durch die vielen Söhne des Lykaon angedeutet, blieb bis zur Zeit des Epaminondas. Von diesen treten nur Tegea und Mantinea schon in früherer Zeit hervor; die übrigen bewahren in völliger Zurückgezogenheit die alte Sitte und Lebensweise, so daß sämtliche Arkader noch um 600 v. Chr. eichelessende Männer genannt werden, *Herod.* I, 66. *Paus.* VIII, 1, 2.

24) Ägialos, *Paus.* II, 5, 5. VII, 5, 1. *Strab.* p. 333. 383. 386. *Hom. Il.* II, 574 (?); Ägialea, *Apollod.* II, 1, 1, 4. *Tzetzes zu Lykophr.* 177. So genannt vom König Ägialeus, *Apollod.* II, 1, 1. *Paus.* VII, 5, 1.

25) Daher Dyme vom Hekatäos Epoiis, *Strab.* p. 341, von andern auch Kaukonis genannt wurde, ebend. p. 342.

26) Ἠιαιγέα Ἀιγιαλίς, *Herod.* VII, 94.

27) *Strab.* p. 333. 383. *Herod.* VII, 94. Über die Ioner s. S. 11 *Anm.* 12 u. 13.

28) Dies ergiebt sich aus den Stammtafeln der Herrscher von Argos, *Paus.* II, 15, 5. *Apollod.* II, 1, die mit Inachos oder Phoroneus als Stammvater beginnen und in denen überall ein Pelasgos, ein Argos, desgleichen auch eine Larissa (Name der Burg von Argos) erscheint. Daher auch „Pelasgisches Argos", *Strab.* p. 369. In jenen Stammtafeln auch Io, Tochter des Inachos, *Herod.* 1, 1, oder eine Iasos, *Paus.* und *Apollod. a. a. O.*, vgl. *Aeschyl. Prometh.* 827 ff. Ferner Niobe, Tochter des Phoroneus, über welche s. *Hom. Il.* XXIV, 602 ff. *Paus.* 1, 21, 5. VIII, 2, 3. Danaos erscheint in denselben als Abkömmling des Inachos im zehnten Geschlecht, vgl. *Syncell.* p. 62—66. *Euseb. Praep. Evang.* p. 487—491. Über ihn s. *unten*.

29) s. *Paus.* III, 1. IV, 1. *Apollod.* III, 10, 3 ff. Hiernach ist Lelex der Stammvater der Herrscher von Lakonika;

indem ihm aber in Lakonika sein ältester Sohn Mylos als Herrscher nachfolgt und ein anderer Sohn, Polykaon, nach Messenien auswandert und dort seine Herrschaft begründet, so werden dadurch die Bewohner von Lakonika und Messenien als stammverwandt und beide als lelegisch bezeichnet. In der Reihe der Abkömmlinge des Lelex in Lakonika werden noch Eurotas, Lakedämon, Amyklas, Sparte, Taygete genannt, lauter Namen, die in Örtlichkeiten dieser Landschaft ihren Grund haben. (In Bezug auf Messenien ist noch bemerkenswert, daß dort auch Kaukonen wohnen, was die Sage dadurch ausdrückt, daß ein Kaukon zur Messene, der Gemahlin des Polykaon, gekommen sein soll.)

30) Kaukon, Sohn des Lykaon, *Apollod.* III, 8, 1. Über die Kaukonen in Elis s. *Strab.* p. 345; οἱ μὲν γὰρ καὶ εἰρήν τὴν νῶν Ἠλείων ἀπὸ τῆς Μεσσηνίας μέχρι Δύμης Καυκωνίαν λεχθῆναί φασιν. Vgl. *Hom. Od.* III, 366.

31) Strabo führt aa. der in der vorigen Anm. angeführten Stelle fort: Ἀντίμαχος γοῦν καὶ Ἐπειοὺς καὶ Καύκωνας ἅπαντας προσαγορεύει, τινὲς δὲ εἶχεν μὲν μὴ κατοικεῖν αὐτούς, δίχα δὲ μεμερισμένους οἰκεῖν, τοῖς μὲν πρὸς τῇ Μεσσηνίᾳ κατὰ τὴν Τριφυλίαν, τοῖς δὲ πρὸς τῇ Δύμῃ, und man sieht, daß durch diese verschiedenen Angaben der oben unterschiedene doppelte Stand der Bevölkerung bezeichnet wird, vgl. *Strab.* p. 336. Über die Kämpfe der Epeier und Pylier s. *Hom.* p. 351. Vgl. *Hom. Il.* XI, 670 ff. XXIII, 630 ff. Die Genealogie der Beherrscher der Epeier ist nach *Paus.* V, 1, 2 folgende: Aethlios, Sohn des Zeus — Endymion — Päon, Epeios, Ätolos — Eleios, Enkel des Epeios. Ätolos, der Bruder des Epeios, wandert nach dem von ihm benannten Ätolien aus, *Paus.* V, 1, 6.

32) Kar, Sohn des Phoroneus, *Paus.* 1, 40, 5. Über die Karer als älteste Bewohner der Inseln sind die Hauptstellen *Thuk.* 1, 4 u. 8. Auf Leukas wohnen Leleger, die aber nach Herodot und Strabo nicht verschieden sind von den Karern, s. *Anm.* 12.

Erste Periode.
Von den ältesten Zeiten bis zur Wanderung der Dorier und Herakliden.
X bis 1104 v. Chr.

Vorgeschichtliches Zeitalter.

Pelasgische Völker, die ältesten Bewohner Griechenlands, bis zu welchen unsere (sagenhafte) Kunde zurückreicht, legen unter fortwährenden Wanderungen, gefördert durch die Kämpfe miteinander wie durch den erst empfangenen, dann glücklich überwundenen Einfluß des Auslandes, den ersten Grund zur Kultur. Die Entwickelung zur eigentümlichen hellenischen Nationalität wird durch einige mehr oder minder gemeinsame kriegerische Unternehmungen und durch eine hauptsächlich hieraus entspringende, sich künstlerisch gestaltende Nationalsage vorbereitet. Mit der Niederlassung der Dorier und Herakliden im Peloponnes wird überall der Anfang zur Gründung fester Wohnsitze gemacht und damit zugleich die Bedingung für eine stetige innere Entwickelung hergestellt.

Quellen. Die geschichtliche Kenntnis dieses Zeitraums ist, so weit sie überhaupt möglich, aus der hellenischen Sage zu schöpfen, die teils in den ihr hervorgegangenen epischen Dichtungen des Homer, Hesiod und in den sogenannten homerischen Hymnen vorliegt, teils in den geographischen Schriften des Strabo (geb. um 60 v. Chr., sein Werk, 17 Bücher *Γεωγραφικά*, ist in den ersten Jahren der Regierung des Kaisers Tiberius verfaßt) und des Pausanias (*Ἑλλάδος περιήγησις* um 150 n. Chr.), teils in dem Sammelwerk des Apollodor (*Βιβλιοθήκη* in 3 Büchern, um 140 v. Chr.), teils in späteren Schriften verschiedenen Inhalts, wie in den Biographieen des Plutarch (geb. 50 n. Chr.), bei Diodor von Sizilien (um Chr. Geb.), in dem *Ὀνομαστικόν* des Julius Pollux (um 180 n. Chr.), bei Eusebios, einem Zeitgenossen Constantins d. Gr. (*παντοδαπὴ ἱστορία* in 2 Büchern, wovon ein Teil des ersten Buches in der *εὐαγγελικῆς ἀποδείξεως προπαρασκευή* des Eusebios selbst, das 2te Buch in der lat. Übers. des Hieronymus und beide Bücher in einer armenischen Übersetzung erhalten sind), bei Synkellos (*ἐκλογὴ χρονογραφίας* um 800 n. Chr.) und in den Scholien des Eustathios und Anderer zu Homer, des Tzetzes zu Lykophron (im 12. Jahrh. n. Chr.), wenn auch nur bruchstückweise erhalten ist. Für die Chronologie bietet noch einige nicht unerhebliche Ausbeute die sogen. Marmor Parium, eine auf der Insel Paros gefundene, daselbst im 3. Jahrh. v. Chr. gefertigte, jetzt in Oxford befindliche Marmortafel; sie enthielt eine Reihe von Daten aus der griechischen Geschichte von den ältesten Zeiten bis zum J. 264 mit chronologischen Bestimmungen; das erhaltene Stück reicht jedoch nur bis zum Jahr 355 (gedruckt u. a. in C. Müllers fragm. histor. Graec. vol. I.). Außerdem finden sich einzelne Notizen in den Fragmenten der sog. Logographen Hekatäos, Pherekydes, Akusilaos, Hellanikos, ferner in denen des Ephoros; endlich auch und zwar in größerer Menge und von bedeutenderem Wert bei Herodot und Thukydides.

J. v. Chr.	(Sagenhafte) Geschichte.	der Hellenen.	Genea
1533 [1]	Einwanderung des Kekrops aus Sais in Niederägypten nach Athen.[2]		
1500	. . . .		
1466	Einwanderung des Danaos aus Chemmis in Oberägypten nach Argos.[4]		
1433	. . . .		
1400	Flut des Deukalion.[6]	Deukalion.[7]	

1) Die chronologischen Bestimmungen beruhen für diese Periode einerseits auf den mit ziemlicher Übereinstimmung überlieferten Genealogieen der berühmtesten Geschlechter (von denen nach *Herod.* II, 142 je 3 auf ein Jahrhundert zu rechnen), andererseits auf der Berechnung der Zeit des trojanischen Kriegs, über welche letztere s. S. 14. *Anm.* 25.

2) Die Sagen von den Einwanderungen des Kekrops, Danaos, Kadmos und Pelops sind in späterer Zeit entstanden und haben nur insofern eine gewisse geschichtliche Bedeutung, als sie die Überzeugung der Griechen selbst von einem in der ältesten Zeit stattgefundenen Einfluß des Orients auf die Entwickelung Griechenlands darstellen. Die Sage von der Einwanderung des Kekrops ist ihrer Entstehung nach die jüngste unter diesen Sagen. Theopompos (im 4. Jahrh. v. Chr.) erwähnte zuerst eine Kolonie der Ägyptier in Athen (*Fr.* 172 *ed. Müller*); daß Kekrops aus Sais gekommen, findet sich erst bei Eusebios u. a. späteren Schriftstellern. Die ältere Sage, davon ausgehend, daß die Athener eingeboren und unvermischt mit Fremden seien (s. S. 5 *Anm.* 15), machte den Kekrops zu einem zweigestaltigen Wesen, das oben Mensch, von der Hüfte abwärts aber Schlange gewesen [*Demosth.*] *Epit.* p. 1398. *Iustin.* II, 6. und erzählte vom Erechtheus (oder vom Erichthonios, *Isocr. Panath.* p. 248 d. *Apollod.* III, 14, 6. *Paus.* I. 2, 5), daß er der Sohn der Erde sei, *Hom.* II. II, 546. *Herod.* VIII, 55. [Nach dem *Marm. Par.* fällt der Regierungsantritt des Kekrops ins J. 1581, nach Eusebios ins J. 1557, nach Hellanikos und Philochoros ins J. 1607.]

3) Die Hauptstellen über das Geschlecht der Könige in Athen sind *Apollod.* III, 14. 15. 16. *Paus.* I, 2, 5. 5, 3. *Strab.* p. 397. Von Kekrops soll die Burg von Athen Kekropia ihren Namen bekommen haben. Dieselbe starb übrigens ohne einen männlichen Erben zu hinterlassen; daher folgte ihm Kranaos (πετάχθων ἄν, *Apoll.* III, 14, 5); des Kranaos Tochter Atthis (von der angeblich der Name Attika) verheiratete sich mit Amphiktyon, der aber von Erichthonios gestürzt wurde. Über die Namen des Landes und Volkes vgl. *Herod.* VIII, 44: Ἀθηναίοι δὲ ἐπὶ μὲν Πελασγῶν ἐχόντων τὴν νῦν Ἑλλάδα καλεομένην ἦσαν Πελασγοὶ οἰνομαζόμενοι Κραναοί, ἐπὶ δὲ Κέκροπος βασιλέος ἐπεκλήθησαν Κεκροπίδαι, ἐκδεξαμένου δὲ Ἐρεχθέος τὴν ἀρχὴν Ἀθηναῖοι μετονομάσθησαν, Ἴωνος δὲ τοῦ Ξούθου στρατάρχεω γενομένου Ἀθηναίοισι ἐκλήθησαν ἀπὸ τούτου Ἴωνες.

4) S. *Herod.* II, 43. 91. *Paus.* II, 16, 1 und am ausführlichsten *Apollod.* II, 1. Danaos ist nach dieser letzteren Stelle gleich seinem Bruder Ägyptos, vor dem er aus Chemnis flieht, ein Abkömmling der Io, s. S. 6 *Anm.* 28 (Io — Epaphos — Libye — Belos — Ägyptos, Danaos). In Argos übergiebt ihm nach seiner Ankunft Gelanor die Herrschaft, die er darauf an Lynkeus, den Gemahl seiner Tochter Hypermnestra, vererbt. Über seine 50 Töchter vgl. noch *Strab.* p. 371: ἢ (nämlich die Brunnen in Argos) ταῖς Δαναΐσιν ἀνάπτουσιν, ὡς ἐκείνων ἐξευροῦσῶν, ἀφ' οὗ καὶ τὸ ἔπος τ̣ιαύτ̣ι̣ν τοῦτο, „Ἄργος ἄνυδρον ἐὸν Δανααὶ θέσαν Ἄργος ἔνυδρον", und über Danaos selbst *ebend.*: Τὴν δὲ ἀκρόπολιν τῶν Ἀργείων οἰκίσαι λέγεται Δαναός, ὃς τοσοῦτον τοῖς πρὸ αὑτοῦ δυναστεύουσιν ἐν τοῖς τόποις ἐπεξαλλάσθαι δοκεῖ, ὥστε κατ' Εὐριπίδην „Πελασγιώτας ὀνομασμένους τὸ πρὶν Δαναοὺς καλεῖσθαι νόμον ἔθηκ' ἀν' Ἑλλάδα."

5) *Apollod.* II, 1 ff. *Paus.* II, 10.

6) Der älteste Sitz der Sage von der Flut des Deukalion war das Thal von Dodona (vgl. S. 4. *Anm.* 6), s. *Aristot. Me-*

logie

der berühmten Königsgeschlechter in

Argos.	Athen.
	Kekrops.³
	Kranaos.
Danaos.⁵	Althis.
Hypermnestra — Lynkeus.	Erichthonios.
Abas.	Pandion.

Prokl. I, 14: ὁ καλούμενος ἐπὶ Δευκαλίωνος κατακλυσμός· καὶ γὰρ οὗτος περὶ τὴν Ἑλληνικὴν ἐγένετο μάλιστα τόπον καὶ ταύτης περὶ τὴν Ἑλλάδα τὴν ἀρχαίαν· αὕτη δ᾽ ἐστὶν ἡ περὶ Δωδώνην καὶ τὸν Ἀχελῷον· οὗτος γὰρ πολλαχοῦ τὸ ῥεῦμα μεταβέβληκεν· ᾤκουν γὰρ οἱ Σελλοὶ ἐνταῦθα καὶ οἱ καλούμενοι τότε μὲν Γραικοί, νῦν δ᾽ Ἕλληνες. Mit Deukalion und seinen Nachkommen selbst wanderte die Sage nach Thessalien, *Apollod.* I. 7, 2 (in diesem Falle landete dann die Arche des Deukalion nach Hellanikos *Schol. Pindar. Ol.* IX, 64 an dem Othrys oder auch nach *Apollod. a. a. O.* am Parnass auf dem Gipfel Lykorea). und noch weiter nach Lokris, Böotion, selbst nach Attika, wobei überall der Parnaſs als Landungsort des Deukalion angesehen wurde, *Schol. Pind. a. a. O., Strab.* p. 322. 425. *Paus.* I, 18, 7. 40, 1. X, 6, 1. *Marm. Par.*

7) Deukalion, der Sohn des Prometheus (des Feuerspenders und somit Urhebers der Kultur), s. *Apollod.* I, 7, 2. Hesiod und Hellanikos bei *Schol. Apollon.* III, 1085. 1086, wohnte nach *Arist. a. a. O.* in Dodona, oder nach *Schol. Pind. a. a. O.* in Opus, oder in Kynos, s. *ebend.* u. *Strab.* p. 425, oder in Lykoreia in Phokis, s. *Marm. Par.*, oder in Delphoi, u. *Plut. Quaest. Gr.* p. 292; nach *Dionys. Hal.* I, 17 soll er (vom Parnaſs her) in Thessalien eingewandert sein, vgl. *Strab.* p. 432. Nach der gewöhnlichen Tradition soll aber erst sein Sohn Hellen eine Niederlassung gegründet haben. Über diesen und seine Nachkommen s. Hesiod bei *Tzetzes zum Lykophr.* 284: Ἕλληνος δ᾽ ἐγένοντο θεμιστοπόλοι βασιλῆες | Δῶρός τε Ξοῦθός τε καὶ Αἴολος ἱππιοχάρμης. | Αἰολίδαι δ᾽ ἐγένοντο θεμιστοπόλοι βασιλῆες | Κρηθεύς ἠδ᾽ Ἀθάμας καὶ Σίσυφος αἰολομήτης | Σαλμωνεύς τ᾽ ἄδικος καὶ ὑπέρθυμος Περιήρης. Als ältester Sohn gilt in der Regel Äolos, dem deshalb auch die väterliche Herrschaft in Thessalien verbleibt, während die beiden andern Söhne auswandern und sich neue

Wohnsitze aufsuchen, s. *Strab.* 383. Kenen bei *Phot.* p. 437. Über die Art und Weise, wie Thukydides sich die Ausbreitung der Hellenen und die ältesten ethnographischen Verhältnisse überhaupt vorstellte, s. die klassische Stelle 1, 3: πρὸ γὰρ τῶν Τρωικῶν οὐδὲν φαίνεται πρότερον κοινῇ ἐργασαμένη ἡ Ἑλλάς· δοκεῖ δέ μοι, οὐδὲ τοὔνομα τοῦτο ξύμπασά πω εἶχεν, ἀλλὰ τὰ μὲν πρὸ Ἕλληνος τοῦ Δευκαλίωνος καὶ πάνυ οὐδὲ εἶναι ἡ ἐπίκλησις αὕτη, κατὰ ἔθνη δὲ ἄλλα τε καὶ τὸ Πελασγικὸν ἐπὶ πλεῖστον ἀφ᾽ ἑαυτῶν τὴν ἐπωνυμίαν παρέχεσθαι, Ἕλληνος δὲ καὶ τῶν παίδων αὐτοῦ ἐν τῇ Φθιώτιδι ἰσχυσάντων καὶ ἐπαγομένων αὐτοὺς ἐπ᾽ ὠφελίᾳ ἐς τὰς ἄλλας πόλεις καθ᾽ ἑκάστους μὲν ἤδη τῇ ὁμιλίᾳ μᾶλλον καλεῖσθαι Ἕλληνας, οὐ μέντοι πολλοῦ γε χρόνου ἠδύνατο καὶ ἅπασιν ἐκνικῆσαι. τεκμήριοι δὲ μάλιστα Ὅμηρος· πολλῷ γὰρ ὕστερον ἔτι καὶ τῶν Τρωικῶν γενόμενος οὐδαμοῦ τοὺς ξύμπαντας ὠνόμασεν οὐδ᾽ ἄλλους ἢ τοὺς μετ᾽ Ἀχιλλέως ἐκ τῆς Φθιώτιδος, οἵπερ καὶ πρῶτοι Ἕλληνες ἦσαν, Δαναοὺς δὲ ἐν τοῖς ἔπεσι καὶ Ἀργείους καὶ Ἀχαιοὺς ἀνακαλεῖ· οὐ μὴν οὐδὲ βαρβάρους εἴρηκε διὰ τὸ μηδὲ Ἕλληνάς πω, ὡς ἐμοὶ δοκεῖ, ἀντίπαλον ἐς ἓν ὄνομα ἀποκεκρίσθαι· οἱ δ᾽ οὖν ὡς ἕκαστοι Ἕλληνες κατὰ πόλεις τε ὅσοι ἀλλήλων ξυνίεσαν καὶ ξύμπαντες ὕστερον κληθέντες —, womit auch Herodot übereinstimmt, wenn er VIII, 44 Ion einen στρατάρχης der Athener nennt. Die Stellen des Homer s. *Il.* II, 684. XVI, 595. *Od.* I. 344. XI, 495. XV, 80. Über die ursprünglichen Wohnsitze der Hellenen s. *Strab. a. a. O.* und p. 431. [Nach Apollodor bei *Strab.* p. 370 kommt der Name Hellenen als Gesamtname der Griechen zuerst bei Hesiod und Archilochos vor, also im 8. Jahrh. v. Chr., und es ist sehr wahrscheinlich, daſs in eben dieser Zeit mit dem wachsenden Nationalgefühl der Hellenen sich zugleich auch der Glaube an die gemeinschaftliche Abstammung von Hellen und Deukalion bildete und festsetzte.]

Erste Periode. Von den ältesten Zeiten bis zur Wanderung der Dorier und Herakliden.

J. v. Chr.	(Sagenhafte) Geschichte.	der Hellenen.	Genea
1366	Einwanderung des Kadmos aus Phönikien nach Theben.[8]	Hellen.	
1333	. . . .	Äolos[10], Doros[11], Xuthos.	
1300	. . . .	Ion, Achäos.[12]	
1266	Einwanderung des Pelops aus Kleinasien nach Elis.[13]		

8) Kadmos, Sohn des Agenor, *Eurip. Bacch.* v. 171, aus Tyros in Phönikien, *Herod.* II, 49. *Eurip. Phoen.* v. 639 (nach Andern aber aus Sidon, *Eurip. Bacch. a. a. O.* oder sogar aus Thebe in Ägypten, *Diodor.* I, 23. *Paus.* IX, 12, 2), wurde von seinem Vater ausgesandt, um die von Zeus geraubte Europa zu suchen, und kam über Kreta, Rhodos (*Diod.* V, 58), Thera (*Herod.* IV, 147), Samothrake, Lemnos, Thasos (*Herod.* II, 44. VI, 47) nach Böotien, wo er auf Veranlassung des Orakels zu Delphoi und unter Leitung desselben die Kadmea gründete und durch Aussäen der Drachenzähne ein neues Geschlecht, das der Σπαρτοί, schuf, s. *Paus.* IX, 12, 1. *Schol. Eurip. Phoen.* 638. *Aristoph. Ran.* 1256. [Kadmos (von dem phönik. Wort Kedem, Morgenland) ist der Repräsentant der phönikischen Kolonisationen auf den Inseln und dem Festland der Griechen und des Einflusses der Phöniker auf die Entwickelung der Griechen. Außer auf den genannten Punkten, wo überall zum Zweck des Handels und des Bergbaus Kolonieen gegründet wurden, werden noch Kypros und Kythera als Sitze phönikischer Niederlassungen genannt, s. *Herod.* I, 105. Außerdem weist noch der Dienst der Aphrodite Urania (= der Astarte der Phöniker) in Athen und Korinth (*Paus.* I, 14, 6. *Strab.* p. 379), der Dienst des Melikertes (= dem phönikischen Gotte Melkarth) an letzterem Orte (*Plut. Thes.* 25), die Menschenopfer bei den Minyern (s. *unten Anm.* 21) und die Unterwerfung von Attika und Megara unter die Herrschaft Kretas (s. *unten Anm.* 10 u. 20) auf eine Zeit hin, wo an allen diesen Orten phönikische Niederlassungen einen horrschenden Einfluß übten. Als Beispiel ihres Einflusses auf die Kultur der Griechen pflegt die ihnen zugeschriebene Einführung der Buchstabenschrift hervorgehoben zu werden, s. besonders *Herod.* V, 58: Οἱ δὲ Φοίνικες οὗτοι οἱ σὺν Κάδμῳ ἀπικόμενοι — ἐσήγαγον διδασκάλια ἐς τοὺς Ἕλληνας καὶ δὴ καὶ γράμματα, οὐκ ἐόντα πρὶν Ἕλλησιν ὡς ἐμοὶ δοκέειν, πρῶτα μὲν τοῖσι καὶ ἅπαντες χρέωνται Φοίνικες, μετὰ δὲ χρόνου προβαίνοντος ἅμα τῇ φωνῇ μετέβαλον καὶ τὸν ῥυθμὸν τῶν γραμμάτων. Πιοικέεον δὲ ἅμα τὰ πολλὰ τῶν χωρίων τοῦτον τὸν χρόνον Ἕλληνων Ἴωνες, οἱ παραλαβόντες διδαχῇ παρὰ τῶν Φοινίκων τὰ γράμματα μεταρρυθμίσαντές σφεων ὀλίγα ἐχρέωντο· χρεώμενοι δὲ ἐφάτισαν, ὥσπερ καὶ τὸ δίκαιον ἔφερε, ἐσαγαγόντων Φοινίκων ἐς τὴν Ἑλλάδα Φοινικήϊα

κεκλῆσθαι. Vgl. *Diod.* III, 67. V, 57. *Plin. H. N.* VII, 56. *Hygin. fab.* 277. Daß die griechische Buchstabenschrift mit der phönikischen verwandt ist, geht aus den Namen und dem ursprünglichen Formen der phönikischen und griechischen Buchstaben deutlich hervor.]

9) Akrisios und Prötos führten Krieg miteinander; Prötos wird von seinem Bruder vertrieben, setzt sich aber in Tiryns fest und behauptet sich daselbst, während Akrisios in Argos bleibt, s. *Paus.* II, 16, 2. *Apollod.* II, 2. 1. *Strab.* p. 372 u. 373. Vgl. *Hom. Il.* VI, 152—210. Von den Mauern, mit welchen die Sage nach Tiryns von den Kyklopen umgeben wurde, s. *Apollod.* II, 2, 2. *Paus.* II, 16, 2, sind noch jetzt bedeutende Überreste — eins der merkwürdigsten Denkmäler der sogenannten kyklopischen Bauart — erhalten.

10) Eine Hauptstelle über die Schicksale und Wanderungen der drei Brüder ist die schon angeführte Stelle Strabos (p. 383): ᾠασὶ δ' Ἑλληνα εἶναι, τούτου δὲ περὶ τὴν Φθίαν τὴν μεταξὺ Πηνείου καὶ Ἀσωποῦ δυναστεύοντα τῇ πρεσβυτάτῳ τῶν παίδων παραδοῦναι τὴν ἀρχήν, τοὺς δ' ἄλλους ἔξω διαπέμψαι ζητήσοντας ἱδρύσιν ἕκαστον αὐτῷ· ὧν Δῶρος μὲν τοὺς περὶ Παρνασσὸν Δωριέας συνοικίσας κατέλιπεν ἐπωνύμους αὑτοῦ, Ξοῦθος δὲ τὴν Ἐρεχθέως θυγατέρα γήμας ᾤκισε τὴν Τετράπολιν τῆς Ἀττικῆς, Οἰνόην, Μαραθῶνα, Προβάλινθον καὶ Τρικόρυθον. Unter dem Namen der Äolier wurde später der größere Teil aller Hellenen zusammengefaßt, s. *Strab.* p. 333: πάντες γὰρ οἱ ἐκτὸς Ἰσθμοῦ πλὴν Ἀθηναίων καὶ Μεγαρέων καὶ τῶν περὶ τὸν Παρνασσὸν Δωριέων καὶ νῦν ἔτι Αἰολεῖς καλοῦνται, daher den Äolos auch eine besonders reiche Nachkommenschaft beigelegt wird. Nach der *Anm.* 7 angeführten Stelle hatte er 5 Söhne, Kretheus, Athamas, Sisyphos, Salmoneus, Perieres, nach *Apollod.* I, 7, 4. hatte er 7 Söhne (außer den genannten noch Deion und Magnes) und 5 Töchter, nach anderen war die Zahl noch größer, und von diesen Söhnen und Töchtern wurden die alten Herrschergeschlechter in zahlreichen Städten und Ländern abgeleitet, so von Sisyphos (über welchen s. *Hom. Il.* VI, 152 ff. *Od.* XI, 593 ff. *Paus.* II, 1. 2) die in Korinth, von Athamas die in dem Orchomenos der Minyer, von Kretheus die in Iolkos, von demselben sollten auch Neleus und Nestor in Pylos abstammen u. s. w.

logie

der berühmtesten Königsgeschlechter in

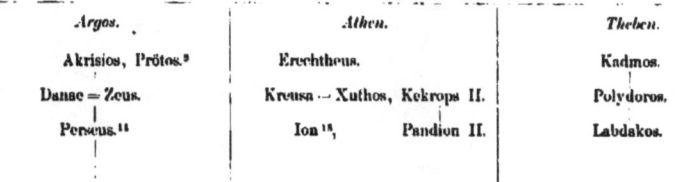

Argos.	Athen.	Theben.
Akrisios, Prötos.[9]	Erechtheus.	Kadmos.
Danae = Zeus.	Kreusa — Xuthos, Kekrops II.	Polydoros.
Perseus.[14]	Ion[15], Pandion II.	Labdakos.

11) Über die Dorier s. die Hauptstelle *Herod.* I, 56 *ὁμηρικὸν γένος — πολυπλάνητον κάρτα· ἐπὶ μὲν γὰρ Δευκαλίωνος βασιλέος οἴκεε γῆν τὴν Φθιῶτιν· ἐπὶ δὲ Δώρου τοῦ Ἕλληνος τὴν ὑπὸ τὴν Ὄσσαν τε καὶ τὸν Ὄλυμπον χώρην, καλεομένην δὲ Ἱστιαιῶτιν· ἐκ δὲ τῆς Ἱστιαιώτιδος ὡς ἐξανέστη ὑπὸ Καδμείων, οἴκεε ἐν Πίνδῳ Μακεδνὸν καλεόμενον· ἐνθεῦτεν δὲ αὖτις ἐς τὴν Δρυοπίδα μετέβη καὶ ἐκ τῆς Δρυοπίδος οὕτως ἐς Πελοπόννησον ἐλθὸν Δωρικὸν ἐκλήθη.* Über die ersten Sitze der Dorier in Hestiäotis vgl. noch *Diod.* IV, 37. 67. *Strab.* p. 437. 475. 476.
12) s. die *Anm.* 10 angeführte Stelle Strabos (p. 383), welche über die Söhne des Xuthos so fortfährt: *τῶν δὲ τούτου παίδων Ἀχαιὸς μὲν φόνον ἀκούσιον πράξας ἔφυγεν εἰς Λακεδαίμονα καὶ Ἀχαιοὺς τοὺς ἐκεῖ κληθῆναι παρεσκεύασεν, Ἴων δὲ τοὺς μετ' Εὐμόλπου νικήσας Θρᾷκας, οὕτως ηὐδοκίμησεν, ὥστ' ἐπέτρεψαν αὐτῷ τὴν πολιτείαν Ἀθηναῖοι. ὁ δὲ πρῶτον μὲν εἰς τέτταρας φυλὰς διεῖλε τὸ πλῆθος, εἶτα τέτταρας βίους.* — *οὕτω δὲ πολυανδρήσαι τὴν χώραν τότε συνέβαινεν, ὥστε καὶ ἀποικίαν τῶν Ἰώνων ἔστειλαν εἰς Πελοπόννησον Ἀθηναῖοι καὶ τὴν χώραν ἣν κατέσχον ἐπώνυμον ἑαυτῶν ἐποίησαν Ἰωνίαν ἀντ' Αἰγιαλοῦ κληθεῖσαν, οἵ τε ἄνδρες ἀντὶ Αἰγιαλέων Ἴωνες προσηγορεύθησαν εἰς δώδεκα πόλεις μερισθέντες.* Vgl. *Paus.* VII, 1, 2 (nach welcher Stelle Achäos wieder nach Thessalien zurückging). *Herod.* VII, 94. *Eurip. Ion.* v. 59 ff. (wonach Ion der Sohn des Apollon und der Kreusa, aber von Xuthos adoptiert ist). [Achäos galt aber zugleich für einen Pelasger, s. *Einleitung Anm.* 10 vgl. auch *Paus. a. a. O.*, wo die Söhne des Achäos, Archandros und Architeles, in der Zeit des Danaos aus Thessalien nach Argos kommen; aber selbst die Ionier gelten dem Herodot für Pelasger, s. 1, 56. VII, 94. Ein Beweis, wie die Genealogie, welche die Ionier und Achäer mit dem hellenischen Stamme verband, keineswegs volle und allgemeine Anerkennung gefunden hatte.]
13) Ion (welcher nach *Conon. Narrat.* 27 auch zum König von Attika gemacht wurde) gilt für den Stifter der 4 athenischen Stämme (φυλαί), s. *Herod.* V, 66: *τετραφύλους ἰόντας Ἀθηναίους δεκαφύλους (ὁ Κλεισθένης) ἐποίησε, τῶν Ἴωνος παίδων Γελέοντος καὶ Αἰγικόρεος καὶ Ἀργάδεω καὶ Ὅπλητος ἀπαλλάξας τὰς ἐπωνυμίας.* Vgl. *Euripid. Ion.* v.

1579 ff. *Pollux* VIII, 109. *Plut. Solon.* 23. Die Namen der 4 Stämme: *Γελέοντες* (andere Lesarten: *Τελέοντες, Γελέοντες*), *Ὅπλητες, Αἰγικορεῖς, Ἀργαδεῖς.*
14) κ. *Apollod.* II, 4, 1—5. *Paus.* II, 16. *Schol. Apollon.* IV, 1091. Perseus kehrte, nachdem er den Nachstellungen seines Grofsvaters, der infolge eines Orakelspruchs von ihm getötet zu werden fürchtete, entgangen war und in der Fremde wunderbare Thaten verrichtet hatte (Haupt der Medusa, Andromeda), nach Argos zurück, suchte seinen Grofsvater, der vor ihm nach Pelasgiotis entwichen war, dort auf, tötete ihn unvorsätzlich durch einen Diskoswurf und vertauschte dann, nach dem Peloponnes zurückgekehrt, Argos, das ihm durch den Tod seines Grofsvaters verleidet worden, mit dem Gebiet von Tiryns, dem Anteile des Sohnes des Prötos, Megapenthes, baute sich aber daselbst eine neue Stadt und Burg Mykenä. Von beiden sind noch jetzt merkwürdige Überreste vorhanden, von der Burg das Thor mit zwei darüber in Relief dargestellten Löwen, von der Stadt neben andern weniger bedeutenden Trümmern das sog. Schatzhaus des Atreus. Vgl. hierüber *Paus. a. a. O.* §. 4 und 5.
15) Pelops war der (späteren) Sage nach der Sohn des Tantalos. Königs von Mysien oder Phrygien oder Lydien oder Paphlagonien, *Paus.* II. 22, 4. V, 13, 4. *Diodor.* IV, 74. *Strab.* p. 571. 580. *Schol. Pind. Ol.* I, 27. Von Ilos, dem Könige von Troas, aus seiner Heimat vertrieben, kommt er nach Pisa, besiegt den König Önomaos im Wagenrennen und gewinnt als Preis des Sieges seine Tochter Hippodameia und sein Reich Elis, s. bes. *Pindar. Ol.* I, 67 ff. *Paus.* V, 17. 4. 10, 2. VI, 21, 9. [Homer kennt Tantalos, *Od.* XI. 581, wie den πλήξιππον Πέλοψ. *Il.* II, 104, weifs aber nichts von der Abstammung des Pelops vom Tantalos oder von seiner Einwanderung nach Griechenland.] Über den sprichwörtlichen Reichtum und die Macht des Pelops s. *Thuk.* I, 9: *λέγουσι δὲ καὶ οἱ τὰ σαφέστατα Πελοποννησίων μνήμῃ παρὰ τῶν πρότερον δεδεγμένοι Πέλοπά τε πρῶτον πλήθει χρημάτων, ἃ ἦλθεν ἐκ τῆς Ἀσίας ἔχων ἐς ἀνθρώπους ἀπόρους, δύναμιν περιποιησάμενον τὴν ἐπωνυμίαν τῆς χώρας ἐπηλύτην ὄντα ὅμως σχεῖν καὶ ὕστερον τοῖς ἐκγόνοις ἔτι μείζω ξυνενεχθῆναι.* — Über den Namen Peloponnes vgl. S. 5, *Anm.* 19.

2*

J. v. Chr.	(Sagenhafte) Geschichte.	der Hellenen.	Genea Doros.
1266	. . . .		
1233	. . . .		Ägimios.[19]
1225	Argonautenzug.[21]		
1213	Zug der Sieben gegen Theben.[22]		

16) König Pandion II. teilte der Sage nach sein, auch Euböa und Megaris umfassendes Reich unter seine oben genannten 4 Söhne; Ägeus als der älteste erhielt die Kekropia, Nisos den Isthmos und Megaris, Lykos Marathon nebst Euböa, Pallas den gebirgigen Osten und Süden der Halbinsel (vgl. die Einteilung der Landschaft in die 4 Teile Aktäa, Mesogüa, Paralia, Diakris, *Pollux* VIII, 109), s. *Sophokles* bei *Strab.* p. 392. *Schol. Aristoph. Lysistr.* 58. Lykos wurde von Ägeus vertrieben, *Herod.* I, 173, Nisos fand durch einen Einfall des Königs Minos von Kreta seinen Tod, *Apollod.* III, 15, 8, wobei auch Megaris genommen und Ägeus genötigt wurde, einen Tribut zu entrichten (bestehend in 7 Jünglingen und 7 Jungfrauen, die alle 9 Jahre nach Kreta geschickt worden sollten, um dort dem Minotauros geopfert zu werden), *Apollod.* a. a. O. *Plut. Thes.* 15. *Paus.* I, 27, 9.

17) Herakles, der Sohn des Zeus und der Alkmene, durch Alkmene wie durch Amphitryon dem Geschlechte der Persiden angehörig, wurde in Theben geboren, *Hom. Il.* XIX, 97 ff., weil Amphitryon seinen Oheim und Schwiegervater Elektryon erschlagen hatte und deshalb aus Mykenä geflohen war, s. *Hesiod. Scut. Herc.* v. 11. 80. Von der Hera gehasst und verfolgt, wurde er infolge eines übereilten Schwures des Zeus (s. *Hom. Il.* a. a. O.) genötigt, dem Eurystheus, einem viel schlechteren Manne, zu dienen, in dessen Auftrag er schwere, unwürdige Werke verrichtete, *Hom. Il.* VIII, 362. Homer führt von diesen Werken nur das eine an, dafs er den Hund des Hades aus der Unterwelt heraufholte und nach Mykenä brachte, *Il.* V, 395. *Odyss.* XI, 622; aufserdem wird bei Homer noch der Ermordung des Iphitos, *Od.* XXI, 22—30, der Ermordung der Söhne Nestors, *Il.* XI, 690 ff., und seines Feldzuges nach Troja gedacht, *Il.* XX, 145. XXI, 442; auch von seinem Tode kennt Homer die späteren Sagen nicht, s. *Il.* XVIII, 115. *Od.* XI, 600 ff. Bei Hesiod finden sich noch einige wenige andere Sagen erwähnt, so die vom nemeischen Löwen, *Theog.* 326—332, von der lernäischen Schlange, *ebend.* 314 ff., von den Rindern des Geryones, *ebend.* 287, von der Tötung des Adlers, der die Leber des Prometheus frass, *ebend.* 530, und des Kyknos, *Sc. Herc.* 122 ff. Alles übrige gehört der weiteren Entwickelung des Mythos an, wie sich dieselbe teils unter dem phönikischen Einfluss (Melkarth), teils in Gemäßheit neuer unter den Hellenen selbst aufkommender Ideen vollzog: so die zwölf Arbeiten, die Motivierung der Knechtschaft bei Eurystheus, die Selbstverbrennung auf dem Öta (*Soph. Trachin.*) u. s. w. Am vollständigsten ist der ganze Mythos im Zusammenhang bei Apollodor zusammengestellt, II, c. 4, 5 bis c. 7. Vgl. auch *Xen. Mem.* II, 1, 21.

18) Mit Atreus ging die Herrschaft in Mykenä von den Persiden auf die Pelopiden über. Sthenelos nämlich heiratete die Tochter des Pelops, Nikippe, *Apollod.* II, 4, 5, und übergab den beiden Söhnen des Pelops, Atreus und Thyestes, die Herrschaft vor Midea, s. *ebend.* §. 6. Als aber Eurystheus gegen die Herakliden nach Attika zog und in dem Kampfe gegen dieselben seinen Tod fand (s. *Anm.* 23), so wurde Atreus erst zum Reichsverweser und dann zum Nachfolger des Eurystheus erhoben, s. *Thuk.* I, 9. Die Herrschaft von Mykenä ging dann auf den älteren Sohn des Atreus, Agamemnon, über, während sein jüngerer Sohn durch die Verheiratung mit Helena, der Tochter des Tyndareos (*Apollod.* III, 10, 6. 7), in den Besitz von Sparta gelangte. Über die Genealogie der Atriden s. *Hom. Il.* II, 105 ff., über ihre Macht s. die Fortsetzung der *Anm.* 15 aus Thukydides mitgeteilten Stelle (I, 9): — καὶ τὸν Μυκηνῶν τοὺς Πελοπίδας μείζους καταστῆναι· ἃ μοι δοκεῖ Ἀγαμέμνων παραλαβὼν καὶ ναυτικῷ ἅμα ἐπὶ πλέον τῶν ἄλλων ἰσχύσας, τὴν στρατείαν οὐ χάριτι τὸ πλεῖον ἢ φόβῳ ξυναγαγὼν ποιήσασθαι· φαίνεται γὰρ ναυσί τε πλείσταις αὐτὸς ἀφικόμενος καὶ Ἀρκάσι προσπαρασχών, ὡς Ὅμηρος τοῦτο δεδήλωκεν (*Il.* II, 576. 610), εἴ τῳ ἱκανὸς τεκμηριῶσαι· καὶ ἐν τοῦ σκήπτρου ἅμα τῇ παραδόσει εἴρηκεν αὐτὸν πολλῇσι νήσοισι καὶ Ἄργεϊ παντὶ ἀνάσσειν (*Il.* II, 108). οὐκ ἂν οὖν νήσων ἔξω τῶν περιοικίδων (αὗται δ' οὐκ ἂν πολλαὶ εἴησαν) ἠπειρώτης ὢν ἐκράτει, εἰ μή τι καὶ ναυτικὸν εἶχεν.

19) Herakles stand dem Dorier Ägimios (oder Ägallos, *Strab.* p. 427) in Kampfe gegen die Lapithen bei, wofür Ägimios der von Herakles gestellten Bedingung gemäß dessen Sohn Hyllos adoptierte und ihm den dritten Teil seines Gebiets und die Nachfolge im Königtum überliefs, *Apollod.* II, 7, 7. *Diod.* IV, 37. *Pind. Pyth.* I, 62. V, 66. Daher die Vereinigung der Dorier und Herakliden, und ebendaher die Teilung der Dorier in die drei Stämme der Ὑλλεῖς, Πάμφυλοι und Δυμᾶνες, s. *Herod.* V, 68. *Steph. Byz.* s. v. Δυμᾶνες.

20) Theseus, Sohn des Ägeus (oder Poseidon) und der Äthra, der Tochter des Königs Pittheus von Trözen, s. Apol-

X — 1001 v. Chr. Vorgeschichtliches Zeitalter.

logie der berühmtesten Königsgeschlechter in Argos, Athen und Theben.

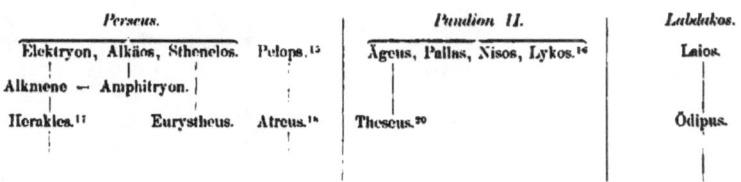

Perseus.

Elektryon, Alkäos, Sthenelos. Pelops.[15]
|
Alkmene — Amphitryon.
|
Herakles.[17] Eurystheus. Atreus.[18]

Pandion II.

Ägeus, Pallas, Nisos, Lykos.[16]

Theseus.[20]

Labdakos.

Laios.

Ödipus.

Ind. III, 16, 1. *Plut. Thes.* 3. *Paus.* 27, 28, tötete, nachdem er in Trözen herangewachsen, auf dem Wege nach Athen den Periphetes, Sinis, die krommyonische Sau, den Skiron, Kerkyon, den Damastes oder Prokrustes, *Plut. Thes.* 6 — 11, überwand und vernichtete dann die Pallantiden, die Söhne des Pallas (s. *Anm.* 16), *Plut.* 13, fing den marathonischen Stier, *Plut.* 14. *Paus.* I, 27, 9, tötete darauf den Minotauros und machte damit dem Tribut (*Anm.* 16) ein Ende, *Plut.* 15 — 22 vgl. *Hom. Od.* XI, 321. *Schol. Hom. Il.* XVIII, 590; als er dann nach dem Tode des Ägeus selbst zur Herrschaft gelangt war, machte er Athen zum Mittelpunkt und Sitz der Herrschaft für die ganze Landschaft, indem er die Ratsversammlungen der einzelnen bisherigen Landesteile aufhob und dieselben in dem Prytaneion von Athen vereinigte (συνοικισμός, Fest der συνοίκια und der παναθήναια), *Plut.* 24. *Thuk.* II, 15, lud Fremde nach Athen und gründete das Fest der μετοίκια, *Plut. a. a. O.*, teilte das ganze Volk in die drei Stände der εὐπατρίδαι, γεωμόροι und δημιουργοί, *Plut.* 25, besiegte dann noch die in Attika einfallenden Amazonen, *Plut.* 26. 27. *Paus.* I, 2, 1. 17, 2. *Aesch. Eumen.* 685, eroberte Megaris wieder und gründete die isthmischen Spiele, *Plut.* 25, wurde aber gleichwohl ungeachtet dieser Heldentaten und Verdienste (er soll auch das Königtum haben abschaffen und die Demokratie einführen wollen, *Plut.* 25. *Thuk.* II, 15), während er mit seinem Freunde und Genossen Peirithoos abwesend war, um für diesen die Kore zu entführen, *Plut.* 31. *Apollod.* III, 10, 7, von Menestheus, der die Vornehmen gegen ihn aufwiegelte, aus der Herrschaft verdrängt und starb in Skyros, *Plut.* 30 — 35. Die weitere Reihenfolge der Könige s. S. 19 *Anm.* 9.

21) Der Schauplatz der Sage von der Argonautenfahrt sind die Städte Iolkos und Halos, das am pagasäischen Meerbusen, die infolge ihrer günstigen Lage (s. S. 2) sich ähnlich wie Korinth schon früh durch Handel und Schiffahrt zu großer Blüte erhoben und reiche Schätze gewonnen haben mochten [und eben deshalb sich auch den Phöniziern zu Niederlassungen empfohlen mußten]. In Halos (*Herod.* VII, 197. *Strab.* p. 433, oder auch in Orchomenos, *Paus.* IX, 34, 5) wohnte Athamas, König der Minyer, Sohn des Äolos (*Hesiod.* bei Tzetzes *ad Lyc.* 284. *Apollod.* I, 7, 3), welcher mit der Nephele Phrixos und Helle und nachher mit der Ino Learchos und Melikertes (vgl. *Anm.* 8) zeugte. Nach seinem Tode folgte ihm sein Bruder Kretheus, von dessen 5 Söhnen Pelias, Neleus, Äson, Pheres, Amythaon (*Hom. Od.* XI, 254 ff.) der erstgenannte Iolkos zum Sitz seiner Herrschaft machte und von hier aus den Iason, Sohn des Äson, den er seines Herrschaftsanteils beraubt hatte, aussandte, um das goldne Vliefs des Phrixos zurückzuholen. Dies der äußere Rahmen, in den die Argonautensage gefaßt ist, über welche s. *Hom. Il.* VII, 467. *Od.* XII, 69 — 72. *Hesiod. Theog.* 955 — 962. 991 — 1003. *Fragm.* 85. 86. 111. 114. 145. 183. *Pind. Pyth.* IV. *Herod.* I, 2. IV, 179. VII. 197. *Apollod.* I, 9. *Paus.* IX, 34, 4. I, 44, 11. Als Teilnehmer des Zugs werden nach und nach alle berühmten Helden der Zeit von der Sage aufgenommen: außer Argos, dem Erbauer des Schiffes Argo, Herakles, Orpheus, Kastor und Polydeukes, Theseus, Peleus, Telamon, Idas und Lynkeus, Zetes und Kalais, Meleagros u. a., s. *Apollod.* I, 9, 16. Das Ziel des Zuges, erst nur in unbestimmter Ferne gedacht, fixiert sich in dem Maße immer mehr, wie der Osten (seit dem 8. Jahrh.) immer bekannter wird, und eben so wird der Weg immer genauer angegeben mit den Hauptstationen Lemnos, Lampsakos, Kyzikos, Herakleia, Sinope. Zugleich aber wird nach und nach alles, was die Griechen von sagenhaften Meerfahrten und Meerabenteuern kannten, in die Sage aufgenommen, so namentlich von Apollonios (ungefähr 200 v. Chr.) in seinem epischen Gedicht Argonautica. [Für den Zusammenhang der Argonautensage mit dem phönikischen Einfluß spricht außer dem Namen Melikertes und der dem Melikertes zu teil gewordenen göttlichen Verehrung unter Anderem auch noch die beabsichtigte Opferung des Phrixos und der Helle, der damit in Zusammenhang stehende noch im 5. Jahrh. erhaltene Volksglaube in Halos, daß, wer sich vom Geschlecht der Athamantiden im Prytaneion daselbst blicken lasse, dem Zeus Laphystios (d. h. dem Verschlinger) geopfert werden müsse, *Herod.* VII, 197, ferner der enge Zusammenhang der Sage mit Lemnos, einem Hauptsitze der phönikischen Niederlassungen, u. a. m.]

22) Die Genealogie des Hauses des Kadmos s. *Herod.* V, 59 — 61. *Apollod.* III, 4, 2. 5, 5 ff. *Paus.* IX, 3. Die Ödipussage, über deren frühere einfachere und mehrfach abweichende Gestalt s. *Hom. Od.* XI, 271 — 280. *Il.* XXIII, 680. *Paus.* IX, 5, 5. *Pind. Ol.* II, 43 — 45, wurde nach-

J. v. Chr.	(Sagenhafte) Geschichte.	der Hellenen.	Genea
		Ägimios.	
1200	. . . .	Pamphylos, Dymas.	
1198	Zug der Epigonen gegen Theben.[24]		
1193– 1184 [25]	Trojanischer Krieg.[26]		
1166	. . . .		
1133	. . . .		
1124	Einfall der Thessaler in das (nunmehr so benannte) Thessalien; die Böoter aus Arne in Thessalien vertrieben.[27]		

her von den Tragikern so erweitert und umgestaltet, wie sie hauptsächlich in den Sieben gegen Theben des Äschylos, im König Ödipus und im Ödipus auf Kolonos des Sophokles und in den Phönissen des Euripides vorliegt und von Apollodor zusammengefafst ist. III, 5, 7—9. Über den Zug der Sieben, über welchen sich mehrere einzelne, besonders den Tydeus betreffende Züge auch bei Homer finden, *Il.* IV, 376. V, 802. X, 285, s. die Zusammenstellung der verschiedenen Sagen *Apollod.* III, 6. Die Namen der Sieben: Adrastos (über welchen s. *Herod.* V, 67. *Pind. Nem.* IX, 25—65, Enkel des Bias), Amphiaraos (der von seiner Gemahlin Eriphyle zur Teilnahme verlockt wurde, *Hom. Od.* XI, 327, Urenkel des Melampus; Bias und Melampus aber, Enkel des Krethous, des Sohnes des Äolos, waren von Prötos, jeder in ein Drittel des Reiches von Argos eingesetzt worden, *Herod.* IX, 34. *Apollod.* II, 2, 2. *Paus.* II, 18, 4. *Diod.* IV, 86). Kapaneus (der Nachkomme des Pröton im 4ten Glied), Hippomedon, Parthenopäos, Tydeus, Polyneikes, s. *Apollod.* III, 6, 3. Auf dem Hinwege nach Theben wurden die neumäischen Spiele gestiftet, *Apollod.* ebend. §. 4.

23) Herakles hatte seine Kinder dem Beherrscher von Trachis, Keyx, anvertraut. Auf Verlangen des Eurystheus entsandte sie dieser aber zu Theseus nach Attika, wo sie Zuflucht und Schutz fanden. Eurystheus machte deshalb einen Einfall in Attika, wurde aber in der Schlacht im marathonischen Felde besiegt und erschlagen, s. *Apollod.* II, 8, 1. *Paus.* I, 32, 5. 44, 14. *Herod.* IX, 27. *Thuk.* I, 9. Vgl. *Strab.* p. 377. *Diod.* IV, 57. Hyllos zog darauf, nachdem er dem Orakelspruche zufolge die dritte Frucht abgewartet, nach dem Peloponnes, um sein Erbe, das Reich der Pelopiden, zu erobern, wurde aber auf dem Isthmus in einem Zweikampfe mit dem Tegeaten Echemos erschlagen, s. *Herod.* IX, 26. *Apollod.* II, 8, 2. *Paus.* I, 41, 3. 44, 14. VIII, 5, 1. 45, 2. *Diod.* IV, 58.

24) [Nach *Apollod.* III, 7, 2 war der Zug der Epigonen 10 Jahre später als der der Sieben; indes mufs man wegen *Hom. Il.* VI, 222 wenigstens einen Zwischenraum von 15 Jahren annehmen.] Die Teilnehmer des Zuges sind die Söhne der Sieben (daher Epigonen), nämlich Ägialeus, Sohn des Adrastos, Diomedes, Sohn des Tydeus, Sthenelos, S. des Kapaneus, Promachos, S. des Parthenopäos, Thersandros, S. des Polyneikes, Alkmäon, S. des Amphiaraos. Der Letztgenannte ist der Führer des Feldzugs, durch welchen Theben genommen wird, nachdem Laodamas, S. des Eteokles, geflohen ist. Thersandros wird König von Theben. S. *Herod.* V, 61. *Apollod.* III, 7, 2—4. *Paus.* IX, 5, 7. 8, 3. Vgl. *Hom. Il.* IV, 406. *Pindar. Nem.* VIII, 41 ff.

25) Die obige Jahresbestimmung beruht auf dem Zeugnis des Eratosthenes (in der 2. Hälfte des 3. Jahrh. v. Chr.) und *Apollodor*, a. *Clem. Alex. Strom.* I, 21, p. 402: Ἐρατοσθένης τοῖς χρόνοις ὧδὲ ἀναγράφει· Ἀπὸ μὲν Τροίας ἁλώσεως ἐπὶ Ἡρακλείδων κάθοδον ἔτη ὀγδοήκοντα, ἐντεῦθεν δὲ ἐπὶ τῆς Ἰωνίας κτίσιν ἔτη ἑξήκοντα, τὰ δὲ τούτοις ἑξῆς· ἐπὶ μὲν τὴν ἐπιτροπίαν τὴν Λυκούργου ἔτη ἑκατὸν πεντήκοντα ἐννέα, ἐπὶ δὲ προηγούμενον ἔτος τῶν πρώτων Ὀλυμπίων ἔτη ἑκατὸν ὀκτώ, also 776 + 108 + 159 + 60 + 80 = 1183; *Diodor.* I, 5: Ἀπὸ δὲ τῶν Τρωικῶν ἁκολούθως Ἀπολλοδώρῳ τῷ Ἀθηναίῳ τίθεμεν ὀγδοήκοντα ἔτη πρὸς τὴν κάθοδον τῶν Ἡρακλειδῶν, ἀπὸ δὲ ταύτης ἐπὶ τὴν πρώτην Ὀλυμπιάδα ὀκτὼ λείποντα τῶν τριακοσίων καὶ τριάκοντα, συλλογιζόμενοι τοὺς χρόνους ἀπὸ τῶν Ἀνασιδήμου βασιλευσάντων, folglich 776 + 328 + 80 = 1184, ebenso ebend. XIV, 2, 3. XIX, 1. *Dionys. Hal.* I, 74. Einen Teil dieser Zahlen finden wir auch *Thuk.* I, 12, und so scheint die oben angenommene Zeitbestimmung des trojanischen Kriegs Grundlage oder doch wesentliches Glied eines weitverbreiteten chronologischen Systems für die älteste Geschichte gewesen zu sein. Doch finden sich auch mehrfache

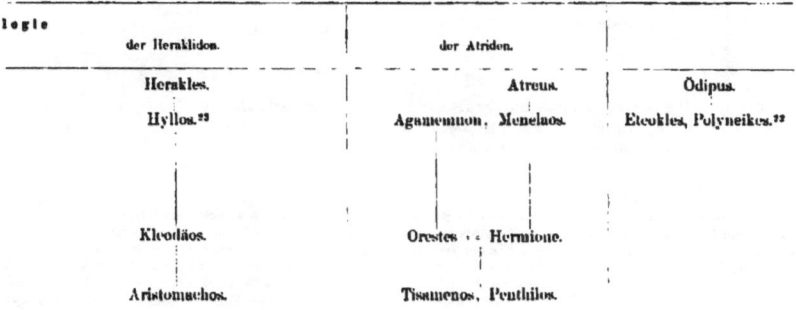

anderweite Angaben. So 1217—1208, *Marm. Par.*, ungefähr 1280, *Herod.* II, 145, vgl. II, 13 u. s. w. (Die Abweichung *Thuk.* V, 112 ist eine nur scheinbare, da es sich dort nur um eine runde Zahl handelt.) [Von einer andern Grundlage aus würden sich die Zahlangaben für den trojanischen Krieg wie für die nächsten Ereignisse etwa um 100 Jahre herabrücken, vgl. S. 22 *Anm.* 18 u. S. 25 *Anm.* 22.

26) Über den Schwur, den Tyndareos den Freiern um die Hand seiner Tochter Helena abnahm, als Veranlassung des trojanischen Kriegs, s. *Apollod.* III, 10, 7—9, vgl. *Thuk.* I, 9: Ἀγαμέμνων τέ μοι δοκεῖ τῶν τότε δυνάμει προύχων καὶ οὐ τοσοῦτον τοῖς Τυνδάρεω ὅρκοις κατειλημμένους τοὺς Ἑλένης μνηστῆρας ἄγων τὸν στόλον ἀγεῖραι. Die Hauptheiden des Kriegs auf seiten der Griechen (die bei Homer unter den Gesamtnamen Ἀχαιοί, Ἀργεῖοι, Δαναοί begriffen werden, s. *Thuk.* I, 3) sind außer Agamemnon und Menelaos: Achilleus, Sohn des Peleus, des Beherrschers von Phthia, Nestor von Pylos, Odysseus von Ithaka, Āas, Telamons Sohn, von der Insel Salamis, Diomedes, des Tydeus Sohn, Sthenelos, Sohn des Kapaneus, Āas, Sohn des Oīleus, Idomeneus von der Insel Kreta u. a. Der König der Troer ist Priamos, der sein Geschlecht von Dardanos ableitet (Dardanos — Erichthonios — Tros — Ilos — Laomedon — Priamos). Auf ihrer Seite treten nur Hektor und Aineias als Helden hervor, jener Sohn des Priamos, dieser des Anchises (Tros — Assarakos — Kapys — Anchises). Übrigens wurden die Troer von Phrygern, Lykiern, Mäoniern, Thrakern und selbst von Päoniern vom Ufer des Axios unterstützt. Über die Stärke der Kriegsmacht der Griechen stellt Thukydides folgende Betrachtung an, I, 10: νομίζειν δὲ (εἰκὸς) τὴν στρατιὰν ἐκείνην μεγίστην μὲν γενέσθαι τῶν πρὸ αὐτῆς, λειπομένην δὲ τῶν νῦν, τῇ Ὁμήρου αὖ ποιήσει εἴ τι χρὴ κἀνταῦθα πιστεύειν, ἣν εἰκὸς ἐπὶ τὸ μεῖζον μὲν ποιητὴν ὄντα κοσμῆσαι, ὅμως δὲ φαίνεται καὶ οὕτως ἐνδεεστέρα

πεποίηκε γὰρ χιλίων καὶ διακοσίων νεῶν (genauer 1186), τὰς μὲν Βοιωτῶν εἴκοσι καὶ ἑκατὸν ἀνδρῶν *Il.* II, 510), τὰς δὲ Φιλοκτήτου πεντήκοντα (ebend. 719), δηλῶν ὡς ἐμοὶ δοκεῖ τὰς μεγίστας καὶ ἐλαχίστας, wonach die Zahl der Streiter sich auf etwa 100 000 Mann berechnet, wozu sich nach *Hom. Il.* II, 123 ff. die Zahl der Troer wie 1 zu 10 verhält. Die politischen Verhältnisse der Griechen erscheinen bei Homer so, wie wir sie nachher in der monarchischen Zeit in den hellenischen Staaten überhaupt und wie wir sie namentlich in dem spartanischen Staate wieder finden, nur daß sie bei Homer nirgends umgrenzt sind und nirgends auf Gesetzen oder sonstigen Feststellungen, sondern überall auf göttlicher Ordnung beruhen. Überall steht ein König an der Spitze (οὐκ ἀγαθὸν πολυκοιρανίη, εἷς κοίρανος ἔστω, *Il.* II, 204) von göttlicher Abkunft (διογενεῖς βασιλῆες), dem als solchem zur Ausstattung ein öffentliches Grundstück (τέμενος) gebührte und dem man Ehrengeschenke und Ehrenstücke von der Beute (γέραα, δωτῖναι, δῶρα, θέμιστες) darbrachte; neben und unter ihm die seinen Rat bildenden Edeln (γέροντες, μέδοντες, ἡγήτορες, ἄριστοι, βασιλῆες, ἄνακτες), endlich das Volk, welches vorzunehmt wurde, jedoch ohne feste Regel, und nur, um die Beschlüsse des Königs und seines Rates zu vernehmen; neben diesen Klassen der vollkommen Freien noch die Θῆτες und δμῶες, letztere entweder im Kriege als Beute gewonnen oder von Seeräubern erhandelt. Man bemerke noch die Erwähnung der Phratrien und Phylen an folgender Stelle: κρίν᾿ ἄνδρας κατὰ φῦλα, κατὰ φρήτρας, Ἀγάμεμνον, ὡς φρήτρη φρήτρηφιν ἀρήγῃ, φῦλα δὲ φύλοις, *Il.* II, 362.

27) Über die Zeitbestimmung s. *Anm.* 25. Über die Sache s. *Thuk.* I, 12: καὶ μετὰ τὰ Τρωικὰ ἡ Ἑλλὰς ἔτι μετανίστατό τε καὶ κατῳκίζετο ὥστε μὴ ἡσυχάσασαν αὐξηθῆναι· ἥ τε γὰρ ἀναχώρησις τῶν Ἑλλήνων ἐξ Ἰλίου χρονία γενομένη πολλὰ ἐνεόχμωσε καὶ στάσεις ἐν ταῖς πόλεσιν ὡς ἐπὶ πολὺ ἐγίγνοντο,

J. v. Chr.	(Sagenhafte) Geschichte.	Genealogie der Herakliden.	der Atriden.
			Aristomachos.
1104	Die Dorier unter Führung der Herakliden Temenos, Aristodemos und Kresphontes im Peloponnes; die Ätoler unter Oxylos in Elis.²⁸	Temenos, Aristodemos, Kresphontes.	

ἀφ' ὧν ἐκπλέοντες τὰς πόλεις ἔκτιζον. Βοιωτοὶ τε γὰρ οἱ νῦν ἑξηκοστῷ ἔτει μετὰ Ἰλίου ἅλωσιν ἐξ Ἄρνης ἀναστάντες ὑπὸ Θεσσαλῶν τὴν νῦν Βοιωτίαν, πρότερον δὲ Καδμηΐδα γῆν καλουμένην ᾤκισαν, ἦν δὲ αὐτῶν καὶ ἀποδασμὸς πρότερον ἐν τῇ γῇ ταύτῃ, ἀφ' ὧν καὶ ἐς Ἴλιον ἐστράτευσαν. Die Thessaler, aus Thesprotien kommend, *Herod.* VII, 176 (Θεσσαλοὶ ἦλθον ἐν Θεσπρωτῶν οἰκήσοντες γῆν τὴν Αἰολίδα, τήνπερ νῦν ἔκτηνται), setzten sich in der Landschaft fest, die nun erst von ihnen den Namen Thessalien erhält, s. *ebend.*, und vertreiben die Armäer aus dem Spercheiosthale, die sich nach Bäotien werfen und dasselbe in Besitz nehmen, s. *Thuk. a. a. O. Diod.* IV, 67. *Paus.* X, 8, 3. *Strab.* p. 401, ferner die am Pindos wohnenden Dorier, welche wieder die am Südabhange des Öta wohnenden Dryoper vertreiben und hier die sogen. dorische Tetrapolis gründen, s. *Herod.* I, 56. VIII, 31, 73. *Paus.* IV, 34, 6.

28) Der Enkel des Hyllos, Aristomachos, in der dritten Frucht des Orakelspruchs (s. *Anm.* 23) richtiger das dritte Geschlecht erkennend, erneute den Feldzug nach dem Peloponnes, nahm aber, die Weisung des Orakels, daß er „auf der Wasserengen" eindringen solle, mißverstehend, seinen Weg über den Isthmos, und wurde daher besiegt und erschlagen. Nun zog sein Sohn Temenos mit seinen Brüdern und den Doriern nach dem Vorgebirge Antirrhion. Laute daselbst Schiffe (daher Naupaktos, s. *Ephoros* bei *Strab.* p. 426), und setzte, von dem „dreiäugigen Führer", dem Ätoler Oxylos geleitet (*Ephor.* bei *Strab.* p. 357), nach dem Peloponnes über. Dort wurde Tisamenos in einer großen Schlacht geschlagen, worauf Temenos Argos, Aristodemos Sparta, Kresphontes Messenien in Besitz nahmen, s. *Thuk.* I, 12. *Herod.* I, 56. VI, 52. *Inscr. Archidam.* p. 119. *Ephor.* bei *Strab.* p. 357. *Apollod.* II, 8. *Paus.* II, 18, 6. V, 3, 5. Oxylos nahm mit Zustimmung der Herakliden das Land der Epeer in Besitz, nachdem daselbst der Ätoler Pyriechmes den Epeer Degmenos im Zweikampf besiegt hatte, s. *Ephor. a. a. O. Paus.* V, 4. Tisamenos wandte sich mit den Achäern nach der nunmehr sogenannten Landschaft Achaja und schlug die Ioner, worauf sich die Achäer daselbst festsetzten. *Paus.* II, 18, 7. VII, 1, 3. *Herod.* I, 145. VIII, 73. *Polyb.* II, 41, 4. *Strab.* p. 383.

Zweite Periode.
1104 bis 500 v. Chr.
Das Zeitalter der inneren Entwickelung des Hellenentums.

Nachdem die Dorier feste Wohnsitze erlangt und ihre Herrschaft begründet haben, kommt auch im übrigen Griechenland die bisherige fast ununterbrochene Bewegung zur Ruhe. Dies hat die Folge, dafs in den einzelnen Staaten der Trieb zur inneren Entwickelung und Gestaltung der Verhältnisse Raum gewinnt; in den meisten derselben wird das Königtum bald abgeschafft; an seine Stelle tritt eine aristokratische Verfassung; diese wird gewöhnlich, nachdem sie entartet ist, gestürzt, und nach einer kurzen Unterbrechung der natürlichen Entwickelung durch die Tyrannis beginnt sodann in einem grofsen Teile der griechischen Staaten die Neigung zur Demokratie sich geltend zu machen. Daneben bildet sich allmählich unter den sämtlichen griechischen Staaten das Bewufstsein der Zusammengehörigkeit, das Nationalgefühl, aus, wofür sich teils die Ausbreitung und das wachsende Ansehen der hellenischen Dorier, teils der Einflufs der Nationalspiele und des delphischen Orakels als besonders förderlich erweist. Nach aufsen hin wird der Einflufs Griechenlands und sein Handelsverkehr durch Kolonieen begründet, welche die ringsherum gelegenen Küsten des Mittelmeers in das hellenische Leben hineinziehen.

Gleichzeitig nimmt die eigentümliche, nach den Gesetzen innerer Notwendigkeit geschehende Entwickelung der griechischen Litteratur ihren Anfang mit dem Epos und der Lyrik, während die Kunst sich noch nicht von den Fesseln des Hergebrachten und Symbolischen frei zu machen vermag und ihre Fortschritte sich daher zunächst auf das Technische beschränken.

Anm. Die Quellen sind im ganzen dieselben wie in der vorigen Periode. Die wertvollsten Nachrichten über diese Periode sind vorzugsweise bei Herodot zu finden; noch immer aber sind wir — abgesehen von Plutarch, von welchem die Lebensbeschreibungen des Lykurg und Solon hierher gehören — fast nur auf zerstreute Notizen angewiesen. Für die griechischen Kolonieen sind diese aufser bei Herodot und Strabo hauptsächlich noch in der *Περιήγησις* des s. g. Skymnos aus Chios (ed. Meineke) und in einem Auszug aus dem geographischen Lexikon (*Ἐθνικά*) des Stephanos von Byzanz (5 Jahrh. n. Chr.) zu suchen; für die Nationalspiele und was damit zusammenhängt, bieten Pindar und die Scholiasten zu demselben manche Ausbeute; für die Verfassungsgeschichte sind die Politika des Aristoteles die wichtigste und lehrreichste Quelle. — Am dürftigsten sind die Nachrichten für die 3 Jahrhunderte, welche zwischen der Wanderung der Dorier und Herakliden und der ersten Olympiade liegen und gewissermafsen die Grenzscheide zwischen dem mythischen und dem historischen Griechenland bilden.

Erster Abschnitt.
1104 bis 776 v. Chr.

Von der dorischen Wanderung bis zur ersten Olympiade. Entwickelung der Folgen der dorischen Wanderung.

J. v. Chr.	(Sagenhafte) Geschichte.
1104	Temenos, König von Argos[1], Aristodemos, König von Sparta[2], Kresphontes, König von Messenien.[3] Aristodemos stirbt und hinterläfst die Herrschaft seinen Zwillingssöhnen Eurysthenes und Prokles, den Stammvätern der beiden spartanischen Königshäuser.[4]

---

1) Nach *Apollod.* II, 8, 4. *Paus.* IV, 3, 3, wurde zwischen Temenos, Kresphontes und den Söhnen des Aristodemos (s. *Anm.* 2) durch das Los über den Besitz der drei Landschaften Argolis, Messenien und Lakonika entschieden, vgl. *Eurip.* bei *Strab.* p. 366. *Polyaen.* I, 6. *Schol. Soph. Ai.* 1271. Indes kamen die Landschaften keineswegs sofort in den vollen und unbeschränkten Besitz der Eroberer. In Argolis befestigte Temenos Temenion in der Nähe von Argos; von hier aus führte er den Krieg gegen Tisamenos und die Achäer und gewann so Argos, s. *Paus.* II, 38, 1. vgl. *Strab.* p. 368. *Polyaen.* II, 12. Temenos wurde, wie berichtet wird, von seinen Söhnen ermordet, *Apollod.* II, 8, 5. *Paus.* II, 19, 2; von seinen Nachfolgern auf dem Königsthrone sind (außer Pheidon, über welchen s. *Anm.* 28) etwa noch folgende zu nennen: Keisos, Medon, ... Lakides, ... Meltas, mit welchem das Königtum in Argos (wahrscheinlich erst im 5. Jahrh. v. Chr., s. *Herod.* VII, 149) sein Ende erreichte, s. *Paus.* II, 19, 2. Vgl. ebend.: Ἀργεῖοι δὲ ἅτε ἰσηγορίαν καὶ τὸ αὐτόνομον ἀγαπῶντες ἐν παλαιοτάτου τὰ τῆς ἐξουσίας τῶν βασιλέων ἐς ἐλάχιστον προήγαγον, ὡς Μήδωνι τῷ Κείσου καὶ τοῖς ἀπογόνοις, τὸ ὄνομα λείπεσθαι τῆς βασιλείας μόνον. Μέλταν δὲ τὸν Λακήδου τὸν ἀπόγονον Μήδοντος τὸ παράπαν ἔπαυσεν ἀρχῆς καταγνοὺς ὁ δῆμος. — Nach *Herod.* I, 82 gehörte übrigens die ganze Ostküste von Lakonika bis Malea nebst Kythera und den benachbarten Inseln ursprünglich zu dem Gebiete von Argos, welches mehrere Jahrhunderte lang an der Spitze der dorischen Staaten der Halbinsel stand.

2) Dies nach *Herod.* VI, 52 die Annahme der Spartaner selbst, während „die Dichter" (und nach ihnen die meisten späteren Schriftsteller, s. *Xen. Ages.* VIII, 7. *Apollod.* II, 8, 2. *Strab.* p. 364. *Paus.* III, 1, 5. IV, 3, 3 u. a.) den Aristodemos vorher umkommen und erst die Söhne in Sparta einziehen lassen. Nach *Ephor.* bei *Strab.* p. 364. 365 wird Lakonika anfänglich in 6 Teile geteilt und den bisherigen Bewohnern gestattet, unter gleichen Rechten mit den Eroberern wohnen zu bleiben, worauf sie dann unter Agis, dem Sohne des Eurysthenes, unterworfen worden seien. Nach *Paus.* III, 2, 6 wurde Ägys erst unter Archelaos, Amyklä, Pharis, Gerantbrä unter Teleklos und Helos nach §. 7 ebend. sogar erst unter Alkamenes unterworfen.

3) Kresphontes gewann Messenien durch einen Vergleich mit den bisherigen Bewohnern, die seine Herrschaft anerkannten (mit Ausnahme der Neliden von Pylos, welche nach Athen auswanderten, s. *Anm.* 9), und denen er dafür gleiche Rechte mit seinen Doriern einräumte; zur Hauptstadt machte er Stenyklaros, wo demnach auch die Dorier hauptsächlich ihren Wohnsitz hatten. S. *Ephor.* bei *Strab.* p. 361. *Paus.* IV, 3, 3. Er wird später von den unzufriedenen Doriern mit seinem ganzen Geschlechte erschlagen; nur einer seiner Söhne Äpytos bleibt am Leben, der ihm im Königtum folgt, *Paus.* a. a. O. §. 5. *Apollod.* II, 8, 5. (Nach einer andern Überlieferung war Äpytos ein arkadischer Fürst, mit dem also ein Wechsel der Dynastie stattgefunden haben würde.) Die folgenden Könige bis auf den ersten messenischen Krieg sind: Glaukos, Isthmios, Dotadas, Sybotas, Phintas, Antiochos und Androkles, Euphaes, *Paus.* IV, 3, 5. 6. 4, 1. 3. 5, 2. Über die Beschaffenheit der Landschaft in Vergleich mit Lakonika s. *Eurip.* bei *Strab.* 366: τὴν Λακωνικὴν ἡ γὰρ ἔχειν „πολὺν μὲν ἄροτον, ἐκπονεῖν δ᾽ οὐ ῥάδιον, κοίλη γάρ, ὄρεσι περίδρομος, τραχεῖά τε δυσείσβολός τε πολεμίοις", τὴν δὲ Μεσσηνικὴν „καλλίκαρπον κατάρρυτόν τε μυρίοισι νάμασι καὶ βουσὶ καὶ ποίμναισιν εὐβοτωτάτην οὔτ᾽ ἐν πνοιαῖσι χείματος δυσχείμερον οὔτ᾽ αὖ τεθρίπποις ἡλίου θερμὴν ἄγαν."

4) Über die Ursache, warum beide (übrigens erst in diesem Jahr geborenen) Zwillinge Könige wurden und infolge davon das Königtum auch fernerhin zwischen den Nachkommen beider geteilt blieb, s. *Herod.* VI, 52; indes war das Haus des Eurysthenes das angesehenere und an Rang höher stehende, s. ebend. 51. Beide Königshäuser wurden aber gewöhnlich nicht nach diesen Stammvätern, sondern das eine von Agis, dem Sohne des Eurysthenes, das andere von Eurypon, dem Enkel des Prokles benannt (Agidon oder Agiaden

J. v. Chr.	Dorier.	Athen.	Kolonieen.
			1) dorische:
1074	Korinth durch Aletes der dorischen Herrschaft unterworfen.[5] Von Argos aus werden, mittelbar oder unmittelbar, Sikyon, Trözen, Epidauros und Ägina dorisiert.[6]		Thera.[7]
1066	Megara dorisch.[8]	Tod des Kodros, Abschaffung des Königtums, Einsetzung lebenslänglicher Archonten aus dem Geschlechte der Neliden.[9]	Melos[10], Kos nebst Kalydnos und Nisyros, Knidos[11].

und Eurypontiden), s. *Paus.* III, 2, 1. 7. 1. *Plut. Lyc.* 2. Sie standen während ihrer Minderjährigkeit unter der Vormundschaft ihres Oheims Theras, waren übrigens, als sie herangewachsen waren, beständig untereinander uneinig, *Herod.* VI, 52. *Paus.* III, 1, 6, und so auch ihre Nachkommen, *Herod. a. a. O. Arist. Pol.* II, 6. Die weiterhin angegebene Reihe der Könige (die als einer der Hauptstützpunkte für die Chronologie von einigem Wert und Interesse ist) gründet sich hauptsächlich auf *Pausan.* III, 2—10. *Herod.* VII, 204. VIII, 131, und hinsichtlich der Dauer ihrer Regierungen auf *Eusebius chron. Arm.* ed. A. *Mai* I, 166, ed. *Schöne* II, p. 58 ff. *Müller, fragm. histor. Grace.* I, p. 443 f.).

5) Aletes war der Sohn des Hippotes, welcher sein Geschlecht von Antiochos, dem Sohne des Herakles, ableitete (Herakles — Antiochos — Phylas — Hippotes — Aletes), s. *Paus.* II, 4. 3. *Diod.* bei *Syncell.* p. 176 C. Nach *Didymos* bei *Schol. Pind. Olymp.* XIII, 17 geschah die Gründung der dorischen Herrschaft in Korinth im 30. Jahre nach der Einwanderung der Dorier. Hippotes hatte den Zug der Dorier begleitet, hatte aber in Naupaktos den Seher Karnos erschlagen und war deshalb flüchtig geworden, s. *Conon.* 26. *Apollod.* II, 8, 3. *Paus.* III, 13, 3. Aletes (so genannt von der Flucht und dem Herumirren seines Vaters) bezwang Korinth, indem er sich, ähnlich wie Temenos in Temenion, auf dem Hügel Solygeios in der Nähe der Stadt verschanzte und hier aus die Stadt bekriegte, s. *Thuk.* IV, 42. Die Aufnahme der Dorier geschah auf dem Wege des Vergleichs, weshalb die bisherige Bevölkerung wohnen blieb (sie bildete neben den 3 dorischen Stämmen 5 andere, jenen untergeordnete, *Suid. s. v.* πάντα ὀκτώ), s. *Paus. a. a. O.* Nach Aletes herrschten noch 10 Könige (der 5te darunter Bakchis) daselbst, hierauf jährlich wechselnde Prytanen bis auf Kypselos, s. *Paus. a. a. O.* §. 4. *Diod. a. a. O.*

6) Sikyon durch Phalkes, einen Sohn des Temenos, s. *Paus.* II, 6, 4, Trözen, wie aus *Ephor.* bei *Strab.* p. 389 zu folgern, durch Agrios, einen andern Sohn des Temenos, s. *Paus.* II, 30, 9, Epidauros durch Deiphontes, den Schwiegersohn des Temenos, s. *Paus.* II, 29, 5 vgl. 26, 3. Von Epidauros aus wurde dann Ägina dorisiert, s. *Herod.* VIII, 40 vgl. V, 83. *Paus.* II, 29, 5 (durch Trinkon, *Schol. Pind. Nem.*

III, 1. *Tretzes zu Lyc.* 176). Daß diese Städte in früherer Zeit in einer gewissen Abhängigkeit von Argos standen, geht aus einzelnen später noch erhaltenen Überresten dieses Verhältnisses hervor, s. *Herod.* VI, 92. *Thuk.* V, 63.

7) Die Kolonie wurde von Theras, einem Abkömmling des Kadmos und Ödipus, ausgeführt, der als Oheim des Königs Eurysthenes und Prokles die Regentschaft in Sparta führte, s. *Anm.* 4, und es dann nach Beendigung dieses Geschäfts verschmähte, als Unterthan daselbst zu leben; an ihn schlossen sich die Minyer an, welche in Sparta eine Zuflucht gesucht hatten. Hauptstelle: *Herod.* IV, 145—149. Vgl. *Callim. Hymn. in Ap.* 74. *Strab.* p. 347. 484. *Paus.* III, 15, 4. VII, 2, 1. 2.

8) *Herod.* V, 76. *Strab.* p. 392—393. *Paus.* 1, 39, 4. Der Zug geschah unter der Führung des Aletes, *Conon.* 26. *Schol. Pind. Nem.* VII, 155.

9) Nach Menestheus, der dem Theseus die Herrschaft in Athen entzogen hatte (s. S. 13. Anm. 20), kamen die Thesiden wieder auf den Thron, und es regierten von diesen nacheinander Demophon, Oxyntes, Alpheidas, Thymötes. Letzterer aber wurde vom Throne gestoßen, weil er sich beim Einfall der Böoter in Attika (s. *Erste Per. Anm.* 27) feig zeigte. Statt seiner wurde der Nelide Melanthos, der mit den übrigen Neliden durch die Dorier aus Pylos vertrieben worden war (s. Anm. 3) und jetzt den feindlichen Anführer im Zweikampf tötete, auf den Thron gehoben. S. *Paus.* II, 18, 7. *Strab.* p. 393. *Herod.* V, 65. *Ephor. fr.* 25. *Polyaen.* I, 19. Ihm folgte sein Sohn Kodros, der bei dem Zuge der Dorier gegen Athen sein Vaterland durch seinen Opfertod rettete und dadurch zugleich die Veranlassung gab, daß das Königtum — freilich zunächst nur dem Namen nach — abgeschafft wurde. Am ausführlichsten *Lycurg. adv. Leocr.* p. 158. Vgl. *Herod.* V, 76. *Pherecyd. fr.* 110. *Polyaen.* I, 18. *Conon.* 26. Der erste der Archonten war Medon, ein Sohn des Kodros.

10) Nach *Thuk.* V, 84 waren die Melier Λακεδαιμονίων ἄποικοι. Nach *Conon.* 36 bei *Photios* p. 445. *Plut. Quaest. Grace.* c. 21. *Polyaen.* VII, 94 wurde die Kolonie von Achäern gegründet, denen einst zum Lohn für den Verrat des Philonomus Amyklä zum Wohnort angewiesen worden war. Ein Teil der Auswanderer ging weiter nach Gortynä auf Kreta.

J. v. Chr.	Sparta		Argos	Kolonieen.	
	Agiden	Eurypontiden		1) dorische:	2) äolische:
1066.	. . . .		. . . .	dos, Halikarnafs, Rhodos, mehrere Städte auf Kreta.[11]	
1062.	Agis.				
1054.					Gründung der 12 Städte auf der Nordwestküste von Kleinasien und der Städte auf den Inseln Lesbos, Tenedos und Hekatonnesoi.[12]
1053.	. . . .	Soos.			
1050.					Kyme (Cumä) in Mittelitalien.[14]
1044.	. . . .		Phlius durch Rhegnidas dorisiert[13].		

11) Die Tradition in betreff der oben genannten dorischen Kolonieen ist schwankend und unsicher. Auf Kreta wohnen schon bei Homer die *Δωριέες τριχάϊκες*, *Odyss.* XIX, 177, und es worden daher die ersten dorischen Niederlassungen auf Tektamos oder Toktaphos, einem Sohn des Doros, zurückgeführt, s. *Diod.* V, 80. *Strab.* p. 475—476. *Steph. Byz. s. v. Δωριον.* Später geht nach dem Tode des Kodros der Herakliden Althämenes aus Megara nach Kreta, *Strab.* p. 653 vgl. p. 479. Dieser Althämenes soll dann nach Rhodos gegangen sein und dieses dorisiert haben (die 3 Städte Lindos, Kameiros, Ialysos), *Ephor.* bei *Strab.* p. 479. *Conon.* 47. *Diod.* V, 59. *Apollodor.* III, 2. Daneben werden aber *Thuk.* VII, 57 die Rhodier *Ἀργείων γένος* genannt und nach *Strab.* p. 645 geht gleichzeitig mit der Kolonie des Althämenes eine andere ebenfalls aus Megara nach Rhodos, Kos, Knidos und Halikarnafs. Auch wird die Kolonisierung von Kos nebst Kalydnos und Nisyros von Herodot (VII, 99) auf Epidauros, die von Halikarnafs von demselben (a. a. O. vgl. *Strab.* p. 656. *Paus.* II, 30, 8) auf Trözen zurückgeführt, und die Knidier heifsen *Λακεδαιμονίων ἄποικοι, Herod.* I, 174. vgl. *Diod.* V, 61. *Paus.* X, 11. *Strab.* p. 653. Von den sämtlichen oben genannten dorischen Kolonieen bildeten übrigens die 3 Städte von Rhodos mit Kos, Knidos und Halikarnafs eine Genossenschaft, die sogenannte dorische Hexapolis, welche auf dem Vorgebirge Triopion ein gemeinschaftliches Heiligtum hatte und daselbst ein jährliches Bundesfest feierte, aus der indes Halikarnafs später ausgestofsen wurde, s. *Herod.* I, 144. *Dionys. Hal.* IV, 25.

12) Die Ausführung der Kolonieen soll schon von Orestes (auf Veranlassung einer Pest, *Demo* bei *Schol.* zu *Eurip. Rhes.* v. 250) begonnen und nach vielfachen langen Verzögerungen von Gras, dem Urenkel des Orestes (Orestes — Penthilos — Archelaos — Gras) und von Kloues und Malaos,

welche ebenfalls Abkömmlinge des Agamemnon genannt werden, bewirkt worden sein; und zwar wird dem ersteren im besonderen die Kolonisierung von Lesbos, den beiden andern die von Kyme, der bedeutendsten unter den Städten des Festlandes, zugeschrieben, s. *Strab.* p. 582. 621 (vgl. *Pind. Nem.* XI, 34. *Hellanikos* bei *Tzetzes* zu *Lykophr.* 1374). Die Kolonisierung von Lesbos wird 130 Jahre nach der Zerstörung von Troja, die von Kyme 20 Jahre später angesetzt, (*Ps.-*) *Plut. v. Homer.* 36, vgl. *Hellan. a. a. O.* Die Kolonisten hielten sich auf ihrem Zuge in Böotien auf und hier schlossen sich zahlreiche (äolische) Böoter an; daher die Bezeichnung der Kolonieen als äolische, *Strab.* p. 204 vgl. *Thuk.* VII, 57. Über die Kolonieen selbst ist die Hauptstelle *Herod.* I, 149 bis 151. Die Namen der 12 Städte des Festlandes, welche die ganze Küste von Kyme bis Abydos umfassen (s. *Ephoros* bei *Strab.* p. 600), sind hiernach: Kyme, Larissa, Neon Teichos, Temnos, Killa, Notion, Ägiroessa, Pitane, Ägäi, Myrina, Gryneia, Smyrna, letzteres später von den Kolophoniern den Äolern entrissen und dem ionischen Städtebunde zugeführt, *Herod. a. a. O. Strab.* p. 633; auf Lesbos wurden 6 Städte gegründet, Mytilene, Methymna, Antissa, Pyrrha, Eresos, Arisba, von denen die letztgenannte später von Methymna unterworfen wurde, auf Tenedos und Hekatonnesoi je eine mit der Insel gleichnamige, *Herod. a. a. O.*

13) Rhegnidas war der Sohn des Phalkes (s. Anm. 6) und Enkel des Temenos. Die Unterwerfung geschah auf dem Wege des Vertrags, so dafs der bisherige Bevölkerung wohnen blieb. S. *Paus.* II, 13, 1 vgl. 12, 6.

14) Von Kyme in Kleinasien und Chalkis in Euböa gegründet, die älteste der hellenischen Kolonien in Italien, wie überhaupt ausser dem Gebiete des ägäischen Meeres, s. *Strab.* p. 243. *Vellei. Pat.* I, 4. *Euseb.* bei *Syncell.* p. 300. (II, p. 60 ed. *Schöne.*)

J. v. Chr.	(Sagenhafte) Geschichte.	Kolonieen.	Kunst und Litteratur.
		3) ionische:	
1044.	. . . .	Gründung der 12 ionischen Städte auf der Südwestküste von Kleinasien und auf Chios und Samos unter Führung von Söhnen des Kodros.[15]	
1031.	Echestratos.		
	Eurypon.[16]		
996.	Labotas.		
978.	. . . . Prytanis.		
	Beginn der Feindseligkeiten zwischen		
959.	Sparta und Argos.[17]		
	Doryssos.		. . . . *Blüte der epischen Poesie.*
930.	Agesilaos.		Homeros und Homeriden.
929.	. . . . Eunomos.		Ilias und Odyssee."

15) Über die Zeit der Gründung dieser Kolonieen s. die Hauptstellen des Eratosthenes und Apollodor, S. 14. *Anm.* 25. Über die Kolonieen selbst und ihre Gründung s. bes. *Herod.* I, 142—148. *Strab.* p. 632 ff. Als Führer derselben treten hauptsächlich die Söhne des Kodros hervor, Neleus, dem die Gründung von Milet zugeschrieben wird, *Herod.* IX, 97. *Paus.* VII, 2, 1. *Aelian.* V. H. VIII, 5. *Strab.* p. 633, und Androklos, der Gründer von Ephesos, *Strab.* p. 632. *Paus.* VII, 2, 5. Die Namen der Städte: Miletos, Myus, Priene (diese 3 im Gebiet von Karien), Ephesos, Kolophon, Lebedos, Teos, Klazomenä und Phokäa (in Lydien), Erythrä, Samos und Chios, *Herod.* I, 142. Als Teilnehmer an dem Zuge werden ausser den Ionern aus dem Peloponnes noch Abanter aus Euböa, Minyer aus Orchomenos, Kadmeer, Dryoper, Phoker, Molosser, Arkader und sogar Dorier aus Epidauros genannt. *Herod.* I, 146 vgl. *Paus.* VII, 2, 2. IX, 37, 3. Die 12 Städte (später nach dem Zutritt von Smyrna 13, s. *Anm.* 12) bildeten einen Bund mit einem gemeinschaftlichen Heiligtum, dem Panionion, welches am Abhange des Mykalegebirges errichtet und dem Poseidon geweiht wurde, *Herod.* I, 148. Über die glückliche Lage dieser Städte, welche sich in politischer und geistiger Beziehung rascher entwickelten als das Mutterland, aber auch schnell wieder verblühten, s. *Herod.* I, 142: Οἱ δὲ Ἴωνες οὗτοι, ὧν καὶ τὸ Πανιώνιον ἐστι, τοῦ μὲν οὐρανοῦ καὶ τῶν ὡρέων ἐν τῷ καλλίστῳ ἐτύγχανον ἱδρυσάμενοι πόλιας πάντων ἀνθρώπων ὧν ἡμεῖς ἴδμεν. Außer diesen Städten gab es noch zahlreiche ionische Niederlassungen auf den Inseln, s. *Herod.* VII, 95. VIII, 48.

16) Die Könige Soos, Eurypon und Polydektes fehlen an der *Anm.* 4 angeführten Stelle des Eusebios. Es ist deshalb nicht möglich, die Dauer ihrer Regierungen genau zu bestimmen.

17) Nach *Paus.* III, 2, 2—3 hatten die Spartaner unter Echestratos Kynuria erobert und fingen unter Labotas und Prytanis den Krieg mit den Argeiern an, weil diese sich hinsichtlich des eroberten Gebietes Beeinträchtigungen erlaubt haben sollten, vgl. *ebend.* 7, 2.

a) Die Angaben der Alten über das Zeitalter Homers schwanken zwischen 1159, Ἴωνες bei *Philostratus Heroic. c.* 18, und 685, *Theopomp.* bei *Clem. Alexand. Strom.* I. c. A. p. 389. Bei weitem die meisten und gewichtigsten derselben setzen ihn gleichzeitig mit der Einwanderung der Ioner nach Kleinasien oder später. Gleichzeitig insbesondere Aristoteles, (Pseud.-) *Plut. vit. Hom.*, und Aristarch, *Ps. Plut. a. a. O. Clem. Alex. a. a. O.*, also um 1044, später Apollodor, Tatian. p. 108, *Clem. Alex. a. a. O.*, nämlich um 944, und noch später der älteste Zeuge *Herodot*. II, 53: Ἡσίοδον γάρ καὶ Ὅμηρον ἡλικίην τετρακοσίοισι ἔτεσιν δοκέω μευ πρεσβυτέρους γενέσθαι καὶ οὐ πλέοσι, also um 850. Zwischen den Zeitbestimmungen des Aristoteles und des Herodot hält also die Angabe des Apollodor die Mitte. Auf die Ehre, für Homers Geburtsort zu gelten, machten in späterer Zeit verschiedene Städte Anspruch, s. *Antipat. Sidon. Ep.* XLIV. *Anthol. Pal.* II. p. 716, vgl. *Ep. inc.* 486 f.: Ἑπτὰ πόλεις μάρναντο σοφὴν διὰ ῥίζαν Ὁμήρου, [Σμύρνη, Χίος, Κολοφών, Ἰθάκη, Πύλος, Ἄργος, Ἀθῆναι, vgl. *Ep. Antipater* (Ps.-) *Plut. v. Hom. Procl. v. Hom.* Von diesen haben zwei den begründetsten Anspruch: Chios, wo die Sängerzunft der Homeriden heimisch war, *Pind. Nem.* II, 1: Ὅθεν περ καὶ Ὁμηρίδαι | ῥαπτῶν ἐπέων τὰ πόλλ' ἀοιδοί | ἄρχονται. Schol. a. a. O.: Ὁμηρίδας ἔλεγον τὸ μὲν ἀρχαῖον τοὺς ἀπὸ τοῦ Ὁμήρου γέ-

J. v. Chr.	(Sagenhafte) Geschichte.	Kunst und Litteratur.
886.	Archelaos. Polydektes.	
884.[18]	. . . . Charilaos.	

18) Dies ist nach Eratosthenes und Apollodor das Jahr, in welchem Lykurg die Vormundschaft übernahm, s. S. 14. *Anm.* 25, und auf welchem auch die bei Eusebios nach Apollodor angenommenen Regierungsjahre der spartanischen *Könige* beruhen. Nach *Herod.* I, 65 war indes Lykurg der Vormund des Labotas, also im dritten Geschlecht nach Eurysthenes; nach *Thuk.* I, 18 muſs die Gesetzgebung des Lykurg etwa 60 Jahre nach dem obigen Datum angesetzt werden. Noch ist zu bemerken, daſs nach Herodot a. a. O. Lykurg die Gesetzgebung sogleich vornahm, nachdem er Vormund geworden (ὡς γὰρ ἐπετρόπευσε τάχιστα μετέστησε τὰ νόμιμα πάντα),

nach Ephoros bei *Strab.* p. 482 erst, nachdem Charilaos die Herrschaft selbst übernommen; vorher soll er, um Verdacht zu vermeiden, nach Kreta gegangen sein und sich dort aufgehalten haben, vgl. *die folg. Anm.* [Noch andere Zeitangaben s. *Plut. Lyc.* 1.] Nach einer häufig vorkommenden Nachricht ordnete Lykurg zusammen mit dem Eleer Iphitos die olympischen Spiele und richtete den Gottesfrieden (ἐκεχειρία) für die Dauer der Spiele ein, s. *Aristot.* bei *Plut. Lyc.* 1, vgl. *ebend.* 23. *Paus.* V, 4, 4. 20, 1. *Athen.* XI, p. 495 f. Weiteres hierüber s. z. J. 776.

ταύτῃ, οἳ καὶ τὴν ποίησιν αὐτοῦ ἐκ διαδοχῆς ᾖδον, *Strab.* p. 646, wie denn auch der blinde Sänger des Homerischen Hymnus auf Apoll (den Thukydides für den Homer selber hält, III, 104) und Simonides Chios als die Vaterstadt des Homer ansahen, *Anon. vit. Homer.* Gleichen Anspruch erhebt Smyrna, wo dem Homer ein Heiligtum Ὁμήρειον mit einer Bildsäule geweiht war, *Strab.* p. 646. *Cic. pro Arch.* 8, und nach der einheimischen Sage Homer in einer Grotte an den Quellen des Flusses Meles dichtete und als Sohn des Flußgottes Μελησιγενής genannt wurde, (*Ps.-*) *Plut. v. Hom. Proël. e. Hom. Paus.* VII, 5, 6. Nächstdem kommt die Insel Ios in Betracht, *Aristot.* bei *Gell.* III, 11, 6, wo das Grab des Homer gezeigt wurde, *Pausan.* X, 24, 3, und die Bewohner der Insel ihm Opfer brachten, *Varr.* bei *Gell. a. a. O.* Aus der Pflege Homerischer Poesie in diesen und anderen Städten entstand ihr Anspruch, als Geburtsstätten des Dichters zu gelten. Ebenso wenig wie über die Zeit wussten die Griechen irgend etwas Sicheres über seine sonstigen Lebensumstände. Jedenfalls sind die Homerischen Dichtungen in einer der Westküste Kleinasiens entstanden; von da wurden sie nach dem europäischen Mutterlande verpflanzt, und zwar nach Sparta angeblich durch Lykurg, *Plut. Lyc.* c. 4, nach Argos schon vor Kleisthenes Zeit, *Herod.* V, 67. *Aelian. V. H.* IX, 15. Zu Athen waren sie schon heimisch zur Zeit des Solon und Peisistratos, *Diog. Laert.* I, 57. *Aelian. V. H.* VIII, 2; Stücke derselben wurden bei Götterfesten vorgetragen, namentlich in Athen an den Panathenäen auf Anordnung des Solon nach bestimmter Anweisung der einzelnen sich ablösenden Sänger, *Diog. Laert.* I, 57: τὰ δὲ Ὁμήρου ἐξ ὑποβολῆς γέγραφε (Σόλων) ῥαψῳδεῖσθαι, οἷον ὅπου ὁ πρῶτος ἔληξεν, ἐκεῖθεν ἄρχεσθαι τὸν ἐχόμενον, ὡς ᾖ φησι Διευχίδας ἐν πέμπτῳ Μεγαρικῶν. Diese Sänger wurden daher ῥαψῳδοί, Liederverknüpfer, genannt, *Bekk. Anecd.* II, p. 760: συνάψαντες γὰρ τοῖς κατάλληλον ἀεὶ νοεῖν ἀπαρτίζοντες στίχους Ὁμηρικοὺς καὶ ὑφαίνειν τὸ ἐῤῥαψῳδοῦν μέλος. Peisistratos ließ um diese Zeit durch eine Kommission von Gelehrten, den sog. Diaskeuasten,

die zerstreuten oder nicht fest geordneten Homerischen Gesänge sammeln und nach bestimmter Folge ordnen, *Cramer Anecd. Graec. Paris.* I, p. 6. *Schol. Plautin. Cod. Hom. saec.* XV. *Pausan.* VII, 26, 6. *Cic. de orat.* III, 34. *Epigr. Bkk. Anecdot.* II, p. 768: ὃς τὸν Ὅμηρον ἤθροισα ἀποσπάρην τὸ πρὶν ἀειδόμενον. Welche Gedichte dem Homer zuzuschreiben seien, darüber waren schon die Alten zweifelhaft. Von einigen Gelehrten wurde ihm eine große Anzahl der verschiedenartigsten Gedichte beigelegt, *Suid. s. v.* Ὅμηρος, eine andere Schule der alten Grammatiker wollte nur die Ilias *Homers* gelten lassen, *Procl. vit. Hom.*: Ὀδύσσειαν, ἣν Ξένων καὶ Ἑλλάνικος ἀφαιροῦνται αὐτοῦ (Ὁμήρου), schrieben also Ilias und Odyssee verschiedenen Verfassern zu und wurden daher οἱ χωρίζοντες, die Sonderer, genannt. Dafs vor der Ilias und Odyssee längst Lieder über Heldensagen, insbesondere über den troischen Sagenkreis zur Kithara gesungen wurden, beweisen die Stellen in beiden Gedichten, an denen Sänger wie Achilleus, Demodokos, Phemios vom „Ruhme der Männer", *Il.* IX, 189, vom „Streit des Odysseus und Achilleus", *Od.* VIII, 73, von den „Thaten und Drangsalen der Achäer", *Od.* VIII, 489, vom „Bau des hölzernen Pferdes und vom Trojas Fall", *a. a. O.*, von der „unglücklichen Heimfahrt der Achäer", *Od.* I, 326, sangen. Vgl. auch *Herod.* II, 23. Auch den späteren Ursprung einzelner Stücke der Homerischen Gedichte hatten alexandrinische Gelehrte schon erkannt; Aristarch und Aristophanes hielten den Schluſs der Odyssee für unecht von XXIII, 296 an, *Schol.* und *Eustath.* z. d. V.; ähnlich urteilte Aristarch über das vierundzwanzigste Buch der Ilias; auſserdem wurde eine große Anzahl von einzelnen Versen als spätere Einschiebsel von denselben Gelehrten bezeichnet. [Die neuere kritische Forschung, besonders angeregt durch Fr. A. Wolf (Prolegomena ad Homerum, 1795), ist auf diesem Wege weiter fortgeschritten und hat die Einheit des Dichters wie der Abfassungszeit sowohl der Ilias als der Odyssee in Abrede gestellt. Für die Ilias insbesondere haben sich neuerdings neben dem

J. v. Chr.	(Sagenhafte) Geschichte.	Kunst und Litteratur.
884.	Lykurg, jüngerer Sohn des Eunomos und Bruder des Polydektes, führt als Vormund des Charilaos die Regierung[19]; er macht durch seine Gesetzgebung den in Sparta eingerissenen Parteiungen und Unordnungen ein Ende und setzt die Grundlagen der spartanischen Verfassung und Sitte auf die Dauer von Jahrhunderten fest.[20]	Homerische Hymnen.ᵇ Hesiodos und seine Schule. Ἔργα καὶ ἡμέραι. Θεογονία.

19) Unsere (viel Unsicheres und Widersprechendes enthaltende) Kunde über die Lebensgeschichte Lykurgs beruht fast ausschließlich auf der Biographie des Plutarch, nach welcher er vor seiner Gesetzgebung (s. dagegen die Stelle des Herodot in der vor. Anm.) nach Kreta, Kleinasien und Ägypten gereist und sich überall bei seinem Werke auf das Orakel zu Delphi gestützt haben soll (über letzteren Umstand und über den Zusammenhang seiner Gesetze mit Kreta vgl. *Herod.* I, 65).
20) Über die ἀνομία vor Lykurg s. *Herod.* I, 65. *Thuk.* I, 18. *Plat. Lyr.* 2. Über die Gesetzgebung Lykurgs überhaupt sind die Hauptstellen außer Plutarch *Aristot. Pol.* II, 6. *Xenoph. de reb. Lac. Ephoros* bei *Strab.* p. 481 ff. und das ausführliche Urteil über dieselbe *Polyb.* VI, 48—50. Die Verfassung erscheint im allgemeinen als eine genauere Feststellung der Homerischen politischen Zustände. An der Spitze stehen die zwei Könige, über welche s. *Anm.* 4. Über ihre Rechte und Ehren s. besonders *Herod.* VI, 56—60. Ihnen zur Seite steht der Rat der Alten, γερουσία, mit Einschluß der beiden Könige (welche aber auch nur je 1 Stimme hatten, s. *Thuk.* I, 20, vgl. *Herod.* VI, 57) aus 30 Mitgliedern bestehend, s. *Plut. L.* 26. Neben diesen Staatsgewalten erhoben sich nach und nach zu immer höherer Macht die fünf Ephoren (nach *Herod.* I, 65. *Xen. de rep. L.* VIII, 3 von Lykurg selbst, nach *Plat. Legg.* III. p. 692. *Arist. Pol.* V, 9. *Plut. L.* 7. 27 erst von Theopomp. eingesetzt), welche aus dem Volke (ἐκ τοῦ δήμου, *Arist. Polyb.* II, 6, daher οἱ τυχόντες genannt, ebend.) auf je 1 Jahr gewählt wurden und endlich fast alle Regierungsgewalt an sich rissen. Die Volksversammlung endlich (ἀλία, *Herod.* VII, 134, ἀπέλλαζεν, *Plut. L.* 6) hatte nur die Anträge des Rats der Alten (später auch der Ephoren) entweder anzunehmen oder zu verwerfen,

Glauben der Alten von dem Ursprung der Gedichte hauptsächlich zwei verschiedene Ansichten herausgestellt. Nach der einen ist die Ilias aus einer Anzahl kleinerer Lieder zusammengewachsen, die verknüpft, durch eingelegte Stücke ausgefüllt und überarbeitet wurden; Homeros ist also keine geschichtliche Person, sondern nur eine persönliche Auffassung und Darstellung dieser ganzen Dichtungsart. Nach der andern Ansicht wählte ein großer, überlegener Dichtergeist, Homeros, aus den älteren Liedern über den troischen Sagenkreis die Erzählung von dem Zorn des Achilleus (*Il.* I, 1) aus und dichtete nach einheitlichem Plan eine Achilleis, eine Ilias von geringerem Umfange. Diese ward durch Genossenschaften von geistesverwandten Sängern weiter und reicher ausgedichtet sowohl in den Grenzen des ursprünglichen Planes als durch eingelegte Stücke und Rhapsodien, die sich nicht innerhalb desselben hielten. In Betreff der Odyssee hat die neuere Forschung überwiegende Gründe dafür aufgestellt, daß sie jüngeren Ursprungs ist als die Ilias, daß sie aber von vornherein nach bestimmtem einheitlichen Plan aus dem Vorrat der älteren Lieder über die Rückkehr der Achäerfürsten angelegt, dann reicher ausgedichtet und durch spätere Einschiebsel und Zusätze erweitert ist.] Den Wert der Homerischen Poesie haben schon die Alten treffend bezeichnet. So *Aristot.* bei *Plut. de Pyth. orac.* p. 398 a: Ἀριστοτέλης μὲν οὖν μόνον Ὅμηρον ἔλεγε κινούμενα ὀνόματα ποιεῖν διὰ τὴν ἐνέργειαν, und *Cic. Tusc.* V, 39, 114: Traditum est etiam Homerum caecum fuisse. At eius picturam, non poesin videmus. Quae regio, quae ora, quid locus Graeciae, quae species formaeque pugnae, quae acies, quod remigium, qui motus hominum, qui ferarum non ita expictus est, ut, quae ipse non viderit, nos ut videremus, effecerit. Den verschiedenen Charakter der Dichtung in der Ilias und Odyssee bestimmt *Aristot. Poet.* 21, 3: ἡ μὲν Ἰλιὰς ἁπλοῦν καὶ παθητικόν, ἡ δὲ Ὀδύσσεια πεπλεγμένον· ἀναγνώρισις γὰρ διόλου καὶ ἠθική.
b) Die sogenannten Homerischen Hymnen, 33 an der Zahl, stammen aus sehr verschiedenen Zeiten. Die älteren und größeren, auf den delischen und den pythischen Apoll, auf Aphrodite, auf Hermes und auf Demeter, gehören noch dem Zeitalter der Homeriden an, *Thukyd.* III, 104. *Schol. Pind. Nem.* II, 1. *Paus.* IX, 30, 6. *Athen.* I, p. 22 b: Ὅμηρος ἦ γὰρ τις Ὁμηρίδων ἐν τοῖς εἰς Ἀπόλλωνα ὕμνοις. Späteren Ursprungs sind die unter Homers Namen überlieferten Ἐπιγράμματα und zwei parodischen Epen, der verloren gegangene Μαργίτης und der erhaltene Βατραχομυομαχία, über deren Verfasser schon die Alten sehr zweifelhaft waren. *Aristot. Poet.* 4. *Harpocr. v. Μαργίτης. Suid. s. Ὅμηρος. Plut. de malign. Herod.* 43. *Tzetzes Exeg. Il.* p. 37.
c) Hesiodos war geboren zu Askra in Böotien, wohin sein Vater aus dem äolischen Kyme gewandert war. Wann er gelebt hat, darüber sind die Angaben verschieden, *Tzetzes Chil.* XII, 165 ff.: Ἡσίοδος ὁ πρότερος κατά τινας Ὁμήρου, κατά τινας δ' ἰσάχρονος, ὕστερος κατ' ἑτέρους. Für älter als Homer hielten ihn unter andern Ephoros, *Gell.* III, 11, 2, und Nikokles, *Schol. Pind. Nem.* II, 1, für gleichzeitig mit

J. v. Chr.	(Sagenhafte) Geschichte.
826.	Teleklos.
824.	.... Nikandros.

nicht aber selbst Anträge zu stellen. Es bestand aber dieses Volk nur aus den Spartiaten, den Nachkommen der dorischen Eroberer, welche die einzigen Vollbürger und die Beherrscher des Landes waren. Dieselben waren in die 3 Phylen der Hylleer, Pamphylen und Dymanen (s. S. 12. *Anm.* 19), in (wahrscheinlich 30) Oben, s. *Plut. Lyc.* 6, wahrscheinlich auch in eine bestimmte Anzahl von Geschlechtern geteilt, und ursprünglich untereinander in Rang und Rechten gleich (ὅμοιοι, *Xenoph. de rep. L.* X, 70. *Isocrat. Areop.* §. 61), während in der späteren Zeit die καλοὶ κἀγαθοί, *Arist. Pol.* II, 6, 15, oder γνώριμοι, *ebend.* V, 6, 7, als eine höhere Klasse der Spartiaten vor den übrigen (ὑπομείονες, *Xenoph. Hell.* III, 3, 6?) hervorgehoben worden. Außer den Spartiaten gab es noch die zwei untergeordneten Klassen der Bevölkerung: Περίοικοι, auch *Ἀκτιδαμόνιοι* genannt, und *Πλωτις* (entweder von der Stadt Helos, *Plut. L.* 2. *Ephoros* bei *Strab.* p. 365, oder (richtiger) vom Verbalstamme Ϝελ, so genannt), erstere persönlich frei, aber ohne allen Anteil am Stimmrecht in der Volksversammlung und an den Ehrenrechten, letztere Leibeigene, aber nicht der einzelnen Spartiaten, denen sie immer nur vom Staate zum Dienst zugewiesen wurden, sondern des Staates, s. besonders *Ephoros a. a. O.* und hauptsächlich dazu verwandt, die Ländereien der Spartiaten zu bebauen und die Spartiaten als Leichtbewaffnete im Kriege zu begleiten, s. *Herod.* IX, 28, wo erwähnt wird, daß bei Plataä 35000 Spartiaten 35000 Heloten als Leichtbewaffnete bei sich haben. (*Νεοδαμώδεις*, Freigelassene, s. z. B. *Thuk.* V, 34. VII, 19. 48. 58. *Xenoph. Hell.* III, 1, 4. 4, 2, μόθακες, Helotenkinder, welche mit Kindern der Spartiaten erzogen und nachher in der Regel freigelassen wurden, s. *Phylarch* bei *Athen.* VI, 271, die κρυπτεία, *Plut. Lyc.* 28, ein Beispiel von Grausamkeit gegen Neodamoden, *Thuk.* IV, 80. Ungefähres Verhältnis der Seelenzahl der 3 Stände zur Zeit der Blüte Spartas: 40000 Spartiaten, 120000 Periöken, 200000 Heloten.) Über den Charakter der Lykurgischen Verfassung überhaupt s. *Aristot. Pol.* II, 3: Ἔνιοι μὲν οὖν λέγουσιν, ὡς δεῖ τὴν ἀρίστην πολιτείαν ἐξ ἁπασῶν εἶναι τῶν πολιτειῶν μεμιγμένην· διὸ καὶ τὴν τῶν Λακεδαιμονίων ἐπαινοῦσιν· εἶναι γὰρ αὐτὴν οἱ μὲν ἐξ ὀλιγαρχίας καὶ μοναρχίας καὶ δημοκρατίας φασί, λέγοντες τὴν μὲν βασιλείαν μοναρχίαν, τὴν δὲ τῶν γερόντων ἀρχὴν ὀλιγαρχίαν, δημοκρατεῖσθαι δὲ κατὰ τὴν τῶν ἐφόρων ἀρχὴν διὰ τὸ ἐκ τοῦ δήμου εἶναι τοὺς ἐφόρους, und ausführlicher *Polyb.*

---

demselben Herodot, II, 53, Hellanikos und Pherekydes, *Procl. vit. Hom.*, sowie das Epigramm eines Dreifußes auf dem Helikon, *Dio Chrysost. or.* II. p. 76: Ἡσίοδος Μούσαις Ἑλικωνίαι τόνδ᾽ ἀνέθηκεν | ὕμνῳ νικήσας ἐν Χαλκίδι θεῖον Ὅμηρον, für später Philochoros und Xenophanes, *Gell.* III,

VI, 10. — Ein besonderes Augenmerk richtete aber Lykurg darauf, daß Sinn und Sitte der Spartiaten durch geeignete Institutionen der Gesetzgebung gemäß gebildet und namentlich das παιδαγωγεῖν und das κυριεύειν bei ihnen möglichst stark entwickelt wurde. Daher die Ackerverteilung, durch welche jedem Familienhaupte unter den Spartiaten ein bestimmter Grundbesitz zugewiesen wurde, über den er weder durch Kauf oder Verkauf noch durch Schenkung oder Testament (letzteres bis auf das Gesetz des Ephoren Epitadeus nach dem peloponnesischen Kriege, s. *Plut. Ag.* 5) frei verfügen durfte: zu welchem Behuf die Ländereien der Spartiaten in 9000 Loose (κλῆροι, anfänglich jedoch nur 4500 oder 6000, die volle Zahl erst nach der Eroberung Messeniens) eingeteilt wurden, *Plut. Lyc.* 8. vgl. *Heraclid. Pont.* c. 2. Daher die öffentliche Erziehung, ἀγωγή, die auch Fremden ursprünglich erstreckte, *Xen. de rep. L.* I, 4, an der sich aber namentlich die Knaben und Jünglinge vom 7ten bis zum 30sten Jahre beteiligen mußten, wenn sie nicht das volle Bürgerrecht verlieren wollten, *Arist. Pol.* II, 6, und wobei die Knaben, in *ἴλαι* und *ἀγέλαι* (dor. ϝοέαι) geteilt, unter besonderen Aufsehern (παιδονόμοι, ἀγωγοί) hauptsächlich in der Gymnastik geübt, übrigens auch durch besondere Veranstaltungen (die διαμαστίγωσις am Altar der Artemis Orthia, das Stehlen, *Plut. L.* 18. *Xen. de rep. L.* II. 6) abgehärtet und durch die Unterordnung der jüngern unter die ältern nach mehrfachen Abstufungen (αἰδεῖσθαι, μέλλειρες, πρωτεῖραι, αγμαγίς, εἴρενες) an Gehorsam gewöhnt wurden. Das Prinzip der Erziehung *Thuk.* I, 84: κράτιστον εἶναι ὅστις ἐν τοῖς ἀναγκαιοτάτοις παιδεύεται, ihre Wirkung *Xen. de rep.* L. III, 4. Daher endlich auch die συσσίτια (φιδίτια, ἀνδρεῖα) der Männer mit dem stehenden Gericht der schwarzen Suppe (αἱματία, oder βαφά genannt), die ἐπιχώριοι im Kriege, *Herod.* I, 65. *Thuk.* V, 68, die Beseitigung der edlen Metalle, *Plut. Lyc.* 9. 19. *Lys.* 17. *Pol.* VI, 49, die Beschränkungen des Verkehrs mit dem Auslande (ξενηλασία), *Thuk.* I, 144. II, 39, und anderes mehr. — Um die Spartiaten zur Aufrechthaltung der Gesetze zu zwingen, nahm ihnen Lykurg einen Eid ab, daß sie bis zu seiner Rückkehr nichts ändern wollten, und reiste nach Delphi, kehrte aber nicht wieder zurück, *Plut. Lyc.* 29. 31, und so sind dieselben in der That bis zur Zeit des peloponnesischen Kriegs im wesentlichen unverändert beibehalten worden.

11, 2, Eratosthenes, *Strab.* p. 23, und Apolloder, *Strab.* p. 298. 299. Für die letztere Annahme spricht der Charakter der dem Dichter zugeschriebenen Gedichte. Die Angaben über Hesiods Leben sind sagenhaft und schwankend, *Paus.* IX, 31, 5; sein Grabmal mit der Grabschrift wurde zu Or-

J. v. Chr.	(Sagenhafte) Geschichte.	Kunst und Litteratur.
786.	Alkamenes. Theopompos.	Epische Bearbeitung des griechischen Sagenstoffes durch die kyklischen Dichter.*

chomenos gezeigt, *Paus.* IX, 38, 3. Welche Gedichte nun vom Hesiod herrührten, darüber herrschte bei den Griechen große Meinungsverschiedenheit. Nur die *Έργα καὶ ἡμέραι*, ein Gedicht über das Tagewerk der Land- und Hauswirtschaft, ward einstimmig von allen dem Hesiod zugeschrieben, bis auf die zehn ersten Verse, *Paus.* IX, 31, 4. Doch ist dieses Gedicht schon frühzeitig durch Einschiebsel und Zusätze mannigfach erweitert und entstellt. Die *Θεογονία*, eine epische Zusammenstellung der Sagen von den Zeugungen und Kämpfen der Götter, Riesen und Helden, ist zwar angezweifelt, *Paus.* VIII, 18, 1. IX, 31, 4, wird aber doch nach der allgemeinen Ansicht des griechischen Altertums, namentlich auch der alexandrinischen Gelehrten, für ein Werk des Hesiodos gehalten. Auch die Theogonie hat in ihren Bestandteilen frühzeitig große Veränderungen erlitten und die Gestalt eines lose zusammenhängenden Stückwerkes erhalten. Die *Ἀσπὶς Ἡρακλέους*, Beschreibung des Heraklesschildes bei Gelegenheit des Kampfes zwischen Herakles und Kyknos, wurde schon von alexandrinischen Gelehrten dem Hesiodos abgesprochen, *Bekk. Anecdot.* p. 1165: *εἰσὶ γὰρ καὶ ἐν αὐτοῖς ὁμοίωμα μηδὲν φαυδή, οἷον ἡ Ἀσπὶς Ἡσιόδου καὶ τὰ Ὅμηρα ναυάγια· ἑτέρων γὰρ εἰσι ποιητῶν.* (Verloren gegangen ist der *Κατάλογος* mit den *Ἠοῖα* [ἢ οἴη], Stammbäume berühmter Heroen.)

d) *Κυκλικοί ποιηταί* hießen die Epiker, welche jünger waren als Homer und namentlich die Heldensage bearbeiteten, die den homerischen Sagenstoff umschließt. *Schol. Clem.* p. 104: *Κυκλικοὶ δὲ καλοῦνται ποιηταὶ οἱ τὰ κύκλῳ τῆς Ἰλιάδος ἢ τὰ μεταγενέστερα ἢ μετὰ τῶν Ὁμηρικῶν συγγράψαντες.* Ihre Gedichte sind bis auf unbedeutende Fragmente verloren; wir sind zur Kenntnis derselben besonders auf einen Auszug angewiesen, welchen der Grammatiker Proklos aus ihnen gemacht hat (bei *Phot. cod.* 239), und außerdem auf Bildwerke, welche für den Gebrauch in der Schule angefertigt waren, die s. g. tabula Iliaca (in Rom) und das marmor Borgianum (in Neapel). Den troischen Sagenkreis behandelten folgende Gedichte: *Κύπρια*, vom Ursprung des troischen Krieges bis zum Anfange der Ilias, *Herod.* II, 117. *Athen.* VIII, p. 334 u. XV, p. 682 d. e., *Αἰθιοπὶς* des Milesiers Arktinos, vom Schluß der Ilias bis zum Tode des Achilleus, *Prokl. Chrestom. Phot. Bibl. Cod.* 239. *Suid. v. Ἀρκτῖνος, Ἰλιὰς μικρὰ* des Lesbiers Lesches, *Pausan.* X, 25, 3, oder eines anderen Dichters, *Schol. Eur. Troad.* 821. *Pausan.* III, 26, 7, vom Streit um Achilleus' Waffen bis zur Eroberung der Stadt, *Ἰλίου πέρσις* von Arktinos, *Prokl. Chrest. a. a. O. Hieron. Ol.* 4 p. 80, die Eroberung und Zerstörung der Stadt, *Νόστοι* des Agias von Trözene, *Prokl. a. a. O.*, und anderer Dichter, *Νόστος*, über die Heimfahrten der Griechenfürsten, *Τηλεγονία* des Eugammon von Kyrene um 560 a. Ch., *Clem. Alex. Strom.* VI, p. 751. *Prokl. a. a. O.*, über die Schicksale des Odysseus nach dem Abschluß der Odyssee und über die seines Geschlechts. Anderen Sagenkreisen gehörten an die *Θηβαΐς*, *Paus.* IX, 9, 3. *Ἐπίγονοι*, *Herod.* IV, 32, *Οἰδιπόδεια* von Kinaithos, *Marmor Borgianum*, oder einem anderen Dichter, *Pausan.* IX, 5, 5, *Οἰχαλίας ἅλωσις* des Kreophylos von Samos, *Pausan.* IV, 2, 2, *Ἡράκλεια* des Kinaithos, *Schol. Apollon.* I, 1357, *Μινυάς* des Phokäers Prodikos, *Pausan.* IV, 33, 7 u. a. Ähnlich wie die Theogonie von genealogischem Charakter waren: *Τιτανομαχία*, *Clem. Al. Strom.* I, p. 361, *Ναυπάκτια ἔπη* von dem Nauplaktier Karkinos (?), *Pausan.* X, 38, 6, *Φορωνίς* (Ἀργολικά), *Schol. Apoll.* I, 1129, *Ἀτθίς* von Hegesinos, *Paus.* IX, 29, 1 u. a. Gesondert von den Kyklikern wird Peisandros aus Kameiros auf Rhodos, der wahrscheinlich um 637 blühte, *Suid. v. Πείσανδρος*. In seinem Epos *Ἡράκλεια* stattet er zuerst den Herakles bei seinen Arbeiten mit der Keule aus, *Pausan.* II, 37, 4. VIII, 22, 4. *Strab.* p. 688. *Schol. Apoll.* I, 1195. *Suid. a. a. O. Theokrit. Epigr.* 6. *ed. Ahr.* Unbestimmt ist das Zeitalter des Epikers Asios von Samos, *Athen.* III, p. 125.

Zweiter Abschnitt.

776 bis 500 v. Chr.

Von der ersten Olympiade bis zu den Anfängen der Perserkriege. Ausbreitung der Griechen durch Kolonieen; Entstehung und Sturz der Tyrannenherrschaft in den meisten griechischen Staaten;[21] Aufsteigen der Spartaner zur Hegemonie in Griechenland.

Olympiadenjahr.	J. v. Chr.	Geschichte.
I, 1.	776.	Koroibos, Sieger in den olympischen Spielen, der erste, dessen Name aufgezeichnet wird; Anfang der Olympiaden.[22]

---

21) Die τυραννίς (omnes habentur et dicuntur tyranni, qui potestate sunt perpetua in ea civitate, quae libertate usa est, Corn. Milt. 8, vgl. Arist. Pol. III, 5, 4. 5) entsteht in der Regel dadurch, dafs der Druck der Oligarchenherrschaft Aufruhr oder doch Unzufriedenheit und Feindseligkeit unter dem Volke entzündet, und dafs ein Einzelner dann diese Umstände benutzt, um sich vermittelst des Volks zum Herrn zu machen. In den gemischten dorischen Staaten, in welchen die Bürgerschaft zum Teil aus Nichtdoriern besteht, pflegt dies in der Weise zu geschehen, dafs die Nichtdorier sich gegen die bevorzugte dorische Bevölkerung erheben und dieser die Herrschaft entreißen. Die Hauptstellen über die Tyrannis im allgemeinen sind Plat. de rep. VIII und IX. Xenoph. Hiero und besonders Aristot. Pol. V, 8—9. S. daselbst 8, 3: ὁ δὲ τύραννος (καθίσταται) ἐκ τοῦ δήμου καὶ τοῦ πλήθους ἐπὶ τοὺς γνωρίμους, ὅπως ὁ δῆμος ἀδικῆται μηδὲν ὑπ' αὐτῶν. Φανερὸν δ' ἐκ τῶν συμβεβηκότων. Σχεδὸν γὰρ οἱ πλεῖστοι τῶν τυράννων γεγόνασιν ἐκ δημαγωγῶν, ὡς εἰπεῖν, πιστευθέντες ἐκ τοῦ διαβάλλειν τοὺς γνωρίμους. Über die Mafsregeln, durch welche die Tyrannen ihre Herrschaft gewöhnlich zu begründen suchten, s. das. 9, 2: Ἔστι δὲ τά τε πάλαι λεχθέντα πρὸς σωτηρίαν ὡς οἷόν τε τῆς τυραννίδος, τὸ τοὺς ὑπερέχοντας κολούειν καὶ τοὺς φρονηματίας ἀναιρεῖν καὶ μήτε συσσίτια ἐᾶν μήτε ἑταιρίαν μήτε παιδείαν μήτε ἄλλο μηδὲν τοιοῦτον, ἀλλὰ πάντα φυλάττειν, ὅθεν εἴωθε γίνεσθαι δύο, φρονήματά τε καὶ πίστις. Außer den Tyrannen von Sikyon, Korinth, Megara und Athen, über welche s. unten, werden noch genannt Prokles von Epidauros zur Zeit des Periandros, Herod. III, 50, Pantities in Leontion, Kleandros in Gela, Anaxilaos in Rhegion, Aristot. Pol. V, 10, 4 (wo diese alle zu den Tyrannen der ältern Zeit, d. h. etwa des 6ten Jahrhunderts, gezählt werden und hinzugefügt wird: καὶ ἐν ἄλλαις πόλεσιν ὡσαύτως), Hippokrates und Gelon in Gela, Herod. VII, 154. 155, Telys in Sybaris, Herod. V, 14. Diod. XII, 9. 10, Aristodemos in Cumä, Dionys. Hal. VII, 2—11, Sylosōn in Samos, Herod. III, 39. 139—149,

Polykrates ebendaselbst, Herod. III, 39—50. 120—125, vgl. Polyaen. VI, 44. 1, 23, 1, Lygdamis in Naxos, Herod. I, 61. 64. Arist. Pol. V, 4, 5, und andere. Ihre Herrschaft war meist (doch nicht immer) gewaltthätig und grausam und deshalb auch von geringer Dauer, s. Arist. Pol. V, 9, 21: πασῶν ὀλιγοχρονιώτεραι τῶν πολιτειῶν εἰσὶν ὀλιγαρχία καὶ τυραννίς. πλεῖστον γὰρ ἐγένετο χρόνον ἡ περὶ Σικυῶνα τυραννίς, ἡ τῶν Ὀρθαγόρου παίδων καὶ αὐτοῦ Ὀρθαγόρου, ἔτη δ' αὕτη διέμεινεν ἑκατόν. Zur Bezeichnung der Stimmung der Hellenen gegen die Tyrannen in späterer Zeit möge Eurip. Suppl. 429 dienen: Οὐδὲν τυράννου δυσμενέστερον πόλει, | ὅπου τὸ μὲν πρώτιστον οὐκ εἰσὶν νόμοι | κοινοί, κρατεῖ δ' εἷς, τὸν νόμον κεκτημένος | αὐτὸς παρ' αὑτῷ. Besonders thätig für ihre Vertreibung waren die Spartaner, s. Arist. Pol. V, 8. 18. Plutarch. d. Herod. mal. c. 21. p. 859, welche eben hierin, neben manchem andern günstigen Umständen, ein Hauptmittel fanden, ihre Hegemonie in Griechenland neu zu begründen.

22) Über die angebliche erste Gründung der olympischen Spiele durch Herakles s. Paus. V, 7. 4. Pind. Ol. II, 3. 4. III, 21 u. ö. Polyb. XII, 26, 2. über die Erneuerung derselben durch Klymenos, Pelops, Amythaon u. a., Paus. V, 8, 1. Nach Strabo p. 354 war Oxylos der Gründer, vgl. Paus. V, 8, 2; nach Oxylos sollen die Spiele in Vergessenheit geraten sein, bis Iphitos in Gemeinschaft mit Lykurg sie im Jahre 884 wiederherstellte, s. Anm. 18. Aber erst von dem obigen Jahre an werden die Sieger aufgezeichnet und die Olympiaden gezählt, s. Phlegon Trall. fr. 1. 12 (ed. Müller). [Nach Arist. bei Plut. Lyc. 1 war der Name Lykurgs mit dem des Iphitos als Gründer der olympischen Spiele auf einem in Olympia vorhandenen Diskos eingegraben, vgl. Pausan. V, 20, 1, und nach Phleg. fr. 1 war auf demselben Diskos die Ordnung der olympischen Spiele verzeichnet. Wenn nun nach Paus. VIII, 26, 3 die Inschrift auf dem Grabmale des Koroibos besagte, dafs Koroibos von allen Menschen zuerst gesiegt habe, so gewinnt die Annahme einige Wahrscheinlichkeit,

Olympiaden- jahr.	J. v. Chr.	Dorische Staaten.	Athen.	Kolonieen
				in Italien etc. — im östlichen Meer."
II, 3.	770.	. . . .		Sinope von Milet.[74]

daß Koröbos bei der ersten Feier der von Lykurg und Iphitos neu eingerichteten Spiele Sieger gewesen, Lykurg also in die Zeit der ersten Olympiade gehöre und das frühere Datum nur auf falschen Prämissen späterer Chronologen, vornehmlich des Timäos, s. *Plut. a. a. O.*, beruhe.) Über den Ort der Feier und dessen Morkwürdigkeiten s. *Paus.* V, 10—27. Zuerst bestand der Wettkampf nur im Wettlauf in dem einfachen Stadion (= 600 Fuß, *Gell. N. A.* 1, 1. *Herod.* II, 149); Ol. XIV wurde der Doppellauf, δίαυλος, hinzugefügt, Ol. XV der Langlauf, δόλιχος (dessen Länge verschieden zu 7, 12, 14, 20, 24 Stadien angenommen wird, s. *Suid. s. v.* δίαυλος und δόλιχος), Ol. XVIII das πένταθλον (ἅλμα, δίσκος, δρόμος, πάλη und παγμή oder später ἀκόντιος) und das Ringen, Ol. XXIII der Faustkampf, Ol. XXV das Wagenrennen mit dem Viergespann (ἵππων τελείων), Ol. XXXIII das Pankration und das Wettrennen zu Pferd (ἵππος κέλης) u. s. w., s. *Paus.* V, 8, 3. *Euseb. Chron.* Der Ölzweig als Siegespreis seit Ol. VII, s. *Phleg. Tr. fr.* 1, vgl. die schöne Erzählung *Herod.* VIII, 26 (dort sagt ein Perser zu Mardonios: παπαί Μαρδόνιε, κοίους ἐπ' ἄνδρας ἤγαγες μαχησομένους ἡμέας, οἳ οὐ περὶ χρημάτων τὸν ἀγῶνα ποιεῦνται ἀλλὰ περὶ ἀρετῆς.). Die Zeit der Feier: alle 4 Jahre am 10ten bis 16ten Tage des ersten Monats im Jahr, welcher mit dem ersten Monat des athenischen Jahres, dem Hekatombäon, zusammenfiel und sonach mit dem ersten Neumond nach dem Sommersolstitium (nach einer andern Annahme mit demjenigen Neumond, welcher dem Sommersolstitium zunächst lag) begann, folglich ungefähr in der ersten Hälfte des Juli, s. *Schol. in Pind. Ol.* III, 33. 35. V, 6. 8. Die Benutzung der Olympiaden als Ära findet sich einzeln schon bei Thukydides (III, 8. V, 49) und Xenophon (*Hellen.* I, 2, 1. II, 3, 1), regelmäßig zuerst bei Timäos und unter den erhaltenen Schriftstellern bei Polybios, Diodor, Dionys von Halikarnaß. [Die Zusammenstellung der Olympiadenjahre mit den Jahren v. Chr. Geb. ist im Texte immer in der Weise geschehen, daß das Olympiadenjahr als demjenigen Jahre vor christlicher Ära entsprechend angenommen worden ist, in dessen Laufe es beginnt, so daß Ol. 1, 1 und das Jahr 776 v. Chr. als sich entsprechend nebeneinander gestellt worden sind, während jenes eigentlich vom Juli 776 bis ebendahin 775 reicht; es ergiebt sich also, daß wenn ein Ereignis in die Jahreszeit vor der Festfeier fällt, immer das um eins zurückliegende Olympiadenjahr angenommen werden muß.] Als der erste, welcher den Wettlauf nackt vollführte, was seitdem für alle Gattungen des Wettkampfs Regel wurde, wird Orsippos genannt, *Paus.* 1, 44, 1, oder Akanthos, *Dionys. Hal.* VII, 72, in der 15ten Olymp., *Dion. H. a. a. O.* Auszeichnungen der Olympioniken: die feierliche Einholung derselben in ihre Vaterstadt (εἰσελαύνειν), wobei nicht selten zur Erhöhung der Feier Thor und Mauern eingerissen wurden, s. *Plut. Symp.* II, 5, 2. *Dio Cass.* LXIII, 20. *Suet. Ner.* 25, der Vorsitz bei öffentlichen Spielen und Festen, *Xenophon* bei *Athen.* XL p. 414, in Athen die Speisung im Prytaneion, *Plat. Apol. Socr.* p. 36. D., in Sparta die Ehre, in der Schlacht neben dem König zu kämpfen, *Plut. Lyc.* 22, auch wurden ihnen häufig in ihrer Vaterstadt Statuen errichtet, *Lycurg. Leocr.* p. 151. *Paus.* VI, 13, 1 u. a. Ferner war es den Siegern gestattet, im heiligen Haine Altis zu Olympia ihre Statue aufstellen zu lassen, was häufig auch auf Kosten des Staates geschah, dem sie angehörten, *Paus.* V, 21, 1. VI, c. 1—18, seit Ol. LIX, s. *Paus.* VI, 18, 5. Von den ἐπιδείξεις (Festvorträgen), welche bei den Spielen stattfanden, ist die berühmteste die (angebliche) des Herodot, s. *Lucian. Herod.* 1, 2. *Quomodo hist. sit conscr.* 42. *Suid. s. v.* Θουκυδίδης. *Phot. cod.* 60. *Marcellin. Vit. Thuk.* p. 324; über die des Gorgias, s. *Paus.* VI, 17, 5. Über die allgemeine Bedeutung der Spiele s. *Lysias* bei *Dionys. Hal. de Lys. iud.* c. 30, (ed. Reiske V, p. 520): ἀγῶνα μὲν σωμάτων ἐποίησε (Ἡρακλῆς), φιλοτιμίαν δὲ πλούτου, γνώμης δὲ ἐπίδειξιν ἐν τῷ καλλίστῳ τῆς Ἑλλάδος, ἵνα τούτων ἁπάντων ἕνεκα εἰς τὸ αὐτὸ ἔλθωμεν τὰ μὲν ὀψόμενοι τὰ δὲ ἀκουσόμενοι· ἡγήσατο γὰρ τὸν ἐνθάδε σύλλογον ἀρχὴν γενέσθαι τοῖς Ἕλλησι τῆς πρὸς ἀλλήλους φιλίας. — Den olympischen Spielen ähnlich, wenn auch nicht von gleichem Ansehen, waren die pythischen bei Delphi, welche von Apollo eingesetzt sein sollen, aber erst seit Ol. XLVIII, 3 eine größere Ausdehnung und Bedeutung gewannen, s. besonders *Paus.* X, 7, 3. *Strab.* p. 418—423. *Schol. Pind. Pyth. Arg.* vgl. *Soph. El.* v. 681—756 und *Anm.* 67, die nemeischen bei Nemea zu Ehren des Zeus, als deren Stifter die Sieben bei Gelegenheit ihres Zuges gegen Theben bezeichnet werden, s. *Apollod.* III, 6, 1, die isthmischen bei dem korinthischen Isthmos, deren Gründung dem Sisyphos zu Ehren des Melikertes, *Paus.* II, 1, 3, oder dem Theseus zugeschrieben wird, *Plut. Thes.* 25, letztere beide nach *Euseb. chron.* p. 94 f. Ol. LI, 3 (arm., LII, 1 *Hieron.*) und L, 1 (arm., XLIX, 4 *Hieron.*) ihren historischen Anfang nehmend (vgl. jedoch hinsichtlich der isthmischen *Plut. Sol.* 23), beide übrigens, nicht wie die andern alle 4, sondern aller 2 Jahre gefeiert.

23) Die Kolonieen im östlichen Meere — nach dem früheren an die Wanderung der Dorier und Herakliden sich anschließenden Kolonieen und vor der Seeherrschaft der Athener — gehen hauptsächlich von Chalkis und Eretria auf Euböa und von Milet aus. Die zahlreichen Kolonieen von Chalkis und Eretria bedecken die ganze Halbinsel Chalkidike; über sie s. *Strab.* p. 447 und die Namen der meisten bei *Hierocl.* VII, 122. 123. Als von Eretria gegründet wird z. B. erwähnt Mende, *Thuk.* IV, 123, als chalkidisch Torone, *ebend.* 110. Doch war Potidäa eine korinthische Kolonie, *Thuk.* I, 56, und die Städte Akanthos, Stagoira, Argilos und Sane waren

Olympiaden-jahr.	J. v. Chr.	Dorische Staaten.	Athen.	Kolonieen	
				in Italien.	im östlichen Meer.
V, 4.	757.				Trapezus nebst Kotyora und Kerasus von Sinope;[25] Artake und Kyzikos von Milet.[26]
VII, 1.	752.		Zehnjährige Archonten.[27]		
VIII, 1.	748.	Pheidon, Tyrann von Argos.[28]			
IX, 2.	743.	Alkamenes u. Theopompos, Könige von Sparta.[29]			

von Andros gegründet, *Thuk.* IV, 84. 88. 103. 109. Die Kolonieen von Milet erstreckten sich in grofser Anzahl vom Hellespont bis ins Innerste des Pontus Euxinus. *Scymn. Ch.* v. 734: πλείστας ἀποικίας γὰρ ἐξ Ἰωνίας (οἱ Μιλήσιοι) ἔστειλαν εἰς τὸν Πόντον, ὃν πρὶν ἄξενον διὰ τὰς ἐπιθέσεις λεγόμενον τῶν βαρβάρων προςηγορίας ἑαυτοῖσιν ἐλεῖνον εὑρεῖν. *Strab.* p. 365: πολλὰ δὲ τῆς πόλεως ἔργα ταύτης, μέγιστον δὲ τὰ πλήθος· τῶν ἀποικιῶν ὅ τε γὰρ Εὔξεινος πόντος ὑπὸ τούτων ἀντιμιαστο πᾶς· καὶ ἡ Προποντὶς καὶ ἄλλοι πλείστοι τόποι. *Ἀντιμήνης* γοῦν ὁ *Ἀμφιπολίτης* οὗτος ψησὶν ὅτι καὶ Ταυρον τὴν νῆσον καὶ Ιερον Μιλήσιοι ἀντῴκισαν καὶ περὶ Ἐλλήσποντον ἐν μὲν τῇ Χερρονήσῳ Λίμνας, ἐν δὲ τῇ Ἀσίᾳ Ἀψιδον Ἀρίσβην Παισὸν, ἐν δὲ τῇ Κυξικηνῶν νήσῳ Ἀρτάκην Αἴξκον ἐν δὲ τῇ μεσογαίᾳ τῆς Τρωάδος Σκήψιν. Aufserdem werden noch als milesische Kolonieen in jenen Gegenden genannt: Lampsakos, *Strab.* p. 589, Kardia, *Scymn.* 699, Apollonia, *das.* 730, Odessos, *das.* 748, Tomoi, *das.* 763, Istros, *das.* 769, Tyras, *das.* 830, Olbia oder Borysthenes, *das.* 833, Kepos, *das.* 890, Sinope, *das.* 947, Phasis, *Steph. Byz.* s. v., Pantikapäon, *Strab.* p. 310. Neben den milesischen Kolonieen gab es noch mehrere Kolonieen von Megara (Chalkedon, Byzantion, Selymbria, Mesembria) und von Lesbos (Sestos, Madytos, Ainos). Die Zeit der Gründung ist meist unbekannt, die meisten sind in das 7te, eine nicht geringe Anzahl auch in das 8te Jahrh. v. Chr. zu setzen; im Texte sind nur diejenigen aufgeführt, deren Zeit sich wenigstens im ungefähren sicher bestimmen läfst.

24) Sinope wurde zweimal von Milet aus gegründet, das zweite Mal nach *Hieron. Chron.* im Jahr 630 (= 1387 Abr.) p. 80; die erste Gründung ist ungefähr in das oben genannte Jahr zu setzen, weil Trapezus nebst Kotyora und Kerasus von hier aus gegründet wurde, s. *Anm.* 25. Es wird aufser *Scymn.* 917 noch als milesisch genannt *Xen. Anab.* V, 9, 15. *Diodor.* XIV, 31. *Strab.* p. 545.

25) S. *Xenoph. Anab.* IV, 8, 22. V, 5, 3. 3, 3. Die Zeitbestimmung nach *Euseb. Chron.* (*arm.*) p. 80.

26) *Strab.* p. 635. Die Zeitbestimmung nach *Euseb.*

Chron. bei *Hieron.* p. 81. Kyzikos wurde im Jahr 676 nach *Euseb. Chron. arm.* p. 86 neu gegründet und zwar durch Megara, *Jo. Lyd. de mag. Rom.* III, 70.

27) *Diod. Hal.* I, 71. 73. *Vell. Pat.* I, 8. *Euseb. Chron. arm.* Ol. VI, 2. *Hieron.* Ol. VI, 4 p. 80 f. Das Vorrecht der Nachkommen des Kodros, der Medontiden, dauerte fort bis ungefähr 714, wo es infolge eines Frevels des Archon Hippomenes aufgehoben wurde, s. *Suid.* s. v. Ἱππομένης, vgl. *Paus.* IV, 13, 5. Der letzte der lebenslänglichen Archonten war Alkmäon, der erste 10jährige Charops.

28) Pheidon wird von *Arist. Pol.* V, 8, 4 als ein Beispiel derjenigen Tyrannis angeführt, die aus dem Königtum entsteht. Er stellte die Oberherrschaft über die Städte von Argolis her und suchte seine Herrschaft auch über andere Städte des Peloponnes auszubreiten, prägte zuerst Silbermünzen und führte Mafs und Gewicht ein [das sogenannte äginetische, wahrscheinlich von Babylon abzuleitende]; auch entrifs er den Eleiern die Agonothesie zu Olympia und führte selbst den Vorsitz bei den Spielen. Hauptstellen: *Ephor.* bei *Strab.* p. 358. *Herod.* VI, 127. *Paus.* VI, 22, 2. [Für die Chronologie des Pheidon bildet die angeführte Stelle des Pausanias die Grundlage, indem daselbst die 8te Olympiade (statt deren indes nach einer andern Lesart vielleicht die 28te anzunehmen sein dürfte) als diejenige angegeben wird, bei welcher Pheidon den Vorsitz führte. Abweichend hiervon wird seine Zeit auf dem Marm. Par. und von Synkellos um ungefähr 100 Jahre früher angegeben, während sie nach *Herod. a. a. O.* um 600 v. Chr. anzusetzen sein würde.]

29) Die oben genannten Könige werden von Pausanias (IV, 5, 3. 6, 2) als diejenigen angegeben, unter welchen der 1ste messenische Krieg begonnen wurde. Alkamenes starb vor dem 5ten Jahr des Kriegs, s. *Paus.* IV, 7, 3, während es nach *Paus.* IV, 6, 2 scheint, als ob Theopompos den Krieg zu Ende geführt habe. [Dies stimmt freilich nicht völlig mit Eusebios überein (s. *Anm.* 2. *Müller fr. hist. Gr.* I. p. 444), wonach Alkamenes und Theopompos im Jahr 786 zur Regierung gelangten und jener 38, dieser 43 Jahre regierten.] Die

Das Zeitalter der inneren Entwickelung des Hellenenthums.

Olympiaden-jahr.	J. v. Chr.	Dorische Staaten.	Athen.	Kolonieen			
				in Italien.	in Sicilien.	an der Küste v. Epeiros etc.	im östlichen Meer.
IX, 2.	743.	Die Spartaner überfallen Ampheia in Messenien; erster messenischer Krieg.[31]		Rhegion von Chalkidiern und Messeniern.[30]			
X, 2.	739.	Die Messenier ziehen sich nach zwei unentschiedenen Schlachten auf die Bergfeste Ithome zurück.[32]					
XI, 2.	735.	. . . .			Naxos von Chalkis.[33]		
XI, 3.	734.	. . . .			Syrakus von Korinth.[35]	Kerkyra von Korinth.[34]	

folgenden Könige bis auf Leonidas sind zwar den Namen, aber nicht ihrer Regierungszeit nach bekannt [das Verzeichnis des Eusebios bricht mit Alkamenes und Theopompos ab]. Von der Linie der Agiden sind die nächsten nach Alkamenes: Polydoros, Eurykrates, Anaxandros, Eurykrates, Leon. Anaxandridas; von der Linie der Eurypontiden: Zeuxidamos, Anaxidamos, Archidamos, Agasikles, Ariston. s. d. Anm. 2 angeführten Stellen des Pausanias. Unter Anaxandros und Anaxidamos kam der 2te messenische Krieg zum Ausbruch, s. Paus. IV, 15, 1.

30) In betreff der Kolonieen in Italien sind wir hauptsächlich auf Strab. p. 252 — 265. 278 — 280 angewiesen. Außer den im Text angeführten Hauptkolonieen werden noch einige andere als schon zur Zeit des trojanischen Kriegs von den heimkehrenden Achäern gegründet angeführt, z. B. Petelia, Strab. p. 254. Krimisa, ebend., Skyllakion, ebend. p. 261, Lagaria. ebend. p. 263, Metapontion, ebend. p. 264 (über welches letztere aber auch andere Sagen stattfanden, ebend. p. 265) u. s. w. Über Rhegion s. Strab. p. 257. Herakl. Pont. fr. XXV (ed. Müller).

31) Die Veranlassungen dazu: der angebliche Betrug des Kresphontes bei der Verloosung der eroberten Landschaften (s. Anm. 1), die Ermordung des Spartanerkönigs Telekles und die Weigerung der Messenier, den Polychares, welcher mehrere Spartaner erschlagen hatte, auszuliefern, s. Paus. IV, c. 4 — 5 vgl. Justin. III, 1. Diod. XV, 66. VI — X. fr. XXII. (vol. III. p. 191. Dind.). Beim Ausbruch des Kriegs sind Antiochos und Androkles Könige der Messenier. Ihr letzterer will Polychares ausliefern, wird aber in einem deshalb ausbrechenden Aufstande erschlagen; Antiochus stirbt bald darauf, und so führt zunächst Euphaes als König den Krieg. Paus. IV, 5, 2. Strab. p. 257. Die Quellen der Erzählung bei Pausanias sind Myron von Priene und Rhianos von Bena auf Kreta (letzterer für den 2ten Krieg), über welche s. Paus. IV, 6; beide gehören einer späten, nicht näher zu bestimmenden Zeit an, und ihre Darstellungen (die des Rhianos in poetischer Form) haben offenbar die Tendenz, die Ereignisse zu Gunsten der Messenier auszuschmücken; von besonderem Werte sind die erhaltenen Bruchstücke des Tyrtäos, über welchen s. Anm. i.

32) Die erste Schlacht im Jahr 740, Paus. IV, 7, 2; die zweite im Jahr 739, Paus. IV, 7, 3 — c. 8. Die Ursache der Preisgebung des Landes ist angeblich Erschöpfung des Geldmittel und eine Pest, Paus. IV, 9, 1.

33) Über die Kolonieen in Sicilien ist die Hauptstelle Thuk. VI, 3 — 5. Ebendaselbst wird c. 1 und 2 über die bisherigen Bewohner der Insel Nachricht gegeben. Über Naxos s. das. 3 und Strab. p. 267. Der Gründer ist Theokles, ein Athener; über die Zeitbestimmung s. Anm. 35.

34) Korinth war damals der reichste und blühendste Seestaat in Griechenland (dort die ersten Trieren erbaut, Thuk. I, 13), es begann daher um diese Zeit die Gründung von Kolonieen in Sicilien, s. Anm. 33 und die folg. Anm.; hierzu war die Besetzung von Kerkyra als Sorstation für die Überfahrt unerläßliches Bedürfnis, woran sich sodann die übrigen, die Küste von Akarnanien und Epeiros beherrschenden Kolonieen (Epidamnos, Apollonia, Amprakia, Anaktorion, Leukas) anschlossen. Über die Gründung von Kerkyra auf der Überfahrt nach Syrakus durch Chersikrates s. Strab. p. 269. Timae. fr. 53 (ed. Müller). Dasselbe machte sich durch eine Seeschlacht, die älteste aller Seeschlachten unter den Griechen, im Jahr 664 von Korinth unabhängig, behauptete seine Unabhängigkeit bis Periandros, gewann sie nach dessen Tode wieder, Herod. III, 49 — 53, und blieb sodann in einer feindlichen Stellung gegen die Mutterstadt, so daß es auch allen Pietätspflichten der Kolonieen gegen ihre Mutterstädte versäumte, s. Thuk. I, 25. Wahrscheinlich gleichzeitig mit Kerkyra wurden auch die Kolonieen Melykrion und Chalkis am Ausgang des inneren korinthischen Meerbusens gegründet, Thuk. III, 102, 1. 108.

35) Der Gründer Archias. S. Thuk. VI, 3. Strab. p. 269 bis 270. 380. Athen. IV, p. 167 d. [Die Zeitbestimmung

30   Zweite Periode. 1104—500 v. Chr.

Olympiaden-jahr.	J. v. Chr.	Dorische Staaten.	Athen.	Kolonieen			
				in Italien.	in Sicilien.	an der Küste von Epeiros etc.	im östl. Meer.
XII, 3.	730.				Leontinoi u. Katana von Naxos.[36]		
XIII, 1.	728.				Megara Hyblän von Megara.[37]		
XIV, 1.	724.	Messenien unterworfen und die Bewohner zu Heloten gemacht.[88]					
XIV, 4.	721.			Sybaris von Achäern.[39]			
XVI, 2.	715.						Abydos von Milet.[10]
XVII, 3.	710.			Kroton von Achäern.[41]			

In betreff der Gründung von Syrakus, von der die übrigen Zeitbestimmungen hinsichtlich der sicilischen Kolonieen meist abhängen, beruhen auf Euseb. Chron. und auf Wahrscheinlichkeitsgründen.]
36) „Fünf Jahre nach der Gründung von Syrakus", *Thuk.* VI, 3. Vgl. *Polyaen.* V, 5, 1. Der Stadt Katana gehört der berühmte Gesetzgeber Charondas an, über welchen s. *Arist. Pol.* II, 9, 5. 8. *Diodor.* XII, 11—19. *Stob. Florit.* XLIV, 40. Seine Gesetze wurden auch nach Rhegion, *Heraclid. Pont. fr.* XXV, nach Mazaka in Kappadokien, *Strab.* p. 539, nach Thurii, *Diod. a. a. O.*, und nach mehreren andern Städten in Italien und Sicilien verpflanzt, s. *Arist. Pol.* II, 9, 5.
37) *Thuk.* VI, 3. 4. Um dieselbe Zeit wurde auch Zankle (das nachmalige Messana), nachdem es schon früher durch Seeräuber aus Kyme (Cumä) angelegt worden, von Einwanderern aus Chalkis und dem übrigen Euböa unter einem Oikisten aus Kyme und einem aus Chalkis zur Kolonie eingerichtet, *Thuk.* VI, 4. *Paus.* IV, 23, 3. [Mit den bisher angeführten 6 Kolonieen erreichte die hellenische Kolonisation von Sicilien zunächst für etwa 40 Jahr ihr Ziel, s. d. J. 690].
38) Nach der Zurückziehung auf Ithome wird im J. 731 noch eine unentschiedene Schlacht geliefert, in welcher König Euphaes fällt, worauf Aristodemos zum König gewählt wird, *Paus.* IV, 10. Dieser liefert den Spartanern im J. 727 wieder eine Schlacht, in welcher die Korinthier als Bundesgenossen der Spartaner, die Arkader und eine Anzahl von Argeiern und Sikyoniern auf seiten der Messenier mitfechten und in welcher die Messenier siegen, *Paus.* IV, 11. Demungeachtet wird einige Jahre darauf, hauptsächlich infolge übler Vorzeichen und sonstiger Ungunst der Götter, Ithome übergeben, nachdem Aristodemos sich selbst getötet, *Paus.* IV, 9. 11—13.

Daß der Krieg 19 Jahr dauerte, lehren die folgenden Verse des Tyrtäos: Ἀμφ' αὐτὴν δ' ἐμάχοντ' ἐννεακαίδεκ' ἔτη, νωλεμέως αἰεὶ ταλασίφρονα θυμὸν ἔχοντες, αἰχμηταὶ πατέρων ἡμετέρων πατέρες· εἰκοστῷ δ' οἱ μὲν κατὰ πίονα ἔργα λιπόντες φεῦγον Ἰθωμαίων ἐκ μεγάλων ὀρέων, *Strab.* p. 279. *Paus.* IV, 15, 1. 13. 4. Der Anfang des Kriegs OL LX, 2 = 743 wird von *Paus.* IV, 5, 4 bezeichnet, womit auch übereinstimmt, daß jener Polychares Ol. IV zu Olympia gesiegt hatte, *Paus.* IV, 4, 5. Das Schicksal der Messenier, soweit sie nicht das Land verließen, wird von Tyrtäos beschrieben: Ὥσπερ ὄνοι μεγάλοις ἄχθεσι τειρόμενοι, δεσποσύναισι φέροντες ἀναγκαίης ὕπο λυγρῆς ἥμισυ πᾶν, ὅσσον κάρπον ἄρουρα φέροι, δεσπότας· οἰμώζοντες ὅμως· ἄλοχοί τε καὶ αὐτοί, εὖτέ τιν' οὐλομένη μοῖρα κίχοι θανάτου.
39) *Strab.* p. 262—263. *Arist. Pol.* V, 2, 10. Über die Zeit s. *Skymn. Ch.* v. 360 vgl. mit *Diod.* XI, 90. XII, 10. Die große Macht der Stadt s. *Strab.* p. 263: Τοσαύτην δ' εὐτυχίᾳ διήνεγκεν ἡ πόλις αὕτη τὸ παλαιόν, ὥς τετράρων μὲν ἐθνῶν τῶν πλησίον ἐπῆρξε, πέντε δὲ καὶ εἴκοσι πόλεις ἐπηκόους ἔσχε, τριάκοντα δὲ μυριάσιν ἀνδρῶν ἐπὶ Κροτωνιάτας ἐστράτευσεν, πεντήκοντα δὲ σταδίων κύκλον συνεπλήρουν οἰκοῦντες ἐπὶ τῷ Κράθιδι. Über den Luxus der Stadt s. *Athen.* XII, p. 519—522. Sie wurde 511 von den Krotoniaten zerstört, *Skymn. a. a. O. Diod.* XI, 90. XII, 9—10. Von hier aus gegründet: Poseidonia, *Strab.* p. 251, Laos, *ebend.* p. 253.
40) *Strab.* p. 590: Ἐπιτεύχνητος Γήγοι τοῦ Ἰνδῶν βασιλέως.
41) *Dionys. Hal.* II, 59. *Herod.* VIII, 47. *Strab.* p. 262. Von hier aus Terina, *Steph. Byz.* s. v. *Skymn. Ch.* v. 306, gegründet.

Das Zeitalter der inneren Entwickelung des Hellenentums.   31

Olympiaden-jahr.	J. v. Chr.	Dorische Staaten.	Athen.	Kolonieen	Kunst und Litteratur.
				in Italien. in Sicilien.	
XVIII, 4.	705.			Tarent von Sparta.[42]	
XX, 1.	700.				Emporblühen der *lyrischen Poesie*[e]: Kallinos aus Ephesos;[f] Archilochos aus Paros;[g] Simonides von Samos, der Iambograph[h] (Elegiker).
XXII, 3.	690.			Gela von Rhodos u. Kreta.[43]	

[42] *Antiochos* und *Ephoros* bei *Strab.* p. 278 – 280. Vgl. *Aristot. Rep.* V, 6, 1. *Iustin.* III, 1. *Diod.* XV, 66. Die Zeitbestimmung nach Hieronymus p. 85 (705 v. Chr. = 1312 Abr.). Von hier Herakleia (am Siris) gegründet, *Strab.* p. 264.

[43] *Thuk.* VI, 4: „44 Jahre nach Syrakus." Vgl. *Diod. Exc. Vat.* XIII. *Paus.* VIII, 46, 2. *Herod.* VII, 143. Die Namen der Gründer sind Antiphemos von Rhodos und Entimes aus Kreta.

e) Es lassen sich zwei Hauptrichtungen der lyrischen Dichtung in diesem Zeitalter unterscheiden: die elegische und iambische Poesie, deren Hauptformen das daktylische Distichon und der iambische Trimeter sind, vornämlich dem ionischen Stamme eigen, daher auch immer im ionischen Dialekt gedichtet, und die melische Poesie der Dorier und der Äoler. *Mélos* bedeutet ein in Musik gesetztes Lied, zur Laute oder Flöte gesungen bei festlichen Gelegenheiten, oft zum Reigentanz, in mannigfachen oft zum Teil strophischen Rhythmen, *Plat. Rep.* III, p. 398: τὸ μέλος ἐκ τριῶν ἐστι συγκείμενον, λόγου τε καὶ ἁρμονίας καὶ ῥυθμοῦ. Solche Lieder hatten teils, und zwar in der ältesten Zeit vorzugsweise, religiöse Bedeutung, wie νόμοι, ὕμνοι, παιᾶνες, Loblieder und Chorale, προσόδια, Prozessionslieder, ἐπορχήματα, Festlieder zu mimischen Tänzen, διθύραμβοι, Bacchische Chorgesänge mit Reigentanz u. a., teils waren sie von weltlichem Charakter, wie die ἐγκώμια, Loblieder auf Menschen, ἐπινίκια, Siegeslieder, σκόλια, παροίνια, Trinklieder, ἐρωτικά, Liebeslieder, ἐπιθαλάμια, ὑμέναιοι, Hochzeitslieder. θρῆνοι, Klagelieder, ἐπικήδεια, Grabgesänge u. a. m. Die äolische Poesie hatte ihren Ursprung und ihre Blüte in Lesbos (διδασκάλη).

f) Kallinos, gewöhnlich als der älteste elegische Dichter bezeichnet, *Strab.* p. 633. *Orion.* p. 58. *Schol. Cic. pr. Arch.* 10, 3. *Terentian.* v. 1721, doch ist seine Lebenszeit ungewiß; nach *Strab.* p. 647. 648 vgl. *Clem. Al. Strom.* I, p. 333. b ist er älter als Archilochos. Von ihm ist das Bruchstück eines Kriegsliedes von 21 Versen erhalten, *Poët. Lyr. Th. Bergk.* ed. II, fr. 1.

g) Archilochos, Sohn des Telesikles, lebte um 700, *Herod.* I, 12. *Cic. Tusc.* I, 1. *Synkell.* p. 181, wanderte aus Armut nach Thasos aus, *Aelian.* V. *H.* X, 13. Krieger und Dichter zugleich, *Athen.* XIV, 627, greift er seine Gegner in beißenden Spottgedichten an, *Pind. Pyth.* II, 55. *Bergk.* fr. 92, so namentlich Lykambes und dessen Töchter, *Hor. Epod.* 6, 13. *Epist.* I, 19, 25. *Ovid. Ib.* 53. Nach einem Leben voll Leidenschaften und Drangsalen, *Bergk.* fr. 9. 13. 19. 05. 67. 68. 84, fiel er in einer Schlacht gegen Naxos, *Suid.* v. *Ἀρχίλοχος*. Von den Pariern ward ihm göttliche Verehrung erwiesen, *Arist. Rhet.* II, 23, 11. Er wurde wegen seiner dichterischen Begabung und seiner vollendeten Sprache von den Alten dem Homer, Pindar und Sophokles zur Seite gestellt, gilt als Erfinder des iambischen Trimeter, des trochäischen Tetrameter und mannigfacher zusammengesetzter Versmaße und regelte die Melodie und den recitativischen Vortrag seiner Gedichte. *Mar. Vict.* p. 2588 ed. *Putsch. Plut. de mus.* c. 28. Von seinen Gedichten *Ἐλεγεία*, *Ἴαμβοι*, *Τετράμετροι*, *Ἐπῳδοί*, *Ὕμνοι*, *ἰόβακχοι* sind nur kurze Bruchstücke erhalten, *Bergk.* p. 536 f.

h) Simonides der Iambograph, jüngerer Zeitgenosse des Archilochos, führte eine samische Kolonie nach Amorgos, *Suid.* v. *Σιμωνίδης*, v. *Σίμμιας Ῥόδιος*, *Clem. Al. Strom.* I, p. 333. b, dichtete Elegieen und Iamben; nur von den letzteren sind indes Bruchstücke erhalten, namentlich zwei größere, *Bergk.* fr. 1. 7 (περὶ γυναικῶν).

Olympiaden-jahr.	J. v. Chr.	Dorische Staaten.	Athen.	Kolonieen		Kunst und Litteratur.
				in Italien.	in Sicilien.	
XXIII, 4.	685.	Die Messenier erheben sich unter Aristomenes; zweiter messenischer Krieg.[44]				Tyrtäos in Sparta[i] (Elegiker); Terpandros von Lesbos[k]; Alkman aus Sardes[l] (melische Dichtung).
XXIV, 2.	683.		Neun einjährige Archonten.[45]			
XXV, 2.	679.	Die Messenier ziehen sich auf Eira zurück.[46]				

44) *Paus.* IV, c. 14, 4 — c. 24. *Iustin.* III, 5. *Diod.* XV, 66. Die Bundesgenossen der Messenier: Arkader, Argeier, Pisaten und Sikyonier, der Spartaner: Korinthier, Eleer und Lepreaten, *Paus.* IV, 15, 1. 16, 2. *Strab.* p. 355. 362. [Nach *Paus.* IV, 15, 1. geschieht die Erhebung 39 Jahre nach Beendigung des ersten Krieges, nach *Iustin.* III, 5 fängt der zweite Krieg 80 Jahre nach dem ersten an, nach *Euseb. Chron. arm.* p. 88 sogar erst im Jahr 635. Die *Anm.* 38 angeführte Stelle des Tyrtäos (ἡμετέρῳ πατρὶ πατήρ) und der Umstand, dafs nach *Paus.* VI, 22, 2 die Pisaten unter ihrem König Pantaleon die Leitung der olympischen Spiele führten, während nach *Strab.* p. 355 die Eleer unmittelbar nach Beendigung des zweiten messenischen Krieges durch den Beistand der Spartaner die Pisaten völlig unterwarfen, machen es wahrscheinlich, dafs der zweite Krieg von Pausanias zu früh angesetzt ist.]

45) *African.* bei *Synk.* p. 212. B. *Euseb. Chron.* p. 84. Der erste im Kollegium der neun Archonten hiefs vorzugsweise Archon und nach ihm wurde das Jahr benannt (daher ἐπώνυμος; über den Anfang des Jahres s. *Anm.* 22), der zweite hiefs βασιλεύς, der dritte πολέμαρχος, die übrigen zusammen θεσμοθέται. s. *Pollux. Onom.* 85—91. Über die Macht der Archonten in der damaligen Zeit s. *Thuk.* I, 126: τότε δὲ τὰ πολλὰ τῶν πολιτικῶν οἱ ἐννέα ἄρχοντες ἔπρασσον. Der erste einjährige ἄρχων ἐπώνυμος war Kreon, der letzte zehnjährige Eryxias.

46) Dies geschah nach dem Verlust einer Schlacht (am grossen Graben), welche von *Paus.* IV, 17, 2 in das dritte

i) Tyrtäos, Sohn des Archombrotos, gewöhnlich ein Athener oder Aphidnäer, *Paus.* IV, 15, 3. *Strab.* p. 362. *Plut. leg.* I, 629 a. 630, aber auch ein Lakone oder Milesier genannt, *Suid.* s. v., versöhnte zur Zeit des zweiten messenischen Kriegs durch seine Lieder die streitenden Parteien zu Sparta, *Arist. Pol.* V, 6, 2. *Paus.* IV, 18, 2, und feuerte den Kriegsmut der Jugend an, *Plut. Chron.* 2. *Hor. A. P.* 402. Daher wurden auch später seine Kriegslieder im Felde gesungen, *Lyc. Leocr.* p. 102. *Athen.* XIV, p. 630 f. Erhalten sind von ihm Bruchstücke eines elegischen Gedichtes Εὐνομία zum Preise dorischer Sitte und Verfassung, *Plut. Lyc.* 6. *Bergk.* fr. 2—7, ferner drei gröſsere Fragmente seiner kriegerischen Elegieen, *Bergk.* fr. 10. 11. 12, und spärliche Reste seiner anapästischen Marschlieder (ἐμβατήρια μέλη), *Bergk.* fr. 15. 16.

k) Terpandros, wahrscheinlich aus Antissa auf Lesbos, *Suid.* v. Τέρπανδρος, siegte um 676 in dem musischen Wettkampf am Feste der Karneen zu Sparta, *Athen.* XIV, p. 635 c, und viermal bei den pythischen Spielen zu Delphi, *Plut. de mus.* c. 4. Er wird der Erfinder der siebensaitigen Kithara anstatt der viersaitigen genannt, *Strab.* p. 618, dichtete für dieselbe Lieder mit mannigfaltiger Tonsetzung, *Plut. de mus.* c. 4. 6, und begründete so als Dichter und Komponist die erste Periode der dorischen Musik wie der melischen Dichtung zu Sparta, *Plut. de mus.* c. 6. 42, wo er durch seine Gesänge den Hader der Parteien beschwichtigt haben soll. *Plut. de mus.* c. 42. Zwei Verse zum Lobe Spartas. *Plut. Lyc.* 21. — Sein Nachfolger in Sparta war der aus Kreta (s. *Schol. Pind. Pyth.* II, 127. *Hymn. Hom. Apoll.* 518 fl. *Strab.* p. 481) berufene Thaletas, *Plut.* 4, dessen Lieder noch später an dem Feste der Gymnopädien gesungen wurden, *Athen.* XV, p. 678. c. Über ähnliche Dichter und Musiker vgl. *Plut. de mus.* c. 3 fl. 9.

l) Alkman um 672—612, zu Sparta ansässig, *Suid.* v. Ἀλκμάν. *Euseb. Chron. arm. Olymp.* 30, 3 (IIcr. 30, 4) p. 86 f. *ed. Schöne.* Vgl. *Alex. Aetol. Anthol. Plan.* I, p. 207. Er dichtete und komponierte Hymnen, *Bergk.* fr. 1. 2. 8. 17. 18. Päane, fr. 10. Gastmahlslieder, fr. 25. Liebeslieder, fr. 28. 29, meist kurze Lieder im lakonischen Dialekt mit wechselnden, zum Teil strophischen Rhythmen; vom politischen Leben hielt er sich zurück.

Das Zeitalter der inneren Entwickelung des Hellenentums.

Olympiaden-jahr.	J. v. Chr.	Dorische Staaten.	Athen.	Kolonieen		
				in Italien.	in Sicilien.	im östlichen Meer.
XXV, 4.	677.	. . . .	. . . . .	. . . . .	. . . . .	Chalkedon von Megara.[47]
XXVI, 4.	673.	. . . .	. . . . .	Locri von den Lokrern.[48]		
XXVII, 3.	670.	Orthagoras, der erste Tyrann von Sikyon.[49]				
XXVII, 4.	669.	Die Spartaner bei Hysiä von den Argeiern geschlagen.[50]				
XXVIII, 1.	668.	Eira von den Spartanern genommen und die Messenier von neuem völlig unterworfen.[51]				
XXIX, 1.	664.	. . . .	. . . . .	. . . . .	Akrä von Syrakus.[52]	
XXX, 1.	660.	. . . .	. . . . .	. . . . .	. . . . .	Byzantion von Megara.[53]

Jahr des Krieges gesetzt wird. Er widerspricht sich aber selbst, indem nach dieser Schlacht der Krieg nach 17, 6 und 20, 1 noch 11 Jahre und nach 23, 2 im ganzen 17 Jahr dauerte. Aufser dieser Schlacht (über welche s. *Paus.* IV, 17, 2—5, sie wurde durch den Verrat des Arkaderkönigs Aristokrates verloren) wird aus den früheren Jahren noch eine unentschiedene Schlacht bei Derä, s. *Paus.* IV, 15, 21, und ein grofser Sieg am Ebergrabe ἐν Στενυκλήρῳ, s. ebend. § 4 f. *Polyb.* IV, 33, erwähnt. Sonst ist die ganze Darstellung des Pausanias (oder vielmehr des Rhianos, dem er überall folgt) nichts als eine Verherrlichung des (von andern in den ersten messenischen Krieg gesetzten) Aristomenes, eines zweiten Achilleus, wie er ihn selbst nennt, IV, 6, 2. Auf Seiten der Spartaner tritt nur der Sänger Tyrtäos hervor, der den sinkenden Mut derselben durch seine Gesänge überall wieder aufrichtete und entzündete, s. *Anm.* i.

47) *Thuk.* IV, 25. *Strab.* p. 320. *Herod.* IV, 144: „17 J. vor Byzantion." Nach *Hieron. Chron.* p. 65 im J. 685 (= Abr. 1332).

48) *Strab.* p. 259. *Arist.* b. *Polyb.* XII, 5—11. Nach *Ephor.* b. *Strab. a. a. O.* war Locri (es führte den Beinamen Epizephyrii) von den opuntischen, nach andern von den ozolischen Lokrern ausgesondert. Über Zaleukos, den Gesetzgeber von Locri um 660, s. *Ephor.* b. *Strab.* p. 260. *Schol.* zu *Pind.* Ol. XI, 17. *Diod.* XII, 20 ff. Von hier aus Hipponion (Vibo Valentia) und Medma, *Strab.* p. 225.

49) S. *Aristot. Pol.* V, 9, 21. Nach Orthagoras herrschten (Andreas?), Myron, Aristonymos, Kleisthenes, s. *Herod.* VI, 126. *Paus.* II. 8, 1 vgl. *Aristot. Pol.* V, 10, 3. — *Arist.* V, 9, 21: πλεῖστον γὰρ ἐγένετο χρόνον ἡ περὶ Σικυῶνα τυραννὶς ἡ τῶν Ὀρθαγόρου παίδων καὶ αὐτοῦ Ὀρθαγόρου ἔτη δ᾽ αὕτη διέμεινεν ἑκατόν· τούτου δ᾽ αἴτιον, ὅτι τοῖς ἀρχομένοις ἐχρῶντο μετρίως καὶ πολλὰ τοῖς ἀρχομένοις ἐδούλευον· καὶ διὰ τὸ πολεμικὸς γενέσθαι οὐκ ἦν εὐκαταφρόνητος Κλεισθένης, καὶ τὰ πολλὰ ταῖς ἐπιμελείαις ἐδημαγώγουν. [Über die Chronologie s. *Anm.* 74.]

50) *Paus.* II, 24, 8. [Der lange fortgesetzte Krieg drehte sich hauptsächlich um den Besitz von Kynuria und Thyrea. Nach *Paus.* III, 75 wurde Kynuria schon unter Theopomp von den Spartanern erobert; wahrscheinlich geschah dies aber viel später, vgl. *Anm.* 84.]

51) *Pausan.* IV, 20—24. Aristomenes stirbt in Ialysos auf Rhodos. Die zurückbleibenden Messenier werden wieder Heloten. *Paus.* IV, 23, 1.

52) *Thuk.* VI, 5: „70 J. nach Syrakus." Nach *Steph. Byz.* s. v. wurde auch Enna in demselben Jahre von Syrakus aus gegründet.

53) *Herod.* IV, 144. *Skymn. Ch.* 717. *Steph. Byz.* s. v. Die Zeitbestimmung nach *Euseb. Chron. arm.* p. 86 (660 v. Chr. = 1357 Abr.; *Hieron.* 658 = 1359). Kurz vor Byzanz wurde auch Selymbria von Megara gegründet, *Skymn. Ch.* 715.

Olympiadenjahr.	J. v. Chr.	Dorische Staaten.	Athen.	Kolonieen			Kunst und Litteratur.
				im westlichen Meer.		im östl. Meer.	
				in Sicilien.	sonst.		
XXXI, 2.	655.	Kypselos, Tyrann in Korinth.[54]					
XXXI, 3.	654.	. . . .				Akanthos und Stageira von Andros; Abdera von Klazomenä; Istros, Lampsakos, Borysthenes von Milet.[55]	
XXXIII, 1.	648.	. . . .		Himera von Zankle;			
XXXIV, 1.	644.	. . . .		Kasmenä von Syrakus.[56]			
XXXVII, 2.	631.	. . . .		. . . . . .	Kyrene von Thera.[57]		
XXXVII, 3.	630.	. . . .		. . . . . .	Naukratis v. Milet.[58]	. . . . . .	Mimnermos aus Kolophon[m](Elegiker).

54) S. *Herod.* V, 92. Über die früheren Zustände und die Abkunft des Kypselos s. *das.* §. 2: ἐν ὀλιγαρχίᾳ καὶ οὗτοι Βακχιάδαι καλούμενοι ἔνεμον τὴν πόλιν, ἐδίδοσαν δὲ καὶ ἤγοντο ἐξ ἀλλήλων. Ἀμφίων δὲ ἔστι τούτων τῶν ἀνδρῶν γίνεται θυγάτηρ χωλή, οὔνομα δέ οἱ ἦν Λαβδη. ταύτην, Βακχιαδέων γὰρ οὐδεὶς ἤθελε γῆμαι, ἴσχει Ἠετίων ὁ Ἐχεκράτεος, δήμου μὲν ἐκ Πέτρης ἐών, ἀτάρ τὰ ἀνέκαθεν Λαπίθης τε καὶ Καινείδης. Dieser Eetion wurde der Vater des Kypselos, er selbst ein Abkömmling des Melas, welcher mit Aletes nach Korinth gekommen war, s. *Paus.* V, 18, 2. Zum Andenken an die Rettung des Kypselos, wurde die Kiste nach Olympia geweiht, in welcher Kypselos angeblich verborgen wurde und welche Pausanias gesehen und beschrieben hat, s. V, c. 17—19. Nach *Aristot. Pol.* V, 9, 22 war Kypselos δημαγωγός und κατὰ τὴν ἀρχὴν ἐτέλεσεν ἀδορυφόρητος, womit indes *Herod. a. a. O.* §. 8 nicht übereinstimmt. Die Zeitbestimmung ergiebt sich daraus, dafs die Herrschaft der Kypseliden nach *Arist. Pol. a. a. O.* 73½ Jahre dauert (Kypselos 30 J., s. *ebend.* und *Herod. a. a. O.* §. 9, Periandros 40 J., s. *Diog. Laert.* I, 98, Psammetich, der

Sohn des Gordias, 3 J., *Arist. a. O.*) und dafs Periandros nach *Diog. Laert.* I, 95 im J. 585 (Ol. XLVIII, 4) starb.

55) S. *Euseb. Chron.* p. 86 ff., der die Gründungen der ersten 4 Kolonien in die Jahre 657—652 (Abr. 1360—1365) setzt. Borysthenes ist nach *Hieronym.* im J. 645 (Abr. 1372) gegründet. Über Abdera noch *Solin. Pol.* c. 16. Letzteres wurde im J. 543 von den vor den Persern fliehenden Teiern erneuert, s. *Herod.* I, 168. *Strab.* p. 344.

56) Über Himera s. *Thuk.* VI, 5. *Diod.* XIII. 62. Nach *Thuk. a. a. O.* nahmen auch Flüchtlinge aus Syrakus an der Kolonie teil, so dafs infolge davon die Sprache daselbst eine gemischt dorische und chalkidische war. Über Kasmenä s. *Thuk.* VI, 5: „zwanzig Jahre nach Akrä."

57) Hauptstelle *Herod.* IV, 150—167. Die Zeitbestimmung nach *Euseb. Chron.* p. 88. vgl. mit *Theophrast. Hist. Plant.* VI, 3. *Schol.* zu *Pind. Pyth.* IV, 1. Von Kyrene aus wurde um das Jahr 550 auch Barka gegründet, *Herod.* IV, 160.

58) *Strab.* §. 801. Vgl. *Herod.* II, 154. 178. (Die Zeitbestimmung nur eine ungefähre.)

m) Mimnermos, *Suid.* v. Μίμνερμος, lebte um 630. *Strab.* p. 643, zugleich Flötenspieler und Dichter. Von ihm kannte man eine Sammlung von Elegieen, nach seiner Geliebten Ναννώ benannt, *Strab.* p. 633. 634. *Athen.* XIII. p. 597. a. XI. p. 470. a., und eine Elegie auf die Schlacht der Smyrnäer gegen den Lyder-

könig Gyges, *Paus.* IX, 29, 2, außerdem noch andere Lieder. Er galt vornehmlich als Sänger des weichen Liebesliedes und des behaglichen Lebensgenusses, *Hermesianax* bei *Athen.* XIII. p. 597. *f. v.* 35. *Propert.* I, 9, 11. *Bergk. fr.* 1. Über den sonstigen Gehalt und Charakter seiner Dichtung vgl. *Bergk. fr.* 1. 2. 4. 5. 6. 7.

Olympiaden-jahr.	J. v. Chr.	Dorische Staaten.	Athen.	Kolonieen		Kunst und Litteratur.
				im westlichen Meer. in Sicilien.	sonst.	
XXXVIII, 1.	628.	. . . .	. . . .	Selinus von Megara Hybläa.[59]		
XXXVIII, 4.	625.	Periandros, Tyrann von Korinth.[60] Theagenes bemächtigt sich der Herrschaft in Megara.[62]	. . . .		Epidamnos, Amprakia, Anaktorion, Leukas, Apollonia von Korinth und Kerkyra.[61]	
XXXIX, 4.	621.	. . . .	Gesetzgebung des Drakon.[63]			
XL, 1.	620.	. . . .	Versuch des Kylon, sich der Herrschaft zu bemächtigen.[64]			

59) *Thuk.* VI, 4: „hundert Jahre nach der Gründung von Megara Hybläa."

60) Von Periandros heifst es *Aristot. Pol.* V, 9, 22: ἐγένετο μὲν πρᾳότερος, ἀλλὰ πολεμικός, und ebend. §. 2 wird von ihm gesagt, dafs er die Mittel, deren sich die Tyrannen zu bedienen pflegten (s. *Anm.* 21), meist angewandt habe. Nach *Herod.* V, 92 §. 9 wurde er erst nach dem bekannten Rate des Tyrannen von Milet, Thrasybulos, so grausam, vergl. *Aristot.* III, 8, 3. Vgl. über ihn noch *Herod.* III. 47—54. Dafs unter ihm und unter den Kypseliden überhaupt Korinths Macht und Reichtum bedeutend gehoben wurde, geht unter anderem daraus hervor, dafs nach *Plutarch. de sera numinis vind.* c. 7 unter ihm die Kolonieen Apollonia, Anaktorion und Leukas gegründet wurden (vergl. die folg. *Anmerk.*).

61) Die Gründung von Epidamnos ging besonders von Kerkyra aus, doch geschah sie unter einem korinthischen Führer (οἰκιστής), auch nahmen sonst noch Korinthier daran teil, s. *Thuk.* I, 24. *Strab.* p. 316. Die Gründung der übrigen oben genannten Kolonieen wird in der Regel Korinth zugeschrieben. *Thuk.* I. 30. *Herod.* VIII, 45. *Scymn. Ch.* v. 459. 465. *Plutarch. Tim.* 15. *Steph. Byz.* s. v. *Ἀπολλωνία*; doch nahmen wenigstens bei Anaktorion und Leukas die Kerkyräer teil, *Thuk.* I, 55. *Plut. Them.* 25, und Apollonia war wie das nahe Epidamnos wahrscheinlich vorherrschend kerkyräisch. Die Zeitangabe beruht für Epidamnos auf *Euseb. Chron.* p. 88 f., in Bezug auf Amprakia, Leukas und Anaktorion wird gemeldet, dafs sie unter Kypselos gegründet seien, *Strab.* p. 325. 452. *Scymn. Ch.* v. 454, oder unter Periandros, s. die vor. *Anm.*, in Bezug auf Apollonia (*Steph. Byz.* s. v.

Paus. V, 22, 2) haben wir hinsichtlich der Zeit nur das in der vorigen Anm. angeführte Zeugnis des Plutarch.

62) S. *Arist. Pol.* V, 4, 5. *Rhet.* I, 2, 7. Von den Mafsregeln, die er anwandte, wird nur von Plutarch erwähnt die ἀπικοπία d. h. die Zurückforderung der entrichteten Zinsen, s. *Plut. Quaest. Graec.* c. 18. Die Zeit läfst sich nur ungefähr danach bestimmen, dafs Kylon sich mit seiner Unterstützung der Tyrannis in Athen bemächtigte, s. *Thuk.* I, 126. *Anm.* 64. Nach dem Sturze des Theagenes treten noch mehrfache Wechsel der politischen Zustände ein, von denen wir aber nur in allgemeinen Ausdrücken hören, s. *Arist. Pol.* IV, 12, 10. V, 6, 4, 3 und die Elegieen des Theognis, in denen dieser Dichter in der Zeit nach Theagenes' Sturz über die Unterdrückung der Edeln durch die schlechten Reichen klagt, s. *Anm.* bb.

63) [Die Bestimmung des Jahres ist nur eine ungefähre; nach *Suid.* s. v. *Δράκων, Tatian.* p. 140. *Clemens Alex. Strom.* I. p. 399. B. *Hieron. chron.* p. 91 gehört er in die 39ste, nach *Euseb. chron.* arm. p. 90 in die 40ste Olympiade.] S. *Plut. Sol.* 17. *Aristot. Pol.* II, 9, 9: Δράκοντος δὲ νόμοι μὲν εἰσι, πολιτείᾳ δὲ ὑπαρχούσῃ τοὺς νόμους ἔθηκεν (d. h. seine Gesetze änderten nichts an der bestehenden Vorfassung). ἴδιον δ᾽ ἐν τοῖς νόμοις οὐδέν ἐστιν, ὅ τι καὶ μνείας ἄξιον, πλὴν ἡ χαλεπότης διὰ τὸ ζημίας μέγεθος.

64) [In chronologischer Hinsicht ist nur so viel als sicher anzusehen, dafs der Verfall sich ungefähr in dieser Zeit zutrug und in einem Olympiadenjahre; letzteres sagt Thuk.] Hauptstelle: *Thuk.* I, 126. Der Versuch mifsglückte, Kylon entkam, seine Anhänger wurden gegen ein gegebenes Versprechen, zum Teil an geheiligten Orten, getötet. Daher die

Zweite Periode. 1104—500 v. Chr.

Olympiadenjahr.	J. v. Chr.	Dorische Staaten.	Athen.	Kolonieen im westlichen Meere in Sicilien.	sonst.	Kunst und Litteratur.
XLII, 3.	610.					Arion aus Methymna;[n] Alkäos aus Mytilene;[o] Sappho[p] und Erinna[q] auf Lesbos; Stesichoros zu Himera[r] (melische Dichtung).

Mörder, von denen vorzugsweise die Alkmäoniden genannt werden, ἱκηταίς καὶ ἀλιτήριοι, Thuk. a. a. O. Paus. VII, 25, 1. Plut. Sol. 12; daher auch die Berufung des Epimenides zur Sühnung dieses Frevels, s. Anm. 68.

n) Arion lebte in Korinth zur Zeit des Periandros, Herod. I, 23. Euseb. chron. arm. Ol. XLII, 3, p. 90, regelte den Bakchischen Doppelreigen und dichtete und komponierte Gesänge für denselben, die er διθύραμβοι nannte, Suid. s. v. Ἀρίων, Herod. a. a. O. Seine wunderbare Rettung s. Herod. a. a. O. Gell. n. Att. XVI, 19. Aelian. V. h. XII, 45. [Der unter seinem Namen gehende Hymnus auf Poseidon, Bergk. p. 662, stammt aus späterer Zeit.]
o) Alkäos, aus adligem Geschlecht, lebte um 610—595. Suid. v. Σαπφώ. Strab. p. 617. Euseb. chron. arm. Ol. 46. 2 p. 92, focht unglücklich in dem Kampfe der Mytilenäer gegen die Athener um Sigeion, Herod. V, 94. 95. In die politischen Wirren seiner Vaterstadt verflochten, bekämpfte er als Aristokrat die Tyrannen Melanchros, Myrsilos und andere. Nachdem der Weise Pittakos zum Äsymneten erwählt war, mußte er Mytilene mit seinem Anhang verlassen und führte lange ein unstätes Kriegsleben; bei dem Versuche, seine Rückkehr mit den Waffen zu erzwingen (Bergk. fr. 37. Anthol. Pal. IX, 184. Strab. a. a. O. Diog. Laert. I, 74), wurde er gefangen genommen (Diog. I, 76), erhielt aber von Pittakos edelmütig Verzeihung Diod. fr. Vat. VII, 22. Nach den erhaltenen Bruchstücken dichtete er Hymnen, Bergk. fr. 1. 5. 9. 11. politische Lieder und Kriegsgesänge (στασιωτικά), fr. 15. 18. 25, ein Lobgedicht auf seinen Bruder Antimenidas, fr. 33. Trinklieder, fr. 34. 35. 36. 39. 41. 45, und Liebeslieder, fr. 55. 59. 60. 62. 63, frische und lebensvolle Ergüsse einer thatkräftigen, leidenschaftlichen und genußsüchtigen Natur, in daktylischen, logaödischen, iambischen, choriambischen und ionischen Versmaßen.
p) Sappho, Zeitgenossin des Alkäos, geboren zu Eresos oder Mytilene auf Lesbos, Strab. p. 617. Euseb. chron. arm. Olymp. 46, 2 p. 92, Suid. s. v. Σαπφώ. Athen. XIII. p. 599. c. Anth. Pal. VII, 407. Anth. Plan. I, p. 196, Tochter des Skamandronymos und der Kleis, Herod. II, 135, lebte und dichtete in einem Kreise von dichterischen Frauen und Jungfrauen, (Ovid.) Her. XV, 15. Philostr. vit. Apollon. I, 30. Suid. a. a. O., die sie zum Teil besang, wie die Atthis. Bergk. fr. 33. 41, Mnasidika, Gyrinno, fr. 75. u. a. vgl. fr. 11. Alkäos' Liebe zu ihr ist durch das Bruchstück eines Liebesliedes an sie bezeugt, Bergk. Alk. fr.

55; einen jüngeren Liebhaber wies sie zurück, fr. 75. Ihre angebliche Leidenschaft für Phaon hingegen und ihr Sturz vom leukadischen Felsen ist eine Sage späterer Zeit, Menander bei Strab. p. 452. Suid. a. a. O. (Ovid.) Her. XV, 220. Stat. Silv. V, 3, 155. Andere Märchen und üble Nachreden von ihr hat die attische Komödie erfunden, Athen. XIII. p. 599. c. d. Suid. a. a. O. Max. Tyr. XXIV, p. 472. Ihre Liebeslieder in kurzen, aus jambischen Dipodieen, Daktylen und Choriamben zusammengesetzten Strophen zeigen, neben Weichheit und Anmut, Glut der Leidenschaft und sinnliche Frische, Bergk. fr. 2. 3. 52. 53. 54. Plut. Erot. p. 762. Hor. Od. IV, 9, 10; sie wird daher als Dichterin von den Alten hochgepriesen, Strab. p. 617. Antip. Sid. Anth. Plan. II. p. 25.
q) Erinna, wahrscheinlich eine Gefährtin der Sappho, Suid. v. Ἤριννα. Eustath. Il. II, 726. Anthol. Pal. VII, 710, dichtete Epigramme, Bergk. fr. 118—120, ein Gedicht Ἠλακάτη und Epopöen, Suid. a. a. O., die von den Alten vielfach gepriesen werden, Anth. Pal. VII, 11. 12. 13. 710. 712. 713. IX, 190. Gleichzeitig dichtete auch Damophyle, ebenfalls eine Freundin der Sappho, Philostr. v. Apollon. I, 30.
r) Stesichoros, der älteste und größte Dichter von Sicilien, lebte zu Himera um 632—553, Suid. v. Στησίχορος. Euseb. chron. arm. Ol. 43, 2. Hieron. Ol. 42, 1 p. 90 f. Über sein Leben wußte man nur Sagen, so von der Nachtigall, die auf dem Munde des Knaben gesungen, Anth. Pal. I, 128. Plin. H. N. X, 29. 43, von der Warnung vor Phalaris durch die Fabel vom Pferd und Hirsch, Arist. Rhet. II, 20. Conon. narr. 42, von seiner Erblindung, Plat. Phaedr. 243, A. Pausan. III, 19, 11. Isocr. Hel. enc., p. 218, von seinem Schwanengesang, Hieron. Ep. 34, und von seinem Tod durch Räuberhand, Suid. v. ἐπιτηδεύματα. Von seinen lyrisch-epischen Dichtungen, wie Ἀθλα ἐπὶ Πελίῳ, Γηρυονηΐς, Εὐρωπεία, Κέρκος, Ἰλίου πέρσις, Νόστοι, Ἑλένη, Ὀρέστεια sind nur spärliche Reste erhalten, meist in daktylisch-logaödischen Versmaßen. Er vollendete den Chorgesang, indem er zur Strophe und Antistrophe die Epode hinzufügte. Suid. s. v. τρία Στησιχόρου. Sein Stil war ausgezeichnet durch die μεγαλοπρέπεια. Über seinen künstlerischen Ruhm s. Cicer. Verr. II, 35, 87. Anth. Palat. VII, 75.

Das Zeitalter der inneren Entwickelung des Hellenentums. 37

Olympiaden-jahr.	J. v. Chr.	Dorische Staaten.	Athen.	Kolonieen	Kunst und Litteratur.
XLV, 1.	600.	. . . .	. . . .	im westlichen Meere in Sicilien. sonst. Massalia von Phokäa.[65]	Der *Philosoph* Thales von Milet, Gründer der ionischen Philosophie.[a]
XLV, 2.	599.	. . . .	. . . .	Kamarina von Syrakus.[66]	
XLVI, 2.	595.	bis Ol. XLVIII, 3 — 586. Der erste heilige (oder kirrhäische) Krieg.[67]			
XLVI, 3.	594.	. . . .	Gesetzgebung des Solon.[68]	. . . .	Solon' (politische Elegie, Spruchdichtung).

65) *Aristot.* bei *Athen.* XIII, 576. *Strab.* p. 179—181. *Just.* XLIII, 3—5. *Herod.* I, 163: οἱ δὲ Φωκαιεῖς οὗτοι ναυτιλίησι μακρῇσι πρῶτοι Ἑλλήνων ἐχρήσαντο καὶ τόν τε Ἀδρίην καὶ τὴν Τυρσηνίην καὶ τὴν Ἰβηρίην καὶ τὸν Ταρτησσόν οὗτοί εἰσιν οἱ καταδέξαντες.

66) *Thuk.* VI, 5: „135 J. nach Syrakus."

67) Der Krieg dauerte 10 J., s. *Kallisthenes* bei *Athen.* XIII, 560. C, und wurde unter dem Archontat des Damasias beendet, *Schol. Pind. Pyth. Argum.* Er wurde durch Frevel der Kirrhäer veranlaßt; Kirrha wurde 591 zerstört. der Krieg aber wahrscheinlich erst nach weiteren 5 Jahren mit der völligen Vernichtung der Kirrhäer, deren Gebiet dem delphischen Gotte geweiht wurde, beendet, s. *Schol. Pind. a. a. O. Strab.* p. 418. *Plut. Sol.* 11. *Paus.* II, 9, 6. X, 37, 4. *Polyaen.* III, 5, 1. Als Teilnehmer an demselben werden namentlich Solon (*Plut. a. a. O.*) und der sikyonische Tyrann Kleisthenes genannt (*Pausan.* und *Polyaen. a. a. O.*). Dieser Krieg gab übrigens die Veranlassung zu der Erweiterung der pythischen Spiele, deren Ära vom Jahre der Beendigung des Krieges

(oder von Ol. XLI, 3, weil bei dieser Feier zuerst ein ἀγὼν στεφανίτης stattfand) beginnt, s. *Anm.* 22 und *Marm. Par.*

68) Bis auf Solon bestand die Grundlage des Staatsorganismus lediglich in den 4 Stämmen (s. S. 11. *Anm.* 13), welche in je 3 Phratrien, diese wieder in je 30 Geschlechter und die Geschlechter in je 30 Häuser (?) geteilt waren, s. *Polluc.* VIII, 111: ὅτι μέντοι τέσσαρες ἦσαν αἱ φυλαί, εἰς τρία μέρη ἑκάστη διῄρητο, καὶ τὰ μέρη· τοῦτο ἐκαλεῖτο τριττύς καὶ ἔθνος καὶ φρατρία· ἑκάστου δὲ ἔθνους γένη τριάκοντα ἦς ἀνδρῶν τοσούτων, ἃ ἐκαλεῖτο τριακάδες, καὶ οἱ μετέχοντες τοῦ γένους γεννῆται καὶ ὁμογάλακτες, γένει μὲν οὐ προσήκοντες, ἐκ δὲ τῆς συνόδου οὕτω προσαγορευόμενοι. Unter den zu diesen Stämmen Gehörigen waren aber die Eupatriden (s. S. 13. *Anm.* 20) die einzigen, welche an der Herrschaft teilnahmen, s. *Plut. Thes.* 25. *Dion. Hal.* II, 8. *Polluc. a. a. O.*, und außer jenen gab es jedenfalls noch eine große Anzahl solcher, welche außerhalb der Stämme standen. Aus den Eupatriden wurden die Archonten gewählt, s. *Anm.* 45, desgleichen der Areopag, der, schon vor Solon vorhanden (*Plut. Sol.* 19),

a) Die ionische Philosophie, ausgehend von der Ansicht, daß Materie und Leben eins sei (Hylozoismus), suchte das Problem über den Urgrund der Dinge zu lösen. Der erste ionische Philosoph und damit der erste griechische Philosoph überhaupt ist Thales um 639—549, *Euseb. arm. ol.* 35, 2. 58. 2 p. 88. 96. *Herod.* I, 170. *Diog. L.* I, 22 f. *Suid. s. v.*, der auch zu den sieben Weisen gezählt wird. Als Staatsmann erteilt er den ionischen Städten Rat, *Diog. L.* I, 95. *Herod.* I, 170. und leitet die Abdämmung des Halys, *Herod.* I, 75. Als Naturforscher, Mathematiker und Astronom, *Diog. L.* I, 22. 23. 24, sagt er eine Sonnenfinsternis (28. Mai 585) vorher, *Herod.* I, 74, als Philosoph sah er das Wasser als den Ursprung aller Dinge an, *Arist. Metaph.* I, 3. Schriften hat er nach der Meinung der meisten Alten nicht hinterlassen, *Diog. L.* I, 23. *Themist. or.* XXVI, p. 317.

f) Von Gedichten des Solon werden erwähnt die Elegie Salamis in 100 Versen, durch welche er seine Mitbürger zur Wiedereroberung von Salamis aufeuerte, *Bergk. fr.* 1. 2. 3, ferner Elegieen über den athenischen Staat, *fr.* 4. Über seine Verfassung *fr.* 5, s. *Anm.* 68. Über die Gewaltherrschaft des Peisistratos *fr.* 10, 3. Ferner dichtete er im elegischen Maß: Ὑποθῆκαι εἰς ἑαυτόν, *fr.* 13, πρὸς Φιλόκυπρον, *fr.* 19, πρὸς Μίμνερμον, *fr.* 20. πρὸς Κριτίαν, *fr.* 22, und andere, *fr.* 23—27, trochäische Tetrameter πρὸς Φῶκον, *fr.* 32—35, iambische Trimeter, *fr.* 36 u. a. Seine Dichtung lobt Plato *Tim.* p. 21. c. Auch die Staatsmänner, die man unter den Weisen versteht, wirkten als Dichter ähnlich, wie Solon; so Periandros, *Diog. L.* I, 97. *Suid.* v. Περίανδρος, Cheilon, *Diog. L.* I, 68, Bias, *das.* I, 85, Pittakos, *das.* 78. 79. Kleobulos, *das.* I, 91, vgl. *Plat. Protag.* p. 343. a. *Diog. L.* 41. 42.

Olympiaden-jahr.	J. v. Chr.	Dorier.	Athen.	Kolonieen		Kunst und Litteratur.
				im westlichen Meer in Sicilien.	im östl. Meer. sonst.	
XLVII, 1.	592.		. . . .	. . . .	Odessos von Milet.[69]	

den Archonten als beratende Behörde zur Seite stand und zugleich das höchste Gericht bildete, ferner die *ναύκραροι*, über welche s. *Pollux*. VIII, 108. *Herod.* V, 71, und die *ἐφέται*, auf welche durch Drakon ein Teil des Blutgerichte übertragen wurde, s. *Pollux*. VIII, 125. Die Verfassung war also durchaus aristokratisch und war in der letzten Zeit besonders durch die harte Anwendung der Schuldgesetze von seiten der Aristokraten immer drückender geworden, so dafs viele von den Bürgern ihre Grundstücke verpfändet, andere sich oder ihre Kinder in die Schuldknechtschaft gegeben oder das Land verlassen hatten, *Plut. Sol.* 13. 15. Die Unzufriedenheit hierüber aber hatte den Anlaß gegeben, daß sich die 3 einander feindlich gegenüberstehenden Parteien der *πεδιεροι* (Demokraten), *πεδιείς* oder *πεδιαῖοι* (Oligarchen), *διάκριοι* (welche zwischen jenen beiden in der Mitte standen), *Plut. Sol.* 13, gebildet hatten. Deshalb erteilte man, da Drakons Gesetzgebung nicht zum Zweck geführt hatte, dem Solon, dem Sohne des Exekestides, aus dem Geschlechte des Kodros (*Diog. Laert.* III, 1), als Archonten des Jahres 594 den Auftrag, den bestehenden Übelständen durch neue Gesetze abzuhelfen. Hauptquelle über ihn *Plut. Solon*. Sein Verdienst um die Eroberung von Salamis, welches an die Megarer verloren gegangen, s. *das.* 8—10, seine Beteiligung am ersten heiligen Kriege, s. *das.* 11 vgl. *Anm.* 67. Die Vertreibung der Alkmäoniden und die Reinigung der Stadt durch den Kretonser Epimenides als Vorbereitung zu der neuen Gesetzgebung, s. *das.* 12 vgl. *Anm.* 64. Hierauf als erster Schritt zur Gesetzgebung die *σεισάχθεια*, durch welche nach Solons eigner Angabe (in seinen bei *Plut. Sol.* 15 und *Aristid.* II. p. 536. *Dind.* erhaltenen Versen: *ὅρους ἀνεῖλον πολλαχῇ πεπηγότας, — πολλοὺς δ' Ἀθήνας πατρίδ' ἐς θεόκτιτον ἀνήγαγον ἠργαθέντας*) die Pfandsäulen beseitigt, die Schuldknechtschaften aufgehoben und die Flüchtigen zurückberufen wurden, und welche für alle diese Fälle, also für die Armen, wie *Dionys. Hal.* V, 65 ausdrücklich sagt, notwendig in einer Schuldentilgung bestanden haben mufs, während sie in andern Fällen den Schuldnern nur durch eine Herabsetzung des Münzwertes (im Verhältnis von 100 : 73) eine Erleichterung gewährte, s. *Plut. Sol.* 15. Hierauf teilte er das Volk nach dem Vermögen in 4 Klassen: *πεντακοσιομέδιμνοι*, welche jährlich mindestens 500 Medimnen (ungefähr = 16/15 Berliner Scheffel) Getreide oder 500 Metreten (ungefähr = 33 Berliner Quart) Öl ernteten, *ἱππεῖς* mit 300, *ζευγῖται* mit 200 (oder 150, *Demosth. adv. Macart.* p. 1067) Medimnen oder Metreten, *ϑῆτες*, mit einem unter dieses letztere Mafs herabgehenden Einkommen, *Plut. Sol.* 18. *Arist. Pol.* II, 9, 4. *Pollux.* VIII, 130. Diese Klassen bildeten den Mafsstab, wonach die Abgaben (das Verhältnis der 4 Klassen war in dieser Hinsicht: 1 Talent, ⅚ Talent, ⅓ Talent, nichts, *Pollux. a. n. O.*) und sonstigen

Leistungen, ebenso aber auch der Anteil an der Ausübung der bürgerlichen Rechte bemessen wurde; daher war die Verfassung eine "Timokratie" oder, wie sie Aristoteles auch nannte, eine *ὀλιγαρχία πολιτική* d. h. ein Mittelding zwischen Oligarchie und Demokratie, s. *Arist. Pol.* IV, 5, 1 ff. 11, 6. VI, 4, 1 u. ö. Das Hauptsächlichste in betreff dieser Verfassung [die übrigens wahrscheinlich von Solon erst nach seinem Archontat völlig zu stande gebracht wurde] ist folgendes: Archonten und Areopag behielt er bei, beide zum Zweck der Verwaltung der Gerichte; letzteren aber zugleich mit der Oberaufsicht über die gesamte Staatsverwaltung betraut, s. *Isocr. Areop.* p. 147. *Philochor. fr.* 17 und 141. b. *ed. Müller*, vgl. *Aeschyl. Eumenid.* v. 600 ff., beide nur für Bürger der 1. Klasse zugänglich, *Plut. Arist. 1. Sol.* 19; für die Verwaltung der öffentlichen Angelegenheiten setzte er die *βουλή* ein, aus 400 Mitgliedern bestehend, je 100 aus jeder Phyle, welche teils selbständig Beschlüsse fafste, teils durch einen Vorbeschlufs (*προβούλευμα*) einen Beschluß der Volksversammlung (*ἐκκλησία*) vorbereitete. Zur *βουλή* hatten nur die Bürger der 3 ersten Klassen den Zutritt, zur *ἐκκλησία* dagegen alle Bürger. Endlich wurde noch ein Volksgericht aus 6000 (so wenigstens später) Bürgern bestehend, die *ἡλιαία*, eingesetzt. s. *Plut. Sol.* 18—19. *Aristot. Pol.* II, 9. Zur Beurteilung s. *Arist. a. a. O.* §. 4: *εἴπερ γε ἔσται τὴν ἀναγκαιοτάτην ἀποδίδοναι τῷ δήμῳ δύναμιν, τὸ τὰς ἀρχὰς αἱρεῖσθαι καὶ εὐθύνειν, καὶ τῶν εἰρῶν Σόλωνα ...* [Greek passage continues] ... Andere bemerkenswerte Gesetze: das Verbot der Neutralität, *Plut. Sol.* 20, die Verfügung über die Erbtöchter, *ebend.*, das Verbot, über Tote nachteilig zu reden, *das.* 21, das Verbot des Müssigganges, *das.* 22 u. s. w. Die sämtlichen Gesetze waren auf *ἄξονες* oder *κύρβεις* geschrieben, *das.* 25. *Pollux* VIII, 28. Um aber die Athener zu verbindern, sogleich Änderungen an denselben vorzunehmen, ließ er sie schwören, die Gesetze 10 Jahre lang unverändert beizuhalten, und begab sich dann auf Reisen, *Herod.* I, 29. *Plut. Sol.* 25, auf denen er Ägypten, Kypros (und den König Krösos von Lydien? *Herod.* I. 30—33) besuchte, kehrte aber nach Athen zurück und starb daselbst entweder im 2. Jahre, nachdem Peisistratos sich der Tyrannis bemächtigt, oder längere Zeit nachher, *Plut. Sol.* 32. [Nach einer anderen Tradition trat Solon jene Reise erst unter der Tyrannis des Peisistratos an und starb nicht in Athen, sondern in Solii auf Kypros, s. bes. *Diog. Laert.* I, 50. 62.]

69) "Unter Astyages", *Scymn. Ch.* v. 748.

Das Zeitalter der inneren Entwickelung des Hellentums.

Olympiaden-jahr.	J. v. Chr.	Dorier.	Athen.	Kolonieen		Kunst und Litteratur.
				im westlichen Meer in Sicilien.	im östl. Meer. sonst.	
XLVII, 1.	592.					Anaximandros aus Milet* (Philosoph).
XLVIII, 4.	585.	Periandros stirbt; Psammetichos der letzte Tyrann v. Korinth.⁷⁰				Sakadas aus Argos* (melische Dichtung).
XLIX, 3.	582.			Akragas von Gela.⁷¹		
XLIX, 4.	581.	Die Tyrannenherrschaft in Korinth durch die Spartaner gestürzt.⁷²				
L, 2.	579.			Lipara von Knidos u. Rhodos.⁷³		
LII, 3.	570.	Kleisthenes stirbt; Ende d. Tyrannenherrschaft in Sikyon.⁷⁴				Äsopos* (Fabeldichter).

70) Von Psammetich ist nichts weiter bekannt, als daß er Neffe des Periandros, s. *Nicol. Damasc. fr.* 60 ed. Müll., ein Kypselide und Sohn des Gordias (oder Gordios) war, s. *Arist. Pol.* V, 9, 22. Im übrigen s. *Anm.* 54.
71) *Thuk.* VI, 4: „108 J. nach Gela."
72) *Plut. de Herod. mal.* c. 21. p. 859.
73) *Diod.* V, 9. *Strab.* p. 275. *Paus.* X, 11, 3.
74) Über die Maßregeln, welche Kleisthenes zur Sicherung seiner Herrschaft und zugleich zur Befriedigung seines und seiner Stammesgenossen Rachegefühls gegen die dorischen Herrscher ergriff, s. *Herod.* V, 67—68; am meisten charakteristisch darunter ist die Umänderung des Namens der dorischen Stämme, denen er statt ihrer alten Namen die Namen Ὑᾶται, Ὀνεᾶται, Χοιρεᾶται beilegte. Einen Beweis für seinen Reichtum und sein hohes Ansehen boten die Festlichkeiten, die er bei Verheiratung seiner Tochter Agariste an den Athener Megakles feierte, *Herod.* VI, 126—130. Über die Zeit nach dem Tode des Kleisthenes s. *Herod.* V, 68, wonach die Beschimpfung der dorischen Stämme durch jene Namen noch 60 Jahre nachher fortdauerte und die alten Namen erst nach dieser Zeit durch Vereinbarung wiederhergestellt wurden; in welche Zeit vielleicht die Tyrannis des

u) Anaximandros, Schüler des Thales um 611—547, *Apollod.* b. *Diog. L.* II, 2. *Prooem.* 14, Naturforscher, Astronom und Geograph, verfertigte angeblich Sonnenuhren, Landkarten und Erdgloben, lehrte, daß das Unendliche (τὸ ἄπειρον, *Diog. L. a. a. O.*) der Urgrund (ἀρχή) aller Dinge sei und soll seine Ansicht in einem Werke περὶ φύσεως (der ersten philosophischen Schrift) auseinander gesetzt haben.
v) Sakadas, Dichter und Komponist, siegte dreimal mit der Flöte bei den pythischen Spielen, 586—578. *Plut. de mus.* c. 8. Man kannte von ihm Lieder und Elegieen, *Paus.* X, 7, 3. VI, 14, 4. II, 22, 9. IV, 27, 4, und eine Ἰλίου πέρσις, *Athen.* XIII, p. 610 C.
w) Die älteste Fabel (αἶνος) findet sich bei *Hesiod. Op. et d.* 202 f. Äsopos, aus Phrygien stammend, lebte um 572, *Diog. L.* 1, 72. *Suid.* v. Αἴσωπος, *Herod.* II, 134; er soll erst Sklave gewesen sein, dann an Krösus Hofe gelebt haben, *Plut. Sol.* 28, endlich von den Delphiern erschlagen worden sein, *Herod. u. a. O. Plut. ser. num. vind.* p. 556 f. Der Kern der Fabelsammlung des Babrios (cca. 220 n. Chr.) geht auf Äsopos und seine Fabeln nicht niedergeschrieben zu haben scheint, zurück.

Zweite Periode. Von 1104—500 v. Chr.

Olympiaden-jahr.	J. v. Chr.	Dorier.	Athen.	Kolonieen		Kunst und Litteratur.
				im westlichen Meer in Sicilien.	im östl. Meer. sonst.	
LIV, 1.	564.			Alalia von Phokäa.[75]		
LIV, 2.	563.				Amisos von Phokäa.[76]	
LV, 1.	560.	Anaxandridas und Ariston, Könige von Sparta.[77]	Peisistratos Tyrann.[78]		Krösos, König von Lydien,[79] unterwirft die Griechen auf dem Festlande von Klein-asien.[80]	Die *Philosophen* Anaximenes aus Milet;[x] Pherekydes aus Syros[y] (Anfänge d. griechischen Prosa).

Äschines zu setzen ist, s. *Plut. de Herod. malign.* c. 21. p. 859. (Die chronologischen Bestimmungen beruhen teils auf der Angabe des Aristoteles über die Dauer der Herrschaft der Orthagoriden (s. *Anm.* 49), teils darauf, dafs Myron als Sieger in den olympischen Spielen von Ol. XXXIII (648) genannt wird, teils endlich darauf, dafs Kleisthenes an dem ersten heiligen Kriege teilnahm, s. *Anm.* 67, und im Jahre 582 in den pythischen Spielen siegte, s. *Pausan.* X, 7, 3.]
75) *Herod.* I, 165—166.
76) *Skymn. Ch.* v. 918: „4 J. vor Herakleia."
77) Nach *Herod.* I, 67 war die Regierung dieser Könige gleichzeitig mit der des Königs Krösos. Unter ihnen wurden die Tegeaten besiegt, s. *Anm.* 83.
78) Der Parteikampf der Diakrier, Paraler und Pediäer (s. *Anm.* 68) war in dieser Zeit von neuem ausgebrochen; die Häupter derselben waren Peisistratos, der Alkmäoniode Megakles (Paraler) und Lykurgos (Pediäer). Ersterer verschafft sich durch List erst eine Leibwache, dann bemächtigt er sich vermittelst derselben der Tyrannis, *Herod.* I, 59. *Plut. Sol.* 30. Der Charakter seiner Herrschaft s. *Herod. a. a. O.*: Ἔνθα δὴ ὁ Πεισίστρατος ἔσχε Ἀθηναίων οὔτε τιμὰς ἐούσας συνταράξας οὔτε θέσμια μεταλλάξας, ἐπί τε τοῖς κατεστεῶσι ἔνεμε τὴν πόλιν κοσμέων καλῶς τε καὶ εὖ, vgl. *Thuk.* VI, 54 und

die Beispiele seiner Milde, *Arist. Pol.* V, 9, 21. *Plut. Sol.* 31. Er wurde zweimal durch die Koalition seiner Gegner vertrieben, das erste Mal wahrscheinlich 554, das andere Mal 547, kehrte aber beide Male wieder zurück und bemächtigte sich der Herrschaft von neuem, zuerst (wahrscheinlich 548) durch seine Aussöhnung mit Megakles, dann (537) durch Gewalt, *Herod.* I, 60—64. *Arist. Pol.* V, 9, 23. [Die Zeit und die Dauer der Peisistratiden überhaupt, wie auch das Jahr, wo Peisistratos starb und wo Hipparch ermordet wurde, steht vollkommen fest, s. *Herod.* V, 55, 65. *Arist. Pol.* V, 9, 23. *Thuk.* VI, 59. *Eratosth.* bei *Schol.* zu *Aristoph. Vesp.* 500; hinsichtlich der Unterbrechungen der Herrschaft des Peisistratos durch die zweimalige Vertreibung ist nur so viel sicher, dafs die zweite Vertreibung erst im 11ten Jahre ihr Ende erreichte, *Herodot.* I, 26, und dafs beide Verbannungen zusammen 10 Jahre dauerten, *Arist. a. a. O.*]
79) Seine Regierung dauerte 14 Jahre, s. *Herod.* I, 86, und das sein Sturz im Jahre 546 erfolgte, s. *Anm.* 55, so folgt, dafs er im oben bezeichneten Jahre zur Regierung gelangte.
80) *Herod.* I, 6: πρὸ δὲ τῆς Κροίσου ἀρχῆς πάντες Ἕλληνες ἦσαν ἐλεύθεροι. Die Unterwerfung durch Krösos, s. ebend. 26—27.

x) Anaximenes, Schüler des Anaximandros, Astronom und Philosoph, hielt die Luft für den Urstoff der Dinge, *Diog. L.* II, 3, *procem.* 14. *Arist. Metaph.* 1, 3.

y) Pherekydes um 596—540, *Diog. L.* I, 121. *Cic. Tusc.* I, 16, angeblich Lehrer des Pythagoras, *Diog. L. procem.* 13. 15. I, 119. *Iamblich. v. Pyth.*, und mit der Weisheit der Phöniker wie der Ägyptier und Chaldäer bekannt, *Suid.* v. Φερεκύδης, *Euseb. Praep. Ev.* X, 7, 5, war einer der ältesten griechischen Prosaiker, schrieb Περὶ φύσεως καὶ θεῶν, *Theopomp.* b. *Diog. L.* I, 116. *Suid. a. a. O.*, und lehrte die Seelenwanderung.

Das Zeitalter der inneren Entwickelung des Hellenentums. 41

Olympiaden-jahr.	J. v. Chr.	Dorier.	Athen.	Kolonieen.	Kunst und Litteratur.
LV, 2.	559.			Herakleia (am Pontus) von Megara und Böotien.[81] *Kyros gründet das persische Reich.*[82]	
LVI, 3.	554.	Tegea genötigt, die Hegemonie von Sparta anzuerkennen.[83]			
LVIII, 3.	546.	Die Argeier von den Spartanern geschlagen.[84]		*Das lydische Reich von Kyros erobert.*[85] Unterwerfung der Griechen in Kleinasien und auf den Inseln unter die Perser.[86]	
LIX, 2.	543.			Die Phokäer gründen Elea in Unteritalien;	Anakreon aus Teos;[z] Ibykos aus Rhegion[aa] (melische Dichtung); Theognis aus Me-

81) *Skymn. Ch.* v. 972 fig. 975: καθ' οὕς χρόνους Ἠρακλεῖται Κῷρος Μηδίης. Vgl. *Xenoph. Anabas.* V, 10, 1. *Pausan.* V, 26, 6. *Diod.* XIV, 31.

82) Er war 29 Jahre König, s. *Herodot.* I, 214 (oder 30 Jahre nach *Dinon* b. *Cic. de div.* I, 23. *Iustin.* I, 8, 14). Vgl. *Anm.* 69.

83) Die Spartaner waren vorher gegen die Tegeaten immer unglücklich gewesen; jetzt besiegten sie dieselben, nachdem sie einem Orakelspruche zufolge die Gebeine des Orestes heimgeholt hatten, *Herod.* I, 65 — 68. *Paus.* III, 3, 5. Die Tegeaten waren indes fortwährend vorzügliche geehrte Bundesgenossen der Spartaner. [Die glückliche Beendigung des Krieges fällt in die nächste Zeit vor der Gesandtschaft des Krösus nach Sparta, welche wahrscheinlich im Jahre 554 erfolgte, s. *Herod.* I, 69.]

z) Anakreon, der erste Dichter rein weltlicher Poesie, verließ Teos, als die Teier, von der persischen Macht gedrückt, auswanderten und Abdera gründeten, hielt sich in Samos am Hofe des Polykrates auf, *Strab.* p. 638, dann in Athen bei Hipparch bis zu dessen Tode, *Plat. Hipparch.* p. 228 C. *Aelian. V. H.* VIII, 2. Sein weiteres Leben, das er bis auf 85 Jahre gebracht haben soll, *Lucian. Macrob.* 26, ist unsicher, *Athen.* XIII. p. 599 e. *Suid. s. v.* Unter seinem Namen gehen zahlreiche Dichtungen in seiner Weise von späteren Dichtern verschiedener Zeiten, vgl. *Anacreontea Bergk.* p. 807 — 862, echte Gedichte des Anakreon sind meist nur in Bruchstücken erhalten. Unter ihnen finden sich Anrufungen von Gottheiten, *Bergk. fr.* 1. 2, Liebeslieder, *fr.* 4. 14. 40. 47. 48. 75, Schmähgedichte, *fr.* 21, Trinklieder, *fr.* 63.

84) Der Krieg entstand infolge eines Versuchs der Argeier, das ihnen von den Spartanern entrissene Kynuria wieder zu gewinnen. Beide Teile vereinigten sich, die Entscheidung einer auserwählten Schar von je 300 Mann von jeder Seite zu überlassen. Da aber der Ausgang dieses Kampfes nicht ganz zweifellos war, kam es dennoch zur Schlacht, in welcher die Spartaner siegten, *Herod.* I, 82. *Strab.* p. 376. Dies geschah, als Krösus bereits von Kyros belagert wurde, s. *Herod. a. a. O.*, vgl. *die folg. Anm.*

85) S. außer Herodot *Solin. Polyh.* c. 7. *Sosikrates* b. *Diog. Laert.* I, 95. *Dion. Hal. Ep. ad Cn. Pomp.* p. 773. *de Thuc. iud.* p. 820.

86) *Herod.* I, 141. 152 — 153. 161—171, auch der Inseln. s. *ebend.* 171. Die Unterwerfung geschah in den nächsten Jahren nach dem Sturze des lydischen Reichs.

64. 90, Elegieen, *fr.* 94, Epigramme, *fr.* 100. 108. 111. 112. 113. 115 u. a., vorwiegend in logaödischem Versmaße. Der Dichter selbst sagt von seiner Poesie *fr.* 45: χαρίεντα μὲν γὰρ ᾄδω, χαρίεντα δ' οἶδα λέξαι. Kritias preist ihn bei *Athen.* XIII, 600 D (ἡδὺν Ἀνακρέοντα).

aa) Ibykos blühte um 500—540. Er wanderte nach Samos zu Polykrates und ward der Sage nach bei Korinth von Räubern ermordet, *Suid.* v. Ἴβυκος. *Anthol. Pal.* VII, 745, während eine Grabschrift besagt, daß er in seiner Vaterstadt gestorben sei, *Anthol. Pal.* VII, 714. Er schrieb, sich namentlich an Stesichoros anschließend, sieben Bücher lyrische Gedichte in dorischem Dialekt und chorischem Rhythmensysteme, besonders feurige Liebeslieder (ἐρωτομανέστατος περὶ μειρακίων), *Suid. a. a. O. Bergk. fr.* 1. 2. 26.

Zweite Periode. 1104—500 v. Chr.

Olympiaden-jahr.	J. v. Chr.	Dorier.	Athen.	Kolonieen.	Kunst und Litteratur.
LIX, 2.	543.	. . . .	. . . .	die Teier flüchten nach Abdera.[87]	gara;[bb] Phokylides aus Milet[cc] (politische Elegie und Spruchdichtung), Hipponax aus Ephesos[dd] (Choliamben); Pythagoras aus Samos[ee], Mathematiker, Philosoph, Staatsmann; Xenophanes aus Kolophon, Gründer der eleatischen Philosophie.[ff]
LXII, 1.	532.	. . . .	. . . .	Polykrates, Tyrann von Samos.[88]	

87) *Herod.* I, 167. Über Abdera s. *Anm.* 55.
88) Die Zeit des Beginns seiner Herrschaft nach *Euseb. Chron. arm.* p. 98, vgl. *Polyaen.* I, 23, 2 und *Herod.* I, 64. Sein Sturz erfolgte in der Zeit, wo Kambyses krank war, also kurz vor dessen Tode, *Herod.* III, 120. Über ihn s. *Herod.* III, 39—60. 120—125. vgl. *Arist. Pol.* V, 9, 4. Nach *Herod.* III, 139 war unter ihm Samos die größte aller hellenischen und barbarischen Städte, und die Seemacht von Samos scheint damals die größte in der hellenischen Welt gewesen zu sein, *Herod.* III, 39. *Thuk.* I, 13. Nach dem Tode des Polykrates wurde Samos von den Persern unterworfen und dem Syloson, dem Bruder des Polykrates, der von diesem vertrieben werden war und dann bei Dareios Hilfe und Unterstützung fand, übergeben, s. *Herod.* III, 139—149.

bb) Theognis lebte um 540 nach Theagenes' Sturz, *Steph. Byz.* s. v. *Μέγαρα*, *Suid.* s. v. *Θέογνις*. In den Kämpfen zwischen der aristokratischen und der demokratischen Partei teilte er das Schicksal der ersteren, *Bergk. Theogn.* v. 219 f. 949 f., ward als gemäßigter Aristokrat von beiden Parteien angefochten, v. 307 f., von Freunden verraten, v. 813. 861, verlor sein Vermögen durch Plünderung, v. 677. 1200, und wanderte verbannt umher in Sicilien, Euböa und Sparta, v. 783 f. Aus Heimweh kehrte er nach Megara zurück, v. 787 f. 1123 f., und erlebte noch die Perserkriege, v. 787 f. 1223 f. Er dichtete einen Kranz von Elegieen an Kyrnos in 2800 Versen, *Suid.* a. a. O., die frühzeitig verkürzt, zerstückelt, umgestellt und interpoliert sind. Zusammengeworfen mit den Elegieen an andere Personen ergeben sie einen Bestand von 1389 erhaltenen Versen des Dichters, *Bergk. a. a. O.* In denselben vorsieht er die Ansprüche und Grundsätze des dorischen Adels, v. 28. 31 f. 53 f. 183 f. 319 f. 609 f., und sieht in der herrschenden Demokratie nichts als Pöbelherrschaft, Umsturz des Staates und Auflösung guter alter Sitte, v. 42 f. 53 f. 287 f. 315 f. 675 f. 933 f. 1100, und als Folge derselben Gewaltherrschaft, v. 39 f. 52 f. 1081 f. 1181 f. Falsche Freundlichkeit, v. 61 f., Treubruch, v. 283 f., und Gewaltthat gegen die gemeine Menge, v. 847 f., hält er für erlaubt.

cc) Phokylides, Theognis' Zeitgenosse, *Suid.* v. *Φωκυλίδης*, *Cyrill. adv. Iulian.* VII, p. 225, wohlhabend, *Bergk. fr.* 7 f. 10, gemäßigter politischer Ansicht, *fr.* 12 (μέσος δήμω ἐν πόλει εἶναι), dichtete Sittensprüche und Lebensregeln unter dem Titel *Κεφάλαια*, von denen nur wenige Bruchstücke erhalten sind, *Bergk.* p. 357—360. Späteren Ursprungs ist ein ποίημα νουθετικόν, das dem Phokylides beigelegt wurde.

dd) Hipponax lebte um 540—537, von den Tyrannen Athenagoras und Komas aus seiner Vaterstadt vertrieben, zu Klazomenä und verfaßte bittere Schmähgedichte, namentlich gegen die Bildhauer Bupalos und Athenis, die seine unschöne Gestalt verzerrt dargestellt hatten, *Plin.* XXXVI, 5. *Suid.* s. v. *Ἱππῶναξ*. *Procl. b. Phot. Bibl. Cod.* 239. *Athen.* XII, p. 552. *Aelian. V. H.* X, 6, in den von ihm erfundenen Choliamben oder Skazonten, *Bergk. fr.* 11. 12. 13. 14. 83. Seine äußere Lebenslage, wie seine Gesinnung und Dichtung läßt ihn als den Proletarier unter den griechischen Lyrikern erscheinen, *Bergk. fr.* 17. 18. 19. 42.

ee) Pythagoras, Schüler des Pherekydes und Anaximandros, lebte um 580—500, bildete sich auf Reisen, namentlich in Ägypten, und wanderte wegen der Tyrannei des Polykrates aus Samos nach Kroton in Unteritalien, *Diog. Laert.* VIII, 1—4. 45. *Suid.* s. v. *Πυθαγόρας*. Hier gestaltete er die Verfassung aristokratisch, *Diog. L.* VIII, 3. Durch vielseitiges Wissen als Philosoph, Mathematiker und Erfinder des nach ihm benannten Lehrsatzes, als Astronom, Mediziner und Musiker sammelte er einen Kreis von zahlreichen Schülern um sich, *Diog. L.* VII. 12. 14. Diesen organisierte er zu einem durch Gütergemeinschaft eng geschlossenen Geheimbunde mit religiösen Weihen und verschiedenen Graden und Klassen der Mitglieder, *Suid. a. a. O.*, dessen Ziel Reinigung und Besserung des sittlich-religiösen Lebens war, wie die Pythagoreischen Sinnsprüche und Sittenvorschriften zeigen (ἠθικά δόγματα, *Diog. L.* VIII, 22, 8, σύμβολα, *Suid. a. a. O.*).

Das Zeitalter der innern Entwickelung des Hellenentums.   43

Olympiaden-jahr.	J. v. Chr.	Dorier.	Athen.	Kolonieen.	Kunst und Litteratur.
LXII, 4.	529.			Tod des Kyros; Kambyses folgt.[89]	
LXIII, 2.	527.		Tod des Peisistratos; sein Sohn Hippias folgt ihm.[90]		
LXIV, 4.	521.			Tod des Kambyses; Pseudo-Smerdis; Dareios, Sohn des Hystaspes.[91]	
LXVI, 2.	515.			Zug des Dareios gegen die Skythen.[92]	
LXVI, 3.	514.		Hipparchs Ermordung.[93]		
LXVII, 3.	510.	Kleomenes und Demaratos, Könige von Sparta.[94]	Hippias gestürzt.[95]		

89) Kambyses regierte 7 J. 5 M., *Herod.* III, 66, Pseudo-Smerdis 7 Mon., *Herod.* III, 67, Dareios 36 J., *Herod.* VII, 4. Diese Angaben zusammen mit dem feststehenden Regierungsantritt des Xerxes im J. 485 sind die Grundlagen, auf welchen die chronologischen Bestimmungen über die Könige Kyros, Kambyses, Smerdis und Dareios beruhen.

90) Über die Herrschaft des Hippias, die Ermordung des Hipparch und die Vertreibung der Peisistratiden überhaupt, s. *Thuk.* I, 20. VI, 54—59. *Herod.* V, 55—56. 62—65.

91) S. *Anm.* 89.

92) Die Zeit des skythischen Zuges (*Herod.* IV, 1—144) ist nicht mit Sicherheit zu bestimmen. Dafs er vor 514 unternommen wurde, ist aus *Thuk.* VI, 59 vgl. mit *Herod.* IV, 138 zu folgern. Früher als 515 kann er nicht wohl stattgefunden haben, da Dareios bis dahin mit der Unterwerfung der aufrührerischen Satrapen und Provinzen beschäftigt war, namentlich des *Orotes*, der Meder und der Babylonier. Dareios liefs bei seiner Rückkehr Megabazes in Thrakien zurück, um dasselbe zu unterwerfen, s. *Herod.* IV, 143. V, 1, 2, 15. Des Histiäos Verdienst um Dareios, *ebend.* IV, 130—139, und seine Belohnung, *ebend.* V, 11.

93) Obgleich Hipparch nicht der Tyrann, sondern nur dessen Bruder war und seine Ermordung daher nicht die Befreiung von Athen, sondern vielmehr zunächst nur einen härtern Druck der Tyrannenherrschaft zur Folge hatte (s. die Anm. 90 angeführten Stellen), so lebten doch die Mörder desselben, Harmodios und Aristogiton, als die Befreier Athens in dem Bewufstsein der Athener und wurden als solche gepriesen. So in dem berühmten Skolion bei *Athen.* XV, p. 695: Ἐν μύρτου κλαδὶ τὸ ξίφος φορήσω, ὥσπερ Ἁρμόδιος κ' Ἀριστογείτων, | ὅτε τὸν τύραννον κτανέτην, ἰσονόμους τ' Ἀθήνας ἐποιησάτην, κ. τ. λ.

94) Dafs die oben genannten Könige, die Nachfolger des Anaxandridas und Ariston, in diesem Jahre Könige waren, geht daraus hervor, dafs beide an dem Zuge zur Befreiung von Athen teilnahmen, s. *Herod.* V, 64. *Paus.* III, 7, 7. [Nach *Herod.* VI, 108 vgl. mit *Thuk.* III, 68 ist es wahrscheinlich, dafs Kleomenes schon im Jahre 519 König war, vgl. *Herod.* III, 148.]

95) Die Alkmäoniden brachten zuerst eine Heeresmacht zusammen und zogen gegen die Peisistratiden, wurden aber bei Leipsydrion geschlagen, *Herod.* V, 62; sodann wurden die Spartaner durch die immer wiederholten Mahnungen des delphischen Orakels, dessen Unterstützung die Alkmäoniden durch den Wiederaufbau des delphischen Tempels gewonnen hatten (welcher im Jahre 548 abgebrannt war, *Paus.* X, 5, 5. *Herod.* I, 50. II, 180) bewogen, die Vertreibung der Peisistratiden auf sich zu nehmen; sie schickten daher erst den

Pythagoras fand entweder durch die demokratische Partei zu Kroton einen gewaltsamen Tod, *Diog. L.* VIII, 44. *Suid. s. a. O.*, oder er starb zu Metapontion, *Diog. L.* VIII, 39. Als Philosoph (er soll sich zuerst φιλόσοφος genannt haben, *Diog. L.* I, 12) sah er in der Zahl das Wesen der Dinge; die bekannteste unter seinen Lehren ist die von der Seelenwanderung (*Xenophan.* b. *Diog. L.* VIII, 36 ff.). Die Angaben über Schriften von ihm sind ebenso unzuverlässig wie die zahlreichen Märchen und Sagen über seine Person, die in späterer Zeit, namentlich bei den Neuplatonikern, über ihn verbreitet waren. Die hervorragendsten unter den Pythagoreern sind Philolaos, der die Lehren der Schule in ein wissenschaftliches System brachte und aufzeichnete, Zeitgenosse des Sokrates, und Archytas von Tarent, Zeitgenosse des Platon.

f) Xenophanes, geboren um 569, blühte um 540—477, *Diog. L.* IX, 20. *Timäus* bei *Clem. Strom.* I. p. 301,

Olympiaden-jahr.	J. v. Chr.	Geschichte.	Kunst und Litteratur.
LXVII, 4.	500.	Fortbildung der Solonischen Verfassung durch Kleisthenes.[96] Kleisthenes auf Betrieb seines Gegners Isagoras durch die Spartaner aus Athen vertrieben, aber nach kurzer Zeit wieder zurückgerufen.[97]	
LXVIII, 2.	507.	Kriegszug der Peloponnesier unter Kleomenes und Demaratos, der Thebaner und der Chalkidier gegen Athen.	

Anchimolios, welcher jedoch geschlagen wurde, dann den König Kleomenes gegen sie; Hippias zog sich auf die Akropolis zurück, schloſs dann mit Kleomenes einen Vertrag, als seine Söhne in dessen Gewalt geraten waren und begab sich nach Sigeion. S. die *Anm.* 90 angeführten Stellen, vgl. *Herod.* VI, 123. *Aristoph. Lysistr.* 1120 flg, und über Sigeion, welches Peisistratos sich unterworfen hatte, *Herod.* V, 94.

96) Kleisthenes gehörte zum Geschlecht der Alkmäoniden und war ein Enkel des gleichnamigen Tyrannen von Sikyon, *Herod.* VI, 131. Er war vorzugsweise für die Vertreibung der Peisistratiden thätig gewesen, *ebend.* V, 66, geriet aber nach seiner Rückkehr nach Athen mit einem andern Eupatriden, der aber nicht vom Geschlecht der Alkmäoniden war, Isagoras, in Streit, ergriff, weil er in Gefahr war seinem Gegner zu unterliegen (so wenigstens Herodot), die Partei des Volks und schritt zu seinen überaus wichtigen und einfluſsreichen Reformen, deren Hauptgrundlagen in folgenden Stellen enthalten sind. *Herod.* V, 66: μετὰ δὲ τετρηφύλους ἐόντας Ἀθηναίους δεκαφύλους ἐποίησε, τῶν Ἴωνος παίδων, Γελέοντος καὶ Αἰγικόρεος καὶ Ἀργάδεω καὶ Ὅπλητος ἀπαλλάξας τὰς ἐπωνυμίας, ἐπεξευρὼν δ' ἑτέρων ἡρώων ἐπωνυμίας ἐπιχωρίων πάρεξ Αἴαντος. τοῦτον δὲ ἅτε ἀστυγείτονα καὶ σύμμαχον ξεῖνον ἐόντα προσέθετο, vgl. *ebend.* 98, ferner *Aristot. Pol.* VI, 2, 11: Ὅτι δὲ καὶ τοιαῦτα κατασκευάσματα χρήσιμα πρὸς τὴν δημοκρατίαν τὴν τοιαύτην, οἷς Κλεισθένης τε Ἀθήνησιν ἐχρήσατο βουλόμενος αὐξῆσαι τὴν δημοκρατίαν —. φυλαί τε γὰρ ἕτεραι ποιητέαι πλείους καὶ φρατρίαι καὶ τὰ τῶν ἰδίων ἱερῶν συνακτέον εἰς ὀλίγα καὶ κοινὰ καὶ πάντα σοφιστέον, ὅπως ἂν ὅτι μάλιστα ἀναμιχθῶσι πάντες ἀλλήλοις, αἱ δὲ συνήθειαι διαζευχθῶσιν αἱ πρότερον, und *ebend.* III, 1, 10: πολλοὺς γὰρ ἐφυλέτευσε (Κλεισθένης) ξένους καὶ δούλους μετοίκους. D. h.

Euseb. praep. ev. XIV. p. 757, und wurde mindestens 92 Jahr alt, *Bergk. fr.* 7. Bald nach dem J. 544 verbannt, wanderte er umher in Hellas, Sicilien und Unteritalien und hielt sich in Zankle, Katana und Elea auf, *Bergk. fr.* 7. *Diog. Laert.* IX, 18, 20. Er schrieb Epen über die Gründung Kolophons und die Ansiedelung der Phokäer in Elea, Elegieen, Iamben

er beseitigte die alten 4 Phylen, vermöge deren immer noch ein Teil der Bürger von der Ausübung der Bürgerrechte ausgeschlossen war und richtete 10 ganz neue Phylen ein, in welche er nicht nur jene Bürger, sondern auch Metöken und freigelassene Sklaven (*Aristot. a. a. O.*) aufnahm. Die Namen der Phylen: Erechthëis, Aegeïs, Pandionis, Leontis, Akamantis, Oeneïs, Kekropis, Hippothoontis, Aeantis und Antiochis, *Paus.* I, 5. [*Demosth.*] *Epit.* p. 1397 flg. Die Zahl der Demen, in welche die Phylen von Kleisthenes eingeteilt wurden, war ursprünglich 100, s. *Herod.* V, 69, nachher 174, s. *Pol.* bei *Strab.* p. 396. Mit dieser neuen Einteilung hing aber ferner die Vermehrung der Mitglieder der βουλή von 400 auf 500 (je 50 aus jeder Phyle) zusammen, von denen nunmehr immer je 50 aus jeder Phyle den zehnten Teil des Jahres hindurch, also 35 oder 36 und in einem Schaltjahr 38 oder 39 Tage, die laufenden Geschäfte besorgten (πρυτανεία, πρυτάνεις); einer hatte als ἐπιστάτης immer den Vorsitz und die Leitung der Geschäfte, und aus den übrigen 9 Phylen standen den πρυτάνεις gewöhnlich 9 Deputierte (πρόεδροι) zur Seite, s. *Suid.* v. πρυτανεία, *Liban.* arg. zu *Demosth. adv. Androt.* p. 590. Noch ist zu erwähnen, daſs von Kleisthenes der Ostrakismos, d. h. ein besonderes Gericht, durch welches ausgezeichnete Männer, deren Stellung eine Gefahr für den Bestand der Verfassung zu enthalten schien, lediglich aus diesem Grund auf eine bestimmte Zeit verbannt wurden, eingeführt wurde, s. *Thuk.* VIII, 73 (διὰ δυνάμεως καὶ ἀξιώματος φόβον). *Arist. Pol.* III, 8, 6. *Diod.* XI, 55. *Plut. Arist.* 7. *Alcib.* 13. *Them.* 22 u. 5. *Pollux* VIII, 10—20.

97) Die Spartaner forderten durch einen Herold die Vertreibung der Alkmäoniden (s. Anm. 64) und folglich auch des Kleisthenes; die Athener gehorchten, und Kleomenes kam selbst nach Athen; als er aber die βουλή aufheben und die

und ein Lehrgedicht. Als Naturforscher und Philosoph bekämpft er den Götter- und Sagenglauben des Homer und Hesiod, *Diog. Laert.* IX, 18. *Karsten Xen. rel. fr.* 1. 5. 7. *Bergk. fr.* 1, v. 22 (πλάσματα τῶν προτέρων), und lehrt, daſs Gott die Einheit des Alls sei, *Arist. Metaph.* I, 5. *Diog. Laert.* IX, 19. *Cic. Acad.* IV, 37, 118.

Olympiaden-jahr.	J. v. Chr.	Geschichte.	Kunst und Litteratur.
LXVIII, 2.	507.	Das peloponnesische Heer löst sich durch Zwietracht seiner Führer und den Widerspruch der Korinthier auf und die Thebaner und Chalkidier werden geschlagen.[ff]	
LXIX, 1.	504.	. . . .	Die *Philosophen* Herakleitos aus Ephesos;[gg] Parmenides aus Elea.[hh]
LXIX, 4.	501.	*Die verunglückte Unternehmung des Aristagoras gegen Naxos.*[ii]	

Regierung einer Korporation von 300 Anhängern des Isagoras übergeben wollte, entstand ein Aufruhr, Kleomenes besetzte mit seinen Anhängern die Akropolis und zog am 3. Tage infolge Vertrags ab, s. *Herod.* V, 70—72 vgl. *Arist. Lysistr.* 272. Die Athener waren jetzt für kurze Zeit so besorgt, daß sie bei den Persern Hülfe suchten, *Herod.* V, 73.
 ff) *Herod.* V, 74—78. In das Gebiet der Chalkidier werden ath. Bürger als κληροῦχοι geschickt, das. 77. Die damalige erhöhte Stimmung der Athener s. *ebendas.* 78: *Ἀθηναῖοι μέν νυν ηὔξηντο· δηλοῖ δὲ οὐ κατ' ἓν μοῦνον ἀλλὰ πανταχῇ ἡ ἰσηγορία ὡς ἔστι χρῆμα σπουδαῖον, εἰ καὶ Ἀθηναῖοι τυραννευόμενοι μὲν οὐδαμῶν τῶν σφέας περιοικεόντων ἦσαν τὰ πολέμια ἀμείνους, ἀπαλλαχθέντες δὲ τυράννων μακρῷ πρῶτοι ἐγένοντο· δηλοῖ ὦν ταῦτα, ὅτι κατεχόμενοι μὲν ἐθελοκάκεον ὡς δεσπότῃ ἐργαζόμενοι, ἐλευθερωθέντων δὲ αὐτὸς ἕκαστος ἑωυτῷ προεθυμέετο κατεργάζεσθαι.* Die Thebaner schlossen zunächst ein Bündnis mit den Ägineten, und hierdurch gerieten die Athener in einen Krieg mit Ägina, über dessen nächsten entscheidungslosen Verlauf s. *Herod.* V, 79—90. Die Spartaner, um sich an den Athenern für die nach ihrer Meinung durch die Vertreibung des Kleomenes erlittene Unbill (*Herod. a. a. O.* 74. 91) zu rächen und Athen nicht aufkommen zu lassen, faßten in dieser Zeit sogar den Plan, Hippias wieder einzusetzen; ihr Vorhaben scheiterte aber an dem Widerspruch ihrer Bundesgenossen, hauptsächlich der Korinthier, *Herod.* V, 90—93, worauf sich Hippias, der zu diesem Zweck herbeigerufen worden war, wieder nach Sigeion zurückbegab und alles aufbot, um die Perser zu einem Zuge gegen Athen zu bewegen, *ebend.* 94—96. [Die Bestimmung der Jahre für die Ereignisse von 509—492 beruht auf bloßer Wahrscheinlichkeit, da es an festen Anhaltspunkten fehlt; einzelne, aber nicht ausreichende chronologische Notizen werden weiterhin an geeigneter Stelle angeführt werden.]
 ii) Histiäos wurde von Myrkinos, welches ihm Dareios geschenkt hatte, abgerufen und unter einem für ihn ehrenvollen Vorwande wider seinen Willen in Susa festgehalten, s. *Herod.* V, 23—24. Sein Schwiegersohn Aristagoras, der statt seiner als Tyrann von Milet eingesetzt worden war, bereitete, durch vertriebene Naxier verlockt, von den Satrapen von Sardes, Artaphernes, zu einer Unternehmung gegen Naxos, die aber mißlang, *Herod.* V, 30—34. Durch die Furcht vor der Rache der Artaphernes und durch die Schuldenlast, die er sich selbst durch den Zug aufgeladen, endlich durch die Aufreizungen des unzufriedenen Histiäos wurde darauf Aristagoras zu dem Entschluß getrieben, vom Perserkönig abzufallen, *Herod.* V, 35. [Daß der Abfall sofort nach dem Zuge gegen Naxos erfolgte, geht aus *Herod.* V, 36 hervor.]

gg) Herakleitos blühte um 504—501, *Diog. Laert.* IX, 1. Er lehrte, daß das Wesen aller Dinge in einem beständigen Werden oder Flusse bestehe (πάντα ῥεῖ), daß das Werden sich durch den Streit (πόλεμος, ἔρις) der Elemente vollziehe, und daß in dieser Bewegung das Feuer das thätige, sich immer umwandelnde Prinzip sei. Da seine Lehre, die er in einem Werke, περὶ φύσεως nach *Motteus* betitelt, niederlegte und die er ganz als sein ausschließliches Eigentum bezeichnete (*ebend.* §. 5), den Alten vielfach dunkel schien, so ward er ὁ σκοτεινός genannt (*Aristot.*) *de mund.* 5. *Cic. de nat. d.* I, 26.

hh) Parmenides lebte um 519—454, *Diog. Laert.* IX, 21. *Alex. Aphrod. Schol. Arist.* 536. *Plat. Parm.* p. 127 A. *Theaet.* p. 183 E. *Sophist.* 217 C. Schüler des Xenophanes, *Arist. Metaph.* I, 5. *Sext. Emp. adv. mathem.* VII. 111. *Clem. Al. Strom.* I, 301, schrieb er ein Lehrgedicht in ionischem Dialekt und epischem Versmaß περὶ φύσεως, in dem er die Einheit und Unveränderlichkeit des Seins als Grundwesen der Dinge lehrte und allein das auf das reine, einige Sein gerichtete Denken für die wahre Erkenntnis erklärte, und war der Gesetzgeber seiner Vaterstadt, *Diog. L. a. a. O. Plut. adv. Col.* p. 1126.

Olympiaden-jahr.	J. v. Chr.	Geschichte.	Kunst und Litteratur.
LXX, 1.	500.	Der Abfall des Aristagoras und seine Reise nach Griechenland, um von Sparta und Athen Hilfe gegen den Perserkönig zu erbitten.[100]	Anfänge der *Geschichtschreibung:* Die Logographen Hekatäos und Dionysios aus Milet u. a."

100) Aristagoras befreite zunächst die Städte der kleinasiatischen Griechen von den Tyrannen, um sie auf diese Art zur Teilnahme an dem Abfall heranzuziehen. *Herod.* V, 38, und ging dann erst nach Sparta, um dort (jedoch vergeblich) um Hilfe zu bitten, *Herod.* V, 38, 49—51, dann nach Athen, wo man beschloß, ihm 20 Schiffe zu Hilfe zu schicken, *ebend.* 55. 57. „αὖται δὲ αἱ νῆες ἀρχὴ κακῶν ἐγένοντο Ἕλλησί τε καὶ βαρβάροισι." An die 20 Schiffe von Athen schlossen sich 5 von Eretria an, *ebend.* 99.

ii) *Λογογράφοι* heißen die ersten Geschichtschreiber der Griechen, welche die bis dahin mündlich fortgepflanzten Sagen über die Vorzeit, besonders über die Gründung von Städten und Heiligtümern, in einfacher und schmuckloser Prosa, meist ohne Kritik, aufzeichneten. *Thuk.* I, 21 *Dionys. iud. de Thuc.* 5. *Diodor. Sic.* I, 37. *Strab.* I, p. 18. Abgesehen von dem apokryphen Kadmos von Milet ist der erste derselben Hekatäos. Er blühte um 520—500, reiste viel, namentlich in Ägypten, riet erst seinen Mitbürgern vom Aufstand ab, dann aber, als derselbe dennoch beschlossen war, zu ausdauernder Energie im Kampfe, *Herod.* II, 143. V, 30. 125. *Suid. v.* Ἑκαταῖος. Er schrieb ein geographisches Werk, γῆς περίοδος (περιήγησις), und eine Sagensammlung, Γενεαλογίαι (ἱστορίαι), beide in Prosa und im ionischen Dialekt. *Suid. v.* Ἑλλάνικος (l. Ἑκαταῖος). *Athen.* X, 447 C. D. IX, 410 E. IV, 148 F. (*Longin.*) *de sublim.* 27. — Dionysios, Zeitgenosse des Hekatäos, *Suid.* s. v. Ἑκαταῖος, schrieb eine persische Geschichte, *Suid. v.* Διονύσιος. (Die Angaben über andere Schriften desselben stehen nicht sicher.) — Außerdem werden noch als Logographen genannt: Der Lyder Xanthos, Verfasser einer lydischen Geschichte, *Suid.* s. v. *Strab.* I, p. 49. *Dionys. Hal. Ant. Rom.* I, 28; Charon von Lampsakos, Verfasser von Περσικά (geschrieben unter Artaxerxes) und von ὅροι Λαμψακηνῶν, *Suid.* s. v.; Hippys von Rhegion, Verfasser von Σικελικά, *Suid.* s. v.; Akusilaos aus dem böotischen Argos, Verfasser von Γενεαλογίαι, *Suid.* s. v.; Pherekydes von Leros, in Athen ansässig, blühend um das J. 454. Verfasser der ἱστορίαι in 10 Büchern, ὁ γενεαλόγος genannt, Eratosth. b. *Diogen. L.* I, 119. *Strab.* p. 487. *Dionys. Hal. Ant.* I, 13. *Suid.* s. v. — Den Übergang von der Logographie zur Geschichte bildet Hellanikos aus Mytilene, dessen früheste Jugend in den Anfang der Perserkriege fällt, *Thuk.* I, 97. *Strab.* p. 396. 426. 451. *Vita Eurip.* b. Westerm. p. 134. *Gell.* XV, 23. *Suid.* s. v. Er verfaßte genealogische Werke, Φορωνίς, Δευκαλιωνεία, Ἀτλαντίς und Τρωικά, chorographische, Αἰολικά, Περσικά und Ἀργολικά, und chronologische, Ἀργείων ἱέρειαι und Ἄρχοντες οἱ ἐν Ἀθήναις.

Dritte Periode.

500 bis 431 v. Chr.

Die Blütezeit des hellenischen Volks.

Die bewundernswürdigen Siege, durch welche die Angriffe des Perserkönigs auf die Unabhängigkeit Griechenlands zurückgeschlagen werden, bewirken, dafs Kraft und Selbstgefühl der Hellenen sich rasch entfalten und bis zur höchsten Höhe steigern. Athen hat schon bei den Perserkriegen selbst unter allen hellenischen Staaten die gröfste Energie entwickelt; unter seiner Führung wird aber der Kampf auch nachher noch zu dem Zwecke fortgesetzt, um die übrigen Hellenen auf den Inseln und an den Küsten des ägäischen Meeres vom persischen Joche zu befreien. So fallen also auch die Früchte dieser Siege und dieser ruhmvollen Anstrengungen hauptsächlich auf Athen zurück. Es bildet sich zur ersten hellenischen Seemacht aus und gewinnt nicht nur die Hegemonie zur See, sondern macht sogar einige Zeit lang Sparta die Hegemonie zu Lande streitig; im Innern werden nach und nach die letzten Schranken der Demokratie beseitigt, wodurch das ganze Volk in allen seinen Gliedern zur freiesten, regsten Beteiligung an dem öffentlichen Leben erhoben wird. Kunst und Litteratur steigen rasch zur schönsten Blüte empor, indem einesteils im Erzgufs, in der Bildhauerkunst und in der Baukunst, andernteils in der Tragödie die vollendetsten Leistungen hervorgebracht werden. Doch treten in den Reibungen und Feindseligkeiten zwischen Sparta und Athen immer mehr Anzeichen des langen blutigen Kampfes hervor, durch welchen in der nächsten Periode die Kraft und die Unabhängigkeit Griechenlands gebrochen wird.

Anm. Für die Zeit bis zu den Schlachten bei Plataiai und Mykale besitzen wir in den vier letzten Büchern Herodots eine zusammenhängende und ausführliche Darstellung der Ereignisse; von da an ist Thukydides in der Einleitung seines grofsen Geschichtswerks unser Führer, in der er einen zwar kurzen, aber ebenso zuverlässigen als lehrreichen Abrifs der Geschichte der Zeit zwischen den Perserkriegen und dem peloponnesischen Kriege giebt. Neben diesen Geschichtswerken ersten Ranges kommen andere Werke aus meist viel späterer Zeit wenig und nur für einzelne Notizen in Betracht. Dergleichen sind: ein kurzer Auszug bei Photios aus den persischen Geschichten des Ktesias (um 400 v. Chr.), Diodorus Siculus, dessen elftes Buch (die fünf vorhergehenden sind verloren gegangen) mit dem Jahre 480 anfängt, Plutarch in den Biographieen des Themistokles, Aristeides, Kimon und Perikles, endlich Cornelius Nepos und Justin, über welche s. *Zeittafeln der römischen Gesch.* S. 91a und 112 b.

Erster Abschnitt.
Die Perserkriege.
500 bis 479 v. Chr.

Olympiaden-jahr.	Jahr v. Chr.	Geschichte.
LXX, 2.	499.	Die Ioner nebst den Hilfstruppen von Athen und Eretria überfallen Sardes und verbrennen es;[1] werden aber auf dem Rückzuge bei Ephesos geschlagen.[2]
		Die Städte am Hellespont und am thrakischen Bosporos, desgleichen in Karien und auf Kypros schliefsen sich dem Aufstande an.[3]
LXX, 3.	498.	Kypros von den Persern wieder unterworfen;[4] allmähliche Unterwerfung der Städte auf dem Festlande.[5]
		Des Aristagoras Flucht und Tod.[6]

---

1) S. *Herod.* V, 99—101. [Die Chronologie dieser Zeit bis zum Jahre 490 beruht auf folgenden Gründen. Über das Jahr 490 als Jahr der Schlacht bei Marathon, s. *Anm.* 16; 2 Jahre vorher fand der Zug des Mardonios statt, also im Jahre 492, s. *Herod.* VI, 95 vgl. mit ebend. 46 und 48, wieder 2 Jahre früher die Eroberung von Milet, s. *Herod.* VI, 31 und 43, die Eroberung von Milet aber erfolgte im 6ten Jahre des Aufstandes, s. *Herod.* VI, 18. Über den Verlauf des Aufstandes sind unsere Nachrichten nicht so vollständig, dafs die Ereignisse sich mit Sicherheit nach den einzelnen Jahren ordnen liefsen.]

2) *Herod.* V, 102. Die Athener verlassen hierauf Kleinasien und enthalten sich fernerhin aller Teilnahme an dem Kriege, s. ebend. 103. Donungeachtet war der Zorn des Perserkönigs am meisten gegen sie gerichtet, s. ebend. 105: βασιλεὺς δὲ ἐπείτε ἐξηγγέλθη Σάρδις ἀλούσας ἐμπεπρῆσθαι ὑπό τε Ἀθηναίων καὶ Ἰώνων —, πρῶτα μὲν λέγεται αὐτόν, ὡς ἐπύθετο ταῦτα, Ἰώνων οὐδένα λόγον ποιησάμενον, εὖ εἰδότα ὡς οὗτοί γε οὐ καταπροΐξονται ἀποστάντες, εἰρέσθαι οἵτινες εἶεν οἱ Ἀθηναῖοι, μετὰ δὲ πυθόμενον αἰτῆσαι τὸ τόξον, λαβόντα δὲ καὶ ἐπιθέντα ὀιστὸν ἄνω ἐς τὸν οὐρανὸν ἀπεῖναι καί μιν ἐς τὸν ἠέρα βάλοντα εἰπεῖν· ὦ Ζεῦ, ἐκγενέσθαι μοι Ἀθηναίους τίσασθαι· εἴπαντα δὲ ταῦτα προστάξαι ἑνὶ τῶν θεραπόντων δείπνου προκειμένου αὐτῷ ἐς τρίς ἑκάστοτε εἰπεῖν· δέσποτα, μέμνεο τῶν Ἀθηναίων. Somit wurde der Aufstand der Ioner durch die Teilnahme der Athener an demselben ein Hauptanlafs zu den Perserkriegen, vergl. indes *Anm.* 8. 13. 20.

3) *Herod.* V, 103. 104. (Von Karien trat indes nur der gröfste Teil bei und auf Kypros schlofs sich Amathus von der Teilnahme aus, s. a. a. O.)

4) Gegen Kypros wurde Artybios mit einem Landheer und die phönikische Flotte geschickt. Letztere wurde von den zur Hilfe herbeigerufenen Ionern geschlagen, dagegen erlitten die Kyprier selbst zu Lande eine völlige Niederlage, worauf die Insel unterworfen wurde, *Herod.* V, 108—115. Die Kyprier hatten sich ein Jahr lang der Freiheit erfreut, *Herod.* V, 116.

5) Daurises, einer der persischen Anführer, erobert Abydos, Perkote, Lampsakos und Päsos am Hellespont, *Herod.* V, 117, wendet sich aber dann gegen Karien, wo er zuerst in 2 Schlachten siegt, dann aber überfallen wird und mit seinem ganzen Heere umkommt, *Herod.* V, 117—121. Gleichzeitig werden Kios an der Propontis und das im Besitz der Äoler befindliche ehemalige Gebiet von Troja von Hymees und Klazomenä und Kyme von Artaphernes und Otanes unterworfen, s. ebend. 122—123.

6) Aristagoras giebt die Sache der Ioner auf und zieht nach Myrkinos zurück, wo er mit seinem Heere von den Thrakern erschlagen wird, *Herod.* V, 124—126. Nach der Flucht und dem Tode des Aristagoras wird in betreff der Ereignisse des ionischen Krieges zunächst nichts weiter erzählt, als dafs Histiäos in Kleinasien ankommt, mit dem Auftrag des Perserkönigs, den Oberbefehl gegen die Aufständischen zu übernehmen, aber mit der Absicht, das persische Heer an dieselben zu verraten, dafs er aber von Artaphernes entlarvt wird und hierauf als Seeräuber auf den Inseln des Archipels und an den Küsten Kleinasiens umherirrt, *Herod.* VI, 1—5, wobei er im Jahre 494 oder 493 seinen Tod fand, ebend. 26—30.

Die Blütezeit des hellenischen Volks.

Olympiaden- jahr.	Jahr v. Chr.	Geschichte.
LXXI, 3.	494.	Die Flotte der Ioner bei Milet geschlagen und Milet erobert.[7] Niederlage der Argeier am Haine Argus durch die Spartaner.[8]
LXXI, 4.	493.	Die Inseln des Archipel und die Städte an der Nordküste des Hellespont und der Propontis von den Persern wieder unterworfen.[9]
LXXII, 1.	492.	Der erste Zug der Perser gegen Griechenland unter Mardonios; Flotte und Heer gehen am Berge Athos und in dessen Nähe fast völlig zu Grunde.[10]
LXXII, 2.	491.	Neue Rüstungen des Dareios; auf seine Aufforderung unterwirft sich ein grofser Teil der griechischen Staaten seiner Herrschaft.[11]

7) Die Perser vereinigten ihre Land- und Seemacht zu einem Angriffe auf Milet, als den eigentlichen Herd des Krieges, πάλιν πολίσματα περὶ Ἑλίσσοντος ποιησάμενοι, Herod. VI, 6; die Zahl ihrer Schiffe, die hauptsächlich von den Phöniken, aufserdem aber auch von den Kypriern, Kilikern und Ägyptiern gestellt worden waren (s. ebend.), belief sich auf 600, ebend. 9. Die Ionor, den Landkrieg auf die Verteidigung von Milet beschränkend, versammelten ihre Flotte bei der in der Nähe von Milet liegenden kleinen Insel Lade, um mit dieser den Kampf gegen den Feind zu wagen, ebend. 7. Dieselbe bestand aus 80 Schiffen von Milet, 12 von Priene, 3 von Myus, 17 von Teos, 100 von Chios, 8 von Erythrä, 3 von Phokäa, 70 von Lesbos, 60 von Samos, zusammen 353, s. ebend. 8. Die Perser wagten den Kampf nicht eher, als bis es ihnen gelungen war, die Samier zum Verrat zu verlocken, s. ebend. 9—13. Als es daher zur Seeschlacht kam, flohen die Samier (bis auf 11 Schiffe) und ihnen folgend die Lesbior und mit diesen die meisten der übrigen Ioner; die wenigen Widerstand Leistenden (am meisten zeichneten sich die Chier durch ihre Tapferkeit aus) unterlagen der Übermacht, ebend. 14—16. Milet wurde darauf genommen und die Einwohner nach Ampe am Tigris ins Exil geführt, ebend. 19—20. „Μίλητος μέν νυν Μιλησίων ἠρήμωτο,“ ebend. 22. Noch in demselben Jahre wurde sodann Karien von den Persern unterworfen, ebend. 25. (Ein Teil der Samier war mit dem Vorrat ihrer Flotte unzufrieden und fuhr unter einer Anzahl Milesier nach Sicilien, wo beide sich der Städte Zankle bemächtigten, ebend. 22—24. Thuk. VI, 4. Arist. Pol. V, 2. 11. Nicht lange nachher ging indes Zankle wieder für sie verloren, indem der Tyrann von Rhegion, Anaxilaos, sie darauf vertrieb und der Stadt eine andere Bevölkerung [„συμμίκτων ἀνθρώπων,“ Thuk.] und damit zugleich den Namen Messana gab, Thuk. VI, 5 vergl. Paus. IV, 23, 5.)

8) Herod. VI, 76—83. Vgl. Paus. II, 20, 7—8. Plut. de virt. mul. p. 245 d—f. Kleomenes schlug die Argeier und zündete dann den Hain Argos an, in welchen sich die Geschlagenen geflüchtet hatten. Dabei kamen 6000 Bürger von Argos um, Herod. VII, 148, und hierdurch wurde dasselbe so geschwächt, dafs sich eine Generation hindurch die

Perüken oder nach Herodot die Sklaven der Herrschaft bemächtigten, Herod. VI, 83. Arist. Pol. V, 2, 8. [Die Zeitbestimmung beruht darauf, dafs bei Herod. VI, 19. 77 ein Orakelspruch den Untergang von Milet und die Niederlage von Argos zugleich befafste, und dafs Herod. VII, 148 die letztere zur Zeit des herannahenden zweiten persischen Krieges als eine vor kürzlich geschehene bezeichnet wird.]

9) Herod. VI, 31—42. (Die Einwohner von Byzantion und Kalchedon flüchteten sich und nahmen, jedenfalls nur auf einige Zeit, ihre Wohnsitze in Mesambria, ebend. 33, einer Kolonie von Megara, Strab. p. 319.) Die Ioner hatten hierbei alle Drangsale einer feindlichen Eroberung zu erleiden, s. Herod. a. a. O. 31—32, wurden aber dann von Artaphernes verhältnismäfsig mild und gerecht behandelt, s. ebend. 42.

10) Herod. VI, 43—45. Über den Zweck des Zugs s. das. 43: ἐποιεύντο δὲ ἐν Ἐρέτριαν καὶ Ἀθήνας αὐτὰς μὲν ἐν σφι πρόσχημα ἦσαν τοῦ στόλου ἄλλο ἐν νόῳ ἔχοντες ὅσας ἂν πλείστας δύνωνται καταστρέψασθαι τῶν Ἑλληνίδων πολίων —. Die Flotte erlitt am Vorgebirge Athos durch Sturm einen Verlust von 300 Schiffen und 20000 Menschen, das Landheer wurde von den Brygern überfallen und ein grofser Teil desselben niedergemacht. Deshalb gab Mardonios den Zug auf und kehrte zurück, nachdem er an den Brygern Rache genommen hatte.

11) Herod. VI, 48—49. 49: τοῦτο ἔδοσαν ἐς τὴν Ἑλλάδα κήρυκε πολλοὶ μὲν ἡπειρωτέων ἔδοσαν τὰ πρόσηγετο αἰτέων ὁ Πέρσης, πάντες δὲ νησιῶται ἐς τοὺς ἀπικοίατο αἰτήσοντες. Unter den Letzteren auch Ägina, welches noch immer im Kriege mit Athen lag (s. S. 45 Anm. 18)), und welches, wie wenigstens die Athener befürchteten, sich an den Perserkönig anschlofs, um mit ihm zusammen Athen zu bewältigen. Die Athener schickten deshalb Gesandte nach Sparta und klagten Ägina des Vorrats an dem gemeinsamen hellenischen Vaterlande an, worauf dann nach mancherlei Weiterungen die Äginetten gezwungen wurden, 10 Geiseln zu stellen, die den Athenern übergeben wurden, s. Herod. VI, 50. 73. Infolge davon bricht der Krieg zwischen Athen und Ägina von neuem aus, s. ebend. 87—93. Über die Aufnahme und Behandlung der persischen Herolde in Athen und Sparta s. Herod. VII, 133—137.

Olympiaden-jahr.	Jahr v. Chr.	Geschichte.
LXXII, 2.	491.	Demaratos wird gestürzt, Kleomenes stirbt; Leotychidas und Leonidas Könige von Sparta.[12]
LXXII, 3.	490.	Erster Perserkrieg.[13] Die Perser unter Datis und Artaphernes[14] kommen auf dem Seewege durch das ägäische Meer segelnd zuerst nach Euböa, nehmen Eretria[15] und landen dann auf der Ebene von Marathon, werden aber daselbst von den Athenern und Platäern unter Führung des Miltiades geschlagen.[16]
LXXII, 4.	489.	Des Miltiades verunglückte Unternehmung gegen Paros, seine Verurteilung und sein Tod.[17]

12) Demaratos und Kleomenes waren von jeher untereinander verfeindet; Demaratos war dem Kleomenes in der Angelegenheit von Ägina (s. *die vor. Anm.*) hinwidersetzt entgegengetreten, deshalb bewirkte Kleomenes seine Absetzung. worauf derselbe zum König Dareios floh, s. *Herod.* VI, 50. 61—70. Kleomenes starb bald darauf, *ebend.* 74—75. Über die Nachfolger beider s. *ebend.* 71 und VII, 204—205.

13) *Herod.* VI, 94—124. Vergl. *Ctes. Pers.* §. 18 (ed. Bähr). *Iustin.* II, 9. *Cornel. Nep. Them.* 4—5. Als Zweck des Zuges wurde auch jetzt die Rache an Athen und Eretria angegeben, zugleich aber beabsichtigte Dareios, ganz Hellas zu unterwerfen, *Herod.* VI, 94.

14) Von Herodot wird nur die Zahl der Trieren der Perser (600) angegeben, s. VI, 95, nicht aber die Größe des Heeres. Nach *Iustin. a. a. O.* betrug die letztere 600000 Mann, nach Plato *Menex.* p. 240 A und Lysias *Epitaph.* p. 102. §. 21 500000 Mann, nach *Val. Max.* V, 3. *Paus.* IV, 25, 2 300000, nach *Corn. Nep. Milt.* 5 nur 110000 Mann.

15) *Herod.* VI, 95—101. Auf dem Zuge wird Naxos geplündert und zerstört, Delos dagegen wird verschont; von andern Inseln werden Mannschaften und Geiseln entnommen; auf Euböa werden Karystos und Eretria genommen, letzteres nach einer 6tägigen Belagerung durch Verrat, worauf zur Rache für die Verbrennung von Sardes die Tempel verbrannt und die Einwohner als Gefangene abgeführt werden. Über das Schicksal von Eretria vergl. *Plat. Legg.* III, p. 698. C. *Menex.* p. 240 B. *Diog. Laert.* III, 33. *Strab.* p. 448.

16) Hierhin, nach der Ebene von Marathon, werden die Perser von Hippias geführt, weil daselbst von der Reiterei am besten Gebrauch gemacht werden könne. Die Athener ziehen ihnen entgegen unter Führung der 10 Strategen und des Polemarchen Kallimachos; die Spartaner versprechen Hilfe, zögern aber, weil sie vor dem Vollmond nicht ausziehen dürfen (*Herod. a. a. O.* 105—106. 120), dagegen kommen ihnen die Platäer mit ihrer gesamten Macht (1000 Mann) zu Hülfe. Nach Iustin (II, 9) beträgt die Zahl der Athener außer den Platäern 10000 Mann, nach *Corn. Nep. Milt.* 4. *Paus.* IV, 25, 2. X, 20, 2 ist die Gesamtzahl beider 10000 Mann. Miltiades setzt es durch, daß der Angriff ohne Verzug geschieht, *Herod. a. a. O.* 109. Die Zahl der Gefallenen: 6400 Perser, 192 Griechen, *ebend.* 117. Über die Art des Angriffs und die Tapferkeit der Griechen s. *ebend.* 112: πρῶτοι μὲν γὰρ Ἑλλήνων τῶν ἡμεῖς ἴδμεν δρόμῳ ἐς πολεμίους ἐχρήσαντο, πρῶτοι δὲ ἀνέσχοντο ἐσθῆτά τε Μηδικὴν ὁρῶντες καὶ ἄνδρας τοὺς ταύτην ἐσθημένους· τέως δὲ ἦν τοῖσι Ἕλλησι καὶ τὸ οὔνομα τὸ Μήδων φόβος ἀκοῦσαι. Der Tag der Schlacht: der 6te Boedromion (etwa den letzten Tagen des Septembers entsprechend), *Plut. Cam.* 19. *Mor.* p. 861 (de *mal. Herod.* c. 26). p. 305 (*de glor. Athen.* c. 7). [Im Widerspruch mit diesen Angaben Plutarchs hält Böckh (Jahnsche Jahrb., Supplementb. I. N. F. S. 64 ff.) es aus mehreren Gründen, insbesondere deshalb, weil die Schlacht nach *Herod.* VI, 106. 120 in den nächsten Tagen nach dem Vollmond stattgefunden, für wahrscheinlich, daß der 6te Boedromion nicht der Schlachttag, sondern der Tag der Siegesfeier gewesen und der Schlachttag kurz nach der Mitte des vorhergehenden Monats, den Metageituion, also etwa an 17ten dieses Monats anzusetzen sei.) Nach *Plut. Arist.* 5 war Aristeides einer der 10 Strategen und vielleicht auch Themistokles, wenigstens war nach dieser Stelle auch Letzterer bei der Schlacht zugegen. Über die Ehren der *Μαραθωνομάχαι* errichteten Grabhügel s. *Paus.* I, 32, 4—5. Das Jahr der Schlacht bei Marathon ergiebt sich daraus mit Sicherheit, daß nach mehrfachen Zeugnissen zwischen ihr und der Schlacht bei Salamis 10 Jahre in der Mitte liegen, s. *Herod.* VII, 1. 3. 4. 7. 20. *Thuk.* I, 18. *Plat. Legg.* III, p. 698. C. *Marm. Par.*]

17) *Herod.* VI, 132—136. *Corn. Nep. Milt.* 7. Herodot a. a. O. 132—133: αἰτήσας νέας ἑβδομήκοντα καὶ στρατιήν τε καὶ χρήματα Ἀθηναίους, οὐ φράσας σφι ἐπ᾽ ἣν ἐπιστρατεύεσθαι χώρην, ἀλλὰ φὰς αὐτοὺς καταπλουτιεῖν, ἤν οἱ ἕπωνται —. Ἀθηναῖοι δὲ τούτοισι ἐπαερθέντες παρέδοσαν αὐτῷ ὁ Μιλτιάδης τὴν στρατιὴν ἔπλεε ἐπὶ Πάρον, πρόφασιν ἔχων ὡς οἱ Πάριοι ὑπῆρξαν πρότεροι στρατευόμενοι τριῆρεσι ἐς Μαραθῶνα ἅμα τῷ Πέρσῃ, τοῦτο μὲν δὴ πρόσχημα λόγων ἦν, ἀτάρ τινα καὶ ἔγκοτον εἶχε τοῖσι Παρίοισι διὰ Λυσαγόρην τὸν Τισίεω, ἐόντα γένος Πάριον, διαβαλόντα μιν πρὸς Ὑδάρνεα τὸν Πέρσην. Er richtete nichts aus und wurde nach seiner Rückkehr von Xanthippos, dem Vater des Perikles, angeklagt und zu einer Geldstrafe von 50 Talenten verurteilt, starb aber an einer Verletzung des Fußes, die er sich vor Paros zugezogen. Sein Sohn Kimon bezahlte statt seiner die Strafe.

Olympiaden-jahr.	Jahr v. Chr.	Geschichte.	Kunst und Litteratur.
LXXIV, 2.	483.	Aristeides durch das Scherbengericht verbannt.[18]	
LXXIV, 3.	482.	Themistokles begründet die Seemacht Athens, indem er die Athener bewegt, die Einkünfte der laurischen Bergwerke zum Bau von Trieren zu verwenden und den Hafen Piräeus anzulegen.[19]	
LXXV, 1.	480.	Zweiter persischer Krieg.[20] Xerxes[21] zieht an der	Die *Lyriker* Simoni-

18) *Plut. Arist.* 7. *Corn. Nep. Arist.* 1. Die Zeitbestimmung nach *Plut. Arist.* 8, wonach er im 3ten Jahre zurückberufen wurde; nach *Corn. Nep. a. a. O.* erfolgte seine Zurückberufung im 6ten Jahre, so dafs hiernach seine Verbannung in das Jahr 483 fallen würde. ...

19) Über Themistokles, der von uns als Hauptlenker der athenischen Angelegenheiten hervortritt, s. im allgemeinen die Charakteristik des Thukydides (I, 138): ἦν γὰρ ὁ Θεμιστοκλῆς βεβαιότατα δὴ φύσεως ἰσχὺν δηλώσας καὶ διαφερόντως τι ἐς αὐτὸ μᾶλλον ἑτέρου ἄξιος θαυμάσαι. οἰκείᾳ γὰρ ξυνέσει καὶ οὔτε προμαθὼν ἐς αὐτὴν οὐδὲν οὔτ' ἐπιμαθὼν τῶν τε παραχρῆμα δι' ἐλαχίστης βουλῆς κράτιστος γνώμων καὶ τῶν μελλόντων ἐπὶ πλεῖστον τοῦ γενησομένου ἄριστος εἰκαστής· καὶ ἃ μὲν μετὰ χεῖρας ἔχοι καὶ ἐξηγήσασθαι οἷός τε, ὧν δ' ἄπειρος εἴη κρῖναι ἱκανῶς οὐκ ἀπήλλακτο· τό τε ἄμεινον ἢ χεῖρον ἐν τῷ ἀφανεῖ ἔτι προεώρα μάλιστα· καὶ τὸ ξύμπαν εἰπεῖν, φύσεως μὲν δυνάμει μελέτης δὲ βραχύτητι κράτιστος δὴ οὗτος αὐτοσχεδιάζειν τὰ δέοντα ἐγένετο. Das Bedürfnis wegen eines erneuerten Angriffs der Perser erkennend, zugleich aber auch zum unmittelbaren Gebrauch im Kriege gegen Ägina, bewirkte er die Herstellung von 200 Trieren (so viele nach Herodot) aus dem Ertrag der laurischen Bergwerke, s. *Herod.* VII, 144: ὅτι Ἀθηναίοισι γενομένων χρημάτων μεγάλων ἐν τῷ κοινῷ, τὰ ἐκ τῶν μετάλλων σφι προσῆλθε τῶν ἀπὸ Λαυρείου, ἔμελλον λάξεσθαι ὀρχηδὸν ἕκαστος δέκα δραχμάς, τότε Θεμιστοκλέης ἀνέγνωσε Ἀθηναίους τῆς διαιρέσιος ταύτης παυσαμένους νέας τούτων τῶν χρημάτων ποιήσασθαι διηκοσίας ἐς τὸν πόλεμον, τὸν πρὸς Αἰγινήτας λέγων· οὗτος γὰρ ὁ πόλεμος συστὰς ἔσωσε τότε τὴν Ἑλλάδα, ἀναγκάσας θαλασσίους γενέσθαι Ἀθηναίους, vgl. *Plut. Them.* 4. *Corn. Nep. Them.* 2. Polyaen. I, 30, 5 (nach allen diesen Stellen wurden nur 100 Schiffe gebaut). Hiermit aber stand jedenfalls in Zusammenhang, dafs er die Anlegung des Hafens Piräeus statt des bisherigen unzulänglichen Phaleron veranlafste, s. *Thuk.* I, 93 vergl. *Paus.* 1, 1, 2. Über die Wirkung dieser Veränderung vergl. *Plut. Them.* 4: ἐν δὲ τούτῳ — ἀντὶ μανίηισιν ὁλιστὴν, ὥς φησι Πλάτων (*Legg.* IV, p. 706 B), τοὺς πολίτας καὶ ἐπιθαλαττίους ἐποίησε καὶ διαβολὴν καθ' αὐτοῦ παρέσχεν, ὡς ἄρα Θεμιστοκλῆς τὸ δόρυ καὶ τὴν ἀσπίδα τῶν πολιτῶν ἀφελόμενος εἰς ὑπηρέσιον καὶ κώπην συνέστειλε τὸν τῶν Ἀθηναίων δῆμον. [Die Zeit dieser Mafsregeln läfst sich nicht ganz sicher bestimmen, da die Zeitangabe *Thuk.* 1, 93 von zweifelhafter Deutung ist. Die oben angenommene Zeitbestimmung beruht besonders auf *Thuk.* 1, 14, wonach die Athener in der Zeit bis zum Tode des Dareios, also bis zum Jahre 485, nur wenige Kriegsschiffe und zwar meist nur Fünfzigruderer hat-

ten, ferner auf dem ganzen Bericht des Herodot von der Sache (VII, 143—144), wo z. B. Themistokles im Jahre 481 ein ἀνὴρ ἐς πρώτους νεωστὶ παριὼν genannt wird, und ist auf diese und andere Gründe hin hauptsächlich von Krüger (hist. phil. Studien I. S. 13 f.) gegen Böckh (de arch. pseudon. in der Abh. der Berl. Akademie 1827, S. 131 f.) ausgeführt worden, welcher letztere das Archontat des Themistokles und damit auch die übrigen Mafsregeln in das Jahr 492 setzt.]

20) *Herod.* VII. VIII. IX. Vgl. *Ctes. Pers.* §. 23—27. *Diod.* VI, 1—37. *Plut. Them.* und *Arist.* Auch jetzt war der Hauptzweck, ganz Griechenland zu unterwerfen (vgl. *Anm.* 13), s. *Herod.* VII, 139: ἢ δὲ στρατηλασίη ἡ βασιλέος οὔνομα μὲν εἶχε ὡς ἐπ' Ἀθήνας ἐλαύνει, κατίετο δ' ἐς πᾶσαν τὴν Ἑλλάδα, vgl. *ebend.* 157. Die Rüstungen hatten die ganze Zeit seit dem ersten Kriege fast ununterbrochen fortgedauert, erst unter Dareios, *Herod.* VII, 1, dann unter Xerxes, *ebend.* 20. Aufserdem wurde der Zug durch Durchstechung der Halbinsel des Athos, *ebend.* 21—24, und durch die Überbrückung des Strymon, *ebend.* 24, und des Hellesponts, *ebend.* 25. 33—36, vorbereitet. Auch hatte Xerxes ein Bündnis mit den Karthagern geschlossen, damit diese einen Angriff auf Sicilien machen und die dortigen Griechen beschäftigen sollten, s. *Diod.* XI, 1. 20 vgl. *Herod.* VII, 165. Aufser Damarat (s. *Anm.* 12) waren noch die Aleuaden aus Thessalien und die Peisistratiden in der Begleitung des Xerxes, *Herod.* VII, 6. Die Griechen ihrerseits hielten, als sie von der Ankunft des Xerxes in Sardes hörten, also gegen Ende des Jahres 481, eine Versammlung auf dem Isthmos, auf welcher sie vorerst allen Zwiespalt und Krieg abthaten und nach Sicilien zum Tyrannen von Akragas, Gelon, ferner nach Kreta, Korkyra und Argos Gesandte mit der Bitte um Hülfe zu senden beschlossen, *ebend.* 145, was indes überall ohne Erfolg blieb, 148—171. Bei dieser Versammlung waren aber diejenigen nicht beteiligt, welche dem Perserkönig auf seine Aufforderung Erde und Wasser gegeben hatten, nämlich die Thessaler, Doloper, Änianen, Perrhäber, Lokrer, Magneten, Malier, die phthiotischen Achäer, die Thebaner und die übrigen Böoter aufser Thespiä und Plateä, 132. Am meisten zeichnete sich Athen durch seinen Patriotismus aus, s. 139: Ἀθηναίους ἄν τις λέγων σωτῆρας γενέσθαι τῆς Ἑλλάδος οὐκ ἂν ἁμαρτάνοι τἀληθέος. — ἑλόμενοι δὲ τὴν Ἑλλάδα περιεῖναι ἐλευθέρην οὗτοι ἦσαν οἱ ἐπεγείραντες τὸ λοιπὸν, ὅσον μὴ ἐμήδισε, αὐτοὶ οὗτοι ἦσαν οἱ ἐπαχθέντες καὶ βασιλέα μετά γε θεοὺς ἀνωσάμενοι. Die „hölzernen Mauern" 140—144.

21) Xerxes war im Jahre 485 nach dem Tode des Dareios König geworden, s. *Herod.* VII, 1—4. 20. *Synk.* p. 208. B.

Olympiaden-jahr.	J. v. Chr.	Geschichte.	Kunst und Litteratur.
LXXV, 1.	480.	Spitze einer Flotte von 1207 Kriegsschiffen und eines Landheeres von 1700000 Mann zu Fufs und 80000 Reitern gegen Griechenland.[22] Der Spartanerkönig Leonidas stellt sich ihm mit 300 Spartiaten und einigen andern Mannschaften aus	des[a], Pindaros[b], Bakchylides.[c]

[22] Das Landheer versammelt sich im Laufe des Jahres 481 zu Kritalla in Kappadokien und marschiert von dort nach Sardes, wo es mit Xerxes selbst überwintert, *Herod.* VII, 26—32; die Flotte kam in den Häfen von Kyme und Phokäa zusammen, *Diod.* XI, 2. Mit dem Anbruch des Frühlings marschiert das Heer nach Abydos, *Herod.* VII, 40—43, geht von dort auf 2 Brücken über den Hellespont, *das.* 54—55, wozu 7 Tage und 7 Nächte erforderlich sind, *das.* 56, dann geht der Zug zu Wasser und zu Land nach Iberiskos, einer Ebene am Hebros, *das.* 58, wo eine Musterung des Landheeres wie der Flotte vorgenommen wird, *das.* 60—80. Die Zählung oder vielmehr Abschätzung des Landheeres ergiebt

[a] Simonides aus Iulis auf Keos, lebte von 556—468, *Marm. Par. Suid.* s. v. Strab. p. 480, in engem Verkehr mit den hervorragendsten Männern seiner Zeit, so am Hofe des Hipparch, *Plat. Hipparch.* p. 228 d, wie der Aleuaden und Skopaden in Thessalien, *Plat. Protag.* p. 339 b, *Cic. de orat.* II, 86. *Bergk. Lyr. fr.* 5. Nach der Schlacht von Marathon hielt er sich zuerst zu Athen auf, wo er dem Themistokles nahe stand und in zahlreichen dichterischen Wettkämpfen Preise errang, *Herod.* VI, 105. *Vit. Aesch. Westerm.* p. 119. *Plut. Them.* 1. 5, zuletzt am Hofe des Hieron von Syrakus, den er mit Theron von Agrigent aussöhnte, *Bergk. fr.* 142. *Cic. de nat. d.* I, 22. *Schol. Pind. Ol.* II, 29. Er war als Dichter aufserordentlich fruchtbar und in den verschiedensten Gattungen der Poesie thätig: Ἐπίνικοι, Ὕμνοι, Παρθένεια, Διθύραμβοι, Ὑπορχήματα, Θρῆνοι, Ἐλεγεῖαι, *Bergk. fr.* 1—89; die zahlreichsten Reste sind von seinen Ἐπιγράμματα (fr. 90—170) erhalten. Für die Geschichte der Zeit sind die Bruchstücke seiner Dichtungen von Wichtigkeit; denn in zahlreichen elegischen und epigrammatischen Dichtungen feiert er die Grofsthaten der Perserkriege; so die Helden der Schlachten von Marathon, *Vit. Aesch.* Thermopylae[a], *Bergk. fr.* 4. 92. 93. 95. 96. 97. 98, Salamis, *Bergk. fr.* 1. 100. 101. 102, Plataeae, *Bergk. fr.* 84, und der Schlachten des Kimon, *fr.* 107. 108. 109 vgl. *fr.* 110. 111. Ebenso verfafste er Epigramme auf Weihgeschenken des Harmodios und Aristogeiton, *fr.* 134, des Miltiades, *fr.* 136, der Athener nach der Schlacht bei Artemision, *fr.* 138, der Hellenen aus der Perserbeute, *fr.* 141, vgl. *fr.* 144. 145, und des Pausanias, *fr.* 143. u. a. Wonn ihm auch das Dichten für Geld von manchen Seiten den Vorwurf der Habsucht zuzog, *Pind. Isthm.* II, 5 und *Schol.* z. d. St. *Aristoph. Pax.* 608, so war er doch als Dichter in ganz Hellas anerkannt und hiefs wegen der Anmut seiner Dichtungen Μελικρήτης (διὰ τὸ ἡδύ, *Suid.*). Platon sagt von ihm: σοφὸς καὶ θεῖος ὁ ἀνήρ, *Rep.* I, p. 331 e.

[b] Pindaros, Sohn des Daiphantos, geboren um 521 im thebanischen Flecken Kynoskephalä, aus dem Geschlechte der Ägiden, *Suid.* s. v. *Eust. Proœm.* 25. *Vit. Pind. Pyth.* V, 71, dichtete zuerst unter Anleitung des Lasos von Hermione, *Eustath. a. a. O.*, und der Korinna, *Plut. glor. Athen.* p. 347. 348, von der er fünfmal im musischen Wettkampf besiegt wurde, *Paus.* IX, 22, 3. *Ael.* V. H. XIII, 24. *Suid.* s. v. Κόριννα, und trat in seinem zwanzigsten Jahre mit der 10. pyth. Ode (zu Ehren eines Siegers der Aleuaden) zum erstenmale selbständig auf. Dafs der Dichter viel reiste, besonders um seine Gesänge auf Festversammlungen zur Aufführung zu bringen, zeigt sein Aufenthalt zu Delphi, *Paus.* X, 24, 4, zu Olympia, *Pind. Ol.* X, zu Anthedon, *Paus.* IX, 22, 5, zu Argos, *Pr. Eust.* 16. *Vit.*, zu Syrakus an Hierons Hofe neben Simonides und Bakchylides, *Pr. Eust.* 17. *Vit.*, wo er auch mit Theron von Agrigent in Verbindung trat, *Pind. Ol.* II. III. Nach seinen Gedichten stand er unter anderm auch in Verkehr mit Arkesilaos von Kyrene, *Pyth.* IV, V, und besonders mit den Äginieten, *Ol.* VIII. *Pyth.* VIII. *Nem.* III. IV. V. VI. VII. *Isthm.* IV. VII. Zu Athens Preise sang er (*Isocr. Antid.* 166. *Pseudo-Aeschin. Ep.* 4): ἰσθ᾽ αἱ λιπαραὶ καὶ ἰοστέφανοι Ἑλλάδος ἔρεισμα Ἀθῆναι, wofür die Thebaner ihm eine Geldstrafe auflegten, die Athener aber das Doppelte der Strafsumme erstatteten und eine eherne Bildsäule setzten. Seine altgläubige Frömmigkeit bewährte er aufser seinen Liedern auch durch Weihungen von Heiligtümern, *Pyth.* III, 77. *Paus.* IX, 16, 1. 17, 1; einer staatsmännischen oder kriegerischen Thätigkeit stand aber der Dichter fern. Er soll 80 Jahr alt im J. 441 im Theater zu Argos schmerzlos gestorben sein, *Pr. Eust.* 16. *Plut. cons. ad Apoll.* p. 109. *Suid. a. a. O.*; Alexander der Grofse ehrte sein Andenken dadurch, dafs er bei Thebens Zerstörung sein Haus allein verschonte, *Arr. Anab.* I, 29. Von seinen mannigfachen lyrischen Gedichten sind uns vier Bücher Ἐπίνικοι erhalten, und zwar 14 olympische, 12 pythische, 11 nemeische, 7 (8?) isthmische Siegeslieder auf Sieger im Wagenrennen mit Rossen, Maultieren oder Füllen, im einfachen Lauf, Langlauf, Doppellauf und Waffenlauf, im Ringkampf, Faustkampf, Pankration und Flötenspiel, von Chören zur Laute oder Flöte gesungen, in dorischer, äolischer und lydischer Tonart und den mannigfachsten strophischen Rhythmen; Gesänge des Dichters, aus denen noch Bruchstücke erhalten sind, waren Ὕμνοι, vgl. *Böckh. fr.* l. 2, Διθύραμβοι, *fr.* 3. 4, Ἐγκώμια,

Olympiaden-jahr.	Jahr v. Chr.	Geschichte.	Kunst und Litteratur.
LXXV, 1.	480.	dem übrigen Griechenland in dem Engpafs der Thermopylen entgegen, wird aber umgangen und nach heldenmütigem Widerstande überwältigt;²² die griechische Flotte liefert der persischen bei	Der *Epiker* Panyasis.ᵃ Emporblühen d. dramatischen Poesie.ᵇ

1 700 000 Mann zu Fufs und 80 000 Reiter, *das.* 60. 87. die Flotte enthält 1207 Trieren, worunter 300 phönikische, 200 ägyptische, 150 kyprische, 100 kilikische u. s. w., und 3000 anderweite Fahrzeuge, *das.* 89, 148; hierzu kommen noch von den Inseln und den Städten und Völkerschaften der thrakischen Küste, die Xerxes auf dem Zuge berührt und von denen er überall Kontingente fordert (*das.* 122—124 vgl. 108. 110. 118), 120 Schiffe und 300 000 Mann, so dafs sich die gesamte streitbare Mannschaft, die Benennung der Schiffe inbegriffen, auf die Zahl von 2 641 610 berechnet, *das.* 184—187. [So die freilich unglaublichen Zahlen Herodots; nach *Ctes.* §. 23 bestand das Landheer aus 800 000 Mann, die Flotte aus 1000 Schiffen, nach *Diod.* XI, 2. 3. 5 waren es 1200 Schiffe und 800 000 und nach Hinzutritt der Hilfsvölker 1 000 000 Mann, nach *Corn. Nep. Them.* 2 ebenfalls 1200 Schiffe, aber 700 000 Mann zu Fufs und 400 000 Reiter, nach *Iustin.* II, 10 dieselbe Zahl von Schiffen und zusammen 1 000 000 Mann.] Von Doriskos (wo Xerxes das merkwürdige Gespräch mit Demaratos führt, 101—104) marschiert das Landheer in 3 parallelen Zügen (*Herod.* VII, 121) zuerst nach Therma, wo es wieder mit der Flotte zusammentraf,

fr. 2, *Σκύλια*, *fr.* 1. 2, *Σειρῆνες*, *fr.* 1. 2. 3, *Ἡρωίδια*, *fr.* 1, *Ὑποθῆκαι*, *fr.* 3. 4. Von seiner Dichtung sagt Quintilian X, 1, 6: Novem lyricorum longe Pindarus princeps spiritus magnificentia, sententiis, figuris, beatissima rerum verborumque copia et velut quadam eloquentiae flumine. Vgl. *Hor. Carm.* IV, 2. Sein Dialekt ist der epische, dem jedoch durch Dorismen eine gröfsere Würde verliehen wird. — Ein Zeitgenosse des Pindaros ist noch Timokreon aus Ialysos auf Rhodos, Athlet und Dichter, erst Freund des Themistokles, dann wegen angeblicher spartanischer Sympathieen verbannt, griff er Themistokles und Simonides in Spottgedichten an, als er des ersteren Vorwendung erfolglos angerufen hatte, *Bergk. Tim. fr.* 1. 5. *Suid. s. v. Plut. Them.* 21. *Athen.* X, p. 415 f., wofür sich Simonides durch eine beifsende Grabschrift rächte, *Bergk. Sim. fr.* 171. Von seinen Gedichten (*Μέλη*, *Σκόλια*, *Ἐπιγράμματα*) sind nur wenige Bruchstücke erhalten. Gleichzeitig mit den genannten Lyrikern sind ferner drei Dichterinnen, von deren Werken sich aber nur wenige Bruchstücke erhalten haben: Korinna aus Tanagra mit dem Beinamen *Μυῖα*, *Suid. v. Paus.* IX, 22, 3, die in böotischem Dialekte Lieder über Sagenstoffe dichtete, von denen sich nur spärliche Überreste erhalten haben, *Bergk. fr.* 2. 14. 18. 20; Telesilla von Argos, die durch ihre Tapferkeit und ihre Lieder ihre Vaterstadt von den Spartanern rettete, *Plut. mul. virt.*

Herod. VII, 108—126, und von hier in das Land der Malier, wo Xerxes bei Trachis sein Lager aufschlug, *das.* 196—201; die Flotte segelte von Therma zuerst nach der Küste von Magnesia zwischen Sepias und Kastania und nachdem sie hier durch einen Sturm 400 Schiffe verloren hatte, nach Aphetai am pagasäischen Meerbusen, *das.* 179—195. — Die Griechen wollten erst den Eingang von Thessalien verteidigen und besetzten daher den Pafs Tempe mit 10 000 Mann unter dem Spartaner Euänetos und unter Themistokles, gaben aber dieses Vorhaben wieder auf aus Furcht umgangen zu werden, *das.* 172—173, und beschlossen, ein Heer in die Thermopylen (über welche s. *Eisl. S.* 2. *Anm.* 1) aufzustellen und mit der Flotte die Nordküste von Euböa zu besetzen, um den Persern sowohl zu Lande als zur See das Vordringen nach Mittelgriechenland zu verwehren, s. *das.* 175—177.

23) *Herod.* VII, 201—233. Die Streitmacht der Griechen bestand aus 300 Spartanern aus 500 Tegeaten, 500 von Mantinea, 120 von Orchomenos in Arkadien, 1000 aus dem übrigen Arkadien, 400 von Korinth, 200 von Phlius, 80 von Mykenä, ferner 700 von Thespiä, 400 von Theben (die nach *Herod. a. a. O.* 222 sich gezwungen anschlossen,

p. 245 c. *Paus.* II, 20, 7. 8. *Suid. s. v.*; Praxilla aus Sikyon, *Euseb. Chron. ol.* 82, 2 p. 105, von welcher *Ὕμνοι*, *Διθύραμβοι*, *Παροίνια*, *Σκόλια* genannt werden.

c) Bakchylides aus Iulis auf Keos, Neffe des Simonides, mit dem er am Hofe des Hieron lebte, war Nebenbuhler des ihm weit überlegenen Pindaros, Strab. p. 486. *Steph. v. Ἰουλίς. Schol. Pind. Ol.* II, 154. *Nem.* III, 143. *Pyth.* II, 97. Seine Blüte setzt Eusebius *chron. arm.* p. 102 in Olymp. 78, 3. Von seinen hauptsächlichsten Gedichten: *Ἐπίνικοι*, *Ὕμνοι*, *Παιᾶνες*, *Διθύραμβοι*, *Προσόδια*, *Ὑπορχήματα*, *Ἐρωτικά*, *Ἐπιγράμματα* sind nur wenige längere Bruchstücke erhalten, *B. fr.* 13. 27. Über den Wert seiner Poesie vgl. *Longin. de sublim.* 33, 5.

d) Panyasis aus Halikarnassos, dem Herodot nahe verwandt, blühte um 500—460 und fand durch Lygdamis, den Tyrannen seiner Vaterstadt, den Tod, *Suid. s. v. Clem. Alex. Strom.* VI, p. 266. *Hieron. Ol.* 72, 4 p. 103. *Syncell.* p. 472. Er ward zu den Dichtern des epischen Kanon gerechnet und verfafste *Ἡράκλεια* in 14 Büchern und 9000 Versen, von denen sich einige dreifsig kurze Bruchstücke erhalten haben, und *Ἰωνικά* in elegischen Versmafse, 7000 Verse, *Suid. a. a. O.* Vgl. *Dionys. rel. scr. cens.* 2.

e) Die Tragödie (von dem Bockopfer des Gottes *τραγῳδία* „Bocksopfer" genannt) war ursprünglich nur nach

Olympiaden- jahr.	Jahr v. Chr.	Geschichte.	Kunst und Litteratur.
LXXV, 1.	480.	dem Vorgebirge Artemision zwei Schlachten zweifelhaften Ausgangs, zieht sich aber auf die Nachricht vom Verlust der Thermopylen nach der Insel Salamis zurück.²⁴	Die *Tragiker* Phrynichos Choirilos', Äschylos."

Diod. XI, 4 einer nicht medisch gesinnten Partei angehörten), der ganzen Streitmacht der opuntischen Lokrer und 1000 Phokern, s. *das.* 202. Xerxes schickt erst einen Kundschafter, der die Spartaner mit Gymnastik und mit dem Kämmen ihrer Haare beschäftigt findet, s. 208—209, dann läfst er sie, nachdem er 4 Tage darauf gewartet, dafs sie von selbst fliehen würden, 3 Tage lang vergeblich erst durch die Kissier und Meder, dann durch die 10 000 unsterblichen Perser (vgl. über diese *Herod.* VII, 83) angreifen, s. 210—213, worauf durch den Verrat des Ephialtes die Umgehung, s. 213 bis 218, und der letzte Kampf folgt, s. 219—227, an welchem jedoch nur die Spartaner und Thespier und Thebaner (letztere gezwungen) teilnehmen, da Leonidas alle übrigen auf die Nachricht von der Umgehung entlassen hatte, s. 219 bis 221. 228: θνῄσκουσι δέ σφι μετοὺ τῇ περ ἔπεσον καὶ τοῖσι πρότερον τελευτήσασι ἢ ὑπὸ Λεωνίδεω ἀποπεμφθέντας οἴχεσθαι, ἐπιγέγραπται γράμματα λέγοντα τάδε· Μυριάσιν ποτὲ τῇδε τριηκοσίαις ἐμάχοντο ἐκ Πελοποννήσου χιλιάδες τέτορες· ταῦτα μὲν δὴ τοῖσι πᾶσι ἐπιγέγραπται, τοῖσι δὲ Σπαρτιήτῃσι ἰδίῃ· ὦ ξεῖν', ἀγγέλλειν Λακεδαιμονίοις ὅτι τῇδε κείμεθα τοῖς κείνων ῥήμασι πειθόμενα. Nach *Herod.* VIII, 24 waren von den Persern 20000 in den Thermopylen gefallen. Nach *Herod.* VII, 206 wurden gleichzeitig mit dem Kampfe die olympischen Spiele gefeiert.

Chorgesang mit Reigentanz an dem Weinfeste des Dionysos, *Diog. Laert.* III, 56: τὸ παλαιὸν ἐν τῇ τραγῳδίᾳ πρότερον μὲν μόνος ὁ χορὸς διεδραμάτιζεν, *Arist. Poet.* IV, 15: γενομένη οὖν ἀπ' ἀρχῆς αὐτοσχεδιαστικὴ καὶ αὐτή (sc. τραγῳδία) καὶ ἡ κωμῳδία, καὶ ἡ μὲν ἀπὸ τῶν ἐξαρχόντων τὸν διθύραμβον, ἡ δὲ ἀπὸ τῶν τὰ φαλλικά. Dann trat neben dem Chorgesang zum Lobe des Gottes ein redender Schauspieler auf, der zuerst nur dionysische, in weiterer Entwickelung aber auch andere Mythen in den Gesangspausen erzählte; allmählich entstand daraus der Dialog, zu Anfang mit dem Führer des Chors (κορυφαίος, besonders in trochäischen Tetrametern), seit der Einführung eines zweiten Schauspielers durch Äschylos immer mehr zur Hauptsache werdend, bis durch die des dritten die Tragödie unter Sophokles ihre Vollendung erhielt, s. *unten* und *Anm. g. k.* — Das Satyrdrama, eine Abart der Tragödie, entstand durch Einführung eines Chors in Satyrmasken auf die Bühne, wie er bei den Lustbarkeiten und Mummereien der Dionysosfeste auftrat. *Suid.* s. v. Ἀρίων. *Athen.* XIV, p. 630 C. Als älteste Tragiker werden genannt: Thespis um 536—533, aus dem attischen Gau Ikarios, *Suid.* s. v. *Plut. Sol.* 29, zugleich Dichter, Tonsetzer und Schauspieler, *Athen.* I, 22. *Hor. A. P.* 275. *Anthol. Pal.* VII, 410. 411, der als Begründer der Tragödie angesehen

24) *Herod.* VIII, 1—22. Die griechische Flotte, unter Anführung des Spartaners Eurybiades, bestand aus 127 Trieren von Athen (z. T. mit Plataern bemannt), 40 von Korinth, 20 von Megara, 20 von Chalkis (die Schiffe selbst waren den Chalkidiern von Athen geliehen), 18 von Ägina, 12 von Sikyon, 10 von Sparta, 8 von Epidauros, 7 von Eretria, 5 von Trözen, 2 von Styra, 2 von Keos, zusammen 271 Trieren, dazu noch 2 Fünfzigruderer von Keos und 7 oben solche von den opuntischen Lokrern, zusammen 280 Schiffe, *das.* 1. 2. Von der persischen Flotte werden 200 Schiffe abgeschickt, um den Euripos zu besetzen und den Griechen die Flucht abzuschneiden, *das.* 7. Die Griechen wagen darauf die erste Seeschlacht, 9—11, und dann, nachdem jene 200 Schiffe der Perser durch Sturm untergegangen, 12—13, und sie selbst durch neue 53 athenische Schiffe verstärkt worden, 14, die zweite, 15—17. Beide Schlachten endeten unentschieden, und auch die Griechen hatten, wenn auch geringere als die Perser, doch nicht unbedeutende Verluste erlitten; sie dachten daher bereits an den Rückzug, als sie obendrein die Nachricht von den Vorgängen in den Thermopylen erhielten, wodurch die Verteidigung ihrer Position bei Artemision unmöglich und nutzlos gemacht wurde, 18—22.

wird, weil er zum Chorgesang einen redenden Schauspieler hinzufügte, *Diog. Laert.* III, 56; ferner Pratinas aus Phlius (um 500), der zuerst Satyrdramen aufgeführt haben soll, *Suid.* s. v. *Paus.* II, 13, 5.

f) Phrynichos aus Athen um 511—476, *Suid.* s. v. *Plut. Them.* 5. *Schol. Arist. Ran.* 941, der erste bedeutende Tragödiendichter, der μύθους καὶ πάθη gab, *Plut. symp.* I. 1 p. 615. Unter den von ihm aufgeführten Tragödien waren die berühmtesten *Μιλήτου ἅλωσις*, die infolge des schmerzlichen Eindrucks, den sie auf die Athener machte, dem Dichter eine Geldstrafe von 1000 Drachmen zuzog, *Herod.* VI, 21, und *Φοίνισσαι*, eine Verherrlichung des Sieges der Athener bei Salamis, daher von Themistokles im J. 477 zur Aufführung gebracht, *Plut. a. a. O. Athen.* XIV, p. 635 c. Nur wenige Verse seiner Dramen sind erhalten, *Nauck. trag. Gr. fr.* 5. 6. 10. 14. In diesen herrschte noch der lyrische Chorgesang vor, daher preist ihn Aristophanes, *Ar.* 750: *Φρύνιχος ἀμβροσίων μελέων ἀπεβόσκετο καρπόν, ἀεὶ φέρων γλυκεῖαν ᾠδάν.* Vgl. *Schol. Vesp.* 220. *Ran.* 1299 f. Choirilos dichtete um 524—468 und zeichnete sich besonders im Satyrspiel aus, *Suid.* s. v.

g) Äschylos, Sohn des Euphorion aus Eleusis, geboren 525, *Marm. Par.*, trat 25 Jahr alt zuerst mit Dramen auf

Olympiaden-jahr.	Jahr v. Chr.	Geschichte.	Kunst und Litteratur.
LXXV, 1.	480.	Pleistarchos folgt dem Leonidas als König von Sparta unter Vormundschaft des Kleombrotos und dann des Pausanias.[25] Am 20. Boedromion Schlacht bei Salamis. Xerxes flieht mit Zurücklassung von 300000 Mann unter Führung des Mardonios.[26]	Die *sicilische Komödie*. Epicharmos.[i]

25) *Herod.* IX, 10.
26) Die griechische Flotte zog sich nach Salamis zurück, *Herod.* VIII, 40; die persische Flotte folgte ihr und nahm ihre Station in Phaleron, *das.* 66. Xerxes drang nach Öffnung der Thermopylen ohne Widerstand in Mittelgriechenland ein, wo sich ihm alles, aufser Phokis, Platää, Thespiä und Athen, unterwarf. Die Expedition nach Delphi, 35—39; Athen von seinen Bewohnern verlassen, 41, und von Xerxes in Besitz genommen, 50—55; Die Peloponnesier stellen sich auf dem Isthmos auf und suchen den Peloponnes durch eine quer über den Isthmos gezogene Mauer zu schützen, 71—73. Zweifel und Schwankungen der Griechen auf der Flotte, 49. 56—63. 74—80, zuletzt durch die Beharrlichkeit und die List des Themistokles überwunden, und durch Aristoides (ἀνὴρ Ἀθηναῖος μὲν ἐξωστρακισμένος δὲ ὑπὸ τοῦ δήμου, τὸν ἐγὼ νενόμικα πυνθανόμενος αὐτοῦ τὸν τρόπον ἄριστον γενέσθαι ἐν Ἀθήνῃσι καὶ δικαιότατον, 79). Schlacht bei Salamis, 83—95 vgl. *Aesch. Pers.* 353—514. Die griechische

als Nebenbuhler des Pratinas, *Suid.* v. Πρατίνας, und erlangte 485 den ersten dramatischen Sieg (von 13), *Marm. Par.* Zur Dichtung begeisterte ihn die große Zeit des Perserkampfes, in dessen Schlachten er ruhmvoll mitfocht, zuerst bei Marathon, wo er aus mehreren Wunden blutete, dann bei Artemision, Salamis und Platää. *Marm. Par. Paus.* I, 21. 3. 1. 14, 4. *Plot.* s. v. *Μαχαίρωνον ποίημα.* Er fügte den zweiten Schauspieler hinzu, ließ die Rede der Schauspieler gegen den Chorgesang in den Vordergrund treten, (τῶν λόγων πρωταγωνιστὴν παρασκευάσων, *Arist. Poet.* IV, 15. *Diog.* L. III, 56), verlieh der tragischen Bühne Glanz durch Pracht des Kostüms und der Dekoration, *Vit. Aesch. Philostr. V. Soph.* I, 9. *Hor. A. P.* 278, und führte wahrscheinlich die tetralogische Form der Tragödie ein. Sein Leben war nicht ohne Widerwärtigkeiten; denn Simonides besiegte ihn im dichterischen Wettstreit durch die Elegie auf Marathon, *Vit. Aesch.*, der junge Sophokles mit dem ersten Stücke, das er auf die Bühne brachte, *Plut. Cim.* 8. *Marm. Par.*, ja er ward sogar wegen Gottlosigkeit angeklagt, weil er Geheimlehren der Mysterien in seinen Dramen auf die Bühne gebracht haben sollte, und nur im Hinblick auf frühere Verdienste vom Areopag freigesprochen. *Ael. V. H.* V. 19. *Arist. Eth. Nicom.* III, 2. Mißmutig wanderte der Dichter wiederholt nach Sicilien, *Paus.* I, 2. 3. *Plut. de exil.* p. 604, wo er an Hierons Hofe Dramen aufführte und zu Gela starb, im Jahre 456, *Marm. Par. Vit. Aesch. Suid. Ael. V. H.* VII, 10. Daß sein Kriegsruhm von Marathon ihm teurer war als sein Dichterruhm, zeigt seine selbstgedichtete Grabschrift, *Athen.* XIV p. 627 D. *Vit. Aesch.* Die Athener aber ehrten nach sein Andenken, indem sie nach einem Volksbeschluß seine Dramen auch nach seinem Tode aufführen ließen, *Schol. Arist. Ach.* 10. Von mindestens 70 Tragödien, die er dichtete, *Vit. Aesch. Suid.* s. v., sind nur sieben vollständig erhalten und zwar: Προμηθεὺς διαμύστης, Ἑπτὰ ἐπὶ Θήβας (nach der Didaskalie

im Jahre 467 aufgeführt) Πέρσαι (aufgeführt 472), die drei zusammengehörenden *Ἀγαμέμνων, Χοηφόροι, Εὐμενίδες*, als Trilogie auch *Ὀρέστεια* genannt, *Aristoph. Ran.* 1135. *Schol.*, das Meisterwerk des Dichters, siegreich aufgeführt 458, *Ἰκέτιδες*. Von anderen Dramen sind nur dürftige Bruchstücke erhalten, die bedeutendsten aus den Tragödien *Ἰανυίδες, Nauck. trag. Gr. fr.* 43. *Νιόβη, fr.* 153. 154. 156. 157. *Προμηθεὺς ὁ λυόμενος, fr.* 186. 189. 190. 193. *Φρύγες, fr.* 259, vgl. *fr.* 275. 297. 340. Auch von seinen Elegieen und Epigrammen ist wenig auf uns gekommen. *Hermann. Aesch. fr.* 460 f. Von seiner Dichtung sagt ein alter Kunstrichter, *Vit. Aesch.*: Καὶ δὲ τὴν σύνθεσιν τῆς ποιήσεως ζηλοῖ τὸ ἀδρὸν ἀεὶ πλάσμα καὶ ὑπέρογκον ὀνοματοποιίαις τε καὶ ἐπιθέτοις, ἔτι δὲ καὶ μεταφοραῖς καὶ πᾶσι τοῖς δυναμένοις ὄγκον τῇ φράσει περιθεῖναι χρώμενος· αἵ τε διαθέσεις τῶν δραμάτων οὐ πολλάς, αὐτῷ περιπετείας καὶ πλοκὰς ἔχουσιν ὡς παρὰ τοῖς νεωτέροις, μόνον γὰρ σπουδάζει τὸ μέρος, περιθεῖναι τοῖς προσώποις, ἀρχαῖον εἶναι κρίνων τοῦτο τὸ μέρος, τὸ μεγαλοπρεπές καὶ τὸ ἡρωικόν... ὥστε διὰ τὸ πλεονάζειν τῷ μήκει τῶν προσώπων κωμῳδεῖσθαι ὑπ' Ἀριστοφάνους. Vgl. *Aristoph. Ran.* 814 f. *Dio Chrys. Or.* LII, p. 267.

b) Die Komödie entsprang aus Scherzliedern und Stegreifschwänken von Bauern und Winzern an den Weinfesten des Bacchus, *Aristoph. Poet.* IV, 14. *Περὶ κωμῳδίας Proleg. Aristoph. ed. Bergk.* III, 1—4. Anfänge der Komödie zeigen sich bei den Doriern in den spartanischen Pantomimen, *Athen.* XIV p. 621, und dem megarischen Possenspiel, *Arist. Poet.* 3. *Eth.* IV, 2. *Suid.* s. v. *γέλως Μεγαρικός.* Dieses soll Susarion aus Tripodiskos in Megara um 578 zuerst in metrische Form gebracht und in Attika eingeführt haben, *Marm. Par. Anon. Περὶ κωμ.* VIII, 9, 10, p. 535 *Meia. Schol. Dion. Thr.* p. 748.

i) Epicharmos aus Kos lebte um 500—477, wanderte nach Megara in Sicilien und führte zuerst in Syrakus kurz vor

Olympiaden-jahr.	Jahr v. Chr.	Geschichte.
LXXV, 2.	479.	Am 4. Boedromion[27] Sieg der Hellenen bei Plataeae unter Pausanias und Aristeides, durch welchen den Angriffen der Perser das Ziel gesetzt wird[28], und Sieg bei Mykale, der erste Schritt zum Angriffskrieg der Hellenen

Flotte zählte nach Herodot 378 Trieren und 4 Fünfruderer (womit indes die Zahlen der einzelnen Kontingente nicht völlig übereinstimmen, welche nur 366 ergeben), VIII, 43—48, und mit Hinzurechnung von 2 übergegangenen feindlichen Schiffen 380 Trieren, nach Aeschylos 310, *Pers.* 339, nach *Thuk.* I, 74 beinahe 400; die Athener hatten dazu 200 (einschließlich der 20, welche sie den Chalkidiern geliehen hatten und welche von diesen bemannt waren, s. *Ann.* 24) gestellt; die persische Flotte soll ihre Verluste durch neue Zuzüge von seiten der Griechen ersetzt und wieder die alte Zahl von 1207 Schiffen erreicht haben, *Herod.* VIII, 66, obwohl *Aesch. Pers.* 341; nach *Ctes.* 20 waren es über 1000 persische gegen 700 griechische Schiffe. Über den Tag der Schlacht s. *Plut. Cam.* 19. *Polyaen.* III, 11, 2. [Nach der wahrscheinlichsten Berechnung entspricht der 20. Boedromion ungefähr dem 23. September des Jul. Kal.] Über die Flucht des Xerxes s. *Herod.* VIII, 97—107. 113—120. Mardonios begleitet den König bis Thessalien und überwintert daselbst, nachdem er sich aus dem Heere 300000 der tüchtigsten der Krieger ausgewählt, *das.* 113. Eben dahin kehrt auch Artabazos zurück, der den König weiter nach Thrakien begleitet hatte, nachdem er Olynthos genommen und Potidäa vergeblich belagert, *das.* 126—129. Die griechische Flotte verfolgt die fliehende feindliche Flotte bis Andros, bricht aber hier die Verfolgung ab und belagert Andros, jedoch ohne Erfolg, *das.* 108—112. Die Verhandlungen auf dem Isthmos über den Ehrenpreis des Sieges, *das.* 123—125.

27) S. *Plut. Arist.* 19: τῇ τετράδι τοῦ Βοηδρομιῶνος ἱσταμένου κατὰ Ἀθηναίους, κατὰ δὲ Βοιωτοὺς τετράδι τοῦ Πανέμου φθίνοντος. [Nach *Plut. Cam.* 19 an 3.] Beide Schlachten an einem Tage, die bei Plataeae am Morgen, die bei Mykale am Abend, *Herod.* IX, 90. 100—101. *Plut. Cam. a. a. O.* [Böckh nimmt auch hier den 3. oder 4. Boedromion nicht für den Tag der Schlacht, sondern für den der Schlachtfeier und läßt jene wegen *Plut. Arist. a. a. O.* bereits im Monat Metageitnion stattfinden, Jahnsche Jahrb. Supplementb. N. F. 1. S. 67 f.]

28) *Herod.* IX, 1—89. Mardonios kehrt im Frühjahr nach Mittelgriechenland zurück, *das.* 1, und nimmt Athen zum zweitenmale ein (im Sommer, s. *das.* 3: ἡ δὲ βασιλέως αἵρεσις ἐς τὴν Ἀττικήν ἐσέβαλεν; ἐγίνετο). Als die Spartaner nach langem Zögern ausrücken, *das.* 6—9. *Plut. Arist.* 10 (dagegen die hochherzige Standhaftigkeit der Athener gegen die Anerbietungen des Mardonios, *Herod.* VIII, 136. 140—144. IX, 4—5), zieht er sich nach Böotien, wo er sich den Asopos entlang von Erythrä über Hysiä bis in die Nähe von Plataeae lagerte, außer der Reiterei 300000 Mann stark, wozu noch etwa 50000 medisch gesinnte Hellenen kommen, *Herod.* IX, 32. Das hellenische Heer lagerte sich gegenüber am Fuße des Kithäron, 110000 Mann stark, nämlich 38700 Hopliten, 69500 Leichtbewaffnete und 1800 Mann Thespier, die ganz ohne Waffen waren; hierunter 5000 Spartaner, 5000 Lakedämonier und 35000 leichtbewaffnete Heloten, 8000 schwerbewaffnete Athener u. s. w., s. *das.* 28—30. Nachdem beide Teile sich 11 Tage gegenübergestanden und schon einmal ihr Lager gewechselt, greifen die Perser an, als die Hellenen nochmals aufgebrochen sind, um das Lager zu wechseln; die Spartaner und Tegeaten kämpfen mit den Persern, die Athener mit den medisch gesinnten Hellenen, die übrigen Hellenen kommen erst herbei, als der Sieg bereits gewonnen ist. Das persische Heer fast völlig aufgerieben bis auf 40000, die sich mit Artabazos retten, *das.* 70. (Aristodemos λείπων, *das.* 71.) Des Pausanias übermütige Aufschrift auf dem in Delphi aufgestellten Weihgeschenk, *Thuk.* I, 132. [Das in einem Schlangengewinde bestehende eherne Fußgestell des Dreifußes, welcher damals zu Ehren des Apollo in Delphi aufgestellt wurde, ist 1856 in Konstantinopel ausgegraben worden und enthält die Namen der griechischen Völker, die sich an der Schlacht bei Plataeae und Salamis beteiligt hatten, der Lakedämonier, Athener, Korinthier, Tegeaten, Megarer, Epidaurier, Orchomenier, Phliasier, Trözenier, Hermionier, Tiryuthier, Platäer, Thespier, Mykenäer, Keer, Malier, Tenier, Nazier, Erotrier, Chalkidier, Styreer, Eleer, Potidäaten, Leukadier, Anaktorier, Kydnier, Siphnier, Amprakioten, Lepreaten. Vgl. *Paus.* V, 23, 1.]

den Perserkriegen Komödien auf, *Suid.* v. Ἐπίχαρμος, *Diog. Laert.* VIII, 78. *Schol. Pind. Pyth.* I, 98, indem er das einheimische Possenspiel der Sikelioten in kunstgemäße Form brachte, *Hesych. κομ.* III, 5. Den Lehren des Pythagoras zugethan, war er der Alleinherrschaft des Hieron abgeneigt, *Iambl. v. Pyth.* 260, *Plut. Num.* 8. Er erreichte ein Alter von wenigstens 90 Jahren, *Diog. Laert. a. a. O.* Er hat mindestens einige dreißig Komödien gedichtet in dorischem Dialekt, *Suid. a. a. O. Iambl. v. Pyth.* 241, vielfach in trochäischen Tetrametern (metrum Epicharmium). Die Zahl der erhaltenen Bruchstücke ist sehr gering. Von seiner Dichtung heißt es *Hesych. κομ.* III, 5: τῇ δὲ ποιήσει γνωμικός καὶ εὑρετικὸς καὶ φιλότεχνος. Wegen seiner Spruchweisheit ward er von den Philosophen hochgestellt, namentlich von Plato, *Iambl. v. Pyth.* 166. *Plat. Theaet.* p. 151 E. Dichter der sicilischen Komödie sind neben und nach ihm Phormis und Deinolochos, ferner Sophron aus Syrakus, der Begründer des in Prosa geschriebenen Mimos (*Suid. s. v.*) und sein Sohn Xenarchos, ebenfalls Mimendichter, *Aristoph. Poet.* I, 8. *Suid. s. v.* Ψηφινοι.

Die Blütezeit des hellenischen Volks. 57

Olympiaden-jahr.	Jahr v. Chr.	Geschichte.
LXXV, 2.	479.	und zur Befreiung der Inseln und der Städte an den Küsten des ägäischen Meeres.²⁹
		Sestos von der hellenischen Flotte unter Anführung des Xanthippos belagert und genommen.³⁰

29) Die persische Flotte geht im Frühling aus den Winterquartieren zu Kyme zuerst nach Samos, wo sie „ἐψύλασσον τὴν Ἰωνίην μὴ ἀπιστῇ, νέας ἔχοντες σὺν τῇσι Ἰάσι τριηκοσίας", *Herod.* VIII, 130; die griechische Flotte zuerst nach Ägina, dann nach Delos, *das.* 131—132, 110 Schiffe stark (250 nach *Diod.* XI, 34), von da nach Samos und als sie die feindliche Flotte hier nicht vorfindet, nach der Samos gegenüber liegenden Küste des Festlands, wo die Bemannung der feindlichen Flotte am Fuße des Gebirgs Mykale (von welchem die Schlacht den Namen führt) unter dem Schutze eines auf diesem Gebirge stehenden 60000 Mann starken Landheeres ein Lager aufgeschlagen hatte, *Herod.* IX, 90—92. 96—98. Abfall der Ionier 99. 103—104. Die Griechen steigen aus Land, greifen den Feind an und gewinnen den Sieg, 100 bis 102, und zwar hauptsächlich durch das Vordicost der Athener, 105. 101: οἱ μὲν δὴ Ἕλληνες καὶ οἱ μάχιμοι ἔσπευδον ἐς τὴν μάχην, ὥς σφι καὶ αἱ νῆσοι καὶ ὁ Ἑλλήσποντος ἄεθλα προέκειτο.

30) *Herod.* IX, 106—121. 106: ἀπικόμενοι δὲ ἐς Σάμον οἱ Ἕλληνες ἐβουλεύοντο περὶ ἀναστάσιος τῆς Ἰωνίης καὶ ὅκη χρεὸν εἴη τῆς Ἑλλάδος κατοικίσαι, τῆς αὐτοὶ ἐγκρατέες ἦσαν, τὴν δὲ Ἰωνίην ἀπεῖναι τοῖσι βαρβάροισι· ἀδύνατον γὰρ ἐφαίνετό σφι εἶναι ἑωυτούς τε Ἰώνων προκατῆσθαι φρουρέοντας τὸν πάντα χρόνον, καὶ ἑωυτῶν μὴ προκατημένων Ἴωνας οὐδεμίαν ἐλπίδα εἶχον χαίροντας πρὸς τῶν Περσέων ἀπαλλάξειν. πρὸς ταῦτα Πελοποννησίων μὲν τοῖσι ἐν τέλεϊ ἐοῦσι ἐδόκεε τῶν μηδισάντων ἐθνέων τῶν Ἑλληνικῶν τὰ ἐμπόρια ἐξαναστήσαντας δοῦναι τὴν χώρην Ἴωσι ἐνοικῆσαι, Ἀθηναίοισι δὲ οὐκ ἐδόκεε ἀρχὴν Ἰωνίην γίνεσθαι ἀνάστατον οὐδὲ Πελοποννησίοισι περὶ τῶν σφετέρων ἀποικιῶν βουλεύειν. Zunächst galten die Peloponnesier nach und zogen mit nach dem Hellespont, um dort die Brücken des Xerxes mit zu zerstören; als sie diese aber schon zerstört fanden und die Athener sich zur Belagerung von Sestos wandten, verließ Leotychidas mit den Peloponnesiern die Flotte, *das.* 114. *Thuk.* I, 89. Sestos wurde im Laufe des Winters genommen. *Herod. a. a. O.* 117. 118. *Thuk. a. a. O.* [Des Thukydides Worte: Σηστὸν ἐπολιόρκουν — καὶ ἐπιχειμάσαντες εἷλον αὐτὴν sind nicht unvereinbar mit Herodot, indem sie nicht notwendig enthalten, daß Sestos erst nach Ablauf des Winters genommen worden sei.]

Zweiter Abschnitt.
478 bis 431 v. Chr.

Athens Hegemonie zur See; allmähliche Unterwerfung der Bundesgenossen; seine Versuche, die Hegemonie auch zu Lande zu gewinnen; Reibungen und Feindseligkeiten mit Sparta und den übrigen Peloponnesiern.[31]

Olympiadenjahr.	Jahr v. Chr.	Geschichte.
		a) Bis zum Bruch mit Sparta, 461 v. Chr.
LXXV, 3.	478.	Athen wieder aufgebaut und trotz des Widerstrebens der Spartaner mit einer Mauer umgeben.[32]
LXXV, 4.	477.	Der Hafen Piräeus vollendet und mit einer Mauer umgeben.[33]
		Auf Antrag des Aristeides wird in Athen durch ein Gesetz die Bestimmung aufgehoben, wonach die Bürger der vierten Klasse von den öffentlichen Ämtern und Würden ausgeschlossen waren.[34]
		Die hellenische Flotte unter Führung des Pausanias erobert den gröfsten Teil der Städte auf Kypros und Byzantion.[35]

---

31) Dieser Zeitabschnitt wird gewöhnlich auf Grund von Thuk. I, 118, wo seine Zahl in runder Zahl zu 50 Jahren angegeben wird, die πεντηκονταετία des Thukydides (I, 89 bis 118) genannt, so zuerst vom Scholiasten desselben zu den Stellen I, 18. 42. 75. 97. Über den Gang der Ereignisse in dieser Zeit s. Thuk. I, 18: κοινῇ τε ἀπωσάμενοι τὸν βάρβαρον ὕστερον οὐ πολλῷ διεκρίθησαν πρός τε Ἀθηναίους καὶ Λακεδαιμονίους οἵ τε ἀποστάντες βασιλέως Ἕλληνες καὶ ξυμπολεμήσαντες. δυνάμει γὰρ ταῦτα μέγιστα διεφάνη· ἴσχυον γὰρ οἱ μὲν κατὰ γῆν, οἱ δὲ ναυσίν· καὶ ὀλίγον μὲν χρόνον ξυνέμεινεν ἡ ὁμαιχμία, ἔπειτα δὲ διενεχθέντες οἱ Λακεδαιμόνιοι καὶ οἱ Ἀθηναῖοι ἐπολέμησαν μετὰ τῶν ξυμμάχων πρὸς ἀλλήλους, καὶ τῶν ἄλλων Ἑλλήνων εἴ τινές που διασταῖεν, πρὸς τούτους ἤδη ἐχώρουν. ὥστε ἀπὸ τῶν Μηδικῶν ἐς τόνδε ἀεὶ τὸν πόλεμον τὰ μὲν σπενδόμενοι τὰ δὲ πολεμοῦντες ἢ ἀλλήλοις ἢ τοῖς ἑαυτῶν ξυμμάχοις ἀφισταμένοις εὖ παρεσκευάσαντο τὰ πολέμια καὶ ἐμπειρότεροι ἐγένοντο μετὰ κινδύνων τὰς μελέτας ποιούμενοι, vergl. ebend. I, 118. [Hinsichtlich der Chronologie des Zeitraums sind wir auf Thukydides (I, 89 bis 118. 128—138) und auf Diodor (XI, 39—XII, 37) gewiesen; allein der letztere hat zwar seine Darstellung durchweg nach Jahren geordnet, bei seiner Unkritik und Oberflächlichkeit hat er sich aber dabei mancherlei Widersprüche und offenbare Irrtümer zu Schulden kommen lassen, und Thukydides auf der andern Seite hat sich zwar, wie überall, so auch hier, der gröfsten Genauigkeit befliſsigt, auch hinsichtlich der Chronologie (s. c. 97), aber bis auf einige einzelne Bemerkungen es unterlassen, die Jahre genau anzugeben. Wir können daher die Chronologie vielfach nur auf Mutmafsung und gröfserer oder geringerer Wahrscheinlichkeit gründen. Die wichtigsten Stellen für die deshalb zu machenden Kombinationen sind Thuk. I, 101 vgl. mit IV, 102, und I, 112. 115. 87, s. zu den Jahren 465 und 445.]

32) Thuk. I, 89—93. Plut. Them. 19. Corn. Them. 6—7. Thuk. a. a. O. 92: οἱ δὲ Λακεδαιμόνιοι ἀκούσαντες ὀργὴν μὲν φανερὰν οὐκ ἐποιοῦντο τοῖς Ἀθηναίοις — τῆς μέντοι βουλήσεως ἁμαρτάνοντες ἀδήλως ἤχθοντο.

33) Thuk. I, 92. Plut. Them. 19. Über den Aufbau des Hafenbaues s. Anmerk. 19. Der Umfang der Mauer betrug 60 Stadien, Thuk. II, 13. [Die Verlegung des Baues der Mauer um die Stadt und um den Piräeus in 2 aufeinander folgende Jahre beruht auf Diod. XI, 41; ebend. 43 wird auch noch berichtet, daſs die Athener jetzt beschlossen hätten, jedes Jahr 20 neue Trieren zu bauen.]

34) Plut. Arist. 22: Ἀριστείδης: — ἔγνω μὲν ἄξιον ἡγούμενος διὰ τὴν ἀνδραγαθίαν ἐπιμελεῖσθαι τῶν δήμων ἅμα δὲ ὁρᾶν ῥᾴδιον ἰσχύοντα τοῖς ὅπλοις καὶ μέγα φρονοῦντα ταῖς νίκαις ἐκπαθῆναι, γράφει ψήφισμα, κοινὴν εἶναι τὴν πολιτείαν καὶ τοὺς ἄρχοντας ἐξ Ἀθηναίων πάντων αἱρεῖσθαι. Vgl. Arist. Pol. V, 3, 5. [Hinsichtlich der Zeit geht nur so viel im allgemeinen aus Plutarch hervor, daſs das Gesetz kurz nach dem Siege bei Platää gegeben wurde.]

35) Thuk. I, 94. Diod. XI, 44.

Olympiaden-jahr.	Jahr v. Chr.	Geschichte.
LXXVI, 1.	476.	Verrat des Pausanias;[36] Übergang der Hegemonie zur See auf Athen.[37]
LXXVII, 2.	471.	Themistokles durch den Ostrakismos verbannt.[38]
LXXVII, 3.	470.	Die Perser aus Eion und die Doloper aus Skyros durch die verbündete Flotte unter Cimon vertrieben; Karystos von den Athenern erobert.[39]
LXXVII, 4.	469.	Leotychidas wird verbannt; Archidamos König von Sparta.[40]
LXXVIII, 2.	467.	Aristeides stirbt;[41] des Perikles beginnender Einfluß.[42]

36) *Thuk.* I, 95. 128—134. Pausanias erregte zuvörderst durch sein anmaßendes und herrisches Benehmen die allgemeine Unzufriedenheit. Deshalb wurde er von den Ephoren zur Verantwortung nach Sparta gerufen und zwar von der Anklage des Verrats wegen mangelnden Beweises freigesprochen, aber doch des Oberbefehls entsetzt, a. a. O. 94. 128. Er setzte aber seine verräterischen Verhandlungen mit dem Perserkönige fort und wurde endlich nach vielen Zögerungen, nachdem er des Verrats überführt worden, getötet, a. a. O. 128—134. [Die Verurteilung und Tötung des Pausanias kann erst nach dem Jahre 471 erfolgt sein, da die Spartaner den Themistokles der Teilnahme an dem Verrat beschuldigten, als dieser bereits in der Verbannung zu Argos lebte, s. *Thuk.* I, 135 und *Anmerk.* 38.]

37) *Thuk.* I, 95—97. *Plut. Arist.* 22—24. Die Lakedämonier schickten zwar nach Absetzung des Pausanias den Dorkis ab, um den Oberbefehl zu übernehmen, allein die Bundesgenossen hatten sich mittlerweile an Athen angeschlossen und weigerten sich daher, Dorkis als Oberbefehlshaber anzuerkennen, worauf ἄλλους οὐκέτι ὕστερον ἐξέπεμψαν οἱ Λακεδαιμόνιοι, φοβούμενοι μὴ σφίσιν οἱ ἐξιόντες χείρους γίγνωνται, ὅπερ καὶ ἐν τῷ Παυσανίᾳ ἐνεῖδον, ἀπαλλαξείοντες δὲ τοῦ Μηδικοῦ πολέμου καὶ τοὺς Ἀθηναίους νομίζοντες ἱκανοὺς ἐξηγεῖσθαι καὶ σφίσιν ἐν τῷ τότε παρόντι ἐπιτηδείους, *Thuk.* I, 95 vgl. *Diod.* XI, 50. Über die Organisation der Hegemonie (welche durch Aristeides geschah, *Plut.*) s. *Thuk.* a. a. O. 96—97. *Plut. a. a. O.* 24. *Thuk.* 96: Ἑλληνοταμίαι τότε πρῶτον Ἀθηναίοις κατέστη ἀρχή, οἱ ἐδέχοντο τὸν φόρον, οὕτω γὰρ ὠνομάσθη τῶν χρημάτων ἡ φορά. ἦν δὲ ὁ πρῶτος φόρος ταχθεὶς τετρακόσια τάλαντα καὶ ἑξήκοντα· ταμιεῖόν τε Δῆλος ἦν αὐτοῖς καὶ αἱ ξύνοδοι ἐς τὸ ἱερὸν ἐγίγνοντο. ἡγούμενοι δὲ αὐτονόμων τὸ πρῶτον τῶν ξυμμάχων καὶ ἀπὸ κοινῶν ξυνόδων βουλευόντων τοιάδε ἐπῆλθον κ. τ. λ. Der Betrag des Tributs wurde nach und nach erhöht, so daß er beim Beginn des peloponnesischen Krieges sich auf 600 Talente belief, s. B. 74 Anm. 1. [Es ist ratsamer, die Zurückberufung des Pausanias und den Übergang der Hegemonie auf Athen, wie oben geschehen, in das Jahr 476 zu setzen, da die Unternehmungen gegen Kypros und Byzanz das Jahr 477 ausfüllen möchten. Dies ist nicht gegen Thukydides und Diodor (XI, 40) und stimmt mit *Dem. Olynth.* III, p. 35 und *Phil.* III, p. 116 vollkommen überein, wonach die Hegemonie der Athener, nach der ersteren Stelle 45 Jahr bis zum Anfang, nach der anderen 73 Jahre bis zum Ende des peloponnesischen Krieges

gedauert hat. Sonst wird die Dauer der athenischen Hegemonie in runder Zahl öfters zu 70 Jahren angegeben. *Dem. a. a. O.* p. 118. *Isocr. Paneg.* p. 92 u. ö.]

38) *Thuk.* I, 135. *Plut. Them.* 22. *Diod.* XI, 55. Er ging, nachdem er durch den Ostrakismos verbannt worden, zuerst nach Argos, flüchtete sich aber von dort, als die Spartaner ihn der Teilnahme an dem Verrate des Pausanias beschuldigten (nach *Plut. a. a. O.* 23 hatte Pausanias ihm erst zu der Zeit Eröffnungen gemacht, als er zu Argos in der Verbannung lebte), und begab sich endlich zu dem Könige von Persien, der ihn ehrenvoll aufnahm und mit Magnesia, Lampsakos und Myus beschenkte. Er starb zu Magnesia und zwar, wie Thukydides versichert, (a. a. O. 138 vgl. *Cic. Brut.* c. 11) eines natürlichen Todes. S. *Thuk.* I, 135—138. *Plut. Them.* 23—31. *Diod.* XI, 55—59. Auf der Überfahrt nach Asien kam er vor Naxos vorbei, als dasselbe von den Athenern belagert wurde, *Thuk.* 137, also im Jahre 466, s. *Anmerk.* 43, und als er in Asien angelangt war und von dort an den König von Persien schrieb, war Artaxerxes vor kurzem zur Regierung gelangt, s. *Thuk. a. a. O.* vgl. *Plut. Them.* 27.

39) *Thuk.* I, 95. *Diod.* XI, 60. [Bei dieser auf Diodor beruhenden Jahresbestimmung bleibt allerdings insofern eine große Lücke, als die Jahre von 476 an durch keine Unternehmung gegen die Perser ausgefüllt sind; wahrscheinlich sind aber in diese ganze Zeit von 476 bis 466 noch zahlreiche andere Eroberungen zu setzen, deren weder Thukydides noch Diodor gedacht hat; denn nach *Herod.* VII, 106. 107. 108 von den Persern unterworfen worden und mußten also erst wieder von den Griechen erobert werden.] Über Eion vgl. *Herod.* VII, 107, über Skyros *Plut. Thes.* 36.

40) *Herod.* VI, 72. *Paus.* III, 7, 8 vgl. *Diod.* XI, 48. Leotychidas wurde verbannt, weil er sich auf einem Feldzuge nach Thessalien von den Thessaliern hatte bestechen lassen.

41) *Cornel. Arist.* 3 („4 Jahre [post annum quartum] nach der Verbannung des Themistokles"). *Plut. Arist.* 26.

42) Nach *Plut. Per.* 7 trat er zuerst auf, nachdem Aristeides gestorben war. Nach der Stelle *ebend.* 16 und nach *Cic. de or.* III, c. 34 verwaltete er den athenischen Staat 40 Jahre lang. [Dies würde, da er 429 gestorben, auf das Jahr 469 führen; indes ist wohl die Zahl 40 als eine runde anzusehen und daher kein allzu großes Gewicht auf dieselbe zu legen.]

Olympiaden-jahr.	Jahr v. Chr.	Geschichte.
LXXVIII, 4.	465.	Naxos von den Athenern unterworfen.[43] Doppelsieg des Kimon über die Perser am Eurymedon.[44]
		Xerxes stirbt; Artaxerxes I. (Longimanus) König von Persien.[45]
		Krieg der Athener mit Thasos.[46]
LXXIX, 1.	464.	Erdbeben in Sparta und Aufstand der messenischen Heloten; Anfang des dritten messenischen Kriegs.[47]
LXXIX, 2.	463.	Thasos von den Athenern unterworfen.[48]
LXXIX, 4.	461.	Die Athener, von den Spartanern vor Ithome empfindlich beleidigt,[49] ver-

43) Thuk. I, 98. [Die Bestimmung des Jahres beruht lediglich darauf, dafs Thukydides c. 100 die Schlacht am Eurymedon und den Anfang des Kriegs gegen Thasos unmittelbar auf die Unterwerfung von Naxos folgen läfst.] Thuk. a. a. O.: πρώτη τε αὔτη πόλις ξυμμαχὶς παρὰ τὸ καθεστηκὸς ἐδουλώθη, ἔπειτα δὲ καὶ τῶν ἄλλων ὡς ἑκάστη ξυνέβη. Die Ursachen der Unterwerfung s. ebend. 99: αἰτίαι δ' ἄλλαι τε ἦσαν τῶν ἀποστάσεων καὶ μέγισται αἱ τῶν φόρων καὶ νεῶν ἔκδειαι καὶ λειποστράτιον εἴ τῳ ἐγένετο. Dafs die Unterwerfung aber geschehen konnte, daran waren die Verbündeten selbst schuld, s. ebend.: διὰ γὰρ τὴν ἀπόκνησιν ταύτην τῶν στρατειῶν οἱ πλείους αὐτῶν, ἵνα μὴ ἀπ' οἴκου ὦσιν, χρήματα ἐτάξαντο ἀντὶ τῶν νεῶν τὸ ἱκνούμενον ἀνάλωμα φέρειν, καὶ τοῖς μὲν Ἀθηναίοις ηὔξετο τὸ ναυτικὸν ἀπὸ τῆς δαπάνης ἣν ἐκεῖνοι ξυμφέροιεν, αὐτοὶ δὲ ὁπότε ἀποσταῖεν, ἀπαράσκευοι καὶ ἄπειροι ἐς τὸν πόλεμον καθίσταντο. Somit wurden die ξύμμαχοι allmählich in ὑποτελεῖς oder ὑπήκοοι verwandelt.

44) Thuk. I, 100. Diod. XI, 60. Zuerst wurde die phönikische Flotte mit einem Verlust von beinahe 200 Schiffen (Thuk.) geschlagen; dann landete die Schiffsmannschaft und brachte auch dem persischen Landheer eine Niederlage bei. (Über den vielfach in diese Zeit gesetzten sog. Kimonischen Frieden s. zum Jahre 449.)

45) Diod. XI, 69. Synkell. p. 268. R.

46) Thuk. I, 100. Der Streit entstand „περὶ τῶν ἐν τῇ ἀντιπέρας Θρᾳξη ἐμπορίων καὶ τοῦ μετάλλου, ἃ ἐνέμοντο," Thuk. Vgl. über diese Bergwerke der Thasier auf der gegenüberliegenden thrakischen Küste Herod. VI, 46—47. Sie waren es wahrscheinlich, welche die Athener veranlaßten, in demselben Jahre in ihrer Nähe an der Stelle des späteren Amphipolis eine Kolonie zu gründen, die aber von kurzer Dauer war; denn die 10000 Kolonisten wurden bald darauf von den Edonern erschlagen, Thuk. a. a. O. [Nach Thuk. IV, 102 wurde im 29. Jahre nach diesem ersten Versuche Amphipolis gegründet; dies ergiebt, da die Gründung von Amphipolis im Jahre 437 erfolgte, das Jahr 465 (oder möglicherweise allenfalls noch das Jahr 466) als das Jahr jenes ersten Versuchs und zugleich als das Jahr, worin der Krieg mit Thasos begann.]

47) Die Spartaner hatten den Thasiern auf ihre Bitte feierlich versprochen, ihnen gegen die Athener durch einen Einfall in Attika Hilfe zu leisten, als die obige doppelte schwere Gefahr durch das Erdbeben und den Aufstand der Heloten eintrat und sie daran verhinderte. S. Thuk. I, 101. Plut. Cim. 19. Diod. XI, 63—64. Die aufständischen Heloten waren vorzüglich messenischer Abkunft und wurden daher sämtlich Messenier genannt; zu ihnen traten auch noch Perioiken aus Thuria und Äthaa hinzu (Thuk.). Sie wollten Sparta selbst im Augenblick der ersten Bestürzung überfallen; indessen hatte König Archidamos sofort den Rest der Spartaner, so viele ihrer nicht in dem Erdbeben umgekommen waren, zu den Waffen gerufen, Diod. und Plut. a. a. O.; jene wandten sich also um und setzten sich in Ithome fest, wo sie sodann belagert wurden. Eine Andeutung von 2 Schlachten zwischen den Spartanern und Messeniern s. Herod. IX, 35 und 64. [Mit der aus Thukydides sich ergebenden Zeitbestimmung stimmt auch Paus. IV, 24. 2 und Plut. Cim. 16 überein.]

48) Thuk. I, 101: Θάσιοι δὲ τρίτῳ ἔτει πολιορκούμενοι ὡμολόγησαν Ἀθηναίοις τεῖχός τε καθελόντες καὶ ναῦς παραδόντες, χρήματά τε ὅσα ἔδει ἀποδοῦναι αὐτίκα ταξάμενοι καὶ τὸ λοιπὸν φέρειν, τήν τε ἤπειρον καὶ τὸ μέταλλον ἀφέντες. Auslieferung der Schiffe, Niederreißung der Mauern, Erstattung der Kriegskosten waren die gewöhnlichen Bedingungen, unter denen die Unterwerfung der verbündeten Städte geschah.

49) Die Spartaner riefen, als die Belagerung von Ithome nicht vorschritt, außer anderen Bundesgenossen (Ägineten, Thuk. II, 27. IV, 56, Platäer, das. III, 54, Mantineer, Xen. Hell. V, 2, 3) die Athener zur Hilfe, welche ihnen unter Kimon Zuzug leisteten. Allein „δείσαντες τῶν Ἀθηναίων τὸ τολμηρὸν καὶ τὴν νεωτεροποιΐαν καὶ ἀλλοφύλους ἅμα ἡγησάμενοι, μή τι ἢν παραμείνωσιν ὑπὸ τῶν ἐν Ἰθώμῃ πεισθέντες νεωτερίσωσι, μόνους τῶν ξυμμάχων ἀπέπεμψαν, τὴν μὲν ὑποψίαν οὐ δηλοῦντες, εἰπόντες δ' ὅτι οὐδὲν προσδέονται αὐτῶν ἔτι." Thuk. I, 102. „Καὶ διαφορὰ ἐκ ταύτης τῆς στρατείας πρῶτον Λακεδαιμονίοις καὶ Ἀθηναίοις φανερὰ ἐγένετο," ebend. [Nach Plut. Cim. 16. 17 würden die Athener zwei Züge zur Hilfe von Sparta gemacht haben, den einen in der Zeit der ersten Gefahr, den andern im Jahre 461, indes scheint dies nur auf einem Mißverständnis von Aristoph. Lysistr. 1138 zu beruhen.]

Olympiaden- jahr.	Jahr v. Chr.	Geschichte.
LXXIX, 4.	461.	bannen Kimon,[50] geben das Bündnis mit Sparta auf und schließen mit Argos ein Gegenbündnis, dem Thessalien und bald auch Megara beitreten.[51]
		b) Bis zum dreißigjährigen Bündnis zwischen Athen und Sparta, 445 v. Chr.
LXXX, 1.	460.	Durch Perikles und Ephialtes wird der Areopag seines vorzüglichen Einflusses entkleidet und die Wirksamkeit der Volksgerichte erweitert.[52] Einführung des Richtersoldes.[53]
		Zug der Athener nach Ägypten zur Unterstützung des Satrapen Inaros, der sich gegen den Perserkönig empört hatte.[54]

50) Er wurde wegen seiner Hinneigung zu Sparta und weil er den Hülfszug vorzüglich veranlaßt hatte, durch den Ostrakismos auf 10 Jahre verbannt, *Plut. Cim.* 17 vgl. 16.

51) *Thuk.* I, 102: διανὸν ποιησάμενοι καὶ οὐκ ἀξιώσαντες ὑπὸ Λακεδαιμονίων τοῦτο παθεῖν, εὐθὺς ἐπειδὴ ἀνεχώρησαν, ἀφέντες τὴν γενομένην ἐπὶ τῷ Μήδῳ ξυμμαχίαν πρὸς αὐτοὺς Ἀργείοις τοῖς ἐκείνων πολεμίοις ξύμμαχοι ἐγένοντο καὶ πρὸς Θεσσαλοὺς ἅμα ἀμφοτέροις οἱ αὐτοὶ ὅρκοι καὶ ξυμμαχία κατέστη. Der Beitritt von Megara *ebend.* 103, wo die Athener demnächst die langen Mauern von der Stadt nach dem Hafen Nisäa bauten, *ebend.* (Die Argeier hatten sich seit ihrer Niederlage durch die Spartauer, s. *Anm.* 8, allmählich wieder erholt und in der letzten Zeit durch die Unterwerfung von Orneä, Midea und Tiryns und durch die Zerstörung von Mykenä ihre Macht erweitert, *Strab.* p. 342. *Paus.* IV, 17, 4. 25, 5. 7. *Diod.* XI, 65.)

52) S. *Arist. Pol.* II, 9, 3: Καὶ τὴν μὲν ἐν Ἀρείῳ πάγῳ βουλὴν Ἐφιάλτης ἐκόλουσε καὶ Περικλῆς. *Plut. Cim.* 15: οἱ πολλοὶ συγχέαντες τὸν καθεστῶτα τῆς πολιτείας κόσμον Ἐφιάλτου προεστῶτος ἀφείλοντο τῆς ἐξ Ἀρείου πάγου βουλῆς τὰς κρίσεις πλὴν ὀλίγων ἁπάσας καὶ τῶν δικαστηρίων κυρίους ἑαυτοὺς ποιήσαντες εἰς ἄκρατον δημοκρατίαν ἐνέβαλον τὴν πολιτείαν, ἤδη καὶ Περικλέους δυναμένου καὶ τὰ τῶν πολλῶν φρονοῦντος. Der Areopag hatte bis auf diese Zeit, jedenfalls im Zusammenhang mit seiner allgemeinen sittenrichterlichen Gewalt (s. S. 37. *Anm.* 68), das Richteramt „περὶ πάντων σχεδὸν τῶν ἁμαλμάτων καὶ παρανομημάτων", s. *Amtrot.* und *Philochor.* in *Müller fr. hist. Gr.* 1, p. 387 (fr. 17 des *Philochor.*), und dieses wurde ihm bis auf die Blutgerichte völlig entzogen, s. *Philochor.* 141: μόνα καπέλιπε τῇ ἐξ Ἀρείου πάγου βουλῇ τὰ ὑπὲρ τοῦ αἵματος. Nach *Plut. Per.* 9 gebrauchte Perikles den Ephialtes nur als Werkzeug; indes wurde der letztere jedenfalls der Hauptgegenstand des Hasses der Gegenpartei, so daß er sogar von derselben ermordet wurde, s. *Plut. Per.* 10. *Diod.* XI, 77. [Die Zeitbestimmung beruht auf *Diod.* XI, 77 vergl. *Plut. Cim.* 15.] Die Oberaufsicht über die gesamte Staatsverwaltung, die der Areopag bisher geführt hatte, ging auf die sieben demokratischen νομοφύλακες über, die jetzt eingesetzt wurden, s. *Philochor.* a. a. O., während die Gerichte der δικασταί (s. S. 37. *Anm.* 68)

zufielen, deren Einfluß und Wirksamkeit hierdurch bedeutend erweitert wurde. Hiermit wurde übrigens der letzte aristokratische Bestandteil der Verfassung beseitigt und so das Gebäude der athenischen Demokratie vollendet; zugleich erreichte der Einfluß des Perikles seinen Höhepunkt, so daß von nun an die Leitung der öffentlichen Angelegenheiten Athens fast ganz in seiner Hand lag, s. *Thuk.* II, 65: ἐγίγνετό τε λόγῳ μὲν δημοκρατία, ἔργῳ δὲ ὑπὸ τοῦ πρώτου ἀνδρὸς ἀρχή.

53) Der Richtersold (μισθὸς δικαστικός; oder ἡλιαστικός,) wurde von Perikles eingeführt, s. *Arist. Pol.* II, 9, 3. *Plut. Per.* 9, und betrug wahrscheinlich zuerst nur 1 Obolos, wurde aber nachher durch Kleon auf 3 Obolen erhöht, s. *Aristoph. Eq.* 51. *Schol.* zu *Aristoph. Plut.* 330. Außerdem führte Perikles auch das θεωρικὸν ein, welches ursprünglich nur in einem Ersatz für das Eintrittsgeld ins Theater im Betrag von 2 Obolen bestehend, später auch bei anderen festlichen Gelegenheiten gespendet und nach und nach immer höher gesteigert wurde, so daß Demades sogar jedem Burger eine halbe Mine versprach, s. *Liban. arg. Demosth. Olynth.* 1. *Plut. Per.* 9. *Harpocrat.* s. v. θεωρικά. *Plut. Mor.* p. 818 (*praec. reip. ger. c.* 25). (Andere übliche Besoldungen und Schenkungen waren das ἐκκλησιαστικόν, welches aber noch nicht unter Perikles oder wenigstens nicht in der früheren Zeit desselben eingeführt wurde und wahrscheinlich auch erst 1, dann 3 Obolen betrug, s. besonders *Aristoph. Eccles.* 300—310, als dessen Erfinder Kallistratos und Agyrrhios genannt werden, s. *Paroemiogr. ed. Leutsch. et Schneid.* p. 437. *Schol. Arist. Eccl.* 102, ferner der μισθὸς βουλευτικός, στρατηγικός u. s. w.). Über den nachteiligen Einfluß dieser Spenden s. *Arist. Pol.* II, 4, 11. *Plut. Per.* 9. *Plat. Gorg.* 515. E: τοῦτον γάρ ἐγωγε ἀκούω Περικλέα πεποιηκέναι Ἀθηναίους ἀργοὺς καὶ δειλοὺς καὶ λάλους φιλαργύρους εἰς μισθοφορίαν πρῶτον καταστήσαντα, so daß also mit der Vollendung der Demokratie (*u. die vor. Anm.*) auch zugleich der Keim der Ausartung zur Ochlokratie gelegt wurde, welche durch Perikles aufgehalten, nach dessen Tode allmählich immer mehr hervorbrach und um sich griff. [Die Zeitbestimmung in betreff der Einführung des Richtersoldes nur ungefähr.]

54) *Thuk.* 1, 104. *Diod.* XI, 77.

Olympiaden-jahr.	Jahr v. Chr.	Geschichte.
LXXX, 3.	458.	Die Athener im Krieg mit Korinth, Epidauros und Ägina. Sie werden zu Lande bei Halieis geschlagen, gewinnen dann aber einen Seesieg bei Kekryphaleia und einen zweiten noch entscheidenderen bei Ägina; Ägina belagert.[55]
		Die Korinthier fallen in Megaris ein, um Ägina zu entsetzen, werden aber von Myronides an der Spitze der jüngsten und ältesten Bürgerklasse Athens geschlagen.[56]
LXXX, 4.	457.	Die Spartaner an der Spitze eines peloponnesischen Heeres in Mittelgriechenland schlagen die Athener in der Schlacht bei Tanagra.[57] Kimon zurückgerufen.[58]
	456.	Die Athener unter Myronides besiegen die Böoter bei Önophyta, worauf Böotien, Phokis und das opuntische Lokris dem athenischen Bunde beitreten.[59]
		Die langen Mauern von Athen nach dem Piräeus und nach Phaleron vollendet.[60] Ägina zur Unterwerfung gezwungen.[61] Des Tolmides Zug um den Peloponnes.[62]
LXXXI, 2.	455.	Der dritte messenische Krieg durch die Einnahme von Ithome beendet; die Athener weisen den Messeniern das von ihnen neuerdings eroberte Naupaktos zum Wohnsitz an.[63]
		Heer und Flotte der Athener in Ägypten vernichtet.[64]

55) *Thuk.* I, 105. In der Schlacht bei Ägina wurden 70 Schiffe der Ägineten genommen und damit deren Seemacht vernichtet.

56) *Thuk.* I, 105—106 (105: τῶν δ' ἐν ταῖς πόλεσι ὑπολοίπων οἵ τε πρεσβύτατοι καὶ οἱ νεώτατοι ἀφικνοῦνται ἐς τὰ Μέγαρα Μυρωνίδου στρατηγοῦντος). *Lys. Epitaph.* p. 195. *Diod.* XI, 79. Es wurden zwei Schlachten geliefert, beide in der Nähe von Megara (die zweite ἐν τῇ λεγομένῃ Κιμωλίᾳ, *Diod.*), weil die Korinthier, nach dem ersten Zuge zu Hause von den Greisen verspottet, noch einen zweiten Zug versuchten, der aber einen noch unglücklicheren Ausgang hatte als der erste. Eine von den Tafeln, welche das Verzeichnis der in diesem Jahre gefallenen Athener enthielten (ἐν Κύπρῳ, ἐν Αἰγύπτῳ, ἐν Φοινίκῃ, ἐν Ἁλιεῦσι, ἐν Αἰγίνῃ, Μεγαροῖ τοῦ αὐτοῦ ἐνιαυτοῦ) und im Kerameikos aufgestellt waren, ist noch erhalten, *Boeckh. Corp. Inscr. Graec.* I. p. 292 f. n. 165.

57) Die Spartaner waren ihren Stammverwandten, den Bewohnern von Doris, zu Hilfe gezogen, die von den Phokern befeindet wurden. Sie zogen sich, als sie den Weg über das Gebirge Gerania von den Athenern besetzt fanden, nach Böotien, wo sich ihnen die Athener, mit ihren Bundesgenossen zusammen 14 000 Mann stark, zur Schlacht entgegenstellten. *Thuk.* I, 107—108. *Plut. Menex.* p. 242. B. Das Ergebnis der Schlacht war nur, dass die Spartaner unbehindert nach ihrer Heimat zurückkehrten, *Thuk.* 108.

58) *Plut. Cim.* 17. *Per.* 10. Die Zurückberufung Kimons war die Wirkung des edlen Patriotismus, den Kimon vor der Schlacht bei Tanagra bewies (vgl. *Thuk.* I, 107), und des Enthusiasmus, der die sämtlichen Parteien in Athen nach dieser Schlacht ergriff, und der sich nachher in der Schlacht bei Önophyta bethätigte, s. *Plut. Cim. n. a. O.*

59) *Thuk.* I, 108. Die Schlacht wurde am 62sten Tage (*Thuk.*) nach der bei Tanagra geliefert, ist aber in das Jahr 456 (selbstverständlich aber noch in das Olympiadenjahr LXXX, 4) zu setzen, weil die Schlacht bei Tanagra, wie aus *Plut. Cim.* 17. *Per.* 10 hervorgeht, zu Ende des vorigen Jahres stattfand. Der Verlust der Schlacht hatte für die Thebaner die Folge, daß die herrschende aristokratische Partei gestürzt wurde und die demokratische an ihre Stelle trat, welche darauf das Bündnis mit Athen schloß. Dem Beispiele von Theben folgte sodann Phokis und — jedoch nicht ohne Zwang von seiten Athens — auch das opuntische Lokris, so daß die Hegemonie Athens jetzt auch zu Lande einen nicht geringen Teil von Griechenland umfasste.

60) *Thuk.* I, 108. Der Bau war im vorigen Jahre begonnen, *l. c., ebend.* 107. Die Mauer nach dem Piräeus war 40, die andere 35 Stadien lang, *Thuk.* II, 13.

61) *Thuk.* I, 108. (*Diod.* XI, 78.)

62) *Thuk.* I, 108. *Diod.* XI, 84. Er verbrannte Gythion, nahm Methone, Chalkis und Naupaktos und gewann Zakynthos und Kephallenia für den athenischen Bund.

63) *Thuk.* I, 103.

64) *Thuk.* I, 109—110.

Olympiaden- jahr.	Jahr v. Chr.	Geschichte.	Kunst und Litteratur.
LXXXI, 3.	454.	Unternehmungen des Perikles im krissäischen Meerbusen; Achaja dem athenischen Bunde hinzugefügt.⁶⁵	
LXXXII, 3.	450.	Fünfjähriger Waffenstillstand zwischen Athen und Sparta.⁶⁶ Dreifsigjähriger Friede zwischen Sparta und Argos.⁶⁷	Die *Tragiker* Sophokles,ᵏ Euripides.ˡ

65) *Thuk.* I, 111. (*Diod.* XI, 85.) Dafs Achaja jetzt zu dem athenischen Bunde hinzugefügt wurde, ist aus den Worten des *Thuk.* a. a. O. τεθὺς παραλαβόντες zu schliefsen [obwohl dies auch heifsen kann, dafs die Achäer, als schon zum Bunde gehörig, zur Teilnahme an dem Feldzuge aufgeboten wurden, in welchem Falle der Hinzutritt der Achäer zum Bunde in das vorhergehende Jahr zu setzen sein würde], vgl. *Thuk.* I, 115. (Vor diesem Zuge wurde noch ein, jedoch erfolgloser Feldzug nach Thessalien gemacht, *Thuk.* I, 111.) *Diod.* a. a. O.: οἱ μὲν οὖν Ἀθηναῖοι κατὰ τοῦτον τὸν ἐνιαυτὸν πλείστων πόλεων ἐγένοντο, ἐπ' ἀνδρείᾳ δὲ καὶ στρατηγίᾳ μεγάλην δόξαν κατεκτήσαντο. Nach *Plut. Per.* 11. *Diod.* XI, 68 wurden in dieser Zeit auf Perikles' Veranlassung athenische Klernchen nach dem thrakischen Chersones und nach Naxos, desgleichen auch nach Andros und nach der thrakischen Küste ausgesandt.

66) *Thuk.* I, 112: Ὕστερον δὲ (nämlich nach dem Zuge des Perikles) διαλυθέντων ἱερῶν τριῶν σπονδαὶ γίγνονται Πελοποννησίοις καὶ Ἀθηναίοις πεντέτεις, καὶ Ἑλληνικοῦ μὲν πολέμου ἔσχον οἱ Ἀθηναῖοι. Nach *Diod.* XI. 86. *Plut. Cim.* 18. *Theopomp. fr.* 92 war es Kimon, der den Waffenstillstand hauptsächlich in der Absicht zu stande brachte, um durch einen auswärtigen Krieg die Zwistigkeiten zwischen Athen und Sparta abzuleiten.

67) *Thuk.* V, 14.

k) Sophokles, Sohn des Sophillos, geboren um 496 im athenischen Demos Kolonos, sorgsam unterrichtet namentlich in der Musik und Gymnastik, *Vit. Soph. Plut. de mus.* 31, leitete als Jüngling den Festgesang und Siegesreigen um die Trophäen von Salamis, *Athen.* I, p. 20. *Vit. Soph. Plut.*, besiegte 28 Jahr alt im Wettstreit um den tragischen Preis den Äschylos, *Marm. Par. Plut. Cim.* 5, und trug dann häufig den ersten oder zweiten, niemals den dritten Preis davon. *Vit. Soph. Suid.* s. v. Im Bühnenwesen führte er manche Neuerungen durch, indem er den Zusammenhang des Stoffes innerhalb einer Trilogie aufgab, den Dialog entschieden zur Hauptsache machte, den Chor von 12 auf 15 Personen vermehrte, den dritten Schauspieler einführte, von dem Herkommen abging, dafs der Dichter selbst in seinen Dramen als Schauspieler auftrat, und in der Kostümierung manches änderte, *Vit. Soph. Suid.* s. v. Nach Aufführung der Antigone wählte ihn das Volk zum Feldherrn mit Perikles für den Feldzug gegen Samos, *Vit. Soph. Plut. Pericl.* 8. *Strab.* 638. Politisch thätig erscheint er als Probule, *Arist. Rhet.* III, 18, 6, und wirkt als solcher zur Einsetzung der Vierhundert mit; doch war er als Feldherr und Staatsmann unbedeutend, *Athen.* XIII, p. 603. 604. Einladungen von Fürsten an ihre Höfe schlug er stets aus, so sehr hing er an seiner Vaterstadt Athen (φιληθηναιότατος ἦν, *Vit. Soph.*), wo er der allgemeine Liebling war, a. a. O. Infolge der Bevorzugung seines Enkels Sophokles, Sohnes des Ariston, den ihm seine Geliebte Theoris geboren, soll der Dichter von seinem Sohne Jophon vor einem Familiengericht: wegen Geistesschwäche beklagt, aber infolge einer Vorlesung aus dem Ödipus auf Kolonos freigesprochen worden sein, *Vit. Soph. Athen.* XIII, p. 592. *Cic. de sen.* 7, 22. *Plut. de rep. ger.* ger. II, p. 508. Er starb nach einem glücklichen Leben 91 Jahr alt im Jahre 406. *Vit. Soph. Marm. Par. Argum.* III. *Oed. Col.* Über seine Todesart gingen verschiedene Sagen, *Diod. Sic.* XIII, 103. *Vit. Soph. Paus.* I, 21, 2 f. Die Athener erwiesen ihrem gröfsten Tragiker nach seinem Tode göttliche Ehre, *Vit. Soph. Plut. Num.* 4. *Etym. M.* s. v. Ἰσίων. Von den wahrscheinlich 111 Dramen des Sophokles haben sich nur sieben vollständig erhalten, nämlich Ἀντιγόνη, das Meisterwerk des Dichters (aufgeführt 441), Ἠλέκτρα, Οἰδίπους (τύραννος), Οἰδίπους ἐπὶ Κολωνῷ, Αἴας, Φιλοκτήτης (aufgeführt 409), Τραχίνιαι. Von den übrigen sind etwa 1000 meist kurze Bruchstücke vorhanden, *Nauck trag. Graec. fr.* p. 103 f. Aufserdem wurden von Sophokles Elegieen, Päane und eine Schrift über den Chor erwähnt, *Suid.* s. v. Der jüngere Phrynichos preist den Sophokles, *Argum.* III. *Oed. Col.*: μάκαρ Σοφοκλῆς, ὃς πολὺν χρόνον βιοὺς | ἀπέθανεν εὐδαίμων ἀνὴρ καὶ δεξιός, | πολλὰς ποιήσας καὶ καλὰς τραγῳδίας, | καλῶς δ' ἐτελεύτησ', οὐδὲν ὑπομείνας κακόν. Bezeichnend für seine Dichtung heifst es *Dio Chrys. Or.* LII, p. 272: ὁ δὲ Σοφοκλῆς μέσως ἔοικεν ἀμφοῖν εἶναι, οὔτε τὸ αὔθαδες καὶ τὸ ἁπλοῦν τὸ τοῦ Αἰσχύλου ἔχων οὔτε τὸ ἀκριβὲς καὶ δριμὺ καὶ πολιτικὸν τὸ τοῦ Εὐριπίδου, σεμνὴν δέ τινα καὶ μεγαλοπρεπῆ ποίησιν τραγικωτάτην καὶ εὐεπεστάτην ἔχουσαν, ὥστε πλείστην ἡδονὴν μετὰ ὕψους καὶ σεμνότητος ἐνδίδοσθαι.

l) Euripides, Sohn des Mnesarchos, geboren auf der Insel Salamis 480, angeblich am Tage der Schlacht bei Salamis, *Vit. Eur. u', g, y'* Western., genofs eine sorgfältige Erziehung. In den gymnastischen Künsten zeichnete er sich als Knabe so aus, dafs er im Wettkampf einen Preis errang, *Vit. u'. Gell.* XV, 20, auch für Malerei war er nicht ohne Anlage, *Vit. a', g'*. Als Jüngling widmete er sich eifrig der Philosophie,

Dritte Periode. 500—431 v. Chr.

Olympiaden-jahr.	Jahr v. Chr.	Geschichte.	Kunst und Litteratur.
LXXXII, 4.	449.	Die Athener nehmen den Krieg gegen die Perser unter Kimons Führung wieder auf und gewinnen nach Kimons Tode den Doppelsieg bei Salamis auf Kypros.[68]	

68) *Thuk.* I, 112. Nach *Diod.* XIII, 3 ist es Kimon selbst, der den Sieg gewinnt. Nach demselben (v. 4) wird nach diesem Siege der sogenannte Kimonische Friede geschlossen (nach *Demosth. de f. leg.* p. 428. *Plut. Cim.* 13 vgl. *Herod.* VII, 151 richtiger Friede des Kallias zu nennen), wodurch der Perserkönig, wie die weitest gehenden Angaben lauten (denn hinsichtlich der Bestimmung der Grenzen findet zwischen den Quellen eine große Verschiedenheit statt), sich verpflichtet haben soll, allen hellenischen Städten in Asien völlige Unabhängigkeit zu gewähren und deshalb mit seiner Flotte im Süden nicht westlich über Phaselis oder die benachbarten chelidonischen Inseln, im Norden nicht über die Kyaneen am Eingang des Pontus Euxinus hinauszuschiffen und mit dem Landheere sich mindestens 3 Tagemärsche von der West-

namentlich der Ethik im Umgange mit Anaxagoras und Sokrates, und hörte die Vorträge der Sophisten Prodikos und Protagoras über Rhetorik *Vit. a'. β'. γ'*; daher zeigen denn auch seine Dramen die Spuren jener Lehren, namentlich des Anaxagoras (vgl. *Trend.* 880: Ζεύς, ὅστ᾽ ἀνάγκη φύσεως, ὅστι νοῦς βροτῶν), und rhetorische Künste (*Vit. a': προσήκει λόγους, ψευδολογίας, ῥητορικῆς*), und die Komiker spotteten, daß Sokrates dem Euripides bei seinen Tragödien helfe, *Vit. a'. Athen.* IV, 131 C. *Diog. Laert.* II, 18, vgl. *Aristoph. Ran.* 1512. Ein ernster, finsterer und nachdenklicher Mann, lebte der Dichter zurückgezogen von Geselligkeit und vom politischen Leben, *Vit. β'. γ'*, voll Selbstgefühl und wenig bekümmert um das Urteil des Publikums, *Val. Max.* III, 7. Nachdem er zuerst mit dem Drama *Πελιάδες* (im Jahre 456) aufgetreten war, errang er trotz seiner vielen Tragödien nur fünfmal den ersten Preis, *Vit. γ'. Suid.* s. v. vgl. *Varro* bei *Gell.* XVII, 4, 3. Indes ward der Dichter auch von vielen angefochten (*Vit. a'.: ὑπὸ γὰρ Ἀθηναίων ἐφθονεῖτο*), so lebten doch seine Dichtungen zur Zeit des sicilischen Feldzuges in aller Munde, *Plut. Nic.* 29. Unter den Neuerungen, die Euripides auf die Bühne brachte, steht obenan die Einführung des Prologs, *Vit. β'. Aristoph. Ran.* 946. 1177, und vom Monodikon oder Arien, *Aristoph. Ran.* 1330 f. 944. 851, und die Lostrennung der Chorgesänge vom Zusammenhang des Stückes, *Schol. Arist. Ach.* 442. Ein großes Geschick zeigt er in der Darstellung von Seelenzuständen, besonders der Leidenschaft der Liebe, wird aber darin oft zu rhetorisch. Bittere Erfahrungen blieben ihm nicht erspart. Die Untreue seiner beiden Frauen rief in seinen Tragödien scharfe und mißbebige Äußerungen über die Weiber hervor und ist nicht ohne Einfluß auf die Darstellung seiner Frauencharaktere geblieben, *Vit. a'. β'. γ'. Aristoph. Thesm.* 82 f. Dies häusliche Unglück und die Spöttereien der Komiker, deren Spitze in den Fröschen und Thesmophoriazusen des Aristophanes vorliegt, bewogen ihn seine Vaterstadt zu verlassen, *Vit. β'. γ'*. Er begab sich nach Pella an den Hof des Königs Archelaos von Makedonien, der ihn hoch ehrte, und denn er sich durch sein letztes Drama *Ἀρχέλαος* dankbar bewies, *Vit. a'*. Dort ist er 406 kurz vor Sophokles gestorben, der ihn noch aufrichtig betrauerte, *Vit.*

a'. β'. γ'; die Athener ehrten sein Andenken durch ein Kenotaphion. *Paus.* I, 2, 2. Von seinen mindestens 75 Dramen, *Vit. γ'. Varro* bei *Gell.* XVIII, 4. *Suid. a. a. O.*, welche sich in einem weiten Mythenkreis bewegen, sind vollständig erhalten 16 Tragödien: *Ἑκάβη, Ὀρέστης* (aufgeführt 408), *Μήδεια* (431), *Φοίνισσαι, Ἱκέτιδες ἱκετευεφόρος* (mit dem ersten Preis gekrönt), *Ἀνδρομάχη, Ἰαλωάδες, Ἰφιγένεια ἡ ἐν Αὐλίδι, Ἰφιγένεια ἡ ἐν Ταύροις, Τρῳάδες* (415), *Βάκχαι* (mit der Aulischen Iphigenie erst nach dem Tode des Dichters aufgeführt), *Ἡρακλεῖδαι, Ἴων, Ἑλένη* (412), *Ἡρακλῆς μαινόμενος, Ἥλεκτρα*, ein Satyrdrama *Ἀλκηστίς* und ein die Stelle eines Satyrdramas vertretendes Stück *Ἄλκηστις* (Argum.: *τὸ δὲ δρᾶμά ἐστι σατυρικώτερον*), das älteste der erhaltenen (438). [Der unter seinem Namen erhaltene *Ῥῆσος* rührt nicht von ihm her.] Von den übrigen sind gegen 1100 Bruchstücke erhalten, darunter umfangreichere in neuester Zeit aufgefundene. Über Euripides' Dichtung urteilt Aristoteles *Poet.* 13, 9. 10: καὶ ὁ Εὐριπίδης, εἰ καὶ τὰ ἄλλα μὴ εὖ οἰκονομεῖ, ἀλλὰ τραγικώτατός γε τῶν ποιητῶν φαίνεται. Vgl. *Longin.* 15, 3: *ἔστι μὲν οὖν φιλοπονώτατος Εὐριπίδης δύο ταυτὶ πάθη μανίας τε καὶ ἔρωτος ἐκτραγῳδῆσαι κἀν τούτοις ὡς οὐκ οἶδ᾽ εἴ τισιν ἑτέροις ἐπιτυχέστατος· οὐ μὴν ἀλλὰ καὶ ταῖς ἄλλαις ἐπιτίθεσθαι φαντασίαις οὐκ ἄτολμος*. (Unter den zahlreichen Tragikern zu Sophokles und Euripides Zeit treten noch besonders hervor: Aristarchos von Tegea, *Suid.* s. v. *Nauck trag. Gr. fr.* 1—6, Ion von Chios, *Suid.* s. v. *Schol. Arist. Pac.* 835. *N. fr.* 1—08, Achäos von Eretria *Suid.* s. v. *Athen.* X, p. 451. *N. fr.* 1—54, ausgezeichnet im Satyrspiel, *Diog.* L. II, 133, und später Agathon, der Freund des Plato, *Sympos.*, von Aristophanes wegen seiner weichlichen, überfeinerten Dichtungsweise (als ὁ καλός) verspottet, *Thesm.* 52 f. 60 f. 100. 130 f. 150 f. vgl. *Schol. N. fr.* 1—29. Von der Masse der Tragiker seiner Zeit sagt Aristophanes *Ran.* 89: οὐκοῦν ἐτέρ᾽ ἔστ᾽ ἐνταῦθα μειρακύλλια | Εὐριπίδου πλεῖν ἢ σταδίῳ λαλίστερα; | ἐπιφυλλίδες ταῦτ᾽ ἐστὶ καὶ στωμύλματα, | χελιδόνων μουσεῖα, λωβηταὶ τέχνης. Ähnliches gilt von der Menge der späteren Tragiker, unter denen keiner von schöpferischem Geiste ist. Die Namen von etwa 130 und Bruchstücke von über 50 solcher Tragiker sind noch erhalten.)

Olympiaden-jahr.	Jahr v. Chr.	Geschichte.	Kunst und Litteratur.
LXXXIII,1.	448.	Erneuerung der Feindseligkeiten zwischen Athen und Sparta durch den heiligen Krieg.[68]	Die *Komödiendichter Krates*,[u] Kratinos.[u]
LXXXIII,2.	447.	Die Böoter schlagen die Athener bei Koroneia und verlassen das athenische Bündnis.[70]	

küste Kleinasiens entfernt zu halten. [Von Plutarch (*Cim.* 13) wird dieser Friede nach der Schlacht am Eurymedon gesetzt, bei Thukydides findet sich gar keine Erwähnung desselben, und erst die Redner führen ihn, zuerst in allgemeinen Ausdrücken, dann immer bestimmter an, s. *Isocr. Paneg.* p. 65. *Areop.* p. 150. *Panath.* p. 244. *Demosth. de f. l.* p. 458 vgl. *de Rhod. lib.* p. 199. *Lycurg. Leocr.* p. 199; bei späteren Rhetoren bildet er ein häufig wiederkehrendes Thema ihrer Lobreden auf Athen. Deshalb ist der Friede schon von Kallisthenes, s. *Plut. Cim.* 13, und in neuerer Zeit mehrfach von Gelehrten angefochten worden; indes wenn derselbe auch manchen gegründeten Bedenken unterliegt, so stehen wenigstens die Stellen *Thuk.* VIII, 5. 6. 56. *Herod.* VI, 42 demselben nicht, wie man gemeint hat, entgegen, auch hat er insofern thatsächlich stattgefunden, als seit dieser Zeit der Krieg gegen Persien auf längere Zeit hinaus aufhört, s. *Plut. Cim.* 19.]

69) Die Lakedämonier machten einen Feldzug nach Mittelgriechenland, um den Delphiern den Besitz des Orakels wieder zu verschaffen, der ihnen von den Phokern entrissen worden war; nach ihrem Abzug setzten die Athener durch einen Feldzug unter Führung des Perikles die Phoker wieder in Besitz. S. *Thuk.* I, 112. *Plut. Per.* 21.

m) Schon griechische Litteraturhistoriker unterschieden in der attischen Komödie eine ἀρχαία κωμῳδία, μέση κωμῳδία, νέα κωμῳδία, Anon. *Περὶ κωμ.* III. IX, 8. Die charakteristischen Merkmale der älteren attischen Komödie sind: die politische Satire mit Karikaturmasken wirklicher Personen, *Platon. περὶ διαφορᾶς κωμῳδιῶν* 10, und Nennung ihrer Namen (κωμῳδεῖν ὀνομαστί), *Iocr. d. pac.* p. 161, *Περὶ κωμ.* VIII, 8. IX, 7, der burlesk oder phantastisch maskierte Chor von 24 Personen, *Περὶ κωμ.* VIII, 34, und die *Παράβασις*, eine Art Intermezzo oder die Abschweifung vom Zusammenhang des Stückes, indem der Chor sich singend oder redend an die Zuschauer wendet und sich über Verhältnisse des öffentlichen Lebens oder des Dichters zum Publikum ernst oder launig ausläfst, *Aristid.* T. II. p. 523. *Platon. περὶ διαφ. κωμ.* 11: ὁ χορὸς ᾠν ἔχων πρὸς τοὺς ὑποκριτὰς διαλέγεσθαι ἀπόστροφον ἐποιεῖτο πρὸς τὸν δῆμον κατὰ δὲ τὴν ἀπόστροφον ἐκείνην οἱ ποιηταὶ διὰ τοῦ χοροῦ ἢ ὑπὲρ ἑαυτῶν ἀπελογοῦντο ἢ περὶ δημοσίων πραγμάτων εἰσηγοῦντο. Die Anfänge der attischen Komödie liegen im Dunkeln, s. *Aristot. Poet.* 5: ἡ δὶ κωμῳδία διὰ τὸ μὴ σπουδάζεσθαι ἐξ ἀρχῆς ἔλαθεν. Sie entwickelt sich mit der Ausbildung der demokratischen Verfassung und fällt mit ihr. Die Zahl der Dichter und ihre Fruchtbarkeit ist eine aufserordentlich grofse. Als der älteste komische Dichter Athens wird genannt Chionides (um 460). — Krates von Athen um 450, der erste bedeutendere Komödiendichter und zugleich Schauspieler, setzte an die Stelle des regellosen Schwankes die Behandlung eines bestimmten, der Wirklichkeit entnommenen Stoffes, *Περὶ κωμ.* III, 8. *Suid.* s. v. *Κράτης, Arist. Poet.* 5, ward übrigens vom Publikum bald beklatscht, bald ausgezischt, weshalb ihn Aristophanes verspottet, *Eq.* 537. 540. Von neun seiner Komödien sind kurze Bruchstücke erhalten. *Fragm. Com. Meinek.* p. 78 f., die bedeutendsten aus den Ὀρνίθ, *M. fr.* 1—4, *Ἡσίοδοι fr. 1. Σάμιοι fr. 1.*

u) Kratinos aus Athen, blühte um 449—423, *περὶ κωμ.* III, 7. *Aristoph. Pac.* 700 f. *Lucian. Macrob.* c. 25, und siegte 9 mal unter grofsem Beifall, *Suid.* s. v. *Arist. Eq.* 526. 530, am glänzendsten im hohen Greisenalter (im Jahr 424) mit der *Πυτίνη* (Weinflasche) gegen die Wolken des Aristophanes, *Arist. Argum. Nub. V. ed. Bergk*, nachdem ihn dieser kurz zuvor schon als verbraucht und abgelebt verspottet hatte, *Eq.* 531—536. Er soll die Zahl der auftretenden Schauspieler in der Komödie auf drei festgesetzt haben, *Περὶ κωμ.* V, 3. Von 21 seiner Komödien sind meist kurze Bruchstücke erhalten, *Frag. Com. Graec. Meinek.* p. 7 f., die bedeutendsten aus den Komödien *Ἀρχίλοχοι, Βουκόλοι, Θρᾷτται, Μαλθακοί, Νέμεσις, Ὀδυσσῆς, Πλοῦτοι, Τροφώνιος, Χείρωνες*. Seine politische Satire war scharf und herbe, *Arist. Acharn.* 849. *Platon. περὶ διαφορᾶς κωμῳδιῶν* I, 3. *Anon. Περὶ κωμ.* V, 3: ὥσπερ δημοσίᾳ μάστιγι τῇ κωμῳδίᾳ κολάζων. Dies erhellt auch aus seinen Angriffen auf Perikles, dem folgende Prädikate beigelegt worden: ὀξυκεφάλιος· κεφαλίων (ἐπὶ τοῦ κρανίου ἔχων, *fr.* 3: τέρμινον, κεφαληγερέταν, und auf Aspasia, die er παλλακὴν κυνώπιδα nennt, im Ὀργεύσαις zu Kimon, von dem er sagt, *Archil. Fr.* 1: σὺν ἀνδρὶ θείῳ καὶ φιλοξενωτάτῳ καὶ πάντ' ἀρίστῳ τῶν Πανελλήνων πρῴην *Κίμων.* Als eine lebenslustige Dichternatur bezeichnet ihn *Suid.* s. v.: *λαμπρὸς τὸν χαρακτῆρα φιλοπότης δὲ καὶ παιδικῶν ἡττημένος*, vgl. *Περὶ κωμ.* III, 7: γέγονε δὲ ποιητικώτατος, κατασκευάζων εἰς τὸν Αἰσχύλου χαρακτῆρα. Vgl. *Plut. περὶ διαφ. κωμ.* II, 1. *Aristoph. Pac.* v. 700 f. — Gleichzeitig mit ihm ist Pherekrates aus Athen, der 439 einen Preis errang, *Περὶ κωμ.* III, 9. Diesem kommen sicher 16 Komödien zu, von denen Bruchstücke vorhanden sind, die bedeutendsten: *Ἄγριοι, fr.* 1. 2. 4. 11, *Αὐτόμολοι, fr.* 1, *Ἰουδαιδιδάσκαλοι, fr.* 1. 2, *Κοριαννώ, fr.* 1—5. Von der persönlichen Satire nach Art des Krates scheint er zurückgekommen zu sein, doch verspottet er noch den Alkibiades, *Inc. fab.*

Olympiaden-jahr.	Jahr v. Chr.	Geschichte.	Kunst und Litteratur.
LXXXIII, 4.	445.	Euböa und Megara fallen vom athenischen Bündnis ab; die Peloponnesier machen unter dem spartanischen König Pleistoanax einen Einfall in Attika, ziehen sich aber, ohne den Athenern Schaden zuzufügen, wieder zurück.[71]	Die *Philosophen* Zeno,[o] Empedokles,[p] Anaxagoras.[q]

---

[70] *Thuk.* I, 113. *Diod.* XII, 6. Die Athener waren unter Tolmides nach Böotien gezogen, weil Flüchtlinge aus Chäronea und Orchomenos (jedenfalls die infolge der Schlacht bei Önophyta vertriebenen Aristokraten, s. *Anm.* 50) sich dieser Städte bemächtigt hatten. Nachdem sie Chäronea erobert, wurden sie auf dem Rückzuge von den Flüchtlingen aus Orchomenos, an die sich Flüchtlinge aus Euböa und Lokris angeschlossen, angegriffen und geschlagen, woraus sie, um ihre Gefangenen wieder zu bekommen, sämtliche Städte in Böotien mit Ausnahme von Plataiä freigaben, d. h. sie der gegen Athen feindlich gesinnten aristokratischen Partei überließen.

[71] Pleistoanax kam durch seinen Rückzug in den Verdacht, daß er sich von Perikles habe bestechen lassen. *Thuk.* I, 144. II, 21. V, 16. *Plut. Pericl.* 22. 23. *Diod.* XII, 6. [Die Schlacht bei Koronea geschah χρόνου ἐγγινομένου μετὰ ταῦτα d. h. nach dem heiligen Kriege; hierauf erfolgte οὐ πολλῷ ὕστερον der Abfall von Euböa, 14 Jahre vor dem Ausbruch des peloponnesischen Krieges, *Thuk.* II, 113. 114. II, 21.]

fr. 5: οὐκ ἂν ἀνὴρ γὰρ Ἀλκμαίδες, ὡς δοκεῖ, | ἀνὴρ ἀπαίδων τῶν γεννικῶν ἐστι νῦν. Die Erfindung neuer Bühnenstoffe wird ihm nachgerühmt, *Περὶ κωμ.* a. a. O. Die Feinheit seiner Sprache bezeichnet sein Prädikat Ἀττικώτατος, *Athen.* VI, p. 268 e. *Steph. Byz.* p. 43; nach ihm ist das metrum Pherecrateum benannt.

o) Zeno, geboren zu Elea in Unteritalien, blühte um 468—433, *Diog. Laert.* IX, 25. *Suid.* s. v. *Cyrill. Iulian.* I, p. 23, Schüler des Parmenides, *Plut. Parm.* p. 127. *Diog. L. a. a. O. Athen.* XI, p. 505, kam wiederholt nach Athen, wo er noch mit Sokrates zusammentraf, *Plat. Soph.* p. 217. *Parm. a. a. O. Theaetet.* p. 217. *Diog. L.* IX, 28, und trug dem Perikles und Kallias für 100 Minen seine Lehre vor, *Plat. Alcib.* I, p. 119. *Plut. Pericl.* 4. Er verbesserte die Gesetze seiner Vaterstadt, *Diog. L.* IX, 33, und versuchte dieselbe von einem Tyrannen zu befreien. Ob dies gelang oder seinen Tod zur Folge hatte, steht nicht fest, *Plut. adv. Col.* p. 1126. *Diog. L.* IX, 26—29. *Cic. Tusc.* II, 22. *de nat. d.* III, 33. Von seinen Schriften, die in Prosa zum Teil dialogisch abgefaßt waren, *Plat. Parm. a. a. O. Diog. L.* III, 47, werden genannt Ἔριδες (Streitschriften) und Ἐξήγησις τῶν Ἐμπεδοκλέους πρὸς τοὺς φιλοσόφους περὶ φύσεως, *Suid. a. a. O.* Er bildete die Lehre seines Lehrers Parmenides weiter aus und galt als der Urheber der Dialektik, der durch Widerlegung des Scheines zur Wahrheit fortschreitenden Beweisführung, *Plut. Parm.* p. 128. *Plut. Pericl.* c. 4. *Diog. L.* IX, 25. (Als zur eleatischen Schule gehörig ist noch Melissos aus Samos zu nennen, s. *Diog. L.* IX, 24. *Plut. Per.* 26.)

p) Empedokles aus Agrigent, Anhänger der Lehre des Pythagoras, Schüler des Xenophanes und Parmenides und Zeitgenosse des Zeno, blühte um 445—433, *Cyrill. Iulian.* I, p. 23. *Diog. L.* VIII, 51. 52. 54. 55. 56. Er lehrte Rhetorik und fand an Gorgias einen ausgezeichneten Schüler, a. a. O. 57. 58. *Suid.* s. v., wirkte als Staatsmann für die Einführung der demokratischen Verfassung, *Diog. L.* 72. 73, und durchzog als Arzt, Wunderthäter, Zauberer und Prophet mit grossem Gepränge die sicilischen Städte, a. a. O. 59—63. 67. 70. 73. Unter den Sagen über seinen Tod ist sein freiwilliger Sturz in den Krater des Ätna die berühmteste. Sein Hauptwerk Τὸ φυσικὸν oder Περὶ φύσεως war im ionischen Dialekt geschrieben und in Hexametern, von denen noch etwa 400 erhalten sind, a. a. O. 77. *Suid. a. a. O.* Er diente dem römischen Dichter Lucretius als Vorbild, *de rer. nat.* I, 717 ff. Er lehrte, daß durch die zwei bewegenden Kräfte der einigenden Freundschaft (φιλότης) und des trennenden Streites (νεῖκος) sich die vier Urstoffe mischten und gestalteten.

q) Anaxagoras, geboren zu Klazomenä, lebte von 500—428, *Diog. Laert.* II, 6. 7, und zwar längere Zeit zu Athen, wo er mit Perikles und anderen angesehenen Männern in Verbindung stand, das Interesse für Philosophie weckte und einen bedeutenden Einfluß ausübte. Der Gottlosigkeit kurz vor dem Beginn des peloponnesischen Krieges (*Diod.* IX, 38 f. *Plut. Per.* 32) angeklagt, ward er nur durch Verwendung des Perikles vom Tode gerettet, mußte aber Athen verlassen und ging nach Lampsakos, wo er als Siebenziger gestorben sein soll, *Diog. L.* II, 12—15. *Suid.* s. v. *Plut. Pericl.* 4. 32. *Cic. de nat. d.* I, 11. Er schrieb ein Werk περὶ φύσεως, von welchem mehrere Fragmente erhalten sind, und lehrte, daß ein einiger Weltgeist (νοῦς) die Welt aus dem Chaos geschaffen habe, und erhielt daher den Zunamen Νοῦς. *Diog. Suid.* s. v. Sein Schüler war auch Archelaos von Milet, Lehrer des Sokrates, der als der letzte ionische Physiker und zugleich als ein Vorläufer des Sokrates in der Ethik bezeichnet wird, *Suid.* s. v. *Diog. L.* II, 6.

Olympiaden-jahr.	Jahr v. Chr.	Geschichte.	Kunst und Litteratur.
LXXXIII, 4.	445.	Euböa durch Perikles wieder unterworfen.[72] Dreifsig-jähriger Friede zwischen Athen und Sparta, worin	Herodot, der Vater der *Geschichtschreibung.* Blüte der bilden-den Kunst" — Myron,[*]

[72) Thuk. I, 114. *Diod.* XII, 7, 22. *Plut. Per.* 23. Zur Sicherung des Besitzes waren aus Chalkis die Aristokraten (*Innoßórai* genannt), aus Hestiäa aber die gesamte freie Be-völkerung vertrieben; in letztere Stadt werden 1000 athenische Kleruchen geschickt.

r) Herodotos, geboren zu Halikarnassos aus angesehener Familie, verwandt mit Panyasis, *Suid.* s. v., geboren zwischen 490 und 480, gestorben zwischen 428 und 424, *Gell.* XV, 23 vgl. *Herod.* III, 15. VI, 98. VII, 137. I, 130. Er wan-derte vor dem Tyrannen Lygdamis nach Samos aus, *Suid. a. a. O.* Wie aus seinem Geschichtswerke hervorgeht, be-suchte er auf ausgedehnten Reisen das Festland von Griechen-land, die Inseln des ägäischen Meeres, Kleinasien, Kreta, Kypros, Phönikien, Syrien, Babylonien, Assyrien, Medien, Ägypten bis zur Südgrenze und Italien. Einzelne Abschnitte des Werkes las er vor Vollendung des Ganzen öffentlich vor, so angeblich in Olympia, s. S. 27 *Anm.* 22, zu Athen, *Plut. de malign. Herod.* c. 25, zu Korinth, *Dio Chrys. Or.* XXXVII, T. II. p. 103, und zu Theben, *Plut. a. a. O.* c. 31. Im Jahre 443 nahm er an der Gründung von Thurii durch die Athener teil, *Suid. a. a. O.* *Strab.* p. 790. *Schol. Arist. Nub.* 331, wo er sein Werk vollendete und starb. *Plin. H. N.* XII, 18. *Suid. a. a. O.* In seinem Geschichtswerk, *ἱστορίαι,* in 9 (jedoch nicht von ihm selbst abgeteilten) Büchern, deren jedes den Namen einer Muse als Chorschrift fährt, will er die Ursachen und den Verlauf des Kampfes zwischen den Hellenen und den Barbaren erzählen, beginnt mit der Unterwerfung des asiatischen Griechen durch den Lyderkönig Krösos, dem ersten Unrecht, welches den Hellenen von Barbaren zugefügt sei, und führt die Geschichte unter Einflechtung zahlreicher und umfassender Episoden, welche die Geschichte der Lyder, Ägypter, Skythen u. a. Völker enthalten, bis zur Eroberung von Sestos durch die Hellenen. Urteile alter Kunstrichter über Herodot sind besonders: *Dion. Hal. Ep. ad Cn. Pomp.* 3: ἡδονήν δὲ καὶ πειθὼ καὶ τέρψιν καὶ τὰς ὁμοεγενεῖς ἀρετὰς εἰληφῶσα μακρῷ Θουκυδίδου κρείττων Ἡρόδοτος, *Quint.* IX, 4, 18: In Herodoto vero cum omnia (ut ego quidem sentio) leniter fluunt, tum ipsa *dialectus* habet eam iucunditatem, ut latentes etiam numeros complexa videantur, *Athen.* III. p. 78 c: Ὁ δὲ Θουρυπατάτατος καὶ μελίγηρυς Ἡρόδοτος, vgl. auch *Cic. Orat.* 12, 39.

s) Die Sage schrieb alte Bildwerke, namentlich hölzerne Götterbilder, dem Dädalos zu, ebenso gehören der Sage die Künstlernamen Epeios und Dibutades. Frühzeitig bestehen Künstlerschulen auf den Inseln Ägina, Chios, Samos und Kreta. So werden dem Smilis von Ägina Bildwerke in äginetischem Stil zugeschrieben, *Paus.* VII, 4, 4. 5. V, 17, 1. *Plin. H. N.* XXXVI, 90. Glaukos von Chios, *Herod.* I, 25,

oder Samos, *Steph. Byz.* s. v. *Θεσσλη.* erfand um 695 (?) die Kunst des Lötens der Metalle, *Euseb. Chron.* p. 84 f. *Herod. a. a. O. Steph. Byz. a. a. O. Paus.* X, 16, 1; seine Nachkommen bildeten eine Bildhauerschule auf Chios, die schon in Marmor arbeitete, *Plin.* XXXVI, 11. Dipoinos und Skyllis von Kreta, durch Marmorarbeiten berühmt um 572, *Paus.* II, 15, 1. III, 17, 6. *Plin.* XXXVI, 9, 14, sind ebenfalls Begründer einer Künstlerschule. Rhökus und Theo-doros von Samos, Architekten und Bildhauer, erfanden den Erzgufs um 580—540, *Herod.* III, 60. *Paus.* VIII, 14, 5. IX, 41, 1. X, 38, 3. Von beiden Meistern kannten die Alten Bauwerke und Bildwerke. Dem Theodoros wird auch die Erfindung des Winkelmafses, der Richtwage, der Dreh-bank und des Schlüssels beigelegt, *Plin.* VII, 198. Gegen-über der Darstellung dieser ältesten Bildhauerkunst sind Götter und göttliche Wesen, die Kunst erscheint gebunden im Dienst der Religion. Um die Zeit der Perserkriege gab es Bildhauerschulen zu Argos, Sikyon, Ägina und Athen; die hervorragendsten Meister derselben waren Ageladas von Argos, Lehrer des Myron, Pheidias und Polykleitos, *Paus.* VI, 14, 5. IV, 33, 3. VIII, 42, 4. Kanachos aus Sikyon, *Paus.* IX, 10, Kallon, *Paus.* II, 32, 4. *Quint.* XII, 10, 7. *Cic. Brut.* 18, und Onatas, *Paus.* VIII, 42, 4, aus Ägina. Nicht blofs Götter, sondern auch Helden und olympische Sieger wurden von diesen Künstlern dargestellt. Unter den erhaltenen Bild-werken dieses archaistischen oder hieratischen Stils sind be-sonders bemerkenswert: die äginetischen Statuen von den Giobelfeldern des Pallastempels in Ägina, die Pallas der Villa Albani, die Herkulanische Artemis, der Apoll vom Musco Chiaramonti, die Giustinianische Vesta u. a., und von den alten Reliefs: der Altar der 12 Götter, der Dreifufsraub, das samothrakische Relief u. a. Als Vorläufer der grofsen Bild-hauer, welche die Kunst zur Vollendung führten, erscheinen Kalamis um 460, *Paus.* IX, 16, 1, und Pythagoras aus Rhegion um dieselbe Zeit, *Paus.* VI, 4, 2. 13, 1.

t) Myron geboren zu Eleutheriä, in Athen ansässig, Schüler des Ageladas, *Plin.* XXXIV, 57. *Pausan.* VI, 2, 1. 8, 3. 13, 1, arbeitete vorzüglich in Erz und zwar vorwiegend Hel-den- und Athletengestalten und Tierbildungen. Unter seinen Werken waren besonders berühmt der Diskoswerfer (von welchem noch Nachbildungen, die beste im Palast Massimi zu Rom, erhalten sind), *Plin.* XXXIV, 57. *Lucian. Philopseud.* 18. *Quint.* II, 13, und die Kuh, *Plin. a. a. O.,* die in Epi-

Olympiaden-jahr.	Jahr v. Chr.	Geschichte.	Kunst und Litteratur.
LXXXIII,4.	445.	ersteres die Hegemonie zu Lande völlig aufgiebt.	Pheidias,* Polykleitos,* Blüte der *Baukunst*.*

grammen viel gefeiert ward, *Anthol. Pal. Ind. Auson. Epigr.* 58—68. *Tzetz. Chil.* VIII, 94. *Cic. Verr.* IV, 60. Er überwand die Steifheit des alten Stils durch lebensvollere Naturwahrheit, nur in der Bildung der Haare und des Gesichts blieb er bei dem herkömmlichen Typus, *Plin.* XXXIV, 58, *Cic. Brut.* 18. *Quint.* XII, 10.

u) Pheidias, Sohn des Charmides, aus Athen, lebte um 500 bis nach 438, *Plut. Per.* 31. *Plin.* XXXIV, 49, unterwiesen von Hegias und Ageladas, *Schol. Arist. Ran.* 504. *Suid.* s. v. *Pheidias. Tzetz. Chil.* VII, 154. VIII, 192. Aus der Beute der Perserkriege arbeitete er verschiedene Kunstwerke, namentlich die kolossale eherne Statue der Athene Promachos auf der Akropolis, *Herod.* V, 77. *Paus.* I, 28, 2, das Bild der Athene Areia zu Platää aus Holz und Marmor, *Paus.* IX, 4, 1, eine Statuengruppe als Weihgeschenk für Delphi, *Paus.* X, 10, 1. Er ward darauf von Perikles mit der Oberleitung seiner grossen Bauten betraut, *Plut. Per.* 12. 13, und verfertigte das Bild der Athene Parthenos für den Parthenon, *Max. Tyr. Dissert.* XIV, p. 260. *Paus.* I, 24, 5. 7. *Plin.* XXXIV, 54. XXXVI, 10. *Plut. Per.* 31, aus Gold und Elfenbein, das im Jahr 438 geweiht wurde, *Schol. Arist. Pac.* 604, s. *Euseb. Chron. Arm.* p. 106. Dann ging er im Verein mit mehreren Schülern nach Elis und arbeitete das Bild des Zeus für den Tempel zu Olympia, ebenfalls aus Elfenbein und Gold, *Plin.* XXXV, 54. *Paus.* V, 10, 2. V, 11. 14, 5. *Strab.* p. 353 f. *Dio Chrys. Or.* XII, p. 248, *Εικμ.: Ἐμιφον καὶ ασμνὸν ἐν ἐλάσσφ σχήματι, τὸν μέον καὶ ζωὴς καὶ αγρινέντων δοτήρα τῶν ἀγαθῶν, κοινὸν ἀνθρώπων καὶ πατέρα καὶ σωτήρα καὶ φύλακα, ὡς ἀδύνατον ἦν θνητῷ διανοηθέντι μιμήσασθαι τὴν θείαν καὶ ἀμήχανον φύσιν.* Nach seiner Rückkehr ward er von Perikles' Gegnern angeklagt, zuerst wegen Veruntreuung eines Theiles des für die Athene Parthenos bestimmten Goldes, dann wegen Gottesläsierung, weil er auf dem Schilde der Göttin sein und des Perikles Bild angebracht hatte, und stirbt im Gefängnis, *Schol. Arist. Pac.* 605. *Plut. Per.* 31. *Diod.* XII, 39. Von seiner idealen Kunstrichtung, mit der eine vollendete technische Ausbildung verbunden war, urteilt *Cicero Or.* II, 3: Nec vero ille artifex, cum faceret Iovis formam aut Minervae, contemplabatur aliquem, e quo similitudinem duceret, sed ipsius in mente insidebat species pulchritudinis eximia quaedam, quam intuens in eaque defixus ad illius similitudinem artem et manum dirigebat. Wir können über seine Werke urteilen nach den Bruchstücken der Giebelstatuen und den Reliefs der Metopen und des Frieses der Cella vom Parthenon. Demselben Zeitalter gehören die Reliefs vom Tempel der Nike Apteros in Athen, die Reliefs von den Metopen des Zeustempels zu Olympia und vom Fries des Apollotempels zu Phigalia und die neuerlich ausgegrabenen Statuen von den Giebelfeldern des Tempels in Olympia, Werke des Paionios und Alkamenes (*Plin. N. H.* XXXVI, 16), und die ebenda gefundene Statue der Nike, ebenfalls ein Werk des Paionios, an. Unter den Schülern und Mitarbeitern des Pheidias sind die bedeutendsten Agorakritos, *Paus.* IV, 34, 1. *Plin. a. a. O.* 17, Kolotes, *Plin.* XXXV, 54, und Theokosmos, *Paus.* I, 40, 3.

v) Polykleitos, Zeitgenosse des Pheidias, aus Sikyon, ansässig in Argos, Schüler des Ageladas, *Plin.* XXXIV, 49. *Paus.* VI, 6, 1. vgl. *Thuk.* IV, 133. Sein berühmtestes Götterbild war die Hera von Argos, *Paus.* II, 17, 4. *Strab.* p. 372, hochberühmt war auch seine Amazone, mit der er im Wettstreit mit anderen Künstlern, selbst dem Pheidias, den Preis erhielt, *Plin.* XXXIV, 53. Am meisten aber arbeitete er Knaben- und Jünglingsgestalten und olympische Sieger. Unter diesen war besonders berühmt der Diadumenos, ein Jüngling, der sich die Siegerbinde ums Haupt bindet (eine Nachbildung befindet sich im Palast Farnese zu Rom), und der Doryphoros, ein Knabe mit dem Speer, *Plin.* XXXIV, 55. *Cic. Brut.* 86. *Orat.* II, 5. Er bestimmte in einer Schrift das Ebenmass und die Verhältnisse der Glieder des menschlichen Leibes und stellte dieselben in einer mustergültigen Figur dar, beide Kanon genannt, *Plin. a. a. O.* Er stützte den Schwerpunkt der Statuen auf ein Bein, s. A. Vollendete die Toreutik, die Ciselierung edler Metalle für kleinere Kunstwerke, *Plin.* XXXIV, 54, 56, und war ausgezeichnet in Gold- und Elfenbeinarbeiten, *Strab.* p. 372. Auch als Baumeister wird er gerühmt wegen des von ihm erbauten Theaters von Epidauros, *Paus.* II, 27, 5. Quintilian urteilt von ihm, XII, 10, 7: Diligentia ac decor in Polycleto supra ceteros, cui quamquam a plerisque tribuitur palma, tamen, ne nihil detrahatur, deesse pondus putant. Nam ut humanae formae decorem adiuderit supra verum, ita non explosisse deorum auctoritatem videtur. Quin aetatem quoque graviorem dicitur refugisse, nihil ausus ultra leves genas. — Demselben Zeitalter gehört noch an Kallimachos, *Paus.* I, 26, 7. IX, 2, 5, dem die Erfindung des korinthischen Kapitäls beigelegt wird, *Vitruv.* IV, 1, 9. Er vervollkommnete das Bohren des Steines, *Paus.* I, 26, 7, und wird wegen seiner Sorgfalt im Ausdrücken der kleinsten und feinsten Details *Κατατηξίτεχνος* genannt. Eine grosse Reihe von Schülern des Polykleitos zählt Plinius XXXIV, 50 auf.

w) Die ältesten griechischen Bauwerke sind die Riesenmauern der Akropolen, oft Cyklopenmauern genannt (*Κυκλώπια ούράνια τείχη*, *Soph. Electr.* 1107), deren Überbleibsel die Ruinen von Tiryns, Mykene mit dem Löwenthor, Orchomenos, Lykosura, Larissa u. a. zeigen. Zu den ältesten Gebäuden gehören auch die sog. Schatzhäuser, wie z. B. das Schatzhaus des Atreus in Mykene. Nach Einwanderung der Dorer entwickelt sich die Baukunst im Tempelbau, und zwar

Olympiaden-jahr.	Jahr v. Chr.	Geschichte.	Kunst und Litteratur.
LXXXIII,4.	445.	wogegen ihm Sparta die Hegemonie zur See völlig überläfst¹⁶.	Anfänge der *Malerei*, Polygnotos,ˣ *Vasenmalerei*.ʸ

73) *Thuk.* I, 115. *Diod.* XII, 7. *Thuk.*: ἀναγωρήσαντες δὲ ἐπ' Εὐβοίας οὐ πολλῷ ὕστερον σπονδὰς ἐποιήσαντο πρὸς Δακεδαιμονίους καὶ τοὺς ξυμμάχους τριακοντούτεις ἀποδόντες

Νίσαιαν καὶ Πηγὰς καὶ Τροιζῆνα καὶ Ἀχαΐαν. Dafs dieser Friede 14 Jahre vor dem peloponnesischen Kriege abgeschlossen wurde, wird *Thuk.* I, 87. II, 2 bestimmt angegeben.

bildet sich zuerst der dorische Stil desselben aus, ursprünglich Holzbau, *Paus.* VIII, 10, 2, besonders kenntlich an den kannelierten Säulen ohne Basis, dem einfachen Kapitäl und den Triglyphen oder Dreischlitzen des Frieses. Reich ausgebildet erscheint der dorische Baustil dann in Korinth, wo die Ausschmückung der Giebelfelder durch Reliefs von Thon sowie der Stirnziegel durch bildliche Zierraten erfunden wurde, besonders auch als Byzes von Naxos den kunstreichen Schnitt der Marmorziegel erfand, *Pind. Ol.* 13, 21. *Plin.* XXXV, 152. Neben dem einfachen und strengen dorischen entwickelt sich in Ionien der leichtere und schmuckreichere ionische Baustil, der schon im 6ten Jahrhundert am Dianentempel zu Ephesos ausgebildet erscheint, unterschieden durch den schlankeren Säulenschaft und die Volute des Kapitäls, *Herod.* I, 92. *Plin.* XVI, 212. XXXVI, 95 f. *Vitruv.* IV, 1. Seit Perikles' Zeit tritt daneben der korinthische Baustil hervor, nachdem Kallimachos das vasenförmige Kapitäl mit der Umrankung von Voluten und Akanthosblättern erfunden, *Vitruv.* IV, 1, 9. *Paus.* I, 26, 7, auch fängt man jetzt an andere Gebäude als Tempel in kunstvoller Weise zu bauen und auszuschmücken. Unter den noch erhaltenen Bauresten sind die merkwürdigsten die Tempel zu Syrakus, Akragas, Selinus, Pästum, Korinth, Ägina, Phigalia in Arkadien (gebaut von Iktinos, *Paus.* VIII, 41, 7) und in Athen der Parthenon gebaut von Iktinos und Kallikrates unter Leitung des Pheidias, *Plut. Per.* 13. *Schol. Aristoph. Pac.* 606. *Strab.* p. 396. *Paus.* VIII, 41, 5, die Propyläen erbaut von Mnesikles, *Plut. a. a. O. Philochoros* bei *Harpocr.* v. Προπύλαια, *Corp. Inscr. Att.* I. n. 314 (begonnen 437, nach 5 Jahren vollendet. *Harpocr.* p. 159 Bk., Bruchstücke der Rechnung, *C. Inscr. A.* n. 315), der Tempel der Nemesis zu Rhamnus und der Pallas auf Sunion. Ausgezeichnete Bauten dorischen Stils sind das Erechtheion, der Tempel der Nike apteros auf der Akropole von Athen, das Didymäon zu Milet und der Tempel der Pallas Polias zu Priene. Späteren Ursprungs sind die Bauten korinthischen Stils, von denen in Athen noch Ruinen erhalten sind, wie namentlich der Tempel des olympischen Zeus, der in grofsartigem Mafsstab von Peisistratos begonnen und nach mannichfachen Wechselfällen von Hadrian vollendet wurde. Von den Kunstwerken der Perikleischen Zeit sagt Plutarch *Per.* 13: κάλλει μὲν γὰρ ἕκαστον εὐθὺς ἦν τότε ἀρχαῖον, ἀκμῇ δὲ μέχρι νῦν πρόσφατόν ἐστι καὶ νεουργόν.

x) Die Berichte über den Ursprung der Malerei sind durchaus unzuverlässig und sagenhaft, *Plin.* XXXV, 15, 55.

VII, 205. Von Eumaros aus Athen heifst es, dafs er zuerst Mann und Frau in der Darstellung mit dem Pinsel unterschied, *Plin.* XXXV, 56; Cimon von Kleonä, ein älterer Zeitgenosse des Dichters Simonides, vervollkommnete die Zeichnung des Profils, namentlich des Auges im Profil, die Darstellung der Gelenke des Körpers und den Faltenwurf, *Plin.* XXXV, 56. *Ael. V. H.* VIII, 8; Aglaophon von Thasos, Vater und Lehrer des Polygnotos und Aristophon, lebte nm 500—470. *Paus.* X, 27, 2. *Suid.* s. v. *Πολύγνωτος, Cic. de orat.* III, 7, 26. -- Polygnotos, aus Thasos gebürtig, war namentlich in Athen, wo er zu Kimon eine ähnliche Stellung einnahm wie Pheidias zu Perikles, als Maler thätig und erhielt zum Dank für seine Gemälde das athenische Bürgerrecht, *Suid.* s. v. *Plin.* XXXV, 59. *Plut. Cim.* 4. *Paus.* IX, 4, 1. Unter seinen Werken, welche fast alle Darstellungen aus der Heroenwelt gaben, sind das wichtigste und berühmteste die Gemälde in der Lesche der Knidier zu Delphi, *Plin.* X, 25—31, die Trojas Zerstörung und die Unterwelt darstellten. Aufserdem malte Polygnotos einen Teil der Gemälde in der Stoa Poikile zu Athen, *Paus.* I, 15, 2. *Plin.* a. a. O., im Dioskurentempel zu Athen, *Paus.* I, 18, 1, im Theseustempel, *Harpocr.* s. v., in der Pinakothek der Propyläen, *Paus.* I, 22, 6, im Vorhause des Tempels der Athene Areia zu Platää, *Paus.* IX, 4, 1, wie auch Wandgemälde zu Thespiä, *Plin.* XXXV, 123. Man lobte an diesen Gemälden Feinheit der Gewandung, welche die Form des Körpers durchschienen liefs, Belebung des Gesichtsausdruckes, *Plin.* XXXV, 57, *Luc. imag.* 7, und treffliche Zeichnung neben einfachem Kolorit ohne Farbenwirkung durch Licht und Schatten, *Cic. Brut.* 18. *Quint.* XII, 10; für den Parallelismus der Gruppierung in seinen Kompositionen zeugt die Beschreibung der Gemälde zu Delphi. *Paus.* a. a. O. Auch als Bildhauer wird er gerühmt, *Plin.* XXXIV, 85. — Gleichzeitig mit ihm ist Mikon, *Schol. Aristoph. Lysistr.* 679, der mit Polygnotos zusammen in der Poikile, im Theseion und im Dioskurentempel malte, *Plin.* XXXV, 59. *Harpocr.* v. *Μίκων, Arr. Anab.* VII, 13, 10. *Suid. Harpocr.* s. v. *Πολύγνωτος. Paus.* I, 18, 1. Er war berühmt als Pferdemaler, *Ael. V. H.* IV, 50, und daneben auch Bildhauer, *Plin.* XXXIV, 88. Panänos, Verwandter des Pheidias, *Strab.* p. 354. *Paus.* V, 11, 2. *Plin.* XXXV, 54. 57. XXXVI, 177, malte mit Polygnotos und Mikon in der Poikile. ist dann mit Pheidias im Zeustempel zu Olympia beschäftigt, teils mit dem Farbenschmuck des Zeusbildes, teils mit Tempel-

Dritte Periode. Von 500—431 v. Chr.

Olympiaden-jahr.	Jahr v. Chr.	Geschichte.
		c) Bis zum Ausbruch des peloponnesischen Krieges.
LXXXIV, 1.	444.	Perikles im ungeteilten Besitz der Regierung zu Athen.[74] Es wird eine neue Mauer von Athen nach dem Piräeus geführt.[75]
LXXXIV, 2.	443.	Thurii von den Athenern gegründet.[76]
LXXXV, 1.	440.	Der samische Krieg; Samos und Byzantion unterworfen.[77]

74) Nach Kimons Tode (s. Anm. 66) trat Thukydides, der Sohn des Melesias, an die Spitze der dem Perikles gegenüberstehenden aristokratischen Partei; derselbe wurde aber im Jahre 444 durch den Ostrakismos verbannt, worauf Perikles als der alleinige Führer des Volks zurückblieb, s. *Plut. Per.* 11—15. (Die Bestimmung des Jahres, in welchem Thukydides verbannt wurde, beruht auf *Plut. Per.* 16, wonach Perikles nach dem Sturze seines Gegners „nicht weniger als 15 Jahre" in Athen herrschte.)

75) Zur größeren Sicherheit wurde parallel mit der schon vorhandenen Mauer im Süden derselben noch eine zweite von der Stadt nach dem Piräeus geführt (zwischen der ersten nach dem Piräeus und der nach Phaleron, s. Anm. 60), s. *Plut. Per.* 13. *Plut. Gorg.* p. 456, A. *Andoc. de pac.* p. 25.

76) *Diod.* XII, 9—11. [Das Jahr nach (*Plut.*) *vit. dec. or.* p. 835. D. *Dionys. Lys.* p. 435.] Es wurde an der Stelle des von den Krotoniaten zerstörten Sybaris gegründet.

77) Der Krieg entstand infolge eines Streites zwischen Samos und Milet über den Besitz von Priene; die Samier gehorchten den Athenern nicht, als diese ihnen befahlen, ihre Ansprüche aufzugeben; deswegen wurde zuerst die dort herrschende Aristokratie gestürzt und die demokratische Verfassung eingesetzt; als darauf die Aristokraten sich wieder in den Besitz der Gewalt setzten, wurde die Stadt unter Perikles belagert und „nach 9 Monaten" zur Unterwerfung gezwungen,

malereien, und malt auch im Tempel und am Standbild der Athene zu Elis. Bedeutende Maler aus dieser Zeit sind auch Dionysios von Kolophon, Nachahmer des Polygnotos, *Ael. V. H.* IV, 3 (πλὴν τοῦ μεγέθους), *Arist. Poet.* 2. *Plut. Timol.* 36, Pauson, der die Gestalten häßlicher malte, als die Wirklichkeit sie zeigte, *Arist. a. a. O. Polit.* VIII, 5. *Ael. V. H.* XIV, 15, von Aristophanes mehrmals verspottet, *Plut.* 602. *Acharn.* 854, *Thesmoph.* 949, Agatharchos, ein Dekorationsmaler um 450, *Vitruv.* VII. *praef.* §. 10. *Plut. Alcib.* 16. *Periol.* 13, Aristophon, Bruder des Polygnotos, *Plin.* XXXV, 138.

γ) Über die griechische Vasenmalerei geben hauptsächlich die erhaltenen zahlreichen bemalten Thongefäße Aufschluß. Die Hauptfundorte derselben sind in Griechenland: Athen, Korinth, Sikyon, Megara, Ägina, Melos, Thera; viel zahlreicher aber sind die in den Gräbern italischer und sicilischer Nekropolen gefundenen Gefäße, so besonders in Etrurien zu Volci, wo allein an 6000 ans Licht gefördert sind, zu Cäre, Tarquinii, Veji, Clusium, Volaterrä, ferner zu Hadria, in Campanien zu Nola, Cumä, Plistia und Surrentum, in Apulien zu Rubi, Canusium, Barium, Gnathia, Uria, in Lucanien zu Pästum und Auxia, in Sicilien zu Agrigent, Syrakus, Gela, Kamarina, Panormos, Akrä. Nach der Malerei dieser Thongefäße kann man sich drei Klassen derselben unterscheiden: 1. die ältesten Vasen mit blaßgelbem Grund und schwärzlichen, braunen, violetten oder roten Figuren, meist phantastischen Tiergestalten, Blumen und Zweigen von unbeholfenem steifen Stil; 2. Gefäße mit rotem Grund und schwarzen Figuren, meist Menschengestalten von eigentümlicher Zeichnung mit starker Hervorhebung der Hauptformen des Körpers; 3. Vasen mit schwarzem Grund und roten Figuren mit regelrechter

oder schöner Zeichnung, aus späterer Zeit als die beiden ersten Klassen. Dem Zeitalter von den Perserkriegen bis zum peloponnesischen Kriege gehören die meisten Vasen etrurischer Fundorten an, die noch nicht das Euklidische Alphabet zeigen, späteren Ursprungs sind die Mehrzahl der sicilischen und kampanischen Gefäße, namentlich die von Nola, die jüngsten sind die apulischen und lucanischen. Aus den Aufschriften der Gefäße sind die Namen von etwa 84 Vasenmalern oder Töpfern bekannt geworden, *Corp. Inscr. Graec.* Vol. IV, Fasc. I. *Praef.* p. XIV; aber nirgends findet sich eine Spur, daß bedeutende Maler sich mit Vasenmalerei beschäftigt hätten, da dieselbe mehr als Handwerk denn als Kunst angesehen wurde, vgl. *Aristoph. Eccl.* 991 sq. *Plut. Per.* 12 (Δεμετριγοσ). Die größten Töpferwerkstätten Griechenlands waren in Korinth, *Plin.* XXXV, 151. *Pind. Ol.* 13, 24, und in Athen, wie der Name des Stadtteiles Κεραμεικός und ausdrückliche Angaben bezeugen, *Kritias* bei Athen. 1, 28. *Plin.* XXXV, 155. VII. 196. *Suid. s. v. Κολιάδες κεραμῆες*. Beide Städte trieben Handel mit bemalten Thongefäßen nach Etrurien und Großgriechenland. Für Korinth beweisen das eine Anzahl älterer Vasen italischen oder sicilischen Fundortes mit dorischem Alphabet; den ausgebreiteten Handel Athens beweisen außer der Angabe Herodots, V, 88, die zahlreichen Vasen von Volci, Hadria, Sicilien, Kampanien, Apulien mit attischen Schriftzügen, Wortformen und Gegenständen der Vasenbilder, wie die zu Volci, Nola und Cyrenaica gefundenen panathenäischen Preisgefäße. Doch gab es auch einheimische Fabriken in Italien, wo unter Leitung übergesiedelter griechischer Meister griechische Vasen angefertigt werden konnten, *Plin.* XXXV, 152. 155 f.

Die Blütezeit des hellenischen Volks. 71

Olympiaden-jahr.	Jahr v. Chr.	Geschichte.
LXXXV, 4.	437.	Amphipolis von den Athenern gegründet.[78]
LXXXVI, 3.	434.	Ausbruch des Kriegs zwischen Korinth und Kerkyra wegen Epidamnos.[79] Seesieg der Kerkyräer bei Aktion.[80]
LXXXVI, 4.	433.	Athen schließt ein Bündnis mit Kerkyra.[81] Seeschlacht der Kerkyräer und Korinthier bei Sybota, an welcher auch die Athener teilnehmen.[82]
LXXXVII, 1.	432.	Der Abfall Potidäas vom athenischen Bündnis.[83] Der Krieg in Sparta[84] und auf des Perikles Rat auch in Athen beschlossen.

Thuk. I, 115—117. Plut. Per. 24—28. Diod. XII, 27—28. Der Krieg begann im 6. Jahre nach dem 30jährigen Frieden, Thuk. I, 115; über die Schwierigkeit desselben s. Thuk. VIII, 76; nach Thuk. I, 41 hatten die Peloponnesier die Absicht, den Samiern zu Hülfe zu ziehen, wurden aber durch die Korinthier davon abgehalten. Das Ergebnis des Krieges war, daß auch die Samier und die Byzantier, welche sich jenen angeschlossen hatten, ans Bundesgenossen Unterthanen wurden, so daß jetzt nur noch die Chier und Lesbier als freie Bundesgenossen übrig blieben, s. Thuk. II, 9. (Mit dieser veränderten Stellung Athens zu seinen früheren Bundesgenossen hängt es auch zusammen, daß der Bundesschatz — wahrscheinlich im J. 454, s. Corp. Inscr. Att. I. n. 226 fl. — von Delos nach Athen übergesiedelt wurde, s. Plut. Per. 12. Justin. III, 6 vgl. Plut. Arist. 25.)

78) Diod. XII, 32. Thuk. IV, 102. Vgl. Anm. 46.

79) Thuk. I, 24—28.

80) Thuk. I, 29—30. Die Korinthier hatten nebst ihren Bundesgenossen 75, die Kerkyreer 80 Schiffe, ebend. 29. [Nach Thuk. I, 31 wurden nach der Schlacht von den Korinthiern 2 Jahr auf neue Rüstungen verwendet; die Schlacht kann daher füglich auch ins Jahr 435 gesetzt werden.] Am Tage der Schlacht wurde auch Epidamnos zur Übergabe gezwungen, Thuk. I, 29.

81) Beide Teile schickten Gesandte nach Athen, um dasselbe für sich zu gewinnen. Ihre Reden Thuk. I, 32—43. Athen entschied sich für Kerkyra, Thuk. I, 44, hauptsächlich aus dem Grunde, weil die Verbindung mit Kerkyra für die Überfahrt nach Italien und Sicilien, worauf der Sinn der Athener schon damals gerichtet war, den größten Nutzen versprach, s. Thuk. a. a. O.: ἅμα δὲ τῆς τε Ἰταλίας καὶ Σικελίας καλῶς ἐφαίνετο αὐτοῖς ἡ νῆσος ἐν παράπλῳ κεῖσθαι, vgl. Diod. XII, 54. Indessen enthielt das Bündnis nur eine ἐπιμαχία, nicht eine συμμαχία, d. h. es verpflichtete die Athener nur zur Verteidigung von Kerkyra und seinem Gebiet, nicht aber zur Teilnahme an dem Angriffskriege gegen Korinth.

82) Thuk. I, 45—55. Auf Seiten der Korinthier nehmen die Eleer, Megarer, Leukadier, Ambrakioten und Anaktorier an der Schlacht teil, die Zahl ihrer Schiffe betrug 150, s. ebend. 46, während die Kerkyräer außer den 10 athenischen nur 110 hatten, s. ebend. 47. Der Ausgang der Schlacht war unentschieden und mehr zum Vorteil der Korinthier, gleichwohl zogen sich dieselben aus Furcht vor 20 weiteren athenischen Schiffen, die eben auf dem Kampfplatz erschienen, zurück. [Daß die Schlacht im J. 433, nicht 432, stattgefunden, wird mit Recht aus der Inschrift Corp. Inscr. Att. I. n. 179 gefolgert.]

83) Die Athener stellten an die zu ihrer Bundesgenossenschaft gehörenden Potidäaten die Forderung, daß sie die von Korinth, ihrer Metropolis, empfangenen Magistratspersonen fortschicken und eine von ihnen zum Schutz der Halbinsel Pallene aufgeführte Mauer niederreißen sollten, worauf dieselben in Verbindung mit Chalkidiern und Bottiäern und im Vertrauen auf die Zusage der Unterstützung von seiten der Korinthier und der übrigen Peloponnesier von Athen abfielen. Die Athener schickten ein Heer gegen sie und hielten sie, nachdem sie ihnen und den mit ihnen vereinigten korinthischen und makedonischen Hilfstruppen eine siegreiche Schlacht geliefert, zu Wasser und zu Lande eingeschlossen. Thuk. I, 56—65. [Wir besitzen noch 3 Grabschriften in je 2 Distichen auf die vor Potidäa gefallenen Athener, s. Corp. I. A. I. n. 442.] — Als dritte Veranlassung zum Krieg kam noch die, wahrscheinlich schon bald nach dem Abfall von Megara im Jahre 445 geschehene Ausschließung der Megarer von allen unter der Herrschaft Athens stehenden Häfen hinzu, s. Thuk. I, 42. 67. 139. Plut. Per. 29—30. Praec. gerend. reip. (c. 15) p. 812. D.

84) Die Korinthier veranlassten die übrigen Bundesgenossen von Sparta, mit ihnen Gesandte nach Sparta zu schicken, um dort ein Beschluß zu bewirken, daß der Krieg an Athen erklärt würde. So wurde der Krieg zunächst von den Spartanern beschlossen. Thuk. I, 67—87. Dann wurde der Beschluß auf einer zu diesem Zweck angesagten Versammlung auch von der Mehrheit der Bundesglieder angenommen, ebend.

Olympiaden-jahr.	Jahr v. Chr.	Geschichte.
LXXXVII, 1.	432.	Der Krieg in Sparta und auf des Perikles Rat auch in Athen beschlossen.⁵⁵

119—125. [Unter den Reden, die in diesen Versammlungen gehalten wurden, sind besonders die der Korinthier, 68—71. 120—124, und die des Königs Archidamos, 80—85, überaus lehrreich durch das helle Licht, welches sie auf den Charakter der Spartaner und Athener (s. bes. c. 70) und auf die Verhältnisse der damaligen Zeit werfen.] Nach der letzten Versammlung dauerte es nach *Thuk.* I, 125 „weniger als ein Jahr", ehe mit dem Einfall in Attika der Krieg thatsächlich begonnen wurde. Während dieser Zeit wurden noch 3 Gesandtschaften nach Athen geschickt, von denen die erste die Vertreibung der Alkmäoniden, die zweite die Aufhebung des megarischen Psephisma und der Belagerung von Potidäa, die dritte die Herstellung der Unabhängigkeit aller unter der Herrschaft Athens stehenden hellenischen Städte forderte, *Thuk.* I, 126. 139. Über die eigentliche Ursache, warum der Krieg von Sparta beschlossen wurde, s. *Thuk.* I, 88:

'Εψηφίσαντο δὲ οἱ Λακεδαιμόνιοι τὰς σπονδὰς λελύσθαι καὶ πολεμητέα εἶναι οὐ τοσοῦτον τῶν ξυμμάχων πεισθέντες τοῖς λόγοις ὅσον φοβούμενοι τοὺς Ἀθηναίους μὴ ἐπὶ μεῖζον δυνηθῶσιν, ὁρῶντες τὰ πολλὰ τῆς Ἑλλάδος ἤδη ὑποχείρια ὄντα, vgl. ebend. 24. [Andere, jedoch sehr unhistorische und des Perikles unwürdige Angaben über die Ursachen des Kriegs s. *Ephor.* bei *Diod.* XII, 38—40. *Plut. Per.* 31—32.] Als die heftigsten Gegner der Athener und als diejenigen, welche den Krieg am eifrigsten betrieben, erwiesen sich die Korinthier, Ägineten und Megarer, *Thuk.* I, 67.

85) *Thuk.* I, 140—146 (Rede des Perikles, 140—144). Der Beschluss lautet (145): ἀπεκρίναντο τῇ ἐκείνου γνώμῃ καθ' ἕκαστά τε ὡς ἔφρασε καὶ τὸ ξύμπαν, οὐδὲν κελευόμενοι ποιήσειν, δίκῃ δὲ κατὰ τὰς συνθήκας ἑτοῖμοι εἶναι διαλύεσθαι περὶ τῶν ἐγκλημάτων ἐπὶ ἴσῃ καὶ ὁμοίᾳ.

Vierte Periode.

431 bis 338 v. Chr.

Der beginnende Verfall.

Erster Abschnitt. Der peloponnesische Krieg, 431—404. Die Übel, aus denen der peloponnesische Krieg hervorgegangen — die Eifersucht Spartas und seiner Verbündeten gegen die Macht Athens und der feindliche Gegensatz des aristokratischen und demokratischen Prinzips sowohl zwischen den einzelnen griechischen Staaten als innerhalb derselben — werden durch den Krieg selbst immer mehr geschärft und gesteigert und entwickeln eine immer verderblichere Wirkung. Nach 27jähriger Dauer endet der Krieg damit, dafs Athen besiegt und seine Blüte vernichtet, zugleich aber auch die Kraft und Selbständigkeit der übrigen griechischen Staaten gebrochen ist.

Zweiter Abschnitt. Übermut und Demütigung Spartas, 404—362. Sparta hält seine durch den peloponnesischen Krieg gewonnene Obergewalt mit Härte und Willkür aufrecht. Ein erster Versuch der übrigen bedeutenderen Staaten, das spartanische Joch abzuschütteln (in dem korinthischen Krieg), wird dadurch vereitelt, dafs Sparta persische Unterstützung sucht und erlangt und mit dieser seine Feinde wiederum seiner Herrschaft unterwirft. Neue Härten und Gewaltthätigkeiten Spartas führen aber dazu, dafs sich zuerst Theben und dann auch Athen gegen dasselbe erheben; in dem sich hieraus entspinnenden (thebanischen) Kriege wird das Ansehn Spartas vernichtet und seiner Herrschaft nicht nur in dem übrigen Griechenland, sondern auch im Peloponnes ein Ende gemacht. Theben gewinnt auf kurze Zeit unter Epaminondas' Leitung die erste Stelle unter den griechischen Staaten, ohne dieselbe jedoch behaupten zu können.

Dritter Abschnitt. Der Kampf mit König Philipp, bis 338. Philipp von Makedonien benutzt die Schwäche und Zerrissenheit Griechenlands, um sich zunächst unter schwachem, unzusammenhängendem Widerstand Athens die griechischen Städte an der thrakischen Küste zu unterwerfen und dann, hierdurch gestärkt, Griechenland selbst unter seine Obergewalt zu bringen. Athen, durch die Beredsamkeit des Demosthenes angefeuert, vereinigt noch einmal, als Philipps Absichten immer mehr hervortreten, eine gröfsere Anzahl griechischer Staaten zum Kampfe gegen ihn. Allein diese letzten Anstrengungen enden mit der Schlacht bei Chäronea, mit welcher die Selbständigkeit und Freiheit Griechenlands für immer verloren geht.

Litteratur und Kunst sind während der ganzen Periode in reichster Entwickelung begriffen. Nachdem die Poesie den letzten ihrer Zweige, die Komödie, entfaltet hat, folgt die Blüte der Prosa, in der besonders auf dem Gebiete der Philosophie, der Geschichtschreibung und der Beredsamkeit die vollendetsten Leistungen hervorgebracht werden. In der Kunst behauptet sich die Bildhauer- und Baukunst auf der Höhe der vorigen Periode, indem auf beiden Gebieten, was an Kraft verloren geht, durch eine größere Feinheit und technische Vollkommenheit ersetzt wird, während gleichzeitig die Malerei eine immer höhere Ausbildung gewinnt.

Anm. Für den peloponnesischen Krieg bis gegen Ende des Jahres 411 ist Thukydides die Hauptquelle. An ihn schließt sich für die Zeit bis zur Schlacht bei Mantinea Xenophon in seinen hellenischen Geschichten an, welcher, obgleich von bei weitem geringerem Werte als Thukydides und einer sehr beschränkten Auffassung der Geschichte folgend, dennoch für die bezeichnete Zeit die erste Stelle unter den Quellenschriftstellern einnimmt. Daneben sind hier und da einzelne Ergänzungen und weitere Ausführungen aus Plutarch (in den Biographieen des Perikles, Nikias, Alkibiades, Lysandros, Artaxerxes, Agesilaos und Pelopidas), aus Diodor (Buch XII bis XV) und aus Stellen des Aristophanes und der Redner Andokides, Lysias und Isokrates zu entnehmen, überall jedoch mit großer Vorsicht, da Plutarch in der Wahl seiner Quellen nicht immer mit der erforderlichen Kritik verfährt, und Diodor die seinen mit großer Nachlässigkeit und Ungründlichkeit benutzt, Aristophanes aber und die Redner der Zeitereignisse nur gelegentlich und in der Regel mit einer ihrem jedesmaligen Zwecke entsprechenden Färbung erwähnen. Für einzelne Partieen sind noch der wahrscheinlich von Xenophon verfasste Agesilaos, der jedoch meist nur die Worte der hellenischen Geschichten, hier und da mit kleinen Zusätzen, wiederholt, und die vortreffliche Anabasis desselben Verfassers zu benutzen. — Nach der Schlacht bei Mantinea sind wir für eine zusammenhängende Darstellung lediglich auf Diodor und auf die Biographieen des Demosthenes und Phokion vom Plutarch beschränkt; je unzulänglicher aber diese Quellen, desto glücklicher fügt es sich, dafs gerade hier gleichzeitige Redner, unter ihnen vor allen Demosthenes, einen reichen und wertvollen Stoff zu ihrer Ergänzung bieten.

Erster Abschnitt.
431 bis 404 v. Chr.¹
Der peloponnesische Krieg.

Olympiaden-jahr.	Jahr v. Chr.	Geschichte.

a) Der Archidamische Krieg,² bis zum Frieden des Nikias.
431—421.

LXXXVII, 2.   431.³   Die Thebaner eröffnen im Frühling den Krieg durch den Überfall von Plataiai.⁴ Das peloponnesische Bundesheer unter dem spartanischen Könige Archidamos fällt in Attika ein.⁵ Die Athener rächen sich für die Plünderungen ihres

---

1) Über die Veranlassungen und Ursachen des Krieges s. *vor. Per. Anm.* 79—85. Über die Ausdehnung desselben und die beiderseitigen Streitkräfte ist die Hauptstelle *Thuk.* II, 9 vgl. *Diod.* XII, 42. Hiernach standen auf seiten der Spartaner: der ganze Peloponnes mit Ausnahme von Argos und Achaja, welche beide neutral blieben (doch stand Pellene mit auf seiten der Spartaner und nach *Aristoph. Plut.* v. 475 nahmen die Argeier als Mietstruppen auf beiden Seiten am Kriege teil), ferner Megara, Phokis, Lokris, Bioetien, Amprakia, Leukas, Anaktorion. Unter diesen Verbündeten besaßen Korinth, Megara, Sikyon, Pellene, Elis, Leukas und Amprakia auch Kriegsschiffe; doch war auf seiten Spartas im Vergleich mit Athen im ganzen die Landmacht die bei weitem überwiegende, s. *Thuk.* I, 80, welche nach *Plut. Per.* 33 auf 60 000 Hopliten gebracht werden konnte. Man hoffte indes, daſs die stammverwandten hellenischen Städte in Unteritalien und Sicilien Geld und Schiffe liefern würden und daſs hierdurch eine Flotte von 500 Schiffen würde hergestellt werden können, s. *Thuk.* II, 7. *Diod.* XII, 41. Auf der Seite Athens standen als σύμμαχοι: Chios und Lesbos, ferner Plataiai, Naupaktos, der größte Teil von Akarnanien, Korkyra, Zakynthos (wozu sehr bald auch noch Kephallenia hinzukam, s. unten *Anm.* 6) und die thessalischen Städte Larissa, Pharsalos, Krannon, Pyrasos, Gyrton, Phera, über welche s. *Thuk.* II, 22 (über den Unterschied zwischen der Stellung von Chios und Lesbos und von den übrigen Bundesgenossen s. *Thuk.* III, 10. VI, 85. VII, 57); als ὑποτελεῖς die Städte an der asiatischen und thrakischen Küste des ägäischen Meeres und sämtliche Inseln bis zu Kreta hin, mit Ausnahme von Thera und Melos, welche sich neutral hielten. Von diesen unterthänigen Städten bezog Athen einen Tribut von 600 Talenten jährlich, s. *Thuk.* II, 13, der kurz vor dem Frieden des Nikias bis zu 1200 Talenten erhöht wurde, s. *Andoc. de pac.* p. 24 § 9. *Aesch. de fals. leg.* p. 51 § 175. *Plut. Arist.* 24, und statt dessen seit 413 ein Zoll erhoben wurde, s. *Thuk.* VII,

28; außerdem waren in der Schatzkammer 6000 Talente vorrätig, *Thuk.* II, 13. Seine Seemacht bestand aus 300 Trieren, seine Landmacht aus 13 000 Hopliten, 1200 Reitern und 1600 Bogenschützen, wozu noch die als Landwehr dienenden weiteren 16 000 Hopliten hinzukamen, s. *Thuk. a. a. O.* vergl. ebend. 31 und über die Flotte noch bes. III, 17. — Über die Stimmung in Griechenland s. *Thuk.* II, 8: ἡ εὔνοια παρὰ πολὺ ἐποίει τῶν ἀνθρώπων μᾶλλον ἐς τοὺς Λακεδαιμονίους, ἄλλως τε καὶ προειπόντων, ὅτι τὴν Ἑλλάδα ἐλευθεροῦσιν — οὕτως ὀργῇ εἶχον οἱ πλείους τοὺς Ἀθηναίους, οἱ μὲν τῆς ἀρχῆς ἀπολυθῆναι βουλόμενοι, οἱ δὲ μὴ ἀρχθῶσι φοβούμενοι, II, 54: ἐπερέσθαι τοὺς Λακεδαιμονίους τὸν θεὸν εἰ χρὴ πολεμεῖν ἀνεῖλε κατὰ κράτος πολεμοῦσι νίκην ἔσεσθαι καὶ αὐτὸς ἔφη συλλήψεσθαι, vgl. IV, 85.

2) So wird dieser Teil des Kriegs genannt von Lysias (oder Deinarchos?) s. *Harpocrat.* s. v. Ἀρχιδάμιος πόλεμος. Thukydides nennt ihn ὁ πρῶτος πόλεμος, V, 20. 24, ὁ δεκαετὴς πόλεμος, V, 25, und ὁ πρῶτος πόλεμος ὁ δεκαετής, V, 26.

3) Über die Ereignisse des ersten Jahres s. *Thuk.* II, 1—40. *Diod.* XII, 41—44. *Plut. Per.* 33—34.

4) Etwa 300 Thebaner bemächtigten sich Plataiäs, von einer aristokratischen Partei herbeigerufen, wurden aber von den Plataiern überwältigt und niedergemacht, *Thuk.* II, 2—6. *Diod.* XII, 41. Zeitbestimmung *Thuk.* das. 2: Τέσσαρα μὲν γὰρ καὶ δέκα ἔτη ἐνέμειναν αἱ τριακοντούτεις σπονδαί, αἳ ἐγένοντο μετὰ τὴν Εὐβοίας ἅλωσιν τῷ δὲ πέμπτῳ καὶ δεκάτῳ ἔτει ἐπὶ Χρυσίδος ἐν Ἄργει τότε πεντήκοντα δυοῖν δέοντα ἔτη ἱερωμένης καὶ Αἰνησίου ἐφόρου ἐν Σπάρτῃ καὶ Πυθοδώρου ἔτι δύο μῆνας ἄρχοντος Ἀθηναίοις, μετὰ τὴν ἐν Ποτειδαίᾳ μάχην μηνὶ ἕκτῳ καὶ ἅμα ἦρι ἀρχομένῳ —.

5) *Thuk.* II, 10—23. *Diod.* XII, 42. Archidamos schickte vor dem Einfall noch einen Herold nach Athen, der aber dort nicht zugelassen wurde. Als derselbe das athenische

Olympiaden-jahr.	Jahr v. Chr.	Geschichte.
LXXXVII, 2.	431.	Gebiets durch einen Seezug, auf dem sie die Küsten des Peloponnes durch Landungen beunruhigen, Sollion und Astakos erobern und Kephallenia für den Beitritt zu ihrem Bündnis gewinnen;[6] ferner machen sie Landungen im Gebiet der opuntischen Lokrer,[7] vertreiben die Ägineten von ihrer Insel[8] und fallen im Herbst in das Gebiet der Megarer ein.[9] Die Belagerung von Potidäa wird fortgesetzt.[10]
LXXXVII, 3.	430.[11]	Zweiter Einfall der Peloponnesier in das Gebiet von Attika.[12] Ausbruch der Pest in Athen.[13] Seezüge der Athener.[14] Perikles wird von dem entmutigten Volke mit einer Goldstrafe belegt und auf kurze Zeit seines Amtes als Strateg entsetzt.[15]

Gebiet verliefs, rief er aus: ἤδε ἡ ἡμέρα τοῖς Ἕλλησι μεγάλων κακῶν ἄρξει, Thuk. a. a. O. 12. Der Einfall geschah darauf am 80. Tage nach dem Vorfalle in Plataeä, ebend. 19, und das Heer, zwei Drittteile der Kontingente der einzelnen Städte enthaltend, ebend. 10, nach Plut. Per. 33 zusammen 60000 Mann stark, drang bis Acharnä, 60 Stadien von Athen, vor, Thuk. a. a. O. 19, 21. Die Bewohner von Attika hatten sich selbst und ihre Habseligkeiten nach Athen gerettet, ebend. 13—17 (vgl. Arist. Equit. v. 789: οἰκοῦντ' ἐν ταῖς πιθάκναισι καὶ γυπαρίοις καὶ πυργιδίοις), und nur ihre, durch die Thessaler verstärkte Reiterei verliefs die Stadt, um dem Feinde einigen Widerstand zu leisten, ebend. 22.

6) Thuk. II, 23—25. 30. Die athenische Flotte (100 Schiffe stark) war bei diesem Zuge durch 50 korkyräische Schiffe verstärkt, ebend. 25.

7) Thuk. II, 26. Dabei nehmen sie Thronion und schlagen die Lokrer bei Alope. Gegen die Lokrer wird noch im Laufe dieses Sommers die Insel Atlante besetzt und befestigt, ebend. 32.

8) Thuk. II, 27.

9) Thuk. II, 31. Dieser Einfall in das megarische Gebiet wird von nun an alljährlich zweimal wiederholt, s. Thuk. IV, 66. Vgl. Plut. Per. 30. Aristoph. Acharn. v. 762. Pac. 481.

10) Thuk. II, 29. — Zum Schlufs des Jahres die Begräbnisfeier zu Ehren der im Laufe desselben Gefallenen und Leichenrede des Perikles, ebend. 34—46.

11) Thuk. II, 47—70. Diod. XII, 45—47. Plut. Per. 34—37.

12) Thuk. II, 47. 55—57. Sie drangen diesmal bis Laurion vor, ebend. 55, und verwüsten 40 Tage lang das ganze Land, ebend. 57.

13) Sie brach kurz nach dem Einfall der Peloponnesier aus, Thuk. II, 47, und wütete zuerst 2 Jahre lang, dann, nachdem sie eine kurze Zeit nachgelassen, wieder 1 Jahr, s. Thuk. III, 87. Die berühmte Beschreibung derselben, Thuk. II, 47—54. Nach Thuk. III, 87 raffte sie 4400 Hopliten, 300 Ritter und aufserdem noch eine unzählige Menge anderer hinweg, vgl. Diod. XII, 58; von 4000 Hopliten, welche unter Hagnon gegen Potidäa zogen (s. Anm. 16), starben allein in 40 Tagen 1050, Thuk. II, 58. Über die nachteilige sittliche Wirkung derselben s. besonders ebend. 53: ἥσσων τε ἡρᾶ καὶ ἐς τἆλλα τῇ πόλει τὰ νόμιμα. ῥᾷον γὰρ ἐτόλμα τις ἃ πρότερον ἀπεκρύπτετο μὴ καθ' ἡδονὴν ποιεῖν, ἀγχίστροφον τὴν μεταβολὴν ὁρῶντες τῶν τ' εὐδαιμόνων αἰφνιδίως θνησκόντων καὶ τῶν οὐδὲν πρότερον κεκτημένων, εὐθὺς δὲ τἀκείνων ἐχόντων· ὥστε ταχείας τὰς ἐπαυρέσεις καὶ πρὸς τὸ τερπνὸν ἠξίουν ποιεῖσθαι, ἐφήμερα τά τε σώματα καὶ τὰ χρήματα ὁμοίως ἡγούμενοι. — ὅ τι δὲ ἤδη τε ἡδὺ καὶ πανταχόθεν τε αὐτὸ κερδαλέον, τοῦτο καὶ καλὸν καὶ χρήσιμον κατέστη. θεῶν δὲ φόβος ἢ ἀνθρώπων νόμος οὐδεὶς ἀπεῖργεν, τὸ μὲν κρίνοντες ἐν ὁμοίῳ καὶ σέβειν καὶ μὴ ἐκ τοῦ πάντας ὁρᾶν ἐν ἴσῳ ἀπολλυμένους, τῶν δὲ ἁμαρτημάτων οὐδεὶς ἐλπίζων μέχρι τοῦ δίκην γενέσθαι βιοὺς ἂν τὴν τιμωρίαν ἀντιδοῦναι, πολὺ δὲ μείζω τὴν ἤδη κατεψηφισμένην σφῶν ἐπικρεμασθῆναι, ἣν πρὶν ἐμπεσεῖν εἰκὸς εἶναι τοῦ βίου τι ἀπολαῦσαι.

14) Noch während der Anwesenheit des peloponnesischen Heeres in Attika macht Perikles mit 100 athenischen Schiffen und 50 von Chios und Lesbos (dabei auch 300 Reiter ἐν ναυσὶν ἱππαγωγοῖς πρῶτον τότε ἐκ τῶν παλαιῶν νεῶν ποιηθείσαις) einen Seezug mit Landungen im Gebiet von Epidauros, Trözen, Halii, Hermione und Lakonika (wo er Prasiä erobert und zerstört), Thuk. II, 56; im Winter segelt darauf Phormion mit 20 Schiffen nach dem krissäischen Meerbusen, um daselbst Wache zu halten, das. 69. (Auch die Peloponnesier machen in diesem Jahr einen ersten Seezug mit 100 Schiffen gegen Zakynthos, ohne jedoch etwas Erhebliches auszurichten, das. 66.)

15) Thuk. II, 59—65. Das Volk war so entmutigt, dafs es sogar in Sparta um Frieden nachsuchte, das. 59. Durch eine Rede des Perikles (das. 60—64) wurde es zwar insoweit umgestimmt, dafs es nicht mehr an Friedensgesuche dachte, gleichwohl wurde Perikles seiner Strategie entsetzt und mit einer Goldstrafe (nach Plut. Per. 35 von 15 oder 50, nach Diod. XII, 45 von 80 Talenten) belegt, das. 65, die indes bald wieder aufgehoben wurde.

Olympiaden- jahr.	Jahr v. Chr.	Geschichte.
LXXXVII, 3.	430.	Fall von Potidäa.[16]
LXXXVII, 4.	429.[17]	Platää von den Peloponnesiern belagert.[18] Die glänzenden Seesiege des Phormion.[19] Perikles stirbt.[20]
LXXXVIII, 1.	428.[21]	Dritter Einfall der Peloponnesier in das attische Gebiet.[22] Lesbos mit Ausnahme von Methymna fällt von Athen ab; Mytilene wird zu Wasser und zu Land von den Athenern eingeschlossen.[23]
LXXXVIII, 2.	427.[24]	König Archidamos stirbt; es folgt Agis.[25]

16) Im Laufe des Sommers wurde noch eine neue Flotte von 40 Schiffen unter Hagnon und Kleopompos dahin geschickt, die indes wenig ausrichtete, Thuk. II, 58; im Winter darauf ergab es sich, das. 70. Die Bewohner, die das Äußerste erduldet hatten (καὶ ποῖ τινες καὶ ἀλλήλων ἐγέγευντο, Thuk.), erhielten freien Abzug, Stadt und Gebiet wurde an athenische Kolonisten verteilt. (Noch ist aus diesem Jahre zu bemerken, daſs spartanische Gesandte, an den Perserkönig abgeschickt, um ein Bündnis mit demselben abzuschlieſsen, den Athenern in die Hände fallen und von diesen getötet worden, Thuk. II, 67, vgl. Herod. VII, 137.)

17) Thuk. II, 71—103. Diod. XII, 47—51.

18) Thuk. II, 71—78. In der Stadt befanden sich 480 waffenfähige Männer, auſserdem nur noch 110 Frauen; alle anderen Bewohner, Greise, Kinder, die übrigen Frauen und die Sklaven hatten die Stadt verlassen, das. 78. Die nun erfolgende langwierige Belagerung ist die erste überhaupt, von der wir eine genauere Beschreibung haben, s. besonders Thuk. III, 21.

19) Auf Veranlassung der Ampraktioten machen 1000 Lakedämonier mit zahlreichen Bundesgenossen einen Einfall in Akarnanien, werden aber bei Stratos zurückgeschlagen, s. Thuk. II, 80—82. Zur Unterstützung der Unternehmung sollte von Korinth aus eine Flotte nach Akarnanien segeln, dieselbe wird aber zweimal, das erste Mal 47, das zweite Mal 77 Schiffe stark, von Phormion und seinen 20 Schiffen (s. Anm. 14) durch die ausgezeichnete Tapferkeit und Gewandtheit der Athener zurückgeschlagen, das. 83—92, worauf sich Phormion Akarnaniens durch einen Zug dahin von neuem versichert, das. 102.

20) Thuk. II, 65: ἐπεζίω (τῷ πολέμῳ) δύο ἔτη καὶ ἓξ μῆνας. Das Urteil des Thukydides über ihn s. ebend.: ὅσον τε χρόνον προέστη τῆς πόλεως ἐν τῇ εἰρήνῃ, μετρίως ἐξηγεῖτο καὶ ἀσφαλῶς διεφύλαξεν αὐτήν, καὶ ἐγένετο ἐπ' ἐκείνου μεγίστη· ἐπεί τε ὁ πόλεμος κατέστη, ὁ δὲ φαίνεται καὶ ἐν τούτῳ προγνοὺς τὴν δύναμιν. — αἴτιον δ' ἦν ὅτι ἐκεῖνος μὲν δυνατὸς ὢν τῷ τε ἀξιώματι καὶ τῇ γνώμῃ, χρημάτων τε διαφανῶς γενόμενος κατεῖχε τὸ πλῆθος ἐλευθέρως, καὶ οὐκ ἤγετο μᾶλλον ὑπ' αὐτοῦ ἢ αὐτὸς ἦγεν, διὰ

τὸ μὴ κτώμενος ἐξ οὐ προσηκόντων τὴν δύναμιν πρὸς ἡδονήν τι λέγειν, ἀλλ' ἔχων ἐπ' ἀξιώσει καὶ πρὸς ὀργήν τι ἀντειπεῖν. ὁπότε γοῦν αἴσθοιτό τι αὐτοὺς παρὰ καιρὸν ὕβρει θαρσοῦντας, λέγων κατέπλησσεν ἐπὶ τὸ φοβεῖσθαι καὶ δεδιότας αὖ ἀλόγως ἀντικαθίστη πάλιν ἐπὶ τὸ θαρσεῖν. ἐγίγνετό τε λόγῳ μὲν δημοκρατία, ἔργῳ δὲ ὑπὸ τοῦ πρώτου ἀνδρὸς ἀρχή. οἱ δὲ ὕστερον ἴσοι αὐτοὶ μᾶλλον πρὸς ἀλλήλους ὄντες καὶ ὀρεγόμενοι τοῦ πρῶτος ἕκαστος γίγνεσθαι ἐτράποντο καθ' ἡδονάς τῷ δήμῳ καὶ τὰ πράγματα ἐνδιδόναι. Mit den letzten Worten sind die sogenannten Demagogen und unter ihnen am meisten Kleon gemeint, der schon in der letzten Zeit Einfluſs gewonnen hatte und nun immer mehr empor kam, Plut. Per. 33. 35. (Von ihm hat Aristophanes, besonders in den Rittern, ein freilich sehr karikiertes Bild entworfen, s. bes. das. v. 61. 802. 834. 960 ff., von andern Demagogen werden noch genannt: vor Kleon Lysikles ὁ προβατοπώλης und Eukrates ὁ στυππειοπώλης, ebend. v. 129 ff., später Hyperbolos, Thuk. VIII, 73. Plut. Alc. 13. Nic. 11. Arist. Pac. 665 ff. 921. 1319, Lysikrates; das. Av. v. 513, Peisandros, das. Lysistr. v. 490, Kleophon, s. Anm. 129 u. a.)

21) Thuk. III, 1—25. Diod. XII, 52—53. 55—56.

22) Thuk. III, 1.

23) Thuk. III, 1—6. 8—18. Die Mytilenäer werden erst von 40 Schiffen unter Kleïppides zur See und dann von 1000 Hopliten unter Paches auch zu Lande belagert.

24) Thuk. III, 26—88. Diod. XII, 53—57.

25) Nach Diod. XI, 48. XII, 35 regierte er 42 Jahre. Daſs er in diesem Jahre stirbt, geht besonders daraus hervor, daſs der Einfall in Attika im Jahre 428 noch unter seiner Führung geschieht, Thuk. III, 1, während im Jahre 426 sein Sohn Agis, Thuk. III, 89, und im Jahre 427 Kleomenes, der Vormund des Pausanias aus dem andern Königshause, den Oberbefehl führt, Thuk. III, 26. [Der eigentliche König aus dem andern Hause war Pleistoanax. Dieser war aber im Jahre 445 verbannt und wurde erst um 426 wieder zurückgerufen. Während seiner Verbannung regierte sein Sohn Pausanias oder vielmehr, da derselbe noch unmündig war, dessen Vormund Kleomenes, Thuk. II, 21. V, 16.]

Olympiadenjahr.	J. v. Chr.	Geschichte.
LXXXVIII, 2.	427.	Vierter Einfall der Peloponnesier in das attische Gebiet.²⁶ Mytilene von den Athenern zur Ergebung gezwungen²⁷ und grausam bestraft.²⁸
		Platää von den Peloponnesiern genommen und zerstört.²⁹
		Blutige Parteikämpfe auf Kerkyra.³⁰
		Krieg zwischen den dorischen und ionischen Städten auf Sicilien; die Athener schicken den letzteren eine Flotte von 20 Schiffen unter Laches und Charoiades zu Hilfe.³¹
LXXXVIII, 3.	426.³²	Die Spartaner gründen die Kolonie Herakleia in Trachinia.³³

26) *Thuk.* III, 26.
27) *Thuk.* III, 27—28. Die Peloponnesier, von den Mytilenäern zu Hilfe gerufen, schickten zwar eine Flotte von 42 Schiffen zu diesem Zwecke unter Alkidas ab, s. *das.* 26; dieselbe richtete aber infolge der Zögerung und Unfähigkeit ihres Führers nichts aus, *das.* 29—33.
28) Es werden mehr als 1000 der vornehmsten Lesbier hingerichtet, die Mauern von Mytilene niedergerissen, die Schiffe abgeführt, und der Grundbesitz sämtlicher Lesbier, mit Ausnahme der Methymnäer, für das athenische Volk eingezogen, der sodann, in 3000 Lose geteilt, von den Lesbiern als Lehnsleuten gegen einen den athenischen Herren zu zahlenden Zins bebaut wurde. Ein erster, besonders auf Kleons Betrieb gefaßter Volksbeschluß verdammte sogar alle Mytilener zum Tode, derselbe wurde indes am andern Tage — durch des Diodotos Verdienst — wieder zurückgenommen. *Thuk.* III, 35—50.
29) Von den Belagerten hatten sich im vorigen Jahre 212 durch die Flucht gerettet, indem sie mit großer Kühnheit in der Nacht die Befestigungswerke der Feinde überstiegen, s. *Thuk.* III, 20—24. Der geringe Rest, aus 225 Mann bestehend, ergab sich in diesem Jahre gegen das Versprechen eines gleichen und billigen Gerichts von seiten der Lakedämonier; gleichwohl wurden sie alle hingerichtet, *das.* 52—68.
30) Dieser Bürgerkrieg ist das Vorspiel ähnlicher blutiger Kämpfe in andern griechischen Städten und aus diesem Grunde von Thukydides ausführlich beschrieben, s. III, 70—85. 82: οὕτως ὠμὴ στάσις προὐχώρησε καὶ ἔδοξε μᾶλλον, διότι ἐν τοῖς πρώτη ἐγένετο, ἐπεὶ ὕστερόν γε καὶ πᾶν ὡς εἰπεῖν τὸ Ἑλληνικὸν ἐκινήθη, 83: πᾶσα ἰδέα κατέστη κακοτροπίας διὰ τὰς στάσεις τῷ Ἑλληνικῷ καὶ τὸ εὔηθες, οὗ τὸ γενναῖον πλεῖστον μετέχει, καταγελασθὲν ἠφανίσθη. Er wurde dadurch herbeigeführt, daß die in den Schlachten von 434 und 433 gefangenen Kerkyräer während ihres Aufenthaltes in Korinth für das peloponnesische Bündnis und das aristokratische Prinzip gewonnen worden waren. Diese wurden jetzt nach Kerkyra zu dem Zweck zurückgeschickt, um daselbst Zwiespalt zu stiften, und sie waren es, welche den Streit erregten und zuerst Blut vergossen, *das.* 70. Hierauf hatten die Aristokraten erst die Oberhand, *das.* 71, sie griffen die Gegenpartei an und besiegten sie in einer Schlacht, 72—73,

dann siegten wieder die Demokraten, 74. Für eine kurze Zeit wurde durch den Athener Nikostratos, der mit einer Flotte von 12 Schiffen herbeikam, eine Ausgleichung getroffen, 75, wenige Tage nachher kam aber auch die Flotte des Alkidas (s. *Anm.* 27), jetzt 53 Schiffe stark, so daß die demokratische Partei in große Gefahr geriet, 76—80. Durch eine neue athenische Flotte von 60 Schiffen wurde indes deren Übergewicht wieder völlig hergestellt, und nun wurden die meisten Aristokraten ermordet, 80—81, bis auf 500, welche sich erst auf das Festland geflüchtet hatten, aber jetzt nach dem Abzuge der Athener zurückkehrten und sich daselbst auf dem Berge Istone verschanzten, von wo sie die Umgegend plünderten und unsicher machten, c. 85.
31) Auf der einen Seite stand Syrakus mit den sämtlichen dorischen Städten der Insel außer Kamarina und mit Lokroi in Unteritalien; auf der andern Seite die sämtlichen chalkidischen Städte und Kamarina und Rhegion in Unteritalien; der Krieg war aus einer Fehde zwischen Syrakus und den Leontinern entstanden, *Thuk.* III, 86. Letztere schickten Gorgias mit der Bitte um Hilfe nach Athen, s. *Diod.* XII, 53. *Thuk.* VI, 17, 5, und die Athener erfüllten die Bitte ὡς μὲν οἰκειότητος προφάσει, βουλόμενοι δὲ μήτε σῖτον ἐς τὴν Πελοπόννησον ἄγεσθαι αὐτόθεν, πρόπειράν τε ποιούμενοι εἰ σφίσι δυνατὰ εἴη τὰ ἐν τῇ Σικελίᾳ πράγματα ὑποχείρια γενέσθαι, *Thuk.* a. a. O. Die Unternehmungen derselben in diesem Jahre, *das.* 88, wie auch in den beiden folgenden, *das.* 90. 115. IV, 24—25, waren von geringer Erheblichkeit.
32) *Thuk.* III, 89—116. *Diod.* XII, 58—60. Der Einfall der Peloponnesier in das attische Gebiet fand in diesem Jahre nicht statt, weil die Peloponnesier, als sie bereits unter Führung des Agis bis zum Isthmus vorgedrungen sind, durch Erdbeben bewogen worden wieder umzukehren, *Thuk.* III, 89. *Diod.* XII, 59.
33) *Thuk.* III, 92—93. *Diod.* XII, 59. Die Kolonie wurde auf Anrufen der Trachinier und Dorier (in Doris) zum Schutz gegen die benachbarten Oitäer gegründet; man hoffte aber zugleich, daß sie für den Krieg große Vorteile gewähren werde, weil der Überfahrt von dort nach Euböa und selbst nach der thrakischen Küste leicht zu sein schien. Indessen die Kolonie (die letzte der Griechen überhaupt und zugleich

Olympiaden-jahr.	Jahr v. Chr.	Geschichte.

LXXXVIII, 3.   428.   Seezüge der Athener unter Nikias[34] und Demosthenes, welcher letztere an den Küsten des Peloponnes und der Insel Leukadien Landungen macht und nach einer unglücklichen Unternehmung gegen Ätolien den Amprakioten und Spartanern bei Argos Amphilochikon eine schwere Niederlage beibringt.[35]

LXXXVIII, 4.   425.[36]   Fünfter Einfall der Peloponnesier in das attische Gebiet.[37]

Neue Hilfssendung der Athener unter Sophokles und Eurymedon nach Sicilien.[38] Demosthenes, welcher die Flotte begleitet, bleibt bei der Umsegelung des Peloponnes in Pylos an der Küste von Messenien mit einem kleinen Teil der Flotte zurück,[39] behauptet es gegen die Angriffe des Landheeres und der Flotte der Spartaner,[40] und nachdem die übrige Flotte zurückgekehrt, werden die Spartaner zur See geschlagen;[41] eine Anzahl vornehmer Spartiaten wird dadurch auf der Insel Sphakteria abgeschnitten und nach vergeblichen Friedensvorschlägen der Spartaner daselbst durch Kleon und Demosthenes teils getötet teils gefangen genommen.[42]

---

die erste rein militärische) gelieb nicht, weil sie von den benachbarten Äniauen, Dolopera, Meliern und einigen thessalischen Volkern fortwährend angefeindet und weil sie schlecht regiert wurde, s. Thuk. a. a. O. und V, 51. 52. Nach Diod. a. a. O. belief sich die Zahl der Kolonisten bei der Gründung auf nicht weniger als 10000.

34) Nikias zog mit 60 Schiffen zuerst nach Melos, verwüstete die Insel, fiel dann in das Gebiet von Tanagra in Böotien ein, schlug im Verein mit einem von Athen kommenden Heere die Tanagrier und die zur Hilfe herbeigekommenen Thebaner, und machte endlich noch Landungen in Lokris, Thuk. III, 91.

35) Thuk. III, 91. 94—98. 100—102. 105—114. Die Unternehmung gegen Ätolien geschah auf Antrieb der Messenier in Naupaktos, welche dem Demosthenes sagten (Thuk. 94): μέγα μὲν εἶναι τὸ τῶν Αἰτωλῶν καὶ μάχιμον, οἰκοῦν δὲ κατὰ κώμας ἀτειχίστους, καὶ ταύτας διὰ πολλοῦ, καὶ σκευῇ ψιλῇ χρωμένων οὐ χαλεπὸν ἀπέφαινον πρὶν ξυμβοηθῆσαι καταστρωφῆναι, ἐπιχειρεῖν δ' ἐκέλευον πρῶτον μὲν Ἀποδωτοῖς, ἔπειτα δὲ Ὀφιονεῦσι, καὶ μετὰ τούτους Εὐρυτᾶσιν, ὅπερ μέγιστον μέρος ἐστὶ τῶν Αἰτωλῶν, ἀγνωστότατοι δὲ γλῶσσαν καὶ ὠμοφάγοι εἰσίν, ὡς λέγονται. Sie eudete indes mit einem verlustvollen Rückzug der Athener und Naupaktier, Thukyd. III, 94—98. Hierauf riefen die Ätoler 3000 Peloponnesier herbei, um Naupaktos zu erobern, die sich, als dies mißlang, auf die Aufforderung der Amprakioten gegen Argos Amphilochikon wandten, wo sie aber nebst den Amprakioten von den Bewohnern von Argos und den Akarnaniern unter Führung des Demosthenes eine überaus blutige Niederlage erlitten, Thuk. III, 100—102. 105—114.

36) Thuk. IV, 1—51. Diod. XII, 61—63.65. Plut. Nic. 6—8.
37) Thuk. IV, 2. Er dauerte wegen der Vorgänge in Pylos nur 15 Tage, das. 6. Eben diese sind auch die Ursache, warum die Einfälle in das attische Gebiet in der bisherigen Weise nicht wiederholt wurden, s. Anm. 42.

38) Nach den geringen Erfolgen der Jahre 427 und 426 (s. Anm. 31) beschlossen die Athener auf Bitten ihrer sicilischen Bundesgenossen noch 40 Schiffe nach Sicilien zu schicken, Thuk. III, 115: ἅμα μὲν ἡγούμενοι θᾶσσον τὸν ἐκεῖ πόλεμον καταλυθήσεσθαι, ἅμα δὲ βουλόμενοι μελέτην τοῦ ναυτικοῦ ποιεῖσθαι. Diese segeln im Frühjahr 425 ab, s. Thuk. IV, 2. Über die weiteren (gleichfalls nicht eben erheblichen) Vorgänge in Sicilien bis zu der Ankunft der Athener s. Thuk. IV, 1. 24—25.

39) Thuk. IV, 3—5. Die Lage von Pylos und der Insel Sphakteria s. Thuk. das. 8: ἡ νῆσος ἡ Σφακτηρία καλουμένη τῶν τε λιμένων παρατείνουσα καὶ ἐγγὺς ἐπικειμένη ἐχυρὸν ποιεῖ καὶ τοὺς ἔσπλους στενούς, τῇ μὲν δυοῖν νεοῖν διάπλουν κατὰ τὸ τείχισμα τῶν Ἀθηναίων καὶ τὴν Πύλον, τῇ δὲ πρὸς τὴν ἄλλην ἤπειρον ὀκτὼ ἢ ἐννέα, ὑλώδης τε καὶ ἀτριβὴς πᾶσα ὑπ' ἐρημίας ἦν καὶ μέγεθος περὶ πεντεκαίδεκα σταδίους μάλιστα. Als die übrige Flotte ihren Zug fortsetzte, blieb Demosthenes mit 5 Schiffen in Pylos zurück, das. 5.

40) IV, 6. 8—12.
41) Thuk. IV, 13—14.

42) Eine Abteilung des spartanischen Heeres war auf die Insel ausgesetzt worden, um dieselbe gegen die Athener zu behaupten, Thuk. IV, 8, und war jetzt durch den Seesieg der Athener abgeschnitten, indem diese dadurch Herren der See geworden waren, daselbst 14. 15. Es waren 420 Hopliten, daselbst 38, und darunter viele der angesehensten Spartiaten, daselbst V, 15: ζῶν γὰρ οἱ Σπαρτιᾶται αὐτῶν ἦσαν τε καὶ ὁμοίως σφίσι ξυγγενεῖς. Deshalb machten die Spartaner den Versuch, einen Frieden abzuschließen, um die Eingeschlossenen zu retten, der aber hauptsächlich durch Kleon vereitelt wurde, das. IV, 16—22. Kleon näm-

Olympiaden-jahr.	Jahr v. Chr.	Geschichte.
LXXXVIII, 4.	425.	Die Parteikämpfe auf Kerkyra durch Ausrottung der Aristokraten beendet.[43]
		Die Athener machen feindliche Landungen auf dem Gebiet von Korinth,[44] setzen sich auf Methone fest[45] und erobern Anaktorion.[46]
LXXXIX, 1.	424.[47]	Nikias nimmt Kythera und plündert von hier aus die lakonische Küste und andere Gegenden des Peloponnes.[48]
		In Sicilien wird durch eine Vereinbarung der kämpfenden Parteien der Friede hergestellt, die Athener kehren von da nach Hause zurück.[49]
		Nisäa von den Athenern genommen.[50]
		Höhepunkt des Glückes der Athener; Mutlosigkeit der Spartaner.[51]
		Brasidas zieht zu Lande nach der thrakischen Küste[52] und bewirkt daselbst

lich (ἀνὴρ δημαγωγός κατ' ἐκεῖνον τὸν χρόνον ὢν καὶ τῷ πλήθει πιθανώτατος, das. 21) verleitete das Volk, als Preis des Friedens die Rückgabe von Nisäa, Pagä, Trözen und Achaja zu fordern, das. 21. [Vgl. *Aristoph. Equil.* v. 801: ἵνα μᾶλλον | αὐ (Κλέων) μὲν ἁρπάζῃς καὶ δωροδοκῇς παρὰ τῶν πόλεων, ὁ δὲ δῆμος | ὑπὸ τοῦ πολέμου καὶ τῆς ὁμίχλης ἃ πανουργεῖς μὴ καθορᾷ σου, ebend. v. 864: *Pac.* v. 699: ὁ νοῦς γὰρ ἡμῶν ἦν τότ' ἐν τοῖς σκύτεσιν.] Als sich hierauf die Überwältigung der Eingeschlossenen verzögerte, drang Kleon auf größere Anstrengungen für diesen Zweck, er wurde vom Volke im Übermut selbst zum Oberbefehlshaber ernannt, es gelang ihm aber wirklich, die Unternehmung mit Hilfe des Demosthenes glücklich zu Ende zu führen: jene 420 Hopliten wurden bei einem Angriff auf die Insel teils getötet, teils — 292 Mann, darunter 120 Spartiaten — gefangen genommen und nach Athen abgeführt, wo sie als Unterpfand für den Frieden und gegen die Wiederholung der bisherigen Einfälle in das attische Gebiet bewahrt wurden, *Thuk.* IV, 26—41. *Plut. Nic.* 7—8. [Vgl. *Arist. Equil.* v. 64 (Worte des Demosthenes über Kleon): καὶ πρῴην γ' ἐμοῦ | μᾶζαν μεμαχότος | ἐν Πύλῳ Λακωνικὴν | πανουργότατά πως περιδραμὼν ὑφαρπάσας | αὐτὸς παρέθηκε τὴν ὑπ' ἐμοῦ μεμαγμένην.]. Nach Pylos selbst wurde darauf eine hauptsächlich aus Messeniern von Naupaktos bestehende Besatzung gelegt, welche den Spartanern durch Plünderungen und durch Aufnahme flüchtiger Heloten großen Schaden zufügte, *Thuk.* IV, 41.

43) *Thuk.* IV, 2. 44—46. Es geschah mit Hilfe der athenischen, von Pylos ihren Weg über Kerkyra nach Sicilien fortsetzenden Flotte.
44) *Thuk.* IV, 42—45.
45) *Thuk.* IV, 45.
46) *Thuk.* IV, 49.
47) *Thuk.* IV, 52—116. *Diod.* XII, 66—70.
48) *Thuk.* IV, 53—54. Die Unternehmung geschah unter Führung des Nikias und Nikostratos und war von großer Wichtigkeit, weil die Athener dadurch eine zweite Station gewannen, von wo sie Lakonika und den übrigen Peloponnes beunruhigen konnten, das. 54—57. Von hier aus machten

sie auch eine Landung in Kynuria, eroberten Thyrea und nahmen die Ägineten gefangen, die dort nach ihrer Vertreibung von Ägina (s. *Anm.* 8) eine Zuflucht gefunden hatten, jetzt aber hingerichtet wurden, das. 56—57.
49) *Thuk.* IV, 58—65. Es geschah besonders auf Betrieb des Syrakusiers Hermokrates, das. 58, und zum großen Verdrufs der Athener, das. 65.
50) *Thuk.* IV, 66—69. Sie würden auch Megara genommen haben, wenn Brasidas nicht in der Nähe gewesen wäre und es verhindert hätte, das. 70—74.
51) S. bes. *Thuk.* IV, 55: γεγενημένον μὲν τοῦ ἐπὶ τῇ νήσῳ πάθους ἀνελπίστου καὶ μεγάλου, Πύλου δ' ἐχομένης καὶ Κυθήρων καὶ πανταχόθεν σφᾶς περιεστῶτος πολέμου ταχέος καὶ ἀπροφυλάκτου, ὥστε παρὰ τὸ εἰωθὸς ἱππέας τετρακοσίους κατεστήσαντο καὶ τοξότας, ἔς τε τὰ πολεμικὰ εἴπερ ποτὲ μάλιστα δὴ ὀκνηρότεροι ἐγένοντο, ξυνεστῶτες παρὰ τὴν ὑπάρχουσαν σφῶν ἰδέαν τῆς παρασκευῆς ναυτικῷ ἀγῶνι καὶ τοῦτο πρὸς Ἀθηναίους, οἷς τὸ μὴ ἐπιχειρούμενον ἀεὶ ἐλλιπὲς ἦν τῆς δοκήσεώς τι πράξειν, καὶ ἅμα τὰ τῆς τύχης πολλὰ καὶ ἐν ὀλίγῳ ξυμβάντα παρὰ λόγον αὐτοῖς ἔκπληξιν μεγίστην παρεῖχεν.
52) Der Zug wurde auf die Einladung der Chalkidier und Königs von Makedonien Perdikkas unternommen, *Thuk.* IV, 79. (Perdikkas ist der erste makedonische König, der einigen Einfluß auf die griechischen Verhältnisse ausübt. Vor dem peloponnesischen Kriege war er mit den Athenern verbündet, verfeindete sich aber dann mit ihnen und stand seitdem bald auf der Seite der Athener, bald ihrer Gegner, s. *Thuk.* I, 56—63. II, 29. 80. 95—101. IV, 79: πολέμιος μὲν οὐκ ὢν ἐκ τοῦ φανεροῦ, φοβούμενος δὲ καὶ αὐτὸς τὰ παλαιὰ διάφορα τῶν Ἀθηναίων.) Über den Zweck des Zuges, s. *Thuk.* IV, 80: τῶν γὰρ Ἀθηναίων ἐπικειμένων τῇ Πελοποννήσῳ καὶ οὐχ ἥκιστα τῇ ἐκείνου γῇ ἥλπιζεν ἀποτρέψειν αὐτοὺς μάλιστα, εἰ ἀντιπαραλυποίη αὐτὴν πέμψας ἐπὶ τοὺς ξυμμάχους αὐτῶν στρατιάν, ἄλλως τε καὶ ἑτοίμων ὄντων τρέφειν τε καὶ ἐπὶ ἀποστάσει σφᾶς ἐπικαλουμένων, vgl. ebendas. 81. Brasidas führte den Zug mit großer Kühnheit zu Lande aus, mit 1700 Hopliten, worunter 700 Heloten (die nachher freigelassen wurden, *Thukyd.* V, 34), *Thukyd.* IV, 78—80.

Olympiaden-jahr.	Jahr v. Chr.	Geschichte.	Kunst und Litteratur.
LXXXIX, 1.	424.	den Abfall der meisten Städte der Halbinsel Chalkidike vom athenischen Bündnis.[53] Die Athener bei einem Einfall in Böotien bei Delion völlig geschlagen.[54]	
LXXXIX, 2.	423.[55]	Waffenstillstand zwischen Sparta und Athen auf ein Jahr.[56] Doch wird der Krieg auf der thrakischen Küste fortgeführt, wo die Athener wieder einige Fortschritte machen.[57]	
LXXXIX, 3.	422.[58]	Die Böotier entreissen den Athenern Panakton.[59] Kleon wird nach Thrakien geschickt und liefert dem Brasidas die Schlacht bei Amphipolis; die Athener werden geschlagen, Kleon und Brasidas fallen.[60]	
LXXXIX, 4.	421.[61]	Friede des Nikias.[62]	

53) Zuerst fallen Akanthos und Stageiros ab, Thukyd. IV, 84—88, dann im Winter Amphipolis (über welches s. 3te Per. Anm. 78) ebend. 102—106, hierauf Torone u. a. Städte. (Der Geschichtschreiber Thukydides, welcher mit einer kleinen Flotte bei Thasos stand, eilte zur Unterstützung von Amphipolis herbei, konnte aber nur Eion retten, das. 107, und wurde deshalb verbannt, das. V, 26; über die Wichtigkeit von Amphipolis s. das. IV, 108.) Über die Stimmung der Städte, s. Thuk. IV, 108: αἱ πόλεις — αἱ τῶν Ἀθηναίων ἐπήκοοι — μάλιστα δὴ ἐπῃρμέναι ἐς τὸ νεωτερίζειν καὶ ἐπεκηρυκεύοντο πρὸς αὐτὸν κρύφα, ἐπιπαρεῖναί τε κελεύοντες καὶ βουλόμενοι αὐτοὶ ἕκαστοι πρῶτοι ἀποστῆναι, über Brasidas s. das. 81: τὸ γὰρ πραεία τινὰ ἐαυτὸν παρασχὼν δίκαιον καὶ μέτριον ἐς τὰς πόλεις ἀπέστησε τὰ πολλά, 108: καὶ ἐν τοῖς λόγοις πανταχοῦ ἐδήλου ὡς ἐλευθερώσων τὴν Ἑλλάδα.

54) Der Einfall in Böotien (im Anfang des Winters 424 bis 423) war ein Teil eines kombinierten Planes auf die Unterwerfung von Böotien; Demosthenes sollte vom Siphä am korinthischen Meerbusen her in das Land eindringen, während Hippokrates über Oropos einfiel. Beide rechneten auf die Unterstützung einer demokratischen, Athen ergebenen Partei. Demosthenes begann aber die Unternehmung zu früh, die Thebaner, die von dem Anschlag in Kenntnis gesetzt worden waren, konnten daher, unbehindert von Hippokrates, Siphä durch eine Besatzung schützen; so wurde also Demosthenes von Siphä zurückgewiesen, und hierauf erlitt auch Hippokrates eine schwere Niederlage, bei welcher beinahe 1000 Hopliten fielen. S. Thuk. IV, 76—77. 89—101. Über die Teilnahme des Sokrates und Alkibiades an der Schlacht s. Plat. Apol. Socr. p. 28. E. Lach. p. 181. B. Symp. p. 221 A. B. Plut. Alc. 7. Strab. p. 403.

55) Thuk. IV, 117—135. Diod. XII, 72.

56) Thuk. IV, 117—119. Beide Teile waren dazu geneigt, die Athener, um den Fortschritten des Brasidas Einhalt zu thun, die Spartaner, um ihre Gefangenen durch einen auf Grund des Waffenstillstands abzuschliessenden Frieden wieder zu bekommen, das. 117. Zeit des Abschlusses: der 14. Elaphebolion (Ende März oder Anfang April), ebend. Die Bedingungen waren, dass jeder Teil behalten sollte, was er beim Abschluss des Waffenstillstandes besass, das. 118. Da sich aber Brasidas weigerte, Skione wieder herauszugeben, welches 2 Tage nach dem Abschluss übergegangen war, das. 122, so wurde der Krieg an der thrakischen Küste fortgeführt; in der Heimat ruhte er bis nach Ablauf des Waffenstillstandes, das. 134.

57) Die Unternehmung geschieht unter Führung des Nikias und Nikostratos und hat den Erfolg, dass Mende, welches nach Skione übergegangen war, Thuk. IV, 123, wieder erobert und Skione eingeschlossen wird, Thuk. IV, 129—131.

58) Thuk. V, 1—13. Diod. XII, 73—74.

59) Thuk. V, 3.

60) Thuk. V, 2—3. 6—11.

61) Thuk. V, 13—30. Diod. XII, 74—76.

62) Thuk. V, 14—20. Zeit des Abschlusses: am 24. Elaphebolion (Ἐλαφηβολιῶνος μηνὸς ἕκτῃ φθίνοντος), Thuk. V, 19, vgl. das. 20: ἅμα ἦρι ἐκ Διονυσίων εὐθὺς τῶν ἀστικῶν, αἰτούσης ἰερῶν διαλύοντων καὶ ἡμερῶν ὀλίγων παρενεγκουσῶν ἢ ὡς τὸ πρῶτον ἡ ἐσβολὴ ἐς τὴν Ἀττικὴν καὶ ἡ ἀρχὴ τοῦ πολέμου τοῦδε ἐγένετο, d. h. in der ersten Hälfte des April. Besonders thätig dabei waren Nikias und Pleistoanax, das. 16; die Hauptbeweggründe waren auf seiten der Athener die verlorenen Schlachten bei Delion und Amphipolis und die Besorgnis, der Abfall der Bundesgenossen werde sich weiter verbreiten, auf seiten der Spartaner die Gefangenen von Pylos und die feindlichen Stationen auf Pylos und Kythera, ferner der eben ablaufende Vertrag mit Argos, das. 14—16. Bei den Athenern kam noch die finanzielle Erschöpfung hinzu, da sie nicht nur den Schatz von 6000 Talenten (s. Anm. 1) bis auf die zurückgelegten 1000 Talente (über welche s. Anm. 103) völlig aufgezehrt, sondern auch bedeutende Anlehen von

Olympiaden-jahr.	Jahr v. Chr.	Geschichte.	Kunst und Litteratur.
		b) Die Zeit eines halben Friedens zwischen Sparta und Athen unter Fortdauer der Feindseligkeiten zwischen den übrigen griechischen Staaten, bis zum offenen Bruch der Verträge und zum Ende der sicilischen Expedition, 421—413.⁶³	
LXXXIX, 4.	421.	Unzufriedenheit der spartanischen Bundesgenossen mit dem Frieden, namentlich der Böoter, Korinthier und Megarer, und Weigerung demselben beizutreten.⁶⁴	Die *Komiker* Eupolis,* Aristophanes.⁵ Die

den Tempeln entnommen hatten, s. *Corp. Inscr. Gr.* I. Nr. 76. Die Hauptbestimmung des von Thukydides (*das.* 18) mitgeteilten Vertrags bestand darin, dafs beide Teile alles, was sie im Kriege gewonnen, also alle Gefangenen und alle eroberten Plätze zurückgeben sollten. Demnach sollten von den Athenern Pylos, Kythera und einige andere weniger bedeutende Orte, und von seiten ihrer Feinde Panakton, Amphipolis und die übrigen thrakischen Städte ausgeliefert werden. Nisäa sollte (zum Ersatz für Plataä) den Athenern verbleiben (*das.* 17).

63) *Thuk.* V, 25: εἰ (ἐστιν?) *das.* VI, 105) ἔτη μὲν καὶ δέκα μῆνας ἀπέσχοντο μὴ ἐπὶ τὴν ἑκατέρων γῆν στρατεῦσαι,

a) Eupolis, neben Kratinos und Aristophanes als der bedeutendste Dichter der alten Komödie genannt, geboren in Athen 446, trat 429 mit seiner ersten Komödie auf und siegte siebenmal; noch vor Ende des peloponnesischen Kriegs fand er seinen Tod, wahrscheinlich in einer Seeschlacht, *Suid.* s. v. *Anon. Περὶ κωμ. Bergk. Prol. d. Com.* III, 1. VIII, 24. Von seinen Komödien sind 14 Titel mit Sicherheit überliefert; diejenigen, von denen die bedeutendsten Bruchstücke sich erhalten haben, sind: *Ἀστράτευτοι ἢ Ἀνδρόγυνοι, Mein. fr. Com. Gr. Eup. fr.* 1, *Δῆμοι* (sein berühmtestes Werk), *fr.* 2. 3. 15, *Κόλακες, fr.* 1. 10. 18, *Μαρικᾶς, fr.* 5. 6, *Πόλεις, fr.* 7. 8. 10, *Χρυσοῦν γένος, fr.* 1—3. Seine politische Komödie war voll herber persönlicher Ausfälle, wie die Fragmente bezeugen. So greift er z. B. den Kleon an, von dem er sagt: *Αἴλων Προμηθεύς ἐστι μετὰ τὰ πράγματα,* den Demagogen Hyperbolos, s. *Quint.* I, 10, 18. *Hesych.* v. *Ἱπείς Ἰωνίσου,* den feigen Peisandros, den Schwelger Kallias, den Alkibiades wegen seines lockern Lebens, ja sogar den Nikias wegen seiner Schwäche gegen die Sykophanten, und Kimon wegen seiner spartanischen Sympathieen, *Pol. fr.* 10, obwohl er sonst diesen beiden Anerkennung zu teil werden läfst. Von Eupolis' Genie sagt Platonios, *Περὶ διαφ. χαρ.* II, 2: *Εὔπολις δὲ εὐφάνταστος μὲν εἰς ὑπερβολήν ἐστι κατὰ τὰς ἐπιβολάς . . . ὥσπερ δέ ἐστιν ὑψηλός, οὕτω καὶ ἐπίχαρις καὶ περὶ τὰ σκώμματα λίαν εὐστοχος.*

b) Aristophanes, ein Athener aus der Phyle Pandionis und dem Demos Kydathenäon, Sohn des Philippos, blühte um 427—388, *Vit. Aristophan. Περὶ κωμῳδ.* 111, 12. *Bergk. Prol. de Com.* Weder sein Geburts- noch sein Todesjahr ist bekannt und von seinen Lebensumständen fast nur so viel,

ἐπιόντων δὲ μετ' ἀνακωχῆς οὐ βεβαίου ἔβλαπτον ἀλλήλους τὰ μάλιστα· ἔπειτα μέντοι — εἰδότες ἐς πόλεμον φανερὸν κατέστησαν, *das.* V, 26: τὴν διὰ μέσου ξύμβασιν εἴ τις μὴ ἀξιώσει πόλεμον νομίζειν, οὐκ ὀρθῶς δικαιώσει.

64) Die Böoter waren unzufrieden, dafs sie Panakton herausgeben, die Megarer, dafs sie Nisäa nicht wieder bekommen sollten, *Thuk.* V, 17. 20, die Korinthier, weil ihnen Sollion und Anaktorion vorenthalten wurden, *das.* 30, und die Eleer, weil sie den Lepreaten ihre Selbständigkeit wieder einräumen sollten, *das.* 31.

als aus der Aufführung seiner Komödien erhellt. Sein erstes Stück liefs der junge Dichter im Jahre 427 durch den Schauspieler Kallistratos auf die Bühne bringen, nämlich die *Δαιταλῆς, Aristoph. Nub.* 524. *Schol.,* mit denen er den zweiten Preis errang. Im Frühjahr 426 während der Anwesenheit vieler Gesandten von Bundesgenossen zu Athen führte er seine *Βαβυλώνιοι* auf, in denen er die Wahl der Beamten durch Losen und Handaufheben verspottete und zuerst Kleon angriff. Er ward darauf von dem erzürnten Kleon wegen Beleidigung und Verhöhnung des Bürgerrechts angeklagt, aber freigesprochen, *Acharn.* 377. *Schol.* 502. *Schol.* 632. Den ersten Preis gewann er 425 gegen Kratinos und Eupolis mit den *Ἀχαρνῆς, Argum. Acharn.,* in denen er zum Frieden rät und den kriegslustigen Lamachos lächerlich macht, v. 565 f.; *Ἰὼ Λάμαχ', ὦ βλέπων ἀστραπάς;* | . . . ὦ γοργολόφα, wie auch den Perikles, als Urheber des Kriegs, v. 530 f.: *Ἐντεῦθεν ὀργῇ Περικλέης οὑλύμπιος* | ἠστραπτεν, ἐβρόντα, ξυνεκύκα τὴν Ἑλλάδα, und die Aspasia, v. 527. Im Jahre 424 siegte er über Kratinos und Aristomenes mit den *Ἱππῆς, Argum. Eq.* II. *Eq.* 793, in denen er die Demagogie des Kleons geifselt, v. 410: *Τὴν πόλιν ἤκουσα ἡμῶν ἀκατεργάστως,* | ὅστις ἀκούσειν ἡμῶν τὰς Ἀθήνας ἐπιεικώς ἐστι φαῶν, v. 795: *Τὴν ἐξέδραν Πεισάνδρου, τὰς πημονὰς τ' Ἀπολλωνίες,* v. 802: *βύρσης κάκιστον ὄζων,* vgl. v. 75 f. 802 f., und Kleons Gehilfen Hyperbolos, v. 1304: *Ἀνδρα μοχθηρῶν πολίτην, ὀξίνην Ὑπέρβολον,* vgl. v. 973. Eupolis travestierte und verzerrte das Stück, als er in seinem Marikas den Hyperbolos auf die Bühne brachte, *Nub.* 551—559. *Schol.* Wenig Beifall fanden 423 die *Νεφέλαι,* indem Kratinos den ersten, Ameipsias den zweiten Preis gewann, *Argum. Nub.* I. *Schol.*

Olympiaden- jahr.	Jahr v. Chr.	Geschichte.	Kunst und Litteratur.
LXXXIX, 4.	421.	Fünfzigjähriges Bündnis zwischen Sparta und Athen.[65]	*Philosophen* Leukippos," Demokritos." Die *Sophi-*

[65] Thuk. V, 22—24. 24: αὖτη ἡ ξυμμαχία ἐγένετο μετὰ τὰς σπονδὰς οὐ πολλῷ ὕστερον. Das Bündnis wurde haupt-sächlich geschlossen, um die Ausführung des Friedens gegen die Gegner desselben (s. die folg. Anm.) zu sichern.

Nub. 549. 552. *Schol. Vesp.* 1033. 1039, eine Satire auf die bodenlosen und spitzfindigen Grübeleien der Sophisten, v. 360: μετεωροσοφισταί, v. 401: μεμακρογνωτισταί, v. 103: τοὺς ἀλαζόνας, wie auf die Dialektik und den angeblichen Unglauben des Sokrates, v. 359; λεπτοτάτων λήρων ἱερεῖ, v. 104: ὁ κακοδαίμων Σωκράτης, v. 1477: ἔβαλλον τοὺς θεοὺς διὰ Σωκράτην, v. 247. 365. 367, der als Vertreter der ganzen Richtung auf die Bühne erscheint, v. 103 f. Auch als das Stück umgearbeitet zum zweitenmal aufgeführt wurde, machte es kein Glück, *Argum. Nub. V.* Den zweiten Preis gewann der Dichter mit den Σφῆκες im Jahre 422. *Argum. Vesp.*, in denen er die Prozesssucht der Athener lächerlich macht, v. 505: Ὀρθροφοιτοσυκοφαντοδικοταλαιπώρων τρόπων, v. 1108, und deren Vertreter Kleon, v. 595 f.: ὁ Κλέων ὁ κεκραξιδάμας, v. 342: δημιοπρακίων, vgl. v. 62. 409. 758. 1224 f. 1285 f. Nach dem Tode des Brasidas und Kleon in der Schlacht bei Amphipolis empfahl der Dichter (im Jahre 421) in seiner Komödie Εἰρήνη, welche ihm den zweiten Preis gewann, den so eben eingeleiteten Frieden, *Argum. Pac. II*, und griff die Häupter der Kriegspartei an, so den Perikles, v. 608: Περικλέης παιδείας ἐν δεινῶν νόσῳ Ἑλλάδι καὶ λαλὼς καὶ ἀναφυσὼν | καὶ κυκήσας καὶ ταράξας, v. 753 f., und den Hyperbolos, v. 680 f. 921. 1319. Das nächste erhaltene Stück des Dichters ist das Ὄρνιθες, die während des sicilischen Feldzuges im Jahre 414 bei der Aufführung den zweiten Preis gewannen, *Argum. Av. II. Schol. Av.* 908. Veranlasst durch das gewagte Unternehmen gegen Syrakus, stellt er in der Gründung der Wolkenkuckucksstadt, Νεφελοκοκκυγία, v. 551 f. 819 f., und der Vogelrepublik den hochfahrenden Unternehmungsschwindel der athenischen Politik und die masslose Überhebung der Demagogie dar, v. 1284: Ὀρνιθομανοῦσι, πάντες δ᾽ ὑπὸ τῆς ἡδονῆς ποιοῦσιν, v. 1289: Εἰπ᾽ ἀντιμέν᾽ ἔντανθοι τὰ ψηφίσματ᾽ | ἀφειδομένως δ᾽ οὕτω περιγιγνετ᾽ etc., und verspottet die Demagogen Kleonymos, v. 289. 1470 f., und Peisandros, v. 1556. Kurz nach dem unglücklichen Ausgang des sicilischen Krieges und dem Sturz der demokratischen Verfassung im Jahre 411 ward die Λυσιστράτη aufgeführt, *Schol. Lys.* 173. 1096, in der Dichter von neuem zum Frieden rät, v. 1266: τὸν δ᾽ αὖ | γαλᾶν τ᾽ ἀλις ἔχομεν εἴη | ταῖς ἀνοχαῖς, | καὶ τὸν αἰμυλὸν ἀλωπέκων | παυσώμεθα. Die Θεσμοφοριάζουσαι, in demselben Jahre aufgeführt, *Thesm.* 1060, stellen die Sittenverderbnis der athenischen Weiber bloss und verspotten die Dichtkunst des Euripides

und Agathon, v. 29 f. In den Βάτραχοι, mit denen der Dichter 405 den ersten Preis gewann, *Argum. Ran.* 1, parodiert er im Gegensatz zu Äschylos den Euripides, v. 814 f. Die im Jahre 392 aufgeführten Ἐκκλησιάζουσαι, *Schol. Eccles.* 193, sind eine Satire auf einen demokratischen Staat mit Gemeinschaft der Güter und Frauen, v. 590 f. 613 f. Das letzte Stück des Dichters ist der zweite Πλοῦτος, im Jahre 388 aufgeführt, *Arg. Plut.* III, in welchem der Gott des Reichtums sehend wird und von nun an seine Güter nach Verdienst verteilt. Außer diesen vollständig erhaltenen Stücken des Aristophanes sind die kurzen Bruchstücke von einigen dreißig Komödien erhalten. Plato soll dem Dionysios von Syrakus die Komödien des Aristophanes, als derselbe den Staat der Athener kennen lernen wollte, übersandt und sie für den treuesten Spiegel des athenischen Staats- und Volkslebens erklärt haben, *Vit. Arist.* 9. Plato galt auch als Verfasser des Epigramms, *Thom. Mag. Vit. Arist.* 5: Αἱ Χάριτες τέμενός τι λαβεῖν ὅπερ οὐχὶ πεσεῖται, | ζητοῦσαι ψυχὴν εὗρον Ἀριστοφάνους. Vgl. *Antipater Thessal. Anth. Pal.* IX, 186: Ζ καὶ θυμὸν ἄγαστε καὶ Ἑλλάδος ἤθεσιν ἴσα | κωμικὰ καὶ στεῖλαι ἄξια καὶ γελάσαι. — Von gleichzeitigen Dichtern der älteren Komödie treten besonders hervor: Phrynichos, *Aristoph. Nub.* 518. *Schol. Ran.* 13. *Suid.* s. v. *Bergk. Prol. de Com.*, der mit seinem Stücke Μοῦσαι den zweiten Preis erhielt, als Aristophanes mit den Fröschen siegte, *Argum. Ran.* 1. Von zehn seiner Komödien sind Bruchstücke auf uns gekommen, besonders Ἐφιάλτης, *Mein. fr.* 1, *Διονυσόπολις, fr.* 1. 4, Διόνυσος, *fr.* 1 vgl. *Inc. fab. fr.* 1. 3. Platon aus Athen, *Schol.* a. v. *Diog. Laert.* III, 109. *Cyrill. adv. Jul.* I, p. 13. 6, ein trefflicher Komiker. Von 28 seiner Komödien sind Titel erhalten, Bruchstücke besonders aus: Ἑλλὰς ἢ νῆσοι, *fr.* 1; Ζεὺς κακούμενος, *fr.* 1. 5. 6, Ἀδωνις ἢ ποιηταί, *fr.* 1, Παιδάριον, *fr.* 2, Σοφισταί, *fr.* 1. 3, Ὑπέρβολος, *fr.* 1. 2. 3, Φάων, *fr.* 1. 2. Im ganzen sind Fragmente von etwa 40 Dichtern der älteren Komödie erhalten, außer den erwähnten die zahlreichsten von Teleklides, Hermippos, Ameipsias, Archippos, Strattis, Theopompos u. a. Vgl. *Mein. Fragm. Com. Grace.*

c) Leukippos, angeblich Schüler eleatischer Philosophen, *Diog. Laert.* IX, 30 f. *Plut. Chil.* II, 90, vgl. *Arist. de gener. et corr.* I, 8, war der Begründer des atomistischen Systems, nach welchem die Welt aus unendlich vielen unteilbaren, der Qualität nach gleichen Körperchen zusammengewachsen sein sollte. *Diog. L.* a. a. O.: πρῶτος τε ἀτόμους ἀρχὰς ὑπεστήσατο, *Cic. de nat.* d. I, 24. *Acad.* IV, 37. Er schrieb λόγοι und περὶ νοῦ, *Stob. ecl. phys.* I, p. 160.

d) Demokritos aus Abdera, geboren um 400, soll 109 Jahr alt geworden sein, *Diog. L.* IX, 34. 41. 43. Er verwandte

84 Vierte Periode. Von 431—338 v. Chr.

Olympiaden-jahr.	Jahr v. Chr.	Geschichte.	Kunst und Litteratur.
LXXXIX, 4.	421.	Bündnis zwischen Korinth, Argos, Mantinea, Elis und den chalkidischen Städten in Thrakien."	*sten*" Protagoras,' Gorgias,' Hippias,' Prodikos.'

(66) *Thuk.* V, 27—31. Die Unzufriedenheit der Bundesgenossen Spartas wurde noch besonders durch die in dem Bündnis zwischen Sparta und Athen enthaltene Bestimmung gesteigert: ἣν τι δοκῇ Λακεδαιμονίοις καὶ Ἀθηναίοις προσθεῖναι καὶ ἀφελεῖν περὶ τῆς ξυμμαχίας, ὅ τι ἂν δοκῇ, εὔορκον ἀμφοτέροις εἶναι, das. 23. 29. Überhaupt κατὰ τὸν χρόνον τοῦτον ἤ τε Λακεδαίμων μάλιστα δὴ κακῶς ἤκουσε καὶ ὑπερώφθη διὰ τὰς ξυμφοράς, das. 28; daher οἱ πολλοὶ ὥρμηντο πρὸς τοὺς Ἀργείους καὶ αὐτοὶ ἕκαστοι ξυμμαχίαν ποιεῖσθαι, *ebend.* Indes ließ sich gleichwohl Tegea nicht zum Beitritt bewegen, und Theben und Megara beobachteten zur Zeit noch eine abwartende Politik, *ebend.* 31. 36—38.

sein Vermögen auf große Reisen nach Babylon, Persien und dem roten Meere, Ägypten und Meroë wie nach Griechenland, wo er auch Athen besuchte, a. a. O. 35. 36. 49. *Strab.* p. 703. Den reichen Schatz seiner gesammelten Kenntnis legte er in zahlreichen, im ionischen Dialekt abgefaßten Schriften nieder, welche Stoffe aus allen Wissensfächern behandelten, aus der Ethik, Physik, Mechanik, Mathematik, Astronomie, Medicin, Grammatik und Sprachphilosophie, Geographie, Kriegswissenschaft, Rechtswissenschaft, Musik, Poesie und Malerei, wie das Verzeichnis derselben bei Diogenes Laertius, IX, 45—49, zeigt. Er vollendete das atomistische System des Leukippos, a. a. O. 44 f. Von seinen Schriften sind nur spärliche Bruchstücke übrig; doch lobt Cicero seine Darstellung, *Orat.* 20. *de divin.* II, 64. *de orat.* I, 11.

e) Die Σοφισταί verlassen die Beschäftigung mit der Natur und der theoretischen Wissenschaft als solcher; sie wollen Lehrer der Tugend, d. h. der praktischen Staats- und Lebensklugheit und der Redekunst sein, wenden sich aber, weil ihrer Lehre der positive Gehalt fehlt, der bloß formellen Ausbildung zu und sehen oft in dem bloßen Reden über die Gegenstände ihre Hauptaufgabe. Sie reisten in den griechischen Städten herum, indem sie für Geld Vorlesungen hielten und Unterricht erteilten, und haben auf ihre Zeit einen bedeutenden Einfluß ausgeübt. *Plat. Soph.* 218. e. f. 234 c. f. 261. a. f. *Phaedr.* 267. a. *Prot.* 310. d. 315. a. *Rep.* X, 600. e. *Aristot. Metaph.* IV, 2. *Soph. elench.* 1, 2: ἔστι γὰρ ὁ σοφιστὴς χρηματιστὴς ἀπὸ φαινομένης σοφίας, ἀλλ᾽ οὐκ οὔσης, *Plut. Them.* 2: τὴν καλουμένην σοφίαν, οὖσαν δὲ δεινότητα πολιτικὴν καὶ δραστήριον σύνεσιν.

f) Protagoras von Abdera, älterer Zeitgenosse des Sokrates, geb. um 485, *Diog. L.* IX, 50. 56. *Plat. Prot.* 309. c. 320. e. 361. e., durchwanderte 10 Jahre lang (etwa von 455 an) die griechischen Städte, für Geld lehrend, *Plat. Prot.* 310. e. 349. a. *Hipp. mai.* 282. c. *Athen.* V, p. 218. b. c. XI, p. 506. a. *Diog. L.* IX, 52, indem er namentlich zuerst gesprächsweise Streitfragen erörterte, *Suid.* s. v., wie er auch zuerst σοφιστὴς zubenannt wurde, *Plat. Prot.* 349. a. Er stand mit Perikles in engem Verkehr, *Plut. Per.* 26. *Cons. ad Apoll.* p. 450, und wirkte als Gesetzgeber in Thurii, *Diog. Laert.* IX, 50. Wegen seines Ausspruches: Περὶ μὲν θεῶν οὐκ ἔχω εἰδέναι, εἴθ᾽ ὡς εἰσίν εἴθ᾽ ὡς οὐκ εἰσίν, wurden seine Bücher öffentlich verbrannt, oder selbst aber wurde als Gottesleugner aus Athen verbannt, *Diog. L.* IX, 51. 52.

Suid. s. v., und kam auf der Überfahrt nach Sicilien um, mindestens 70 Jahr alt, *Diog. L.* IX, 55. Aus seinen zahlreichen Schriften dialektischen, ethischen und politischen Inhalts, a. a. O., sind nur einige Lehrsätze erhalten: so sein Hauptsatz, *Plat. Theaet.* 152. a: πάντων χρημάτων μέτρον τοὺς Ἀνθρώπων εἶναι, vgl. *Cratyl.* 385. e. *Aristot. Metaph.* IV, 4. 5. X, 1. *Cic. Acad.* II, 46: id cuique verum esse, quod cuique videatur.

g) Gorgias aus Leontini in Sicilien lebte um 483—375, *Plin. H. N.* XXXIII, 83. *Suid.* s. v., und ward über hundert Jahre alt, *Plat. Phaedr.* 261 e. *Apollod.* b. *Diog. L.* VIII, 58. *Paus.* VI, 15, 5. *Cic. sen.* 5. *Quint.* III, 1, 9. *Athen.* XII, p. 548 d. — Schüler des Empedokles, *Diog. L.* a. a. O. (:Ἀριστοτέλης ἐν τῷ Σοφιστῇ φησιν πρῶτον Ἐμπεδοκλέα ῥητορικὴν εὑρεῖν, Ζήνωνα δὲ διαλεκτικήν.) *Quint.* a. a. O. *Suid.* s. v., trat er in verschiedenen Städten Griechenlands als Lehrer der Redekunst und Philosophie auf. In seiner Vaterstadt als Staatsmann und Volksredner erprobt, wirkte er im Jahre 427 als Gesandter der Leontiner zu Athen seiner Vaterstadt die Unterstützung der Athener gegen Syrakus aus, *Diod.* XII, 53. *Plat. Hipp. mai.* 282 b, kam dann wieder nach Athen, *Plat. Men.* 71 c, und lebte in späteren Jahren zu Larissa in Thessalien, a. a. O. Bis in sein hohes Alter bewahrte er seine Geisteskraft, *Quint.* XII, 11, 21. *Athen.* XII. p. 548, und starb mit Seelenruhe einen sanften Tod, *Ael. V. H.* II, 35. Meister in Stegreifreden, *Cic. de fin.* II, 1. *de orat.* I, 22. III, 32, und in prunkvoller Schönrederei (καλλιλογία), *Diod. Hal. Demosth.* 4, übte er bedeutenden Einfluß auf die Entwickelung der attischen Beredsamkeit, *Dion. Hal. Lys.* 3: Ἤρξατο καὶ τῶν Ἀθηναίων ῥητόρων ἡ ποιητικὴ καὶ τροπικὴ φράσις Γοργίου ἄρξαντος. Von seinen philosophischen Schriften war die bedeutendste Περὶ τοῦ μὴ ὄντος ἢ περὶ τῆς φύσεως, teilweise bei Ps.-Aristoteles, *De Melisso, Xenophane et Gorgia*, und bei Sextus Empiricus *adv. Math.* VII, 55 f. erhalten. Seine vielgerühmten Prunkreden (ἐπιδείξεις) sind verloren gegangen. [Die ihm beigelegte *ἀπολογία Παλαμήδους* sowie das *ἐγκώμιον Ἑλένης* rühren nicht von ihm her.]

h) Hippias aus Elis, *Suid.* s. v., jüngerer Zeitgenosse des Protagoras, Sokrates u. a., Staatsmann und Diplomat, *Plat. Hipp. mai.* 281 a. *Philostr. Vit. Soph.* 1, 11. p. 495, Rhetor, Sophist, Grammatiker, Mathematiker, Astronom, Musiker, *Plat. Hipp. mai.* 285 b. c. d. *Protag.* 315 c, Dichter,

Olympiaden-jahr.	Jahr v. Chr.	Geschichte.	Kunst und Litteratur.
XC, 1.	420.[67]	Bündnis zwischen Sparta und Theben;[68] Alkibiades[69] bringt dagegen ein Bündnis zwischen Athen, Argos, Elis und Mantinea zu stande.[70]	Sokrates, Gegner der Sophisten.[k]
XC, 2.	419.[71]	Alkibiades zieht nach dem Peloponnes und gewinnt Paträ für den athenisch-argeiischen Bund; feindliche Einfälle der Argeier in das Gebiet von Epidauros.[72]	Thukydides, Geschichtschreiber.[l]

67) *Thuk.* V, 40—51. *Plut. Alc. Diod.* XII. (Infolge der feindseligen Gesinnung der Eleer gegen Sparta werden die Spartaner von der diesjährigen Feier der olympischen Spiele ausgeschlossen, *Thuk.* V, 49—50.)

68) Die Athener gaben Pylos nicht zurück, weil sie Panakton und die chalkidischen Städte nicht zurückerhielten. Die Spartaner näherten sich daher den Böotern, um sie zur Auslieferung von Panakton zu bewegen, *Thuk.* V, 35. Zugleich aber geschah es auch deswegen, weil in Sparta mit dem Jahreswechsel kriegerisch gesinnte Ephoren ins Amt gekommen waren, *das.* 36. Da die Böoter sich aber weigerten, Panakton herauszugeben, wenn die Spartaner nicht ein Bündnis mit ihnen abschlössen, so kam ein solches „πρὸς ἴσα" zu stande, *das.* 39. Die Athener aber wurden hierdurch in hohem Grade herausgefordert, teils weil sie darin eine Verletzung ihrer Verträge mit Sparta erkannten, *das.* 42, teils weil Panakton, statt zurückgegeben, von den Böotern zerstört wurde, *das.* 39. 40. 42.

69) Über des Alkibiades Jugend, wie über seinen Charakter im allgemeinen, s. *Plut. Alc.* 1—13. 23. vgl. *Plat. Symp.* p. 216 ff. *Prot.* p. 309. 320. u. ö. Bei gegenwärtiger Gelegenheit trat er zuerst durch seine Teilnahme an den öffentlichen Angelegenheiten Athens hervor, und zwar als Gegner der Spartaner, weil er sich durch sie in seinem Ehrgeiz verletzt fühlte, *Thuk.* V, 43. Er war der Sohn des Kleinias, welcher in der Schlacht bei Koroneia fiel, durch seine Mutter Deinomache Enkel des Megakles und verwandt mit Perikles, der daher auch die Vormundschaft über ihn geführt hatte, *Plut.* l.

70) *Thuk.* V, 40—47. *Plut. Alc.* 14. Ein Bruchstück von diesem Vertrag, welches im wesentlichen mit Thukydides übereinstimmt, ist im Jahre 1877 auf einer Marmortafel in der Akropolis von Athen aufgefunden worden (C. I. A. IV, 1 no. 46*b*).

71) *Thuk.* V, 52—57. *Diod.* XII, 78.

72) *Thuk.* V, 52. 53—56. Vgl. folg. Anm.

k) S. unten *Anm.* w.

l) Thukydides, Sohn des Oloros, geboren wahrscheinlich um 460—453 (472 nach der unzuverlässigen Angabe der Pamphila bei *Gell.* XV, 23) im attischen Gau Halimus, aus angesehener Familie, ein Verwandter des Miltiades, *Thuk.* IV, 104. *Plut. Cim.* 4. *Thuk. Vit. Marcell.* 2. 15. 16. 34. 55. *Suid.* s. v., soll eine Vorlesung des Herodot mit angehört haben, *Vit. Marc.* 54. *Suid. a. a. O.*, und ein Schüler des Redners Antiphon und des Philosophen Anaxagoras gewesen sein, *Vit. Marc.* 22. *Vit. Anon.* 2. *Suid. a. a. O.* s. v. Ἀντιφῶν, v. Ἀντιφίλος. Er besaß Goldminen in Thrakien, *Thuk.* IV, 105, *Plut. Cim.* 4, und hatte eine Thrakierin aus Skapte Hyle zur Frau, *Vit. Marc.* 14. 19. Nachdem er zu Anfang des peloponnesischen Krieges an der Pest krank gewesen war, *Thuk.* II, 48, befehligte er einige Jahre später ein athenisches Geschwader, mit dem er zwar Eion, die Hafenstadt von Amphipolis, rettete, aber Amphipolis selbst gegen Brasilas' Angriff nicht schützen konnte, s. *Anm.* 53. Er ward deshalb 423 von Kleon angeklagt und verbannt, *Vit. Marc.* 4. 23. 26. 46. 55. *Cic. de orat.* II, 13. *Plin. H. N.* VII, 111, lebte 20 Jahre in der Verbannung meist in Skapte Hyle, *Thuk.* V, 26. *Vit. Marc.* 25. 46, und kehrte erst um 403 nach Athen zurück, *Vit. Marc.* 31. 32. 45. 55. *Vit. Anon.* 10. *Plut. Cim.* 4. Weder die Zeit, noch die Art seines Todes steht genau fest; wahrscheinlich ward er um

---

Maler und Bildhauer, Kunstkenner und Allerweltskünstler, *Hipp. min.* p. 368, b—d. *Cic. de or.* III, 32, ein Mann von Vielseitigem, aber ungründlichem Wissen, *Xen. Mem.* IV, 4, 6, πολυμαθής, eitel und ruhmredig, *Plat. a. a. O.*, *Cic. a. a. O.*, und als Philosoph bei weitem nicht so bedeutend wie die beiden vorhergenannten Sophisten. Von seinen zahlreichen Prunkreden und Gedichten, *Hipp. min.* p. 368 c. *Paus.* V, 25, 1. *Plut. Num.* 1, ist nur ein Epigramm auf uns gekommen.

i) Prodikos aus Keos, *Suid.* s. v., dem Hippias gleichzeitig, als Diplomat und Redner für seine Vaterstadt in Athen thätig, *Plat. Hipp. mai.* 282 c, und wegen seiner Weisheit hoch angesehen (daher das Sprichwort σοφώτερος Προδίκου), hielt wie die anderen Sophisten Vorträge gegen Honorar, *Plat. Craty.* 384 b, die auch Wortbedeutung und Sprachgebrauch behandelten, s. a. O. *Prot.* 341 c. Er war ein Freund und Gesprächsgenosse des Sokrates, *Hipp. mai. a. a. O.* Unter seinen Zuhörern waren Xenophon, *Philostr. V. Soph.* I, 12, Kritias, *Plat. Charm.* p. 163, Therameues, *Suid.* s. v., *Athen.* V, p. 220 b, Thukydides, *Vit. Marc.* 36, Euripides, *Gell.* XV, 20 u. a. Von seinem Reden und seiner Lehre sind nur Andeutungen auf uns gekommen; berühmt geworden ist seine Erzählung vom jungen Herakles am Scheidewege, betitelt Ὧραι, *Xenoph. Memor.* II. 1, 21. *Suid.* s. v. *Cic. Off.* 1, 32. *Quint.* IX, 2. 36. *Maxim. Tyr. Diss.* XX, p. 232 f.

Olympiaden-jahr.	Jahr v. Chr.	Geschichte.	Kunst und Litteratur.
XC, 3.	418.[73]	Krieg zwischen Sparta und Argos.[74] Schlacht bei Hippokrates, *Arzt*.[76] Mantinea.[75] Argos und Mantinea genötigt, mit Sparta Frieden und Bündnis zu schliefsen.[76]	

73) *Thuk.* V, 57—81. *Diod.* XII, 78—80.

74) Der Krieg wird dadurch veranlafst, dafs die Argeier in Verbindung mit den Athenern im vorigen Jahre wiederholte Einfälle in das Gebiet von Epidauros gemacht hatten, um die Epidaurier zu zwingen, ihrem Bündnis beizutreten, s. Anm. 72. Die Spartaner waren damals schon zweimal ausgerückt, um den Epidauriern zu helfen, waren aber beide Male durch ungünstige Opfer zur Umkehr genötigt worden. In diesem Jahre versammelt sich ein zahlreiches Heer von Sparta und seinen sämtlichen Bundesgenossen (die Spartaner αὐτοὶ καὶ οἱ Εἵλωτες πανδημεί, die Böoter 5000 Hopliten, 5000 Leichtbewaffnete und 500 Reiter stark, 2000 korinthische Hopliten, Tegeaten, Sikyonier, Pelleneer, Phliasier, Megarer, *Thuk.* V, 57, στρατιώτιδων γὰρ δὴ τοῦτο μάλιστα Ἑλληνικὸν τῶν μέχρι τοῦδε ξυνῆλθεν, *das.* 60) unter Anführung des Agis in Phlius und dringt von da auf drei verschiedenen Wegen in Argos ein, *das.* 57—59, und die Argeier, welche rings von Feinden eingeschlossen und von ihrer Stadt abgeschnitten sind, schweben in der gröfsten Gefahr; da läfst sich Agis durch zwei Argeier, welche ohne zu wissen Agis selbst die Unterhandlung auf eigene Hand führen, bewegen, einen viermonatlichen Waffenstillstand abzuschliefsen, mit welchem dann beide Teile, Argeier wie Spartaner, unzufrieden sind, *das.* 60.

403—404 ermordet (jedenfalls vor 396, vgl. *Thuk.* III, 116 mit *Diodor.* XIV, 59. *Oros.* II, 18), nach einigen zu Athen, nach andern in Skapte Hyle, *Marcell. Vit. Thuk.* 32. *Plut. Cim.* 4. *Paus.* I, 23, 11. 2, 23. *Vit. Anonym.* 10. Sein Geschichtswerk Ξυγγραφὴ περὶ τοῦ πολέμου τῶν Πελοποννησίων καὶ Ἀθηναίων, während des Krieges begonnen, *Cic. u. a. O. Plin. u. a. O. Vit. Marc.* 25. 47, aber erst nach Beendigung desselben vollendet, *Thuk.* I, 13. 18. II, 54. 65. V, 26, umfafst in 8 Büchern, von denen jedoch dem letzten die Durcharbeitung fehlt, die ersten 21 Jahre des Krieges. 8. über dasselbe und über der Geschichtserzählung eingeflochtenen Reden *Thuk.* I, 20—22 und besondern 22, 3: καὶ ἐμοὶ τι ἐς ἀεὶ μᾶλλον ἡ ἀγώνισμα ἐς τὸ παραχρῆμα ἀκούειν ξύγκειται. Quintilian urteilt über Thukydides, indem er ihn mit Herodotus vergleicht, X, 1, 73: Densus et brevis et semper instans sibi Thucydides, dulcis et candidus et fusus Herodotus; ille concitatis, hic remissis affectibus motior; illo contionibus, hic sermonibus; ille vi, hic voluptate. Vgl. *Cic. Brut.* 7, 29. Das Werk des Thukydides wurde von dem wenig späteren Kratippos ergänzt und fortgesetzt, *Dion. Hal. de Thuc. iud.* 16. *Plut. glor. Athen.* 1, p. 345. Um dieselbe Zeit schrieb Antiochos von Syrakus eine Geschichte der Sicilier, *Diod.* XII, 71, und ein Werk *Περὶ Ἰταλίας*, *Strab.* V, p. 242. VI, p. 252 ff.)

63. (Die Spartaner treffen auf Veranlassung hiervon die Anordnung, dafs den König auf Kriegszügen von nun an immer zehn Aufseher, ξύμβουλοι, begleiten sollen, *das.* 63.)

75) Bisher hatten von den Bundesgenossen der Argeier nur die Eleer und Mantineer an dem Kriege teilgenommen; jetzt kamen 1000 Hopliten und 300 Reiter von Athen hinzu, und die Athener (Alkibiades begleitete sie als Gesandter) überredeten die Bundesgenossen, den Krieg sofort wieder aufzunehmen, *Thuk.* V, 61. So wird Orchomenos angegriffen und genommen, *ebend.*, und hierauf wendet man sich zu einem Angriff auf Tegea, an dem sich jedoch die Eleer nicht beteiligen, *das.* 62. Von den Tegeaten zu Hilfe gerufen, brechen die Spartaner unter Agis auf (welcher seinen früheren Fehler wieder gut zu machen vorspricht, *das.* 63), ziehen ihre arkadischen Vorhindeten an sich und liefern den Feinden die siegreiche Schlacht bei Mantinea, *das.* 63—74. Von den Spartanern nahmen fünf Sechsteile der ganzen streitbaren Mannschaft an der Schlacht teil, *das.* 64, deren Zahl sich [nach O. Müllers auf *Thuk.* V, 68 gegründeter Berechnung] auf 4781 Mann belief. *Das.* 75: τὴν ὑπὸ τῶν Ἑλλήνων τότε ἐπιγραμμένην αἰτίαν ἔς τε μαλακίαν — καὶ ἐς τὴν ἄλλην ἀβουλίαν καὶ ἀνανδρίαν ἐνὶ ἔργῳ τούτῳ ἀπελύσαντο.

76) *Thuk.* V, 76—81.

m) Hippokrates, aus Kos, der Begründer der wissenschaftlichen Medizin, stammte aus dem Geschlechte der Asklepiaden, in dem die Arzneikunst erblich war, und blühte um 430, *Hieron. Ol.* 80, 1. p. 107. *Gell.* XVII, 21, 18. Er war Schüler des Demokritos und der Sophisten Gorgias und Prodikos, *Suid. u. v.*, und scheint nach den Andeutungen in seinen Schriften Reisen, namentlich in die Länder am schwarzen Meer, wie nach Thrakien und Makedonien, unternommen zu haben. Über sein Leben finden sich mancherlei unzuverlässige Angaben und Sagen; sicher ist nur, dafs er zuletzt im thessalischen Larissa praktizierte und dort auch starb, *Suid. u. v.* Unter den zahlreichen, dem Hippokrates beigelegten Schriften rühren viele von späteren Verfassern her; unter den für echt gehaltenen sind die wichtigsten: *Περὶ ἐπιδημιῶν* (Über Landseuchen), *Προγνωστικοί* (Über die Diagnose der Krankheiten), *Ἀφορισμοί* (Kurze ärztliche Vorschriften), *Περὶ διαίτης ὀξέων* (Über die Diät bei hitzigen Krankheiten), *Περὶ ἀέρων, ὑδάτων, τόπων* (Über Einflufs von Boden und Klima auf die Entstehung von Krankheiten), *Περὶ ἄρθρων ἐμβολῆς, Περὶ ἀγμῶν* (Über Knochenbrüche), *Περὶ ἱερῆς νούσου* (Über die Epilepsie). Sein Ruhm und seine Lehren sind auch zu Persern und Arabern gedrungen, wie auch die ihm beigelegten Schriften ins Arabische und Porsische übersetzt worden sind.

Olympiaden-jahr.	Jahr v. Chr.	Geschichte.	Kunst und Litteratur.
XC, 4.	417.[77]	Die Demokratie in Argos gestürzt,[78] aber bald wiederhergestellt und damit zugleich das Bündnis mit Athen erneuert.[79]	Die *Maler* Apollodoros,[a]
XCI, 1.	416.[80]	Melos von den Athenern genommen.[81]	Zeuxis,[b] Parrhasios,[c] Timanthes.[d]
XCI, 2—4.	415—413.	Sicilische Expedition, auf Veranlassung einer Gesandtschaft der Egestäer, welche um Hilfe gegen Selinus und Syrakus bittet.[82]	

77) *Thuk.* V, 82—83. *Diod.* XII, 80—81.
78) *Thuk.* V, 81. Dies geschieht noch im Winter, aber gegen das Frühjahr hin, *das.*, hauptsächlich durch eine auserwählte Mannschaft von 1000 Mann, welche die Argeier auf Staatskosten unterhielten, *Diod.* XII, 80.
79) *Thuk.* V, 82. Die Urkunde des Bündnisses *Corp. Inscr. Att.* In. 50. Im Zusammenhang damit wurde der Bau von langen Mauern, durch welche Argos mit dem Meer verbunden werden sollte, unternommen, damit die Athener jederzeit Hilfe bringen könnten. Die Spartaner machten auf diesen Anlafs einen neuen Feldzug gegen Argos, aber ohne erheblichen Erfolg, *das.* 83.
80) *Thuk.* V, 84—VII, 7. *Diod.* XII, 80—83.
81) *Thuk.* V, 84—116. Melos hatte sich in den ersten Jahren des Kriegs neutral gehalten, s. *Anm.* 1, dann aber seit dem Angriff des Nikias im Jahre 426 (s. *Anm.* 34) eine feindliche Stellung eingenommen, *Thuk.* V, 84. Der gegenwärtige Angriff ist besonders deswegen von Interesse, weil bei dieser Gelegenheit die Athener in einer langen Verhandlung mit den Meliern ihre politischen Grundsätze darlegen, deren Summe in den Worten enthalten ist (89): δίκαια μὲν ἐν τῷ ἀνθρωπείῳ λόγῳ ἀπὸ τῆς ἴσης ἀνάγκης κρίνεται, δυνατὰ δὲ οἱ προύχοντες πράσσουσι καὶ οἱ ἀσθενεῖς ξυγχωροῦσι. Der Ausgang des Kriegs ist, dafs die Melier sich nach hartnäckigem Widerstande ergeben und darauf die waffenfähige Mannschaft getötet, die übrige Bevölkerung in die Sklaverei verkauft und das Gebiet unter athenische Bürger verteilt wird, *das.* 116.
82) Die Egestäer wurden durch die Selinuntier und Syrakusier hart bedrängt, *Thuk.* VI, 6. Ihre Gesandten (sie kamen im Winter von 416 auf 415 nach Athen) stellten den Athenern vor, dafs die Syrakusier, die schon die Stadt der Leontiner vernichtet (vgl. *Thuk.* V. 4), die ganze Insel sich unterwerfen und dann die mit ihnen stammverwandten Spartaner unter-

a) Apollodoros, aus Athen, älterer Zeitgenosse und Vorläufer des Zeuxis, *Plin. H. N.* XXXV, 60. *Plut. glor. Athen.* p. 362 R, ward σκιαγράφος genannt, weil er die Abstufung der Farben nach Licht und Schatten erfand, *Plut. a. a. O. Schol. Il.* X, 265 *Hesych.* s. v. ἀχία; auch gilt er als der erste Staffeleimaler, während seine Vorgänger nur Wandmaler gewesen waren, *Plin. a. a. O.*
b) Zeuxis aus Herakles (in Unteritalien?), jüngerer Zeitgenosse des Apollodoros, *Plin. H. N.* XXXV, 61. *Ael. V. H.* IV, 12, blühte zur Zeit des Sokrates, *Plat. Gorg.* 453 c. *Xen. Memor.* I, 4, 3. *Oecon.* 10, 1, und malte an verschiedenen Orten, besonders zu Ephesos, *Tzetz. Chil.* VIII, 196. Unter seinen Gemälden war berühmt die Kentaurenfamilie, *Luc. Zeux.* 4 f., seine Helena für einen Tempel der Lacinischen Hera, *Plin.* XXXV, 64. *Cic. de inv.* II, 1. *Ael. V. H.* IV, 12. XIV, 47, eine Penelope, *Plin. a. a. O.*, ein mit Rosen bekränzter Eros im Tempel der Aphrodite zu Athen, *Schol. Aristoph. Acharn.* 991, Weintrauben, so naturgetreu gemalt, dafs die Vögel darnach flogen, *Plin.* XXXV, 65, und ein Knabe mit Weintrauben, a. a. O. 66. Auch malte er den Palast des Königs Archelaos von Makedonien aus, *Ael. V. H.* XIV, 17. Seine Gemälde charakterisierten ungewöhnliche Situationen, sinnliche Schönheit und malerische Illusion durch Licht und Schattenwirkung auf die Farbentöne, *Aristot. Poet.* 6. *Plin.* XXXV, 61. *Cic. a. a. O. Quint.* XII, 10, 5. Von seinem Künstlerstolz sind manche Züge aufbehalten, *Plin.* XXXV, 63. *Plut. Per.* 13. *Ael. a. a. O.*
c) Parrhasios aus Ephesos, *Suid.* s. v. *Ἁρποκρ.* s. v. *Athen.* XII, p. 543. *Strab.* XIV, p. 642. *Plin.* XXXV, 60. 67, Nebenbuhler des Zeuxis und Zeitgenosse des Sokrates, *Xenoph. Mem.* I, 4, 3. III, 10, 1—5. *Quint.* XII, 10, 4, lebte längere Zeit zu Athen, *Senec. Contror.* V, 10. *Acro* zu *Hor. Od.* IV, 8, 6. *Xenoph. Mem.* III, 10. Unter seinen Gemälden waren berühmt der athenische Demos, *Plin.* XXXV, 69, und ein Vorhang, so täuschend gemalt, dafs Zeuxis ihn für einen wirklichen ansah und ihm den Vorzug vor seinen Trauben einräumte, a. a. O. 65. Auch ward an ihnen feine Individualisierung der Charaktere, Korrektheit der Zeichnung, Richtigkeit der Proportionen, sowie feine Behandlung der Lichtwirkungen gelobt, a. a. O. 67. *Acro* zu *Hor. a. a. O.* Seine Anmafsung und Künstlereitelkeit war berüchtigt, *Plin.* XXXV, 61. *Ael. V. H.* IX, 11. *Athen.* XII, p. 543 c, XV, p. 687 b.
d) Timanthes, wahrscheinlich aus Kythnos, war Zeitgenosse des Parrhasios, gegen den er glänzend manche Züge aufwiegelte über dem Streit zwischen Aias und Odysseus um die Waffen des Achilleus, *Plin.* XXXV, 72, *Ael. V. H.* IX, 11. *Athen.* XII, p. 543. Ebenso trug er gegen den Kolotes von

Olympiaden- jahr.	Jahr v. Chr.	Geschichte.
XCI, 2.	415.[83]	Die Athener ziehen mit einer Flotte von 134 Schiffen und zahlreichen Truppen unter Führung des Nikias, Alkibiades und Lamachos nach Sicilien,[84] machen indes infolge der Uneinigkeit der Führer[85] und der bald erfolgenden Abberufung des Alkibiades[86] zunächst nur geringe Fort-

stützen würden; zugleich versprachen sie reiche Geldunterstützung, *ebend.* Eine Gesandtschaft der Athener, welche nach Egesta geschickt wurde, um diesen letzteren Umstand zu ermitteln, kehrte (von den Egestäern getäuscht, VI, 46) mit günstigen Nachrichten zurück, und so wurde, trotz des Widerspruchs des Nikias (seine Rede s. VI, 9—14), besonders auf Antrieb des Alkibiades (dessen Rede s. VI, 16—18) die Unternehmung beschlossen; eine zweite Rede des Nikias (s. 20—23), worin er die Schwierigkeiten des Unternehmens hervorhob, hatte nur die Wirkung, daß der Eifer der Athener noch mehr angefacht und der Beschluß gefaßt wurde, alles herzustellen und zu leisten, was die Feldherren für nötig befinden würden, *Thuk.* VI, 8—26. Über die ganze sicilische Expedition s. *Thuk.* VI. VII. *Diod.* XII, 83—XIII, 35. *Plut. Nic.* 12—30. Über den letzten Grund des Unternehmens s. besonders die Fortsetzung der *Anm.* 20 angeführten Stelle, *Thuk.* II, 65: ἐξ ὧν (nämlich infolge des vorherrschenden Einflusses des Demagogen) auch der Charakter des athenischen Volkes) ἄλλα τε πολλά, ὡς ἐν μεγάλῃ πόλει καὶ ἀρχὴν ἐχούσῃ, ἡμαρτήθη καὶ ὁ ἐς Σικελίαν πλοῦς. Über die Motive des Alkibiades als den Hauptuhrhebern des Zuges s. *das.* VI, 15: ἐνῆγε δὲ προθυμότατα τὴν στρατείαν Ἀλκιβιάδης ὁ Κλεινίου, βουλόμενος τῷ τε Νικίᾳ ἐναντιοῦσθαι, ὢν καὶ ἐς τἆλλα διάφορος τὰ πολιτικὰ καὶ ὅτι αὐτοῦ διαβόλως ἐμνήσθη, καὶ μάλιστα στρατηγῆσαί τε ἐπιθυμῶν καὶ ἐλπίζων Σικελίαν τε δι' αὐτοῦ καὶ Καρχηδόνα λήψεσθαι καὶ τὰ ἴδια ἅμα εὐτυχήσας χρήμασί τε καὶ δόξῃ ὠφελήσειν. Alkibiades selbst stellt später den Lakedämoniern die Pläne der Athener in folgender Weise dar, s. *das.* 90: ἐπλεύσαμεν ἐς Σικελίαν πρότερον μὲν, εἰ δυνάμεθα, Σικελιώτας καταστρεψόμενοι, μετὰ δὲ ἐκείνους αὖθις καὶ Ἰταλιώτας, ἔπειτα καὶ τῆς Καρχηδονίων ἀρχῆς καὶ αὐτῶν ἀποπειράσοντες· εἰ δὲ προχωρήσειε ταῦτα ἢ πάντα ἢ καὶ τὰ πλείω, ἤδη τῇ Πελοποννήσῳ ἐμέλλομεν ἐπιχειρήσειν, κομίσαντες ξύμπασαν μὲν τὴν ἐκεῖθεν προσγενομένην δύναμιν τῶν Ἑλλήνων, πολλοὺς δὲ βαρβάρους μισθωσάμενοι καὶ Ἴβηρας κ. τ. λ., und daß die Athener von Anfang an wenigstens die Eroberung von ganz Sicilien bezweckten, wird von *Thukyd.* VI, 6 ausdrücklich bezeugt, und mit solchen Plänen beschäftigten sie sich, obgleich die meisten mit der Größe und den Verhältnissen von Sicilien völlig unbekannt waren, s. *ebend.* 1. [Ein bemerkenswerter Umstand dabei ist auch noch,

Teos den Preis davon durch sein berühmtes Gemälde, Iphigenia am Opferaltar stehend, wo der Künstler den Agamemnon mit verhülltem Antlitz gemalt hatte, indem er den Schmerz des Vaters nicht darstellen, sondern nur ahnen ließ, *Plin.* XXV, 73. *Cic. orat.* 22. *Quint.* II, 13. [Einige Motive

daß, wie aus der *Anm.* 62 angeführten Inschrift hervorgeht, in dieser Zeit nicht nur die bei den Tempeln gemachten Anleihen zurückerstattet, sondern auch wieder 3000 Talente in dem Staatsschatze niedergelegt worden waren, vgl. *Thuk.* VI, 27.

83) *Thukyd.* VI, 8—93. *Diod.* XII, 83—XIII, 6. *Plut. Nic.* 12—16. *Alc.* 17—21.

84) Von den 134 Trieren waren 100 von den Athenern, 34 von den Bundesgenossen gestellt; auf ihnen befanden sich außer den Ruderern 5100 Hopliten (2200 von Athen, 500 von Argos u. s. w.), 480 Bogenschützen, 700 rhodische Schleuderer, 30 Reiter. Die Abfahrt von Athen geschah in der Mitte des Sommers; die Schiffe und Mannschaften der Verbündeten stießen in Kerkyra hinzu. *Thuk.* VI, 30. 42—43. Die Flotte der Athener war mit ganz besonderer Sorgfalt und Pracht ausgerüstet, *das.* 30—31.

85) Die Flotte segelte von Kerkyra nach Italien und dort längs der Küste, von keiner der italienischen Städte aufgenommen, nach Rhegion, wo dem Heere ebenfalls die Aufnahme in die Stadt verweigert wurde, *Thuk.* VI, 44. Dort traf sie die Nachricht von der Täuschung der Egestäer, *daselbst* 46 vgl. *Anm.* 82; bei der darauf folgenden Beratung schlug Nikias vor, nach Egesta zu segeln, dessen Streit mit Selinus beizulegen und dann nach Hause zurückzukehren. Alkibiades drang darauf, daß man sich erst durch Unterhandlungen mit den übrigen Städten in Sicilien festsetzen und dann Syrakus angreifen müsse, während Lamachos zu einem sofortigen Angriff auf das unvorbereitete Syrakus aussprach, *das.* 47—49. Lamachos schloß sich indes der Meinung des Alkibiades an, welcher somit die Oberhand gewann, worauf man nach Naxos segelte, welches sich freiwillig anschloß und durch List auch Katana zum Beitritt brachte, *das.* 50—51. *Andoc. de myst.* p. 2—9 §. 11—60. *Bekk.* *Plut. Alc.* 18—22. Noch vor dem Aufbruch der Flotte wurden die Hermensäulen zu Athen in einer Nacht verstümmelt, und die Gegner des Alkibiades benutzten diese Gelegenheit, ihn beim Volke zu verdächtigen. Die durch diesen Vorfall bewirkte Aufregung des Volks wurde noch durch die Anzeige gesteigert, daß die eleusinischen Mysterien durch Parodierung derselben in Privathäusern verhöhnt und entweiht worden seien. Man meinte allgemein, daß diese Handlungen mit verräterischen Absichten auf den Sturz der

dieses Bildes von Timanthes finden sich in einem pompejanischen Wandgemälde wieder, *Müller* und *Oesterley*, *Denkmäler* I, no. 206.] Sein Genie bewährte sich besonders darin, daß seine Gemälde mehr besagten, als sein Pinsel wirklich gemalt hatte, *Plin. a. a. O.*

Olympiaden-jahr.	Jahr v. Chr.	Geschichte.
XCI, 2.	415.	schritte.[87] Sieg der Athener bei Syrakus ohne erheblichen Erfolg.[88]
XCI, 3.	414. [89]	Nach empfangener neuer Unterstützung aus Athen[90] zieht Nikias gegen Syrakus, nimmt die die Stadt beherrschende Höhe Epipolä und beginnt von hier aus, nachdem er im offenen Felde die Oberhand gewonnen, die Stadt mit Mauern einzuschliefsen.[91] Als aber die Einschliefsung beinahe vollendet ist,[92] kommt der Spartiat Gylippos mit Hilfe aus dem Peloponnes,[93] schlägt die Athener und wirft sie auf die Verteidigung zurück.[94]

Demokratie zusammenhingen (*Thuk.* VI, 28. 60: πάντα αὐτοῖς ἴδοξεν ἐν δημοκρατίᾳ ἀλογωτέρᾳ καὶ τυραννικῇ πεπράχθαι). Trotzdem dafs Alkibiades eine sofortige Untersuchung verlangte, wurde dieselbe dennoch zunächst aufgeschoben; nach der Abfahrt der Flotte wurde sie wieder aufgenommen. Nun wurde zwar der Hermokopidenprozefs durch die Denunziation des Andokides beseitigt, *Thuk.* VI, 60—61. *Andoc. de myst.* p. 5—9 (§. 34—69). *de redit. s.* p. 20 (§. 7—9). *Plut. Alc.* 21—22. Indessen der Prozefs wegen der Mysterien wurde fortgeführt; Alkibiades wurde auf Anlafs hiervon zurückgerufen und folgte der Ladung den zu diesem Zwecke abgeschickten salaminischen Schiffes, entfloh aber bei Gelegenheit einer Landung in Thurii, worauf ihn die Athener in seiner Abwesenheit zum Tode verurteilten, *Thuk.* VI, 61. *Plut. Alc.* 22.

87) Der Sommer ging damit hin, dafs sie einen fruchtlosen Versuch machten, Kamarina zu gewinnen, *Thukyd.* VI, 52, und darauf längs der Nordküste der Insel nach Egesta segelten, eine kleine Stadt Hykkara nahmen, dagegen aber Himera und Hybla vergeblich angriffen, *das.* 62.

88) *Thuk.* VI, 63—71. Die Schlacht wurde im Winter durch eine List gewonnen; nach derselben kehrten die Athener zunächst nach Katana zurück und begaben sich dann nach Naxos, um daselbst zu überwintern, *das.* 72. Vorher machten sie noch einen erfolglosen Anschlag auf Messene, *das.* 74. Die Syrakusier aber benutzten die Zögerung der Athener, besonders auf Betrieb des Hermokrates, der schon früher auf die von den Athenern drohende Gefahr aufmerksam gemacht und energische Mafsregeln empfohlen hatte (*das.* 32—41), um durch die Verminderung der Oberbefehlshaber von 15 auf 3 eine gröfsere Einheit in der Kriegführung herzustellen, *das.* 73, um die Stadtmauer durch Hineinziehung des Stadtteils Temenites zu erweitern, *das.* 75, und um Gesandte nach Korinth und Sparta mit der Bitte um Hilfe zu schicken, welche daselbst ein Alkibiades (der von Thurii über Kyllene nach Sparta gegangen war, *das.* 88) einen eifrigen Fürsprecher fanden, *das.* 73. 88—93. Die Athener gewannen unterdessen einige Unterstützung an den im Innern der Insel wohnenden Sicilioten, *das.* 88, aufserdem warben sie sogar um die Bundesgenossenschaft von Karthago und Tyrrhenien, *ebend.*

89) *Thuk.* VI, 94—VII, 18. *Plut. Nic.* 17—20. *Diod.* VIII. 7—9.

90) *Thuk.* VI, 74. 93. 94. Die Unterstützung bestand

aus 250 Reitern (ohne Pferde), 30 Bogenschützen zu Pferde und 300 Talenten, 94. Die Reiterei wurde bald auch noch durch 300 Reiter aus Egesta und durch 100 aus Naxos und anderen sicilischen Städten verstärkt, *das.* 98.

91) *Thuk.* VI, 96—103. Epipolä war eine Hochebene, die sich im Anschlufs an die Stadt nach Westen hin in Gestalt eines Dreiecks, dessen Spitze im Westen der Euryelos, erhob und nach allen Seiten hin steil abfiel (ἀνώμαλον ὑπὸ τὸν Συρακοσίων διὰ τὸ ἐπιπολῆς τοῦ ἄλλου εἶναι Ἐπιπολαί), *das.* 96. Die Athener kamen den Syrakusiern, die zu spät auf die Wichtigkeit dieser Höhe aufmerksam wurden, in Besetzung derselben zuvor, schlugen eine Abteilung der Syrakusier, die ihnen noch im letzten Augenblick die Besitznahme streitig machen wollte, *das.* 96—97, fingen dann den Bau der Einschliefsungsmauer an, schlugen die Syrakusier in einem Reitertreffen, *das.* 98, zerstörten eine Befestigungslinie, durch welche die Syrakusier ihre Mauer zu durchkreuzen suchten, und brachten denselben dabei von neuem Verluste bei, *das.* 99—100, und nachdem sie mehr als die Hälfte der Mauer auf Epipolä vollendet hatten, nachdem sie ferner einen neuen Sieg über die Syrakusier gewonnen (wobei Lamachos fiel) und ihre Flotte in den grofsen Hafen eingelaufen war, setzten sie die Mauern südlich in der Niederung nach dem grofsen Hafen hin fort, *das.* 101—102. Ihr Glück verschaffte ihnen zugleich immer neue Bundesgenossen, indem sich nicht nur viele Sicilier bei ihnen einstellten, sondern auch aus Tyrrhenien (vgl. *Anm.* 88) 3 Fünfzigruderer ankamen, *das.* 103.

92) *Thuk.* VII, 2: ἐπειδὴ μὲν ἡ ἄνω στρατιὰν ἤδη ἐτετέλεστο τοῖς Ἀθηναίοις, ἐς τὸν μέγαν λιμένα διπλοῦν τείχος, πλὴν κατὰ βραχύ τι τὸ πρὸς τὴν θάλασσαν, τοῦτο δ' ἔτι ᾠκοδόμουν· τῷ δὲ ἄλλῳ τοῦ κύκλου πρὸς τὸν Τρωγίλον ἐπὶ τὴν ἑτέραν θάλασσαν λίθοι τε παραβεβλημένοι τῷ πλέον ἤδη ἦσαν, καὶ ἔστιν ἃ καὶ ἡμίεργα, τὰ δὲ καὶ ἐξειργασμένα κατελείπετο. παρὰ τοσοῦτον μὲν Συρακούσαι ἦλθον κινδύνου. Die Syrakusier fingen daher auch schon an, über die Übergabe bei sich und mit Nikias zu verhandeln, *das.* VI, 103. VII, 2.

93) *Thuk.* VI, 93. 104. VII, 1—2. 7. Gylippos geht mit 4 Schiffen voraus, zunächst nur in der Absicht, die Städte in Italien zu schützen; denn nach den Nachrichten, die er über Syrakus empfangen, waren die dortigen Verhältnisse hoffnungslos, *das.* 104; er setzt aber dann seine Fahrt nach Himera fort (Nikias versäumte es, ihn daran zu verhindern,

Vierte Periode. Von 431—338 v. Chr.

Olympiaden-jahr.	Jahr v. Chr.	Geschichte.
XCI, 3.	414.	Die Athener beunruhigen die Küste von Lakonika durch feindselige Landungen und machen damit den Anfang zur Erneuerung des offenen und direkten Kriegs mit Sparta.[95]
XCI, 4.	413.[96]	Dekeleia auf attischem Gebiet von den Spartanern besetzt.[97] Demosthenes kommt mit einer Flotte von 73 Schiffen und mit einem Heere zur Unterstützung des Nikias vor Syrakus an.[98] Ein Angriff desselben auf die Befestigungen der Syrakusier auf Epipolä mißlingt,[99] und nachdem die Flotte im Hafen geschlagen und darauf der Hafen selbst versperrt

ebend.), landet dort, zieht von Himera, Selinus. Gela u. a. Städten noch etwa 2000 Mann an sich, und marschiert mit diesen und seinen eigenen Truppen (700 Mann) auf Syrakus los, wo er an der von den Athenern noch nicht befestigten Stelle eindringt, *das.* VII, 1—2. Schon vorher war der Korinthier Gongylos mit einer Triere in den Hafen von Syrakus eingelaufen und hatte die Nachricht von der nahenden Hülfe gebracht, *das.* 2; später kamen noch andere 12 Schiffe, größtenteils korinthische, *das.* 7.

94) Gylippos lieferte den Athenern sogleich beim Eindringen, nachdem er sich mit den Syrakusiern gevinigt, ein Treffen, das er indes vor der Entscheidung abbrach; am andern Tage aber nahm er das für die Athener wichtige Fort Labdalon, *Thuk.* VII, 3, dann fing er an eine Mauer zur Durchkreuzung der athenischen Befestigungen zu bauen, *das.* 4, wurde zwar in einer nächsten Schlacht geschlagen, *das.* 5, griff aber die Athener bald von neuem an, schlug sie und vollendete nun die begonnene Mauer, wodurch die den Athenern unmöglich gemacht wurde, die Einschließung zu vollenden, *das.* 6. Gylippos bereiste nun selbst die übrigen Städte auf Sicilien, um sie zu eifriger Unterstützung anzuregen, *das.* 7, was auch den Erfolg hatte, daß sich fast ganz Sicilien gegen die Athener erhob, *das.* 15; auch wurden neue Mahnungen nach Korinth und Sparta geschickt, *das.* 7. 17, und in Syrakus selbst fing man an, die Schiffe auszurüsten, um es auch zur See mit den Athenern zu versuchen, *das.* 7. Nikias befestigte Plemmyrion am Eingang des Hafens, προσήκει τε ἤδη μάλλον τῷ κατὰ θάλασσαν πολέμῳ, ὁρῶν τὰ ἐκ τῆς γῆς σφίσιν, ἐπειδὴ Γύλιππος ἥκει, ἀνελπιστότερα ὄντα, *das.* 4, und schickte Boten mit einem Briefe nach Athen, worin er seine bedrängte Lage schilderte, s. bes. *das.* 11: ξυμβέβηκέ τε πολιορκεῖν δοκοῦντας ἡμᾶς ἄλλους αὐτοὺς μᾶλλον ὅσα γε κατὰ γῆν τοῦτο πάσχειν) und darum bat, daß man entweder ihn und die ganze Heeresmacht zurückberufen oder eine andere nicht geringere Heeresmacht zu Hülfe schicken möchte, *das.* 8. 10—15. Die Athener wählen das letztere und schicken noch im Winter den Eurymedon mit 10 Schiffen und 20 Talenten voraus; mit dem Frühjahr sollte dann Demosthenes mit der Hauptmacht folgen, *das.* 16. Die weitere Bitte des Nikias, daß man ihn vom Oberbefehle entbinden möge, wurde nicht gewährt, doch

wurden ihm Menandros und Euthydemos als Mitfeldherren zur Seite gesetzt; später sollten Eurymedon und Demosthenes den Oberbefehl mit ihm teilen, *das.* 16.

95) *Thuk.* VI, 105. Vgl. V, 25. VII, 18 und *Anm.* 63.

96) *Thuk.* VII, 19—VIII, 6. *Plut. Nic.* 20—30. *Diod.* XIII, 10—33.

97) Dies geschah auf den Rat des Alkibiades, *Thuk.* VI, 91. 93. VII, 18, sogleich zu Anfang des Frühlings, *das.* 19. Dekeleia war nur 120 Stadien von Athen entfernt, ἐπὶ δὲ τῇ πόλει καὶ τῆς χώρας τοῖς κρατίστοις ἐς τὸ κακουργεῖν ᾠκοδομεῖτο τὸ τεῖχος, ἐπιφανὲς μέχρι τῆς τῶν Ἀθηναίων πόλεως, *ebend.* Über die Nachteile, die der Stadt hierdurch zugefügt wurden (die gänzliche Verwüstung der Landschaft, Entlaufen der Sklaven, Erschwerung der Zufuhr aus Euböa u. s. w.) *das.* 27—28. 28: τῶν τε πάντων ὁμοίως ἐπακτῶν ἐδεῖτο ἡ πόλις καὶ ἀντὶ τοῦ πόλις εἶναι φρούριον κατέστη.

98) Über den Zug des Demosthenes s. *Thuk.* VII, 20. 26. 31. 33. 35. Seine Ankunft mit 73 Trieren und 5000 Hopliten teils von Athen, teils von den Bundesgenossen, und zahlreichen Leichtbewaffneten, *das.* 42. Mittlerweile hatten auch die Peloponnesier wieder Anstalten gemacht, den Syrakusiern Hülfe zu senden, *das.* 17. 19. 31, und ein Teil der Hülfstruppen war bereits in Syrakus eingetroffen, *das.* 25, die andern kamen etwas später, *das.* 50, ferner war Gylippos mit zahlreichen Hülfstruppen der sicilischen Städte nach Syrakus zurückgekehrt, *das.* 21, vgl. *Anm.* 94; die syrakusische Flotte aber hatte es gewagt, der athenischen die Spitze zu bieten, und war zwar in einer ersten Schlacht besiegt worden, *das.* 21—23, hatte aber dann einen glänzenden Sieg gewonnen, *das.* 37—41. Dazu kam noch, daß gleichzeitig mit der ersten Seeschlacht Gylippos Plemmyrion angegriffen und genommen hatte, *das.* 23. 24. Dies alles hatte die Folge, daß die Syrakusier τὴν ἐλπίδα ἤδη ἰσχυρὰν εἶχον ταῖς μὲν ναυσὶ καὶ πολὺ κρείσσους εἶναι, ἐδόκουν δὲ καὶ τὸν πεζὸν χειρώσεσθαι, *das.* 41. Die Ankunft des Demosthenes stellte wenigstens für den Augenblick das Gleichgewicht her und warf die Syrakusier aus dem Gefühl der Überlegenheit wieder in Besorgnisse und Zweifel, *das.* 42.

99) *Thuk.* VII, 43—45.

Olympiaden-jahr.	Jahr v. Chr.	Geschichte.
XCI, 4.	413.	worden ist, wird das ganze Heer der Athener auf dem Rückzuge ins innere Land teils niedergemacht teils gefangen genommen.[100]
		c) Der dekeleische Krieg.[101] Die letzten Anstrengungen Athens bis zur Übergabe der Stadt, 413—404.
XCII, 1.	412.[102]	Die meisten der bisherigen Bundesgenossen von Athen, insbesondere Euböa, Lesbos, Chios, Erythrä bewerben sich um das Bündnis mit Sparta.[103] Sparta, im Bündnis mit dem persischen Satrapen Tissaphernes,[104] bringt

100) Des Demosthenes Absicht, sogleich nach dem Miflingen des Anschlags auf Epipolä mit Flotte und Heer aufzubrechen und nach Athen zurückzukehren, wurde durch unglückliche Zögerungen des Nikias vereitelt, *Thuk.* VII, 46—49; Krankheiten bei den Athenern, *das.* 47; neue Verstärkungen auf seiten der Syrakusier, *das.* 50; Beschluß, nach Thapsos oder Katana aufzubrechen, und Vereitelung desselben durch eine Mondfinsternis (am 27. August 413) und durch den Aberglauben des Nikias, *ebend.;* Seesieg der Syrakusier, *das.* 51—54, Versperrung des Hafens, *das.* 56. 59; vergeblicher Versuch der Athener durchzubrechen, *das.* 61—71; nach einer, wiederum durch Nikias' Zögerung verursachten Versäumnis von 2 Tagen Aufbruch zu Lande, um im Innern der Insel eine Zuflucht zu suchen, und nach flüssigem Hinund Herziehen Überwältigung des ganzen Heeres, *das.* 72—85. Nikias und Demosthenes hingerichtet (nach *Plut.* 28 ließ ihnen Hermokrates, nachdem ihre Verurteilung erfolgt war, die Mittel zugeben, um sich selbst den Tod zu geben), die Gefangenen in die Lautumien geworfen, *das.* 86—87. *Plut. Nic.* 28—29. (Beim Aufbruch von Syrakus war das Heer noch 40000 Mann stark, *Thuk.* VII, 75; die Zahl der Gefangenen, welche nach Syrakus gebracht wurden, betrug nicht weniger als 7000, *das.* 87. — Die Staaten, welche der einen oder dem andern Teile Hilfe geschickt, werden *das.* 57—58 aufgezählt, sie sind auf seiten der Athener: Lemnos, Imbros, Ägina, Hestiäa, Eretria, Chalkis, Styra, Karystos, Kos, Andros, Tenedos, Milotos, Samos, Chios, Methymna, Änos, Rhodos, Kythera, Argos, Kephallenia, Zakynthos, Korkyra, Naupaktos, Mantinea, Kreta, Thurii, Motapontion, Naxos, Katana, dazu noch Platäer, Ätoler, Akarnanon, Sicilier, Tyrrhener; auf seiten der Syrakusier: die griechischen Städte auf Sicilien mit Ausnahme von Naxos, Katana, ferner Sparta, Korinth, Sikyon, Leukas, Amprakia, die Böoter, arkadische Mietstruppen und Sicilier.)

101) So genannt *Diod.* XIII, 9. *Harpocr.* s. v. *Δεκελεικὸς πόλεμος. Pomp. Trog. Prol. lib.* V.

102) *Thuk.* VIII, 7—60. *Diod.* XIII, 34. 36. 37.

103) Über die Lage von Athen nach dem sicilischen Unglück im allgemeinen s. *Thuk.* VIII, 1: Ἡδικεῖα δὲ συντα-

χθεῖσιν αὐτοῖς ἦλπιζέ τε καὶ περιεσπήκει ἐπὶ τῷ γεγενημένῳ ψήφος τε καὶ κατάπληξις μεγίστη δή· ἅμα μὲν γὰρ στερόμενοι καὶ ἰδίᾳ ἕκαστος καὶ ἡ πόλις ὁπλιτῶν τε πολλῶν καὶ ἱππέων καὶ ἡλικίας οἵαν οὐχ ἑτέραν ἑώρων ὑπάρχουσαν, ἐβαρύνοντο, ἅμα δὲ ναῦς οὐχ ὁρῶντες ἐν τοῖς νεωσοίκοις ἱκανὰς οὐδὲ χρήματα ἐν τῷ κοινῷ οὐδ᾽ ὑπηρεσίας ταῖς ναυσὶν ἀνέλπιστοι ἦσαν ἐν τῷ παρόντι σωθήσεσθαι, τούς τε ἀπὸ τῆς Σικελίας πολεμίους εὐθὺς σφίσιν ἐνόμιζον τῷ ναυτικῷ ἐπὶ τὸν Πειραιᾶ πλευσεῖσθαι, ἄλλως τε καὶ τοσοῦτον κρατήσαντας — καὶ τοὺς ξυμμάχους σφῶν μετ᾽ αὐτῶν ἀποστάντας· ὅμως δὲ ἐκ τῶν ὑπαρχόντων ἐδόκει χρῆναι μὴ ἐνδιδόναι —. Zur Leitung der Geschäfte in dieser außerordentlichen Zeit wurde eine Kommission von 10 Männern gewählt, *ebend.*, und um dem Mangel an Mitteln abzuhelfen, wurde (im Sommer) beschlossen, daß eine Summe von 1000 Talenten, welche zu Anfang des Kriegs für den äußersten Notfall zurückgelegt worden war, zur Verwendung gebracht werden sollte, *das.* VIII, 15, vgl. II, 24. Auch wurde, um das Einkommen zu erhöhen, seit 413 statt des Tributs der Unterthanen ein Zoll erhoben, s. o. *Anm.* 1. Über die Geneigtheit der Bundesgenossen zum Abfall überhaupt s. *das.* VIII, 2, und über die Gesandtschaften von Euböa, Lesbos, Chios, Erythrä *das.* 5. Auch die beiden persischen Satrapen in Kleinasien, Tissaphernes und Pharnabazos, bemühten sich wetteifernd um das spartanische Bündnis, *das.* 5. 6.

104) Für diesen entschied man sich zuerst *Thuk.* VIII, 6, und es wurden nach und nach bis zum Ende Winters 411 drei Verträge mit ihm abgeschlossen, *das.* 18. 37. 58. Die beiden ersten derselben räumten dem König alles wieder ein, was er und seine Vorfahren besessen; später fanden dies die Spartaner selbst ihrer unwürdig (*das.* 43: δεινὸν εἶναι εἰ χώρας ὅσης βασιλεὺς καὶ οἱ πρόγονοι ἔρξαιεν πρότερον, ταύτης καὶ νῦν ἀξιώσει κρατεῖν· ἐνῆν γὰρ καὶ νήσους ἁπάσας πάλιν δουλεύειν καὶ Θεσσαλίαν καὶ Λοκροὺς καὶ τὰ μέχρι Βοιωτῶν, καὶ ἀντ᾽ ἐλευθερίας ἂν Μηδικὴν ἀρχὴν τοῖς Ἕλλησι τοὺς Λακεδαιμονίους περιθεῖναι) und schlossen daher den dritten Vertrag, in welchem aber immer noch dem König ganz Asien überlassen war. Dagegen versprach Tissaphernes ihnen Sold zu zahlen.

Vierte Periode. Von 431—338 v. Chr.

Olympiadenjahr.	Jahr v. Chr.	Geschichte.	Kunst und Litteratur.
XCII, 1.	412.	nach und nach Chios, Erythrä, Klazomenä,[105] Teos,[106] Miletos,[107] Lebedos, Erä,[108] Lesbos[109] und im Laufe des Winters auch Rhodos[110] zum Abfall von Athen. Die Athener, den Spartanern allmählich eine Flotte von über 100 Schiffen entgegenstellend,[111] nehmen Teos, Lesbos und Klazomenä[112] wieder und greifen Chios an.[113] Alkibiades, der sich vor den Nachstellungen der Lakedämonier zum Tissaphernes geflüchtet,[114] unterhandelt mit den Athenern auf Samos über seine Zurückberufung.[115] Vorbereitungen zum Sturz der Demokratie in Athen.[116]	
XCII, 2.	411.[117]	Oropos den Athenern von den Böotern entrissen.[118]	Kunstmäfsige politische

---

105) *Thuk.* VIII, 11—14. Dieser wichtige Erwerb (über die damalige Macht und Blüte von Chios s. *das.* 15. 24. 45) wurde für die Spartaner hauptsächlich durch Alkibiades gewonnen, der es durchsetzte, dafs die Spartaner, obgleich eine zur Mitwirkung bestimmte korinthische Flotte von den Athenern geschlagen und dadurch in dem saronischen Meerbusen zurückgehalten wurde (*das.* 7—11), dennoch mit 5 Schiffen vorauseilten und mit diesen die Chier zum Abfall bewogen.

106) *Thuk.* VIII, 19 vgl. 25.
107) *Thuk.* VIII, 17.
108) *Thuk.* VIII, 19.
109) *Thuk.* VIII, 22—23.
110) *Thuk.* VIII, 44.

111) Es werden nach und nach von den Athenern erst 8 Schiffe unter Strombichides, *Thuk.* VIII, 15. 16, dann 10 unter Thrasykles, *das.* 17, 16 unter Diomedon, *das.* 19, 10 unter Leon, *das.* 23, 48 unter Phrynichos, Onomakles und Skironides nebst 3500 Hopliten (1000 von Athen, 1500 von Argos, 1000 von andern Bundesgenossen), *das.* 25, und endlich 35 unter Charminos, Strombichides und Euktemon, *das.* 30, zum Krieg gegen den Feind in den Archipel geschickt. Nach allen diesen Sendungen erscheinen einmal 104 Schiffe auf einem Punkt vereinigt, *das.* 30.

112) *Thuk.* VIII, 20. 23.

113) *Thuk.* VIII, 24. 30. 38. 40. 55. Die Athener sind im Besitz mehrerer fester Plätze auf der Insel, von wo aus sie die Stadt hart bedrängen. Ihr Standquartier haben sie in dieser Zeit regelmässig in Samos, *das.* 21.

114) *Thuk.* VIII, 15. *Plut. Alc.* 24.

115) *Thuk.* VIII, 45—52. *Plut. Alc.* 24—26. Alkibiades bewog den Tissaphernes, mit der Unterstützung der Spartaner zurückzuhalten und statt ihnen durch Hilfeleistung zum Siege über die Athener zu verhelfen, vielmehr beide kämpfende Teile sich gegenseitig durch den Krieg aufreiben zu lassen; den Athenern auf Samos aber spiegelte er vor, dafs er ihnen die Hülfe Persiens zuwenden wolle, wenn sie nur die Verfassung ändern wollten. *Thuk.* VIII, 46: ὁ Ἀλκιβιάδης, ὅπερ

καὶ ἦν, οὐδὲν μᾶλλον ὀλιγαρχίας ἢ δημοκρατίας δεόμενος ἰδόκει αὐτῷ (τῷ Φρινίχῳ) ἢ ἄλλο τι σκοπεῖσθαι ἢ ὅτῳ τρόπῳ ἐκ τοῦ παρόντος κόσμου τὴν πόλιν μεταστήσας ὑπὸ τῶν ἑταίρων παρακληθεὶς κάτεισι.

116) Peisandros wird von der Flotte auf Samos, welche geneigt ist, auf die Anträge des Alkibiades einzugehen, nach Athen geschickt, um dort die Zurückberufung des Alkibiades und die Änderung der Verfassung zu bewirken, *Thuk.* VIII, 49. Das Volk, durch seine bedrängte Lage und durch die Aussicht auf die Unterstützung des Tissaphernes bewogen, giebt seine Zustimmung und erteilt dem Peisandros Vollmacht, mit Tissaphernes zu unterhandeln, *das.* 53—54. 54: καὶ ὁ μὲν Πείσανδρος τάς τε ξυνωμοσίας, αἵπερ ἐτύγχανον πρότερον ἐν τῇ πόλει οὖσαι ἐπὶ δίκαις καὶ ἀρχαῖς, ἁπάσας ἐπελθὼν καὶ παρακελευσάμενος ὅπως ξυστραφέντες καὶ κοινῇ βουλευσάμενοι καταλύσουσι τὸν δῆμον, καὶ τἆλλα παρασκευάσας ἐπὶ τοῖς παροῦσιν ὥστε μηκέτι διαμέλλεσθαι, αὐτὸς μετὰ τῶν δέκα ἀνδρῶν τὸν πλοῦν ὡς τὸν Τισσαφέρνην ποιεῖται. Die Verhandlungen mit Tissaphernes führen indes nicht zum Ziele, *das.* 56, und Tissaphernes wendet seine Unterstützungen wieder mehr den Spartanern zu, 57—59. (Tissaphernes schliefst jetzt den oben *Anmerk.* 104 erwähnten dritten Vertrag mit ihnen.)

117) *Thuk.* VIII, 61 bis zu Ende. *Xen. Hell.* I, 1. [Die von §. 11 des ersten Kapitels der Hellenika bis zu Ende desselben erzählten Vorgänge fallen gegen Ende des Winters 411/0, s. *Anm.* 129, und gehören also nach der Thukydideischen Jahresrechnung, der auch Xenophon in den beiden ersten Büchern folgt, noch in das Jahr 411, den Kalenderjahren nach aber in das Jahr 410.] *Diod.* XIII, 38—40. *Plut. Alc.* 20—27. [Bei Diodor sind die Ereignisse dieses Jahres in zwei Archontenjahre verteilt; das Gleiche findet hinsichtlich der Vorgänge des Jahres 400 statt; dagegen sind unter den Jahren 409 und 408 wieder die Ereignisse von zwei Jahren zusammengefafst.]

118) *Thuk.* VIII. 60: τελευτῶντος ἤδη τοῦ χειμῶνος, also eigentlich noch im ersten Jahr der 91sten Olympiade.

Olympiaden-jahr.	Jahr v. Chr.	Geschichte.	Kunst und Litteratur.
XCII, 2.	411.	Die Demokratie in Athen durch Peisandros, Antiphon, Phrynichos, Theramenes gestürzt und ein oligarchischer Rat von 400 Mitgliedern eingesetzt.[119] Trennung zwischen der Stadt und Flotte, welche letztere sich für die Demokratie erklärt.[120] Alkibiades von der Flotte zurückberufen.[121] Die	*Beredsamkeit:* Antiphon,[r] Andokides,[s] Lysias.[t]

119) *Thuk.* VIII, 63—69. *Lys. adv. Eratosth.* p. 126 (§. 65—67). Die Einsetzung der 400 geschah, nachdem das Volk durch die Hetärieen eingeschüchtert war, s. *Thuk. a. a. O.* 66 vgl. *Anm.* 116), in der Weise, daſs zuerst 5 πρόεδροι eingesetzt worden und daſs diese dann 100 Mitglieder und die 100 wieder je 3 Mitglieder wählen, *Thuk. a. a. O.* 67. Die 400 sollten noch eine Volksversammlung von 5000 Bürgern einsetzen, was aber nicht geschah, *das.* Die oben genannten Häupter und Führer der Revolution werden *das.* 68 charakterisiert. Durch eben diese Männer wurde die Revolution auch in mehreren der verbündeten Staaten durchgeführt, was aber die Folge hatte, daſs mehrere derselben, namentlich Thasos, sogleich nach Einsetzung der Oligarchie abfielen und zu Sparta übergingen, *das.* 64.

120) *Thuk.* VIII, 72—77. Am thätigsten bei dieser Umstimmung der Flotte und bei deren Rückkehr zur Demokratie zeigten sich Thrasyllos und Thrasybulos, *das.* 75.

121) *Thuk.* VIII, 81—82.

r) Antiphon, aus dem Gau Rhamnus in Attika, geboren um 480, *Suid.* v. *Harpocr.* τ. *Antiph. Vit. n'.* *Westerm.*, von seinem Vater, dem Sophisten Sophilos unterrichtet, *Ant. Vit. n'. f'.* IV, eröffnete eine Rednerschule zu Athen, *Plut. d. glor. Athen.* p. 350, wo auch Thukydides sein Schüler und Bewunderer war, *Ant. Vit. n'. f.* *Thuk.* VIII, 68, und verfertigte für Geld gerichtliche Verteidigungsreden, *Phot. Bibl.* cod. 309, weshalb er vom Komiker Platon verspottet wurde, *Aut. Vit. n'. Philostr. Ant. Vit.* XV. p. 498. Er sprach selbst niemals in der Volksversammlung über Staatsfragen und auch nicht als Anwalt vor Gericht, auſser einmal für sich selbst, als er wegen Hochverrats angeklagt war, *Thuk. a. a. O. Cic. Brut.* 12. Er war die Haupttriebfeder des Sturzes der demokratischen Verfassung und der Einsetzung des Bürgerausschusses der Vierhundert, *Thuk. a. a. O. Ant. Vit. f'. Philostr. a. a. O.*, vgl. *Anm.* 119. Nach der Wiederherstellung der Demokratie ward er auf Theramenes Betrieb des Hochverrats angeklagt und trotz seiner geschickten Verteidigung verurteilt und hingerichtet; seine Güter wurden konfisziert, sein Haus niedergerissen und seine Kinder für ehrlos erklärt, *Ant. Vit. n'. Lysias e. Eratosth.* p. 427. *Thuk. a. a. O. Cic. a. a. O.* Die Alten kennen von Antiphon eine τέχνη ῥητορική und 35 für echt gehaltene Reden, *Ant. Vit. n'. Quint.* III, 1, 11. Erhalten sind von ihm 15 Reden, drei wahrscheinlich für wirkliche Kriminalprozesse geschrieben (unter ihnen die berühmteste Περὶ τοῦ Ἡρῴδου φόνου); die übrigen zwölf sind Musterreden über fingierte Rechtsfälle, immer je vier, zwei Anklage- und zwei Verteidigungsreden, über einen und denselben Fall. Wegen seiner Beredsamkeit ward er Nestor zubenannt, und er war der älteste der in den Kanon der Alexandriner aufgenommenen 10 attischen Redner, *Ant. Vit. n'. Philostr. a. a. O.* Über den Charakter seiner Rede vgl. *Dion. Hal. de Is.* 20: Ἀντιφῶν γε μὴν τὸ αὐστηρὸν μόνον καὶ ἀρχαῖον, ἀγωνιστὴς δὲ λόγων οὔτε δικανικῶν οὔτε συμβουλευτικῶν ἐστιν.

s) Andokides, Sohn des Leogoras, geboren 444—441 (*de redit.* 7. *de myst.* 117 ff. 148, unrichtig ist das Geburtsjahr 408), war tief verwickelt in die politischen Ereignisse seiner Zeit. Er wurde später in den Hermokopidenprozess verwickelt und trotz seiner Denunziation der Schuldigen mit Verlust der bürgerlichen Ehre bestraft, s. *Anm.* 86. Nachdem er Seereisen in Handelsgeschäften unternommen, *And. zit. de myst.* §. 137. *Ps.-Lys. c. Andoc.* §. 6. *And. de red.* §. 11 f., auch zweimal vergeblich die Rückkehr nach Athen versucht hatte, wurde ihm dieselbe endlich durch die allgemeine Amnestie nach dem Sturze der Dreiſsig gestattet, *And. Vit.* Aber eine erfolglose Gesandtschaft nach Sparta während des korinthischen Krieges zog ihm abermals den Vorwurf der Verbannung zu, in der er wahrscheinlich gestorben ist, a. a. O. Unter seinem Namen sind vier für die Zeitgeschichte nicht unwichtige Reden auf uns gekommen: Περὶ τῆς ἑαυτοῦ καθόδου (im J. 409), Περὶ τῶν μυστηρίων (399), Περὶ τῆς πρὸς Λακεδαιμονίους εἰρήνης (390), die wahrscheinlich nicht von ihm herrührende Rede κατ' Ἀλκιβιάδου. Er gehörte zum Kanon der 10 attischen Redner. Von seiner Redeweise heiſst es *And. Vit.*: ἔστι δ' ἁπλοῦς καὶ ἀκατάσκευος ἐν τοῖς λόγοις, ἀφελής τε καὶ ἀσχημάτιστος.

t) Lysias, Sohn des Syrakusiers Kephalos, der nach Athen übersiedelte, geboren 459 [*Plut.*] *Vit. Lys.* (nach Neueren 444 oder 432) zu Athen, schloſs sich 15 Jahr alt der athenischen Kolonie Thurii an, wo er den Unterricht des Tisias genoſs. Nach der Niederlage der Athener bei Syrakus muſste er wegen seiner athenischen Sympathieen Thurii verlassen, kehrte nach Athen zurück und wirkte dort als Redner und Lehrer der Beredsamkeit, *Vit. Lys. n'. f'. Westerm.* Unter der Herrschaft der Dreiſsig als Feind der Regierung verhaftet, rettete er sich durch die Flucht nach Megara; doch wurde sein Vermögen konfisziert, s. *Anm.* 153. Darauf unterstützte er durch Geldbeiträge Thrasybulos' Unternehmen gegen die Tyrannen und lebte nach deren Sturz zu Athen zurückgezogen von

Olympiaden-jahr.	Jahr v. Chr.	Geschichte.
XCII, 2.	411.	Oligarchie in der Stadt wegen des Verdachts verräterischer Verbindungen mit Sparta[122] wieder gestürzt und die Demokratie hergestellt.[123] Euböa geht für Athen verloren.[124] Die spartanische Flotte unter Mindaros wendet sich, die Verbindung mit Tissaphernes aufgebend, nach dem Hellespont zum Pharnabazos.[125]

122) Sogleich nach der Einsetzung des oligarchischen Rats wurden Gesandte an Agis und nach Sparta geschickt, um über den Frieden zu unterhandeln, jedoch ohne Erfolg, *Thukyd.* VIII, 70—71. Als darauf die Spaltung zwischen Stadt und Flotte zum Ausbruch gekommen und ein Versuch zur Vermittelung gescheitert war, *das.* 72. 86. 89, suchten die Oligarchen um ihrer eigenen Rettung willen den Frieden mit Sparta um jeden Preis herzustellen und bauten deshalb am Eingang des Piräeus die Veste Eetioneia, wie man allgemein glaubte, um den Hafen zu beherrschen und eine spartanische Flotte zu ihrer Unterstützung in denselben mit Sicherheit aufnehmen zu können, *das.* 90—92. 91: ἐκεῖνοι γὰρ μάλιστα μὲν ἐβούλοντο ὀλιγαρχούμενοι ἄρχειν καὶ τῶν ξυμμάχων, εἰ δὲ μή, τάς τε ναῦς καὶ τὰ τείχη ἔχοντες αὐτονομεῖσθαι, ἐξειργόμενοι δὲ καὶ τούτου μὴ οὖν ὑπὸ τοῦ δήμου γε αὖθις γενομένου αὐτοὶ πρὸ τῶν ἄλλων μάλιστα διαφθαρῆναι, ἀλλὰ καὶ τοὺς πολεμίους ἐσαγαγόμενοι ἄνευ τειχῶν καὶ νεῶν ξυμβῆναι καὶ ὁπωσοῦν τὰ τῆς πόλεως ἔχειν, εἰ τοῖς γε σώμασι σφῶν ἄδεια ἔσται. 123) Es hatte sich unter den Oligarchen selbst eine Gegenpartei gebildet, deren Hauptführer Theramenes war, und die jetzt, die Unzufriedenheit des Volks benutzend, die Gegenrevolution bewirkte, *Thukyd.* VIII, 89—94. *Lys. adv. Eratosth.* p. 126. Infolge derselben wurde der Rat der 500 wiederhergestellt und die Volksversammlung der 5000 eingesetzt, *Thukyd. a. a. O.* 97. *Ebend.*: καὶ οὐχ ἥκιστα δὴ τὸν πρῶτον χρόνον ἐπί γ' ἐμοῦ Ἀθηναῖοι φαίνονται εὖ πολιτεύσαντες (d. h. die Athener zeigten eine vortreffliche politische Führung). μετρία γὰρ ἥ τε ἐς τοὺς ὀλίγους καὶ τοὺς πολλοὺς ξύγκρασις ἐγένετο καὶ ἐκ πονηρῶν τῶν πραγμάτων γενομένων τοῦτο πρῶτον ἀνήνεγκε τὴν πόλιν. [Die vollständige Demokratie wurde entweder bald wiederhergestellt, wovon sich aber nirgends eine Erwähnung findet, oder die Veränderung erfolgte gewissermaßen von selbst, indem man allmählich von der strengen Einhaltung der Zahl 5000 absah;

öffentlicher Thätigkeit, hauptsächlich mit Abfassung von Reden für andere beschäftigt. Das Bürgerrecht, welches ihm auf Thrasybulos' Antrag verliehen worden war, wurde ihm nachher wieder entzogen. Sein Tod wird in das J. 380 oder 379 gesetzt. *Vit. Lys. f'. Phot. bibl. cod.* 262. *Cic. Brut.* 12. Die alten Kritiker erkannten 233 Reden von ihm als echt an, *Vit. Lys. f'. Phot. a. a. O.*; erhalten haben sich 35 (darunter jedoch einige unechte), meist gerichtliche, z. T.

denn *Lys. adv. Eratosth.* p. 124. §. 43 heifst es von der Zeit kurz vor der Schlacht bei Ägospotamoi: δημοκρατίας ἔτι οὔσης. (Nach *Andok. de myst.* §. 95—99 würde die alte Verfassung nach Verlauf von nicht einem Jahre wiederhergestellt worden sein.] Nunmehr erfolgte auch die Zurückberufung des Alkibiades in der regelmäßigen gesetzlichen Weise, *ebend.* 124) Eine spartanische Flotte unter Agesandridas, welche sich, wie man glaubte, im Einverständnis mit den Oligarchen längere Zeit bald hier bald dort in der Nähe von Athen aufgehalten hatte, segelte, nachdem die Gegenrevolution in Athen geschehen war, gegen Euböa und schlug eine in Eile zusammengebrachte und nachgesandte Flotte unter Thymochares bei Eretria, worauf ganz Euböa, nur mit Ausnahme von Oreos, abfiel, *Thukyd.* VIII, 94—96. (Vgl. *Xenoph. Hell.* I, 1, 1, wo wahrscheinlich dieselbe Schlacht noch einmal berichtet ist.) Über die Schwere des Verlustes s. *Thukyd. a. a. O.* 95: ἔκπληξις γὰρ αὐτοῖς ἀνακληθεῖσι τῆς Ἀττικῆς πάντων ἦν, 96: οὔτε γὰρ ἡ ἐν Σικελίᾳ ξυμφορά, καίπερ μεγάλη τότε δόξασα εἶναι, οὔτ' ἄλλο οὐδέν πω οὕτως ἐφόβησαν. 125) (Schon zu Anfang des Sommers war der Spartiat Derkyllidas mit einer kleinen Streitmacht in die Satrapie des Pharnabazos gezogen und hatte dort die Städte Abydos und Lampsakos zum Abfall von Athen gebracht, von denen die letztere jedoch bald darauf wieder von den Athenern genommen wurde, *Thuk.* VIII, 61—62.) Die spartanische Flotte unter Astyochos lag den größten Teil des Sommers in dem Hafen von Milet, ohne etwas Erhebliches auszurichten, auf die Ankunft der von Tissaphernes versprochenen phönikischen Flotte wartend; als aber diese nicht ankam und überdies Tissaphernes nicht einmal den Sold zahlte, so brach Mindaros, der nach dem Peloponnes ging, nach dem Astyochos im Oberbefehl folgte, mit der ganzen Flotte nach dem Hellespont auf, s. *Thuk.* VIII, 63. 78—79. 83—85. 87—88. 99—103. (Schon vorher war ein kleines Geschwader vorausgegangen, welches den Abfall von Byzantion bewirkt hatte, *das.* 80.)

aber gleichwohl für die Zeitgeschichte sehr wichtige Reden, und außerdem Bruchstücke oder Titel von 135, vgl. *Orr. Att. Bekker* I, p. 399 f.; wahrscheinlich aber hat er nur die Rede gegen Eratosthenes selbst gehalten. Cicero sagt von ihm *Brut.* 9: egregio subtilis scriptor atque elegans, quem iam prope audeas oratorem perfectum dicere. Vgl. *Quint.* X, 1, 78. XII, 10, 24. *Dionys. Hal. περὶ τῶν ἀρχαίων ῥητόρων ὑπομνηματισμοί.*

Olympiaden-jahr.	Jahr v. Chr.	Geschichte.
XCII, 2.	411.	Die Athener folgen ihr[126] und gewinnen zwei Seesiege bei Kynossema.[127]
XCII, 3.	410.[128]	Die spartanische Flotte wird durch den glänzenden, unter Führung des Alkibiades erfochtenen Sieg der Athener bei Kyzikos vernichtet.[129] Die Athener Herren zur See.[130]
XCII, 4.	409.[131]	Chalkedon und Byzantion von den Athenern genommen.[132]
XCIII, 1.	408.[133]	Kyros Statthalter von Kleinasien.[134] Alkibiades in Athen.[135]
		Der spartanische König Pleistoanax stirbt; es folgt Pausanias.[136]

126) *Thuk.* VIII, 100. 103.
127) Die erste Schlacht *Thuk.* VIII, 104—106. *Diod.* XIII, 39—40, die zweite *Xen. Hell.* I, 1, 4—7. *Diod.* XIII, 45—46. *Plut. Alc.* 27. In beiden waren Thrasyllos und Thrasybulos die athenischen Anführer, die zweite wurde hauptsächlich durch die Dazwischenkunft des Alkibiades gewonnen. Die Zeit der zweiten ἀρχομένου χειμῶνος, *Xen. a. a. O.* §. 2.
128) *Xen. Hell.* I, 2. *Diodor.* XIII, 49—53. 64. *Plut. Alcib.* 28—29.
129) *Xen. Hell.* I, 1, 11—20. *Diod.* VIII, 49—51. Die Zeit des Sieges: λήγοντος τοῦ χειμῶνος, *Diod. a. a. O.* 49 (also, genau genommen, noch im 2ten Jahre der 92sten Olymp.). Miudaros selbst fiel. Die merkwürdige Meldung von der Schlacht durch den spartanischen Unterfeldherrn Hippokrates mit den folgenden Worten: Ἔρρει τὰ καλά (κᾶλα?). Μίνδαρος ἀπέσσυα· πεινῶντι τώνδρες· ἀπορίομες τί χρὴ δρᾶν, s. *Xen. a. a. O.* §. 23. *Plut. Alcib.* 23. Nach *Diodor. a. a. O.* 52—53. *Aeschin. de f. leg.* p. 38. §. 76 waren die Spartaner durch diese Niederlage so entmutigt, dafs sie Gesandte nach Athen schickten und Friedensanerbietungen machten, die jedoch durch den Demagogen Kleophon vereitelt wurden.
130) *Plut. Alcib.* 28 sagt (freilich mit einiger Übertreibung): οἱ Ἀθηναῖοι — οὐ μόνον τὸν Ἑλλήσποντον εἶχον βέβαιον, ἀλλὰ καὶ τῆς ἄλλης θαλάσσης ἐξήλασαν κατὰ κράτος τοὺς Λακεδαιμονίους, vgl. *Anm.* 132. In Chrysopolis am Eingang des Bosporos wurde sogleich nach der Schlacht eine Flotte aufgestellt, um diese wichtige Strafse zu beherrschen und von den durchfahrenden Schiffen den Zehnten zu erheben, *Hell.* I, 1, 22. In Attika selbst gewann Thrasyllos, der mit der Meldung von dem Siege dahin geschickt worden war, einige Vorteile über Agis, *das.* 33, und wurde dann mit 50 Schiffen, 1000 Hopliten und 100 Reitern ausgerüstet, *das.* 34, mit denen er mehrere Landungen an der Küste von Kleinasien machte und sich darauf mit Alkibiades vereinigte, *das.* 2, 1—13, worauf Pharnabazos bei Abydos angegriffen und geschlagen wurde, *das.* §. 15—19. Dagegen wurden in diesem Jahre die Messenier aus Pylos, das sie noch immer besetzt hielten, vertrieben, *das.* §. 18. *Diod.* VIII, 64; auch nehmen die Megarer Nisäa wieder, *Diod. a. a. O.* 65.
131) *Xenoph. Hellen.* I, 3. *Diod.* XIII, 65—67. *Plut. Alcib.* 29—31.

132) *Xenoph. Hellen.* I, 3, 2—22. Die Eroberung von Byzantion vollständiger bei *Plut. Alcib.* 31. *Diod.* XIII. 66—67. (Dafs dieselbe ebenso, wie die Unterwerfung von Chalkedon, in dieses Jahr, nicht erst in das J. 408 zu setzen, geht besonders aus *Hellen.* II, 1, 33 vgl. §. 8 hervor.) Im folgenden Jahre wurden darauf Thasos und die thrakischen Städte wieder mit dem athenischen Bündnis vereinigt, *Xenoph. Hellen.* I, 4, 9. *Diod.* XIII, 64, vgl. *Xenoph. a. a. O.* 1. 32, und um dieselbe Zeit (im Jahr 409 oder 408) wurden nach *Diod.* XIII, 86 auch die Städte am Hellespont alle aufser Abydos wieder von den Athenern unterworfen. [Bei der Übergabe von Chalkedon mufste sich Pharnabazos, mit dem bei dieser Gelegenheit ein Vertrag abgeschlossen wurde, unter anderem auch verbindlich machen, athenische Gesandte an dem Perserkönig zu geleiten, *Xenoph. Hellen.* I, 3, 8. 13; Pharnabazos trifft aber unterwegs (im Frühjahr 408) den Kyros, s. *Anm.* 134, und auf dessen Verlangen hält er die Gesandten, statt sie zum Könige zu führen, 3 Jahre lang (von 408—405) als Gefangene zurück, *Xenoph. a. a. O.* 4, 5—7.]
133) *Xenoph. Hellen.* I, 4. *Plut. Alcib.* 32—35. *Diodor.* XIII, 68—69.
134) *Xenoph. Hellen.* I, 4, 2—7. Er war von dem Könige, seinem Vater, zum κύριοντος τῶν ἐς Καστωλὸν ἀθροιζομένων eingesetzt, *daselbst* §. 3, und hatte von seinem Vater den Auftrag, noch mehr aber den eigenen Willen und die Absicht, die Spartaner nachdrücklichst zu unterstützen, *das.* 5, 3. Er traf im Frühjahr dieses Jahres zu Gordion in Phrygien ein, *das.* 4, 2.
135) *Xenoph. Hellen.* I, 4, 8—20. *Plut.* und *Diod. a. a. O.* Er kam zur Zeit der Plynterien, *Xenoph. a. a. O.* §. 12, am 25sten Thargelion (im Monat Juni), *Plut. a. a. O.* 34, in Athen an und blieb daselbst bis zu den eleusinischen Mysterien, welche an 16ten Boedromion (September) gefeiert wurden, *Xenoph. a. a. O.* §. 20. 21. *Plut. a. a. O.* Dann segelte er mit einer Flotte von 100 Schiffen nach Andros, schlug die Audrier, konnte aber ihre Stadt nicht nehmen, *Xenoph. a. a. O.* §. 21—22. *Plut. a. a. O.* 35. Er war zum στρατηγὸς αὐτοκράτωρ gewählt worden, *Xenoph.* §. 20.
136) *Diod.* XIII, 75. XIV, 89. Vgl. *Anm.* 25.

Olympiaden- jahr.	Jahr v. Chr.	Geschichte.
XCIII, 2.	407. [137]	Lysandros, der spartanische Oberbefehlshaber, schlägt in Abwesenheit des Alkibiades die athenische Flotte bei Notion.[138] Alkibiades des Oberbefehls entsetzt.[139]
XCIII, 3.	406. [140]	Kallikratidas, Oberbefehlshaber der Spartaner,[141] nimmt Methymna, schlägt den athenischen Befehlshaber Konon und schliefst ihn in dem Hafen von Mytilene ein.[142] Sieg der athenischen Flotte bei den Arginussen.[143] Verurteilung der athenischen Anführer.[144]
XCIII, 4.	405. [145]	Lysandros übernimmt wieder den Oberbefehl.[146]

137) *Xenoph. Hellen.* I, 5. *Diod.* XIII, 70—74. *Plut. Alcib.* 35—30. *Lys.* 4—5.

138) Lysandros hatte sich durch seine Geschicklichkeit das besondere Wohlwollen des Kyros erworben und seine Flotte vermittelst der freigebigen Unterstützung des Kyros auf 90 Trieren gebracht, *Xenoph. Hell.* I, 5, 1—10. *Plut. Lys.* 4. Der athenische Unterbefehlshaber Antiochos wagte gegen den ausdrücklichen Befehl des Alkibiades eine Schlacht und wurde geschlagen, *Xen. a. a. O.* §. 11—14. Alkibiades eilte darauf herbei und bot dem Lysandros die Schlacht an, Lysandros aber nahm sie nicht an, *ebend.* §. 15.

139) *Xenoph. Hell.* I, 5, 16—17. Er entflieht ἐς Χερρόνησον ἐς τὰ ἑαυτοῦ τείχη, *das.* §. 17. An seine Stelle traten 10 Feldherren, nämlich Konon, Diomedon, Leon, Perikles, Erasinides, Aristokrates, Archestratos, Protomachos, Thrasyllos, Aristogenes, *das.* §. 16.

140) *Xenoph. Hellen.* I, 6, 1—II, 1, 9. *Diod.* XIII, 76—79. 97—103.

141) *Xenoph. Hellen.* I, 6, 1. Er vermehrt die spartanische Flotte von 90 auf 140, *das.* §. 3, später sogar auf 170 Schiffe, *das.* §. 10. Sein stolzes spartanisches Selbstgefühl dem Kyros gegenüber und sein echt hellenischer Patriotismus, *das.* 6—7 (ὁ δὲ αὐτῷ εἶπε δύο ἡμέρας ἐπισχεῖν Καλλικρατίδαν ἐν ἐχθισθεὶς τῇ ἀναβολῇ καὶ ταῖς ἐπὶ τὰς θύρας φοιτήσεσιν ὀργισθεὶς καὶ εἰπών ἀθλιωτάτους εἶναι τοὺς Ἕλληνας, ὅτι βαρβάρους κολακεύοισιν ἕνεκα ἀργυρίου, φήσεν τε, ἢν σωθῇ οἴκαδε, κατὰ γε τὸ αὐτῷ δυνατὸν διαλλάξειν Ἀθηναίους καὶ Λακεδαιμονίους ἀπέπλευσεν, *das.*); sein grofser sittlicher Einflufs auf die Bundesgenossen, *das.* §. 8—12; seine Milde, *das.* §. 14—15.

142) Die Eroberung von Methymna, *das.* 6, 12—15. *Diod.* XIII, 76. Konon (der ihm nur 70 Schiffe entgegenzustellen hatte, *Xenoph. a. a. O.* 5, 20) geschlagen und eingeschlossen, *das.* 6, 10—18, *Diod.* XIII, 77—79.

143) Die Athener, durch Konon von der Sachlage unterrichtet, rüsten mit äufserster Anstrengung (*Diod.* XIII, 97) 110 Schiffe aus, zu denen noch 40 von Samos und andern Bundesgenossen hinzukommen, *Xenoph. Hell.* I, 6, 19—25. Kallikratidas geht der athenischen Flotte mit 120 Schiffen (50 liefs er zur Einschliefsung des Konon zurück) entgegen, *das.* 26. Schlacht bei den Arginussen, *das.* 27—38 vgl. *Diod.* XIII, 97—100. Die Spartaner verlieren 77 Schiffe, *Diod. a. a. O.* 100 vgl. *Xenoph. a. a. O.* §. 34, die Athener 25, *Xenoph. ebend.* Kallikratidas fällt, *das.* 33.

144) *Xenoph. Hell.* I, 7. *Diod.* XIII, 101—103. Wegen eines Sturmes war es den athenischen Feldherren nicht möglich gewesen, die auf den Trümmern der in der Schlacht von dem Feinde zerstörten Schiffe treibende Mannschaft zu retten oder die Getöteten zu begraben, *Xenoph. a. a. O.* 6, 35. Sie wurden deshalb angeklagt und von dem hauptsächlich durch Theramenes (*das.* 7, 5 vgl. II, 3, 35) und durch die Demagogen Kallixenos und Kleophon (*Xenoph. Hell.* I, 7, §. 35) aufgereizten Volke verurteilt. Zwei derselben (Protomachos und Aristogenes, *das.* §. 1) hatten sich durch die Flucht gerettet, sechs (Perikles, Diomedon, Lysias, Aristokrates, Thrasyllos, Erasinides, *das.* §. 2) wurden wirklich hingerichtet; Konon und Archestratos waren bei der Schlacht nicht zugegen gewesen. Das Verfahren bei ihrer Verurteilung war ungesetzlich; Sokrates aber war der einzige unter den Prytanen, der den Mut hatte, sich demselben zu widersetzen, *das.* §. 15 vgl. *Xenoph. Mem.* I, 1, 18. *Plut. Apol. Socr.* p. 32. B. [Die Verurteilung fällt in den Monat Oktober, denn sie geschah zur Zeit des Festes der Apaturien, s. *Xenoph. Hell.* I, 7, 8, welches im Monat Oktober gefeiert wurde.]

145) *Xenoph. Hell.* II, 1, 10—2, 9. *Diod.* XIII, 104 bis 107. *Plut. Lys.* 7—14.

146) Die Bundesgenossen baten die Spartaner nach dem Tode des Kallikratidas, dafs sie ihnen den Lysandros wieder als Oberbefehlshaber schicken möchten, worauf die Spartaner ihn zwar nicht zum Nauarchen — denn das Gesetz erlaubte nicht eine wiederholte Wahl zu dieser Stelle — aber zum Epistoleus, jedoch faktisch mit der Gewalt des Oberbefehlshabers ernannten, *Xenoph. Hellen.* II, 1, 6—7. Auf der Seite der Athener führten Konon, Adeimantos, Philokles, Menandros, Tydeus, Kephisodotos den Oberbefehl, *Xen. das.* I, 7, 1. II, 1, 16. Lysandros wurde von Kyros, der in dieser Zeit Kleinasien verliefs, aufs reichlichste mit Geld unterstützt, *das.* II, 1, 11—14.

Olympiaden- jahr.	Jahr v. Chr.	Geschichte.	Kunst und Litteratur.
XCIII, 4.	405.	Die athenische Flotte durch die Schlacht bei Ägospotamoi vernichtet.[147] Die athenischen Bundesgenossen unterworfen.[148] Athen zu Wasser und zu Lande eingeschlossen.[149]	
XCIV, 1.	404.	Athen zur Übergabe genötigt; seine Mauern niedergerissen und die Schiffe ausgeliefert.[150]	*Epiker:* Antimachos,[u] Chörilos.[v]

147) Nach einigen unerheblichen Unternehmungen von beiden Seiten (*Xenoph. Hell.* II, 1, 15—10) segelte Lysandros nach dem Hellespont und nahm daselbst die Stadt Lampsakos, *das. §.* 17—19; die athenische Flotte folgte, 180 Schiffe stark, dem Feinde nach dem Hellespont und nahm ihre Station bei Ägospotamoi, Lampsakos gegenüber, *das. §.* 20—21, wo sie von Lysandros überrascht und ohne Widerstand genommen wurde, *das.* 22—28. Vgl. *Plut. Lys.* 10—11. *Diod.* XIII, 105—106. Nur Konon mit 8 Schiffen und das paralische Schiff entkamen; letzteres meldete das Unglück nach Athen. Konon floh nach Kypros zum Euagoras. *Xen. a. a. O. §.* 28 bis 29. Die Mannschaft der übrigen Schiffe wurde meist gefangen genommen und 3000 an der Zahl (*Plut. Lys.* 11) hingerichtet; auch die andern Feldherren fielen in die Hände des Siegers und wurden außer Adeimantos ebenfalls hingerichtet, *Xenoph. a. a. O. §.* 30—32. [Verdacht des Verrats gegen die Feldherren, insbesondere gegen Adeimantos s. *Xenoph. a. a. O. §.* 32. *Paus.* IV, 17, 2. IX, 30, 6. X, 9, 5. *Lys. adv. Ale. A.* p. 143. §. 38. Über die Zeit der Schlacht s. *Anm.* 150.]

148) *Xenoph. Hell.* II, 2, 1—2. 5—6. 6: ἐδόξε δὲ καὶ ἢ ἄλλη Ἑλλὰς ἀφεστηκέναι Ἀθηναίων μετὰ τὴν ναυμαχίαν πλὴν Σαμίων. Die Athener, die sich in den bisher verbündeten Städten und sonst verfanden, wurden alle nach Athen gewiesen, damit dort infolge der vermehrten Bevölkerung desto früher Mangel entstehen möchte, *Xenoph. a. a. O. §.* 2.

149) Auf Veranlassung des Lysandros rückte König Pausanias mit einem, die Kontingente sämtlicher peloponnesischen Staaten, nur mit Ausnahme von Argos, umfassenden Heere

vor die Mauern Athens, während Lysandros mit 150 Schiffen den Hafen sperrte, *Xenoph. Hell.* II, 2, 7—9.

150) Die Athener leisteten trotz des drückenden Mangels längere Zeit energischen Widerstand, indem sie zugleich durch eine umfassende Amnestie den Anlafs zu innerer Zwietracht beseitigten, *Xenoph. Hell.* II, 2, 10—11. *Andoc. de myst.* p. 10. §. 73—79. (Das deshalbige Dekret s. *Andoc. a. a. O.* §. 77—79.) Dann schickten sie Gesandte an Agis und an die Spartaner mit der Bitte um Frieden auf die Bedingung, sich auf Stadt und Piräus zu beschränken und dem spartanischen Bunde beizutreten. Als aber hiergegen die Spartaner forderten, dafs die langen Mauern 10 Stadien weit niedergerissen werden sollten, wurden die Verhandlungen abgebrochen, *Xenoph. a. a. O.* §. 11—15. *Lys. adv. Agor.* p. 130. §. 8. Nun erbot sich Theramenes (nachdem die Intriguen und Machinationen der aristokratischen Hetärieen vorher Verwirrung und Unsicherheit in Athen verbreitet hatten, *Lys. adr. Erat.* p. 124. §. 43—44) zunächst zu Lysandros zu gehen, um die wirklichen Absichten der Spartaner in Bezug auf Athen zu ermitteln, blieb aber dort über 3 Monate, und als die Athener, ungeduldig über den Frieden unter den Bedingungen zurück, dafs die langen Mauern und die Festungswerke des Piräeus zerstört, die Schiffe bis auf 12 ausgeliefert, die Verbannten zurückgerufen und die Athener selbst als Bundesgenossen den Spartanern überall zu folgen verpflichtet sein sollten, und die Athener konnten nun nicht umhin, sich diesen Bedingungen zu unterwerfen, *Xenoph. Hellen.* II, 2, 16—23. *Lys.*

u) Antimachos aus Kolophon, blüht gegen Ende des peloponnesischen Krieges, *Cic. Brut.* 21. *Diod.* XIII, 108, im Verkehr mit Panyasis und Stesimbrotos, *Suid.* s. v., sowie mit Plato, der seine Dichtungen bewundert haben soll, *Plut. Lys.* 18. *Procl. Plat. Tim.* p. 28. Er schrieb ein elegisches Gedicht *Λύδη*, seiner verstorbenen Geliebten gewidmet, in dem er mythische Liebesgeschichten aneinander reihte und den Alexandrinern ein Vorbild gab, *Athen.* XIII, p. 597. *Plut. Consol. ad Apoll.* p. 403. *Phot. bibl. Cod.* 213, und eine umfangreiche *Θηβαΐς*, Cicero a. a. O. *Hor. A. P.* 146. *Schol.* Seine Dichtung ward zwar von Hadrian und von Alexandrinern bewundert, *Sparl.* 15. *Suid.* s. v. *Ἀδρινός*,

aber auch getadelt als gelehrt, gezwungen, prunkvoll und breit, ohne Anmut und Komposition, *Quint.* X, 1, 53. *Plut. Timol.* 36 (ἐπιμεταμένοις καὶ καταπόνοις ἔοικε). *Dion. Hal. de verb. comp.* 22.

v) Chörilos von Samos, angeblich ein geborner Sklave, der sich durch die Flucht befreite. Er schliefs sich an Herodot an, ward von Lysandros bevorzugt, dessen Siege er besingen sollte, und lebte dann am Hofe des Königs Archelaos von Makedonien, *Suid.* s. v. *Plut. Lys.* 18. Er feierte den Sieg der Athener über Xerxes in einem Epos (*Περσηίς* oder *Περσικά*), *Suid. a. a. O.*, von dem nur unbedeutende Fragmente erhalten sind.

Olympiaden- jahr.	Jahr v. Chr.	Geschichte.	Kunst und Litteratur.
XCIV, 1.	404.	Die Herrschaft der Dreifsig eingesetzt.[151]	

adr. Agor. p. 130. §. 9—33. *adr. Erat.* p. 125. §. 62—70. Das Dekret der Ephoren in betreff der Friedensbedingungen lautete (*Plut. Lys.* 14): Τάδε τὰ τέλη τῶν Λακεδαιμονίων ἔγνω· Καββαλόντες τὸν Πειραιᾶ καὶ τὰ μακρὰ σκέλη καὶ ἐκβάντες ἐκ πασῶν τῶν πόλεων τὰν αὐτῶν γᾶν ἔχοντες, ταῦτά κα δρῶντες τὰν εἰράναν ἔχοιτε ἆ χρή δόντες (αἰ χρήζοιτε?) καὶ τοὺς φυγάδας ἀνέντες. Περὶ δὲ τῶν ναῶν τῶ πλήθεος, ὁκοίαν τέ κα τηνεῖ δοκέῃ, ταῦτα ποιεῖτε. Die Thebaner und Korinthier waren sogar der Meinung, dafs Athen zerstört werden müsse, *Xenoph. a. a. O.* §. 19. *Andoc. de pac.* p. 20. §. 21. „...Λακεδαιμόνιοι δὲ οὐκ ἔφασαν πόλιν Ἑλληνίδα ἀνδραποδιεῖν μέγα ἀγαθὸν εἰργασμένην ἐν τοῖς μεγίστοις κινδύνοις γενομένοις τῇ Ἑλλάδι," *Xenoph. a. a. O.* §. 20. [Nach *Plut. Lys.* 15 wurden die Mauern Athens am 16. Munychion d. h. am 25. April zerstört, womit auch *Thuk.* V, 26, 11, 2 übereinstimmt. Die Schlacht bei Ägospotamoi kann hiernach nicht wohl später als in den Monat August oder September

des Jahres 405 gesetzt werden, da nur so die Zeit für die Ereignisse der Zwischenzeit (s. *Anm.* 149) ausreicht.]

151] Die Dreifsig wurden kurz nach der Zerstörung der Mauern eingesetzt, s. *Xenoph.* II, 3, 11, und zwar unter persönlicher Mitwirkung des Lysandros, der nach Abschliefsung des Friedens nach Samos gesegelt war, zu diesem Zwecke aber (einige Monate nachher) nach Athen zurückgeholt wurde, s. *Diod.* XIV, 3. *Lys. adr. Erat.* p. 126 §. 71. Die Art ihrer Wahl s. *Lys. a. a. O.* p. 126. §. 71—77. Ihre Namen *Xenoph. Hell.* III, 3, 2, ihr vorgeblicher Zweck: „οἳ τοὺς πατρίους νόμους ξυγγράψουσι, καθ' οὓς πολιτεύσονται," das §. 2, aber τούτους μὲν ἀεὶ ἔμελλον ξυγγράψειν τε καὶ ἀποδεικνύναι, βουλὴν δὲ καὶ τὰς ἄλλας ἀρχὰς κατέστησαν ὡς ἐδόκει αὐτοῖς, das. §. 11. — *Paus.* III, 7, 10: καὶ ὁ πόλεμος οὗτος τὸ τὴν Ἑλλάδα ἔτι ῥεβηκυῖαν δίκαιαν ἐκ βάθρων καὶ ὕστερον Φίλιππος ὁ Ἀμύντου αὐδρῶν ἤδη καὶ οὐ παντάπασιν ὑγιᾷ προσκατήρειψεν αὐτήν.

Zweiter Abschnitt.

404 bis 362 v. Chr.

Vom Ende des peloponnesischen Krieges bis zur Schlacht bei Mantinea. Übermut und Demütigung Spartas.[152]

Olympiaden-jahr.	Jahr v. Chr.	Geschichte.
		a) Bis zum Ausbruch des korinthischen Krieges. 394.
XCIV, 1.	404.	Gewaltherrschaft der Dreifsig in Athen;[153] athenische Verbannte machen unter Thrasybulos einen Einfall in Attika und behaupten sich daselbst.[154]

152) Diese Auffassung der Geschichte des Abschnittes ist von Xenophon am Wendepunkte des Glückes der Spartaner (bei Gelegenheit ihrer Vertreibung aus der Kadmeia durch die Thebäer im Jahre 379) in folgenden Worten deutlich ausgesprochen: Προεχωρηκότων δὲ τοῖς Λακεδαιμονίοις, ὥστε Θηβαίους μὲν καὶ τοὺς ἄλλους Βοιωτοὺς παντάπασιν ὑπ' ἐκείνοις εἶναι, Κορινθίους δὲ πιστοτάτους γεγενῆσθαι, Ἀργείοις δὲ τεταπεινῶσθαι —, Ἀθηναίοις δὲ ἠρημῶσθαι, τῶν δ' αὖ συμμάχων κεκολασμένων, οἷς ἐνεμένα· εἶχον αὐτοῖς παντάπασιν ἤδη καλῶς καὶ ἀσφαλῶς ἡ ἀρχὴ ἐδόκει αὐτοῖς κατεσκευάσθαι. Πολλὰ μὲν οὖν ἄν τις ἔχοι καὶ ἄλλα λέγειν καὶ Ἑλληνικὰ καὶ βαρβαρικά, ὡς θεοὶ οὔτε τῶν ἀσεβούντων οὔτε τῶν ἀνόσια ποιούντων ἀμελοῦσιν· νῦν γε μὴν λέξω τὰ προκείμενα. Λακεδαιμόνιοί τε γὰρ οἱ ὀμόσαντες αὐτονόμους ἐάσειν τὰς πόλεις, τὴν ἐν Θήβαις ἀκρόπολιν καταλαβόντες ὑπ' αὐτῶν μόνων τῶν ἀδικηθέντων ἐκολάσθησαν, Hellen. V, 3, 29. 4, 1. Über die Härte und Anmafsung der Spartaner s. die Rede der Thebaner in Athen, daselbst III, 5, 8—15, besonders §. 12—13: Τοῖς μὲν εἴλωσιν, ἁρμοστὰς καθιστάναι ἠξίωσαν, τῶν δὲ συμμάχων ἐλευθέρων ὄντων, ἐπεὶ εὐτύχησαν, δεσπόται ἀναπεφήνασιν. Ἀλλὰ μὴν καὶ οἷς ὑμῶν ἀπέστησαν ᾑρημένοι εἰσὶν ἐξηπατηκότες· ἀντὶ γὰρ ἐλευθερίας διπλῆν αὐτοῖς δουλείαν παρέσχηκασιν· ὑπό τε γὰρ τῶν ἁρμοστῶν τυραννοῦνται καὶ ὑπὸ δέκα ἀνδρῶν, οὓς Λύσανδρος κατέστησεν ἐν ἑκάστῃ πόλει. Vgl. Plut. Lys. 14: ἀπέλυε τὰς πολιτείας (Λύσανδρος) καὶ μίαν δεκαδαρχίαν, πολλὰν μὲν ἐν ἑκάστῃ ὁρμητηρίων, πολλοὶ δὲ φεύγοντων. Neben der Herrschsucht der Spartaner entwickelte auch die Habsucht ihre verderblichen Wirkungen, die hauptsächlich dadurch entzündet wurde, dafs Lysandros 470 Talente als den Überschufs der Schenkungen des Kyros mit nach Hause brachte, Xenoph. Hell. II, 3, 8, und dafs von den Bundesgenossen jährlich mehr als 1000 Talente in die Staatskasse Spartas flossen, Diod. XIV, 10, vgl. Plut. Lys. 17.

153) Anfangs bewiesen sich die Dreifsig gemäfsigt, so dafs sie nur diejenigen vor Gericht zogen und verurteilten, welche sich durch Angeberei (συκοφαντία) oder sonst wie gegründeten Hafs zugezogen hatten, Xenoph. Hellen. II, 3, 12. Bald aber, nachdem sie sich durch eine von Lysandros erbetene spartanische Leibwache gesichert hatten, töteten sie auch solche, die ihnen nur wegen ihrer politischen Gesinnung verdächtig waren, oder die durch Reichtum ihre Habsucht reizten, daselbst §. 13—21. Aus der Zahl der Bürger hatten sie 3000 auserlesen, die mit der spartanischen Leibwache zusammen ihre Stütze bilden sollten, allen übrigen Bürgern hatten sie die Waffen genommen, daselbst §. 17—20. Theramenes ("κόθορνος" Xen. a. a. O. §. 31), der mit diesen Mafsregeln nicht zufrieden war, wurde besonders auf Betrieb des Kritias hingerichtet, daselbst §. 15—56. (Rede des Kritias, §. 24—34, des Theramenes. §. 35—49.) Beispiele ihrer Grausamkeit: die Hinrichtung von 300 Bürgern aus Eleusis und Salamis, Xenoph. Hellen. II, 4, 8—10. Lys. adv. Erat. p. 125. §. 32. adv. Agor. p. 133. §. 44; die Mifshandlung des Lysias und Ermordung seines Bruders Polemarchos, Lys. adv. Erat. p. 120. §. 4—24; die Ermordung des Leon, des Nikeratos, des Antiphon, Xenoph. Hellen. II, 3. 39—40 vgl. Plat. Apol. Socr. p. 32 C. Nach Isocr. Areop. p. 153. §. 67. Aeschin. de F. L. p. 38. §. 77 wurden 1500 Bürger von ihnen ohne Urteil und Recht getötet; mehr als 5000 wurden genötigt, sich durch die Flucht zu retten, Isocr. a. a. O. [Der Name „30 Tyrannen" zuerst bei Diodor (XIV, 2, 3 u. 6.), Cornelius Nepos (Thrasyb. 1), Iustin (V, 10) u. s. w.]

154) Xenoph. Hellen. II, 4, 2—7. Die Verbannten, 70 an der Zahl, bemächtigten sich, von Theben kommend, der Feste Phyle auf attischem Gebiet, daselbst §. 2, die Dreifsig mit den 3000 (s. Anm. 153) machen einen vergeblichen Versuch, sie von dort zu vertreiben, §. 2—3, eine andere von ihnen ausgeschickte Truppenabteilung wird von den Verbannten überfallen und mit Verlust vertrieben, §. 4—7. [Dies geschah im Winter, wie aus §. 3 hervorgeht.]

Olympiaden-jahr.	Jahr v. Chr.	Geschichte.
XCIV, 2.	403.	Sieg der Verbannten über ihre Gegner;[155] ihre Rückkehr nach Athen unter Vermittelung des Spartanerkönigs Pausanias;[156] allgemeine Amnestie;[157] Herstellung der Demokratie unter dem Archontat des Eukleides.[158]

155) Die Verbannten bemächtigen sich von Phyle aus, nunmehr bis zu 1000 angewachsen, des Piräeus und liefern hier (in Munychia) den gegen sie anrückenden Dreifsig eine siegreiche Schlacht, in der Kritias fällt, *Xenoph. Hellen.* II, 4, 10—19. [Am fünften Tage nach dem glücklichen Überfalle bei Phyle (Anm. 154), s. das. §. 13, also noch im Winter; womit auch vollkommen übereinstimmt, dafs *ebend.* §. 21 (τοῖς ἀνασωθεῖσιν τριάκοντα, οἳ ἰδίαν κορδέων ἕνεκα ὀλίγου δεῖν πλείους ἀπεκτόνασιν Ἀθηναίων ἐν ὀκτὼ μησὶν ἢ πάντες Πελοποννήσιοι δέκα ἔτη πολεμοῦντες) die Dauer der Herrschaft der Dreifsig bis zu dieser Zeit auf 8 Monate angegeben wird.]

156) Die gewonnene Schlacht und der Verkehr, der hierauf mehrfach zwischen den Verbannten und den Bürgern in der Stadt gepflogen wurde, und die fortwährend anwachsende Zahl und Stärke der Verbannten bewirkte, dafs die Unzufriedenheit in der Stadt sich regte und die Dreifsig genötigt wurden, die Stadt zu verlassen und die Herrschaft einem neugewählten Kollegium von Elfmännern zu übergeben, *Xenoph. Hellen.* II, 4, 20—27, die indes statt, wie man hoffte, eine Vermittelung mit den Verbannten zu stande zu bringen, sich diesen nicht minder feindselig erwiesen als die Dreifsig, *Lys. adv. Eratosth.* p. 125. §. 53—61. *Diodor.* XIV, 42. *Iustin.* V, 9. Sie schickten daher gleich den Dreifsig, welche nach Eleusis gegangen waren, Gesandte nach Sparta, um Hilfe bittend, und dort setzte es Lysandros durch, dafs ihnen 100 Talente geliehen wurden, und dafs ihm selbst der Auftrag erteilt wurde, mit einem Landheer, und seinem Bruder Libys, mit einer Flotte den Oligarchen in Athen zu Hilfe zu ziehen, *Xenoph. a. a. O.* §. 28—29. 29: ὥστε ταχὺ πάλιν ἐν ἀπορίᾳ ἦσαν οἱ ἐν Πειραιεῖ, οἱ δ' ἐν τῇ ἄστει πάλιν εὖ μέγα ἐφρόνουν ἐπὶ τῷ Λυσάνδρῳ. In dieser Not kam indes den Verbannten die Mifsstimmung und Eifersucht zu Hilfe, welche sich damals nicht nur in den übrigen griechischen Staaten, sondern auch in Sparta selbst gegen Lysandros infolge seiner Gewaltthätigkeiten und seines Übermutes gebildet hatte. Die Anmerkung 152 angeführten Mafsregeln gegen die griechischen Staaten waren von ihm ausgegangen, und sein Werk war es auch, dafs die Spartaner allen griechischen Staaten verboten, die flüchtigen Athener bei sich aufzunehmen, *Lys. adv. Eratosth.* p. 129. §. 97. *Diod.* XIV, 6; in Sparta wurde hauptsächlich durch die übertriebenen Ehrenbezeigungen, die ihm überall zu teil wurden, s. *Plut. Lysand.* 18, die Eifersucht gegen ihn erregt, und man hegte sogar den Verdacht, dafs er sich zum König zu machen beabsichtige, *Plut. Lysand.* 24—26. 30. *Diod.* XIV, 13. Hierdurch wurde die Stimmung gegen Athen selbst in denjenigen Staaten, wo man am feindseligsten gegen dasselbe gesinnt gewesen war, in Korinth und Theben (s. *Anm.* 150), völlig verändert, so dafs die Verbannten in Theben nicht nur Aufnahme, sondern auch Unterstützung fanden, und beide Staaten sich weigerten, an weiteren Feindseligkeiten gegen Athen teilzunehmen, *Xenoph. Hellen.* II, 4, 30. In Sparta aber gewann der König Pausanias drei Ephoren für sich, φθονήσας Λυσάνδρῳ, εἰ κατεργασάμενος ταῦτα ἅμα μὲν εὐδοκιμήσει, ἅμα δὲ ἰδίας ποιήσοιτο τὰς Ἀθήνας, *Xenoph. daselbst* §. 29; er folgte dem Lysandros mit einem Heere nach Attika, wo er zunächst sich den Feindseligkeiten gegen die Verbannten anschlofs, unter der Hand aber mit diesen und der besser gesinnten Partei in der Stadt Verhandlungen anknüpfte und den Vertrag zu stande brachte, ἐφ' ᾧ τε εἰρήνην μὲν ἔχειν ὡς πρὸς ἀλλήλους, ἀπιέναι δὲ ἐπὶ τὰ ἑαυτῶν ἑκάστους πλὴν τῶν τριάκοντα καὶ τῶν ἕνδεκα καὶ τῶν ἐν Πειραιεῖ ἀρξάντων δέκα, *Xenoph. das.* §. 38, worauf Thrasybulos in die Stadt einzog und bald darauf auch die sich noch in Eleusis aufhaltenden Oligarchen besiegt wurden. Siehe über diese gesamten Vorgänge seit dem Ausmarsch des Pausanias *Xenoph. Hellen.* II, 4, 29—43. [Dafs dieselben sich bis in den Spätsommer des Jahres 403 hinauszogen, ist aus *Xenoph. a. a. O.* §. 25 zu schliefsen, wo von den Verbannten erwähnt wird, dafs sie vom Piräeus aus in das Gebiet von Attika Plünderungszüge machten und ξύλα καὶ ὀπώραν einsammelten; nach *Plut. Mor.* p. 349 f. (*de glor. Athen.* c. 7) fand, hiermit übereinstimmend, die Rückkehr der Verbannten am 12. Boedromion d. h. im Monat September statt.]

157) *Xenoph. Hellen.* II, 4, 43. *Andoc. de myst.* p. 12. §. 90—91. Ihr Schwur, den alle nach der Rückkehr der Verbannten leisteten, lautete: καὶ οὐ μνησικακήσω τῶν πολιτῶν οὐδενὶ πλὴν τῶν τριάκοντα καὶ τῶν ἕνδεκα, οὐδὲ τούτων ὃς ἂν ἐθέλῃ εὐθύνας διδόναι τῆς ἀρχῆς ἧς ἦρξεν, *das.* §. 90, und ähnliche Schwüre wurden auch ferner hin immer von dem Rate und dem Richterkollegium geleistet, *das.* §. 91.

158) Hauptstelle *Andoc. de myst.* p. 11. §. 81—90. Es wurde eine Kommission eingesetzt, um auf Grund der Gesetzgebung des Solon und Drakon die Gesetze neu aufzuzeichnen, die dann vom Rat und von 500 durch das Volk gewählten Nomotheten geprüft wurden, worauf durch ein Gesetz bestimmt wurde, τὰς δίκας καὶ τὰς διαιτίας κυρίας εἶναι, ὁπόσαι ἐν δημοκρατουμένῃ τῇ πόλει ἐγένοντο, τοῖς δὲ νόμοις χρῆσθαι ἀπ' Εὐκλείδου ἄρχοντος, *das.* §. 87. Mit dem Namen des Archon Eukleides wird hierauf überall die neu eingerichtete Demokratie bezeichnet. Unter ihm erfolgte auch die staatliche Anerkennung der neuen ionischen Schrift (Einführung des Η und Ω, des Χ, Ψ u. a.).

Olympiaden-jahr.	Jahr v. Chr.	Geschichte.	Kunst und Litteratur.
XCIV, 4.	401.	Feldzug des jüngeren Kyros gegen seinen Bruder Artaxerxes mit einem Heere von 11 000 hellenischen Hopliten, 2000 Peltasten und 100 000 Asiaten.[159] Schlacht bei Kunaxa und Rückzug der Zehntausend.[160]	
XCV, 1.	400.	Die Spartaner schicken Thimbron mit einem Heere nach Kleinasien, um die dortigen hellenischen Städte gegen Tissaphernes zu schützen.[161]	
XCV, 2.	399.	Der Rest der Zehntausend, von Thimbron in Sold	Tod des Sokrates.[w]

159) Der Zug, der durch Xenophon die bekannte vortreffliche Darstellung in seiner Κύρου ἀνάβασις gefunden hat (womit die, wie es scheint hauptsächlich aus Ephoros und Theopompos geschöpfte Erzählung des Diodor, XIV, 19—31. 37, und des Plutarch im Artaxerxes zu vergleichen ist), wurde von Kyros unternommen, um seinen älteren Bruder Artaxerxes vom Throne zu stoßen, s. *Xenoph. Anab.* I, 1, 1—4. Die Führer der griechischen Miettstruppen waren Klearchos, Proxenos, Sokrates, Menon, Cheirisophos; die Zahl der griechischen, wie der barbarischen Truppen s. *ebend.* I, 7, 9 vgl. 2, 3. 6. 9. 25. 4, 3. Der Aufbruch geschieht aus Sardes, *das.* I, 2, 1; der Marsch dauert mit Einschluß der Rasttage bis zur Schlacht bei Kunaxa 180 Tage, wie aus den Angaben *ebendaselbst* I, 2—7 hervorgeht; begonnen wurde er im Frühjahre 401, s. die *folg. Anm.* Über die Bedeutung der Unternehmung für die Geschichte Griechenlands s. *Anm.* 161 u. 162.

160) Die Hellenen siegen in der Schlacht, aber Kyros fällt, und seine barbarischen Truppen werden geschlagen, *Xenoph. Anab.* I, 8—10. Hierauf treten die Hellenen ihren Rückzug an, dessen Darstellung die sechs übrigen Bücher der Anabasis des Xenophon füllt, anfangs unter dem Geleit der Perser bis an den Fluß Zapatas in Medien (jetzt der große Zab), dann aber, nachdem diese den Vertrag gebrochen und die Oberanführer nebst 20 Lochagen von Tissaphernes verräterischerweise ermordet worden (s. *daselbst* II, 5—6), allein und unter fortwährenden Angriffen des persischen Heeres und der Einwohner des Landes. [Der Auszug wird von

w) Sokrates, Sohn des Bildhauers Sophroniskos und der Hebamme Phänarete, geboren zwischen 471 und 469, *Plat. Apol.* S. c. L (p. 17 d) vgl. *Apollod.* b. *Diog. Laert.* II, 44, trieb zuerst die Kunst seines Vaters, *Diog. Laert.* II, 19, und lernte von Konnos das Zitherspiel, *Plat. Euthyd.* 272 c. *Menex.* 235 e. Er bildete sich im persönlichen Verkehr mit ausgezeichneten Männern, *Xenoph. Oec.* II, 16. *Plat. Apol.* 21, z. B. mit Prodikos, *Plat. Meno* p. 96 d, und durch die Werke von Dichtern und Philosophen, *Plat. Phaed.* 97 b. *Xenoph. mem.* II, 1, 21. I, 6, 14. Von Gestalt und Antlitz häßlich wie ein Silen, *Xenoph. Symp.* 5, 2 f. 4, 19 f. 2, 19, *Plat.*

Diod. XIV, 19. *Diog. L.* II, §. 55 richtig in das Jahr 401 gesetzt, aber in das Archontat des Xenänetos, also in die zweite Hälfte des Jahres. Dafs dies letztere nicht richtig, geht daraus hervor, dafs der ganze Rückzug bis Kotyora am schwarzen Meere 8 Monate dauert, s. *Xenoph. Anab.* V, 5, 4, und dafs es, als sie sich auf demselben noch in Armenien befinden, tiefer Winter ist, s. *das.* IV, 5, 12; denn daraus folgt, dafs die Schlacht bei Kunaxa im Herbst geschlagen sein muſs und der Auszug aus Sardes sonach, da er 180 Tage vor der Schlacht stattfand (s. die *vor. Anm.*), in den Frühling zu setzen ist.]

161) *Xenoph. Hellen.* III, 1, 3: Ἐπεὶ μέντοι Τισσαφέρνης πολλοῦ ἄξιος βασιλεῖ δόξας γεγενῆσθαι ἐν τῷ πρὸς τὸν ἀδελφὸν πολέμῳ σατράπης κατεπέμφθη, ὧν τε αὐτὸς πρόσθεν ἦρχε καὶ ὧν Κῦρος, εὐθὺς ἠξίου τὰς Ἰωνικὰς πόλεις ἁπάσας ἑαυτῷ ὑπηκόους εἶναι· αἱ δὲ ᾑρεμένα τὸν Τισσαφέρνην, ὅτι Κύρῳ δι' ἦς αντ' ἐκείνου ᾑρεμένα ἦσαν (s. *Xen. Anab.* I, 1, 6), εἰς μὲν τὰς πόλεις οὐκ ἐδέχοντο αὐτόν, ἐς Λακεδαίμονα δ' ἐπέμπον πρέσβεις καὶ ἠξίουν, ἐπεὶ πάσης τῆς Ἑλλάδος προστάται εἰσίν, ἐπιμεληθῆναι καὶ σφῶν, τῶν ἐν Ἀσίᾳ Ἑλλήνων, ὅπως ἥ τε χώρα μὴ δῃοῖτο αὐτῶν καὶ αὐτοὶ ἐλεύθεροι εἶεν. Hierauf schickten die Spartaner Thimbron mit 1000 Neodamoden und 4000 Peloponnesiern, der indes zunächst wenig ausrichtet, *Xenoph. Hell.* III, 1, 4—5. Vgl. *Diod.* XIV, 35—30. (In dem Heere Thimbrons befanden sich auch 300 athenische Reiter, welche von Athen auf das Aufgebot Spartas gestellt wurden, s. *Xenoph. a. a. O.* §. 4.)

Symp. 215. *Theaet.* 143 e. *Meno* 80 a, blutarm, *Plat. Apol.* 23 c (ἐν πενίᾳ μυρίᾳ). 38 b. *Xen. Oec.* 2, 2 f. *Mem.* I, 2, 1. 6, 5 f. *Aristoph. Nub.* 103 f., abgehärtet und ohne Bedürfnisse, *Plat. Symp.* 219 e. 220 a. *Phaed.* 229 a. *Xenoph. a. a. O.* 6, 10. *Oec.* 2, 10, wird er von Platon und Xenophon als ein Muster von Frömmigkeit und Gerechtigkeit, von Uneigennützigkeit und Selbstbeherrschung, von Charakterfestigkeit, Unerschrockenheit und Seelenruhe, von Freundestreue und Vaterlandsliebe gepriesen, *Plat. Phaed. extr. Xenoph. mem.* I, 1, 11. IV, 8, 10—12. I, 2, 1 f. So ertrug er mit Gleichmut und Scherz die Launen seiner Frau Xanthippe,

Olympiaden-jahr.	Jahr v. Chr.	Geschichte.	Kunst und Litteratur.
XCV, 2.	399.	genommen, schliefst sich an den Kampf gegen die Perser an.[162] Thimbron wird abberufen und Derkyllidas an seine Stelle gesetzt.[163] Feldzug der Spartaner gegen Elis.[164]	*Sokratiker:* Eukleides

162) Die Zehntausend erreichen das schwarze Meer bei Trapezus (s. *Xenoph. Anab.* IV, 7, 21—27. 8, 22); von hier zogen sie, teils zu Land, teils zu Wasser, über Kerasus, Kotyora, Sinope, Herakleia, Kalpe nach Chrysopolis, setzten dann nach Byzantion über und nahmen endlich, nach mancherlei Anfechtungen von seiten des Harmosten zu Byzantion (erst Anaxibios, dann Polos), Dienste bei dem thrakischen Fürsten Seuthes. Dies geschah im Winter. s. *das.* VII, 3, 13. 42 u. ö., und zwei Monate darauf, also etwa im Frühjahr 399, traten sie auf die Aufforderung Thimbrons in dessen Dienste, s. *das.* VII, 6, 1. Ihre Zahl belief sich damals im ganzen noch auf 6000, s. VII, 7, 23 vgl. V, 5, 3. 10, 16. Ihr Eintreffen setzte Thimbron in den Stand, angriffsweise gegen Tissaphernes zu verfahren, so dafs er einige Fortschritte machte, s. Xenoph. *Hell.* III, 1, 6—7.

163) *Xenoph. Hell.* III, 1, 8: Δερκυλλίδας — ἀνὴρ δοκῶν εἶναι μάλα μηχανικός, καὶ ἐπεκλήθη δὲ Σίσυφος. Derselbe eroberte Äolis, *das.* 1, 9—2, 1; überwinterte dann in Bithynien, *das.* 2, 1—5; setzte hierauf im Frühjahr über nach dem Chersonnes und beschäftigte dort bis zum Herbst sein

Xenoph. mem. II, 2. *Diog. Laert.* II, 36; uneigennützig liefs er jeden zu seinem Umgang zu, ohne Lohn zu fordern, *Plat. Apol.* 31 c. *Euthyphr.* 3 d. *Xenoph. mem.* 1, 6, 11; auch im Genusse bewahrte er seine Besonnenheit und Selbstbeherrschung, *Plat. Symp.* 176 c. 213 e. 220 a. 223 b. f. *Xenoph. mem.* I, 2, 1 f. *Symp.* 2, 24 f. In seinem öffentlichen Leben zeigte er sich überall gerecht, standhaft, tapfer, s. *Anm.* 54. 144. Er lehrte gesprächsweise im ungezwungensten Verkehr, *Plat. an sen. resp. s. ger.* p. 796: Σωκράτης γοῦν οὔτε βάθρα θεὶς οὔτ' εἰς θρόνον καθίσας οὔτε ὥραν διατριβῆς ἢ περιπάτου τοῖς γνωρίμοις τεταγμένην φυλάττων, ἀλλὰ καὶ παίζων, ὅτε τύχοι, καὶ συμπίνων καὶ στρατευόμενος ἐνίοις καὶ συναγοράζων, τέλος δὲ καὶ συνδεδεμένος καὶ πίνων τὸ φάρμακον ἐφιλοσόφει. Sein höchster Beruf erscheint ihm die geistige und sittliche Bildung von Menschen, *Plat. Apol.* 32 b. f. 28 b. f. *Theaet.* 150 c. f., wofür ihn das delphische Orakel als den Weisesten preist, *Plat. Apol.* 21, *Xenoph. Apol.* 15. Er glaubt die Stimme einer göttlichen Offenbarung in seinem Innern zu vernehmen, τὸ δαιμόνιον, ein Vorgefühl, ob eine Handlung vorzunehmen, heilbringend und zweckmäfsig sei, *Plat. Apol.* 31 d. *Theaet.* 151 a. *Xenoph. mem.* I, 1, 4. IV, 8, 5. u. a. Mit den Sophisten hatte er gemein, dafs er nicht die sinnenfällige Natur und ihren schaffenden Urgrund untersuchte, sondern nur den geistigen und sittlichen Zustand des Menschen; er trat ihnen gegenüber, indem er das begriffsmäfsige Wissen, in dem alle Tugend bestehe, als Ziel der Philosophie

Meer damit, eine Mauer quer über den Isthmus desselben zu bauen, *das.* §. 6—10; nach deren Vollendung kehrte er nach Asien zurück und nahm Atarneus nach 8 monatlicher Belagerung, *das.* §. 11; dann unternahm er (im Sommer 397) auf Befehl der Ephoren einen Feldzug nach Karien, schlofs aber bald nachher auf dem Rückwege aus Karien mit Tissaphernes und Pharnabazos einen Waffenstillstand, den ihm diese in dem Augenblicke anboten, als beide Teile in der Nähe des Mäandros schlachtgerüstet einander gegenüberstanden, *das.* §. 12 bis 20. [In Bezug auf die Zeit ergiebt sich hieraus, dafs Derkyllidas bis zu Agesilaos' Ankunft zwei Sommer und zwei Winter, 399—397, in Asien zubrachte. Wie aus *Xen. a. a. O.* 4, 6 hervorgeht, blieb er auch noch den nächsten Winter bis zur Ankunft des Agesilaos und dann derselben noch dort.]

164) *Xenoph. Hell.* III, 2, 21—29. *Paus.* III, 8, 2. *Diod.* XIV, 17. Die Ursachen des Kriegs s. *Xenoph. das.* §. 21—22. Ein erster Einfall blieb ohne Erfolg, da Agis wegen eines Erdbebens, als er eben den feindlichen Boden betreten, wieder zurückkehrte, s. *das.* §. 24; bei einem zwei-

ansah, *Plat. Prot.* 329 b. f. 349 b. f. *Xenoph. mem.* III, 9. IV, 6. *Symp.* 2, 12. *Aristot. Eth. Nic.* III, 11. VI, 13. *Eth. Eud.* I, 5. III, 1. VII, 13 u. a., als Vorstufe des Wissens aber das Bewufstsein des Nichtwissens, *Plat. Apol.* 21 d. 23 b. *Theaet.* 150 e., das er durch seine Fragweise (εἰρωνεία) bei anderen weckte, *Plat. Apol.* 21. 22 b. f. 23 b. f. Ein abgeschlossenes System hat er jedoch nicht aufgestellt, *Cic. acad.* I, 4, 18, sondern nur nach allen Seiten dazu angeregt, *Plat. Men.* p. 98. Auch geschrieben hat er nichts (*Cic. de orat.* III, 16), so dafs wir für die Erkenntnis seiner Lehre auf die Werke seiner Schüler, des Xenophon und Plato, angewiesen sind. Seine Lehrweise erregte aber in Athen vielfach Mifsfallen, besonders bei der Partei, die, wie Aristophanes, überhaupt der neuen philosophischen Richtung abhold war oder die altattische Demokratie herstellen wollte. Daher ward Sokrates von den Demokraten Melotos, Anytos und Lykon angeklagt: Ἀδικεῖ Σωκράτης, οὓς μὲν ἡ πόλις νομίζει θεοὺς οὐ νομίζων, ἕτερα δὲ καινὰ δαιμόνια εἰσηγούμενος, ἀδικεῖ δὲ καὶ τοὺς νέους διαφθείρων, *Diog. L.* II, 40. *Plat. Apol.* 24 b. *Xenoph. mem.* I, 1, 1. Ohne die gewöhnlichen Rechtsmittel verteidigte sich Sokrates mit dem Stolze der Unschuld, *Diog. L. a. a. O.*, ward mit geringer Stimmenmehrheit schuldig befunden, *Plat. Apol.* 36 a, dann aber, als er, zur Selbstschätzung seiner Strafe aufgefordert, sich der Ehre der Speisung im Prytaneion für würdig erklärte, mit gröfserer Stimmenmehrheit zum Tode verurteilt, *Apol.* 36 d. Wegen der

Olympiaden-jahr.	Jahr v. Chr.	Geschichte.	Kunst und Litteratur.
XCV, 3.	398.	Elis unterwirft sich den Forderungen Spartas.[165] Der spartanische König Agis stirbt; Agesilaos folgt.[166]	(Megariker),[*] Antisthenes (Kyniker),[y] Aristippos (Kyronaiker),[z] Platon (Akademiker).[aa]

ten Einfall [der nach Xenophon in demselben Jahre (ἐπιιόντι τῷ ἐνιαυτῷ, dan. §. 25 vgl. *Thuk.* I, 30), nach Pausanias aber ein Jahr später stattfand, während Diodor überhaupt nur von einem Einfall meldet] wurde ganz Elis mit Ausnahme der Hauptstadt genommen und geplündert. [Über die Zeitbestimmung s. *Anm.* 168.]
165) *Xen. Hell.* III, 2, 30—31. *Paus.* III, 8, 2. *Diod.* XIV, 34. Die Eleer mussten die Mauern ihrer Hauptstadt niederreissen und auf die bisher von ihnen behauptete Herrschaft über die übrigen Städte und Völker der Landschaft verzichten. Der Abschluss erfolgte im nächsten Sommer nach

Festgesandtschaft nach Delos trat für die Vollstreckung des Urteils eine Frist von 30 Tagen ein, *Plat. Phaed.* 58. *Xenoph. mem.* IV, 8, 2, die Sokrates zur Flucht zu benutzen verschmähte, *Plat. Phaed.* 99 a. *Apol.* 37 e. *Criton*. Nach Ablauf derselben trank er den Giftbecher mit der Lehre von Ruhe und Heiterkeit der Seele, die Xenophon, *mem.* IV, 8, und besonders Plato, *Phaed.* 115 b ff., in ergreifender Darstellung schildern.

x) Eukleides aus Megara, ein treuer Schüler des Sokrates, *Plat. Theaet.* 142 c. f. *Phaed.* 59. c, gewährte nach dessen Tode den Schülern desselben eine Zuflucht, *Diog. Laert.* II, 106. III, 6, und ward Stifter der megarischen Schule (oder der Dialektiker). Er verband die Lehre des Sokrates, dass Erkenntnis das Wesen der Tugend sei, mit der Lehre der Eleaten von der Einheit des Seins, *Diog. L. a. a. O. Cic. acad.* II, 42. Es gab von ihm sechs, jedoch schon im Altertum angezweifelte Dialoge, von welchen nichts erhalten ist, *Diog. L.* II, 64, 108. *Suid.* s. v. Unter seinen Schülern sind Diodoros, *Diog. L.* II, 111, und Stilpo, a. a. O. 113. f., die berühmtesten. Ein Nebenzweig der Megariker ist die elisch-eretrische Schule, gestiftet von Phaedon aus Elis, dem Freund des Sokrates, *Diog. a. a. O.* II, 105. *Suid. s. v. Gell.* II, 18. *Plat. Phaedon.*

y) Antisthenes aus Athen, erst Schüler des Gorgias, dann treuer Anhänger des Sokrates, *Diog. L.* VI, 1. 2. *Xen. mem.* III, 11, 17. II, 5. III, 4, 4. *Symp.* II, 10. III, 7. IV, 34, sammelte nach dessen Tode Schüler um sich im Gymnasium Kynosarges. Deshalb und wegen der Vernachlässigung des äusseren Anstandes und der herrschenden Sitte wurde seine Schule die cynische genannt. *Diog. L.* VI, 13. Sein Hauptsatz war a. a. O. 11: αὐτάρκη — τὴν ἀρετὴν εἶναι πρὸς εὐδαιμονίαν, μηδενὸς προσδεόμενον. Von seinen zahlreichen

dem Einfalle der Spartaner. (Zu derselben Zeit werden nach *Diod. a. a. O.* auch die Messenier von den Spartanern aus Kephallenia und Naupaktos vertrieben.)
166) *Xen. Hell.* III, 3, 1—4. *Plut. Lys.* 22. *Ages.* 3. *Paus.* III, 8, 4—5. Agis stirbt, nachdem der Friede mit Elis geschlossen war, s. *Xen. a. a. O.* §. 1, Agesilaos, sein Bruder, folgt ihm, hauptsächlich durch die Unterstützung des Lysandros, obgleich Agis einen Sohn Leotychides hinterliess, der als solcher näher berechtigt war, aber wegen angeblich unechter Geburt ausgeschlossen wurde.

Schriften, a. a. O. 15, sind nur spärliche Bruchstücke erhalten. [Zwei Deklamationen, die ihm zugeschrieben wurden, *Αἴας* und *Ὀδυσσεύς*, sind kaum echt.] Unter seinen Schülern ist der bekannteste Diogenes von Sinope, genannt ὁ Κύων (gestorben 323, *Diog. Laert.* VI, 79), der für die Lehre des Meisters bis zur völligen Lossagung von den gewöhnlichsten Lebensbedürfnissen und Bequemlichkeiten und von der herrschenden Sitte auf die Spitze trieb. Zahlreiche Anekdoten und Charakterzüge aus dem bizarren Sonderlingstreiben des philosophischen Proletariers haben sich erhalten, *Diog. L.* VI, 20—81, unter ihnen sein Zusammentreffen mit Alexander dem Grossen, *Cic. Tusc.* V, 32.

z) Aristippos aus Kyrene kam nach Athen, um Sokrates zu hören, *Diog. L.* II, 65. *Plat. Phaed.* 59 c, reiste viel und verkehrte zu Syrakus mit dem älteren Dionysios, *Diog. L.* II, 66 f, lehrte zuerst unter den Sokratikern für Geld, a. a. O. 72. 74. 80, und wurde Stifter der kyrenaischen Schule. Er lehrte, dass die Lust, ἡδονή, das höchste Gut sei, *Diog. L.* II, 75: τὸ κρατεῖν καὶ μὴ ἡττᾶσθαι ἡδονῶν, *Xen. mem.* II, 1. III, 8; woher die Kyrenaiker auch *ἡδονικοί* genannt wurden. Die Berichte über seine Schriften sind unsicher und widerspruchsvoll, a. a. O. 64. 83 f.

aa) Platon, Sohn des Atheners Ariston, aus einem Geschlechte, das sich von Kodros ableitete, und der Periktione, die von Solon und somit ebenfalls von Kodros stammte, war geboren wahrscheinlich im Sterbejahre des Perikles 429 (oder 427?), *Diog.* III, 1. 2. 3. *Vit. a'. f. Westerm. Vit. min.* p. 382, 388. *Suid. s. v.* Ausser Sagen über seine Geburt berichten die Lebensbeschreiber von seinem Unterricht in der Grammatik, Musik und Gymnastik, von einem Ringpreis, den er davon getragen haben soll, und von dichterischen Versuchen, *Diog. L. a. a. O.* 4. 5. *Vit. a'*, wie auch von Kriegsdiensten, *Diog. a. a. O.* 8. Durch Kratylos ward er mit

Olympiaden-jahr.	Jahr v. Chr.	Geschichte.	Kunst und Litteratur.
XCV, 4.	397.	Verschwörung des Kinadon in Sparta.¹⁶⁷	

107) *Xen. Hell.* III, 3, 4—11. Vgl. *Arist. Pol.* V, 6, 2. Die Verschwörung trug sich zu οὔπω ἐπιμηνιῶν ὄντος ἐν τῇ βασιλείᾳ Ἀγησιλάου, *Xen. a. a. O.* §. 4. Von Kinadon, dem Urheber derselben, heißt es das. §. 5: οὗτος δ᾽ ἦν καὶ τὸ εἶδος νεανίσκος καὶ τὴν ψυχὴν εὔρωστος, οὐ μέντοι τῶν ὁμοίων (über die ὅμοιοι vgl. *Xen. de rep. Lac.* X, 7. XIII, 1, 7. *Anab.* IV, 10, 4 und *Arist. a. a. O.*, den Gegensatz derselben bilden die ὑπομείονες, *Xen. a. a. O.* §. 6); er selbst giebt als den Zweck seines Unternehmens an μηδενός ἧττων εἶναι ἐν Λακεδαίμονι, das. §. 11. Das Bemerkenswerteste dabei ist außer der großen Gefahr, in welcher Sparta schwebte, daß bei dieser Gelegenheit zuerst die außerordentlich geringe Zahl der vollberechtigten Spartiaten zum Vorschein kommt. Derjenige, welcher die Verschwörung zur Anzeige bringt, erzählt, ὅτι ὁ Κινάδων ἀγαγὼν αὐτὸν ἐπὶ τὸ ἔσχατον τῆς ἀγορᾶς, ἀριθμῆσαι κελεύοι ὁπόσοι Σπαρτιᾶται εἶεν ἐν τῇ ἀγορᾷ· καὶ ἐγώ, ἔφη, ἀριθμήσας βασιλέα τε καὶ ἐφόρους καὶ γέροντας καὶ ἄλλους ὡς τετταράκοντα, ἠρόμην, τί δή με τούτους, ὦ Κινάδων, κελεύεις ἀριθμῆσαι; ὁ δὲ εἶπε, Τούτους, ἔφη, νόμιζέ σοι πολεμίους εἶναι, τοὺς δ᾽ ἄλλους πάντας συμμάχους πλέον ἢ τετρακισχιλίους ὄντας τοὺς ἐν τῇ ἀγορᾷ· ἐπιδεικνύων δ᾽ αὐτῷ, ἔφη, ἐν ταῖς ὁδοῖς ἔνθα μὲν ἕνα, ἔνθα δὲ δύο πολεμίους ἀπαντῶντας, τοὺς δ᾽ ἄλλους ἅπαντας συμμάχους, καὶ ὅσοι δὴ ἐν τοῖς χωρίοις Σπαρτιατῶν τύχοιεν ὄντες, ἵνα μὲν πολέμιον τὸν δεσπότην, συμμάχους δ᾽ ἐν ἑκάστῳ πολλούς, das. §. 7. Über den Hass, den die Heloten, Neodamoden, die ὑπομείονες und die Perioiken gegen die Spartiaten hegten, s. das. §. 6. Durch jenen Angeber wird die Verschwörung vereitelt und an allen ihren Teilnehmern aufs furchtbarste bestraft, *das.* §. 11, vgl. *Polyaen.* II, 14, 1.

der Philosophie des Herakleitos bekannt, *Arist. Metaph.* I, 6. *Vit. n'*, p. 385. Etwa 20 Jahr alt, trat er mit Sokrates in Verbindung, *Diog. L.* III, 6. *Vit. β'*, p. 391. *Suid.* s. v., der ihm Wohlwollen zuwandte, *Xen. mem.* III, 6, 1; er war jedoch bei Sokrates Tode abwesend wegen Krankheit, *Plat. Phaed.* 59 b. *Apol.* 38 b. *Diog. L.* III, 36. Unter den Sokratikern waren Antisthenes und Aristippos seine Gegner, *Plut. Phaed.* 59 a. *Soph.* 251 c. *Diog. L.* III, 35. 36. Nach Sokrates Tode begab er sich mit andern Anhängern desselben nach Megara zum Eukleides und unternahm dann Reisen nach Kyrene, Ägypten, Unteritalien und Sicilien, auf denen er mit dem Kyrenaiker Theodoros und den Pythagoreern, namentlich Philolaos und Archytas, nähere Bekanntschaft machte, a. a. O. 6. 9. *Vit. β'*, p. 392. *n'*, p. 385. In Syrakus beim älteren Dionysios erregte er durch seine Freimütigkeit solchen Anstoß, daß ihn derselbe dem spartanischen Gesandten Pollis übergab, um ihn als Sklaven nach Ägina zu verkaufen, wo wo ihn Annikeris von Kyrene losgekauft haben soll, *Plut. Dion.* 5. *Diog. L.* III, 18—21. *Vit. n'*, p. 385 f. Nach seiner Rückkehr (387 oder 386) lehrte er dialogisch, wahrscheinlich auch durch Vorträge in dem bei Athen gelegenen Gymnasion Ἀκαδήμεια, so genannt von einem Heros Ἀκάδημος, *Diog. L.* III, 7, 41: ὅθεν καὶ Ἀκαδημιακὴ προσηγορεύθη ἡ ἀπ᾽ αὐτοῦ αἵρεσις, vgl. *Vit. n'*, p. 387. Zum zweitenmal soll er nach Sicilien gekommen sein nach dem Tode des älteren Dionysios auf Dions Aufforderung (367), und nach dessen Verbannung zum drittenmal (361) ohne günstigen Erfolg für die politischen Verhältnisse in Syrakus, a. a. O. 21 f. Plato erreichte in ungeschwächter Geisteskraft das 81ste Lebensjahr und starb 348, *Hermipp. b. Diog. L.* III, 2. *Cic. de sen.* 5. Die Reinheit und Hoheit seines Charakters wird von den Alten hochgepriesen, *Diog. a. a. O.* 44: τὸν τις καὶ τηλόθι ναίων | τιμᾷ ἀνὴρ ἀγαθὸς θεῖον ἰδόντα βίον. Unter seinem Namen sind 41 philosophische Dialoge, eine Sammlung philosophischer Definitionen und 13 Briefe erhalten, a. a. O. III, 57 f, von denen jedoch die Definitionen und die Briefe wie eine Anzahl kleinerer Dialoge, namentlich Minos, Hipparchos, der zweite Alkibiades, Anterastai, Theages, Klitophon, Epinomis, allgemein für unecht gehalten werden. Schon die Alten versuchten die Dialoge des Platon in Tetralogieen oder Trilogieen zusammen zu fassen, a. a. O., neuere Gelehrte haben dieselben nach Zeitfolge und innerer Verwandtschaft verschieden geordnet und gruppiert. Unter den Dialogen sind von hervortretender Wichtigkeit für Platons Lehre: Φαίδρος, über die Liebe als Sehnsucht nach der Idee, Πρωταγόρας, über die Lehrbarkeit und Einheit der Tugend und ihr Entstehen aus dem Wissen, Γοργίας, von der Verwerflichkeit des Glückseligkeitsprinzips der Sophisten und der Einheit der Tugend und Glückseligkeit, Θεαίτητος, über den Unterschied des Wissens von der sinnlichen Wahrnehmung und Vorstellung, Σοφιστής, Widerlegung der Ansichten der eleatischen Schule über Sein und Nichtsein, Παρμενίδης, Platons eigentümliche Lehre vom unsinnlichen, unentstandenen, unveränderlichen und unvergänglichen Wesenheiten als Vorbildern der gewordenen sinnlichen Dinge, ἰδέαι, εἴδη, κρατύλος, über das Verhältnis der Sprache zum Erkennen, Συμπόσιον, über die philosophische Liebe, Φαίδων, von der Seele und deren Unsterblichkeit, Φίληβος, über das höchste Gut und die verschiedenen Arten des Seins, Πολιτεία, über die Verwirklichung der Gerechtigkeit im Staate nebst einer Beschreibung des Musterstaates, Τίμαιος, über die Entstehung und Einrichtung der Welt. Vorwiegend als geschichtliche Berichte für das Wirken und Schicksal des Sokrates sind wichtig Ἀπολογία Σωκράτους und Κρίτων.

Olympiaden-jahr.	Jahr v. Chr.	Geschichte.	Kunst und Litteratur.
XCVI, 1.	396.	Agesilaos in Kleinasien; seine glücklichen Unternehmungen gegen die persischen Satrapen.[168]	*Geschichtschreiber:* Xenophon,[bb] Ktesias,[cc] Philistos.[dd]

168) *Xen. Hell.* III, 4, 1—15. Nach Unterdrückung der Verschwörung des Kinadon (*das.* §. 1) erbietet sich Agesilaos auf die Nachricht, dafs der Perserkönig grofse Rüstungen mache, den Oberbefehl in Asien selbst zu übernehmen, und tritt dann im Frühjahr 396 den Zug dahin mit 30 Spartiaten, 2000 Neodamoden und 6000 Bundesgenossen an, *das.* §. 2. Nach seiner Ankunft in Asien bietet ihm Tissaphernes unter dem Vorgeben, dafs er einen für Sparta annehmbaren Frieden beim König auswirken wolle, Waffenstillstand an, den Agesilaos auf 3 Monate (*Xen. Ages.* I, 10) annimmt. Nach deren Ablauf macht er einen Einfall in Phrygien, während Tissaphernes, von ihm getäuscht, seine Streitkräfte in Karien versammelt, um diese zu verteidigen, *das.* §. 11—15. [Dafs der Zug des Agesilaos im Frühjahr 396 angetreten wurde, geht aus folgendem hervor. Seine Rückkehr aus Asien fand im Jahre 394 im Sommer statt, und die Rüstungen dazu begannen im Frühjahr, s. *Anm.* 177; nach *Xen. Ages.* I, 34. *Plut. Ages.* 14. 15 aber umfassen seine dortigen Unternehmungen einen Zeitraum von 2 Jahren, und *Xen. Hell.* III, 4, 20 wird im Frühling 395 (s. *das.* §. 16) ausdrücklich bemerkt, dafs seit dem Auszug des Agesilaos 1 Jahr abgelaufen sei. Auch stimmt hiermit die Darstellung der Vorgänge bei Xenophon vollkommen überein; denn nach den Ereignissen des Jahres 396 wird *Hell.* III, 4, 16 der Anbruch des Frühlings bemerkt, dann folgt der Zug des Agesilaos nach Lydien und nach Phrygien, letzterer ἅμα μετοπώρῳ, *das.* IV, 1, 1, hierauf die Winterquartiere in Phrygien (dafs es während seines Aufenthaltes daselbst Winter ist, beweist namentlich die Stelle *das.* §. 14), und im darauf folgenden Frühjahre (s. *das.* §. 41) ist er oben mit den Rüstungen zu einem Feldzug in das Innere von Asien beschäftigt, als er den Befehl zur Rückkehr bekommt, s. *das.* 2, 1—2.]

bb) Xenophon aus Athen, Sohn des Gryllos, geboren um 444, *Diog. Laert.* II, 48 f. (nach anderen um 431), Genosse und Schüler des Sokrates, auch des Prodikos, *Philostr. Vit. Soph.* I, 12, begab sich nach Beendigung des peloponnesischen Krieges nach Sardes zu Kyros, *Diog. l.* II, 55. *Anab.* III, 1, 4, trat unter dessen griechischen Söldnern ein und führte nach der Schlacht von Kunaxa und der Ermordung der griechischen Obersten die sog. 10000 nach Thrakien zurück. Infolgedessen ward er von Athen verbannt und fand unter Agesilaos; die Spartaner aber schenkten ihm ein Landgut bei dem den Eleern entrissenen Skillus, wo er mit Landbau, mit Jagen und Reiten und mit Abfassung seiner Schriften sich beschäftigte, *Diog. l.* II, 51. 52. *Anab.* V, 3, 7. *Paus.* V, 6, 4. Von dort durch die Eleer vertrieben, *Diog. a. a. O.* 53, begab er sich, obwohl unterdes von den Athenern zurückgerufen, nach Korinth, wo er den Rest seiner Tage verlebte, a. a. O. 56. Nachdem er den Tod seines Sohnes Gryllos mit Fassung ertragen hatte, a. a. O. 55, starb er wahrscheinlich um 355. Seine Schriften, meist historischen und politischen Inhalts, sind: Κύρου παιδεία, Ἀνάβασις, Ἑλληνικά, griechische Geschichte der Zeit, wo Thukydides Werk schliefst, bis zur Schlacht von Mantinea, ferner die von vielen ihm abgesprochenen Schriften Λόγος εἰς Ἀγησίλαον, Λακεδαιμονίων πολιτεία, Ἀθηναίων πολιτεία, Πόροι ἢ περὶ προσόδων, über Wiederherstellung der athenischen Finanzen, zum Teil philosophischen Inhalts: Ἀπομνημονεύματα Σωκράτους, Σωκράτους ἀπολογία πρὸς τοὺς δικαστάς, Συμπόσιον φιλοσόφων, Οἰκονομικός, Ἱέρων, Περὶ ἱππικῆς, Ἱππαρχικός, Κυνηγετικός. Seine Sprache galt als Muster des reinsten Atticismus, er heifst daher Ἀττικὴ Μοῦσα, *Diog. L.* II, 57 (γλυκύτητι τῆς ἑρμηνείας) und Ἀττικὴ μέλιττα. Vgl. *Dion. Hal. Ep. ad Cn. Pomp.* 4. *Cens. de vett. script.*

III, 2. *Cic. orat.* 19. *de orat.* II, 14. *Brut.* 35. *Quint.* X, 1, 82.

cc) Ktesias aus Knidos, Zeitgenosse Xenophons, war zur Zeit der Schlacht von Kunaxa Leibarzt des Perserkönigs Artaxerxes Mnemon, verliefs indes den persischen Hof im J. 399 wieder und kehrte in sein Vaterland zurück, *Diod.* II, 32. *Anab.* I, 8, 27. *Suid.* s. v. Er schrieb in ionischem Dialekt eine Geschichte der grofsen Monarchien des Orients, zum Teil nach einheimischen Quellen unter dem Titel: Περσικά in 23 Büchern, *Suid. a. a. O.*, von der bei Photios, *Bibl. cod.* 72, Diodor. l. II, u. a., Plutarch *vit. Artax.*, u. a. Auszüge erhalten sind, und eine kleinere Schrift Ἰνδικά, von der Photius ebenfalls einen Auszug giebt, nebst einigen anderen gänzlich verloren gegangenen Schriften.

dd) Philistos aus Syrakus, geboren vor dem Angriff der Athener auf Syrakus, *Plut. Nic.* 19, Verwandter und Anhänger Dionysios' des älteren, *Diod.* III, 91. XIV, 8. *Plut. Dion.* 11, 36. *Corn. N. Dion.* 3, lobte dann (um 386) verbannt zu Adria, *Plut. de exil.* 14, p. 605 c, und ward wahrscheinlich erst vom jüngeren Dionysios zurückgerufen im J. 367, *Plut. a. a. O. Corn. N. a. a. O.* Als Admiral desselben fand er in einer Seeschlacht gegen Dion und die Syrakusier seinen Tod. *Diod.* XVI, 11, 16. *Plut. Dion.* 35. Er schrieb Σικελικά, *Plut. Dion.* 11, eine Geschichte Siciliens von den ältesten Zeiten bis auf Dionysios den jüngeren, *Diod.* XIII, 103. XV, 89. *Dion. Hal. ep. ad Pomp.* 6, und vielleicht auch noch andere Schriften, *Suid.* s. v. Nur sehr spärliche Bruchstücke derselben sind auf uns gekommen, *Fragm. Histor. Graec.* ed. C. Müller I. p. 185 f. Plutarch nennt ihn *Dion.* 36: φιλοτυραννότατος ἀνθρώπων. Vgl. *Quintil.* X, 1, 74: Imitator Thucydidis et ut multo infirmior ita aliquatenus lucidior.

Olympiaden-jahr.	Jahr v. Chr.	Geschichte.
XCVI, 2.	395.	Agesilaos fällt in Lydien ein und besiegt die Reiterei der Perser.[169] Tissaphernes wird infolge davon abgesetzt; sein Nachfolger Tithraustes schickt Timokrates nach Griechenland, um durch Bestechung gegen Sparta Krieg zu erregen.[170]
		Eröffnung des Kriegs in Phokis; Lysandros wird bei Haliartos geschlagen und getötet.[171]
		Der spartanische König Pausanias abgesetzt; Agesipolis folgt.[172]
		Agesilaos hält seine Winterquartiere in Phrygien.[173]
		b) Der korinthische Krieg 394—387.
XCVI, 3.	394.	Die verbündeten Thebaner, Athener, Korinthier und Argeier werden von den Spartanern bei Korinth besiegt.[174]

169) Er hatte, durch einen von der feindlichen Reiterei im vorigen Jahre erlittenen Nachteil belehrt, seine Reiterei verstärkt, Xen. Hell. III, 4, 15, und überhaupt den Winter dazu benutzt, seine Streitkräfte zu üben und auszubilden, das. §. 16—19; der günstige Erfolg dieses Jahres wurde ebenfalls durch eine glückliche Täuschung hervorgebracht, das. §. 20—24.

170) Xen. Hell. III, 4, 25. 5, 1—2. Theben, Korinth, Argos waren die Staaten, gegen welche Timokrates die Bestechung anwandte; auch Athen war zum Kriege geneigt, hatte jedoch an der Bestechung keinen Teil. (Anders in Bezug auf die Athener Paus. III, 9, 4. Plut. Ages. 15.)

171) Die Thebaner nahmen sich bei einer Gebietsstreitigkeit zwischen Phokern und Lokrern (nach Xen. Hell. III, 5, 3 sind es die opuntischen, nach Paus. V, 9, 4 die ozolischen Lokrer von Amphissa) der letztern an, die Phoker baten darauf in Sparta um Hilfe, worauf Lysandros abgeschickt wurde, um die Otäer, Malier, Änianen und Herakleoten aufzubieten und mit diesen und den Phokern den Krieg gegen die Thebaner zu beginnen; der König Pausanias sollte mit einem peloponnesischen Heere nachfolgen, Xen. Hell. III, 5, 3—7; Lysandros drang in Böotien ein und berannte Haliartos, wurde aber bei einem Ausfall der Haliartier, der durch Zuzug aus Theben unterstützt wurde, geschlagen und getötet, das. 17 bis 21, vgl. Plut. Lys. 28. Pausanias kam zu spät, um dem Lysandros zu helfen, und kehrte zurück, ohne gegen die vereinigten Thebaner und Athener (letztere waren von den Thebanern als Bundesgenossen für den Krieg gewonnen worden, Xen. a. a. O. §. 8—10) eine Schlacht zu wagen, Xen. a. a. O. §. 21—24. (Der Krieg wird, Diod. XIV, 81. Plut. Lys. 27, der böotische genannt und ist zunächst nur ein Krieg zwischen Sparta und dem von Athen unterstützten Theben, daher von dem nachfolgenden korinthischen wohl zu unterscheiden.)

172) Pausanias wurde wegen seiner bei den Anm. 171 angeführten Vorgängen bewiesenen Feigheit, zugleich aber auch wegen seiner Begünstigung der athenischen Demokraten im J. 403 (Anm. 156) zum Tode verurteilt, hatte sich aber dem Urteilsspruch schon vorher durch die Flucht entzogen, Xen. Hell. III, 5, 25. Er hinterließ zwei unmündige Söhne, Agesipolis und Kleombrotos, von denen der erstere zunächst unter der Vormundschaft des Aristodemos sein Nachfolger wurde, das. IV, 2, 9. Paus. III, 5, 7.

173) Er hatte mit Tithraustes einen Waffenstillstand (auf 6 Monate, Diod. XIV, 80) geschlossen, Xen. Hell. III, 4, 25—26. Vorher hatte er mehrere Streifzüge gemacht und dabei auch mit König Otys ein Bündnis geschlossen, s. das. IV, 1, 1—40.

174) Nach dem böotischen Kriege wurde der Bund zwischen den oben genannten Staaten geschlossen, Diod. XIV, 82 vgl. Xen. Hell. IV, 2, 1, dem auch die Enböer, die ozolischen Lokrer und die Akarnanen beitraten, Diod. a. a. O. Xen. a. a. O. §. 17. Hierauf wurden zunächst auch die Thessalor zum Beitritt gezwungen, welche bisher auf der Seite Spartas gestanden hatten, auch wurde Herakles am Öta genommen und damit der Beitritt der benachbarten Völkerschaften bewirkt, Diod. a. a. O. vgl. Xen. das. 3, 3. Im Frühjahr sammelten sich die Verbündeten in Korinth, die Spartaner rückten ihnen entgegen, und es kam bei Korinth (Dem. Leptin. p. 472. §. 52, nach Diod. a. a. O. XIV, 83 am Flusse Nemoas) zur Schlacht, in welcher die Spartaner siegten, Xen. Hell. IV, 2 (nach Diod. a. a. O. war der Ausgang zweifelhaft). Die beiderweitigen Streitkräfte: 6000 Hopliten aus Sparta, 3000 aus Elis, 1500 aus Sikyon, 3000 aus Epidauros, Trözen, Hormione und Halüi, 600 lakodämonische Reiter, 300 kretische Bogenschützen, 400 Schleuderer, auf der andern Seite 6000 Hopliten aus Athen, 7000 aus Argos, 5000 aus Böotien, 3000 aus Korinth, 3000 aus Euböa, dazu 1550 Reiter aus Böotien, Athen, Euböa und von den opuntischen Lokrern und leichtbewaffnete Arkader, Lokrer, Melier, Xen. a. a. O. §. 16 bis 17 (nach Diodor waren auf der Seite von Sparta 23000 z. F. und 500 Reiter, auf der Verbündeten 15000 z. F. und 500 Reiter, XIV, 82, 83). Der Erfolg der Schlacht erstreckte sich nicht weiter, als daß die Verbündeten ihr Vorhaben, nach Lakonika vorzudringen, aufgeben mußten. [Über die Zeit s. Xen. Hell. IV, 3, 1 vgl. Anm. 177.]

Olympiaden-jahr.	Jahr v. Chr.	Geschichte.
XCVI, 3.	394.	Die spartanische Flotte unter Peisandros bei Knidos von Konon und Pharnabazos geschlagen.[175] Agesilaos aus Asien zurückberufen;[176] sein Sieg über die Verbündeten bei Koroneia.[177]
XCVI, 4.	393.	Korinth der Mittelpunkt des Kriegs und der Sammelplatz der Streitkräfte der Verbündeten.[178] Die langen Mauern von Athen durch Konon wiederhergestellt.[179]

175) Konon (über dessen Flucht von Ägospotamoi nach Kypros s. Anm. 147) war schon im J. 397 oder 396 auf Veranlassung des Pharnabazos vom Perserkönig mit Geld zur Ausrüstung einer Flotte versehen worden, hatte aber bis jetzt, besonders aus dem Grunde, weil der Sold vom Perserkönig nicht gezahlt wurde, wenig ausgerichtet, s. Diod. XIV, 39. 79. Isocr. Paneg. p. 70. §. 142. Philipp. p. 94. §. 62—64 vgl. Xen. Hell. III, 4, 1. Um von dem Perserkönig besser unterstützt zu werden, reiste er selbst zu demselben nach Babylon, Diod. XIV, 81. Corn. Nep. Con. 3, vgl. Ctes. Pers. fr. 63. Nachdem er sodann seine Flotte bedeutend verstärkt hatte, lieferte er mit Pharnabazos zusammen dem Peisandros (welcher von Agesilaos im J. 395 zum Nauarchen ernannt worden war, Xen. Hell. III, 4, 27—29) die Schlacht bei Knidos, durch welche der Seeherrschaft der Spartaner für jetzt ein Ende gemacht wurde, Xen. Hell. IV, 3, 10—12, Diod. XIV, 83. Hierauf wurden überall auf den Inseln und in den Küstenstädten die spartanischen Harmosten vertrieben; nur in Abydos und Sestos wurde die spartanische Herrschaft durch Dorkyllidas aufrecht erhalten, Xen. a. a. O. 8, 1—11. Isocr. Phil. a. a. O. §. 63: νικήσας τῇ ναυμαχίᾳ (Κόνων) Λακεδαιμονίους μὲν ἐξέβαλεν ἐκ τῆς ἀρχῆς, τοὺς δὲ Ἕλληνας ἠλευθέρωσεν. (Nach Diod. a. a. O. hatten Konon und Pharnabazos ungefähr 90, Peisandros 85 Schiffe, nach Xen. a. a. O. §. 12 scheint aber das Mißverhältnis zwischen beiden Teilen größer gewesen zu sein. Konon hatte nach Xen. das. §. 17 Hellenen unter seinem Befehl, nach Plut. Mmes. p. 245 A waren es aber nur φυγάδες καὶ ἰδιώταται. Der Zeit nach ist die Schlacht gegen Ende des Monats Juli oder in die ersten Tage des August zu setzen, das. §. 10 s. Anm. 177.]

176) Agesilaos traf bei Annäherung des Frühjahrs in Phrygien (s. Anm. 173) die Vorbereitungen zu einem Zuge in das Innere des persischen Reichs, „νομίζων ὅσοιν ὅπισθεν ποιήσαιτο ἔθνη, πάντα ἀποστερήσειν βασιλέως," Xen. Hell. IV, 1, 41. Da kam die Botschaft aus der Heimat, daß er zurückkehren solle, der er trotz der glänzenden Aussichten, die sich ihm eröffneten, ohne Widerrede und sogleich Folge leistete, indem er sich nur noch so viel Zeit vorstattete, um seine Rüstungen zu vollenden, Xen. das. 2, 1—8. Ages. 1, 35—36. Plut. Ages. 15.

177) Agesilaos nahm denselben Weg, wie Xerxes auf seinem Zuge gegen Griechenland, legte denselben aber, statt wie dieser in 6 Monaten, in einem Monat zurück, Xen. Hell. IV, 2, 8. Ages. II, 1. Als er in Amphipolis war, erhielt er die Nachricht von dem Siege der Spartaner bei Korinth, Xen. das. 3, 1, und als er im Begriff stand, in Böotien einzufallen, traf ihn die Nachricht von dem Tode und der Niederlage des Peisandros, und zu derselben Zeit fand eine Sonnenfinsternis statt, das. §. 10. Plut. Ages. 17. Über die Schlacht bei Koroneia (an welcher auf der andern Seite die Böoter, Athener, Argeier, Korinthier, Äniauen, Eubäer und die ozolischen und opuntischen Lokrer teilnehmen, das. §. 15) s. das. §. 15—21. [Da die erwähnte Sonnenfinsternis auf den 14. August 394 fällt, so ergiebt sich, daß die Schlachten bei Korinth und bei Knidos ungefähr in dieselbe Zeit, erstere etwa in die Mitte, letztere gegen Ende des Juli dieses Jahres zu setzen sind; zugleich aber erhalten wir dadurch einen festen Anhaltepunkt für die Zeitbestimmung vom J. 401 an, welche sämtlich in diesem Datum und in den hieran sich schließenden Kombinationen ihre feste Stütze finden.]

178) Xen. Hell. IV, 4, 1: Ἐκ δὲ τούτου ἐπολέμουν Ἀθηναῖοι μὲν καὶ Βοιωτοὶ καὶ Ἀργεῖοι καὶ οἱ σύμμαχοι αὐτῶν ἐκ Κορίνθου ὁρμώμενοι, Λακεδαιμόνιοι δὲ καὶ οἱ σύμμαχοι ἐκ Σικυῶνος. Daher auch der Name „korinthischer Krieg", Diod. XIV, 86. Paus. III, 8, 6. [Von den weiteren Ereignissen des Kriegs lassen sich außer dem Friedensschlusse nur zwei chronologisch fest bestimmen, s. Anm. 180 und 183, alle übrigen Zeitbestimmungen beruhen nur auf Kombination und können um so weniger auf mehr als bloße Wahrscheinlichkeit Anspruch machen, als Xenophon (der erst den Krieg zu Lande, IV, 4—7, und dann den Seekrieg, IV, 8—V, 1, erzählt) sich hier der Andeutungen in betreff der Zeit fast gänzlich enthalten hat.]

179) Xen. Hell. IV, 8, 7—10. Konon und Pharnabazos segeln mit dem Beginn des Frühlings (das. §. 7) aus, plündern erst die Küste von Lakonika, nehmen Kythera, unterstützen die Verbündeten in Korinth mit Geld, und hierauf geht Konon nach Athen, um daselbst mit persischem Gold die Mauern herzustellen; weshalb er von den Rednern vielfach als der Wiederbegründer der athenischen Hegemonie gerühmt wird, s. Demosth. Lept. p. 477. §. 68: δέοι' ἐλθὼν ἀνέστησε τὰ τείχη καὶ πρῶτος πάλιν περὶ τῆς ἡγεμονίας ἐποίησε τῇ πόλει τὸν λόγον πρὸς Λακεδαιμονίους εἶναι, vgl. Isocr. Phil. p. 95 §. 64. „Areop. p. 153. §. 65. (Schon um diese Zeit, wahrscheinlich im J. 392, schicken die Spartaner den Antalkidas an den persischen Satrapen Tiribazos, um ihm ein Bündnis anzubieten, Xen. Hell. IV, 8, 12—16; das Bünd-

Olympiaden- jahr.	Jahr v. Chr.	Geschichte.
XCVII, 1.	392.	Sieg der Spartaner bei Lechäon.[180]
XCVII, 2.	391.	Agesilaos fällt in das Gebiet von Argos ein;[181] die Spartaner Herren des Gebiets von Korinth und des korinthischen Meerbusens.[182]
XCVII, 3.	390.	Iphikrates stellt das Übergewicht der Verbündeten wieder her.[183] Die

nis kommt zwar nicht zu stande, indes haben diese Unterhandlungen doch die Folge, daß Konon von Tiribazos gefangen genommen wird, und daß Tiribazos den Spartanern Geld zur Ausrüstung einer Flotte giebt, das. §. 16. Diod. XIV, 85. Ob Konon getötet wurde oder entkam, ist zweifelhaft, s. Corn. Nep. Con. 5 vgl. Lys. de bon. Aristoph. p. 155. §. 39. Isocr. Paneg. p. 73. §. 154; jedenfalls wurde er zum großen Schaden für Athen der ferneren Teilnahme an dem Kriege entzogen.]

180) Die Spartaner wurden nach einem blutigen Parteikampf in Korinth von der Oppositionspartei daselbst in die langen Mauern zwischen der Stadt und dem Hafen Lechäon eingelassen und bringen den Verbündeten, die sie wieder vertreiben wollen, eine schwere Niederlage bei, Xen. Hell. IV, 4, 2—12, worauf die langen Mauern zerstört und nachher auch noch Sidus und Krommyon genommen werden, das. §. 13. (Wahrscheinlich wurde auch Lechäon selbst genommen, Diod. XIV, 86, vgl. Xen. a. a. O. §. 12. 17.) [Aus Aristid. Or. XLVI. vol. II, p. 276 (Jebb.): τῆς δ' ἐν Κορίνθῳ μάχης καὶ τῆς ἐν Λεχαίῳ μέσος ἄγρων Εὐβουλίδης geht hervor, daß die Schlacht bei Lechäon in dem auf das Archontat des Eubulides folgenden Jahre, also in der zweiten Hälfte des J. 393 oder in der ersten des J. 392 vorgefallen ist; das letztere ist als besser in den Zusammenhang der Ereignisse passend das wahrscheinlichere.] Über die Art der weiteren Kriegführung nach der Schlacht heisst es Xen. a. a. O. §. 13: Ἐκ δὲ τούτου στρατιᾷ μὲν μεγάλῃ ἑκατέρων ἀπειπόντα, φρουροὺς δὲ πέμποντες οἱ πόλεις, οἱ μὲν ἐς Κόρινθον οἱ δὲ ἐς Σικυῶνα, ἐφύλαττον τὰ τείχη· μισθοφόρους γε μὴν ἑκάτεροι ἔχοντες διὰ τούτων ἐρρωμένως ἐπολέμουν. Bei diesem Kriege mit Miestruppen (deren Gebrauch in dieser Zeit beginnt, s. Demosth. Phil. 1, p. 45. §. 23. Isocr. Phil. p. 101. § 96, Harporr. s. v. ξέναγα) zeichnete sich Iphikrates besonders aus, der die Bewaffnung der Leichtbewaffneten (πελτασταί) vorbesserte, s. Corn. Nep. Iphicr. 1. Diod. XV, 54, und mit diesen jetzt mehrern Vorteile über die Verbündeten Spartas gewann, Xen. a. a. O. §. 14—17.

181) Xen. Hell. IV, 4, 19.

182) Die langen Mauern von Lechäon (s. Anm. 180) waren mittlerweile von den Athenern wieder aufgebaut (und damit zugleich wahrscheinlich Lechäon von ihnen besetzt worden), Xen. Hell. IV, 4, 18; Agesilaos nahm dieselben jetzt wieder, das. §. 19, und sein Bruder Teleutias, der zu gleicher Zeit den korinthischen Meerbusen mit 12 Trieren beherrschte, das. 8. 11, kam herbei und nahm die Schiffe und Schiffs-

werften der Korinthier, jedenfalls indem er sich des Hafens Lechäon bemächtigte, das. 4, 19.

183) Agesilaos kam zur Zeit der isthmischen Spiele wieder in das Gebiet von Korinth, Xen. Hell. IV, 5, 2, und beabsichtigte sich Peiräeus in demselben, das. §. 3—6. Kurze Zeit darauf aber griff Iphikrates mit seinen Peltasten eine Abteilung (μόρα) spartanischer Hopliten an und rieb dieselbe fast gänzlich auf, das. §. 9—17; s. bes. §. 12, wonach von der ganzen 600 Mann starken Abteilung nur wenige entkamen. (Die Zahl von 250 Gefallenen, das. c. 17, ist daher jedenfalls zu gering). Seitdem wird uns von Unternehmungen zu Lande nur noch ein Feldzug des Agesilaos nach Akarnanien, das. c. 6, und ein Einfall des Agesipolis in Argos berichtet, das. 7, 2—7. Über den großen Eindruck, den dieser Erfolg des Iphikrates (in ähnlicher Weise wie die Gefangennehmung der Spartiaten auf Sphakteria) machte, s. das. 5, 10. Übrigens wurde Iphikrates bald von Korinth zurückberufen, weil er durch seine glänzenden Thaten die Eifersucht der übrigen Verbündeten erregt hatte, das. 6, 34; nach Diod. XIV, 92 vgl. Aristid. Panath. 1, p. 168 (Jebb.), weil er sich in Korinth zum Herrn der Stadt gemacht hatte und die Athener selbst hiernit unzufrieden waren. [Die isthmischen Spiele wurden immer im Frühjahr des 2. und 4. Olympiadenjahres gefeiert, und die Vernichtung der spartanischen Mora kann daher nur entweder ins Jahr 392 oder 390 gesetzt werden. Dass das letztere das Richtigere, geht daraus hervor, daß bis zum Jahre 392 die Ereignisse des Krieges kaum würden untergebracht werden können, s. besondern Anm. 180 und 182; einen weiteren Beweis dafür giebt die Rede des Andokides über den Frieden, vorausgesetzt, daß dieselbe, wie kaum zu bezweifeln, echt ist. Diese Rede ist nämlich im Jahre 391 gehalten, s. p. 25. §. 20, und während daselbst der Schlachten bei Korinth, Koroneia und Lechäon gedacht wird, s. §. 18, so wird ausdrücklich bemerkt, daß die Spartaner bisher noch nicht in einer einzigen Schlacht geschlagen worden seien, s. §. 19. Auch wird §. 20 der lebhafteste Wunsch der Thebaner nach Frieden erwähnt, der nach Xen. Hell. IV, 5, 6 vor der Vernichtung der Mora stattfand, während nach der Schlacht die Thebaner nichts weniger als dazu geneigt waren, s. das. §. 9. In eben dieser Zeit fanden übrigens, wie wir aus derselben Rede ersehen, auch zwischen Sparta und Athen Verhandlungen über den Frieden statt, und es kamen Gesandte der Spartaner deshalb nach Athen, die indes, ohne ihren Zweck zu erreichen, wieder weggingen, s. Philochor. in dem Argum. zu der R.]

Olympiaden-jahr.	Jahr v. Chr.	Geschichte.
XCVII, 3.	390.	Unternehmungen der Spartaner unter Teleutias und der Athener unter Thrasybulos zur See.[184]
XCVIII, 2.	387.	Antalkidischer Friede. Der Perserkönig wird von den Spartanern durch ihren Abgesandten Antalkidas gewonnen, einen ihren Interessen entsprechenden Frieden zu gebieten, dem sich die übrigen kriegführenden Staaten gezwungen unterwerfen.[185]
		c) Die Gewaltthätigkeiten der Spartaner gegen Mantinea, Theben, Olynth und Phlius, bis zu ihrer Vertreibung aus der Kadmea, 386—379.
XCVIII. 4.	385.	Mantinea von den Spartanern zerstört.[186]

184) Die Spartaner hatten schon vorher (im J. 391) den Ekdikos als Nauarchen mit 8 Schiffen ausgeschickt, um die von der demokratischen Partei vertriebenen Aristokraten (s. Diod. XIV, 79, 97) wieder in Rhodos einzusetzen; derselbe hatte aber nichts ausgerichtet, Xen. Hell. IV, 8, 20—22. Hierauf schickten sie Teleutias, der eine Flotte von 27 Schiffen zusammenbrachte und sich in Rhodos, mit der herrschenden demokratischen Partei Krieg führend, festsetzte, das. 23—24. 25. Gleichzeitig wurde von den Athenern Thrasybulos mit 40 Schiffen ausgesandt, der sich Byzantions und Chalkedons bemächtigte, auf Lesbos den spartanischen Harmosten Therimachos von Methymna schlug, hierauf aber, im Begriff, wie es scheint, den Teleutias auf Rhodos anzugreifen, in Aspendos getötet wurde, das. 25—30 vgl. Diod. XIV, 94. Lys. ad Ergocl. Demosth. Lept. p. 475. §. 60. Auf Teleutias folgt als Nauarch Hierax, Xen. Hell. V, 1, 5, und auf diesen Antalkidas, das. §. 6. Von den Unternehmungen im Seekrieg ist noch hervorzuheben die Niederlage, welche Iphikrates dem Harmosten Anaxibios von Abydos (wahrscheinlich im Jahr 380) beibrachte, Xen. Hell. IV, 8, 34—39, und der Krieg zwischen Ägina und Athen, das. V, 1, 1—24, der von 390 an geführt wird, das. §. 1. 2, und in dem (im J. 388 oder 387) Teleutias durch einen Überfall des Peiräeus einen großen Vorteil gewinnt, das. §. 13—24. Antalkidas setzt den Unterfeldherrn Nikolochos über die Flotte, der aber von den athenischen Anführern Iphikrates und Diotimos in Abydos eingeschlossen wird, das. §. 6—7. 25. Er selbst reist zum Perserkönig.

185) Antalkidas kehrte, nachdem er den Perserkönig für sich gewonnen, auf den Kriegsschauplatz zurück und brachte mit persischer Unterstützung eine Flotte von 80 Schiffen zusammen, mit denen er das Meer beherrschte, Xen. Hell. V, 1, 25—28. Bei dieser Übermacht Spartas konnten die Verbündeten nicht umhin, den Frieden, welchen Antalkidas vom Perserkönig mitgebracht hatte, anzunehmen. Sie unterwarfen sich daher demselben, doch verstand sich Theben nur durch die Drohungen Spartas gezwungen dazu, den übrigen böotischen Städten ihre Selbständigkeit zu gewähren, das. 29—34. Der Friede lautete (das. §. 31): Ἀρταξέρξης βασιλεὺς νομίζει δίκαιον,

τὰς μὲν ἐν τῇ Ἀσίᾳ πόλεις ἑαυτοῦ εἶναι καὶ τῶν νήσων Κλαζομενὰς καὶ Κύπρον· τὰς δὲ ἄλλας Ἑλληνίδας πόλεις καὶ μικρὰς καὶ μεγάλας αὐτονόμους ἀφεῖναι πλὴν Λήμνου καὶ Ἴμβρου καὶ Σκύρου· ταύτας δὲ ὥσπερ τὸ ἀρχαῖον εἶναι Ἀθηναίων· ὁπότεροι δὲ ταύτην τὴν εἰρήνην μὴ δέχονται, τούτοις ἐγὼ πολεμήσω μετὰ τῶν ταῦτα βουλομένων καὶ πεζῇ καὶ κατὰ θάλατταν καὶ ναυσὶ καὶ χρήμασιν. Über die Vorteile, welche der Friede den Spartanern gewährte, s. das. §. 36: Ἐν δὲ τῷ πολέμῳ μᾶλλον ἀντιρρόπως τοῖς ἐναντίοις πράττοντες οἱ Λακεδαιμόνιοι, πολὺ ἐπικυδέστεροι ἐγένοντο ἐκ τῆς ἐπ' Ἀνταλκίδου εἰρήνης καλουμένης. προστάται γὰρ γενόμενοι τῆς ὑπὸ βασιλέως καταπεμφθείσης εἰρήνης —; das Schmachvolle desselben bildet einen oft wiederkehrenden Gegenstand des Tadels und der Anklage bei den attischen Rednern, s. bes. Isocr. Panyg. p. 64—67. §. 115—128. Plut. Menex. p. 245. Über die Zeit s. Polyb. I, 6: ἔτος τέταρτον μετὰ τὴν ἐν Αἰγὸς ποταμοῖς ναυμαχίαν ἐνιαυτοῦἔκτον, πρὸ δὲ τῆς ἐν Λεύκτροις μάχης ἐκκαιδέκατον. (Infolge dieses Friedens wurde auch Plataeä wiederhergestellt, Paus. XI, 1, 3, doch wurde es im J. 374 (oder 373? Paus.) wieder von den Thebanern zerstört, Paus. a. a. O. Xen. Hell. VI, 3, 1. Diod. XV, 46. Isocr. Plataic., und dann erst von Alexander d. G. wieder aufgebaut.)

186) Xen. Hell. V, 2, 1—7. Diod. XV, 5, 12. Die Spartaner forderten von den Mantineern, daß sie ihre Mauern niederreißen sollten (ihre Gründe s. Xen. a. a. O. §. 2, besonders: ἔτι δὲ γιγνώσκειν ἔφασαν ᾑσθημένοι μὲν αὐτοὺς, εἴ τι σφίσιν ἀγαθὸν γένοιτο, ἐφηδομένους δ' εἴ τις συμφορὰ προσπέσοιεν, das.), und als sie sich dessen weigerten, belagerten sie die Stadt und zwangen die Einwohner endlich, dieselbe zu zerstören und sich, wie vor alters, in 4 (oder, indem Mantinea als Dorf bestehen blieb, in 5) Dörfern anzusiedeln, womit von selbst die Herstellung der aristokratischen Verfassung verbunden war. [Die Zeitbestimmung beruht hier und ebenso auch meist bei den nächstfolgenden Vorgängen auf Diodor; bei Xenophon finden sich auch hier keine bestimmten Zeitangaben, und es haben daher von ihm nur vereinzelte, zufällige Andeutungen über die Zeit benutzt werden können.]

Olympiaden-jahr.	Jahr v. Chr.	Geschichte.
XCIX, 3.	382.	Anfang des olynthischen Kriegs.[187] Die Kadmea von den Spartanern besetzt.[188]
XCIX, 4.	381.	Teleutias, der Befehlshaber der Spartaner, wird von den Olynthiern geschlagen und fällt in der Schlacht.[189]
C, 1.	380.	König Agesipolis, Anführer der Spartaner gegen Olynth, stirbt.[190] Kleombrotos an seiner Stelle König von Sparta.[191] Phlius von den Spartanern unter Agesilaos belagert.[192]
C, 2.	379.	Olynth[193] und Phlius[194] zur Unterwerfung genötigt. Die Befreiung Thebens und der Kadmea.[195]

187) Die Olynthier hatten, die gedrängte Lage der makedonischen Könige benutzend, die griechischen Städte in der Nähe der Küste zu einem Bunde vereinigt, zu dem selbst Pella gehörte; nach Xenophon kamen nun die Akanthier und Apolloniaten nach Sparta und baten um dessen Unterstützung gegen das Übergewicht Olynths; nach *Diod.* XV, 19 (vgl. *Isocr. Paneg.* p. 67 p. 126) hat auch der König von Makedonien, Amyntas, die Spartaner um Hülfe, und die Spartaner schickten nun zunächst den Eudamidas mit 2000 M. gegen Olynth; eine größere Macht sollte möglichst bald nachfolgen, s. *Xen. Hell.* V, 2, 11—24.

188) Dies geschah durch Phöbidas, den Bruder des Eudamidas, der diesem Verstärkungen auf den Kriegsschauplatz nachführen sollte und auf dem Wege dahin sich durch den Vermit einer spartanisch gesinnten Partei in Theben der Kadmea bemächtigte, *Xen. Hell.* V, 2, 25—36. Die Spartaner entsetzten zwar den Phöbidas des Oberbefehls und legten ihm eine Geldstrafe auf, ließen aber doch die Besatzung in der Kadmea, s. *Polyb.* IV, 26. *Plut. Pelop.* 6. *Diod.* XV, 22. [Nach *Diod. a. a. O.* kann dies nicht früher als 382 geschehen sein, womit auch *Aristid. or.* XIX, 1, p. 258 (*Jebb.*) übereinstimmt, wonach die Besetzung der Kadmea in die Zeit der pythischen Spiele, d. h. in die ersten Monate des dritten Olympiadenjahres fiel; von Xenophon hören wir nur, daß sie im Sommer stattfand, s. a. O. §. 29. Die nach Xenophon zu bestimmende Folge der Begebenheiten steht der Annahme dieses Jahres nicht entgegen.]

189) Teleutias führte (jedenfalls noch im J. 382) das größere auf 10000 Mann bestimmte Heer in das Gebiet von Olynth; er verstärkte sich durch Hülfstruppen des Amyntas und eines thrakischen Fürsten Derdas und gewann (ebenfalls noch in demselben Jahre) einen Sieg über die Feinde, *Xen. Hell.* V, 2, 39—43; im folgenden Jahre (s. *Xen. a. a. O.* 3, 1) wurde er aber völlig geschlagen und verlor selbst das Leben, *das.* 3, 1—6.

190) *Xen. Hell.* V, 3, 8—9. 18—19. [Aus *Xen. a. a. O.* §. 3 vgl. mit §. 18 geht hervor, daß Agesipolis nicht in demselben Sommer, wo Teleutias fiel, den Krieg geführt haben kann, was ohnehin wegen der großen Vorbereitungen, die zu dem Zuge des Agesipolis gemacht wurden, s. *das.* §. 8, nicht wahrscheinlich ist. Indes folgt daraus nicht, daß der Anfang des Kriegs in das J. 383 zu setzen sei; der Nachfolger des Agesipolis, Polybiades, konnte in kurzer Zeit eintreten und dann sehr füglich bis zum Sommer 379 den Krieg beenden.]

191) *Diod.* XV, 23. *Paus.* III, 6, 1.

192) Kurz nach der Zerstörung von Mantinea, wahrscheinlich im J. 384, hatten die Phliasier auf Verlangen der Spartaner die Verbannten wieder aufnehmen und in ihren Besitz wiederherstellen müssen, *Xen. Hell.* V, 2, 8—10. Dies hatte die nicht vorauszusehende Folge, daß Streitigkeiten unter ihnen entstanden, worauf Agesilaos in ihr Gebiet einrückte und die Stadt belagerte, *das.* 3, 10—18. [Nach *Xen. a. a. O.* §. 10 kamen die Streitigkeiten, welche den Krieg zur Folge hatten, in der Zeit zum Ausbruch, als Agesipolis den Krieg gegen Olynth führte.]

193) *Xen. Hell.* V, 3, 26. *Diod.* XV, 33. Die Olynthier wurden durch Polybiades, den Nachfolger des Agesipolis, bezwungen; sie mußten auf ihr Bündnis verzichten und sich dem spartanischen Bündnis anschließen.

194) *Xen. Hell.* V, 3, 21—25. Nach *das.* §. 25 dauerte die Angelegenheit mit Phlius (τὰ μὲν περὶ Φλιοῦντα) im ganzen 1 Jahr und 8 Monate. Die Stadt mußte sich auf Gnade und Ungnade ergeben, und Agesilaos setzte eine Kommission von 100 Mitgliedern ein, zur Hälfte aus Verbannten, zur anderen Hälfte aus gleichgesinnten Bürgern der Stadt bestehend, um die Schuldigen zu bestrafen und eine neue Gesetzgebung einzuführen; zur Sicherung derselben ließ er eine Besatzung zurück.

195) *Xen. Hell.* V, 4, 3—12. *Plut. Pelop.* 7—12. *de gen. Socr.* p. 575—598. *Diod.* XV, 25—29. Die Führer des kühnen Unternehmens, wodurch die Befreiung bewirkt wurde, waren Mellon, Charon, Phyllidas und vorzüglich Pelopidas (letzterer von Xenophon nicht genannt); durch sie wurden die Häupter der Partei, welche Theben an Sparta verraten hatte, Archias, Philippos, Leontiadas, Hypates er-

Olympiaden-jahr.	J. v. Chr.	Geschichte.
		d) Der thebanische Krieg. 378—362.
C, 3.	378.	Kleombrotos und Agesilaos machen nacheinander Einfälle in Böotien, jedoch ohne erheblichen Erfolg.[196]
		Athen verbindet sich mit Böotien gegen Sparta[197] und erneuert seine Hegemonie zur See.[198]
C, 4.	377.	Zweiter Einfall des Agesilaos in Böotien.[199]

mordet und dadurch zunächst die Stadt selbst befreit; am folgenden Tage wurde mit Hilfe der übrigen Verbannten und freiwilliger Athener, die von den Grenzen Attikas herbeigerufen worden waren, ein Sturm auf die Kadmea gemacht, die sich alsbald auf die Bedingung freien Abzugs ergab. Über die Zeit dieses folgenreichen Ereignisses s. *Plut. Ages.* 24, wonach es kurz nach der Unterwerfung von Phlius, und *Plut. Pelop.* 9. *Xen. a. a. O.* §. 14, wonach es im Winter (379/8) stattfand. (Über den Wendepunkt, den die Befreiung Thebens in der Geschichte dieser Zeit bezeichnet, s. *Anm.* 152; vgl. auch noch den Panegyrikos des Isokrates, der im J. 380 verfasst ist und aus dem sich überall der Übermut Spartas, der Druck, mit dem derselbe auf den übrigen griechischen Staaten lastete, und insbesondere auch die üble Lage der von Sparta den Persern preisgegebenen griechischen Städte in Kleinasien erkennen lässt, s. bes. p. 65. §. 117: Τοσοῦτον δ' ἀπέχουσι τῆς ἐλευθερίας καὶ τῆς αὐτονομίας, ὥσθ' αἱ μὲν ὑπὸ τυράννοις εἰσίν, τὰς δ' ἁρμοσταὶ κατέχουσιν, ἔνιαι δὲ ἀνάστατοι γεγόνασιν, τῶν δ' οἱ βάρβαροι δεσπόται καθεστήκασιν, ferner *Isocr. de pac.* p. 179. §. 97—101 u. a. St. m.)

196) *Xen. Hell.* V, 4, 13—18. 35—41. Der erste Zug des Kleombrotos wurde noch im Winter 379/8, in der zweiten Hälfte desselben unternommen, s. *Xen. a. a. O.* §. 14; der zweite Zug des Agesilaos erfolgte erst nach Abschluss des Bündnisses zwischen Athen und Theben (s. folg. *Anm.*) und bei demselben leisteten die Athener unter Führung des Chabrias den Thebanern eine sehr erwünschte Hilfe, und sie waren es hauptsächlich, die Agesilaos durch die imponierende Haltung ihrer Peltasten abhielten, eine Schlacht zu wagen, *Diod.* XV, 32—33. *Corn. Nep. Chabr.* 1.

197) Die Athener hatten die Spartaner nach der Befreiung der Kadmea wegen ihrer Hilfeleistung dabei (s. *Anm.* 195) zunächst dadurch zu beschwichtigen und anzuzuiehen gesucht, dafs sie die dabei beteiligten zwei Strategen zum Tode verurteilten. *Xen. Hell.* V, 4, 19. *Plut. Pel.* 14. (Bemerkenswert ist auch als Beweis der Furcht, die man damals noch allgemein vor Sparta hegte, dafs selbst die Thebaner nach Befreiung der Kadmea noch eine Gesandtschaft nach Sparta schickten und sich erboten, nach wie vor bei der Hegemonie Spartas zu verbleiben, s. *Isocr. Plat.* p. 301. §. 20.) Bald darauf machte aber Sphodrias, den Agesilaos als Harmosten in Thespiä zurückgelassen hatte, einen Einfall in Attika, *Xen. a. a. O.* §. 20—24, den die Spartaner angestraft liefsen, das

§. 25—33. Dies bewog die Athener, offen die Partei der Thebaner zu ergreifen, *das.* §. 34.

198) *Diod.* XV, 28. 29—30. Die Athener forderten die Inseln und die Städte an der thrakischen Küste auf, sich mit ihnen zu einem Bündnis zu vereinigen, an dem sich nach und nach etwa 70 Städte (*Diod. a. a. O. Aesch. de f. leg.* p. 37. §. 70) beteiligten. Das Bündnis wurde unter sehr billigen Bedingungen für die Beitretenden errichtet (indem sich z. B. die Athener verpflichteten, dafs sie nie auf fremdem Gebiet sich Grundbesitz erwerben und überhaupt die Selbständigkeit der Bundesgenossen in keiner Weise beeinträchtigen wollten, *Diod. a. a. O. Inscr. Plat.* p. 300 §. 18. p. 305. §. 44) und darüber eine Urkunde ausgestellt, welche von den Mitgliedern unterzeichnet wurde, und die glücklicherweise in einer im J. 1851 aufgefundenen Inschrift noch erhalten ist, s. *Corp. Inscr. Att.* II. p. 1. vgl. *Meier Comment. epigr.* II, p. 53 ff. Als die ersten Beitretenden werden Chios, Byzantion, Rhodos, Mytilene, *Diod. a. a. O.* 28, dann Euböa mit Ausnahme der Stadt Histiäa, Skiathos und Peparethos genannt, *das.* 30; andere zahlreiche Namen finden sich in der genannten Inschrift, z. B. Perinthos, Maronea, Paros, Andros, Tenos, Antissa, Eresos, Kees, Amorgos, Selymbria, Siphnos, Zakynthos; auch Theben trat diesem Bunde bei, s. ebend. und *Diod. a. a. O.* 20. Die gemeinsamen Angelegenheiten wurden in einem συνέδριον zu Athen beraten, *das.* 28, und die Beiträge der Bundesgenossen wurden, um den gehässig gewordenen Namen φόρος zu vermeiden, συντάξεις genannt, z. B. *Inscr. de pac.* p. 165. §. 29. p. 166. §. 36. [Xenophon erwähnt dieses Bündnis nicht, deutet es aber wenigstens an, s. *Hell.* V, 4, 35, und setzt es bei seiner weiteren Darstellung voraus. Dafs es in diesem Jahre geschlossen wurde, lehrt die angeführte Inschrift, in welcher der Archon des J. 378/7 Nausinikos genannt ist; wenn daselbst Z. 4 die siebente Prytanie dieses Jahres, d. h. Februar oder März 377, angegeben wird, so bezieht sich dies nur auf die Abfassung der Urkunde, die, wie aus Z. 24 hervorgeht, erst geschah, nachdem das Bündnis mit mehreren bereits geschlossen war. Diodor setzt es, wie überhaupt die Ereignisse dieser Zeit, ein Jahr zu spät.]

199) *Xen. Hell.* V, 4, 47—55. Zeitbestimmung *das.* §. 47. Auf den Rückzuge wurde Agesilaos infolge eines Fufsübels von einer Krankheit befallen, die ihn längere Zeit verhinderte, sich an dem Kriege zu beteiligen, *das.* 55. *Plut. Ages.* 27.

Vierte Periode. 431—338 v. Chr.

Olympiaden-jahr.	Jahr v. Chr.	Geschichte.
C, 1.	376.	Des Kleombrotos vergeblicher Versuch, wieder in Böotien einzudringen.[200]
		Seesieg der Athener unter Chabrias über die Spartaner bei Naxos.[201]
CI, 2.	375.	Die Athener breiten ihre Seeherrschaft unter Timotheos über das ionische Meer aus.[202]
		Die Thebaner stellen den böotischen, unter ihrer Oberleitung stehenden Bund wieder her und zwingen die böotischen Städte ihm beizutreten.[203]
CI, 3.	374.	Die Thebaner fallen in Phokis ein,[204] werden aber von Kleombrotos, der den Phokern von den Spartanern mit einem Heere zu Hilfe geschickt wird, genötigt wieder zurückzugehen.[205]
		Kurzer, bald wieder gebrochener Friede zwischen Athen und Sparta.[206]
CI, 4.	373.	Des Iphikrates glücklicher Seezug nach Kerkyra, durch welchen die Herrschaft der Athener im ionischen Meer wiederhergestellt und befestigt wird.[207]

200) *Xen. Hell.* V, 4, 59. Die Thebaner und Athener hatten den Kithäron besetzt, und Kleombrotos versuchte vergeblich, sie von da zu vertreiben und sich so den Zugang in Böotien zu eröffnen.

201) Die Peloponnesier hatten eine Flotte von 60 Schiffen ausgerüstet, mit der sie das Meer in der Nähe von Athen beunruhigten und beherrschten; daher bestiegen die Athener ihre Schiffe und lieferten ihnen bei Naxos eine Seeschlacht, in welcher jene völlig geschlagen wurden, *Xen. Hell.* V, 4, 60—61. *Diod.* XV, 34—35. *Plut. Phoc.* 6. *Demosth. Lept.* p. 480. §. 77—78. (Nach Demosthenes nahm Chabrias 49 Schiffe, nach Diodor wurden 24 in den Grund gebohrt, 8 genommen.) Die Zeit der Schlacht: am 16. Boedromion (September) *Plut. a. a. O. Cam.* 19. Nach der Schlacht wurden zahlreiche Inseln des Archipels für den Beitritt zu dem athenischen Bündnis gewonnen, *Plut. Phoc.* 7. *Dem. a. a. O.* (Nach *Dem. Phil.* III, p. 116. §. 23 hat mit dieser Schlacht die Prostasie der Lakedämonier aufgehört.)

202) *Xen. Hell.* V, 4, 62—66. *Diod.* XV, 36. Timotheos schlug die peloponnesische Flotte unter Nikolochos bei Alyzia, *Xen. a. a. O.* §. 65, und gewann Kerkyra für das athenische Bündnis, das. §. 64, desgleichen Kephallonia, die Städte in Akarnanien und den König der Molosser, Alketas. *Diod. a. a. O.* vgl. *Xen. das.* (Über Timotheos überhaupt vgl. *Isocr. de permut.* §. 109—130. *Dem. Lept.* p. 480. §. 78.)

203) *Xen. Hell.* V, 4, 63: ἅτε δὲ εἰς τὰς πόλεις οὐκ ἐμβεβληκότων τῶν πολεμίων οὔτ' ἐν ᾧ Κλεόμβροτος ἦγε τὴν στρατιάν ἔτι οὔτ' ἐν ᾧ Τιμόθεος περιέπλει, θρασέως δὴ ἐστρατεύοντο οἱ Θηβαῖοι ἐπὶ τὰς περιοικίδας πόλεις καὶ πάλιν αὐτὰς ἀνελάμβανον. Hierzu trug ein Sieg jedenfalls viel bei, den die Thebaner unter Pelopidas bei Tegyra über eine an Zahl überlegene Schar von Spartanern gewannen, s. *Plut. Pelop.* 16—17. *Diod.* XV, 37. (Xenophon erwähnt ihn nicht.) Nur Orchomenos blieb noch unuuterworfen. [Die an-

geführte Stelle des Xenophon ist für die Chronologie von grosser Wichtigkeit, indem darin das Jahr, in welchem Kleombrotos seinen vergeblichen Versuch machte, in Böotien einzufallen (das Jahr 376), bestimmt von dem Jahre unterschieden wird, in welchem Timotheos um den Peloponnes schiffte und die Thebaner sich Böotien unterwarfen. Wenn nun für dieses Jahr (375) der Fortschritt der Thebaner hierauf beschränkt und es erst weiter unten VI, 1, 1 als ein fernerer Fortschritt bezeichnet wird, dass sie auch in Phokis einfielen, so folgt hieraus zugleich, dass dieser Einfall nicht füglich früher als in das J. 374 angesetzt werden kann.]

204) *Xen. Hell.* VI, 1, 1.

205) *Xen. Hell.* VI, 2, 1.

206) *Xen. Hell.* VI, 2, 1—3. Die Ursachen des Friedens auf seiten der Athener s. das. §. 6: οἱ δ' Ἀθηναῖοι αἰσθανόμενοι μὲν ἀφαιρεῖς τοὺς Θηβαίους, χρήματα τε οὐ συμβαλλομένους εἰς τὸ ναυτικόν, αὐτοὶ δὲ ἀποκναιόμενοι καὶ χρημάτων εἰσφοραῖς καὶ λῃστείαις ἐξ Αἰγίνης καὶ φυλακαῖς τῆς χώρας, ἐπεθύμησαν τῆς εἰρήνης καὶ πέμψαντες πρέσβεις εἰς Λακεδαίμονα εἰρήνην ἐποιήσαντο. Sie riefen nun sofort den Timotheos zurück, der sich mit der Flotte noch im westlichen Meere aufhielt; der Krieg kam aber dadurch bald wieder zum Ausbruch, dass Timotheos auf dem Rückwege Flüchtlinge (die vertriebene demokratische Partei) wieder in Zakynthos einsetzte und die Spartaner ihrerseits wieder eine Flotte nach dem westlichen Meere sandten, um diese Flüchtlinge zu vertreiben, das. §. 2—3, vgl. *Diod.* XV, 45.

207) Die spartanische Flotte (s. vor. Anm.), 60 Schiffe stark, segelte unter Führung des Mnasippos nach Kerkyra und belagert dasselbe, *Xen. Hell.* VI, 2, 2—9, die Athener, von den Kerkyräern um Hilfe angesprochen, schicken zuerst 600 Peltasten unter Ktesikles auf dem Landwege, das. 10—11, sodann rüsten sie eine Flotte von 60 Schiffen und ernennen wieder Timotheos zum Führer, der indes, um erst die hin-

Der beginnende Verfall.   113

Olympiaden-jahr.	Jahr v. Chr.	Geschichte.	Kunst und Litteratur.
CII, 2.	371.	Die griechischen Staaten schliefsen Frieden miteinander mit Ausnahme von Theben, welches sich weigert demselben beizutreten.[208] Kleombrotos fällt in Böotien ein, um die Thebaner zum Beitritt zu zwingen, wird aber von Epaminondas in der Schlacht bei Leuktra völlig geschlagen.[209] Kleombrotos selbst fällt; ihm folgt als König Agesipolis II und nach dessen bald erfolgtem Tode Kleomenes II.[210]	
CII, 3.	370.	Mantinea wieder aufgebaut;[211] ganz Arkadien zu	

längliche Mannschaft für die Schiffe zu werben, statt nach Korkyra zunächst östlich nach den Inseln segelt, *das.* 11—12. *Diod.* XV, 47. [Durch die Rede des Demosthenes gegen Timotheos p. 1186. §. 6 erhalten wir die willkommene Zeitangabe, dafs dies im Monat Mungchion unter dem Archontat des Sokratides geschah; aus derselben Rede erfahren wir, dafs Timotheos wegen seiner Zögerung angeklagt wurde und dafs sein Prozefs im Monat Maimakterion (November) unter dem Archontat des Asteios stattfand, *das.* §. 1190. §. 22.] Die Athener setzten deshalb den Iphikrates an seine Stelle, der sodann (es ist fraglich, ob vor oder nach dem Prozesse des Timotheos) nach Korkyra fuhr, *Xen. a. a. O.* §. 13—14. 27—38. Ehe er jedoch daselbst ankam, war Mnasippos bereits geschlagen und getötet und Korkyra befreit worden, *das.* §. 15—27. Iphikrates blieb zunächst in den dortigen Gewässern, die Herrschaft Athens immer weiter ausbreitend und fester begründend, *das.* §. 37—38.

208) *Xen. Hell.* VI, 3. Die Bedingungen des Friedens s. *das.* §. 18: ἐψηφίσαντο καὶ οἱ Λακεδαιμόνιοι δέχεσθαι τὴν εἰρήνην, ἐφ᾽ ᾧ τοῖς τε ἁρμοσταῖς ἐκ τῶν πόλεων ἐξιέναι, τὰ τε στρατόπεδα διαλύειν καὶ τὰ ναυτικὰ καὶ τὰ πεζικά, τάς τε πόλεις αὐτονόμους ἐᾶν· εἰ δέ τις παρὰ ταῦτα ποιοίη, τὸν μὲν βουλόμενον βοηθεῖν ταῖς ἀδικουμέναις πόλεσι, τῷ δὲ μὴ βουλομένῳ μὴ εἶναι ἔνορκον συμμαχεῖν τοῖς ἀδικουμένοις. Die Thebaner wurden vom Frieden ausgeschlossen, weil sie ihn nicht für sich allein, sondern nur für den ganzen böotischen Bund beschwören wollten, *das.* §. 19—20. *Plut. Ages.* 28. Zeit des Friedens: am 14. Skirophorion (Juni), *Plut. Ag.* 28.

209) *Xen. Hell.* VI, 4, 2—15. *Diod.* XV, 51—56. *Plut. Pel.* 20—23. *Paus.* IX, 13. Nach *Diod. a. a. O.* 52 waren die Thebaner 6000 Mann stark, nach *Plut. a. a. O.* 20 die Spartaner 11000 Mann. Der Sieg wurde hauptsächlich durch die schiefe Schlachtordnung des Epaminondas gewonnen, *Diod. a. a. O.* 55: λοξὴν ποιήσας τὴν φάλαγγα, vgl. *Plut. a. a. O.* 20, und dadurch, dafs Epaminondas dem linken Flügel eine Tiefe von 50 Mann gab und mit demselben sich auf den rechten Flügel der Feinde warf, wo Kleombrotos mit den angesehensten Spartiaten stand, *Xen. a. a. O.* §. 12: λογιζόμενοι ὡς εἰ νικήσειεν τὸ περὶ τὸν βασιλέα, τὸ ἄλλο

πᾶν εὐχείρωτον ἔσοιτο. Es fielen von den 700 Spartiaten, die in der Schlacht zugegen waren, 400 mit dem König Kleombrotos und aufserdem 1000 Lakedämonier, *das.* §. 15. vgl. *Diod. a. a. O.* 56. *Dionys. Hal. Arch.* II, 17. *Plut. Ages.* 28. *Paus.* IX, 13, 4. Von den Thebanern sollen nur 300, *Diod. a. a. O.*, oder gar nur 47, *Paus. a. a. O.*, gefallen sein. Über den bedeutenden Anteil des Pelopidas und der heiligen Schar an dem Siege, s. *Plut. Pel.* 23 (über die heilige Schar überhaupt, s. *das.* 18—19). Die Zeit der Schlacht: am 5. Hekatombäon (Juli), 20 Tage nach dem Frieden, *Plut. Ages.* 28. *Cam.* 19. *Paus.* VIII, 27, 6, unter dem Archontat des Phrasikleides, *Dionys. Hal. Lys.* p. 479. *Marm. Par.* Über die Standhaftigkeit der Spartaner bei der Nachricht von der Niederlage, s. *Xen. a. a. O.* §. 16, bes.: τῇ δὲ ὑστεραίᾳ ἦν ὁρᾶν, ὧν μὲν ἐτέθνασαν οἱ προσήκοντες, λαμπροὺς καὶ φαιδροὺς ἐν τῷ φανερῷ ἀναστρεφομένους, ὧν δὲ ζῶντες ἠγγελμένοι ἦσαν, ὀλίγους ἂν εἶδες, τούτους δὲ σκυθρωποὺς καὶ ταπεινοὺς περιιόντας. Sie rüsteten sogleich ein neues Heer und entsandten dasselbe unter Führung des Archidamos, des Sohnes des Agesilaos; mittlerweile aber war durch Vermittelung des Iason (s. Anm. 224) bereits ein Vertrag über den freien Abzug der Spartaner zwischen diesen und den Thebanern zu stande gekommen; Archidamos traf daher das abziehende Heer in Megara und kehrte mit demselben wieder zurück, *Xen. a. a. O.* §. 17—26. — *Cic. de off.* I. §. 84: Illa (plaga) pestifera, qua cum Cleombrotus invidiam timens temere cum Epaminonda conflixisset, Lacedaemoniorum opes corruerunt. Vgl. noch über die vorderliehen Wirkungen der Schlacht für Sparta *Isocr. Phil.* p. 91. §. 47—50.

210) *Diod.* XV, 60. *Paus.* III, 6, 1. *Plut. Ag.* 3.

211) *Xen. Hell.* VI, 5, 3—5. Vgl. Anm. 186. Die Wiederherstellung geschah im Zusammenhang mit dem allgemeinen Bestreben nach Unabhängigkeit von Sparta, welches durch die Schlacht bei Leuktra in vielen Teilen des Peloponnes geweckt wurde. [In Bezug auf die Zeit geht aus der angeführten Stelle des Xenophon nur so viel hervor, dafs der Wiederaufbau kurz nach der Schlacht bei Leuktra stattfand; nach *Paus.* VIII, 8, 6. IX, 14, 2 würde er erst bei Gelegenheit des Einfalls der Thebaner in den Peloponnes (s. Anm. 213) erfolgt sein.]

Peter, Griech. Zeittafeln. 6. Aufl.

15

Olympiaden- jahr.	Jahr v. Chr.	Geschichte.	Kunst und Litteratur.
CII, 3.	370.	einem Gesamtstaat vereinigt mit Megalopolis als Hauptstadt.²¹² Erster Einfall des Epaminondas in den Peloponnes; er dringt in Lakonika ein und durchzieht es bis Gythion und Helos.²¹³ Messenien wiederhergestellt.²¹⁴	*Mittlere Komödie:*ᵉᵉ Antiphanes,ᶠᶠ Alexis.ᵍᵍ

212) *Xen. Hell.* VI, 5, 6—9. *Diod.* XV, 59. *Paus.* VIII, 27, 1—6. Nach *Paus. a. a. O.* §. 6 erfolgte die Gründung von Megalopolis in demselben (Olympiaden-)Jahre und wenige Monate nach der Schlacht bei Leuktra; Xenophon und Diodor aa. OO. berichten nur die Erhebung von Arkadien, die Gründung von Megalopolis setzt Diodor an einer andern Stelle (XV, 72) in das Jahr 368/7. Die Entscheidung über die gemeinsamen Angelegenheiten lag in der Hand der Zehntausend (οἱ μύριοι), die sich als die Vertreter der vereinigten Ortschaften in Megalopolis versammelten, s. *Diod. a. a. O.* vgl. *Xen. Hell.* VII, 1, 38, 4, 2. 33. 34. *Demosth. de f. leg.* p. 344, §. 11. p. 403. §. 158.

213) Die Spartaner unternahmen unter Agesilaos auf Veranlassung der Erhebung Arkadiens einen Zug dahin, ohne etwas Erhebliches auszurichten, *Xen. Hell.* VI, 5, 10—21, „mitten im Winter" (370—369), das. §. 20. Nach dem Abzug der Spartaner trafen die Böoter im Peloponnes ein (auch Orchomenos war jetzt gezwungen dem Bunde beigetreten, *Diod.* XV, 57), durch Phoker, Euböer, Lokrer, Akarnanen, ferner durch die Herakleoten und Malier und durch thessalische Reiter verstärkt, *Xen. a. a. O.* §. 23. Hier vereinigten sie sich mit den Arkadern, Argeiern und Eleern und machten sodann, 70 000 Mann, *Plut. Ages.* 31, *Priop.* 24, oder sogar über 70 000 Mann, *Diod.* XV, 62, stark, den Einfall in Lakonika, *Xen. a. a. O.* §. 23—32. *Diod.* XV, 62

bis 67, den ersten seit 500 Jahren, der von einem Feinde gemacht wurde (*Diod. a. a. O.* §. 65. *Xen. das.* §. 28: τὸν δὲ ἐκ τῆς πόλεως οἱ μὲν γυναῖκες οὐδὲ τὸν καπνὸν ἐφέρειν ἀνείχοντο, ἅτε οὐδέποτε ἰδοῦσαι πολεμίους). Den Spartanern kamen die Orchomenier, Phliasier, Korinthier, Epidaurier, Pellener, Halieer und Hermioneer zu Hilfe, welche dem Bündnis mit ihnen treu blieben. *Xen. das.* §. 29, vgl. VII, 2, 2, und auch die Athener schickten auf ihre Bitte ein Hilfsheer unter Iphikrates, welches indes zu spät ankam, *das.* VI, 5, 33—49. *Diod. a. a. O.* 63. Epaminondas führte nicht nur den Zug durch Lakonika, sondern auch den Rückzug ungehindert aus, *Xen. das.* §. 50—52. Auch jetzt war es noch Winter, *das.* 50. (Er hatte nebst den übrigen Böotarchen vom Oberbefehl über die gesetzliche Zeit hinaus behalten, und soll deshalb nach seiner Rückkehr in Theben angeklagt worden sein, sich aber glänzend gerechtfertigt haben, *Plut. Pel.* 25. *Paus.* IX, 14, 2—4. *Corn. Nep. Epam.* 7—8.)

214) *Diod.* XV, 66. *Plut. Pel.* 24. *Paus.* IV, 27, 5. IX, 14, 2 vgl. VI, 2, 5. Die Wiederherstellung geschah in Verbindung mit dem Zuge des Epaminondas, s. die angef. St., bes. *Paus.* IV, 27, 5; bei Xenophon wird sie bei dieser Gelegenheit nicht erwähnt, er setzt sie aber schon in folgenden Jahre als geschehen voraus, s. *Hell.* VII, 1, 27 vgl. 29. 36.

ee) Als Kennzeichen der mittleren Komödie, deren Dichter in die Zeit vom Ende des peloponnesischen Krieges bis auf Alexander fallen, werden besonders angegeben: statt der ungebundenen persönlichen und politischen Satire der alten Komödie die Verspottung unter erdichteten Namen (αἰνιγματωδῶς κωμῳδεῖν), *Περὶ κωμ.* VIII, 8, 9. IV, 4. IX, 9. *Schol. Dion. Thrac.* p. 749. *Arist. Poet.* IX. *Eth. Nicom.* IV, 8, das Vorwiegen der Parodieen ernster Dichtungen, *Platon. Περὶ διαφ. κωμ.* I, 16. *Athen.* XI, p. 472 e, und der Travestie des Mythus (*Euhul. Antiop. fr.* 2), der Wegfall des kostspieligen Chores und das phantastisch-schwungvollen Elementes der alten Komödie, *Περὶ κωμ.* VIII, 15, und die Einführung stehender Masken. Über die Sprache s. *Περὶ κωμ.* 3: τῆς δὲ μέσης κωμῳδίας οἱ ποιηταὶ πλεῖσμεν τον μὲν οὐχ ἧσαντο ποιητικῶς, διὰ δὲ τᾶς συνήθους λέξεως λαλιὰς λογικὰς ἔχουσι τὰς ἀρετάς, ὥστε σπάνιον ποιητικὸν τινα χαρακτῆρα παρ' αὐτοῖς.

ff) Antiphanes, ungewiss ob aus Smyrna, Rhodos oder Koos gebürtig, lebte um 404—328 und dichtete zu Athen

zahlreiche Komödien, *Suid.* s. v. *Περὶ κωμ.* III, 14 (ἰδεφυέστατος εἰς τὸ γράφειν καὶ δραματοποιεῖν). Von dieser sind Titel und Bruchstücke aus den Komödien *Ἀγροικός*, *Αἰσχρομύγης*, *Ἀφροδισιος*, *Ἀφροδίτης γοναί*, *Βοιωτίδιον*, *Βουφάδης*, *Δίδυμοι*, *Κνοιθιδεύς* ἤ *Γάστρων*, *Κύκλωψ*, *Λάμπης*, *Οἴνομαος* ἤ *Πέλοψ*, *Παράσιτος*, *Πλούσιοι*, *Ποίησις*, *Πυθαγορα*, *Σαπφώ*, *Στρατιώτης* ἤ *Τύχων*, *Φιλοθήβαιος*. Vgl. Meineke *fr. com. med.* p. 3 f. Die Feinheit seiner Darstellung wird gelobt, *Athen.* I, p. 27 d. IV, p. 156 c. 168 d.

gg) Alexis, gebürtig aus Thurii, dann Bürger zu Athen, *Suid.* s. v. *Steph. Byz.* p. 510, lebte über hundert Jahre um 390 bis 286. *Plut. d. defect. orac.* p. 420. *Περὶ κωμ.* III, 16. *Aristot.* b. *Stob. Floril.* CXVI, 47, und soll 245 Komödien gedichtet haben. Die bedeutendsten Bruchstücke haben sich erhalten aus den Stücken *Αἴσωπος*, *Ἀπελαυνόμενος*, *Ἀσκαιπνιδιασκω*, *Δημήτριος* ἤ *Φιλέταιρος*, *Ἰσοστάσιον*, *Κρατείας* ἤ *Φαρμακοπώλης*, *Λέβης*, *Λίνος*, *Μανδραγοριζομένη*, *Μιλησία*, *Ὀλύνθια*, *Παννυχίς* ἤ *Ἔριθοι*, *Ταραν-*

Olympiaden- jahr.	Jahr v. Chr.	Geschichte.	Kunst und Litteratur.
CII, 3.	369.	Bündnis zwischen Athen und Sparta.[215]	Redner: Isokrates,[hh] Isäos.[ii]
CIII, 1.	368.	Zweiter Einfall des Epaminondas in den Peloponnes.[216]	Bildhauer: Skopas,[kk] Praxiteles.[ll]

215) *Xen. Hell.* VII, 1, 1—14. *Diod.* XV, 67. In Bezug auf die Hegemonie wurde dabei bestimmt, dafs Athen und Sparta sie von 5 zu 5 Tagen abwechselnd sowohl zu Lande als zu Wasser führen sollten, s. *Xen. a. a. O.* §. 14. Der Abschlufs des Bündnisses erfolgte wahrscheinlich nicht lange Zeit nach der Hilfsleistung der Athener, s. Anm. 213, also, da dies im Winter 370/69 geschehen war, noch im Laufe des Jahres 369, und wenn Xenophon (a. a. O. §. 1) sagt, dafs es τῷ ὑστέρῳ ἔτει abgeschlossen sei, so kann damit nur das Amtsjahr oder auch das Jahr von Frühling zu Frühling gemeint sein.]

216) *Xen. Hell.* VII, 1, 15—22. *Diod.* XV, 67—69. Die Athener und Spartaner hatten das Oneiongebirge besetzt, um den Thebanern den Eingang in den Peloponnes zu ver-

τίνα, *Ἰσιδώρος*, vgl. *Meineke fragm. com. med.* p. 382 f. Sein Witz wird gelobt. *Athen.* II. p. 59. [Athenäos kannte über 800 Stücke der mittleren Komödie, VIII. p. 336 d; auf uns sind Namen und Bruchstücke von 59 Dichtern derselben gekommen; unter ihnen sind aufser den genannten die zahlreichsten und bedeutendsten Fragmente erhalten von den Komödien des Anaxandrides aus Kameiros und Eubulos von Athen. *Mein. a. a. O.* p. 161. 203.]

hh) Isokrates von Athen, der Meister der epideiktischen Beredsamkeit, geboren 436, *Isocr. Vit. Westerm. Vit. min.* p. 245 f. *Plut. β'. γ'*, genofs eine sorgfältige Erziehung und hörte Prodikos, Tisias, Gorgias und Sokrates (*Plat. Phaedr.* p. 278 c. 279 b.) *Vit. α'. β'. γ'*. *Suid.* s. v. Da Schüchternheit und körperliche Schwächlichkeit ihn an öffentlichem Auftreten hinderten, *Isocr. Panath.* §. 9. *Philipp.* §. 81. *Vit. α'. β'* (:ἰσχνόφωνός τ' ἂν καὶ εἰλήφθης τὸν τρόπον). γ', so gründete er eine Redeschule in Athen, schrieb für Geld gerichtliche Reden für andere und erwarb sich ein grofses Vermögen, so dafs er die Trierarchie verwalten konnte, *Vit. α'. β'*. *Isocr. Περὶ ἀντιδ.* §. 5. Gegner der Sophisten hob er die praktisch-sittliche Seite der politischen Beredsamkeit hervor, *Isocr. κατὰ τῶν σοφ.* §. 19. *Ἑλένης ἐγκώμ.* §. 1—13. *Πρὸς Νικοκλ.* §. 6. *Περὶ ἀντιδ.* §. 3. *Vit. α'*, und bildete zahlreiche Schüler, wie Timotheos, Theopompos, Ephoros, Isäos Lykurgos, Demosthenes (?), Hypereides u. a. *Vit. β'. γ'* *Cicer. de orat.* II, 22, 94. Er soll, 98 Jahre alt, im Jahre 338 aus Schmerz über die Niederlage von Chäronea eines freiwilligen Todes gestorben sein, *Vit. α'. β'. γ'. Paus.* 1, 17. Von seinen Reden, über deren Zahl schon die Alten verschieden urteilten, *Vit. β'. γ'. Suid. a. a. O.*, sind uns 21 erhalten, und zwar 8 gerichtliche Reden und 13 politische Prunkreden (ἐπιδείξεις), unter ihnen besonders hervortretend und auch geschichtlich wichtig der *Πανηγυρικός* und der *Παναθηναϊκός*, Lobreden auf Athen, ferner *Ἀρεοπαγιτικός*, *Περὶ εἰρήνης ἢ συμμαχικός*, *Πρὸς Νικοκλέα*, *Φίλιππος*, *Ἀρχίδαμος*, *Πλαταϊκός*. Unter seinem Namen sind auch 10 Briefe auf uns gekommen, *Bekk. Oratt. Att.* II. p. 482 f.; auch eine Theorie der Beredsamkeit, τέχνη (τέχνη), wurde ihm zugeschrieben, *Vit. β'*. *Cic. de invent.* II, 2. *Quint.* II, 15, 4.

Westerm. I, p. 293. Cicero nennt den Isokrates pater eloquentiae, *de orat.* II, 2, 10; vgl. *Dion. Hal. Isocr.* 3: θαυμαστὸν γὰρ καὶ μέγα τὸ τῆς Ἰσοκράτους κατασκευῆς εἶδος, ἡρωικῆς μᾶλλον ἢ ἀνθρωπίνης.

ii) Isäos aus Athen oder aus Chalkis auf Euböa, lebte um 420—348 und erscheint jedenfalls schon zeitig als in Athen wohnhaft, wo er Schüler des Isokrates und Nachahmer des Lysias wurde, eine Redeschule errichtete, die auch Demosthenes besuchte, und als Sachwalter für andere gerichtliche Reden schrieb, *Is. Vit. α'. β'. γ', Westerm. vit. min.* p. 260 f. *Suid.* s. v. *Plut. glor. Ath. β'*. Im Vergleich zu Lysias heifst es von Isäos Redeweise *Vit. γ'*: διαφέρει δ' ὅτι τῇ μὲν πολὺ τὸ ἀφελὲς καὶ τὸ ἠθικὸν καὶ ἡ χάρις, ἡ δ' Ἰσαίου τεχνικωτέρα δόξειεν ἂν εἶναι καὶ ἀκριβεστέρα καὶ σχηματισμοῖς διειλημμένη ποικίλοις etc.

kk) Skopas aus Paros blühte zwischen 392 und 348, Strab. p. 604. *Paus.* VIII, 45, 3. 4, arbeitete besonders in karischem Marmor und bewirkte Griechenland, Ionien und Karien mit zahlreichen Darstellungen von Göttern, Halbgöttern und Heroen, namentlich aus dem Kreise des Dionysos und der Aphrodite. Unter seinen Bildsäulen waren die berühmtesten die rasende Bakchantin, *Callistrat. Stat.* 2. *Anthol. Pal.* IX, 774. *Anth. Jac.* 1, 75, seine Liebesgötter Eros, Himeros und Pothos im Tempel der Aphrodite zu Megara, *Paus.* 1, 43, 6, und die Gruppe Poseidon, Thetis und Achilleus, *Plin.* XXXVI, 26. Als Baumeister war er thätig am Tempel der Athene Alea zu Tegea, den schönsten im Peloponnes, *Paus.* VIII, 45, 4, und am Grabmal des Mausolos, *Plin.* XXXIV, 30. 31, von welchem zahlreiche Skulpturen erhalten sind. Durch seine Naturwahrheit und Schönheit, mit der er im Marmor menschliche Leidenschaften und erregte Seelenstimmungen ausdrückte, erfüllten den Beschauer mit Bewunderung.

ll) Praxiteles aus Athen blühte um 368 bis 336, *Corp. Inscr. Gr.* Nr. 1604, *Plin.* XXXIV, 50, und arbeitete wie Skopas vorzüglich in Marmor, *Plin.* XXXIV, 69: marmore

15*

Olympiaden- jahr.	Jahr v. Chr.	Geschichte.
CIII, 2.	367.	Die Arkader von den Spartanern geschlagen.[217] Vergeblicher Versuch der Thebaner, vermittelst persischen Einflusses Frieden zu stiften.[218]
CIII, 3.	366.	Dritter Einfall des Epaminondas in den Peloponnes.[219] Bündnis zwischen Arkadien und Athen.[220] Phlius und Korinth schliefsen Frieden mit Theben.[221]

schliefsen; die Thebauer schlagen aber die Spartaner und eröffnen sich dadurch den Weg, *Xen. a. a. O.* §. 15—17. Darauf bringen sie Pellene und Sikyon zum Beitritt zu ihrem Bund und verwüsten das Gebiet von Epidauros, *das.* §. 18 vgl. 2, 11, kehren aber dann, ohne weiter etwas Erhebliches auszurichten, wieder zurück. Noch ist bemerkenswert, dafs den Spartanern zu dieser Zeit von Dionysios, dem Tyrannen von Syrakus, Hilfstruppen geschickt wurden, *Xen. a. a. O.* 1, 20—22, die auch nachher noch zweimal, das letzte Mal unter Dionysios dem Jüngern, wiederkamen, *das.* 1, 28. 4, 12. [Es ist zweifelhaft, ob dieser Zug ins Jahr 368 oder noch ins Jahr 369 zu setzen ist. Wir sind überhaupt für die ganze Zeit bis zur Schlacht bei Mantinea hinsichtlich der Zeitrechnung, abgesehen von den festen Punkten, die wir durch die Feier der olympischen Spiele, s. *Anm.* 223, und durch eine Sonnenfinsternis, s. *Anm.* 224, gewinnen, lediglich auf Diodor und auf Kombinationen hingewiesen, da Xenophon nur wenige und unzureichende Anhaltepunkte bietet. Diodor pflegt aber immer die Ereignisse des Olympiadenjahres (oder was ungefähr dasselbe ist, des Jahres der athenischen Archonten), d. h. der Zeit von der Mitte des Sommers bis ebendahin zusammen zu fassen (nicht zu gedenken, dafs er nicht selten auch die Ereignisse zweier Jahre unter einem Jahre vereinigt und überhaupt sehr ungenau und ungründlich verfährt), und es bleibt daher, sowohl wir auf ihn beschränkt sind, immer zweifelhaft, ob die Ereignisse ein Jahr früher oder später anzusetzen sind.]

217) Die Arkader hatten, im Gefühl ihrer durch die Vereinigung erhöhten Stärke, mehrere glückliche Unternehmungen auf eigne Hand gemacht, *Xen. Hell.* VII, 1, 22—29. Deshalb unternahm Archidamos, der Sohn des Agesilaos, in Verbindung mit den syrakusanischen Hilfstruppen einen Feldzug gegen sie und gewann, als die Arkader ihn einzuschliefsen

suchten, durch einen kühnen Angriff einen glänzenden Sieg, bei dem viele Arkader fielen, während angeblich kein einziger Spartaner getötet wurde, s. *Xen. a. a. O.* §. 28—32. *Diod.* XV, 72. *Plut. Ages.* 33, daher die ἄδακρυς μάχη genannt, *Plut. a. a. O.* Durch jenes erhöhte Selbstgefühl waren die Arkader schon jetzt den Thebanern immer mehr entfremdet, *Xen. a. a. O.* §. 24. 39, auch begannen schon jetzt die Zwistigkeiten mit Elis, *das.* §. 26. 32.

218) *Xen. Hell.* VII, 1, 33—40. *Plut. Pelop.* 30. *Artax.* 22. Die von dem Perserkönig diktierten, hauptsächlich von Pelopidas, der von den Thebanern als Gesandter nach Susa geschickt worden war, durchgesetzten Friedensbedingungen (s. dieselben *Xen. a. a. O.* §. 30) wurden von den übrigen griechischen Staaten nicht angenommen. (Ein schon ein Jahr früher von Philiskos, dem Abgesandten des Satrapen Ariobazanes, gemachter Friedensversuch war daran gescheitert, dafs die Thebaner ihn ohne die Anerkennung der Unabhängigkeit Messeniens nicht annehmen wollten, s. *Xen. a. a. O.* §. 27. *Diod.* XV, 70.)

219) *Xen. Hell.* VII, 1, 41—43. *Diod.* XV, 75. Der Zug war gegen Achaja gerichtet. Die Städte daselbst wurden zwar dazu gebracht, dem böotischen Bündnisse beizutreten. Als aber die Thebaner in denselben auf den Betrieb der Arkader gegen den Willen des Epaminondas die demokratische Verfassung gewaltsam herstellten und die Gegner derselben vertrieben, fielen sie nicht nur wieder ab, sondern nahmen auch nunmehr für Sparta offen Partei.

220) Die Veranlassung zu diesem Bündnis gab Oropos, welches, den Athenern im Jahre 411 entrissen (s. *Anm.* 118), in den ersten Jahren des thebanischen Krieges wieder an dieselben zurückgegeben, jetzt aber von den Thebanern in Besitz genommen war, *Xen. Hell.* VII, 4, 1. *Diod.* XV, 76. Die Athener waren nämlich, weil ihnen die Bundesgenossen die

felicior ideo et clarior fuit. Unter seinen zahlreichen Meisterwerken waren besonders berühmt der ruhende Satyr (περιβόητος), *Plin.* XXXIV, 69. *Paus.* I, 20, 1, die knidische Aphrodite, *Plin.* XXXVI, 20: auto omnia est non solum Praxitelis verum in toto orbe terrarum Venus, der Eros zu Thespiä, *Paus.* IX, 27, 3. *Plin.* XXXVI, 22: propter quem Thespiae visebantur, und die in Olympia wiedergefundene Hermes mit dem Dionysoskinde. In der Darstellung des sinnlichen Reizes und der Anmut der körperlichen Erscheinung war er der unübertroffene Meister, *Luc. amor.* 13, *imag.* 4.

Plinius sagt von ihm a. a. O. 20: marmoris gloria superavit etiam semet. Ob die vielgerühmte Gruppe der sterbenden Kinder der Niobe von Skopas oder von Praxiteles herrühre, darüber waren schon die Alten zweifelhaft, *Plin.* XXXVI, 28. [Erhaltene Bildwerke, aus denen wir eine Anschauung über den Kunststil dieser Zeit des Skopas und Praxiteles gewinnen können, sind unter anderm die Niobiden zu Florenz, die sogenannte Niobide in Paris, der sogenannte Ilioneus zu München, der Apollon Sauroktonos und die Reliefs am Denkmal des Lysikrates.]

Olympiaden-jahr.	Jahr v. Chr.	Geschichte.
CIII, 4.	365.	Krieg zwischen Elis und Arkadien.[222]
CIV, 1.	364.	Die Arkader im Besitz von Olympia; unter ihrem Schutze veranstalten die Pisaten statt der Eleer die Feier der olympischen Spiele.[223] Pelopidas fällt im Kampfe mit Alexandros von Pherä.[224] Die Thebaner dehnen ihre Hegemonie über Thessalien aus[225] und versuchen es auch, die Hegemonie zur See zu gewinnen.[226]

verlangte Hilfe zur Wiedererlangung von Oropos versagten, in einer gereizten Stimmung gegen dieselben, und diese wurde von den Arkadern benutzt, um sie zu dem Bündnis mit ihnen zu bewegen, s. *Xen. a. a. O.* §. 2—3. Sonach waren jetzt die Athener zugleich mit den Spartanern und den Arkadern, deren Feinden, und ebenso die Arkader zugleich mit den Thebanern und deren Feinden, den Athenern, verbündet, ein Verhältnis, welches sich aus der damaligen Stellung der Arkader (s. *Anm.* 217) erklärt, aber freilich nicht von Bestand sein konnte. Über die daraus hervorgehenden Mißhelligkeiten zwischen Athen und Korinth, s. *Xen. a. a. O.* §. 4—6.

221) *Xen. Hell.* VII, 4, 6—11. *Diod.* XV, 76. Die Korinthier nebst den Phliasiern und andern Bundesgenossen (die jedoch nicht genannt werden) schlossen den Frieden (der nach Diod. von dem Perserkönig diktiert wurde), weil sie durch die Beschwerden und Verluste des Kriegs, von denen besonders Phlius hart betroffen worden war (s. *Xen. Hell.* VII, 2), erschöpft waren. Sie forderten vorher auch die Spartaner zur Teilnahme auf, die sich aber nicht dazu entschließen konnten, weil sie die Unabhängigkeit Messeniens nicht anerkennen wollten. (Diese Situation, wo die Spartaner zum Abschluß des Friedens unter Anerkennung der Unabhängigkeit Messeniens aufgefordert wurden, ist es, worauf sich die den Namen des Archidamos führende Rede des Isokrates bezieht.)

222) *Xen. Hell.* II, 4, 12—18. *Diod.* XV, 77. Die Eleer hatten Lasion überfallen, welches zum arkadischen Bunde gehörte, worauf die Arkader, nachdem sie die Eleer bei Lasion geschlagen, in Elis einfallen, das Land verwüsten und mehrere Städte, darunter auch Pylon, nehmen. Dieser Krieg hat die Folge, daß die Eleer sich in die Bundesgenossenschaft der Spartaner begeben, s. *Xen. a. a. O.* §. 19; schon jetzt werden sie von den Achäern, den Bundesgenossen Spartas (s. *Anm.* 219), unterstützt, *das.* §. 17.

223) *Xen. Hell.* VII, 4, 19—33. *Diod.* XV, 78. Die Arkader fallen von neuem in Elis ein und schlagen die Eleer, *Xen. a. a. O.* §. 19. Auf Bitten der Eleer fallen darauf die Spartaner unter Archidamos in Arkadien ein und nehmen Kromnos; die Arkader kehren deshalb aus Elis zurück, belagern Kromnos und zwingen die Besatzung, so weit sie sich nicht durch die Flucht gerettet, sich zu ergeben, *das.* §. 20 bis 27. Nun erneuern die Arkader ihren Einfall in Elis und veranlassen die Pisaten, unter ihrem Schutze die olympischen Spiele zu veranstalten, was denn auch trotz eines tapferen Angriffs der Eleer geschieht, *das.* 28—32; weshalb

diese Olympiade als eine *Ἀνολυμπιάς* von den Eleern nicht gezählt wurde, *Paus.* VI, 22, 2.

224) (In Thessalien hatte sich der *Anm.* 209 genannte Iason im Jahre 374 von Pherä aus der Herrschaft als *Ταγός* bemächtigt, s. *Xen. Hell.* VI, 1; er war nach der Schlacht bei Leuktra eben im Begriff, nach Griechenland zu ziehen, und seine Macht war so groß, daß man daselbst große Besorgnis hegte, als er im Sommer 370 um die Zeit der pythischen Spiele ermordet wurde, *ebend.* VI, 4, 27 bis 32. Ihm folgen zunächst Polydoros und Polyphron, und nachdem Polydoros von Polyphron und Polyphron von Alexandros ermordet worden, folgte dieser letztere, *das.* §. 33—35, welcher die Herrschaft 11 Jahre lang, von 369—358, behauptete, *Diod.* XV, 61. Seine Grausamkeit gab die Veranlassung, daß sich zuerst die Aleuaden von Larissa an den König von Makedonien und dann die thessalischen Städte nach Theben mit der Bitte um Hilfe wandten, *Diod.* XV, 61, 67. *Plut. Pel.* 26.) Pelopidas machte, wahrscheinlich in den Jahren 369 und 368, zwei Einfälle in Thessalien, wobei er die thessalischen Städte befreite und zugleich den makedonischen König Alexandros nötigte, das von ihm in Besitz genommene Larissa aufzugeben, *Diod.* IX, 67. *Plut. Pel.* 26. Im Jahre 366 ging er ohne Heer als Gesandter wieder nach Thessalien, wurde aber von Alexandros von Pherä treuloserweise gefangen gehalten, bis ihn die Thebaner unter Führung des Epaminondas, nachdem ein vorheriger Zug unter anderer Führung zu demselben Zweck mißlungen, wieder befreiten, *Plut. Pel.* 27—29. *Diod.* XV, 71. 75. Bei den beiden ersten Einfällen (so nach *Plut. a. a. O.*, nach Diodor nur das erste Mal) zog Pelopidas auch nach Makedonien und erlangte dadurch, daß der König von Makedonien mit Theben ein Bündnis abschloß. Im Jahre 364 wurde Pelopidas wieder von den Thessalern gegen Alexandros von Pherä zu Hilfe gerufen und schlug denselben bei Kynoskephalä, fiel aber in der Schlacht, *Plut. Pel.* 31—32. *Diod.* XV, 80. [Für die Zeit dieses Zugs erhalten wir eine freilich nicht ganz zweifellose Bestimmung durch eine Sonnenfinsternis, welche nach Plutarch und Diodor unmittelbar vor dem Zuge stattfand und welche nach den angestellten Berechnungen entweder auf den 30. Juni oder auf den 13. Juli 364 anzusetzen ist.]

225) Die Thebaner unternahmen auf die Nachricht vom Tode des Pelopidas sofort einen neuen Zug nach Thessalien (mit einem Heere von 7000 Hopliten und 700 Reitern unter Führung des Malkites und Diogeiton, *Plut.*) und zwangen Alexandros von Pherä, die thessalischen Städte, so wie auch

Olympiaden-jahr.	Jahr. v. Chr.	Geschichte.
CIV, 2.	363.	Spaltung unter den Arkadern.[227]
CIV, 3.	362.	Schlacht bei Mantinea und Tod des Epaminondas.[228] Die kämpfenden Parteien schliessen Frieden, dem jedoch Sparta nicht beitritt.[229]

die Magneten, Phthioten und Achäer freizugeben, sich auf Pherä zu beschränken und dem böotischen Bunde beizutreten, *Plut. Pel.* 35. *Diod.* XV, 80.

226) Auf Anlafs und unter Führung des Epaminondas wurde eine Seefahrt unternommen, die bis nach Byzantion ausgedehnt wurde, aber wegen des bald darauf erfolgenden Todes des Epaminondas ohne weitere Folge blieb, s. *Diod.* XV, 78—79 vgl. *Isocr. Phil.* p. 93. §. 53. *Aesch. de f. leg.* p. 42. §. 105: Ἐπαμεινώνδας στρατηγὸς οὐχ ὑποπτήσας τὸ τῶν Ἀθηναίων ἀξίωμα ἐπὶ διαρρήδην ἐν τῷ πλήθει τῶν Θηβαίων, ὡς δεῖ τὰ τῆς Ἀθηναίων ἀκροπόλεως προπύλαια μετενεγκεῖν εἰς τὴν προαυλαίαν τῆς Καδμείας. [Der Zug nach Thessalien, s. *vor. Anm.*, und der Seezug des Epaminondas sind wahrscheinlich gleichzeitig, weil sonst Epaminondas mutmafslich auch bei jenem den Oberbefehl geführt haben würde.

227) Die Spaltung knüpfte sich an den Besitz Olympias und der dortigen Tempelschätze, die von der gemeinschaftlichen arkadischen Behörde zur Bezahlung der Truppen (der sog. Ἐπάριτοι) verwendet wurden. Hiergegen erklärten sich zuerst die Mantineer, deren Beispiele folgten dann auch andere Arkader (wie es scheint, war es die aristokratische Partei, welche der Opposition machte und da, wo sie die Oberhand hatte, die Staaten auf diese Seite zog, s. *Xen. Hell.* VII, 4, 34. 35, 5, 1), und diese Partei schlofs nun Frieden mit den Eleern, *Xen. a. a. O.* 4, 35, und schickte Gesandte nach Athen und Sparta mit der Bitte um Hilfe, *das.* 5, 3, während die andere Partei die Spartaner herbeirief, *das.* 4, 34. Über das Ganze dieser Vorgänge s. *das.* 4, 33—5, 3. *Diod.* XV, 82. Es standen also jetzt im Peloponnes auf der einen Seite die Spartaner, Eleer, Achäer (s. *Anm.* 222) und die eine Hälfte der Arkader mit Mantinea an der Spitze, auf der andern Seite die Argeier, die Messenier und die andere Hälfte der Arkader, an deren Spitze Tegea stand; Korinth und Phlius blieben neutral (*Anm.* 221).

228) *Xen. Hell.* VII, 5, 4—27 (d. h. bis zum Ende des Werks). *Diod.* XV, 83—88. *Plut. Ages.* 34. Beim Heere

des Epaminondas waren sämtliche Böoter, die Euböer und viele Thessaler; im Peloponnes stiefsen noch die in der vor. Anm. genannten Völker hinzu, s. *Xen. a. a. O.* §. 4—5; die Phoker hatten sich geweigert, ihn zu begleiten, *das.* §. 4. Die Stärke beider Heere wird von Diodor (84) bei der Schlacht auf seiten der Thebaner zu 30 000 M. zu F. und 2000 R., auf der andern Seite zu 20 000 M. zu F. und 2000 R. angegeben. Vor der Schlacht machte Epaminondas den Versuch, erst Sparta und dann Mantinea zu überraschen; beides mifslang infolge ungünstiger Zufälle, *Xen. a. a. O.* §. 9—17. *Polyb.* IX, 8. Die Schlacht wurde, ebenso wie die bei Leuktra, durch Anwendung der schiefen Schlachtordnung gewonnen, ὥσπερ τριήρη προςῆγε νομίζων, ὅπῃ ἐμβαλὼν διακόψει, διαῤῥήξειν ὅλον τὸ τῶν ἐναντίων στράτευμα, der Sieg wurde aber, nachdem Epaminondas gefallen (über seinen Tod s. *Paus.* VIII, 11, 4—5. *Diod.* XV, 87. *Plut. Mor.* (*Apophth. reg.*) p. 194 C. *Corn. Nep. Epam.* 9. *Cic. de finn.* II. §. 97. *de off.* V, 12), von den Thebanern nicht weiter verfolgt, s. *Xen. a. a. O.* §. 25: Ἐπεὶ γε μὴν ἐκεῖνος ἔπεσεν, οἱ λοιποὶ οὐδὲ τῇ νίκῃ ὀρθῶς ἔτι ἐδυνάσθησαν χρήσασθαι, ἀλλὰ φυγόντος μὲν αὐτοῖς τῆς ἐναντίας φάλαγγος οὐδένα ἀπέκτειναν ὁπλίτας οὐδὲ προῆλθον ἐκ τοῦ χωρίου, ἔνθα ἡ συμβολὴ ἐγένετο. Über die Zeit der Schlacht s. *Plut. Mor.* p. 845. E. (*Vit. X or.* 27.) p. 350 A. (*de glor. Ath.* 7), wonach sie am 12. Skirophorion (Juli) 362 stattfand. — *Diod.* XV, 87: Παρὰ μὲν γὰρ ἐκάστῳ τῶν ἄλλων ἓν ἂν εὕροι (τις) προτέρημα τῇ δόξης, παρὰ δὲ τούτῳ (Ἐπαμεινώνδᾳ) πάσας τὰς ἀρετὰς ἡθροισμένας. — τοιγαροῦν ἡ πατρὶς αὐτοῦ ζῶντος μὲν ἐπήαντο τὴν ἡγεμονίαν τῆς Ἑλλάδος, τελευτήσαντος δὲ ταύτης ἐστερήθη.

229) *Diod.* XV, 89. *Plut. Ages.* 35. *Polyb.* IV, 33. Die Spartaner schlossen sich aus, weil sie die Unabhängigkeit Messeniens nicht anerkennen wollten. In Arkadien wollten mehrere der in Megalopolis vereinigten Städte sich wieder trennen, sie wurden aber mit Gewalt festgehalten, *Diod.* XV, 94.

Dritter Abschnitt.

361 bis 338 v. Chr.

Der Kampf mit König Philipp.

Olympiaden-jahr.	Jahr v. Chr.	Geschichte.
		a) Der Bundesgenossen- und der heilige Krieg und die Fortschritte Philipps bis zu seinem ersten Zuge nach Griechenland im J. 346.[230]
CIV, 4.	361.	Agesilaos stirbt, Archidamos III. König von Sparta.[231]
CV, 2.	359.	Philipp, König von Makedonien.[232] Er entledigt sich der Mitbewerber um den Thron[233] und schliefst mit Athen Frieden und Bündnis.[234]

[230] Der Bundesgenossenkrieg dient dazu, Athen der Mittel zum Kriege gegen Philipp zu berauben, und durch den heiligen Krieg wird Thebens in der letzten Zeit errungene Macht gebrochen. Der Hauptgrund für das Unterliegen Griechenlands ist indes in der Entartung der Griechen zu suchen, und dongemäß ist auch das Hauptbestreben des kräftigsten und edelsten Gegners Philipps, des Demosthenes, darauf gerichtet, die Athener zu gröfserer Energie zu entzünden. Über die andern Staaten, insbesondere über Theben, fehlt es uns an näheren Nachrichten, über die Sinnesweise der Athener s. Dem. Phil. I, p. 41. §. 4: βούλεσθε (nämlich auch fernerhin wie bisher) περιιόντες αυτών πυνθάνεσθαι, λέγεταί τι καινόν; vgl. ebend. p. 53. §. 44. p. 45. §. 20: ὅπως μὴ ποιήσετε ὃ πολλάκις ὑμᾶς ἔβλαψε, πάντ᾽ ἐλάττω νομίζοντες εἶναι τοῦ δέοντος καὶ τὰ μέγιστ᾽ ἐν τοῖς ψηφίσμασιν αἱρούμενοι, ἐπὶ τῷ πράττειν οὐδὲ τὰ μικρὰ ποιεῖτε, daher das Verfahren Philipp gegenüber p. 51. §. 40: ὥσπερ οἱ σφαιρομαχοῦντες — ὑμεῖς ἐὰν ἐν Χερρονήσω πύθησθε Φίλιππον, ἐκεῖσε βοηθεῖν ψηφίζεσθε, ἐὰν ἐν Πύλαις, ἐκεῖσε, ἐὰν ἄλλοθί που, συμπαραθεῖτε ἄνω κάτω καὶ στρατηγεῖσθε μὲν ὑπ' ἐκείνου, βεβούλευσθε δ᾽ οὐδὲν αὐτοὶ συμφέρον περὶ τοῦ πολέμου οὐδὲ πρὸ τῶν πραγμάτων προοράτ' οὐδέν, πρὶν ἂν ἢ γεγενημένον ἢ γιγνόμενόν τι πύθησθε. Vgl. noch Olynth. II, p. 25. §. 25. III, p. 29. §. 3. Phil. II, p. 66. §. 3 — 4. Der Mangel an Geld, der überall die Unternehmungen hinderte, hatte seinen Grund hauptsächlich darin, dafs die Überschüsse der öffentlichen Kasse vermittelst der sog. θεωρικά (s. 3. Per. Anm. 53) unter das Volk verteilt wurden, und diese wie alle sonstigen verderblichen Mafsregeln gingen meist von den dem Volke schmeichelnden Demagogen aus, s. über die θεωρικά Olynth. III, p. 31. §. 11 und über die Demagogen besonders ebend. p. 30. §. 29 — 31. Ein Hauptübelstand endlich lag darin, dafs die Kriege jetzt in der Regel ausschliefslich mit Mietstruppen geführt wurden, s. Anm. 240.

[231] Plut. Ages. 36. 40. Diod. XV, 93. Xen. Ages. II, 28 — 31. Er ging nach der Schlacht bei Mantineia im Frühjahr 361 nach Ägypten, von dem dortigen König Noctanebos zu Hilfe gerufen, und starb auf der Rückreise im Winter 361/0.

[232] (Über den Ursprung des makedonischen Königshauses s. Herod. VIII, 137 — 139. V, 22. Die makedonischen Könige werden in der griechischen Geschichte erst von Amyntas an genannt, einem Zeitgenossen der Pisistratiden, s. das. V, 94; auf diesen folgt Alexandros, der in der Zeit der Perserkriege regierte, s. z. B. das. VII, 137. VIII, 136. 140. IX, 44. 45, dann Perdikkas, der bis in die zweite Hälfte des peloponnesischen Krieges (bis 413) herabreicht und während desselben mehrfach mit den Griechen in Berührung kam, s. Anm. 52; dann Archelaos bis 399, Orestes bis 397, Aeropos, der Vormund des Orestes, nach dessen Ermordung bis 394, Pausanias, Sohn des Aeropos, bis 393, wo er von Amyntas II. ermordet wird, der sodann mit Unterbrechungen die Herrschaft bis 370 behauptet, wo er mit Hinterlassung der 3 Söhne Alexandros, Perdikkas und Philippos stirbt. Alexandros regiert bis 368, hierauf sein Mörder Ptolemaios aus Aloros als Vormund des Perdikkas bis 365, dann der zweite Bruder Perdikkas bis 359, wo derselbe in einer Schlacht gegen die Illyrier oder nach einer andern Nachricht durch Meuchelmord umkommt.) Philipp kam im J. 359 (s. Diod. XVI, 2) zur Regierung, 23 J. alt, wie aus Paus. VIII, 7, 4 und Iustin. IX, 8 hervorgeht, nachdem er vorher 3 Jahre als Geisel in Theben zugebracht hatte, s. Iustin. VII, 5. Vgl. Diod. XVI, 2. Plut. Pel. 26 u. a. (Dafs er erst nach dem Tode seines Bruders Alexandros dahin kam, geht aus Aesch. de f. leg. p. 31. §. 26 — 29 hervor, und ebenso wird durch Speusipp. b. Athen. XI, p. 506 s bewiesen, dafs er noch während der Regierung des Perdikkas, nicht erst nach dessen Tode nach Makedonien zurückkehrte.) Er übernahm die Herrschaft unter

Vierte Periode. Von 431—338 v. Chr.

Olympiaden-jahr.	Jahr v. Chr.	Geschichte.
CV, 3.	358.	Philipp unterwirft die Päonier und Illyrier.[235]
CV, 4.	357.	Euböa von den Athenern wieder gewonnen.[236]
		Philipp erobert Amphipolis[237] und Pydna;[238] sein Bündnis mit Olynth.[239]

den schwierigsten Umständen, indem das Reich im Norden und Nordwesten durch die Päonier und Illyrier, welche letzteren soeben den Perdikkas besiegt hatten, und im Innern durch mehrere Mitbewerber bedroht war; er überwand aber diese Schwierigkeiten neben seinen sonstigen ausgezeichneten Eigenschaften insbesondere auch durch die Klugheit, mit der er seine Feinde zu trennen und einzeln nacheinander zu besiegen wußte, indem er, wie aus den folgenden Anmerkungen im näheren hervorgeht, sich zuerst seiner Mitbewerber um den Thron erledigte, dann, die Athener durch Frieden und Bündnis und Versprechungen beschwichtigend, die Päonier und Illyrier besiegte, hierauf sich durch das Bündnis mit Olynth und mit den thrakischen Städten verstärkte, um Athen seine Besitzungen an der thrakischen Küste zu entreißen, sodann Olynth vernichtete und endlich, sich auf Theben stützend, in Griechenland eindrang. Über seine Einführung der Phalanx s. *Diod.* XVI, 3. *Polyb.* XVIII, 12—15. Zu seiner Charakteristik im Gegensatz gegen die Unthätigkeit der Athener, s. *Dem. Ol.* II. p. 24. §. 23: οὐ δὴ θαυμαστόν ἐστιν, εἰ στρατευόμενος καὶ πονῶν ἐκεῖνος αὐτὸς καὶ παρὼν ἐφ' ἅπασι καὶ μηδένα καιρὸν μηδ' ὥραν παραλείπων ἡμῶν μελλόντων καὶ ψηφιζομένων καὶ πυνθανομένων περιγίγνεται. (Nach *Iust.* VII, 5 übernahm er die Herrschaft zunächst nur als Vormund für Amyntas, den Sohn seines Bruders Perdikkas, wurde aber bald von dem Volke genötigt, den Königstitel anzunehmen.)

233) Seine Mitbewerber waren Pausanias, welcher von dem thrakischen König Kotys, und Argäos, welcher von den Athenern unterstützt wurde; jener wurde durch Unterhandlungen mit Kotys beseitigt, s. *Diod.* XVI, 2. 3. *Theop. fr.* 33, dieser wurde besiegt, *Diod.* XVI, 3. *Iustin.* VII, 6. Er hatte außerdem noch drei Stiefbrüder, die er ebenfalls beseitigte.

234) *Dem. adv. Aristocr.* p. 660. §. 121: Φίλιππος — Ἀργαίον κατάγοντος λαβὼν τῶν ἡμετέρων τινὰς πολιτῶν ἀφῆκε μὲν αὐτοῖς, ἀπέδωκε δὲ πάντα ὅσ' ἀπώλεσαν αὐτοῖς, πέμψας δὲ γράμματα ἐπηγγέλλετο ἕτοιμος εἶναι συμμαχίαν ποιεῖσθαι καὶ τὴν πατρῴαν φιλίαν ἀνανεοῦσθαι, vgl. *Diod.* XVI, 4. *Iustin.* VII, 6. Das Bündnis wurde wirklich geschlossen und Philipp gab den Athenern das geheime Versprechen, daß er ihnen Amphipolis erobern helfen wolle, s. *Theop. fr.* 189. *Dem. Ol.* II, p. 19 §. 6. 7.

235) *Diod.* XVI, 4. 8. *Iustin.* VII, 6. [Da nach *Diod.* a. a. O. 8. die Eroberung von Amphipolis unmittelbar auf die Unterwerfung der Illyrier folgte und diese nicht vor dem J. 357 stattgefunden haben kann, s. *Anm.* 236 und 240, so kann der Feldzug gegen die Päonier und Illyrier nicht früher als ins J. 358 gesetzt werden.]

236) Euböa, vorher zum athenischen Bündnis gehörend, s. *Anm.* 228, war seit der Schlacht bei Leuktra zu dem thebanischen Bündnis übergetreten, s. *Xen. Hell.* VI, 5, 23. VII, 5, 4. Jetzt wurde Eretria von andern euböischen Städten und den mit diesem letztern verbündeten Thebanern bedroht und wandte sich in seiner Not an Athen, welches die erbetene Hilfe bereitwilligst gewährte, die Gegner Eretrias samt den Thebanern schlug und hierauf ganz Euböa wieder auf seine Seite brachte, s. *Diod.* XVI, 7. *Dem. adv. Androt.* p. 507. §. 14. *pro Megalop.* p. 205. §. 14. *Olynth.* I, p. 11. §. 8. *de Cherson.* p. 108. §. 74—75. *Isocr. Phil.* p. 93. §. 53. *Aesch. adv. Ctes.* p. 65. §. 85. Die Lebhaftigkeit, mit der die Athener die Angelegenheit betrieben, ergiebt sich besonders aus *Dem. de Cherrs.* a. a. O.: ἴστε γὰρ δήπου τοῦθ', ὅτι Τιμόθεός ποτ' ἐκεῖνος ἐν ὑμῖν ἐδημηγόρησεν ὡς δεῖ βοηθεῖν καὶ τοὺς Εὐβοέας σώζειν, ὅτε Θηβαῖοι κατεδουλοῦντο αὐτούς, καὶ λέγων εἶπεν οὕτω πως· „εἰπέ μοι, βουλεύεσθε" ἔφη „Θηβαίους ἔχοντας ἐν νήσῳ, τί χρήσεσθε καὶ τί δεῖ ποιεῖν; οὐκ ἐμπλήσετε τὴν θάλατταν, ὦ ἄνδρες Ἀθηναῖοι, τριήρων; οὐκ ἀναστάντες ἤδη πορεύσεσθε εἰς τὸν Πειραιᾶ; οὐ καθέλξετε τὰς ναῦς;" οὐκοῦν εἶπε μὲν ταῦθ' ὁ Τιμόθεος, ἐποιήσατε δ' ὑμεῖς· καὶ ἀπὸ *Aesch.* a. a. O.: ἐπειδὴ εἰς Εὔβοιαν Θηβαῖοι κατεδουλώσασθαι τὰς πόλεις πειρώμενοι, ἐν πέντε ἡμέραις (vgl. *Dem. adv. Androt. a. a. O.*) ἐβοηθήσατε αὐτοῖς καὶ ναυσὶ καὶ πεζῇ δυνάμει, καὶ πρὶν τριάκονθ' ἡμέρας διελθεῖν ὑποσπόνδους Θηβαίους ἀφήκατε, κύριοι τῆς Εὐβοίας γενόμενοι, καὶ τάς τε πόλεις αὐτὰς καὶ τὰς πολιτείας ἀπέδοτε ὀρθῶς καὶ δικαίως τοῖς παρακαταθεμένοις —, daher auch die Redner gerade dieser Unternehmung zum Ruhme der Athener gern und oft gedenken. Daß ein Bündnis abgeschlossen wurde, dies geht teils aus *Dem. pro Megalop. a. a. O.* hervor, teils namentlich aus einer in neuerer Zeit aufgefundenen Urkunde, *Rangabé Ant. Hell.* II, Nr. 391 u. 392. *Corp. Inscr. Att.* II, 68. [Nach der oben genannten Urkunde wurde das Bündnis unter dem Archontat des Agathokles, 357/6, beschlossen; nach *Dem. Olynth.* I. a. a. O. kamen die um Hilfe bittenden Gesandten von Amphipolis gerade zu der Zeit nach Athen, als die Unternehmung auf Euböa beendigt war.]

237) *Diod.* XVI, 8. Die Amphipoliten schickten Gesandte nach Athen mit der Bitte um Hilfe und dem Anerbieten, Stadt und Gebiet den Athenern zu übergeben, *Theop. fr.* 47. *Dem. Ol.* I, p. 11. §. 8; die Athener ließen sich aber durch die Unterhandlungen Philipps täuschen, der ihnen Versprechen gab (*Anm.* 234) erfüllen und die Stadt ihnen überlassen werde, *Dem. Ol.* II, p. 19 §. 6. (*Dem.*) *de Halon.* p. 83. §. 27, worauf Philipp die Stadt erstürmte (nach *Dem. Olynth.* I, p. 10. §. 5 mit Hilfe von Verrat) und für sich behielt, *Epist.*

Olympiaden-jahr.	Jahr v. Chr.	Geschichte.
CV, 4.	357.	Chios, Byzantion, Rhodos und Kos fallen vom athenischen Bündnis ab; Anfang des Bundesgenossenkriegs.[240] Die Athener bei Chios geschlagen; Chabrias fällt in der Schlacht.[241]
CVI, 1.	356.	Philipp erobert Potidäa.[242] Gründung von Philippi.[243]
CVI, 2.	355.	Der Bundesgenossenkrieg durch die Freigebung der abgefallenen Bundesgenossen beendigt.[244]

Phil. p. 164. §. 21. Die Einwohner wurden im ganzen mild behandelt, die Gegner Philipps wurden indessen verbannt, *Diod. a. a. O. Corp. Inscr. Gr.* II. Nr. 2008.

238) Pydna nebst Potidäa und Methone und der ganzen Gegend um den thermaischen Meerbusen herum gehörte Athen, s. *Dem. Phil.* I, p. 41. §. 4. Über seine Eroberung s. *Diod.* XVI, 8. *Dem. Lept.* p. 475. §. 63. Nach letzterer Stelle wurde es durch Verrat genommen, vgl. *Olynth.* I, p. 10. §. 5.

239) *Dem. adv. Aristocr.* p. 656. §. 108, *Olynth.* II, p. 22. §. 14. *Phil.* II, p. 70. §. 20. Er schließt das Bündnis, um zunächst in seinen Unternehmungen nicht durch die mächtigen Olynthier behindert zu werden und schenkt ihnen, um sie zu gewinnen, das seit langer Zeit zwischen Olynth und Makedonien streitige Anthemus, s. *Dem. Phil.* II, a. a. O., verspricht auch Potidäa für sie zu erobern, s. Anm. 242.

240) Der Aufstand wurde hauptsächlich dadurch herbeigeführt, daß die Athener den Grundsätzen der Billigkeit und Milde, die sie bei der neuen Gründung ihrer Hegemonie erklärt und anfangs auch angewandt hatten (s. Anm. 198), untreu wurden; so hatten sie namentlich angefangen, auswärtigen Grundbesitz unter athenische Kleruchen zu verteilen, wie in Samos, s. *Philochor. fr.* 131. *Strab.* p. 638. *Heraclid. Pont.* X, 7, vgl. *Diod.* XVIII, 18. *Isocr. de permut.* §. 111. *Dem. de Rhod. lib.* p. 193. §. 9, in Potidäa, s. Anm. 242, und sonst, s. *Isocr. a. a. O.* §. 105. Ein anderer Hauptgegenstand der Klage der Bundesgenossen lag in der Art und Weise, wie damals die Kriege von den Athenern geführt zu werden pflegten. Es wurden nämlich in der Regel nur Mietstruppen angewendet, und weil die Anführer gewöhnlich keinen Sold von Athen bekamen, so waren sie genötigt, von den Bundesgenossen Geld zu erpressen, s. *Dem. Phil.* I, p. 53. §. 45: ὅποι δ' ἂν στρατηγὸν καὶ ψήφισμα κενὸν καὶ τὰς ἀπὸ τοῦ βήματος ἐλπίδας ἐκπέμψητε, οὐδὲν ὑμῖν τῶν δεόντων γίγνεται, ἀλλ' οἱ μὲν ἐχθροὶ καταγελῶσιν, οἱ δὲ σύμμαχοι τεθνᾶσι τῷ δέει τοὺς τοιούτους ἀποστόλους, das. p. 40. §. 24: εἰ οὖν ἔτι νῦν ἐθελήσετε, ..., τοῖς φίλοις νικᾶν καὶ τοῖς συμφέρουσιν, οἱ δ' ἐχθροὶ μείζους τοῦ δέοντος γιγνώσονται, vgl. ebend. §. 46. 47. u. ö. Nach *Dem. de Rhod. lib.* p. 191. §. 3 war der Anlaß des Kriegs, daß die Rhodier, Chier und Byzantier von Athen einen Angriff auf ihre Unabhängigkeit fürchteten und daher der (unter persischer Oberheit stehende) Fürst von Karien, Mausolos, ihnen seine Unterstützung versprach, vgl. *Diod.* XVI, 7. [Nach *Diod. a. a. O.* fällt der Anfang des Kriegs noch in

das Archontat des Kephisodotos, 358/7, dagegen gehört nach *Dionys. Hal. Lys.* p. 480 der ganze Krieg unter die Archonten Agathokles und Elpinikes, d. h. in die Zeit vom Sommer 357 bis dahin 355; nach *Diod.* XVI, 7 vgl. 22 dauerte der Krieg 3 Jahre.] Der Ausbruch dieses Kriegs war die Ursache, daß die Athener zunächst nichts gegen Philipp unternehmen konnten.

241) Die Athener machten einen Angriff auf Chios; Chabrias fiel, als er mit der Flotte in den Hafen eindringen wollte, worauf die Athener zurückgeschlagen wurden, s. *Diod.* XVI, 7. *Corn. Nep. Chabr.* 4. *Plut. Phoc.* 6.

242) *Diod.* XVI, 8. Die Hilfe von Athen kam zu spät, *Dem. Phil.* I, p. 50. §. 35. Die athenischen Kleruchen daselbst wurden vertrieben, die übrigen Einwohner wurden in die Sklaverei verkauft, s. *Diod. a. a. O. Demosth. Phil.* II, p. 70. §. 20. (*Demosth.*) *de Hal.* p. 79 §. 10; Stadt und Gebiet wurde den Olynthiern überlassen, *Diod. a. a. O. Dem. Olynth.* II, p. 19. §. 7. *adr. Aristocr.* p. 656. §. 107. Und dies geschah, trotzdem daß Philipp vorher mit der Stadt ein Bündnis geschlossen hatte, s. (*Demosth.*) *de Hal. a. a. O.* [Über die Zeit der Einnahme von Potidäa ergiebt sich eine genauere Bestimmung daraus, daß nach *Plut. Alex.* 3. *Consol. ad Apollon.* p. 105 A. §. 6. *Iustin.* XII, 10 unmittelbar (ἄρτι) nach der Einnahme die dreifache Freudenbotschaft bei ihm eintraf, daß Alexandros zu Pella geboren, daß er durch ein Rennpferd einen Sieg in Olympia gewonnen und daß Parmenion die Illyrier geschlagen; die Geburt des Alexandros aber wird von *Plut. Alex. a. a. O.* auf den 6. Hekatombäon (21. Juli) 356 gesetzt.]

243) *Diod.* XVI, 8. Er wurde von den Bewohnern einer an dieser Stelle gelegenen Stadt Krenides gegen die Thraker zu Hilfe gerufen und gründete Philippi, nachdem er die Thraker zurückgeschlagen, und bevölkerte es mit den Bewohnern von Krenides und von Datos, welches letztere die Thasier vor kurzem an der Küste angelegt hatten, *Artemid. bei Steph. Byz.* s. v. Φίλιπποι. *Appian. B. C.* IV. p. 105. *Strab.* p. 323. 333. *fr.* 33. 34. 36. 41. 43. Der größte Gewinn hiervon für Philipp bestand darin, daß er von Philippi aus seine Eroberungen bis an den Nestos ausdehnte, *Strab.* p. 323, und daß er von ebendaher die Bergwerke im Pangäongebirge ausbeuten konnte, deren Ertrag er bis auf 1000 Talente jährlich brachte, *Diod. a. a. O.*

244) Von dem weiteren Gang des Bundesgenossenkriegs ist nur folgendes bekannt. Nachdem bereits Chares mit 60

Olympiaden-jahr.	Jahr v. Chr.	Geschichte.
CVI, 2.	355.	Anfang des (zweiten) heiligen Krieges.[245]

Schiffen ausgesandt worden, rüsteten die Athener noch eine zweite Flotte von gleicher Zahl der Schiffe unter Iphikrates, Timotheos und Menestheus (*Isocrat. de permut.* §. 129. *Cornel. Nep.*) aus. Die Feinde belagerten oben Samos, die vereinigte athenische Flotte begab sich aber nicht dorthin, sondern nach dem Hellespont, wohin ihr dann auch die Feinde folgten. Jetzt drang Chares darauf, der feindlichen Flotte eine Schlacht zu liefern, während die andern Feldherren dies wegen eines Sturmes für unthunlich hielten. Chares griff sie hierauf allein an, aber ohne Erfolg (im Hellespont, *Diod.*, bei Embata, *Polyaen.*, bei Samos, *Corn. Nep.*), *Diod.* XVI, 21. *Corn. Nep. Tim.* 3. *Polyaen.* III, 0, 29, und verband sich sodann mit dem persischen Satrapen Artabazos, der sich gegen den Perserkönig empört hatte. Auf die Drohung des Perserkönigs aber, daß er die Feinde Athens mit 300 Kriegsschiffen unterstützen werde, riefen die Athener Chares zurück und gewährten den Bundesgenossen volle Selbständigkeit, *Diod.* XVI, 22. Wegen jenes Vorgangs bei der Schlacht wurden Timotheos, Iphikrates und Menestheus von Chares und Aristophon angeklagt [nach *Dionys. Hal. de Din.* p. 663 im Jahre 354]; ersterer wurde zu einer Strafe von 100 Talenten verurteilt, die beiden andern wurden freigesprochen, *Diod.* XVI, 21. *Corn. Nep. Tim.* 3. *Isocrat. de perm.* §. 129. Timotheos floh darauf aus Athen und starb bald darauf (wahrscheinlich im J. 354); Iphikrates zog sich von aller öffentlichen Thätigkeit zurück, und so sagt Cornelius Nepos mit Recht (*Timoth.* 4): Haec extrema fuit aetas imperatorum Atheniensium Iphicratia, Chabriae, Timothei, neque post illorum obitum quisquam dux in illa urbe fuit dignus memoria. (Die abgefallenen Bundesgenossen fielen seitdem der Botmäßigkeit des karischen Fürsten anheim, s. *Demosth. de pac.* p. 63 §. 25; das athenische Bündnis aber wurde außer Euböa auf eine Anzahl kleiner Inseln beschränkt, so daß die Beiträge der Bundesgenossen sich auf nicht mehr als 45 Talente beliefen, s. *Demosth. de cor.* p. 305, §. 234.)

245) Entstehung und Fortgang des heiligen Kriegs sind aufs engste mit dem Amphiktyonenbunde verknüpft (daher auch der Name heiliger Krieg; der zweite wird er mit Beziehung auf den Krieg von 595 s. S. 37 *Anm.* 67 genannt, der Krieg von 448, s. S. 95 *Anm.* 99, wird gewöhnlich nicht mitgezählt.) Dieser Bund tritt bei der Gelegenheit zuerst als historisch bedeutend hervor, während er der Sage nach bereits von Amphiktyon, dem Sohne des Deukalion, gegründet war; er bestand aus 12 Völkerschaften (Thessaler, Böoter, Dorier, Ioner, Perrhäber, Magneten, Lokrer, Ötäer oder Änianen, phthiotische Achäer, Malier, Phoker, Dolopor), deren Abgeordnete (Πυλαγόραι und 'ιερομνήμονες) jährlich zweimal, im Frühling zu Delphi, im Herbst in Anthela zusammenkamen; jede der genannten Völkerschaften hatte 2 Stimmen, s. außer mehreren Inschriften die Hauptstellen *Aeschin. de*

f. leg. p. 43. §. 115—117. *Strab.* p. 420. Der Hauptzweck des Bundes war die Verwaltung und der Schutz des Heiligtums und der öffentlichen Spiele, daneben war aber auch zugleich festgesetzt, daß keine der amphiktyonischen Städte je von Grund aus vertilgt, daß keiner das Wasser abgeschnitten und daß keine ehernen Tropäen errichtet werden sollten, *Aeschin.* a. a. O. §. 110. *Cicero de inv.* II, §. 69 vgl. *Plut. Mor.* p. 273 (*Quaest. Rom.* 37). Die Thebaner benutzten nun das Übergewicht, welches sie damals noch immer besaßen, um durch die Amphiktyonen die Phoker auf die Anklage hin, daß sie heiliges Gebiet bebaut, zu einer schweren Goldstrafe zu verurteilen, und als diese nicht bezahlt wurde, ihr ganzes Land dem delphischen Gotte weihen zu lassen (der wahre Grund ist jedenfalls in dem alten Haß der Thebaner gegen die Phoker zu suchen, der auch von den Thessalern geteilt wurde, s. *Pausan.* X, 2, 1 vgl. *Herod.* VII, 176. VIII, 27 ff., und der bei den Thebanern in der letzten Zeit noch dadurch gesteigert worden war, daß die Phoker sich im Jahre 362 geweigert hatten, sich an den Zug in den Peloponnes anzuschließen, s. *Anm.* 228); worauf sich Philomelos an ihre Spitze setzte und sich des Heiligtums zu Delphi bemächtigte, s. *Diodor.* XVI, 23—24. *Pausan.* X, 2, 1. *Justin.* VIII, 1. Die Phoker fanden Bundesgenossen in den Spartanern und Athenern, von denen erstere ebenfalls, wahrscheinlich schon vor mehreren Jahren, wegen der Einnahme der Kadmea durch die Amphiktyonen zu einer schweren Geldstrafe verurteilt worden waren, während die übrigen Glieder des Amphiktyonenbundes sich zum Kriege gegen die Phoker vereinigten, s. *Diod.* XVI, 27. 29. Der Krieg dauerte 10 Jahre, s. *Aeschin. de f. leg.* p. 45. §. 131. *adv. Ctesiph.* p. 74. §. 148, und muß also, da or im Jahre 346 beendigt wurde, s. *Anm.* 255, im Jahre 356 oder 355 angefangen haben. [Diodor setzt den Anfang in das letztere Jahr und giebt die Dauer XVI, 59 ebenfalls auf 10 Jahre an, indes widerspricht er sich insofern, als er XVI, 14 die Eroberung von Delphi, womit der Krieg beginnt, ins Jahr 357 setzt und ebendaselbst eine elfjährige und XVI, 23 eine neunjährige Dauer angiebt.] Er wurde von den Phokern hauptsächlich durch Plünderung der Tempelschätze von Delphi bestritten (deren sich Philomelos nach *Diod.* XIV, 24. 27. 28. 56 noch nicht schuldig machte, vgl. jedoch *das.* 30), wodurch sie sich in den Stand setzten, immer neue Miettruppen anzuwerben, *Isocr. Phil.* p. 93. §. 55, was aber für Griechenland den doppelten Nachteil hatte, einmal daß durch die Masse des vorbreiteten Goldes (nach *Diod.* XVI, 56 wurden über 10000 Talente geraubt) Bestechlichkeit und Verschwendung genährt wurden, *Diod.* XVI, 37, und dann, daß die Menge der Söldnertruppen sich vermehrte, s. z. B. *Isocr. Phil.* p. 101. §. 96. Was den Gang des Kriegs anlangt, so werden von Diodor, auf den wir fast ausschließlich angewiesen sind, eine Menge von ge-

Olympiaden-jahr.	Jahr v. Chr.	Geschichte.
CVI, 4.	353.	Philipp erobert Methone.²⁴⁶ Er zieht nach Thessalien zur Unterstützung der thessalischen Städte gegen die Tyrannen Lykophron und Peitholaos von Pherä und wird von den mit Lykophron verbündeten Phokern unter Onomarchos zweimal geschlagen.²⁴⁷
CVII, 1.	352.	Die Phoker von Philipp geschlagen; Onomarchos fällt.²⁴⁸ Philipps Versuch, durch die Thermopylen in Griechenland einzudringen, durch die Athener vereitelt.²⁴⁹ Er nimmt Pagasä und Magnesia in Besitz.²⁵⁰ Kämpfe im Peloponnes.²⁵¹

wonnenen und verlorenen Schlachten berichtet, etwas Klares und Bestimmtes aber läfst sich aufser dem in den folgenden Anmerkungen Angeführten nirgends erkennen. Über die neben dem eigentlichen phokischen Kriege nebenher gehenden Feindseligkeiten im Peloponnes s. Anm. 251.

246) *Diod.* XVI, 31. 34. Die Stadt wurde zerstört, *Demosth. Phil.* III, p. 117 §. 26. Die Athener kamen auch hier mit ihrer Hilfe zu spät, *Demosth. Phil.* I, p. 50 §. 35. (Bei der Belagerung von Methone war es, wo Philipp durch einen Pfeilschufs das rechte Auge verlor, *Demosth. de cor.* p. 247. §. 67. *Strab.* p. 330. *fr.* 22. p. 374. *Iustin.* VII, 6. *Plin. H. N.* VII, 37.)

247) In Thessalien war auf den Tyrannen Iason von Pherä (s. *Anm.* 224) zunächst Alexandros, und nachdem dieser um 359 ermordet worden, Tisiphonos, Lykophron und Poitholaos gefolgt, von denen jetzt die beiden letzteren nach dem Tode des Tisiphonos die Herrschaft inne hatten, s. *Xenoph. Hellen.* VI, 4, 35—37. *Plut. Pel.* 35. *Diod.* XVI, 14. Mit ihnen hatten sich die Phoker verbündet, *Diod.* XVI, 35, 35; dagegen riefen die Aleuaden den Philipp gegen die Tyrannen zu Hilfe, *Diod.* XVI, 35. Nach *Diod.* XVI, 14. *Iustin.* VII, 6 war dies schon vorher im Jahre 357 oder 356 einmal geschehen und hatte Philipp schon damals einen Zug nach Thessalien gemacht, durch welchen angeblich die thessalischen Städte befreit wurden.) In dem hiorans entstandenen Kriege schickt Onomarchos, der jetzt, nachdem Philomelos im Jahre 354 gefallen, *Diod. a. a. O.* 31, an der Spitze der Phoker stand und im Jahre 353 grofse Fortschritte gegen seine Feinde gemacht hatte, *das.* 33, erst den Phayllos nach Thessalien, dann, nachdem dieser geschlagen, kommt er selbst mit dem ganzen Heere und schlägt Philipp in zwei Schlachten, *das.* 35. *Polyaen.* II, 38, 2.

248) *Diod.* XVI, 35. *Demosth. de f. leg.* p. 443. p. 319. *Paus.* X, 2. 3. Das Heer des Onomarchos wurde vernichtet, *Diod. a. a. O.* 37; Onomarchos wurde als Anführer durch Phayllos ersetzt, *das.* 36. [Dieder setzt die drei Schlachten des Onomarchos in ein (Olympiaden-) Jahr, vgl. auch *Dionys. Hal. de Din.* p. 665; es ist aber wahrscheinlich, dafs die beiden ersten von der letzten durch den dazwischen liegenden Winter getrennt sind und diese also in das Jahr 352 zu setzen ist, da Philipp nach jenen erst wieder nach Makedonien zurückgehen und neue Rüstungen machen mufste.]

249) *Diod.* XVI, 37. 38. *Dem. Phil.* I, p. 44. §. 17. p. 52. §. 41. *de f. leg.* p. 443. §. 310. *de cor.* p. 236. §. 32.

250) *Dem. Olynth.* I, p. 15. §. 22. II, p. 21. §. 11. Die Tyrannen wurden vertrieben, *Diod.* XVI, 37. *Demosth. Olynth.* II, p. 22. §. 14. *Phil.* II, p. 71. §. 22.

251) Die Spartaner suchten, als die Thebaner in den heiligen Krieg verwickelt wurden, sich Messenien wieder zu unterwerfen und überhaupt ihre Hegemonie im Peloponnes wieder zu gewinnen; deshalb wandten sich zuvörderst, wahrscheinlich im Jahre 355, die Messenier mit der Bitte um Hilfe an die Athener und diese schlossen ein Schutzbündnis mit ihnen, *Paus.* IV, 28, 1 — 2. *Dem. de Megal.* p. 204. §. 9. Hierauf bedrohten die Spartaner Megalopolis; die Thebaner aber schickten im Jahre 352 ein Heer nach dem Peloponnes und lieferten ihnen in Verbindung mit den Megalopoliten, Messeniern, Argeiern und Sikyoniern mehrere Gefechte, ohne dafs jedoch eine Entscheidung herbeigeführt wurde, s. *Diod.* XV, 39. *Paus.* VIII, 27, 7. Seitdem ruht zunächst der Krieg oder beschränkt sich doch auf gegenseitige Feindseligkeiten ohne erheblichen Erfolg. Später wandten sich die Megalopoliten, als sie wiederum von den Spartanern hart bedrängt wurden, auch an Athen, bei welcher Gelegenheit Demosthenes (wahrscheinlich in den ersten Monaten des Jahres 352, vgl. *Dionys. Hal. ad Amm.* I, 4 p. 725) die Rede Ὑπὲρ Μεγαλοπολιτῶν hielt, in welcher er ihr Hilfsgesuch insoweit unterstützte, als er den Athenern empfahl, die Stadt nicht von den Spartanern überwältigen zu lassen. Über den allgemeinen Zweck der Spartaner sagt er darin (p. 207. §. 22): ὁρῶ γὰρ αὐτοὺς ἐπὶ τῷ οὐχ ὑπὲρ τοῦ μὴ παθεῖν τι κακὸν πόλεμον ἀραμένους, ἀλλ' ὑπὲρ τοῦ κομίσασθαι τὴν προτέραν οὖσαν ἑαυτοῖς δύναμιν, und über die Mittel, die sie dazu anwandten (§. 206. §. 16): νυνὶ γάρ φασιν ἐκείνους δεῖν Ἡλείοις μὲν τῆς Τριφυλίας τινὰ κομίσασθαι, Φλιασίοις δὲ τὸ Τρικάρανον, ἄλλοις δέ τινας τῶν Ἀρκάδων τὴν αὐτῶν καὶ τὸν Ὠρωπὸν ἡμᾶς, οὐχ ἵν' ἑκάστους ἡμῶν ἴδωσιν ἔχοντες τὰ ἑαυτῶν, οὐδ' ὀλίγου δεῖ· ὀψὲ γὰρ ἂν φιλάνθρωποι γεγονότες εἶεν· ἀλλ' ἵνα πᾶσι δοκῶσι συμπρᾶξαι ὅπως ἂν ἕκαστοι κομίσωνται ταῦθ' ἃ φασιν αὑτῶν εἶναι, ἵν' ἐπειδὰν ἴωσιν ἐπὶ Μεσσήνην αὐτοί, συστρατεύωσιν πάντες αὐτοῖς οὗτοι. Demosthenes setzte indes seine Absicht nicht durch.

Olympiaden-jahr.	Jahr v. Chr.	Geschichte.	Kunst und Litteratur.
CVII, 4.	349.	Euböa für die Athener verloren.[252] Philipp gegen Olynth.[253]	
CVIII, 2.	347.	Olynth von Philipp genommen und zerstört.[254]	
CVIII, 3.	346.	Philipp schliefst mit den Athenern Frieden und Bündnis, und dringt, von den Thebanern zur	Die *Redner* Demosthenes,[mm]

252) Auf Euböa, welches seit 358 (s. *Anm.* 236) wieder mit Athen in Bündnis stand, waren Parteikämpfe ausgebrochen, wie es scheint, auf Anlafs oder doch unter Mitwirkung Philipps, *Plut. Phoc.* 12. *Demosth. Phil.* I, p. 51. §. 37; der Tyrann von Eretria, Plutarchos, hatte in Athen Hilfe gegen seine Gegner gesucht und Phokion war mit einem Heere nach Euböa geschickt worden; indes obgleich dieser einen Sieg bei Tamynä gewann, konnten die Athener doch den Widerstand der übrigen Bewohner der Insel nicht überwältigen, Plutarch selbst beweis sich untreu und unzuverlässig, und so mufsten die Athener die Insel verlassen, die sich seitdem immer mehr zu Philipp hinneigte, s. *Plut. Phoc.* 12—14. *Aesch. adv. Ctes.* p. 66. §. 86—88. Vgl. *Dem. de pac.* p. 58. §. 5. *Anm.* 201. [Die Zeitbestimmung beruht auf *Dem. in Boeot.* p. 999. §. 10. vgl. mit *Dionys. Hal. de Din.* p. 656.]

253) Philipp zog im Jahre 352 nach Beendigung des Kriegs in Thessalien nach Thrakien (s. unten *Anm.* 262), sodann wurde er eine Zeitlang durch eine Krankheit und, wie es scheint (s. *Dem. de Hal.* p. 84. §. 32), auch durch einen Feldzug nach Epeiros beschäftigt; daneben verwandte er seine neugebildete Seemacht zu allerlei Seezügen, bei denen er sogar eine Landung auf dem Gebiete von Attika machte, s. *Dem. Phil.* I, §. 40. §. 34 vgl. *Aesch. de f. leg.* p. 37. §. 72. (*Dem.*) *ad Neaer.* p. 134. §. 3; im Sommer oder Herbst 349 wandte er sich hierauf gegen Olynth, für welches jetzt nach den Plänen Philipps die Zeit herangekommen war, vergl. *Anm.* 239. Über den Fortschritt seiner Eroberungen bis zu diesem Zeitpunkt s. *Dem. Olynth.* I, p. 12. §. 12: τὸ πρότερον Ἀμφίπολιν λαβεῖν, μετὰ ταῦτα Πύδναν, πάλιν Ποτίδαιαν, Μεθώνην αὖθις, εἶτα Θετταλίας ἐπέβη· μετὰ ταῦτα Φεράς, Παγασάς, Μαγνησίαν πάνθ' ὃν ἐβούλετο εὐτρεπίσας ᾤχετ' εἰς Θρᾴκην· εἶτ' ἐκεῖ τοὺς μὲν ἐκβαλών, τοὺς δὲ καταστήσας τῶν

mm) Demosthenes, geboren im Demos Päania im Jahre 384, *Dem. Vit. α', Westerm. Vit. min.* p. 281 (nach *Dion. Hal. Ep. ad Amm.* 1, 4 im Jahre 381), bildete sich zum Redner aus, angeregt durch Kallistratos, wie durch den Unterricht des Isäos, *Plut. Dem.* 5. *Suid.* s. v. *Vit. α',* p. 291. Von schwächlichem Körper und schwerer Zunge, *Vit. β',* p. 295: τραυλός — τὴν γλῶτταν —, τὸ δὲ πνεῦμα ἀσθενέστερος, *Vit. γ',* p. 290: καὶ τὴν ἀκοὴν ἀσθενής, überwand er durch Beharrlichkeit alle Schwierigkeiten, s. a. O. *Plut. Dem.* 4. 5. *Cicero d. or.* I, 61. *Phot. bibl. cod.* 265. *Vit. β',* p. 295, sprach jedoch nie aus dem Stegreif, *Plut. Dem.* 8. *Vit. α',*

παικῶν ἡσθένησε· πάλιν ψαίους οὐκ ἐπὶ τὰ φαυμέν ἀπέκλινεν, ἀλλ' εὐθὺς Ὀλυνθίοις ἐπεχείρησεν. τὰς δ' ἐπ' Ἰλλυριοὺς καὶ Παίονας αὐτοῦ καὶ πρὸς Ἀρύββαν καὶ ὅποι τις ἂν εἴποι παραλείπω στρατείας. Die Olynthier, welche nach und nach über ihr Bündnis mit Philipp und über dessen Absichten besorgnisse zu schöpfen anfingen, hatten, wahrscheinlich im Jahre 352, mit Athen Frieden geschlossen, *Demosth. Aristocr.* p. 156. p. 109. *Olynth.* III, p. 30. §. 7; diese Besorgnisse wurden noch erhöht, als Philipp im Jahre 351 einen Zug in die Nachbarschaft der Olynthier gegen die Bisalten machte und dabei das Hundsgebiet von Olynth berührte, *Dem. Phil.* I, p. 44. §. 17. *Iustin.* VIII, 3. Dieses gespannte Verhältnis, während dessen Philipp nicht unterliefs, die Olynthier fortwährend mit friedlichen Gesinnungen hinzuhalten, s. *Dem. Ol.* III, a. a. O., dauerte fort bis zum Sommer 349, wo Philipp in das Gebiet von Olynth einfiel (noch jetzt die friedliche Vernichterungen fortsetzend) und Geira und einige andere Plätze nahm, s. *Diod.* XVI, 52 und die Hauptstellen über den ganzen Krieg, *Dem. de f. leg.* p. 425. §. 263—267. *Philoch. fr.* 132 (bei *Dionys. Hal. Ep. ad Amm.* 1, 9. 11. p. 734—735), welche letztere Stelle über die Zeit, sowie über die einzelnen Hülfssendungen der Athener die hauptsächlichsten Angaben enthält. Die Athener schickten, durch wiederholte Gesandtschaften der Olynthier veranlafst, zweimal Hilfe, zuerst unter Chares, dann unter Charidemos, zunächst aber nur aus Miettruppen bestehend; die beiden ersten olynthischen Reden des Demosthenes, welche in die erste Zeit des Kriegs und vielleicht schon vor 349 fallen, enthalten hauptsächlich allgemeine Aufforderungen zur thätigen Beteiligung.

254) Im Winter hatte Philipp einen Zug nach Thessalien unternehmen müssen, wo sich damals grofse Unzufriedenheit mit seiner Herrschaft regte und wo Peitholaos (*Anm.* 247)

p. 290. Nachdem er, in seinem achten Jahre seines Vaters beraubt, mündig geworden war, klagte er seine Vormünder wegen Veruntreuung seines Vermögens an, *c. Aphob.* I, p. 817. §. 12. p. 828. §. 49. III, p. 861. §. 58. *c. Onet.* p. 868. §. 15 f. *Vit. α',* p. 282, γ'. p. 299, schrieb (als λογογράφος) Reden für andere, hielt als Anwalt gerichtliche Reden und trat zuerst 355 öffentlich mit den Reden gegen Leptines und Androtion vor dem Volke auf, *Dion. Ep. ad Amm.* 1, 4, wirkte als Ratsherr, *c. Mid.* p. 551. §. 111, und als Architheoros, a. a. O. p. 552. §. 115, hatte aber von den Mifshandlungen seines Feindes Meidias zu leiden, a. a. O. p. 540.

Olympiaden-jahr.	Jahr v. Chr.	Geschichte.	Kunst und Litteratur.
CVIII, 3.	346.	Hilfe gerufen, in Griechenland ein, unterwirft	

sich wieder in Pherä festgesetzt hatte, *Diod.* XVI, 52. *Dem. Olynth.* I, p. 15. §. 22. II, p. 21. §. 11. Nachdem er dort die Ruhe hergestellt, zog er im Frühjahr 348 wieder gegen Olynth, wo sich ihm zunächst viele Städte des Gebiets, meist durch Verrat, ergaben, *Dem. de f. leg.* §. 266, dann griff er Olynth selbst an und nahm die Stadt endlich durch Verrat des Lasthenes und Euthykrates, *Diod.* XVI, 53. *Dem. de f. leg.* §. 267. *Phil.* III, p. 125. §. 56. Sie wurde zerstört

545. 547. 548. Über Staatsfragen sprach er zuerst (im Jahre 354) in den Reden *Περὶ τῶν συμμοριῶν*, gegen den Krieg mit Persien, *de Rhod. lib.* p. 191. §. 5. 192. §. 6, und (im Jahre 352) *Ὑπὲρ Μεγαλοπολιτῶν*, vgl. *Anm.* 251. Seine großartigste Thätigkeit aber als Staatsmann, Redner und Haupt der Patrioten entwickelte er erst im Kampfe gegen die Pläne Philipps von Makedonien. So trat er gegen denselben zuerst auf während des phokischen Krieges und zur Unterstützung Olynths in den Reden: *Κατὰ Φιλίππου α′* (im Jahre 351), *'Ολυνθιακοί α′, β′, γ′* (im Jahre 349), vgl. *d. faln. leg.* p. 426. §. 266. *Dion. Hal. Ep. ad Amm.* I, 9, vgl. *Anm.* 253. 254. Nach der Eroberung dieser Stadt aber wirkte er als Gesandter und sprach als Redner (im Jahre 346) für den Frieden, *Περὶ εἰρήνης*, und gegen Äschines in der Anklage *Περὶ παραπρεσβείας*, vgl. *Anm.* 255, welche beiden Reden jedoch, wie sie vorliegen, nach der Ansicht alter Kritiker nur gesprochen, nicht gesprochen worden sind, *Plut. Dem.* 15. *Argum. Aesch. d. fals. leg.* p. 314. *Argum. de pac.* p. 56. *Vit. Aesch. a′.* Westerm. p. 283. Die Einmischung Philipps in die Streitigkeiten der Peloponnesier veranlaßte inzwischen die zweite Rede *Κατὰ Φιλίππου* (im Jahre 344), vgl. *Anm.* 258, dann dessen treulose und gewaltthätige Politik in Thrakien die Reden *Περὶ τῶν ἐν Χερρονήσῳ* und *Κατὰ Φιλίππου γ′* (im Jahre 341), vgl. *Anm.* 262. 263. In ähnlicher Weise ist er die Seele aller Unternehmungen und Anstrengungen der Athener gegen Philippos bis zur Schlacht von Chäronea, vgl. *Anm.* 267, wo er in der Flucht der Seinigen mit fortgerissen wurde, *Aesch. c. Ctes.* §. 175. 244. 253. *Plut. Dem.* 20. *Vit. a′,* p. 284. Ihm wurde darauf die Gedächtnisrede für die in derselben Gefallenen übertragen, *Ἐπιτάφιος* 1, vgl. *d. cor.* p. 320. §. 28 f. Dann war er den Anfeindungen und Anklagen der makedonisch gesinnten Partei ausgesetzt, *d. cor.* p. 310; insbesondere trat Äschines gegen ihn auf, als der Antrag gestellt wurde, ihn öffentlich zu bekränzen: *ἀφεὶς ἵναν καὶ καλοκἀγαθίαν, ἧς ἔχων διατελεῖ ἐν παντὶ καιρῷ εἰς τὸν δῆμον τὸν Ἀθηναίων,* *d. cor.* p. 266. §. 118 f.; doch trug Demosthenes nach seiner Rede *Περὶ τοῦ στεφάνου* (im Jahre 330) über den Gegner den Sieg davon. Philippos' Tod begrüßte er als ein erfreuliches Ereignis, *Aesch. c. Ctes.* §. 77. *Plut. Demosth.* 12. *Vit. a′,* p. 287 f., und wirkte dann wiederholt für eine Erhebung gegen Alexandros, *Plut. Dem.* 23. *Aesch.*

und mit ihr 32 andere Städte in Chalkidike, *Dem. Phil.* III, p. 117. §. 26. *Diod. a. a. O.* Auf Betrieb des Demosthenes, welcher in der Zeit, wo Olynth schon in großer Bedrängnis schwebte, seine dritte olynthische Rede hielt, schickten die Athener eine neue Hilfe unter Chares aus 17 Schiffen, 300 Reitern und 2000 (oder 4000, *Demosth.*) Bürgerhopliten bestehend, die aber den Untergang der Stadt nicht mehr verhindern konnte, s. *Dem. de f. leg.* §. 267, *Philochor. a. a. O.*

c. *Ctes.* §. 160 f., so daß dieser nach der Eroberung Thebens die Auslieferung des Demosthenes und anderer Patrioten verlangte, eine Forderung, von der er jedoch abstand, *Diod.* XVII, 15. *Arr.* I, 10, 7. *Plut. a. a. O. Phoe.* 17. Infolge des Aufenthaltes des Harpalos zu Athen ward Demosthenes von der makedonischen Partei wegen Bestechung angeklagt und, obwohl unschuldig (*Paus.* II, 33), verurteilt, *Plut. a. a. O.* 25. *Vit. a′,* p. 285. *ff,* p. 301. *Dinarch. c. Demosth. Athen.* XIII, p. 592 c. Er entwich jedoch aus dem Gefängnis, hielt sich in Trözen und Ägina auf, *Plut. a. a. O.* 26. *Vit. a′, a. a. O. Vit. β′,* p. 308, und wurde nach Alexandros' Tode bei der Erhebung Athens zurückgerufen und feierlich eingeholt, *Plut. a. a. O.* 27. *Vit. a′, a. a. O.* Als nach dem unglücklichen Ausgange des lamischen Krieges Antipatros die Auslieferung der Häupter der Volkspartei verlangte, floh Demosthenes nach Ägina, suchte Schutz im Tempel des Poseidon zu Kalauria und gab sich selbst den Tod, indem er vor den Augen der Schergen des Antipatros Gift nahm, im Jahre 321, *Plut. Dem.* 29. *Vit. a′,* p. 287. 291. (*Lucian.*) *enrom. Dem.* 43. Von den 65 Reden des Demosthenes, welche das Altertum kannte, *Vit. a′,* p. 289, sind 60 unter seinem Namen auf uns gekommen, und zwar Staatsreden, gerichtliche Reden und Prunkreden, von denen mehrere nicht für echt gehalten werden, wie *Περὶ Ἁλοννήσου, Κατὰ Φιλίππου δ′, Περὶ τῶν πρὸς Ἀλέξανδρον συνθηκῶν, Ἐρωτικός, Ἐπιτάφιος* u. a. Von Demosthenes heißt es, *Suid.* s. v.: *Δημοσθένης ὁ ῥήτωρ ἀνὴρ ἦν γενναῖος τι καὶ ἔλαιον ὅσα ἐνθυμηθείη δυνατώτατος γενόμενος· ὅσιν καὶ δεινότατος ἔδοξε τῶν καθ' αὑτόν, οἷα δὴ ἱκανώτατος τὸ ἀγωνὶς εἰκάσαι καὶ τὸ γνωσθὲν ἐξηγήσασθαι,* und von dem Eindruck seiner Beredsamkeit, *Dion. Hal. d. adm. ri dicend. Demosth.* 22: *Ὅταν δὲ Δημοσθένους τινὰ λάβω λέγων, ἐνθουσιῶ τι καὶ δεῦρο κἀκεῖσε ἄγομαι, πάθος ἕτερον ἐξ ἑτέρου μεταλαμβάνων, ἀπιστῶν, ἀγωνιῶν, δεδιώς, καταφρονῶν, μισῶν, ἐλεῶν, εὐνοῶν, ὀργιζόμενος, φθονῶν, ἅπαντα τὰ πάθη μεταλαμβάνων, ὅσα κρατεῖν ἀνθρωπίνης γνώμης.* Über seinen sittlichen Standpunkt (dem Philipp gegenüber) s. *Ol.* II, p. 20. §. 10: *οὐ γάρ ἐστιν, οὐκ ἔστιν, ὦ ἄνδρες Ἀθηναῖοι, ἀδικοῦντα καὶ ἐπιορκοῦντα καὶ ψευδόμενον δύναμιν βεβαίαν κτήσασθαι, ἀλλὰ τὰ τοιαῦτα εἰς μὲν ἅπαξ καὶ βραχὺν χρόνον ἀντέχει, καὶ σφόδρα γε ἤνθησεν ἐπὶ ταῖς ἐλπίσιν, ἂν τύχῃ, τῷ χρόνῳ δὲ φωρᾶται καὶ περὶ αὑτὰ*

Olympiaden-jahr.	Jahr v. Chr.	Geschichte.	Kunst und Litteratur.
CVIII, 3.	346.	und verwüstet Phokis und wird als Mitglied in den Amphiktyonenbund aufgenommen. [255]	Lykurgos,[nn] Äschines,[oo] Hypereides.[pp]

255) Über den weiteren Fortgang des heiligen Kriegs seit 352 s. *Diod.* XVI, 38—40. 56—59, wo zwar noch mancherlei Kriegsereignisse gemeldet worden, ohne daß uns jedoch ein klarer Einblick in dieselben gewährt wird. Zuletzt waren die Phoker im Besitz von Orchomenos, Koroneia, Kor-

κατηρρεῖ· ὅςπερ γὰρ οἰκίας, οἶμαι, καὶ πλοίον καὶ τῶν ἄλλων τῶν τοιούτων τὰ κάτωθεν ἰσχυρότατα εἶναι δεῖ, οὕτω καὶ τῶν πράξεων τῆς ἀρχὰς καὶ ὑποθέσεις ἀληθεῖς καὶ δικαίας εἶναι προςήκει, τοῦτο δ' οὐκ ἔνι νῦν ἐν τοῖς πεπραγμένοις Φιλίππῳ.

nn) Lykurgos, geboren zu Athen zwischen 399 und 393, *Liban. arg. or. c. Aristog.*, aus dem edlen Geschlechte der Eteobutaden, gebildet von Plato und Isokrates, *Diog. L.* III, 46. *Vit. Lyc. α', Westerm. Vitt. min.* p. 270, machte sich als Staatsschatzmeister (ταμίας τῆς κοινῆς προςόδου) in seiner zwölfjährigen Finanzverwaltung um die innere Verwaltung hoch verdient durch Hebung des Staatshaushaltes, *Vit. α'*, p. 271. 278, durch Vermehrung der Kriegsmittel und Waffenvorräte, a. a. O. p. 271. 279, durch seine Sorge für Staatsbauten und Kunstwerke, Festprunk und Schauspiel, Dichtkunst und Wissenschaft, a. a. O. p. 271—274, und durch sittenpolizeiliche Gesetze, a. a. O. p. 272. 273. 278. Vor Gericht war er als Ankläger wie als Verteidiger gleich siegreich, a. a. O. p. 272. 275. In der äusseren Politik erscheint er nur einmal als Gesandter thätig, a. a. O. p. 272; doch als bewährter Patriot war er unter denjenigen, deren Auslieferung Alexandros verlangte. Seine Gerechtigkeit, Unbescholtenheit und Charakterfestigkeit, wie seine treffliche Verwaltung ehrten die Athener hoch, a. a. O. p. 274. 276. 278. 279. Er starb vor 325, a. a. O. p. 274. Von seinen 15 Reden ist nur eine erhalten, *Κατὰ Λεωκράτους* (aus dem Jahr 330). Von dieser Beredsamkeit heisst es *Dion. Hal. Vett. scr. cens.* V, 3: Ὁ δὲ Λυκοῦργός ἐστι διαπαντὸς αὐξηινὸς καὶ διηρμένος καὶ σεμνὸς καὶ ὅλος κατηγορικὸς καὶ φιλαλήθης καὶ παρρησιαστικός· οὐ μὴν ἀστεῖος οὐδὲ ἡδὺς, ἀλλ' ἀναγκαῖος.

oo) Äschines, geboren zu Athen im Demos Kothokidái im Jahre 390, *Vit. α'*, p. 261. *Vit. β'*, p. 265. *Westerm. Vitt. min. Aesch. c. Tim.* §. 49, von niederer Herkunft, *Dem. d. cor.* p. 270. §. 129. p. 313. §. 258, *Vit. β'*, wusste sich das Bürgerrecht zu erwerben (ἐπωψήφιστο), *Dem. d. cor.* p. 314. §. 261, that Schreiberdienste bei Unterbehörden, *Vit. γ'*. *Dem. d. cor.* p. 314. §. 261, trat hierauf als Schauspieler auf, *Dem. d. cor.* p. 288. §. 180. p. 314. §. 262. *Vit. α', β', γ'*, wurde später Sekretär des Aristophon, nachher des Eubulos und focht als Soldat in den Schlachten bei Mantineia und Tamynä, *Aesch. de fals. leg.* §. 169. *Vit. α', β'*. Nachdem er als Gesandter im Peloponnes für Athen gewirkt, *Demosth. de fals. leg.* p. 344. §. 10 f. *Vit. β'*, erscheint er seit der

siä und Tilphossäon, s. *Diod. a. a. O. Demosth. de fals. leg.* p. 385. §. 141. p. 387. §. 148; die Thebaner waren hart bedrängt, s. *Demosth. a. a. O. Isocr. Phil.* p. 93. §. 54—55: εἰς τοῦτο δ' αὐτῶν περιέστηκε τὰ πράγματα, ὥςτ' Ἠλπίσαντις ἅπαντες τοὺς Ἕλληνας ὑφ' αὑτοῖς ἔσεσθαι νῦν ἐν σοὶ (Φιλίππῳ)

ersten Friedensgesandtschaft an Philippos für dessen Interesse gewonnen, *Demosth. a. a. O.* vgl. *Anm.* 255. Wegen Verzögerung der zweiten Gesandtschaftsreise ward er von Demosthenes und Timarchos auf Hochverrat angeklagt, *Demosth. a. a. O. Arg. or.* p. 337, beseitigte jedoch einen seiner Ankläger durch die Gegenanklage *Κατὰ Τιμάρχου*, *Argum.* *Aesch. or. c. Tim. Demosth. d. fals. leg.* p. 341. §. 2. p. 433. §. 237. *Vit. α'. Suid. s. v.* Als Pylagoras zu Delphi veranlasste er zu Philippos' Vorteil den heiligen Krieg gegen Amphissa, vgl. *Anm.* 266, und nach der Schlacht von Chäroneia trat er Ktesiphons Antrag auf Bekränzung des Demosthenes durch die Rede *Κατὰ Κτησιφῶντος* entgegen, durch die er Demosthenes stürzen wollte. Aber von diesem durch die Rede *Περὶ στεφάνου* besiegt, verliefs er Athen und begab sich nach Kleinasien, dann nach Alexandros' Tode nach Rhodos, wo er eine Redeschule errichtete, τὸ Ῥοδιακὸν διδασκαλείον, *Vit. α'. Suid. s. v. Philostr.* V, 1, 18. Er starb zu Samos im Jahre 314, *Plut. Dem.* 24. *Vit. α'. Phot. bibl. cod.* 61, p. 20. 264, p. 490. Von den drei unter seinem Namen auf uns gekommenen Reden, *Κατὰ Τιμάρχου* (345), *Κατὰ Κτησιφῶντος* (330), *Περὶ παραπρεσβείας* (343), ist die letzte nach der Ansicht älterer Kritiker nicht gesprochen, sondern nur eine Verteidigungsschrift gegen Demosthenes' Anklage. Anderes, was ihm zugeschrieben wurde, ward schon im Altertum für unecht erklärt, *Vit. α'. α'*. Mit allen Gaben des geborenen Redners ausgestattet, war er Meister im freien Ergufs der Stegreifrede und nach Demosthenes der erste Redner seiner Zeit, *Vit. α'. Dion. Hal. de adm. vi dic. Dem.* 35. *Suid. s. v.*: πρῶτος δὲ πάντων τὸ Θείως λέγειν ἤκουσε διὰ τὸ σχεδιάζειν ὡς ἐνθουσιῶν.

pp) Hypereides aus dem attischen Demos Kollytos, Altersgenosse des Lykurgos, durch Plato und Isokrates gebildet, *Vit. α', Westerm. Vitt. min.* p. 312. *Suid. s. v.*, Patriot, aber von lockeren Sitten, *Vit. α'*, p. 314, steuerte bei zum Zuge nach Eubőa, *Dem. d. cor.* p. 259. §. 90. e. *Mid.* p. 508. §. 160. *Plut. Phoc.* 12. *Vit. α'*, p. 315, ging als Gesandter nach Rhodos, a. a. O., machte den Zug nach Byzanz mit, *Vit. α'*, p. 312, und ward beschuldigt, persisches Geld genommen zu haben, a. a. O. Dann trat er als Mitankläger des Philokrates im Gesandtschaftsprozefs auf, *Demosth. de fals. leg.* p. 376. §. 116, wirkte als Gesandter nach Elateas Besetzung mit für das Schutzbündnis mit Theben, *Demosth. d. cor.* p. 291. §. 187, und beantragte nach der Schlacht von

Olympiaden-jahr.	Jahr v. Chr.	Geschichte.
CVIII, 4.	345.	b) Philipp befestigt und erweitert seinen Einfluß in Griechenland und setzt seine Eroberungen in Thrakien fort, bis ihm der zweite heilige Krieg die Gelegenheit giebt, durch die Schlacht bei Chäroneia die Unabhängigkeit von Griechenland zu vernichten.²⁵⁰ Philipp befestigt seine Herrschaft in Thessalien.²⁵¹

τὰς Ἠλιάδας ἔχουσι τῆς αὐτῶν σωτηρίας. Auf die Einladung der Thebaner kam also Philipp herbei, von den durch falsche Vorsprechungen getäuschten Athenern unbehindert, nötigte Phaläkos, der jetzt als der zweite Nachfolger des Onomarchos den Oberbefehl über das phokische Heer führte und bisher die Thermopylen vertheidigt hatte, zu kapitulieren, drang dann in Phokis ein und zerstörte die sämtlichen Städte der Phoker (die von ihnen eroberten böotischen Städte gab er den Thebanern zurück) und ließ die Phoker durch das Amphiktyonengericht dazu verurteilen, jährlich 60 Talente an den Tempel in Delphi zu zahlen, bis der ganze Raub ersetzt wäre; er sollte erhielt außer den zwei Stimmen der Phoker im Amphiktyonengericht noch die προμαντεία in Delphi und die Leitung der pythischen Spiele, Diod. XV, 59—60. Dem. de pac. p. 62. §. 21. de fals. leg. 359. §. 57. Über die furchtbare Zerstörung von Phokis vgl. Demosth. a. a. O. p. 361. §. 65. p. 373. §. 100; über die Zeit der Kapitulation des Phaläkos (23. Skirophorion = 17. Juli), s. ebendaselbst p. 359. §. 57—59. p. 440. §. 327. Das Verhalten von Athen bei diesen Vorgängen zieht unsere Aufmerksamkeit um so mehr auf sich, weil es ein Hauptthema der Reden des Demosthenes und Äschines und den Gegenstand des heißesten Kampfes dieser beiden größten Redner in den (im Jahre 343 gehaltenen, s. Dionys. Hal. Ep. ad Amm. I, 10. p. 737. Arg. β', ad Demosth. de fal. leg. p. 338) Reden über die falsche Gesandtschaft und in der Rede des Demosthenes für den Kranz und des Äschines gegen den Ktesiphon bildet. Die Athener schickten zuerst gegen Ende des Jahres 346 oder zu Anfang des Jahres 345, durch die Künste Philipp's verlockt, eine Gesandtschaft von 10 Männern an ihn, unter denen Demosthenes und Äschines sich befanden, und welche einen Brief und Versprechungen Philipps zurückbrachten, s. besonders Aesch. de fals. leg. p. 29. §. 12—55. Darauf wurde Friede und Bündnis am 19. Elaphebolion (April) zu Athen auf den Antrag des Philokrates beschlossen und von den Athenern beschworen, s. ebendaselbst p. 53. §. 56—78. Demosth. de fals. leg. p. 350. §. 57, und über die Bestimmungen desselben (Demosth.) de Hal. p. 82. §. 24—27. p. 84. §. 31. Demosth. de fals. leg. p. 385. §. 143. p. 444. §. 321. Während es aber darauf ankam, daß der Friede uns auch möglichst bald von Philipp beschworen wurde, der eben gegen Kersobleptes in Thrakien Krieg führte, damit derselbe nicht Zeit erhielte, weitere Eroberungen zu machen — denn die Hauptbestimmung des Friedens lautete dahin, daß jeder Teil behalten sollte, was er hatte —: so zögerten die Gesandten, unter ihnen besonders sich wiederum Äschines und Demosthenes, gegen den Willen des letzteren, so daß Philipp noch Serreion, Doriskos, Hieron Oros eroberte, und als sie endlich nach einer Abwesenheit von 2 Monaten und 10 Tagen am 13. Skirophorion (s. Demosth. de fals. leg. p. 389. §. 156. p. 390. §. 108. p. 359. §. 57—59) zurückkehrten, tauschten sie die Athener durch die Vorspiegelung, daß Philipp es nicht auf die Vernichtung der Phoker, sondern im Gegenteil auf die Züchtigung der Thebaner abgesehen habe, so daß dieselbe ungehindert in Phokis eindringen und das Volk der Phoker vernichten konnte, s. über diese Vorgänge Demosth. de fals. leg. p. 346. §. 17—71. p. 387. §. 150—170. de cor. p. 230. §. 18—52. vgl. Aeschin. de fals. leg. p. 41. §. 97—143, und über die trügerischen Versprechungen des Äschines Demosth. de pac. p. 59. §. 10. Phil. II, p. 73. §. 30. de fals. leg. p. 347. §. 20—22. de cor. p. 231. §. 21. u. ö. Vgl. Aeschin. de fals. leg. p. 46. §. 130. Die Athener, durch diesen Ausgang der Sache selbst erzürnt, wollten erst die obigen Beschlüsse der Amphiktyonen nicht anerkennen und den Frieden mit Philipp wieder brechen, sie ließen sich indes durch Demosthenes wieder umstimmen, als dieser ihnen in der Rede über den Frieden vorstellte, daß sie unter den obwaltenden Umständen den Krieg nur mit den größten Nachteilen wieder aufnehmen könnten.

256) Über die Fortschritte, welche infolge der Bestechung von seiten Philipps der Verrat in den einzelnen griechischen Staaten gemacht hatte, s. Demosth. de fals. leg. p. 424.

Chäroneia energische Maßregeln zur Verteidigung der Stadt, Vit. a', p. 313. Lyc. c. Leocr. §. 41. Demosth. c. Aristog. p. 803. §. 11. Auch gegen Alexandros war er thätig, so daß dieser auch seine Auslieferung forderte, Vit. a', p. 312. Arr. I. 10, 7. Trotzdem trat er gegen seinen eigenen Gesinnungsgenossen Demosthenes im Harpalischen Prozeß als Ankläger auf, s. a. a. O., betrieb dann aber wieder eifrig den lamischen Krieg, und hielt den Gefallenen die Grabrede, s. a. O. p. 315. Plut. Phoc. 23. Diod. XVIII, 3. Daher floh er nach der Schlacht von Krannon aus Athen nach Ägina, wurde aber von Antipatros' Häschern ergriffen und grausam hingerichtet (im Jahre 322), Vit. a', p. 315. Plut. Phoc. 29. Demosth. 28, ῥήτωρ τῶν πρώτων νευμημένων (εἰς, Suid. s. v. Von seinen 52 Reden, die im Altertum als echt anerkannt wurden, waren bis vor kurzem nur wenige Bruchstücke bekannt. Neuerdings sind wir derselben auf Papyrusrollen in Gräbern des ägyptischen Theben mehr oder weniger vollständig erhalten wiedergefunden worden, und zwar 1847 Bruchstücke der Rede gegen Demosthenes im Harpalischen Prozeß (324), 1853 die Rede für Lykophron fast vollständig und die für Euxenippos vollständig erhalten, 1856 die Grabrede für die im lamischen Kriege Gefallenen unvollständig und lückenhaft.

Olympiaden-jahr.	Jahr v. Chr.	Geschichte.
CIX, 1.	344.	Er macht die Messenier und Argeier von sich abhängig, indem er sie gegen Sparta in Schutz nimmt.[258]
CIX, 2.	343.	Sein vergeblicher Versuch, Megara unter seine Gewalt zu bringen.[259]
CIX, 3.	342.	Sein Zug nach Epeiros und Thessalien;[260] die Einsetzung makedonisch-gesinnter Tyrannen auf Euböa.[261] Zug nach Thrakien.[262]

§. 259: νόσημα γάρ, ὡ ἄνδρες Ἀθηναῖοι, δεινὸν ἐμπέπτωκεν εἰς τὴν Ἑλλάδα καὶ χαλεπὸν καὶ πολλῆς τινος εὐτυχίας καὶ παρ' ὑμῶν ἐπιμελείας δεόμενον οἱ γὰρ ἐν ταῖς πόλεσι γνωριμώτατοι καὶ προεστάναι τῶν κοινῶν ἀξιούμενοι, τὴν αὑτῶν προδιδόντες ἐλευθερίαν οἱ δυστυχεῖς, αὐθαίρετον αὑτοῖς ἐπάγονται δουλείαν, Φίλιππον ξενίαν καὶ ἑταιρίαν καὶ φιλίαν καὶ τοιαῦθ' ὑποκοριζόμενοι, οἱ δὲ λοιποὶ καὶ τὰ κύρι' ἄττα ποτ' ἐστὶν ἐν ἑκάστῃ τῶν πόλεων, οὓς ἔδει τούτους κολάζειν καὶ παραχρῆμα ἀποκτιννύναι, τοσοῦτ' ἀπέχουσι τοῦ τοιοῦτόν τι ποιεῖν, ὥστε θαυμάζουσι καὶ ζηλοῦσι καὶ βούλοιντ' ἂν αὐτὸς ἕκαστος τοιοῦτος εἶναι, vgl. de cor. p. 324. §. 295, wo die Verräter in den einzelnen Staaten, in Thessalien, Theben, Arkadien, Messenien, Argos, Sikyon, Elis, Korinth, Megara, Euböa genannt werden. In Athen waren es hauptsächlich Aschines, Philokrates, Pythokles, Hegemon, Demades, denen als Gegner Philipps Lykurgos, Hypereides, Hegesippos und besonders Demosthenes gegenüberstanden, welcher die Leitung der öffentlichen Angelegenheiten in dieser Zeit immer mehr in seine Hand bekam. Über die Lage und Stimmung der Griechen überhaupt s. Demosth. Phil. III, p. 119. §. 33: τὸν αὐτὸν τρόπον ὥσπερ τὴν χάλαζαν ἔμοιγε δοκοῦσι θεωρεῖν, εὐχόμενοι μὲν μὴ καθ' ἑαυτοὺς ἕκαστοι γενέσθαι, κωλύειν δὲ οὐδεὶς ἐπιχειρῶν, vgl. de cor. p. 241. §. 45. u. 5.

257) Er setzte Dekadarchieen in den einzelnen Städten ein und legte in einige derselben auch Besatzungen, Diod. XVI, 69. Demosth. Phil. II, p. 71. §. 22. de fals. leg. p. 424. §. 260. (Demosth.) de Hal. p. 84. §. 32. [Diodor setzt diesen Vorgang um ein Jahr später; aus Demosth. Phil. II, a. a. O. geht aber als wahrscheinlich hervor, dafs er ins Jahr 345 gehört, da die Rede im Jahre 344 gehalten ist und die Mafsregel hier schon als ausgeführt erwähnt wird.]

258) Philipp nahm sich nach Beendigung des heiligen Krieges der Messenier, Argeier und Arkadier gegen Sparta an (vgl. Anm. 251), indem er ihnen Hilfstruppen schickte und selbst zu kommen versprach; Demosthenes ging als Gesandter zu den Argeiern und Messeniern, um sie vor dem Anschlufs an Philipp zu warnen, und hielt nach seiner Rückkehr (im Jahre 344, s. Dionys. Hal. ad Amm. I, 10, p. 737) die zweite philippische Rede, aus welcher wir Näheres über diese Verhältnisse zu entnehmen im s. besonders p. 68. §. 9. p. 69. §. 13. p. 71. §. 23 und die daselbst p. 70. §. 20—25 wiederholte Rede an die Argeier und Messenier. Indes seine Anstrengung blieb ohne Erfolg; nicht nur die Messenier, Argeier und Arkader erscheinen fortan als Anhänger und Verbündete Philipps, sondern auch die Eleer, s. Pausan. V, 4, 5. Demosth. Phil. III, p. 118. §. 27.

259) Hauptstelle Demosth. de fals. leg. p. 435. §. 294 bis 295. Vgl. ebendaselbst p. 368. §. 87. p. 404. §. 204. p. 446. §. 326. p. 448. §. 334. Philipp. III. p. 115. §. 17. p. 118. §. 27. de cor. p. 248. §. 71. Plut. Phoc. 15. [Der Vorfall ist zu der Zeit, wo die Rede über die falsche Gesandtschaft gehalten wird, also im Jahre 343, ganz neu, s. daselbst §. 204. 334.] Megara ist von nun an im Bündnis mit Athen, Demosth. de Chers. p. 94. §. 18. Phil. III, p. 130. §. 74.

260) In Epeiros wird Arybbas entthront und der Bruder der Olympias, Alexandros, eingesetzt, Iust. VII, 6. VIII, 8. Diod. XVI, 72. XIX, 88. (Demosth.) de Hal. p. 84. §. 32. Plut. Pyrrh. 1, wobei zugleich die 3 eleischen Kolonieen Pandosia, Bucheta und Elateia, von ihm genommen werden, de Hal. a. a. O. Er hatte mit den Ätolern ein Bündnis abgeschlossen und beabsichtigte, gegen Ambrakia und Akarnanien und sogar in den Peloponnes zu ziehen, Demosth. Phil. III, p. 118. §. 27. p. 110. §. 34; dieses sein Vorhaben wurde aber durch die Athener vereitelt, welche mit Truppenmacht nach Akarnanien zogen, Demosth. adv. Olymp. p. 1173. §. 24, und durch Gesandtschaften die Peloponnesier zum Widerstand aufforderten, Demosth. Phil. p. 120. §. 72. [Die Zeitbestimmung ergiebt sich daraus, dafs in der im Jahre 342 gehaltenen Rede über Halonnesos dieser Vorgänge gedacht wird und in der dritten Philippischen Rede vom Jahre 341 die Gesandtschaften in den Peloponnes als im vorigen Jahre geschehen erwähnt werden, s. a. a. O.] Von Epeiros nahm Philipp sodann seinen Rückweg über Thessalien und setzte hier eine Tetrarchie ein, um dadurch das Land noch mehr unter seine Herrschaft zu bringen, s. Demosth. Phil. III, p. 117. §. 26. Harpocrat. s. v. τετραρχία. Wie völlig unbeschränkt er seitdem über die Streitkräfte Thessaliens verfügte, darüber s. Demosth. ebend. p. 119. §. 33 vgl. Arrian. VII, 9, 4.

261) In Eretria bemächtigte sich Kleitarchos, in Oreos Philistides der Herrschaft, beide durch Hilfstruppen Philipps unterstützt, s. Demosth. Phil. III, p. 125. §. 57—62. p. 128. §. 66. p. 117. §. 27. p. 119. §. 33. de cor. p. 248. §. 71. [Die Hilfssendungen Philipps geschahen wahrscheinlich zu der Zeit, als er mit seinem Heere durch Thessalien marschierte, s. vor. Anm.; von dieser Wahrscheinlichkeit abgesehen, beruht die Zeitbestimmung lediglich darauf, dafs dieses Vorgänge zuerst in der dritten Philippischen Rede erwähnt werden.]

262) Der Besitz des thrakischen Chersonesos war für Athen fortwährend durch die thrakischen Fürsten gefährdet,

Der beginnende Verfall.

Olympiaden-jahr.	Jahr v. Chr.	Geschichte.
CX, 1.	340.	Die Athener bringen durch Demosthenes eine Bundesgenossenschaft zusammen, aus Byzanz, Abydos, Euböa, Megara, Korinth, Achaja, Akarnanien, Leukadien und Kerkyra bestehend.[263]
		Philipp belagert Perinth und Byzanz; jenes wird durch die Athener und den Perserkönig, dieses durch die Athener, Chier und Rhodier unterstützt.[264]
CX, 2.	339.	Philipp wird genötigt, die Belagerung von Perinth und Byzanz aufzugeben.[265]

insbesondere durch die Beherrscher des Odrysenreichs, welches sich nach *Strab.* p. 331. *fr.* 48 vom Hebros bis Odessos erstreckte. Nach mancherlei früheren Verhandlungen und Zwischenfällen wurde er den Athenern im Jahre 357 von dem Odrysenfürsten Kersobleptes durch Vertrag, jedoch mit Ausschluss von Kardia, zugesichert, s. *Demosth. adv. Aristocr.* p. 678. §. 173. p. 681. §. 181; im Jahre 353 eroberte darauf Chares die Stadt Sestos, womit die Besitzergreifung der Athener vom Chersones mit Ausnahme von Kardia vollständig verwirklicht wurde, s. *Diod.* XVI, 34. Philipp hatte schon im Jahre 353 einen Zug nach Thrakien gemacht, jedoch ohne erheblichen Erfolg, s. *Demosth. a. a. O.* §. 183, er wiederholte ihn im Jahre 351, und jetzt zwang er Kersobleptes, sich ihm zu unterwerfen und seinen Sohn als Geisel zu stellen, s. *Demosth. Ol.* 1, p. 12. §. 13. III, p. 29. §. 4. *Isocr. Phil.* p. 86. §. 21. *Aeschin. de fals. leg.* p. 38. §. 81; über einen dritten Zug im Jahre 346 s. *Anm.* 255. Seine Absicht bei diesen Zügen war, teils durch Besitzergreifung der Küstenländer des Hellesponts und der Propontis seinen Zug nach Asien vorzubereiten, teils den Athenern Abbruch zu thun; über letzteres s. *Demosth. de Chersones.* p. 100. §. 44—45. *de cor.* p. 254. §. 87. *de fals. lcg.* p. 397. §. 180. Der gegenwärtige Zug wurde im Sommer 342 unternommen; dies geht daraus hervor, dass zur Zeit, wo die Rede des Demosthenes über den Chersones gehalten wurde, Philipp 10 Monate in Thrakien war, s. *das.* p. 90. §. 2. p. 98. §. 35; die genannte Rede aber ist im Jahre 341 und gegen die Zeit der (in den Monat Juli fallenden) Etesien gehalten, s. *Dion. Hal.* p. 737. *ad Amm.* I, 10. *Demosth. de Chersou.* p. 93. §. 14, nachdem Philipp schon einen Winter in Thrakien zugebracht hat, *ebendaselbst* §. 35. In den beiden ersten Jahren, 342 und 341, unterwirft Philipp den Kersobleptes (und Teres), *Diod.* XVI, 71. *Ep. Phil.* p. 160. §. 6; Diopeithes, an der Spitze der athenischen Kleruchen, verteidigte den Chersones und führte Krieg gegen Kardia, welches Philipp durch eine makedonische Besatzung verstärkte, s. *Demosth. de Cherson.* p. 104. §. 58. p. 105. §. 64. *Phil.* III. p. 120. §. 35. *Ep. Phil.* p. 161. §. 11. [Die Feindseligkeiten des Diopeithes gaben Philipp Anlass zur Beschwerde in Athen; Demosthenes nahm ihn aber in der Rede über den Chersones in Schutz. Über Diopeithes vgl. noch *Philochor. b. Dionys. Hal.* p. 666. *de Din.* 13.]

263) Megara war schon seit 343 im Bündnis mit Athen, s. *Anm.* 259, auf Euböa trat zuerst Chalkis durch Vermittelung des Kallias in dieses Bündnis, s. *Aeschin. adv. Ctesiph.* p. 66. §. 89—93, wahrscheinlich im Jahre 342; denn im

Jahre 341 worden in den Reden über den Chersones und in der dritten Philippischen die Chalkidier neben den Megarern als Bundesgenossen Athens genannt, s. *Demosth. de Cherson.* p. 94. §. 18. *Phil.* III. p. 130. §. 74. Durch die dritte Philippische kurz nach der über den Chersones ungefähr im Mai 341 gehaltene Rede forderte Demosthenes die Athener auf, weitere Bundesgenossen anzuwerben, s. *daselbst* p. 129. §. 71, und nun wurde (im Jahre 341 oder 340) mit Byzanz und Abydos das Bündnis zu stande gebracht, s. *Demosth. de cor.* p. 326. §. 302, selbst an den Perserkönig wurden Gesandte geschickt, diese jedoch ohne Erfolg, s. *Ep. Phil.* p. 160. §. 6. *Aeschin. adv. Ctesiph.* p. 81. §. 238; auf Euböa wurde der Tyrann Philistides in Oreos und der Tyrann Kleitarchos in Eretria gestürzt und damit die ganze Insel für das Bündnis gewonnen, s. *Demosth. de cor.* p. 252. §. 79. p. 254. §. 87. *Diodor.* XVI, 74. [Die Befreiung von Eretria geschah durch Phokion, der darauf nach Byzanz segelte, folglich im Jahre 340, s. *Diodor. a. a. O.* Die Befreiung von Oreos ist dagegen ins Jahr 341 zu setzen nach *Aesch. adv. Ctesiph.* p. 68. §. 103.] Über das Bündnis mit den übrigen oben genannten Staaten s. die (freilich sehr gehässige) Erzählung *Aeschin. adv. Ctesiph.* p. 67. p. 94—105 vgl. *Demosth. de cor.* p. 306. §. 235 und *Plut. Mor.* p. 581. B. [Nach *Aeschin. a. a. O.* §. 98 war der 16. Anthesterion (Februar) zu einem allgemeinen Bundestag bestimmt, wo wahrscheinlich auch der Bund beschlossen wurde; dies kann nur der genannte Tag des Jahres 340 sein, da in der im vorigen Jahre gehaltenen dritten Philippischen Rede überall nur von der Notwendigkeit und der Absicht eines solchen Bundes, nicht aber von dessen Verhandensein die Rede ist.]

264) *Diodor.* XVI, 74—77. *Philoch. fr.* 135 (bei *Dionys. Hal.* p. 741. *ad Amm.* I, 11). *Paus.* I, 29, 10. *Plut. Phoc.* 14. *Hesych. Mil. Origg. Const.* §. 27—31 (*Müller fragm. histor. graec.* vol. IV. p. 151). Die Athener erklärten den Frieden für gebrochen und stießen die Bundessäule um, *Diodor.* XVI, 77. *Philochor. a. a. O. Aeschin. adv. Ctesiph.* p. 61. §. 55; alsdann schickten sie erst Chares und später Phokion zur Hilfe, *Diodor. Plut. Hesych. Mil. a. a. O.* [Aus *Philochoros* ergiebt sich, dass die Belagerung von Perinth erst im Sommer 340 begiunenden Archontat des Theophrastos unternommen wurde, während Diodor sie unter das vorhergehende Archontat setzt.] Auch die Chier, Koer und Rhodier schickten den Byzantiern Hilfe, s. *Diodor. a. a. O.*

265) *Diodor.* XVI, 77. *Plut. Phoc.* 14.

Olympiaden-jahr.	Jahr v. Chr.	Geschichte.	Kunst und Litteratur.
CX, 2.	339.	Zweiter (dritter) heiliger Krieg; Philipp von den Amphiktyonen gegen Amphissa zu Hilfe gerufen.[266]	
CX, 3.	338.	Philipp besetzt Elateia; die Athener und Thebaner und die andern Verbündeten der Athener erhoben sich gegen ihn;[267] ihre Niederlage bei Chäroneia.[268]	Geschichtschreiber: Theopompos,[ηη] Ephoros.[rr]

266) Auf Antrag des Äschines wird in der Amphiktyonenversammlung im Frühling 339 der Stadt Amphissa der Krieg erklärt, weil sie das heilige Gebiet von Kirrha bebaut, s. S. 37 Anm. 67; die Amphiktyonen richten nichts gegen Amphissa aus und rufen daher in der Herbstversammlung Philipp zu Hilfe. S. Aesch. adv. Ctesiph. p. 68. §. 106 bis 129. Demosth. de cor. p. 274. §. 140—158. [Dafs jene erste Amphiktyonenversammlung im Frühjahr 339 stattfand, beweisen die Stellen Aeschin. adv. Ctesiph. p. 68. §. 115. §. 128.]

267) Philipp kam auf den Ruf der Amphiktyonen noch im Laufe des Winters herbei und besetzte zunächst die beiden, die Ebene von Böotien beherrschenden Städte Kytinion und Elatoia, womit den Griechen die Augen über seine weiter gehenden Absichten geöffnet wurden, s. Philoch. fr. 135. Dem. de cor. p. 278. §. 152. p. 284. §. 168. Aesch. adv. Ctes. p. 73. §. 140. Diod. XVI, 84. Über die Wirkung, welche die Nachricht hiervon in Athen hervorbrachte, s. Dem. de cor. p. 284. §. 169: Ἑσπέρα μὲν γὰρ ἦν, ἧκε δ᾽ ἀγγέλλων τις ὡς τοὺς πρυτάνεις, ὡς Ἐλάτεια κατείληπται· καὶ μετὰ ταῦτα οἱ μὲν εὐθὺς ἐξαναστάντες μεταξὺ δειπνοῦντες τούς

ηη) Theopompos aus Chios, geboren um 380, Phot. Bibl. Cod. 176, p. 203, wanderte mit seinem lakonischer Sympathicon verdächtigen Vater aus nach Ephesos, Diod. XV, 23. Suid. s. v. Ἔφορος. Phot. a. a. O., und kam auf seinen Reisen auch nach Athen, wo er von Isokrates rhetorische Ausbildung erhielt, Vit. Isocr. γ´, Westerm. Vitt. min. p. 256 f, Suid. a. a. O. Phot. Bibl. Cod. CCLX, p. 793. Dion. Hal. Ep. ad Pomp. 6, 1, und in Prunkreden glänzte, Phot. a. a. O. p. 205. Vit. Isocr. a. a. O. Gell. X, 18. Dann wurde er durch Isokrates zur Geschichtschreibung bestimmt, Phot. a. n. O. Athen. III, p. 85 a. Durch Alexandros' Einfluss in seine Vaterstadt zurückgerufen, mufste er nach dessen Tode wieder flüchtig werden, und wurde auch von Ptolemäos unfreundlich aufgenommen, Phot. a. a. O. Über seine späteren Schicksale ist nichts überliefert. Die Hauptwerke dieses auſserordentlich fruchtbaren Schriftstellers sind Ἑλληνικαὶ ἱστορίαι oder Ἑλληνικά, an Thukydides anknüpfend bis zur Schlacht von Knidos, Diod. XIII, 52. XIV, 84. Thuc. vit. Marc. 45. Anon. 5. Suid. s. v., und Φιλιππικαί, Diod. XVI, 3. Phot. a. a. O. p. 206. Vgl. Fragm. Hist. Graec. ed. C. Th. Müller, vol. I, p. 278—333. Einstimmig wird ihm Tadelsucht vorgeworfen. Polyb. VIII, 12. Dion. Hal. a. a. O. 6, 8. Nep. Alc. 11. Plut. Lys. 30. Herod.

τ᾽ ἐκ τῶν σκηνῶν τῶν κατὰ τὴν ἀγορὰν ἐξεῖργον καὶ τὰ γέρρα ἐνεπίμπρασαν, οἱ δὲ τοὺς στρατηγοὺς μετεπέμποντο καὶ τὸν σαλπιγκτὴν ἐκάλουν· καὶ θορύβου πλήρης ἦν ἡ πόλις· τῇ δὲ ὑστεραίᾳ ἅμα τῇ ἡμέρᾳ οἱ μὲν πρυτάνεις τὴν βουλὴν ἐκάλουν εἰς τὸ βουλευτήριον, ὑμεῖς δὲ εἰς τὴν ἐκκλησίαν ἐπορεύεσθε κ. τ. λ. Wie darauf Demosthenes in der Volksversammlung auftrat und auf ein Bündnis mit Theben hindrängte, und dann selbst als Gesandter nach Theben ging und dort alle Schwierigkeiten und Hindernisse durch seine Beredsamkeit überwand, darüber s. Dem. a. a. O. §. 169—187. p. 298. §. 211—214. Vgl. Plut. Dem. 18. Justin. IX, 3. Der Krieg wurde darauf eine Zeitlang glücklich geführt (die übrigen Bundesgenossen auſser Theben s. Aesm. 263), so daſs die Griechen sogar 2 Treffen gewannen, Dem. de cor. p. 300, §. 216. Indessen wurde in eben dieser Zeit Amphissa von Philipp genommen und ein von den verbündeten Griechen geworbenes Mietsheer von 10000 Mann vernichtet, s. Aesch. adv. Ctes. p. 74. §. 146. Diod. XVIII, 56.

268) Diod. XVI, 84—87. Philipp hatte über 30000 Mann, s. das. 85, auf der Seite der Griechen waren auſser den Bür-

mal. p. 855 a. Athen. VI, p. 254 b. Über seine Schreibweise vgl. die folg. Anm.

rr) Ephoros aus Kyme in Äolis, Suid. s. v., ward mit Theopompos zusammen durch Isokrates gebildet, s. a. O. Vit. Isocr. α´, β´, γ´, Westerm. Vitt. min. p. 248. 252. 256 f., und zur Geschichtschreibung bestimmt, Cic. de or. III, 13, 57. Senec. tranq. an. c. 6. Quint. X, 1, 74, und lebte noch bis in die Zeiten des Alexandros, Clem. Alex. Strom. 1, p. 145. Unter seinem Schriften war das Hauptwerk Ἱστορίαι in 30 Büchern, welche die Geschichte Griechenlands von der Rückkehr der Herakliden bis zur Belagerung von Perinthos im J. 340 umfafste, Diod. VI, 1. V, 1. XVI, 20. Suid. v. v., aber erst von seinem Sohne vollendet wurde, Diod. XVI, 14, die erste Universalgeschichte, Polyb. V, 33, 2. Vgl. Fragm. Hist. Graec. ed. C. Th. Müller, vol. I, p. 234—277. Im Gegensatz zu Theopompos heiſst es von ihm, Suid. s. v.: Ἔφορος ἦν τὸ ἦθος ἁπλοῦς, τὴν δὲ ἑρμηνείαν τῆς ἱστορίας ὕπτιος καὶ νωθρὸς καὶ μηδεμίαν ἔχων ἐπίτασιν, ὁ δὲ Θεόπομπος τὸ ἦθος πικρὸς καὶ κακοήθης, τῇ δὲ φράσει πολὺς καὶ συνεχὴς καὶ φοράς μεστός, φιληκόης δ᾽ εἰς οὓς ἐγρώμεν. Ὁ γ᾽ οὖν Ἰσοκράτης τὸν μὲν Ἔφη χαλινοῦ δεῖσθαι, τὸν δ᾽ Ἔφορον κέντρου. Vgl. Cic. de orat. II, 13. III, 9. Quint. X, 1, 74.

Olympiaden-jahr.	Jahr v. Chr.	Geschichte.	Kunst und Litteratur.
CX, 4.	337.	Philipp von den Hellenen auf der Nationalversammlung zu Korinth zum Führer gegen den Perserkönig ernannt.²⁰⁸)	Der *Philosoph* Speusippos (ältere Akademie).²⁰⁹)

gen 15000 Söldner und 2000 Reiter, *Iustin*. IX, 3; es fielen 1000 Athener und 2000 derselben wurden gefangen, *Dem. de cor.* p. 314. §. 264. *Lyc. adv. Leocr.* p. 168. §. 142. *Demad. fr.* p. 179. §. 9. *Diod.* XVI, 86. 88. Der Ruhm der Gefallenen, *Lyc. a. a. O.* p. 153. §. 46—50; der ruhmvolle Untergang der heiligen Schar der Thebaner, *Plut. Pel.* 18. *Alex.* 9. Der Schlachttag war der 7. Metageitnion (August oder September), *Plut. Cam.* 19. Über den Schrecken, den die Niederlage in Athen verbreitete, s. *Lyc. a. a. O.* p. 152. §. 37—45. Athen mußte die Hegemonie Philipps über Griechenland anerkennen und wurde mit dem Verluste seiner Besitzungen zur See bestraft, wogegen es Oropos zurück erhielt, s. *Paus.* I, 25, 3. 34, 1. *Diod.* XVIII, 56, auch wurden

ihm die 2000 Gefangenen ohne Lösegeld zurückgegeben, *Demad. fr.* p. 179 §. 9. Theben erhielt eine makedonische Besatzung, *Diod.* XVI, 87. *Iustin.* IX, 4. — *Lyc. a. a. O.* p. 154. p. 50: ἀνετείχη τοῖς τοιοῦτον (der bei Chäroneia Gefallenen) σώμασιν ἡ τῶν ἄλλων Ἑλλήνων ἐλευθερία. *Iustin.* IX, 3: Hic dies universae Graeciae et gloriam dominationis et vetustissimam libertatem finivit. — Philipp zog nach der Schlacht auch in den Peloponnes, wo sich ihm (mit Ausnahme Spartas) alles unterwarf, und wo er nach Belieben Gebietsteile nahm und gab, s. *Diod.* XVII, 3. *Polyb.* IX, 28, 33. *Paus.* VIII, 7, 4.

209) *Diod.* XVI, 80. *Iustin.* IX, 5.

²⁰⁸) Speusippos aus dem athenischen Demos Myrrhinus, geboren etwa um 395—393, Schwestersohn des Platon, *Diog. L.* IV, 1, ward gebildet durch Isokrates, a. a. O. 2, und besonders durch Platon a. a. O. 1: καὶ ἔμεινε μὲν ἐπὶ τῶν αὐτῶν Πλάτωνι δογμάτων; doch nahm er auch manche Lehren der Pythagoreer auf, *Arist. Eth. Nicom.* I, 6. Er stand in Verbindung mit hervorragenden Männern seiner Zeit, wie mit Dionysios, Dion und Philippos, a. a. O. 5, und begleitete Platon nach Syrakus, *Plut. Dion.* 35. Nach Platons Tode

war er acht Jahre Vorsteher der Akademie, *Diog. a. a. O.* 1. Schwächlich von Körper und leidenschaftlich verfiel er in Schwermut und nahm sich das Leben, a. a. O. 1. 3. 4. Von seinen zahlreichen Schriften (Ὑπομνήματα, Διάλογοι, Ἐπιστολαί) haben sich nur die Titel, a. a. O. 4. 5, und wenige Bruchstücke erhalten. [Der sogenannten älteren Akademie werden außer Speusippos noch besonders als Stimmführer zugezählt dessen Nachfolger Xenokrates und gleichzeitig Herakleides aus Pontos, später Polemon, Krates und Kratesilaos.]

Fünfte Periode.

336 bis 146 v. Chr.

Der völlige Untergang der griechischen Freiheit.

Während Alexandros der Grofse das Perserreich erobert und seine Herrschaft über den weiten Bereich desselben ausbreitet und damit zugleich den Orient für griechische Sprache und Bildung eröffnet, während nach seinem Tode das von ihm errichtete makedonisch-persische Weltreich unter langen, blutigen, verheerenden Kämpfen seiner Feldherren (der sog. Diadochen) in mehrere Reiche zerfällt, wird Griechenland ungeachtet wiederholter Versuche, seine Freiheit wieder zu gewinnen, in Abhängigkeit von Makedonien erhalten oder auch zu seiner noch gröfseren Zerrüttung in die Kämpfe der Diadochen hineingezogen; bis Makedonien durch Thronstreitigkeiten und innere Kriege und endlich durch den Einfall der Kelten so geschwächt wird, dafs es Griechenland aufgeben mufs. Da erhebt sich Griechenland wieder zu einem kurzen Genufs der Freiheit; es werden zur Sicherung derselben Bundesstaaten gegründet; insbesondere regt sich ein frischeres Leben im Peloponnes, wo der achäische Bund die makedonisch gesinnten Tyrannen vertreibt und eine grofse Anzahl Städte unter seinem Schutze vereinigt, und wo ungefähr gleichzeitig in Sparta der Versuch gemacht wird, die lykurgische Verfassung wieder in ihrer Reinheit herzustellen und damit zugleich dem Staate wieder die alte Kraft einzuflöfsen. Indessen mit diesem Aufschwung kehrt auch bald der alte Zwiespalt wieder zurück. Sparta, mit der neuerregten Kraft nach aufsen und nach Wiedergewinnung der früheren Hegemonie strebend, gerät in Kampf mit dem achäischen Bunde; dieser, in Gefahr zu unterliegen, ruft den König von Makedonien zu Hilfe; Sparta wird besiegt und unterworfen; mit ihm aber verfällt zugleich der achäische Bund und das ganze übrige Griechenland wieder der makedonischen Herrschaft. Mittlerweile aber war das römische Reich in seinem Wachstum bis an die Grenzen von Griechenland und Makedonien vorgedrungen; es kommt zum Kampf zwischen Rom und Makedonien; Griechenland, sich zwischen den kämpfenden Mächten teilend, gewinnt zunächst, so weit es sich an Rom angeschlossen, an diesem einen Rückhalt gegen Makedonien; nachher, als der König von Makedonien besiegt und auf die alten Grenzen seines Reichs beschränkt wird, erhält ganz Griechenland die Freiheit als Geschenk des Siegers, aber nur, um nach einem mehr scheinbaren als wirklichen Genufs derselben mit Makedonien zusammen der Herrschaft Roms zu verfallen. — Bei diesem Gange der Geschichte konnte eine kräftige und selbständige Entwickelung von Kunst und Litteratur in dieser Periode unmöglich stattfinden. Indes erhält sich doch die Kunst im ganzen auf der bisherigen Stufe und macht in einigen Zweigen, namentlich in der Malerei, sogar nicht unbedeutende Fortschritte in ihrer Vervollkommnung. In der Litteratur beschränkt sich die Produktion, abgesehen von der Beredsamkeit, deren Blüte noch einige Zeit fortdauert, und von einer gewissen Nachblüte der Komödie, im übrigen durchaus auf

Nachahmungen und auf mehr gelehrte Arbeiten, welche für die Geschichte des griechischen Volks nur einen untergeordneten Wert haben.

Quellen. Für die Geschichte des Alexandros ist Arrian in seiner Ἀλεξάνδρου Ἀνάβασις und in der Ἰνδική die Hauptquelle. Derselbe gehört zwar erst dem 2. Jahrh. n. Chr. an, hat aber seinen geschichtlichen Arbeiten durch die sorgfältige und gewissenhafte Benutzung gleichzeitiger Schriftsteller (des Ptolemäos, Aristobulos, Nearchos) einen verhältnismäßig hohen Wert verliehen. Für die übrige Zeit besitzen wir nur noch in Polybios und, so weit dieser verloren gegangen, in den aus ihm geschöpften Partieen des Livius eine reinere und zuverlässigere Geschichtsquelle. — Für die Zeit des Alexandros haben wir noch eine besondere Quelle im Curtius (de rebus gestis Alexandri Magni), der aber wegen seiner Ungründlichkeit und vorherrschend rhetorischen Tendenz neben Arrian nur eine untergeordnete Stelle einnimmt. Außerdem sind wir für die ganze Periode lediglich auf Diodor, dessen Werk jedoch mit dem 20. Buche und dem Jahr 302 abbricht (von dem übrigen besitzen wir nur Auszüge und Fragmente), auf Plutarch in den Biographieen des Alexandros, Demosthenes, Phokion, Eumenes, Demetrios Poliorketes, Pyrrhos, Agis, Kleomenes, Aratos und Philopömen, und auf einige Ergänzungen aus Strabo, Pausanias, Justin u. a. angewiesen.

Erster Abschnitt.

336 bis 323 v. Chr.

Gründung der makedonisch-persischen Weltmonarchie durch Alexandros den Grossen.

Olympiaden-jahr.	Jahr v. Chr.	Geschichte.	Kunst und Litteratur.
CXI, 1.	336.	Philipp ermordet.[1] Alexandros folgt.[2] Alexandros unterdrückt die in Griechenland auf die Nachricht von dem Tode seines Vaters entstehende	Die *Redner* Demades,[a] Deinarchos.[b] Der *Philosoph* Aristoteles.[c]

1) *Diod.* XVI, 91—94. *Iustin.* IX, 6. *Plut. Alex.* 10. Er war 46 Jahr alt, *Pausan.* VIII, 7, 4, (47 Jahr nach *Iustin.* IX, 8), und hatte 24 Jahr regiert, *Diod. das.* 95. Er wurde (wahrscheinlich im Herbst des Jahres 336) von einem Hauptmann der Leibwache, Pausanias, ermordet, dem er Genugthuung für eine ihm von Attalos zugefügte Beleidigung versagt hatte, vgl. *Arist. Pol.* V, 8, 10. Die Ermordung geschah indess nicht ohne Mitwissen und Mitschuld anderer,
Plut. a. a. O.; insbesondere wird Olympias als Anstifterin bezeichnet, *Iustin.* IX, 7, aber auch Alexandros blieb nicht unberührt von dem Verdachte, *Plut. a. a. O. Iustin. a. a. O.*; Alexandros selbst beschuldigte den Perserkönig der Anstiftung, *Arr.* II, 14, 5.

2) *Plut. Alex.* 11: παρέλαβε — τὴν βασιλείαν, φθόνοις μεγάλοις καὶ δεινῷ μίσῃ καὶ κινδύνοις πανταχόθεν ἔχουσαν. Über die äusseren ihm drohenden Gefahren s. *Anm.* 3 und 4;

a) Demades aus Athen, von niederer Herkunft, *Suid.* s. v., Todfeind des Demosthenes, *Plut. Dem.* 23, wirkte nach seiner Gefangennehmung bei Chäroneia, von makedonischem Golde bestochen, für Philipp, *Diod.* XVI, 87. *Gell.* XI, 9. *Sext. Emp.* I, 13. p. 281, und stand in Gunst bei Alexandros, dessen Rache er in Gemeinschaft mit Phokion von seiner Vaterstadt abwandte, *Plut. Dem.* 23. *Diod.* XVII, 15. Von der über ihn verhängten Strafe der Ehrlosigkeit entbunden ihn die Athener, um ihn zu Antipatros zu schicken mit der Bitte, die makedonische Besatzung aus Munychia zurückzuziehn, *Plut. Phoc.* 30. Später von diesem verrätherischer Umtriebe gegen ihn beziehtigt, ward er festgenommen und hingerichtet (319 oder 318), *Diod.* XVIII, 48. *Paus.* VII, 10. Bestechlich, ausschweifend und verschwenderisch, *Plut. Phoc.* 1. 20. 30, *Suid.* s. v., war er doch ein gewandter und witziger Stegreifredner, *Plut. Dem.* 8. 10. *Cic. Or.* 26. Von ihm hat sich keine Rede erhalten, auch die Echtheit eines ihm zugeschriebenen Bruchstücks (ὑπὲρ τῆς δωδεκαετίας) wird bezweifelt, vgl. *Cic. Brut.* 9. *Quint.* II, 17, 12.

b) Deinarchos, geboren zu Korinth um 361, *Dionys. Din.* 4, kam frühzeitig nach Athen, wo er mit Theophrastos und Demetrios Phalereus in nahe Verbindung trat, a. a. O. 2, und sich als Fremder besonders durch gerichtliche Reden, die er für andere schrieb, Ruhm erwarb, a. a. O. Als Anhänger der Makedoner, a. a. O., sprach er im Harpalischen Prozesse. Nach Athens Befreiung durch Demetrios Poliorketes ging er
in die Verbannung nach Chalkis auf Euböa, *Dion. a. a. O.* 3. *Vit. p. Westerm.* p. 321, aus der er erst im Jahre 292 zurückkehrte. Als Greis sprach er zum erstenmal vor Gericht gegen einen treulosen Freund Proxenos, der ihn um sein Vermögen betrogen hatte, *Dion. a. a. O.* 3. *Vit. p.* Wann er starb, ist ungewiss. Aus der Zahl seiner Reden, die verschieden (160—60) angegeben wird, *Vit. p., Suid.* s. v., sind drei erhalten, sämtlich im Harpalischen Prozess gehalten: Κατὰ Δημοσθένους, Κατὰ Ἀριστογείτονος, Κατὰ Φιλοκλέους. Über seine Beredsamkeit heisst es *Dion. a. a. O.* 5: οὐδὲν γὰρ οὔτε κοινὸν οὔτ' ἴδιον λέγει οὔτ' ἐν τοῖς ἰδίοις οὔτ' ἐν τοῖς δημοσίοις λόγοις, ἀλλὰ καὶ τοῖς Λυσίου παραλήψοις ἐστὶν ὅπου γίνεται καὶ τοῖς Ὑπερείδου καὶ τοῖς Δημοσθένους λόγοις.

c) Aristoteles, geboren zu Stageira in Chalkidike im Jahre 384, Sohn des Arztes Nikomachos, der auch naturwissenschaftliche Werke geschrieben (*Suid.* s. v. Νικόμαχος), *Apollod.* b. *Diog. L.* V, 9, kam 17 Jahr alt sorgsam erzogen, nachdem er seine Eltern verloren hatte, nach Athen, wo er 20 Jahr lang lebte, *Diog. L. a. a. O. Arist. Vit. a'. Westerm. Vit. min.* p. 408. Dort war er der hervorragendste Schüler Platons, der ihn den νοῦς τῆς διατριβῆς nannte, *Diog. L.* V. 2. II, 109. *Ael. V. H.* III, 19. IV, 9. *Vit. a'. β'.* p. 339. W., und erteilte schon damals Unterricht in der Rhetorik, im Gegensatz gegen Isokrates, *Cic. de or.* III, 35. *Quint.* III, 1, 14. Einmal wirkte er auch als Gesandter für die Athener bei Philipp, *Diog. L.* V, 2. Nach Platons Tode

Olympiaden- jahr.	Jahr v. Chr.	Geschichte.	Kunst und Litteratur.
CXI, 1.	336.	Bewegung durch sein schnelles Erscheinen daselbst und wird auf einer Versammlung zu Korinth in derselben Weise wie sein Vater zum Führer der Griechen gegen die Perser ernannt."	Der *Bildhauer* Lysippos," *Stein- und Stempel-*

Im Innern war er durch die Partei der Kleopatra, der Gemahlin Philipps, die dieselbe nach Verstoſsung der Olympias geheiratet hatte, und ihres Oheims Attalos bedroht, welcher von Philipp im Jahre 336 bereits nach Asien vorausgeschickt worden war, *Diod.* XVI, 91. XVII, 2. Alexandros ließ daher Attalos töten, *Diod.* XVII, 2, 5; außerdem aber wurden auch mehrere Glieder der königlichen Familie (z. T. nur als Opfer des Hasses und der Grausamkeit der Olympias) hingerichtet, *Paus.* VIII, 7, 5. *Iustin.* IX, 7. *Aelian.* V. *H.* XIII, 36. — Alexandros war, als er den Thron bestieg, 20 Jahr alt, *Plut. a. a. O. Arr.* I, 1, 1. Zu seiner Charakteristik s. bes. *Plut.* 8. *Diog. L.* V, 1, 6. *Strab.* p. 69. *Arr.*

begab er sich zu seinem Freunde Hermeias, Tyrann von Atarneus und Assos in Mysien, a. a. O. 7, 9—11, und nach dessen Sturz im Jahre 345 nach Mytilene auf Lesbos, a. a. O. Zwei Jahre darauf ward er von Philipp zur Erziehung des jungen Alexandros berufen und blieb acht Jahre lang in Makedonien, a. a. O. Zu dieser Zeit erwirkte er von Philipp oder Alexandros die Wiederherstellung seiner von Philipp zerstörten Vaterstadt, a. a. O. 4. *Plut. Alex.* 7. Darauf kehrte er nach Athen zurück, wo er dreizehn Jahre lang (335—322) teils öffentlich im Lykeion lehrte, *Diog. L.* V, 5, und teils streng wissenschaftliche Vorträge vor seinen Schülern im engeren Sinne hielt (ἀκροατικά), teils gemeinverständliche vor einem größeren Zuhörerkreis (ἐξωτερικά), *Gell.* XX, 5. Das Verhältnis zu seinem königlichen Zögling erkaltete infolge der Einkerkerung und des Todes des Kallisthenes, eines Neffen von Ar., *Diog. L.* V, 10. *Plut. Alex.* 55. Nach Alexandros' Tode der Gottlosigkeit angeklagt, *Diog. l. a. a. O.*, fand er eine Zuflucht in Chalkis auf Euböa unter Antipatros' Schutz, a. a. O. 5. 9. 14. Dort starb er 322 Jahre vor Demosthenes 63 Jahr alt, a. a. O. 10. *Vit. a'*, vgl. *Dionys. Hal. ad Amm.* I, 5. Von seinen zahlreichen Schriften, die nach den überlieferten Verzeichnissen, *Vit. γ'*, p. 402—404 W. *Diog. L.* V, 22—27, alle Gebiete menschlichen Wissens und Denkens umfaßten und mehrere Wissenschaften, so die Logik, die Naturgeschichte, die Theorie der Dichtkunst u. a., begründet haben, sind viele verloren und die unter seinem Namen überkommenen nicht alle echt. Die bedeutendsten derselben sind folgende. Die Lehre von den Gesetzen des Denkens behandeln: Κατηγορίαι, über die allgemeinsten Gattungsbegriffe, *Περὶ ἑρμηνείας*, über die Rede als Ausdruck des Gedankens, *Ἀναλυτικὰ πρότερα*, von den Schlüssen, *Ἀναλ. ὕστερα*, von dem Beweisbaren Wissen und den Beweisen durch Schlüsse, *Τοπικά*, Gesichtspunkte für die Auffindung von Gründen und Gegengründen, *Περὶ τῶν σοφιστι-*

Ind. XX. (Wißbegierde und griechische Bildung.) *Plut.* 4. (Ruhmbegierde.) *Arr.* VII, 14. *Plut.* 52. (Schwärmerische Freundschaft.) *Arr.* 5, 2 (τοῦ γὰρ χρῆναι — τὸν βασιλέα ἄλλο τι ἢ ἀληθεύειν.) *Plut.* 9. (Seine Tapferkeit schon in seiner frühesten Jugend.) *Dan.* 21. (Mäſsigung und Enthaltsamkeit in der früheren Periode seines Lebens.) *Dan.* 73. 75. (Anhänglichkeit an den Volksglauben.) Sein Lob im Allgemeinen s. *Arr.* VII, 28—30. *Curt.* X, 5. Über seine spätere Entartung s. *Anm.* 18.

3) *Diod.* XVII, 3—4. *Arr.* I, 1, 1—3. In Athen verkündigte Demosthenes zuerst dem Volke die Nachricht von Philipps Tode, *Aesch. adv. Ctes.* p. 64. §. 77. *Plut.*

τῶν ἐλέγχων, über die Trugschlüsse. Diese sind zusammengefaßt unter dem Titel *Ὄργανον*. Von den Dingen der Welt und dem Wesen der Dinge handeln: *Τὰ μετὰ τὰ φυσικά*, über den allgemeinen Urgrund der Dinge, und unter den naturwissenschaftlichen Schriften über die Beschaffenheit der einzelnen Dinge besonders *Ἀκρόασις φυσική*, allgemeine Naturlehre, *Περὶ γενέσεως καὶ φθορᾶς*, *Μετεωρολογικαί*, *Περὶ ζώων ἱστορίαι*; die Schrift *Περὶ ψυχῆς*, eine der wichtigsten behandelt die Seelenlehre. Mathematischen Inhalts sind *Περὶ ἀτόμων γραμμῶν* und *Μηχανικὰ προβλήματα*. Die Sittenlehre und die Lehre vom Staate umfassen vorzüglich *Ἠθικὰ Νικομάχεια* und *Πολιτικά* (*Πολιτικὴ ἀκρόασις*), die Lehre von den redenden Künsten *Περὶ ποιητικῆς* und *Τέχνη ῥητορική*. Von ihm heißt es, p. 401 W.: *ἐν φιλοσοφίᾳ δ' ὑπερέσχηκε τὰ ἀνθρώπινα μέτρα, μηδὲν ἐλλιπῶς περὶ αὐτὴς πραγματευσάμενος, ἀλλὰ καὶ πολλὰ αὐτῇ προσθεὶς ἐκ τῆς ἑαυτοῦ ἀγχινοίας τὴν ὅλην κατειργάσατο φιλοσοφίαν*. Seine Schule heißt die peripatetische, weil A. im Auf- und Abgehn (*περιπατῶν*) zu lehren pflegte, *Diog. L.* V, 2. *Cic. acad.* I, 4. *Gell.* XX, 5 u. o.; die Leiter derselben waren nach A. Theophrastos, Eudemos und Strato.

d) Lysippos aus Sikyon blühte zur Zeit des Alexandros, *Plin. H. N.* XXXIV, 51. *Paus.* VI, 1, 2, war ursprünglich Metallarbeiter und als Künstler Autodidakt, *Plin. a. a. O.* 61, und schuf 1500 Bildwerke, meist in Bronze, vorfertigt hatten, a. a. O. 37. Die berühmtesten derselben waren: eine eherne Kolossalstatue des Zeus zu Tarent, *Plin.* XXXIV, 40, ein Viergespann mit dem Sonnengott der Rhodier, a. a. O. 63, der Erzkoloß des Herakles zu Tarent, a. a. O. 40. *Strab.* p. 278. *Plut. Fab. Max.* 22, und eine allegorische Figur des Καιρός, *Iac. anal.* II, n. 13. *Callistr. stat.* 6. *Tzetz. Chil.* VIII, 200. X, 322. Zahlreich und hochberühmt waren im Altertum seine Darstellungen des Alexandros, *Plin. a. n. O.* 63, der nur von ihm plastisch dargestellt sein wollte, *Arr.*

Olympiaden-jahr.	Jahr v. Chr.	Geschichte.	Kunst und Litteratur.
CXI, 2.	335.	Die im Aufstand befindlichen thrakischen, päonischen und illyrischen Völker von Alexandros unterworfen.[1] Aufstand der Thebaner, Theben erobert und zerstört.[5]	schneidekunst: Pyrgoteles.[c]

Alex. 11. *Phoc.* 16, und das Volk beschloß, dem Mörder den Ehrenkranz zu verleihen und dem Alexandros die Hegemonie nicht zu gestatten, *Plut. Dem.* 22. *Diod.* XVII, 3. Indes hier wie anderwärts schlug die Ankunft des Alexandros die Bewegung sofort nieder, und es wurden in Korinth dem Alexandros größere Zugeständnisse gemacht, als man sic seinem Vater eingeräumt hatte; nur die Spartaner weigerten sich auch jetzt wieder, die Hegemonie anzuerkennen, s. *Arr.* I, 1, 2: Λακεδαιμονίους ἀποκρίνασθαι, μὴ εἶναι σφίσι πάτριον ἀκολουθεῖν ἄλλοις, ἀλλ' αὐτοὺς ἄλλων ἐξηγεῖσθαι. Es wurde daselbst ein Vortrag aufgerichtet (κοινὴ εἰρήνη καὶ συμμαχία genannt), dessen Bedingungen wir durch die Rede (*Dem.*) *de foed. cum Alex.* kennen lernen, welche zwar nicht von Demosthenes, aber vielleicht von Hypereides herrührt, und jedenfalls gleichzeitig (aus dem Jahr 335) ist. Das Wichtigste darin ist die Errichtung eines κοινὸν συνέδριον in Korinth, in welchem die gemeinschaftlichen Angelegenheiten beraten werden sollen und welches sich während der Herrschaft des Alexandros erhalten hat, s. z. B. *Diod.* XVII, 73. Die Glieder desselben heißen in der angeführten Rede οἱ συνεδρεύοντες καὶ οἱ ἐπὶ τῇ κοινῇ φυλακῇ τεταγμένοι, p. 215, §. 15. Alle griechischen Staaten sollen frei und selbständig sein, p. 213, §. 8, an den bestehenden Vorfassungen soll nichts geändert, ohne Wissen und Willen des Synedrions sollen keine Verbannten wieder zurückgerufen, keine neuen vertriebenen, keine Länderverteilungen vorgenommen, keine Sklaven von Staatswegen freigelassen werden u. s. w., p. 214, §. 10. p. 215, §. 15. p. 216, §. 16: Alles Bestimmungen zu dem Zweck, in den einzelnen Staaten Freiheit und selbständige Bewegung zu unterdrücken und sie von Alexandros, welcher das Synedrion beherrschte, abhängig zu machen.

4) *Arr.* I, 1—6. *Diod.* XVII, 8. *Plut. Alex.* 11. *Strab.* p. 301. Er zog von Amphipolis aus über den Hämos und drang dann bis an den Istros vor und überschritt ihn sogar; von da wandte er sich — nachdem er von den fernsten Völkern, sogar von Kelten, Gesandte empfangen hatte, welche ihm ihre Freundschaftsanerbietungen und Geld darbrachten, *Arr.* I, 4, 6—8. *Strab. a. a. O.* — nach dem Westen gegen Päonier und Illyrier, welci er bis zur Stadt Pelion in der Nähe des Sees Lychnitis gelangte. Diese Züge gewährten ihm außer der Unterwerfung der genannten Völker auch noch den Vorteil, daß er von dort Leichtbewaffnete, welche ihm bei seinen Kriegen große Dienste leisteten, ziehen konnte, von denen namentlich die Agrianer häufig genannt werden. Illyrische Hilfstruppen, s. *Curt.* IV, 13, 31. VI, 6, 35, außer ihnen und den Agrianern noch Odrysen, Triballer, Thraker, Päonier, *Diod.* XVII, 7.

5) *Arr.* I, 7—10. *Diod.* XVII, 8—15. *Plut. Alex.* 11—13. Der Aufstand wurde durch die falsche Nachricht hervorgerufen, daß Alexandros gefallen sei, *Arr.* 7, 2.

Alex. I, 10, 17. *Plut. de virt. Alex.* p. 335 a. *Alex.* 4: καὶ γὰρ ἃ μάλιστα πολλοὶ τῶν διαδύχων ὕστερον καὶ τῶν φίλων ἀπεμιμοῦντο, τήν τ' ἀνάτασιν τοῦ αὐχένος εἰς εὐώνυμον ἡσυχῇ κεκλιμένου καὶ τὴν ὑγρότητα τῶν ὀμμάτων διατετήρηκεν ἀκριβῶς. Er bildete den Alexandros im Gegensatz zu Apelles mit der Lanze, *Plut. Is. et Osir.* 24. p. 360, und von einer solchen Erzstatue heißt es in einem Epigramm, *Anth. Jac.* 11, 13. p. 50: *Λύσιππε, πλάστα Σικυώνιε, θαρσαλέη χείρ | δαῖε τεχνῖτα, πῦρ τοι ὁ χάλκος ὁρῇ, | ὃν κατ' Ἀλεξάνδρου μορφᾶς χέες· οὐκέτι μεμπτοί | Πέρσαι συγγνώμη θοινὶ λέοντι φυγεῖν.* Außerdem fertigte er auch im Auftrag des Alexandros die Porträtstatuen der am Granikos gefallenen makedonischen Ritter, *Plin. a. a. O. Arr. Al. a. a. O. Plut. Al.* 17. Urteile über ihn sind, *Plin. a. a. O.* 65: Statuarias arti plurimum traditur contulisse capillum exprimendo, capita minora faciendo quam antiqui, corpora graciliora siccioraque, per quae proceritas signorum maior videretur, vgl. *Propert.* III, 7, 9: Gloria Lysippi est animosa effingere signa. Nachbildungen von Werken des L. haben wir noch in dem Apoxyomenos des Vatikan und in dem Farnesischen Herakles. — An Lysippos schloß sich eine ganze Künstlerschule zu Sikyon und Argos. Dann aber hört in Griechenland selbst die Kunstentwickelung für längere Zeit auf und setzt sich nur in Kleinasien weiter fort, wo sie in Pergamon und auf Rhodos eine besondere Blüte erreichte. Die pergamenische Kunstschule hatte es sich zur Aufgabe gemacht, die Siege der Könige Attalos I (241—197) und Eumenes II (196—157) über die Gallier durch ihre Werke zu verherrlichen (*Plin.* XXXIV, 84), und schuf also historische Kunstwerke, von denen wir noch zahlreiche Nachbildungen, z. B. in dem sterbenden Fechter und in der Gruppe der Arria und des Pätus zu Rom, beides Scenen aus dem gallischen Kämpfen, besitzen. Im Original sind teilweise erhalten von einem großen Altarbau auf der Akropolis von Pergamon (*Ampel. lib. mem.* c. 8) zwei Reliefbänder in vollendeter Technik; das eine, größere und vollständigere, stellt die Gigantomachie dar, das andere, von welchem geringere Bruchstücke auf uns gekommen sind, u. a. den Mythos von Telephos. Auf Rhodos ist die Richtung auf das Kolossale und das Streben durch die dargestellte Handlung den Beschauer lebhaft zu erregen und zu ergreifen charakteristisch; die hervorragendsten Werke dieser Schule sind die Gruppen des Laokoon und des Farnesischen Stiers.

c) Über die Steinschneidekunst heißt es *Macrob.* VII, 13: Imprimebatur sculptura materiae anuli, sive ex ferro,

Olympiaden-jahr.	Jahr v. Chr.	Geschichte.	Kunst und Litteratur.
CXI, 3.	334.	Aufbruch des Alexandros gegen das Perserreich.⁶ Er besiegt die persischen Satrapen am Granikos und erobert Kleinasien.⁷	Die *Maler* Apelles,ᶠ Protogenes.ᵉ

mad. fragm. p. 180. §. 17. *Iustin.* XI, 2. Außer den Thebanern waren auch die Aeolen, Eleer und Arkader in Aufstand, welche letzteren schon bis an den Isthmos vorgerückt waren; Athen hatte den Krieg beschlossen, zögerte aber noch. Theben wurde nach tapferer Gegenwehr genommen und hauptsächlich auf Betrieb seiner hellenischen Feinde, der Phoker, Orchomenier, Thespier und Plataer, zerstört; nur des Pindaros Haus wurde verschont, s. *Arr.* 1, 9, 10. *Plut. Al.* 11. Die Einwohner wurden, 30 000 an der Zahl, als Sklaven verkauft, 6000 waren bei dem Kampfe gefallen. *Diod.* XVII, 14. *Plut. a. a. O.* Von Athen forderte Alexandros zuerst die Auslieferung seiner Hauptgegner, des Demosthenes, Lykurgos, Hypereides, Polyeuktos, Chares, Charidemos, Ephialtes, Diotimos, Mörokles, ließ sich aber dann durch Gesandte so weit begütigen, daß er sich mit Ausweisung des Charidemos und Ephialtes begnügte, *Arr.* 1, 10, 2—6. *Diod.* XVII, 15. *Plut. Phoc.* 17. *Dem.* 23. *Iustin.* XI, 4. *Dinarch. adv. Dem.* p. 94. §. 32—33. [Der Fall von Theben fand im Oktober statt, wie sich daraus ergiebt, daß die Athener, als die Nachricht davon bei ihnen eintraf, eben die großen Mysterien feierten, *Arr.* 10, 2. *Plut.* 13.]

6) Der Aufbruch geschah ἅμα τῷ ἦρι ἀρχομένῳ, *Arr.* I, 11, 3. Sein Heer bestand nach *Diod.* XVII, 17 (der einzigen Stelle, wo die einzelnen Bestandteile desselben beim Auszug angegeben werden) aus 12 000 Makedonern, 2000 Illundesgenossen, 5000 M. Mietstruppen, 5000 M. von den Odrysen, Triballern und Illyriern, 1000 Agrianern, zusammen 30 000 M. zu Fuß, und 4500 Reitern, nämlich 1500 Makedonern, 1500 Thessalern, 600 Griechen und 900 Thrakern und Paeoniern, womit auch die Totalangabe bei *Arr. a. a. O.* ungefähr übereinstimmt, wo „nicht viel mehr als 30 000 M. zu Fuß und über 5000 Reiter" gezählt werden. Andere Angaben, meist etwas höher, s. *Plut. Al.* 15. *Polyb.* XII, 10. *Iustin.* XI, 6. Die 12 000 Makedoner zu Fuß bildeten zum größeren Teile die Phalanx (aus 6 τάξεις bestehend unter den Führern Perdikkas, Koinos, Kraters, Amyntas, Meleagros, Philippos; die dazu gehörigen wurden πεζέταιροι genannt und standen in der Schlachtordnung 16 Mann hoch, mit dem 14 Ellen langen σάρισσα bewaffnet); die übrigen bildeten das

sive ex auro foret —. Postea luxuriantis aetatis usus signaturas pretiosis gemmis coepit insculpere, vgl. *Plin.* XXXVII, 1—9. Seitdem zu Alexandros Zeit die indischen Edelsteine bekannt geworden waren, beginnt die Blütezeit der Steinschneidekunst. Am häufigsten sind Arbeiten in Amethyst, Hyacinth, Topas, Granat, Jaspis, Onyx, Achat, Karneol, und zwar sind diese geschnittenen Steine entweder vertieft (Intaglio's) oder erhaben (Kameen), jene zu Siegelringen, diese zu Schmucksachen verwandt. Auch das Schneiden der Münzstempel gelangt in dieser Zeit zur Vollendung, wie namentlich

Corps der Hypaspisten (ein leichteres Fußvolk) unter Führung des Nikanor, des Sohnes des Parmenion. Den Oberbefehl über sämtliches makedonisches Fußvolk und zugleich über die 7000 Bundesgenossen und die 5000 M. Mietstruppen führte Parmenion. Die makedonische Reiterei, ἵππος τῶν ἑταίρων, τὸ ἑταιρικόν, ἵππος ἑταιρική, οἱ ἀμφ' αὐτὸν ἱππεῖς, bestand nur aus 8 ἴλαι, worunter die ἴλη βασιλική, auch τὸ ἄγημα genannt, und wurde von Philotas, dem Sohne Parmenions geführt. 8. bes. *Arr.* I, 14, 1—3. II, 8, 1—4. III, 11, 8 bis 12, 5. *Diod.* XVII, 57. Vgl. S. 119. Anm. 232. Außer dem Landheer begleitete den König auch eine Flotte von 160 Schiffen, s. bes. *Arr.* I, 11, 6. 18, 4, worunter 20 athenische, *Diod.* XVII, 22. Zum Schutz von Makedonien ließ er Antipatros mit 12 000 Mann zu Fuß und 1500 Reitern zurück, *Diod. a. a. O.* — Der König der Perser, gegen welchen er den Krieg begann, war jetzt Dareios Kodomannos; dieser hatte Bagoas im Jahre 336 nach Ermordung des Arses auf den Thron gehoben, derselbe, welcher auch im Jahre 338 den Artaxerxes Ochos ermordet und Arses zum König gemacht hatte. Der Natur der obwaltenden Verhältnisse gemäß suchte der König der Perser seine Streitkräfte durch griechische Mietstruppen zu verstärken und Verbindungen mit den griechischen Städten anzuknüpfen, so wie wiederum alles, was in Griechenland unzufrieden war, sich zum Perserkönig hinneigte; daher bildeten in allen folgenden großen Schlachten griechische Mietstruppen den tüchtigsten Teil des persischen Heeres, daher mehrere Geldsendungen des Königs nach Griechenland, *Diod.* XVII, 4. *Arr.* II, 14, 6. *Dinarch. adv. Dem.* p. 91. §. 10. p. 92. §. 18. *Aesch. adv. Ctes.* p. 98. §. 239. p. 90. §. 259, daher Gesandtschaften der Griechen nach Persien, *Arr.* II, 15, 2, und fortwährende Besorgnisse des Alexandros wegen des Abfalls der Griechen, *Arr.* I, 18, 8. II, 17, 2, obwohl Alexandros nichts unterließ, um die Griechen für sich zu gewinnen, und namentlich seinen Zug immer als zugleich im Namen und im Interesse Griechenlands unternommen darstellte, s. bes. *Arr.* I, 16, 6. 7. II, 14, 4. III, 6, 2. *Plut. Al.* 16.

7) *Arr.* I, 11—29. *Diod.* XVII, 17—28. *Plut. Al.* 15—18. *Iustin.* XI, 6. Alexandros geht, während sein

Münzen der unteritalischen und sicilischen Städte Tarent, Herakleia, Thurii, Velia, Metapont und die makedonischen aus der Regierungszeit des Alexandros zeigen. Nur aus Münzaufschriften sind die Namen einer Anzahl von Stempelschneidern bekannt. — Pyrgoteles, Zeitgenosse des Alexandros, der berühmteste Steinschneider seiner Zeit, hatte allein die Erlaubnis, das Bild des Königs in Stein zu schneiden, *Plin.* XXXVII, 8 (non dubio clarissimo artis eius).

f) Apelles, geboren zu Kolophon, *Suid.* s. v., oder zu Ephesos, *Strab.* p. 642. *Lucian.*, de calumn. non tem.

Olympiadenjahr.	Jahr v. Chr.	Geschichte.
CXI, 4.	333.	Memnons Unternehmungen zur See und sein Tod.[a]

Heer von Sestos nach Abydos übersetzt, zunächst nach Ilion, wo er der Pallas opfert und seine Waffen gegen die des Achilleus umtauscht, μακαρίσας αὐτόν, ὅτι καὶ ζῶν ἡλίου πιστοῦ καὶ τελευτήσας μεγάλων κήρυκος ἔτυχεν, *Plut.* 15. *Arr.* 12, 1. Er vereinigt sich dann in Arisbe wieder mit seinem Heer und rückt über Perkote, Lampsakos, den Fluss Praktios, Kolonä, Harmotos an den Fluss Granikos vor, an dessen östlichem Ufer er die Feinde gelagert findet. Die Führer der Feinde, *Arr.* 12, 8—10. Gefährlicher Rat des Memnon, keine Schlacht zu wagen, sondern sich auf die Verteidigung zu beschränken, das Land vor Alexandros her zu verwüsten und mit der Flotte im Rücken desselben Landungen in Griechenland und Makedonien zu machen, *Arr.* 12, 9—10. *Diod.* 18. Über die Schlacht am Granikos, s. *Arr.* 13—16. *Diod.* 18—21. Die Zahl der Feinde betrug nach *Arr.* 14, 4 gegen 20 000 Reiter und beinahe 20 000 Mann griechischen Fussvolks (nach *Diod.* 19 über 10 000 Reiter, 100 000 Mann Fussvolk, nach *Iustin. a. a. O.* 600 000 Mann). Über den Charakter der Schlacht s. *Arr.* 15, 4: ἦν μὲν ἀπὸ τῶν ἵππων ἡ μάχη, πεζομαχίᾳ δὲ μᾶλλον τι ἐῴκει· ξυνεχόμενοι γὰρ ἵπποι τε ἵπποις καὶ ἄνδρες ἀνδράσιν ἠγωνίζοντο. — Über die von Kleitos abgewandte Lebensgefahr des Alexandros selbst s. *Arr.* 15, 8. *Plut.* 16. Das Fussvolk der Perser hatte an der Schlacht gar keinen Teil genommen und wurde erst nach derselben angegriffen und fast gänzlich niedergemacht, *Arr.* 16, 3. *Plut.* 16. Die Zahl der Gefallenen betrug auf der Seite der Makedoner nach *Arr.* 16, 4 nur etwa 100 Mann im ganzen, nach Aristobulos bei *Plut.* 16 sogar nur 34. Nach der Schlacht, welche nach *Plut. Cam.*

19 im Monat Thargelion (Mai) geschlagen wurde, nahm Alexandros nacheinander Sardes, *Arr.* 17, 3—8, Ephesos, *das.* §. 9—12, dann Magnesia, Tralles u. s. ionische und äolische Städte, *das.* 18, 1—2, hierauf Milet, *das.* 18, 3 bis 19, 11. Bei der Belagerung von Milet hatte die Flotte noch mitgewirkt; nach der Eroberung löste er sie auf, *das.* 20, 1: χρημάτων τε ἐν τῷ τότε ἀπορίᾳ καὶ ἅμα οὐκ ἀξιόμαχον ὁρῶν τὸ αὑτοῦ ναυτικὸν τῷ Περσικῷ, οὔκουν ἐθέλων οὐδὲ μέρει τινὶ τῆς στρατιᾶς κινδυνεύειν ἄλλως τε ἐπενόει, κατέχων ἤδη τῷ πεζῷ τὴν Ἀσίαν, ὅτι οὔτε ναυτικοῦ ἔτι δέοιτο, τάς τε παραλίους πόλεις λαβὼν καταλύσει τὸ Περσικὸν ναυτικόν, οὔτε ὁπόθεν τὰς ὑπηρεσίας συμπληρώσουσιν οὔτε ὅπῃ τῆς Ἀσίας προσέξουσιν ἔχοντας. Von besonderer Schwierigkeit war noch die Belagerung von Halikarnass, die erst nach Überwindung grosser Schwierigkeiten zum Ziel führte, *Arr.* 20, 2 bis 23, 8. Nachdem endlich auch diese Stadt genommen (die Burg behauptete sich zunächst noch), liess er Parmenion (es war jetzt schon Winter, *Arr.* 24, 1. 5) über Sardes nach Phrygien ziehen, *das.* 24, 3, während er selbst durch Lykien und Pamphylien noch die Küste verfolgte und sich dann durch einen Marsch in nördlicher Richtung über Kelänä in Gordion mit ihm vereinigte, *das.* 24—29. In den hellenischen Städten, die sich ihm unterwarfen, stellte er überall die Demokratie her, *das.* 17, 10. 18, 2; im übrigen liess er, wenn es anging, überall nicht nur die bisherigen Gesetze und Einrichtungen und Abgaben, sondern auch die Ikerrscher, welche er vorfand, bestehen, z. B. *das.* 17, 24. 23, 7.

8) *Arr.* II, 1—2. *Diod.* XVII, 29. Memnon (vgl. ror. *Anm., διαδεξάμενος ἐπὶ συνέσει στρατηγικῇ*, *Diod.* XVII, 18)

ervd. 2, oder aus Kos, *Plin.* XXXV, 79. *Ovid. ars am.* III, 401. *Pont.* IV, 1, 29, zuerst Schüler des Ephoros zu Ephesos, dann des Pamphilos zu Amphipolis, *Plin. a. a. O.* 76. *Plut. Arat.* 13, lebte darauf in Makedonien, wo er ein Freund des Alexandros wurde, der oft seine Werkstätte besuchte und sich nur von ihm malen liess. Auf seinen Reisen kam er nach Rhodos, wo er den Protogenes edelmütig unterstützte, *Plin. a. a. O.* 81. 88, malte auch zu Athen, *Athen.* III, p. 590 e, Korinth, a. a. O. 589 d, Smyrna, *Paus.* IX, 35, 2, Samos, *Plin. a. a. O.* 93, ebenso wie in Alexandreia, wo er indem vom Neid der Kunstgenossen angefeindet wurde, *Plin. a. a. O.* 80. Die berühmtesten seiner Bilder (die es weder auf eine figurenreiche Komposition noch auf bewegte Handlung abgesehen hatten) waren Aphrodito Anadyomene, die aus dem Meere aufsteigende Göttin, für den Asklepiostempel zu Kos, *Plin. a. a. O.* 91. *Strab.* p. 657, die Diabole, ein allegorisches Bild der Verleumdung, *Lucian. a. a. O.* 5, und unter den zahlreichen Bildern des Philipp und Alexandros, *Plin. a. a. O.* 39, besonders Alexandros mit dem Blitz in der Hand (κεραυνοφόρος) für den Tempel der ephesischen

Artemis, a. a. O. 92. *Cic. Verr.* IV, 60, von dem der König selbst sagte, *Plut. de virt. Alex.* p. 335 a: ὅτι δυοῖν Ἀλεξάνδρων ὁ μὲν Φιλίππου γέγονεν ἀνίκητος, ὁ δὲ Ἀπελλοῦ ἀμίμητος; berühmt war auch sein Bild eines Pferdes, so naturgetreu, dass ein lebendiges Pferd ihm zuwieherte, *Plin. a. a. O.* 95. Von ihm heisst es, *Plin. a. a. O.* 60: Picturae plura solus prope quam ceteri omnes contulit. — Praecipua eius in arte venustas fuit, cum eadem aetate maximi pictores essent, quorum opera cum admiraretur, omnibus conlaudatis deesse illam suam Venerem dicebat, quam Graeci Charita vocant. Aus zahlreichen Anekdoten und Charakterzügen bei den angeführten Schriftstellern erhellt neben dem Genie das liebenswürdige, witzige und hochherzige Wesen des Künstlers. Ein Nebenbuhler des A., jedoch ihm weder an Genie noch in technischer Ausbildung gleich, war Antiphilos, dessen berühmtestes Werk ein Feuer anblasender Knabe war, *Plin.* XXXV, 138. 113. Quintilian, XII, 10, rühmt an ihm besonders die facilitas.

g) Protogenes, entweder aus Kaunos, *Plin.* XXXV, 101. *Paus.* I, 3. 4. *Plut. Demetr.* 22, oder aus Xanthos in

Olympiaden-jahr.	Jahr. v. Chr.	Geschichte.
CXII, 1.	332.	Alexandros setzt seinen Zug fort und schlägt den Perserkönig Dareios bei Issos.[9] Eroberung von Syrien, Phönikien, Palästina und Ägypten.[10] Gründung von Alexandreia.[11]

war von Dareios zum Oberbefehlshaber über die ganze Flotte ernannt worden; er nahm Chios und Lesbos mit Ausnahme von Mytilene, welches letzterem er belagerte, und knüpfte Verbindungen mit Griechenland, insbesondere mit den Spartanern an, so daß Alexandros durch ihn in Griechenland und in Makedonien selbst bedroht war: als er starb und damit der ganzen Unternehmung der Nerv durchschnitten wurde: εἴπερ τι ἄλλο καὶ τοῦτο ἐν τῷ τότε ἐβλαψε τὰ βασιλέως πράγματα, Arrian. 1, 3. Hierauf wurde zwar von Autophradates und Pharnabazos noch Mytilene genommen, Arr. 1, 3—5, desgleichen Tenedos und mehrere andere Inseln des Archipels, das. 2, 1—2. 13, 4—6; allein im folgenden Jahre wurde alles von Hegelochos zurückerobert und damit diesem Teile des Krieges ein Ende gemacht, Arr. III, 2, 3—7. Curt. IV, 5, 14—22.
9) Arrian. II, 3—12. Diod. XVII, 30—39. Plut. Al. 18—21. Curt. III. Polyb. XII, 17—22. (Die beiden ersten Bücher des Curtius sind verloren gegangen.) Vor seinem Aufbruch von Gordion die Lösung des gordischen Knotens, Arr. 3. Plut. 18. Curt. III, 1. (Durch die Art der Lösung wird nach Plut. a. a. O. zugleich das Zerfallen des Reichs des Alexandros nach seinem Tode angedeutet, „πολλὰς ὡς αὐτοῦ κοπέντος ἀρχὰς φανήσει.") Sein Marsch geht durch Paphlagonien, Kappadokien, Kilikien (wo er zu Tarsos gefährlich erkrankt und durch den Akarnaner Philippos gerettet wird, Arr. 4, 7—11. Diod. 31. Plut. 19. Curt. 5 bis 6); im Begriff, den Amanos zu überschreiten und den jenseits desselben gelagerten Dareios anzugreifen, hört er, daß Dareios durch einen nördlicher gelegenen Paß über den Amanos in den Engpaß zwischen dem amanischen und syrischen Thore und ihm in den Rücken gekommen ist (Arr. 6, 8: καί τι καὶ δαιμόνιον τυχὸν ἦγεν αὐτὸν εἰς ἐκεῖνον τὸν χῶρον, οὐ μήτε ἐκ τῆς ἵππου πολλὴ ὠφέλεια αὐτῷ ἐγένετο οὐτε ἀπὸ τοῦ πλήθους αὐτοῦ τῶν τε ἀνδρῶν καὶ τῶν ἀκοντίων τε καὶ τοξευμάτων—, das. 7, 1: ὑπηγάγετον δὴ τὸ ὄρος Ἀμυνικὰς καλουμένας ὡς ἐπὶ Ἰσσὸν πρόσω); er wendet also um und liefert ihm die Schlacht etwas südlich von Issos am Flusse Pinaros. Das Heer des Dareios zählte 600 000 μάχιμοι, Arr. 8, 8. Plut. 18, (500 000, Diod. 31); der Verlust in der Schlacht belief sich auf persischer Seite auf 100 000 Todte, Arr. 11, 8; auf der Seite des Alexandros sollen nur 300 Mann von dem Fußvolk und 150 Reiter gefallen sein, Diod. 36. Unter den Gefangenen waren auch die Mutter, die Gemahlin und zwei Töchter des Dareios, Arr. 11, 9, die sich von Alexandros der edelmütigsten Behandlung zu erfreuen hatten, das. 12, 3—8. Die Zeit der Schlacht war der Monat Maimakterion (November), das. 11, 11. Nach der Schlacht wurden in Damaskos von Parmenion die reichen Schätze des Dareios erbeutet, ebend. Curt. 13. Athen. XIII. p. 607 f. Friedensanträge des Dareios kurz nach der Schlacht, Arr. 14, und während der Belagerung von Tyros, in welchen letzteren er dem Alexandros die Abtretung aller Länder diesseit des Euphrat anbot, das. 25. Vgl. Curt. IV, 1, 7—14. 5, 1—8. Diod. 39. 54.

10) Arr. II, 13—III, 5. Diodor. XVII, 40—51. Plut. Al. 24—28. Curt. IV, 1—8. Auf dem Zuge nach Ägypten (die Gründe, warum er, statt den Dareios zu verfolgen, zunächst diesen Marsch antrat, v. Arr. II, 17, 1—4) unterwarf sich ihm alles freiwillig, mit Ausnahme der Städte Tyros und Gaza. Ersteres, auf einer Insel gelegen, durch einen Kanal von 4 Stadien Breite (Curt. 2, 7) und einer Tiefe bis zu 3 Klaftern (Arr. 18, 3) vom Festlande getrennt, mit 150 Fuß hohen Mauern (Arr. 21, 4), wurde erst nach einer siebenmonatlichen Belagerung (Diod. 46. Plut. 24. Curt. 4, 19) vermittelst eines vom Festlande nach der Insel geführten Dammes und mit Hilfe einer durch die übrigen Phönikier, durch Kyprier, Rhodier u. a. zusammengebrachten Flotte genommen, Arr. 24. Diod. 40—47. Curt. 2—4. Plut. 24—25, im Monat Hekatombaion (Juli), Arr. 24, 6. Einen nicht minder hartnäckigen Widerstand leistete Gaza, welches nach zweimonatlicher Belagerung genommen wurde, Arr. 26 bis 27. Diod. 48. Curt. 6. Plut. 26. Ägypten ergiebt

Lykien, Suid. s. v., lobte zu Rhodos lange in Dunkelheit und Armut, soll sogar bis zum 50. Lebensjahre Schiffe bemalt haben, und arbeitete sich erst durch mühseligen und ausdauernden Fleiß empor, Plin. a. a. O., unterstützt vom Apelles, vgl. vor. Anm. Sein berühmtestes Gemälde war das Bild des Ialysos, Heros von Rhodos, mit dem noch berühmteren Hunde, dem der Schaum aus der Schnauze quoll, s. a. O. 102, ebenso der ruhende Satyr mit der Doppelflöte in der Hand, in Rhodos gemalt, während Demetrios Poliorketes die Stadt erstürmte, Strab. p. 652. Plin. a. a. O. 105. Durch die sorgsamste Naturbetrachtung erreichte er die äußerste Naturwahrheit. Von ihm heißt es a. a. O.: Impetus animi et quaedam artis libido in haec potius quam tulero. Petron. sat. 84: Protogenis rudimenta cum ipsius naturae veritate non sine quodam horrore tractavi.

Olympiaden-jahr.	Jahr v. Chr.	Geschichte.
CXII, 2.	331.	Er dringt in das Innere des Perserreichs ein und schlägt den Dareios nochmals bei Gaugamela.¹² Dareios flieht nach Medien;¹³ Alexandros in Babylon, Susa und Persepolis.¹⁴
		Die Spartaner unter König Agis¹⁵ in Verbindung mit den Eleern, Achäern und den Arkadern (mit Ausnahme von Megalopolis) im Aufstand gegen Makedonien.¹⁶
CXII, 3.	330.	Die Spartaner und ihre Verbündeten von Antipatros geschlagen.¹⁷

sich ohne Widerstand, s. Diod. 49: οἱ Ἀιγύπτιοι τῶν Περσῶν ἡσμηκότων εἰς τὰ ἱερὰ καὶ μιαίως ἀρχόντων ἀσμένως προσεδέχοντο τοὺς Μακεδόνας. Über seinen Aufenthalt daselbst s. Arrian. III, 1—5. Diodor. 49—52. Curt. 6—8. Plut. 20—27, über seinen Zug zu dem Orakel des Jupiter Ammon s. Arrian. 3—4. Diodor. 49—51. Curt. 7—8. Plut. 27. Nach Diodor, Curtius und Plutarch läßt er sich seitdem als Gott anreden.

11) Arrian. III, 1, 5—2, 2. Diodor. XVII, 52. Curt. IV, 8. Plut. Al. 27. Über die Lage und Bedeutung der Stadt s. Diodor. a. a. O.: ἀνὰ μέσον οὖσα τῆς τε λίμνης (des Sees Marcotis) καὶ τῆς θαλάττης δύο μόνον ἀπὸ τῆς γῆς ἔχει προσβάσεις στενὰς καὶ παντελῶς εὐφυλάκτους· τὸν δὲ τύπον ἀποτελοῦσα χλαμύδι παραπλήσιον ἔχει πλατεῖαν μέσην ἀχεδὸν τὴν πόλιν τέμνουσαν καὶ κάλλει θαυμαστήν. — καθόλου δὲ ἡ πόλις τοσαύτην ἐπίδοσιν ἔλαβεν ἐν τοῖς ὕστερον χρόνοις, ὥστε παρὰ πολλοῖς αὐτὴν πρώτην ἀριθμεῖσθαι τῶν κατὰ τὴν οἰκουμένην.

12) Arrian. III, 6—15. Diodor. XVII, 52—61. Curt. IV, 8—16. Plut. Al. 29—33. Der Aufbruch aus Ägypten geschah mit Beginn des Frühlings, Arrian. 6, 1; der Zug ging von da zunächst wieder auf den früheren Wege bis nach Tyrus, von da wandte er sich östlich nach dem Euphrat, den er im Monat Hekatombäon (Juli, Arrian. 7, 1) bei Thapsakos überschritt; hierauf schlägt er zunächst die Richtung nach Norden ein, marschiert dann durch das nördliche Mesopotamien, überschreitet (ohne Behinderung durch den Feind, aber mit nicht geringer Schwierigkeit) den Tigris und gelangt durch einen weiteren viertägigen Marsch längs dem linken Ufer des Tigris (Arrian. 7, 7) in die Nähe des Feindes, der sich bei Gaugamela, 600 Stadien westlich von Arbela (Arrian. 8, 7) und ungefähr ebensoweit südöstlich von Ninive entfernt, gelagert hatte. [Nach dem Übergange des Alexandros über den Tigris fand eine Mondfinsternis statt, Arrian. 7, 6, welche auf den 20. oder 13. September fällt, und in demselben Monat wurde auch die Schlacht geliefert, ebendaselbst und 15, 7, im Monat Pyanepsion, ebend.; nach Plutarch. Cam. 19 aber fand die Schlacht am 26. Boedromion statt, vgl. auch Alex. 31, wo die Mondfinsternis zu Anfang der großen Mysterien und die Schlacht 11 Tage nachher (also am 1. Oktober) gesetzt wird.] Das Heer des Dareios war 1000000 Mann zu Fuß und 40000 Reiter stark, Arrian. 8, 6, vgl. Diodor. 53. Plutarch. 31. Curt. 9, 3, seine Zusammensetzung Arrian. 8,

3—6. 11, 9—7; Alexandros hatte jetzt (infolge wiederholter Zuzüge) 40000 Mann zu Fuß und 7000 Reiter, das. 12, 5. Nach das. 15, 6 fielen in der Schlacht von den Persern 300000 Mann, eine noch größere Zahl wurde gefangen; von den Makedonern sollen nicht mehr als 100 gefallen sein, das. Nach Diodor (61) betrug die Zahl der gefallenen Perser 90000, die der Makedoner 500.

13) Arrian. III, 16, 1—2. Diodor. XVII, 64. Curt. V, 1. Plut. Alex. 38. Er richtete seine Flucht nach Medien und verweilte zunächst in Ekbatana, ἐπειδὰν τῷ διαστήματι τῶν τόπων ἀσφαλῆ ἀναστροφὴν καὶ χρόνον ἱκανὸν εἰς παρασκευὴν δυνάμεως, Diodor.

14) Arrian. III, 16—18. Diodor. XVII, 64—72. Curt. V, 1—7. Plut. Al. 34—42. In Babylon hielt er sich 30 Tage auf, Diodor. 64, in Persepolis 4 Monate, βουλόμενος τοὺς στρατιώτας ἀναλαμβάνειν (καὶ γὰρ ἦν χειμῶνος ὥρα), Plut. 37. Die Verbrennung der königlichen Burg in Persepolis, Arrian. 18, 11—12 vgl. Diodor. 72. Curt. 7. Plut. 38.

15) Agis III war seinem Vater Archidamos III (s. Seite 119 Anm. 231) im Jahre 338 gefolgt, nachdem der letztere in Italien in den Kriege, den er als Bundesgenosse der Tarentiner gegen die Messapier führte, gefallen war, Diodor. XVI, 63. 88. Plut. Ag. 3. Cam. 19.

16) Agis hatte sich schon im Jahre 333 mit Autophradates und Pharnabazos (s. Anm. 8) in Verbindung gesetzt und von diesen 30 Talente und 10 Trieren erhalten, womit er den Krieg in Kreta begonnen hatte, um sich dieser Insel gegen Alexandros zu bemächtigen, s. Arrian. II, 13, 4. 6. Diodor. XVII, 48. Im Jahre 331 war darauf der Peloponnes selbst im Aufstand, wie daraus hervorgeht, daß Alexandros in diesem Jahre Amphoteros mit einer bedeutenden Flotte nach dem Peloponnes abschickt (τὰ ἐν Πελοποννήσῳ ὅτι αὐτῷ νεωτερίσθαι ἀπήγγελτο), um denjenigen Staaten zu helfen, welche auf seiner Seite standen, Arrian. III, 6, 3. Diodor. XVII, 62. Im darauf folgenden Winter schickte er für diesen Krieg 3000 Talente von Susa aus an Antipatros, Arrian. III, 19, 10.

17) Diodor. XVII, 62—63. 73. Div. adv. Demosth. p. 94. §. 34. Aeschin. adv. Ctesiph. p. 72. §. 133. p. 74. §. 165. Curt. VI, 1. Die Verbündeten belagerten Megalopolis und waren nahe daran, es zu nehmen (Aeschin. a. a. O. §. 165), als Antipatros mit 40000 Mann (Diodor. 63; die Griechen hatten 20000 Mann zu Fuß und 2000 Reiter, das. 62) her-

Olympiaden-jahr.	Jahr v. Chr.	Geschichte.
CXII, 3.	330.	Alexandros verfolgt den Dareios durch Medien und Parthien, und nachdem derselbe von Bessos ermordet worden,[18] setzt er, Bessos verfolgend, seinen Zug durch Parthien, Areia, Drangiana, Arachosia nach Baktrien fort.[19]
CXII, 4.	329.	Er unterwirft Baktrien und zieht über den Oxos nach Sogdiana.[20] Bessos gefangen genommen.[21] Überschreitung des Iaxartes.[22]

beikam und trotz tapferer Gegenwehr die Griechen völlig schlug. Es fielen 5300 Griechen und 3500 Makedoner in der Schlacht, *Diodor.* 63 vgl. *Curt. a. a. O.* §. 16. — Hace victoria non Spartam modo sociosque cius, sed etiam omnes, qui fortunam belli spectaverant, fregit, *ebendas.* Die Strafe der Eleer und Achäer s. *Curt. a. a. O.* §. 21; die Spartaner wurden wegen Entscheidung ihres Schicksals an Alexandros gewiesen, an den sie sonach Gesandte abschickten, s. *Aeschin. a. a. O.* §. 133. [Die Schlacht ist nicht in das Jahr 331, sondern (mit Diodor) ins Jahr 330 zu setzen; denn als Äschines die Rede gegen Ktesiphon hält, sind die erwähnten spartanischen Gesandten noch nicht abgegangen, s. *das.* §. 133, und Alexandros befindet sich ἴσω τοῦ ἄραντον, diese Rede ist aber erst in der zweiten Hälfte des Jahres 330 gehalten, s. *Plut. Demosth.* 24. *Dionys. Hal.* p. 746. (*Ep. ad Amm.* 12); es ist daher unrichtig, wenn Curtius (a. a. O. §. 21) sie vor die Schlacht bei Gangamela setzt; und wenn Alexandros sagt: ἰοντι, ὁ ἀνδρες, διὰ ἀπρίον ἡμεῖς ἐναχθμεν, ἐπί τις ἐν Ἀρκαδίᾳ γεγονότος μονομαχίᾳ, Plut. Ages. 15, so ist dies nicht so zu verstehen, als wären beide Schlachten vollkommen gleichzeitig gewesen.]

18) *Arrian.* III, 19—22. *Curt.* V, 8—13. *Plut. Al.* 42—43. *Diodor.* XVII, 73. Dareios flieht, als er von der Annäherung des Alexandros hört, aus Ekbatana mit 3000 Reitern und 6000 Mann zu Fuß (*Arrian.* 19, 5) nach Nordosten, in der Absicht, sich bis nach Baktrien zurückzuziehen und dort aus den Streitkräften dieser Gegenden ein neues Heer zu bilden (*das.* §. 1). Alexandros zieht ihm erst nach Ekbatana, dann — der Schnelligkeit wegen nur mit einem Teile des Heeres — in 11 Tagen (*das.* 20, 2) nach Rhagä am südlichen Abhange des Elburs in der Nähe des kaspischen Thores, hierauf mit immer größerer Schnelligkeit und immer kleineren Truppenabteilungen längs dem Abhange des Elburs durch das nördliche Parthien, bis er (in der Nähe von Hekatompylos, wahrscheinlich in der Gegend des heutigen Damaghan, *Diodor.* XVII, 75. *Curt.* VI, 2, 15) den Dareios von Bessos, Nabarzanes und Barsaentes ermordet findet. Diese hatten nämlich den Dareios erst in Fesseln gelegt, in der Absicht, εἰ μὲν διώκοντα αφθῆ· Ἀλέξανδρον πιθανῶντο, παραδόντες Δαρεῖον Ἀλεξάνδρῳ καὶ σφᾶς τε ἀγαθόν τι εὑρέσασθαι, εἰ δὲ τὸ ἔμπαλιν ἀπαγγελλόμενα μάθοιεν, τούς δὲ στρατιῶν τε ξυλλέγων ὅσον πλείστην δύνανται καὶ διασώζειν ἐς τὸ κοινῶν τὴν ἀρχήν, *Arrian.* 21, 5, und töteten ihn jetzt, als sie von Alexandros überrascht wurden, im Monat Hekatombäon (Juli) *das.* 22, 2. Bessos floh nach Baktrien und setzte sich dort selbst die

Krone auf, *das.* 25, 3. — Von dieser Zeit an, wo sich Alexandros nach dem Tode des Dareios als den Erben des persischen Reichs ansehen konnte, begann er nach der gewöhnlichen Annahme sich zur Schwelgerei hinzuneigen, persische Sitten anzunehmen und göttliche Verehrung zu fordern, s. *Curt.* VI, 2, 6. Vgl. *Arrian.* IV, 7, 3—5. 9, 9. *Diodor.* 77. *Plut.* 45.

19) Zunächst machte er einen Zug in nordwestlicher Richtung nach Hyrkanien (dem heutigen Masenderan), wo er die Marder und Tapuror unterwirft. *Arrian.* III, 23—25, 2. *Curt.* VI, 4—5. *Diodor.* XVII, 75—76. *Plutarch. Alex.* 44. Über den weiteren Marsch s. *Arrian.* III, 25—28. *Diodor.* XVII, 78—83. *Curt.* VI, 6—VII, 4. (Plutarch hat von hier an den Faden der Ereignisse ganz verloren.) Er wollte eigentlich auf geradem Wege nach Baktrien ziehen, wendete sich aber südlich nach Areia (Herat), weil Satibarzanes, den er als Statthalter dieser Provinz eingesetzt, abgefallen war, *Arrian.* 25, 4—6. Satibarzanes flüchtete sich bei der Annäherung des Alexandros, *das.* §. 7; Alexandros aber setzte nun den Marsch in derer Richtung fort nach Drangiana (Sedsclestan), *das.* §. 8. (Hier der Prozefs und die Hinrichtung des Philotas; kurz darauf die Ermordung des Parmenion in Ekbatana, *Arrian.* 26. *Curt.* VII—VII, 2. *Diod.* 79—80. *Plut.* 48—49.) Dann der Zug durch Arachosia, Gedrosia, *Arrian.* 28, 1, durch das Land der Paropamisaden, wo er (einige Meilen nordöstlich von Cabul) ein neues Alexandreia gründete, *das.* §. 4 vgl. IV, 22, 4, und über den Paropamisos (Hindukusch) trotz aller Beschwerden und Mühseligkeiten des Winters, *Arrian.* 28, 1. 9. Bessos flüchtete sich bei seiner Annäherung nach Sogdiana, *das.* §. 9—10.

20) *Arrian.* III, 29, 1—4. *Curt.* VII, 4—5. Baktrien mit seinen Hauptstädten Aornos und Baktra (Balkh) ergiebt sich ihm ohne Widerstand, *Arrian.* §. 1. Der Übergang über den Oxos, welcher 6 Stadien breit war, *das.* 3, geschieht binnen fünf Tagen auf Schläuchen, die von den Zeltdecken des Heeres gemacht werden waren, *das.* §. 4. [Diodor erzählt XVII, 83 den Eintritt des Alexandros in Baktrien und die Gefangennehmung des Bessos, welche bei ihm in Baktrien selbst geschieht; hierauf folgen im nächsten Kapitel Vorgänge, welche in den Winter 327 auf 326 und in den Zug des Alexandros nach Indien gehören; das Dazwischenliegende ist verloren gegangen.]

21) *Arrian.* III, 29, 6—30, 5. *Curt.* VII, 5. Bessos wird von seinen Genossen Spitamenes und Dataphernes verraten und von Ptolomäos Lagi gefangen genommen. Alexandros

Olympiaden-jahr.	Jahr v. Chr.	Geschichte.
CXIII, 1.	328.	Fortsetzung des Kriegs in Sogdiana.[23]
CXIII, 2.	327.	Unterwerfung von Sogdiana.[24] Aufbruch nach Indien und Marsch bis in die Nähe des Indos.[25]
CXIII, 3.	326.	Er setzt über den Indos und dringt in Indien über den Hydaspes, Akesines,

läfst sich ihn als Gefangenen nackt und gefesselt vorführen und ihn geifseln, *Arrian*. 30, 4—5, dann in Baktra verstümmeln und hierauf nach Ekbatana abführen, wo er hingerichtet wurde, *das.* IV, 7, 3. Spitamenes und die übrigen, welche den Bessos ausgeliefert, setzen den Krieg gegen Alexandros aus Furcht vor ihm fort, *das.* IV, 1. 5. Durch sie wird dann der Aufstand über einen grofsen Teil von Sogdiana und selbst nach Baktrien verbreitet, s. *ebendas.*, vgl. *Curt.* VI, 6, 15.

22) Alexandros gründet ein neues Alexandreia am Ufer des Iaxartes (ungefähr in der Gegend des heutigen Kodschend), *Arrian.* IV, 1, 3: ὅ τε γὰρ χῶρος ἐπιτήδειος αὐτῷ ἐφαίνετο αὐξῆσαι τὴν πόλιν ἐπὶ μέγα καὶ ἐν καλῷ οἰκισϑήσεσϑαι τῆς ἐπὶ Σκύϑας, εἴποτε ξυμβαίνοι, ἐλάσεως καὶ τῆς προφυλακῆς τῆς χώρας πρὸς τὰς κακουργίας τῶν πέραν τοῦ ποταμοῦ ἐποικούντων βαρβάρων. Nach Curtius war die Gründung dieser Stadt die Ursache, dafs die Skythen mit Heeresmacht an dem jenseitigen Ufer erschienen, s. VII, 7, 1: *Rex Scytharum, cuius tum ultra Tanaim imperium erat, ratus eam urbem, quam in ripa amnis Macedones condiderant, suis impositam esse cervicibus.* Alexandres aber setzt über den Flufs und schlägt sie mit grofsem Verlust zurück, *Arrian.* IV, 4—5, 1. *Curt.* VII, 7—9. Vor und nach dieser Expedition hat er mit dem hier und dort sich immer wieder regenden Aufstande in Sogdiana zu kämpfen, *Arrian.* IV, 1—3. 5—6. *Curt.* VII, 6—7, 10. Den Winter bringt er in Baktra zu, *Arrian.* IV, 7, 1: *Ταῦτα δὲ διαπραξάμενος ἐς Ζαρίασπα* (so wird Baktra bei Arrian gewöhnlich genannt) *ἀφίκετο καὶ αὐτοῦ κατέμεινεν ἔστι ἀπηλϑεῖν τὸ ἀκμαῖον τοῦ χειμῶνος.*

23) *Arrian.* IV, 16—17. *Curt.* VII, 10—VIII, 3. Die völlige Unterwerfung von Sogdiana war deswegen so schwierig, weil das Land zum gröfseren Teile, mit Ausnahme der fruchtbaren und fest angebauten Gegenden des Iaxartes (in seinem oberen und mittleren Laufe) und des Polytimetos (Kohik), aus Steppen bestand und von Nomaden (bei Arrian Skythen und Massageten genannt) bewohnt war und die Aufständischen in diesem Teile immer eine Zuflucht fanden und neue Kräfte sammelten. Alexandros durchzog das Land jetzt mit 5 Heereshaufen, die sich in der Hauptstadt Marakanda (Samarkand) wieder vereinigten, wo ihnen Alexandros einige Rast gewährte, *Arrian.* 16, 1—3. (Hier in Marakanda war es, wo Alexandros im Rausche seinen Freund Kleitos tötete, *Arrian.* IV, 8—9. *Curt.* VIII, 1—2. *Plut. Alex.* 52—53.) Um das Land zu bezwingen, wurden neue Städte gegründet, *Arrian.* 16, 3. 17, 4. *Curt.* VII, 10, 15. Der gröfste Vorteil für Alexandros in diesem Jahre war aber, dafs Spitamenes von den Massageten (nach Curtius von seiner Frau) getötet wurde, *Arrian.* 17, 4—7. *Curt.* VIII, 3. Seine Winterquartiere nahm er diesmal in Sogdiana selbst zu Nautaka, *Arrian.* 18, 2.

24) *Arrian.* IV, 18—20. *Curt.* (VII, 11.) VIII, 4. Die Hauptunternehmung in diesem Jahre war die Eroberung des für uneinnehmbar gehaltenen Felsens des Oxyartes, dessen Tochter Roxane Alexandros darauf heiratete. Hiermit war die Eroberung von Sogdiana beendet, *Arrian.* 21, 1. Alexandros zog nun zunächst nach Baktra, auf dem Wege dahin die Paraitaken unterworfen, wobei er noch eine zweite ähnliche Burg, die Felsburg des Choriones, eroberte, *Arrian.* 21—22, 2. (Bei diesem Aufenthalt in Baktra wurde der Philosoph Kallisthenes wegen seiner Freimütigkeit auf Befehl des Alexandros hingerichtet, *Arrian.* IV, 10, 14 vgl. 22, 2. *Plut. Alex.* 53—55. *Curt.* VIII, 5—8.)

25) *Arrian.* IV, 22—30. *Curt.* VIII, 9—12. *Diodor.* XVII, 84—85. Alexandros brach zu Ende des Frühlings von Baktra auf, *Arrian.* 22, 3. Seine Pläne *das.* 15, 6: αὐτῷ δὲ *ἐν Ἰνδῶν* ἰχῃ ἐν τῷ τότε μέλιον, τοσούτῳ γὰρ κατεστραμμένος πᾶσαν ἂν ἔχειν τὴν Ἀσίαν ἰχυρίζετο, δὲ τῆς Ἀσίας ἐπιούσης ἐς τὴν Ἑλλάδα, ἐκεῖϑεν δὲ ἐφ' Ἑλλησπόντου τε καὶ τῆς Προποντίδος ξὺν τῇ δυνάμει πάσῃ τῇ τε ναυτικῇ καὶ τῇ πεζικῇ ἐλάσειν εἴσω τοῦ Πόντου. Er zog zunächst über den Paropamisos nach Alexandreia (s. Anm. 19) und von da nach dem Flusse Kophen (Kabul), wo auf dem Marsche der indische Fürst Taxiles zu ihm kam, um sich ihm zu unterwerfen, *Arrian.* 22, 6. Alsdann schickte er Hephästion und Perdikkas mit einem Teile des Heeres voraus, um auf geradem Wege nach dem Indos zu marschieren und den Bau einer Brücke über denselben vorzubereiten, *das.* §. 7. Er selbst zog mit dem anderen Teile des Heeres etwas nördlicher durch die südlichen Vorberge des Paropamisos (Hindukusch), unter fortwährenden Kämpfen mit den Hindernissen der Natur und den kriegerischen Bewohnern dieser Gegenden, wobei er wiederum eine auf einem scheinbar unersteiglichen Berge gelegene Veste, Aornos genannt, eroberte, *das.* 29—30. *Curt.* 11. *Diodor.* 85). [Als Alexandros durch diese gebirgigen Gegenden zog, war es Winter, und erst im Frühjahr stieg er in die Niederungen des Indos herab; dies wird mit Bestimmtheit von Aristobulos bezeugt, s. *Strab.* p. 691: διαπεράντων κατὰ τὴν ὀρεινὴν ἔν τε τῇ Ἀσσακηνῶν γῇ τὸν χειμῶνα, τοῦ δ' ἔαρος ἀρχομένου καταβεβηκότων εἰς τὰ πεδία —.]

Olympiaden-jahr.	J. v. Chr.	Geschichte.
CXIII, 3.	326.	Hydaotes bis an den Hyphasis vor, wo er durch sein unzufriedenes Heer zur Umkehr genötigt wird. Rückmarsch bis zum Hydaspes.[26]
CXIII, 4.	325.	Er zieht teils zu Wasser auf den Flüssen Hydaspes, Akesines und Indos, teils zu Lande längs den Ufern dieser Flüsse bis in die Nähe der Mündung des Indos.[27] Von da marschiert er zu Lande durch das Gebiet der Arabier und Oreiten und durch Gedrosien und Karmanien nach Persis,[28] während Nearchos mit der Flotte den Seeweg nach dem persischen Meerbusen aufsucht.[29]

26) *Arrian.* V, 3 bis zu Ende des Buchs, *Curt.* VIII, 12—IX, 3. *Diodor.* XVIII, 86—95. Die jetzigen Namen der Flüsse sind: Hydaspes = Dschelum, Akesines = Dschenab, Hydraotes = Rawi, Hyphasis = Sutledsch. Der bedeutendste Kampf, den er auf dem Zuge zu bestehen hatte, war der mit Poros, der sich am Übergange über den Hydaspes aufgestellt hatte und den er nach seiner Besiegung aufs edelmütigste behandelt, *Arrian.* 9—19. *Curt.* VIII, 13—14. *Diodor.* 87—89. Am Hydaspes, auf dessen östlichem Ufer, gründet er die Städte Nikäa und Bukephala, *Arrian.* 19, 4. Die weiteren, durch die Weigerung seines Heeres verhinderten Pläne s. *das.* 26, 1: εἰ δέ τις καὶ αὐτὸ πολεμεῖν ποθεῖ ἀκοῦσαι δεινῶς ἐστιν μέρος, μαθέτω ὅτι οὐ πολλή ἔτι ἡμῖν ἡ λοιπή ἐστιν ἔστε ἐπὶ τὸν ποταμὸν τὸν Γάγγην καὶ τὴν ἑῴαν θάλασσαν· ταύτῃ δὲ λέγω ὑμῖν ξυναφὴς φανεῖται ἡ Ὑρκανία θάλασσα· καὶ ἐγὼ ἀποδείξω Μακεδόσι τε καὶ τοῖς ξυμμάχοις τὸν μὲν Ἰνδικὸν κόλπον ξύρρουν ὄντα τῷ Περσικῷ, τὴν δὲ Ὑρκανίαν τῷ Ἰνδικῷ· ἀπὸ δὲ τοῦ Περσικοῦ ἐς Λιβύην περιπλευσθήσεται στόλῳ ἡμετέρῳ τὰ μέχρι Ἡρακλέους στηλῶν· ἀπὸ δὲ στηλῶν ἡ ἐντὸς Λιβύη πᾶσα ἡμετέρα γίγνεται καὶ ἡ Ἀσία δὴ οὕτω πᾶσα, καὶ ὅροι τῆς ταύτῃ ἀρχῆς οὕσπερ καὶ τῆς γῆς ὅρους ὁ θεὸς ἐποίησε. Die Stelle seiner Umkehr bezeichnete er durch 12 turmhohe Altäre, die er daselbst aufrichten ließ, *Arrian.* 29, 1. [Der Übergang über den Hydaspes und der Kampf mit Poros findet in der Zeit nach der Sommersonnenwende statt, s. *Arrian.* 9, 3. 4, und diese Angabe wird durch das schon angeführte wichtige Zeugnis des Aristobulos bei Strabo (p. 691) bestätigt, wonach der Übergang über den Hydaspes und der Marsch bis zum Hyphasis (der hier Hypanis genannt wird) und der Rückmarsch zum Hydaspes in die Zeit der Etesien, der Bau der Schiffe aber und die Vorbereitung zu dem weiteren Zuge daselbst in die Zeit um den Untergang der Plejaden (d. h. nach *Arrian.* VI, 21, 2, um den Anfang des Winters) fällt. Die Angabe Arrians, V, 19, 3, wonach der Übergang über den Hydaspes ἐπ᾽ ἄρχοντος Ἀθήνησιν Ἡγεμόνος μηνὸς Μουνιχιῶνος (d. h. im April 326) stattgefunden haben soll, muß sonach irrtümlich oder unecht sein.]

27) *Arrian. Anab.* VI, 1—20. *Ind.* XVIII—XIX. *Curt.* IX, 3—10. *Diodor.* XII, 95—104. Die Zahl der Schiffe, aus denen die am Hydaspes ausgerüstete Flotte bestand, belief sich auf 1800, teils Trieren, teils Last- und Transportschiffe für die Pferde, *Ind.* XIX, 7. Der Zug geschah unter fortwährenden Kämpfen mit den anwohnenden Völkern, die, soweit sie sich nicht freiwillig ergaben, mit Gewalt unterworfen wurden, unter denen die Maller den hartnäckigsten Widerstand leisteten. Über den Kampf mit den Mallern s. *Arrian.* 6—13, und über die schwere Verwundung, die Alexandros selbst in diesem Kampfe infolge seiner Tollkühnheit erlitt, s. *das.* 10—13. *Curt.* 4—6. *Diodor.* 98—99. *Plut. Al.* 63. Der Zug machte in Pattala Halt, wo der Indos sich in zwei Arme teilt, und Alexandros fuhr selbst diese beiden Arme herab bis zum Meere, um sich von der Örtlichkeit zu unterrichten, *Arrian.* 18—20. *Curt.* 9—10. [Der ganze Zug dauerte nach Aristobulos 10 Monate, s. *Strab.* p. 692, nach *Plut. Alex.* 66 nur 7 Monate; letzteres das Wahrscheinlichere, s. die folg. Anm.]

28) *Arrian.* VI, 20—30. *Curt.* IX, 10—X, 1. *Diodor.* XVII, 104—107. Schon vorher hatte er Krateros mit einem Teile des Heeres vorausgeschickt, um den Weg durch Arachosien und Gedrosien nach Karmanien einzuschlagen, *Arr.* 15, 5. 16, 3. Er selbst legte den oben bezeichneten Weg (durch das heutige Beludschistan) unter außerordentlichen Beschwerden zurück, deren Beschreibung s. *Arrian.* 24—26. In Karmanien traf er wieder mit Krateros zusammen, *das.* 27, 3, und hier suchte ihn auch Nearchos auf, um ihm von dem Fortgang des Seezugs Nachricht zu geben, *das.* 28, 7. *Ind.* XXXIV—XXXVI. [Der Zug des Alexandros begann vor Ablauf der Etesien, d. h. vor dem Monat Oktober, *Arrian.* 21, 1. 3. In 60 Tagen legt er den Marsch bis Pura (Bunpur), der Hauptstadt von Gedrosien, zurück, *das.* 24, 1. Als er durch Karmanien zieht, ist es Winter, *das.* 28, 7.)]

29) *Arrian. Ind.* XXI bis zu Ende. Den Nearchos hatte Alexandros als besonderem Vertrauen mit der Leitung dieser überaus gefahr- und mühevollen Fahrt auserwählt, *das.* XX. Er wartete in Pattala bis zum Aufhören der aus Südwest wehenden Etesien (der sogenannten Monsunen) und segelte am 20. Boedromion (Anfang Oktober) ab, *das.* XXI, 1. *Anabas.* VI, 21, 1. Sein Zusammentreffen mit Alexandros in Susa (im nächsten Frühjahr) s. *Ind.* XLII. *Anabas.* VII, 5, 6.

144   Fünfte Periode. 330—146 v. Chr.

Olympiaden-jahr.	Jahr v. Chr.	Geschichte.	Kunst und Litteratur.
CXIV, 1.	324.	Sein Aufenthalt in Susa, Opis und Ekbatana.[30] Seine Versuche, die Perser und die Makedoner miteinander zu verschmelzen.[31]	
CXIV, 2.	323.	Sein Befehl an die griechischen Städte, ihre Verbannten wieder aufzunehmen.[32] Seine Pläne zu weiteren Eroberungszügen.[33]	*Neuere Komödie:* Philemon,[h] Menandros,[i] Diphilos.[k]

30) *Arrian.* VII, 4—15; 3. *Diodor.* XVII, 107—111. (Bei Curtius findet sich bis zu Ende des Abschnittes aufser einigen kleineren Bruchstücken hauptsächlich nur noch der gröfsere Teil seiner Erzählung von dem Aufstand der Makedoner und ein Stück über den Tod des Alexandros; das übrige ist verloren gegangen.) In Susa die Verheiratung des Alexandros mit einer Tochter des Dareios und vieler angesehener Makedoner mit Perserinnen, *Arrian.* 4, 4—6. *Plut. Alex.* 80. Von da fuhr er den Pasitigris oder Euläos herab in den persischen Meerbusen und von da den Tigris herauf nach Opis, *Arrian.* 7. Hier der Aufstand seines makedonischen Heeres, zunächst dadurch veranlafst, dafs Alexandros aus 30000 Persern eine neue Phalanx bildete und viele Perser in die makedonische Reiterei aufnahm und selbst mit Befehlshaberstellen bekleidete, *das.* 6, 8—12. *Curt.* X, 2—4. *Diod.* 108. 109. *Plut. Al.* 71. Der Aufstand wurde beschwichtigt, worauf 10000 Makedoner unter Führung des Krateros und Polysperchon nach ihrer Heimat entlassen wurden, *Arrian.* 12, 1—4. Hierauf sein Zug nach Ekbatana (dessen Erwähnung bei Arrian durch eine Lücke am Ende von Kap. 12 verloren gegangen), *Diod.* 111, wo Hephästion stirbt. *Arrian.* 14. *Diodor.* 110. *Plut.* 72. Im Winter (*Arrian.* 15, 3) macht er dann noch einen Feldzug gegen das Gebirgsvolk der Kossäer, *Arr.* 15, 1—3. *Diod.* 111.

31) Zu diesem Zwecke dienten besonders die in der vorigen *Anm.* erwähnten Mafsregeln, dafs er sich selbst und viele angesehene Makedoner mit Perserinnen verheiratete, und dafs er zahlreiche Perser in sein Heer aufnahm. Über diese Mischung des Heeres vgl. noch *Arr.* VII, 23, 3—4.

32) *Diodor.* XVII, 109. XVIII, 8. *Curt.* X, 2, 4. Der Zweck des Alexandros bei dieser Mafsregel s. *Diodor.* XVIII, 8: ὅπη μὲν δόξης ἕνεκεν, ἅμα δὲ βουλόμενος ἔχειν ἐν ἑκάστῃ πόλει πολλοὺς ἰδίους ταῖς εὐνοίαις πρὸς τοὺς νεωτερισμοὺς καὶ τὰς ἀποστάσεις τῶν Ἑλλήνων. Die Zahl der Zurückzurufenden wird zu 20000 angegeben, *ebend.*, und die Wirkung der Mafsregel mufste jedenfalls sein, dafs überall in den Städten Parteikampf und Zwietracht ausbrach, *ebend.* Vgl. *Anm.* 36.

33) Sein nächster Plan war, die arabische Halbinsel zu umschiffen, s. *Arrian.* VII, 19, 6. Er sammelte daher in

h) Die neuere Komödie, deren Blüte in die Zeit Alexanders und der Diadochen fällt, ist eine Fortbildung der mittleren, insofern sie die persönliche Satire und die Parodie noch mehr zurücktreten läfst und zum bürgerlichen Lustspiel und Charakterstück wird, *Euanth. de comoed.:* Nova comoedia, quae argumento communi magis ut generaliter ad omnes homines, qui mediocribus fortunis agunt, pertineret et minus amaritudinis spectatoribus et eadem opera multum delectationis afferret, concinna argumento, consuetudine congrua, utilis sententiis, grata salibus, apta metro. *Cicero* b. *Donat. Rep.* IV, 11: Comoediam esse imitationem vitae, speculum consuetudinis, imaginem veritatis. Vollständig erhalten ist kein Stück der neueren Komödie, doch können wir aus den Nachbildungen des Plautus und Terentius uns ein deutliches Bild derselben entwerfen. Philemon, entweder aus Soli, *Strab.* p. 671, oder wahrscheinlicher aus Syrakus, *Περὶ κωμ.* III, 15. *Beryk. Prol. Arist. Suid. s. v.*, erhielt zu Athen das Bürgerrecht und trat um 330—328 als dramatischer Dichter auf, und zwar zuerst mit dem Stück Ὑποβολιμαῖος, *Clem. Alex. Strom.* VI, p. 267, mit dem er die Bahn der neuen Komödie betrat. Er war der Nebenbuhler des etwas jüngeren Menandros, über den er meist den Sieg davontrug, *Vit. Aristoph.* 10. *Gell.*

XVII, 4, ging eine Zeitlang auf Reisen, *Alciphr. Ep.* II, 3. *Plut. de ira coh.* p. 458 a. *de virt. mor.* p. 449 c, und kehrte nach Athen zurück, wo er im Jahre 262 mindestens 96 Jahr alt starb, *Suid. s. v. Diod.* XXIII, 7. *Lucian. Macrob.* 25. Von den 97 ihm zugeschriebenen Dramen, *Περὶ κωμ. a. a. O. Suid. s. v.*, kennen wir Titel und kurze Bruchstücke von 56 Stücken, die bedeutendsten aus den Komödien: *Ἀδελφοί, Τρίμος, Σάρδιος, Σικελικός, Στρατιώτης*, vgl. *Mein. fr. Com. Gr.* II, 821—867, *ed. min.* Von ihm wird gesagt, *Apul. Flor.* 16: Reperias apud ipsum multos sales, argumenta lepide inflexa, agnatos lucide explicatos, personas rebus competentes, sententias vitae congruentes, iocos non infra soccum, seria non usque ad cothurnum.

i) Menandros aus Athen, geboren 342, *Strab.* p. 526, Sohn des Feldherrn Diopeithes S. 129 *Anm.* 262), erzogen von seinem Oheim, dem Komiker Alexis, *Suid.* a. 1. 16. *Suid. s. v. Ἀλέξις*, führte ein glänzendes dem Genufs ergebenes Leben, *Suid. s. v.* (περὶ γυναῖκας ἐρωτικώτατος), und stand mit den bedeutendsten Männern in Verbindung, wie mit Epikuros, *Strab. a. a. O.*, Theophrastos, *Alciphr.* II, 2, Demetrios von Phaleron, *Phaedr.* VI, 1. *Diog. L.* V, 79, u. a. Noch nicht 20 Jahr alt trat er mit seinem ersten Stücke,

Der völlige Untergang der griechischen Freiheit.

Olympiaden- jahr.	Jahr v. Chr.	Geschichte.	Kunst und Litteratur.
CXIV, 2.	323.	Sein Tod in Babylon.[34]	

Babylon, wohin er sich trotz der Warnungen der Chaldäer begeben hatte, *das.* 16, 5, eine grosse Flotte, für welche er auch phönikische Schiffe und Seeleute entboten hatte, *das.* 19, 3—5, stellte daselbst einen Hafen her, *das.* 21, 1, und traf alle sonst für die Unternehmung erforderlichen Vorbereitungen. Ein anderer Plan von ihm war, das kaspische Meer erforschen zu lassen, welches er, ebenso wie den persischen Meerbusen, für einen Meerbusen des grossen Ocean hielt; zu welchem Behufe er bereits die Erbauung einer Flotte daselbst angeordnet hatte, *das.* 16, 1—4. Ausserdem wurden ihm noch weitere, nichts Geringeres als die Unterwerfung des ganzen Erdkreises bezweckende Pläne beigemessen, s. *das.* 1, 2. *Curt.* X, 1. 17—19. *Diod.* XVIII, 4. *Plut. Al.* 68. Vgl. *Anm.* 25.
34) *Arr.* VII, 24 bis zu Ende. *Plut. Al.* 75—77. *Curt.*

X, 5. *Diod.* XVII, 117—118. Er starb am Fieber, in der 114. Olymp., unter dem Archonten Hegesias (324—323), 32 Jahr 2 Mon. 8 T. alt, nach einer Regierung von 12 Jahren und 6 Mon., *Arrian.* 28, 1 [nach einer auf *Plut. Al.* 3 und 75 gegründeten Berechnung am 11. oder 13. oder nach einer andern Berechnung am 8. oder 10. Juni 323]. Man erzählte über die letzten Augenblicke seines Lebens: ἐρέσθαι τοὺς ἑταίρους αὐτὸν ὅτῳ τὴν βασιλείαν ἀπολείπει· τὸν δὲ ἀποκρίνασθαι ὅτι τῷ κρατίστῳ· οἱ δέ, προσθεῖναι πρὸς τούτῳ τῷ λόγῳ ὅτι μέγαν ἐπιτάφιον ἀγῶνα ὁρᾷ ἐφ' αὑτῷ ἐσόμενον, *Arr.* 26, 3 vgl. *Diodor.* XVIII, 1. *Curt.* 5, 5. Seinen Siegelring soll er dem Perdikkas gegeben haben, *Diodor.* XVIII, 2. *Curt.* 6, 4. Sein Begräbnis in Alexandreia s. *Diod.* XVII, 26—28. *Curt.* X, 10. *Paus.* I, 6, 3.

Ὀργή, auf, Περὶ κωμ. a. a. O. *Euseb. Ol.* 114, 4. p. 117, siegte aber nur 8mal, *Gell.* XVII, 4. *Martial.* V, 10. Einer Einladung des Königs Ptolemäos Lagi nach Alexandreia leistete er nicht Folge, *Alciphr.* II, 3, 4. *Plin.* H. N. VII, 29, sondern blieb in seiner Vaterstadt und starb dort im Jahre 290, 52 Jahr alt, in der Blüte seiner dichterischen Thätigkeit, Περὶ κωμ. a. a. O. *Plut. Aristoph. et Men. comp.* 2. Von über hundert seiner Dramen, welche die Alten kannten, *Suid.* s. v. Περὶ κωμ. a. a. O. *Gell. a. a. O.*, sind uns Titel und Bruchstücke von 88 derselben und eine Anzahl namenloser Fragmente erhalten, die berühmtesten Komödien waren: Ἀδελφοί, Γεωργός, Ἁλιαδαίμων, Δέσκολος, Ἐαυτὸν τιμωρούμενος, Ἐπιτρέποντες, Εὐνοῦχος, Θαΐς, Θεοφορουμένη, Θρασύλεων, Κόλαξ, Μισογύνης, Μισούμενος, Πλόκιον, Ὑποβολιμαῖος ἢ Ἄγροικος, Φάσμα, Ψευδηρακλῆς, meist Charakterstücke, vgl. *Mein. fr. Com. Gr.* II, 867—1066, *ed. min.* Seine Nachahmer unter den römischen Komikern waren Caecilius, Afranius, *Hor. Ep.* II, 1, und besonders Terentius, *Donat. Vit. Ter.* p. 754, dessen uns erhaltene Stücke Adelphi,

Andria, Heautontimorumenos, Eunuchus Übertragungen der gleichnamigen des Menandros sind. Von Menandros urteilt ein griechischer Kritiker, Περὶ κωμ. IX, 10: ἐπίσημος δ' ὁ Μένανδρος, ὃς ἄστρον ἐστὶ τῆς νέας κωμῳδίας, und von seinen Stücken sagt Quintilian X, 1: ita omnem vitae imaginem expressit, tanta in eo inveniendi copia et eloquendi facultas, ita est omnibus rebus, personis, adfectibus accommodatus.

k) Diphilos aus Sinope, *Strab.* p. 546. Περὶ κωμ. V, 17, war wie Menandros dem Lebensgenüssen nicht abhold, *Athen.* XIII, p. 583. *Alciphr. Ep.* I, 37, und verfasste 100 Komödien, Περὶ κωμ. a. a. O. Uns sind Titel und Bruchstücke von 49 seiner Komödien erhalten, die bedeutendsten aus den Stücken: Ἀπολιποῦσα, Ἔμπορος, Ζωγράφος, Παρίσιτος, Πολυπράγμων, Συνωρίς, vgl. *Mein. fr. Com. Gr.* II, 1066 bis 1096. *ed. min.* Drei seiner Stücke hatte Plautus nachgebildet. Ausserdem sind uns Namen, Titel von Komödien und Bruchstücke derselben von 24 Dichtern der neueren Komödie erhalten, die bedeutendsten Fragmente von Philippides, Sosipater, Euphron, Baton, Damoxenos. *Meinek.* II, 1096—1160.

Zweiter Abschnitt.

323 bis 280 v. Chr.

Die Kriege der Feldherren des Alexandros; Griechenland mit kurzen Unterbrechungen unter makedonischer Herrschaft.

Olympiaden-jahr.	Jahr v. Chr.	Geschichte.
CXIV, 2.	323.	Die Feldherren des Alexandros teilen sich in die Provinzen seines Reiches unter dem Scheinkönigtum des Philippos Arrhidäos und des Alexandros, des Sohnes der Roxane, und unter der Oberleitung des Perdikkas.[35]
		Fast ganz Griechenland erhebt sich gegen die makedonische Herrschaft.[36] Die vereinigten Griechen unter Leosthenes schlagen den Antipatros und

---

35) *Curt.* X, 6—10 (bis zu Ende). *Arrian. De rebus post Alex.* (*Photius bibl. cod.* 92) §. 1—7. *Diodor.* XVIII, 1—4. *Iustin.* XIII, 1—4. Nach dem Tode des Alexandros brach zwischen den Führern der Reiterei und Meleagros, der sich zum Führer des Fußvolks aufwarf, Streit aus, der endlich dahin ausgeglichen wurde, daß Arrhidäos, der Sohn des Philippos aus seiner Ehe mit Philinna, unter dem Namen Philippos, und der noch erwartete Sohn des Alexandros von der Roxane (s. *Anm.* 24) auf den Thron des Alexandros erhoben wurden; Antipatros wurde zum Oberfeldherrn in Europa, Krateros zum Vormund des Philippos Arrhidäos ernannt, während Perdikkas als Chiliarch die Oberleitung über das Ganze führen sollte, *Arrian.* §. 3. Meleagros wurde bald darauf nebst andern Unzufriedenen aus dem Wege geräumt, *das.* §. 4. *Curt.* 0. Die Verteilung der Provinzen unter die einzelnen Feldherren geschah in der Weise, daß Ptolomäos Lagi Ägypten und Libyen, Laomedon Syrien, Philotas Kilikien, Peithon Medien, Eumenes Kappadokien und Phrygien, Antigonos Pamphylien, Lykien und Großphrygien, Kassandros Karien, Menandros Lydien, Leonnatos das hellespontische Phrygien, Lysimachos Thrakien, Krateros und Antipatros Makedonien und Griechenland erhielten; in den übrigen Provinzen ließ man die von Alexandros eingesetzten Statthalterschaften unverändert bestehen, *Arrian.* §. 4—8. *Diodor.* 3. *Curt.* 10. *Iustin.* 4. (Außer den beiden genannten neuen Königen waren noch folgende Angehörige der königlichen Familie vorhanden: die Mutter des Alexandros Olympias, welche sich jetzt in Epeiros aufhielt, „non mediocre momentum partium", *Iustin.* 6, ein Sohn des Alexandros von der Barsine, Herakles, *Plut. Alex.* 21. *Curt.* 6, und die Schwester des Alexandros, Kleopatra, sowie seine Halbschwestern Thessaloniko und Kynane, endlich die Tochter der letzteren, Adea, später Eurydike

genannt, welche mit Philippos Arrhidäos verheiratet wurde, s. *Diodor.* XVIII, 23. XIX, 35. 52. *Iustin.* XIV, 5. *Arrian.* §. 22. Alle diese wurden bis auf Thessaloniko, die den Kassandros heiratete, im Laufe der Kriege zwischen den Diadochen aus dem Wege geräumt, Philipp Arrhidäos und Eurydike im Jahre 317, s. *Diodor.* XIX, 11. *Iustin.* XIV, 5, Olympias im Jahr 315, *Diodor.* XIX, 35—36. 49—51. *Iustin.* XIV, 6, Roxane und ihr Sohn Alexandros im Jahre 311, *Diodor.* XIX, 105, Herakles im Jahre 309, *Diodor.* XX, 20. 28, Kleopatra im Jahre 308, *Diodor.* XX, 38.)

36) (Über den ganzen Krieg s. *Diod.* XVIII, 8—15. 16—18. *Hyperid. Epitaph. Plut. Phoc.* 22—28. *Demosth.* 27—30. *Iustin.* XIII, 5.) Den Anlaß zu dem Aufstand gab die Anordnung des Alexandros wegen Zurückberufung der Verbannten, am meisten fühlten sich dadurch die Athener und Ätoler beschwert; erstere knüpften deshalb auf das erste Gerücht von Alexandros Tode mit Leosthenes, dem Führer der Mietstruppen, welche auf Befehl des Alexandros von den Satrapen entlassen worden waren und sich auf dem Vorgebirge Tänaron gesammelt hatten, Unterhandlungen an, und als die sichere Nachricht von Alexandros Tode einlief, nahmen sie 8000 dieser Mietstruppen in Dienst, worauf sich Leosthenes, der Anführer derselben, nach Ätolien begab und dort die Ätoler (7000 an der Zahl), Lokrer, Phoker und andere benachbarte Völker mit seinem Heere vereinigte, *Diodor.* XVII, 106. 111. XVIII, 9—18. *Paus.* I, 25, 4. V, 52, 2. Die Athener riefen darauf durch Gesandtschaften eine große Zahl anderer griechischer Staaten zur Teilnahme auf (aus dem Peloponnes schlossen sich Argos, Epidauros, Sikyon, Trözen, Elis, Phlius, Messene an, aus Mittelgriechenland außer den genannten Völkern noch die Dorier und Akarnaner, ferner Karystos auf Euböa und die sämtlichen thessalischen Völkerschaften), als

Olympiaden-jahr.	Jahr v. Chr.	Geschichte.
CXIV, 2.	323.	schliefsen ihn in Lamia ein (Lamischer Krieg).³⁷ Leosthenes fällt; Antiphilos sein Nachfolger als Aufführer der Griechen.³⁸
CXIV, 3.	322.	Leonnatos kommt dem Antipatros zu Hilfe, wird aber von den Griechen in einem Reitertreffen geschlagen und fällt.³⁹ Allein Antipatros, durch seine Ankunft aus der Einschliefsung in Lamia befreit, vereinigt sich mit dem Rest des Heeres des Leonnatos und mit dem ebenfalls zu seiner Hilfe herbeikommenden Krateros und schlägt die Griechen bei Krannon.⁴⁰
		Die griechischen Staaten werden einzeln von Antipatros unterworfen.⁴¹ Athen mufs seine Verfassung ändern und eine makedonische Besatzung in Munychia aufnehmen.⁴²
CXIV, 4.	321.	Krieg der Statthalter Antigonos, Antipatros, Krateros und Ptolemäos gegen Perdikkas und Eumenes; Perdikkas von seinen Truppen verlassen und getötet.⁴³ Gegen Eumenes wird der Krieg fortgeführt.⁴⁴ Die wachsende Macht des Antigonos.⁴⁵

selbst rückten mit einem Bürgerheer von 5000 Mann zu Fufs und 500 Reitern und 2000 Miettruppen ins Feld, schlugen im Verein mit Leosthenes die Böoter bei Plataä, worauf das ganze Heer nach den Thermopylen zog, um Antipatros zu erwarten, *Diodor*. XVIII, 10 — 11. 12. *Paus*. I, 25, 4. *Hyper. Epitaph.* p. 10 — 11.

37) *Diodor*. XVIII, 12 — 13. *Paus*. I, 1, 3 (ἴσοι τῶν ἱππομαχῶν). Antipatros hatte jetzt nur 13000 Mann Fufsvolk und 600 Reiter zur Verfügung, *Diodor*. 12. Als er in Lamia eingeschlossen war, machte er Friedensanträge, die indes ohne Erfolg blieben, weil seine Gegner Ergebung auf Gnade und Ungnade forderten, *Diodor*. 18. *Plut. Phoc*. 26.

38) *Diodor*. XVIII, 13. (Die Athener ehrten ihn durch ein öffentliches Leichenbegängnis, wobei Hypereides die Leichenrede hielt, über welche vgl. S. 126 *Anm*. pp.)

39) *Diodor*. XVIII, 14 — 15. Leonnatos kam mit 20000 Mann Fufsvolk und 2500 Reitern. Antiphilos hatte nur noch 22000 Mann Fufsvolk und 3500 Reiter, weil von den verbündeten Heeren viele nach Haus gegangen waren; er mufste also die Einschliefsung von Lamia aufgeben, um dem Leonnatos entgegengehen zu können.

40) *Diodor*. XVIII, 16 — 17. Das Heer des Antipatros zählte jetzt 40000 Schwerbewaffnete, 3000 Mann leichte Truppen und 5000 Reiter, *Diod*. 16. Der Ort der Schlacht wird *Plut. Phoc*. 26. *Paus*. X, 3, 3 genannt. Der Schlachttag war der 7. Metageitnion (August), *Plutarch. Cam*. 19. *Demosthen*. 28. Über Krateros s. S. 144 *Anm*. 30.

41) *Diodor*. XVIII, 17. Ein Antrag des Antiphilos auf gemeinsame Unterhandlung wurde von Antipatros und Krateros zurückgewiesen; die übrigen Verbündeten unterwarfen sich hierauf einzeln, da ihnen milde Bedingungen gestellt wurden, und so blieben nur die Athener und Ätoler zurück, die so nach, und zwar zuerst Athen, von der gesamten feindlichen Macht bedroht wurden.

42) *Diodor*. XVIII, 18. *Plutarch. Phoc*. 26. *Demosth*. 27. Der Friede wird von Phokion und Demades zu stande gebracht auf die Bedingung, dafs die Athener die Kriegskosten bezahlen, die Makedonien feindlichen Redner, namentlich Demosthenes und Hypereides, ausliefern, das Bürgerrecht auf diejenigen, die mindestens 2000 Drachmen besafsen, beschränken, Samos, welches noch im Besitz athenischer Kleruchen war, (s. S. 121. *Anm*. 240) räumen und eine makedonische Besatzung in Munychia aufnehmen sollten. Diese Besatzung zog darauf am 20. Boedromion (September oder Oktober) ein, *Plutarch. Phoc*. 28. Alle Bürger, welche jenes Minimum des Vermögens nicht besafsen (12000 an der Zahl, während nur 9000 in Athen zurückblieben), wurden ausgewiesen und nach Thrakien oder nach anderen entlegenen Gegenden deportiert, *ebend*. Die Redner flohen, wurden aber von dem athenischen Volke zum Tode verurteilt und von Abgesandten des Antipatros aufgesucht; Hypereides und zwei andere wurden in Ägina ergriffen, vor Antipatros gebracht und auf dessen Befehl hingerichtet; Demosthenes entzog sich demselben Schicksale durch einen freiwilligen Tod auf der Insel Kalauria, *Plut. Demosth*. 28 — 30. *Vit. V. orr*. p. 846. F. *Arrian. de reb. post Al*. §. 13. (*Lucian*.) *Encom. Demosth*. — Antipatros und Krateros zogen darauf eigene mit Kratoros sich diese zu unterwerfen; die Ätoler leisten aber hartnäckigen Widerstand, und Antipatros und Krateros werden, ehe sie dieselben bezwingen können, durch den in Asien ausbrechenden Krieg abgerufen, *Diodor*. XVIII, 24 — 25. *Polyb*. IX, 30. Vgl. die folg. *Anm*.

43) *Diod*. XVIII, 23. 25. 29. 33 — 30. *Justin*. XII, 6. 8.

44) Eumenes hatte als Verbündeter des Perdikkas in Kappadokien einen Sieg über Antipatros und Neoptolemos gewonnen, welche beide in der Schlacht fielen, *Diod*. XVIII, 30 — 32. *Plut. Eum*. 5 — 7. *Corn. Nep. Eum*. 3 — 4. Nach Perdikkas' Tode wurde er infolge Verrats von Antigonos ge-

Olympiaden-jahr.	Jahr v. Chr.	Geschichte.	Kunst und Litteratur.
CXV, 3.	318.	*Antipatros stirbt; Krieg zwischen Polysperchon und Kassandros, dem Sohne des Antipatros, über die Nachfolge in dem Besitz von Makedonien.*⁴⁵	Die *Philosophen* Theophrastos,¹ Epikuros,⁵⁰
		Kassandros macht sich zum Herrn von Athen.⁴⁷	
CXV, 4.	317.	Die Athener versuchen durch den Anschluſs an Polysperchon die Freiheit wieder zu gewinnen, müssen sich aber dem Kassandros von neuem unterwerfen,⁴⁸ welcher die Regierung der Stadt in die Hände des Demetrios von Phaleron legt.⁴⁹	

schlagen und in Nora (in Kappadokien) eingeschlossen, kam dann wieder frei, wurde von Olympias und Polysperchon zum königlichen Oberfeldherrn ernannt und führte nun nacheinander in Kilikien, Phönikien, Susiana, Persis, Medien und Parätakene einen überaus wechselvollen Krieg, bis er im Winter 316/5 von seinen eigenen Truppen verraten, an Antigonos ausgeliefert und von diesem hingerichtet wurde, s. *Diod.* XVIII, 40—42. 50. 53. 57—63. 73. XIX, 12 bis 34. 37—44. *Plut. Eum.* 8 bis zu Ende. *Corn. Nep. Eum.* 5 bis zu Ende. *Iustin.* XIV, 1—4.

45) Nach dem Sturze des Perdikkas wurde Antipatros zum ἐπιμελητὴς αὐτοκράτωρ erhoben und in Triparadeisos in Syrien eine neue Ländervorteilung vorgenommen, hinsichtlich deren besonders zu bemerken ist, daſs Seleukos Babylonien erhielt, *Diod.* XVIII, 39. *Arr. de reb. post. Al.* §. 30—38. Gleichzeitig wurde Antigonos zum königlichen Oberfeldherrn ernannt, als welcher er seine Macht immer mehr verstärkte und immer mehr eine völlig unabhängige Stellung gewann, s. *Diod.* XVIII, 41. 47. 50. 52. 55. Sein Heer brachte er nach *Diod.* 50 auf 60 000 Mann Fuſsvolk und 10 000 Reiter.

46) *Diod.* XVIII, 47. 48—49. Antipatros ernannte Polysperchon zu seinem Nachfolger, πρεσβύτατον σχεδὸν ὄντα τῷ Ἀλεξάνδρῳ συνεστρατευμένων καὶ τιμώμενον ὑπὸ τῶν κατὰ τὴν Μακεδονίαν, *Diod.* 48. Kassandros wurde von seinem Vater zum Chiliarchen ernannt, *das.*, begnügte sich aber nicht damit, sondern begab sich zum Antigonos, um mit dessen Unterstützung den Krieg gegen Polysperchon zu beginnen, *Diod.* 54. Hierauf setzte er sich zuvörderst in Griechenland fest, s. *Anm.* 47—49, und eroberte dann von hier aus Makedonien in den Jahren 316 und 315, s. *Diod.* XIX, 35—36. 49—51. Polysperchon behauptete sich noch in Griechenland, unterwarf sich aber im Jahre 309 dem Kassandros, der ihn dafür zum Strategen des Peloponnes ernannte, *Diod.* XX, 28.

47) Kassandros schickte sogleich nach dem Tode seines Vaters, ehe sich die Nachricht davon verbreitete, den ihm ganz ergebenen Nikanor nach Athen, um daselbst statt des Menyllos den Oberbefehl über die Besatzung von Munychia zu übernehmen, und dieser wuſste sich sodann auch des Peiräeus zu bemächtigen, beides nicht ohne Mitwissen und Mitschuld des Phokion, s. *Plut. Phoc.* 31—32. *Diod.* XVIII, 64.

48) Polysperchon erliefs, um die Griechen für sich zu gewinnen, im Namen der Könige ein Edikt, in welchem er allen griechischen Staaten die Herstellung der früheren Verfassung und völlige Unabhängigkeit verkündete, *Diod.* XVIII, 55—57. Er schickte darauf seinen Sohn Alexandros nach Griechenland und folgte selbst mit einem gröſseren Heere; während nun der erstere vor Athen lag, wurden daselbst durch die Verbannten (s. *Anm.* 42), welche in groſser Menge zurückgekehrt waren, die bisherigen Obrigkeiten und die Freunde des Kassandros teils zur Landesverweisung, teils zum Tode verurteilt; ein Teil derselben floh zum Polysperchon, wurde aber von diesem den Athenern ausgeliefert und das Todesurteil an ihnen (auch an Phokion) vollzogen, *Plut. Phoc.* 33 bis zu Ende. *Diod.* XVIII, 65—67. Kassandros lief sodann mit 35 Kriegsschiffen und 4000 Mann im Peiräeus ein, und da Polysperchon weder in Athen noch anderwärts etwas Erhebliches gegen ihn ausrichtete, sahen sich die Athener genötigt, sich dem Kassandros zu unterwerfen, welcher das Bürgerrecht auf die Besitzer von mindestens 1000 Drachmen beschränkte und sich die Herrschaft teils durch die Besatzung in Munychia, die er auch fernerhin unterhielt, teils durch den von ihm eingesetzten προστάτης Demetrios von Phaleron sicherte, s. *Diod.* XVIII, 68—74. Vgl. die folg. Anmerkung.

49) *Diod.* XVIII, 74. Seine Prostasie dauerte bis 307, s. *Anm.* 56. Über ihn vgl. noch *Polyb.* XII, 13. *Ael. V. H.* III, 17. XII, 43. *Diog. L.* V, 75—85. *Cic. de legg.* III, §. 14. *de rep.* II, §. 2. *Brut.* §. 37 u. ö. (Unter seiner Prostasie wurde eine Zählung in Athen vorgenommen, welche 21 000 Bürger, 10 000 Metöken und 400 000 Sklaven ergab, *Ktesikles* b. *Athen.* VI, p. 272 c.).

1) Theophrastos, aus Eresos auf Lesbos, geb. um 372, soll ursprünglich Tyrtamos geheiſsen haben und erst von Aristoteles seiner Wohlredenheit wegen Theophrastos genannt worden sein. *Diog. L.* V, 36. 38. Er war Schüler des Leukippos, des Platon, besonders aber des Aristoteles, übernahm nach dessen Flucht aus Athen im Jahre 322 die Leitung der peripatetischen Schule und soll 2000 Schüler gehabt haben, s. a. O. 36. 37. 39. vgl. *Gell.* XIII, 5. Er ward mit anderen Philosophen durch das Gesetz des Sophokles gegen die Lehrfreiheit im Jahre 306 aus Athen verbannt, kehrte jedoch

Olympiaden-jahr.	Jahr v. Chr.	Geschichte.	Kunst und Litteratur.
CXVI, 2.	315.	*Niederlage und Tod des Eumenes.*[50]	und Zenon der Stoiker."

50) *Diod.* XIX, 40—44. *Plut. Eum.* 17—19. Vergl. *Anm.* 44.

kurz nach Aufhebung desselben dorthin zurück, *Diog. L.* V, 38, und erreichte ein hohes Alter, a. a. O. 40, vgl. *Ἰδαία. χωρ. praef.*, und starb um 287, a. a. O. 58. Von seinen zahlreichen Schriften, deren Verzeichnis, *Diog. L.* 42—51, die reiche Mannigfaltigkeit seines Wissens bezeugt, haben sich besonders erhalten: *Ἠθικοὶ χαρακτῆρες*, Charakterschilderungen, *Περὶ φυτῶν ἱστορία*, *Αἰτίαι φυτικαί*, *Περὶ λίθων*, *Περὶ πυρός*. Die Ausbreitung und Bethätigung der Philosophie auf den verschiedenen Feldern des erfahrungsmäfsigen Wissens und die Begründung der Botanik sind sein hervortretendes Verdienst. — Neben Theophrastos sind unter den Schülern des Aristoteles zu nennen Dikäarchos aus Messana und Aristoxenos aus Tarent, welche beide die Vielseitigkeit und den gelehrten Sammeleifer der peripatetischen Schule zeigen und in verschiedenen Fächern schriftstellerisch gewirkt haben. Dik., besonders von Cicero gepriesen (*de off.* II, 15. *Tuscul.* I, 18), hat aufser philosophischen (*περὶ ψυχῆς*, *Cic. ad Att.* XIII, 12. *Tuscul.* I, 10. I, 31. *de off.* II, 5) und historisch-politischen geographische Werke geschrieben (*βίος τῆς Ἑλλάδος*), gestützt auf gründliche Vorarbeiten, z. B. Höhenmessungen (*Plin.* II, 65) und Zeichnung von Landkarten (*Cic. ad Att.* VI, 2. *Diog. L.* V, 51). Aristoxenos wurde namentlich wegen seiner auf die Musik gerichteten Studien geschätzt und als die höchste Autorität des Altertums auf diesem Gebiete ὁ μουσικός genannt, *Cic. de fin.* V, 19. *Suid.* s. v. Wir besitzen noch von seinen musikalischen Werken die freilich sehr trümmerhaft erhaltenen 3 Bücher *ἁρμονικῶν στοιχείων* und ein gröfseres Bruchstück und Auszüge aus den *ῥυθμικὰ στοιχεῖα*.

m) Epikuros, geboren 342 zu Samos, wohin sein Vater als Kleruche übergesiedelt war, aber als Athener zum Demos Gargettos gehörig, *Diog. L.* X, 1, 14, kam 18 Jahr alt zuerst nach Athen, a. a. O. 1, und bildete sich durch das Studium der früheren Philosophen und Sophisten, a. a. O. 2. 3. 4. 12. Er lehrte hierauf zu Kolophon, a. a. O. 1, Mytilene und Lampsakos, a. a. O. 15, und kehrte erst im Jahre 307 nach Athen zurück, a. a. O. 2. 15. Dort lebte und lehrte er im engen Verkehr mit zahlreichen Schülern, zurückgezogen vom öffentlichen Leben in seinen Gärten, a. a. O. 10. 17. 25. 119. Sein müfsiges und einfaches Leben wie seine Sittenreinheit, Herzensgüte und Vaterlandsliebe werden gerühmt, a. a. O. 10. 11, doch entging er nicht dem Spott und den Verleumdungen von Komikern und feindlich gesinnten Philosophen, a. a. O. 6. 7. Schwere körperliche Leiden fesselten ihn als Greis ans Krankenlager, a. a. O. 7. 8, doch wahrte er treu seiner Lehre die Ruhe und Heiterkeit seiner Seele bis zum Tode im Jahre 270, a. a. O. 15. 22. *Cic. de fin.* II, 30.

Einer der fruchtbarsten Schriftsteller des Altertums (*πολυγραφώτατος*) soll er 300 Bände geschrieben haben, *Diog. L.* 26. 27. 28. Nur von seinem Hauptwerke *Περὶ φύσεως* sind einzelne verstümmelte Stücke in Bücherrollen von Herculanum auf uns gekommen. Er lehrte nach Demokritos die Entstehung der Welt, der Götter und der Seele aus Atomen, *Diog. L.* 41 f., und bildete die Lehre der Kyrenaiker weiter aus, dafs die geistige durch Erkenntnis bedingte Lust der ruhigen Seele das Ziel der Glückseligkeit und das Wesen der Tugend sei, a. a. O. 128—138. Seine vielfach mifsverstandene und widerlegte Lehre ist besonders verherrlicht in dem Gedichte des Lucretius *de rerum natura*.

n) Zenon, aus Kittion auf Kypros, lebte um 340—260, *Euseb. Hieron. Chron. ol.* 128, 1. p. 129, ol. 129, 1. p. 121, und soll zuerst des Vaters Gewerbe, den Purpurhandel, betrieben haben, aber frühzeitig mit den Schriften der Sokratiker bekannt geworden sein, bis er infolge eines Schiffbruches nach Athen kam, *Diog. L.* VII, 1—5. 28. 31. Hier wandte er sich der Philosophie zu, hörte den Kyniker Krates, a. a. O. 2. 3. 4. VI, 105, den Megariker Stilpon, a. a. O. 2, 24. II, 120, die Akademiker Xenokrates und Polemon a. a. O. 2. 25. *Suid.* s. v. *Cic. fin.* IV, 6, 8. *Acad.* I, 9. II, 24, und bildete sich durch das Studium der älteren Philosophen und Dichter, *Diog. L.* 3. 4. 31. *Cic. nat. d.* I, 14. Erst im reiferen Mannesalter lehrte er in der στοὰ ποικίλη auf und als geehnd unter grofsem Zulauf, *Diog. L.* 4. 14, woher er selbst ὁ στοϊκός, *Suid.* s. v., und seine Schüler erst *Ζηνώνειοι*, dann *στοϊκοί* oder οἱ ἀπὸ τῆς στοᾶς φιλόσοφοι genannt wurden. a. a. O. 5. *Suid.* s. v., und stand hoch in Ehren bei seinen Landsleuten den Kittiern, bei den Athenern, a. a. O. 6. 10, und bei Antigonos, a. a. O. 6. 7. 13. 15. Abschreckend häfslich, a. a. O. 1. 16, war er unermüdlich thätig, a. a. O. 15, sparsam bis ins kleinste, a. a. O. 16, von sprichwörtlicher Mäfsigkeit, (*Τοῦ φιλοσόφου Ζήνωνος ἐγκρατέστερος*), a. a. O. 27. *Suid.* s. v. *Ζήν. ἐγκ.*, grofser Gesellschaft abgeneigt, a. a. O. 14, gleichmütig und würdevoll, a. a. O. 15. 18, schweigsam, a. a. O. 20. 21. 23. 24, aber Meister in kurzen, schlagenden Antworten und spöttischen Bemerkungen, a. a. O. 17—28. Seine Schriften umfafsten die Erkenntnislehre, Naturlehre und Sittenlehre, a. a. O. 4. Eigentümlich ist ihm und seiner Schule besonders die Lehre vom einigen, ewigen Gott, der allverbreiteten, schaffenden Seele des Weltstoffes (*ἕν τε εἶναι θεὸν καὶ νοῦν*, a. a. O. 135, *σπερματικὸς λόγος ὄντα τοῦ κόσμου*, a. a. O. 136, *δημιουργός ἐστι καὶ ἀγέννητος δημιουργός ὢν τῆς διακοσμήσεως*), und von der Tugend, die an und für sich Glückseligkeit und ihrer selbst wegen zu erstreben sei, a. a. O. 89, 127, sich aber besonders

Fünfte Periode. Von 336—146 v. Chr.

Olympiaden-jahr.	Jahr v. Chr.	Geschichte.	Kunst und Litteratur.
CXVI, 2.	315.	Wiederherstellung von Theben durch Kassandros.[51]	Der *Redner* Demetrios von Phaleron.[o]
CXVI, 3.	314.	*Krieg der Statthalter Seleukos, Ptolemäos, Kassandros und Lysimachos gegen Antigonos.*[52]	
		Krieg zwischen Antigonos und Kassandros in Griechenland.[53]	
CXVII, 2.	311.	*Friede zwischen den Statthaltern.*[54]	

51) *Diod.* XIX, 53—54. *Paus.* IX, 7.

52) Der Krieg entstand teils im allgemeinen aus der Eifersucht der übrigen Statthalter über die wachsende Macht des Antigonos, teils wurde er durch Seleukos erregt, der Nachstellungen des Antigonos fürchtete und deswegen aus seiner Statthalterschaft Babylonien floh, s. *Diod.* XIX, 55 bis 56. *App. Syr.* 54. Über den ganzen Krieg s. *Diod.* XIX, 57—64. 66—69. 73—75. 77—100. Er besteht meist aus vereinzelten Unternehmungen ohne entscheidenden Erfolg, von denen, abgesehen von den Vorgängen in Griechenland (s. die folg. *Anm.*), nur die Schlacht bei Gaza im Jahre 312, in welcher Demetrios Poliorketes, der Sohn des Antigonos, von Ptolemäos und Seleukos geschlagen wird, s. *Diod.* 80—84. *Plut. Demetr.* 5, und die Rückkehr des Seleukos nach Babylonien, in demselben Jahre, mit welchem die (in den Büchern der Makkabäer, bei Josephos und auf Münzen vorkommende) Ära der Seleukiden beginnt, s. *Diod.* 90—92. *App. Syr. n. a. O.,* hervorgehoben zu werden verdienen.

53) Antigonos verkündigte den Griechen, um sie auf seine Seite zu ziehen, Freiheit und Unabhängigkeit, *Diod.* XIX, 61, und schickte in den Jahren 314—312, um seiner Verkündigung Nachdruck zu geben und Kassandros aus Griechenland zu vertreiben, nacheinander den Aristodemos, Dioskorides, Telesphoros und seinen Neffen Ptolemäos mit Geld, Truppen und Schiffen nach Griechenland, denen es auch gelang, im Peloponnes und in Mittelgriechenland mit Ausnahme von Sikyon und Korinth und von Athen überall die Besatzungen zu vertreiben und die Städte zu befreien, *das.* 57. 60 bis 61. 63—64. 66—68. 74. 77—78. 87. Ptolemäos von Ägypten erliefs dieselbe Verkündigung, auch schickte er im Jahre 314 eine Flotte von 50 Schiffen nach Griechenland, die aber nichts ausrichtete, *das.* 62. 64. Kassandros unternahm einige Feldzüge nach Griechenland, jedoch ohne erheblichen Erfolg, *das.* 63. 67. Neben allen diesen unterhielten auch noch Polysperchon und Alexandros (s. *Anm.* 48) eine Heeresmacht in Griechenland, von denen letzterer sich erst an Antigonos anschlofs, *das.* 57. 60, dann wieder zu Kassandros überging, *das.* 64, aber bald starb, *das.* 67, während Polysperchon (nachdem er sich zuerst ebenfalls an Antigonos angeschlossen, *das.* 59) sich unabhängig im Besitz von Sikyon und Korinth behauptete, *das.* 74. Athen behielt seine makedonische Besatzung; es zwang den Demetrios, als der Feldherr des Antigonos in das Gebiet von Attika eindrang, einen Vergleich mit diesem zu schliefsen, über dessen Inhalt indes nichts berichtet wird, *das.* 78.

54) *Diod.* XIX, 105. Der Friede wurde dahin abgeschlossen, dafs die Krieg führenden Feldherren ihre Statthalterschaften behalten sollten, Kassandros jedoch nur, bis Alexandros, der Sohn der Roxane, mündig sein werde; welche letztere Bestimmung den (wahrscheinlich von allen Paciscenten beabsichtigten) Anlafs gab, dafs Kassandros ihn mit seiner Mutter töten liefs, s. *Anm.* 35.

in vier sich gegenseitig bedingenden Haupttugenden bethätige, *φρόνησις, ἀνδρεία, δικαιοσύνη, σωφροσύνη,* a. a. O. 92. 102. 125. Von seinen Schülern ist besonders Chrysippos aus Cilicien (um 282—200) zu merken, der durch seine zahlreichen Schriften die stoische Lehre in ein festes System gebracht hat.

o) Demetrios aus dem Demos Phaleron in Attika gebürtig, vielseitig und gelehrt gebildet, namentlich durch Theophrastos, betrat die Staatsbahn zur Zeit des Harpalischen Prozesses, *Diog. L.* V, 75. *Strab.* p. 308. *Cic. de off.* 1, 1. *Brut.* 9. *de legg.* III, 6, stand 10 Jahre lang, von 317—307, an der Spitze der athenischen Staatsverwaltung, vgl. *Anm.* 49. 50, und hob die Einkünfte und Hilfsquellen des Staates, *Diog. a. a. O. Cic. de rep.* II, 1. *Strab. a. a. O.,* wofür die Athener ihm 360 Bildsäulen setzten, *Nep. Milt.* 6. *Diog. L. a. a. O.,* erregte aber später durch Verschwendung und Ausschweifungen Mifsvergnügen, *Athen.* XII, p. 542 c., so dafs er bei Demetrios Poliorketes Erscheinen vor Athen fliehen mufste und zum Tode verurteilt wurde, *Diog. L.* 77. *Plut. Demetr.* 8 f. *Dion. Hal. Din.* 3. Er begab sich darauf nach Theben, vgl. *Anm.* 56, und von da nach Ägypten, *Diog. L.* 78. *Strab. a. a. O. Diod.* XX, 45, wo er den Wissenschaften lobte und der vertraute Ratgeber des Ptolemäos Soter war, *Ael. V. H.* III, 17. *Cic. de fin.* V, 19, bei dessen Nachfolger aber in Ungnade fiel und in Oberägypten nicht lange nach 283 angeblich am Bifs einer Schlange starb, *Diog. L. a. a. O. Cic. pr. Rab. Post.* 9. Seine Schriften, von denen sich nur ein Titelverzeichnis erhalten hat, *Diog. L.* 80 f., umfafsten das Gebiet der Geschichte, Politik, Litteratur, Philosophie und Rhetorik. Er galt als der letzte attische Redner, mit dem die Beredsamkeit bereits zu sinken begann, *Quint.* X, 1, 80; doch wird die Feinheit und Anmut seiner Rede gerühmt, *Cic. off.* I, 1. *Or.* 27 *de or.* II, 23. *Brut.* 9: itaque delectabat magis Athenienses quam inflammabat. c. 82,

Olympiaden-jahr.	Jahr v. Chr.	Geschichte.
CXVII, 2.	311.	Griechenland wird in dem Frieden der Statthalter für frei erklärt.[55]
CXVIII, 2.	307.	Demetrios Poliorketes befreit Athen.[56]
CXVIII, 3.	306.	Die Statthalter Antigonos, Demetrios, Seleukos, Ptolemäos, Kassandros, Lysimachos legen sich den königlichen Titel bei.[57]
CXIX, 4.	301.	Schlacht bei Ipsos, in welcher Antigonos Reich und Leben verliert. Sein Reich wird zwischen Seleukos und Lysimachus geteilt.[58]

55) *Diod.* XIX, 105. Diese Friedensbedingung wurde von den Statthaltern nachher benutzt, um sich unter dem Vorwand, griechische Städte zu befreien, gegenseitig zu bekriegen. So durchzog Ptolemäos von Ägypten in den Jahren 310 und 309 Kilikien, Lykien und die Inseln des ägäischen Meeres, *Diod.* XX, 20. 27, und machte im Jahre 308 auch nach Griechenland selbst einen Feldzug, wo er Sikyon und Korinth nahm, *das.* 37, und unter gleichem Vorwand machte auch Demetrios Poliorketes seine Unternehmungen, s. *Anm.* 56, so dafs der Krieg auch bis zu seinem völligen Wiederausbruch im Jahre 302 nie gänzlich ruhte.

56) *Diod.* XX, 45—46. *Plut. Demetr.* 8—14. Der Tag seiner Ankunft war der 26. Thargelion (Juni), *Plut.* 8. Er eroberte Munychia und zerstörte dessen Befestigungswerke, erklärte Athen für frei, stellte die Demokratie wieder her (Demetrios von Phaleron, dessen Prostatie hiermit ihr Ende erreichte, erhielt von ihm freies Geleit nach Theben, von wo er sich nach Ägypten begab), versprach dem Volke 150 000 Medimnen Weizen und Bauholz zu 100 Schiffen, ein Versprechen, welches nachher von Antigonos wirklich erfüllt wurde, und gab ihm Imbros zurück; dafür überhäuften die entarteten Athener beide, Antigonos und Demetrios, mit übertriebenen Ehren, sie errichteten ihnen Statuen, nannten sie Könige und rettende Götter (θεοὶ σωτῆρες), bauten ihnen Altäre, liefsen ihre Namen neben denen des Zeus und der Athena in dem dieser Göttin alljährlich darzubringenden Peplos weben, fügten zu den 10 Phylen zwei neue mit den Namen Antigonis und Demetrias hinzu u. s. w., s. *Plut.* 10—13. *Diod.* 46. *Athen.* VI, p. 253—254. *Philoch. fr.* 144. (*Dionys. H.* p. 650). Auch Megara wird von Demetrios bei dieser Gelegenheit genommen und für frei erklärt, *Plut.* 9. *Diod.* 46. *Philoch. a. a. O.*; von weiteren Unternehmungen in Griechenland wird er aber durch seinen Vater abgerufen; auf dessen Befehl führt er in Kypros den Krieg gegen Ptolemäos, *Diod.* 47—48, gewinnt bei Salamis einen glänzenden Seesieg über Ptolemäos, *das.* 49—52. *Plut.* 15—16, begleitet seinen Vater als Anführer der Flotte auf einem erfolglosen Feldzuge nach Ägypten, *Diod.* 73—70, belagert Rhodos ein Jahr lang 304—303, *Diod.* 81—88. 91—100. *Plut.* 21 bis 22 (wobei er sich durch seine grofsartigen Belagerungswerke, unter denen die sog. Ἑλέπολις besonders berühmt ist, den Beinamen Πολιορκητής erwarb, *Diod.* 92. *Plut.* 21); nachdem aber diese Belagerung durch einen Vergleich mit den Rhodiern, welche den tapfersten Widerstand geleistet, ihr

Ende erreicht hatte, kehrte er im Jahre 303 nach Griechenland zurück, wo unterdes Kassandros und Polysperchon wieder festen Fufs gefafst hatten, und vollendete daselbst die Befreiung der Städte, indem er Athen entsetzte, welches von Kassandros belagert wurde (*Plut.* 23), und Sikyon (welches noch im Besitz des Ptolemäos war, s. *Anm.* 55), Korinth, Bura und Skyros in Achaja, Orchomenos in Arkadien eroberte, s. *Diod.* 100. 102—103. 110. *Plut. Demetr.* 23—27. Er hielt sich darauf in Athen auf, wo er mit neuen Ehren überschüttet wurde, und von hier brach er im Frühjahr 301 im Monat Munychion (April, *Plut.* 26) auf, um durch Thessalien gegen Kassandros zu marschieren, wurde aber von seinem Vater zur Teilnahme an dem mittlerweile ausgebrochenen grofsen Kriege (s. *Anm.* 58) abberufen, *Diod.* 110.

57) *Diod.* XX, 53. *Plut. Demetr.* 17—18. Antigonos ging darauf voran, indem er auf die Nachricht von dem Seesiege des Demetrios bei Salamis (s. *vor. Anm.*) selbst den Königstitel annahm und ihn auch dem Demetrios verlieh, worauf die übrigen Statthalter, seinem Beispiele folgend, das Gleiche thaten.

58) Den Anlafs zur Erneuerung des Krieges zwischen Antigonos und seinen früheren Gegnern (s. *Anm.* 52) gab die Bedrängnis, in welche Kassandros durch Demetrios versetzt worden war, s. *Anm.* 56. Nachdem durch diesen die Vereinigung der Könige gegen Antigonos zu stande gebracht worden war, drang Lysimachos (im Jahre 302) in Asien vor bis Ephesos und Sardes, welche beide Städte von ihm genommen wurden, *Diod.* XX, 106—107. Antigonos aber, der sich mit seinem Heere von Antigoneia in Bewegung setzte, drängte ihn bis an die Küste des Pontus Euxinus zurück, wo beide in der Gegend von Herakleia überwinterten, *das.* 108—109. Im Frühjahr 301 rief Antigonos den Demetrios herbei, s. *Anm.* 56. Über die Schlacht, in welcher sich auf seiten des Antigonos 70 000 Mann zu Fufs, 10 000 Reiter und 70 Elefanten und auf der andern Seite 64 000 Mann zu Fufs, 10 500 Reiter, 400 Elefanten und 120 Streitwagen gegenüberstanden (*Plut.* 28), s. *Plut. Demetr.* 28—29. *Diod. Exc.* XXI (*Exc. Hoescheli., de virt. et vit., Vatic.*). *Iustin.* XV, 5. *App. Syr.* 55 (an welcher letzteren Stelle allein der Ort der Schlacht genannt ist). (Als das Jahr der Schlacht wird 301 angenommen, ja *Diodor*, welcher seit dem Tode des Alexandros für die Chronologie fast die einzige Grundlage bildet, den Anfang des Kriegs in das Jahr 302 setzt, und nachdem er hierauf die Winterquartiere der Krieg führenden Könige

152　　　　　　　　　Fünfte Periode. Von 330—146 v. Chr.

Olympiaden-jahr.	Jahr v. Chr.	Geschichte.
CXX, 3.	298.	Demetrios erobert Athen und sichert seinen Besitz durch eine Besatzung im Peiräeus, in Munychia und im Museion.⁵⁹ Zugleich breitet er seine Herrschaft im übrigen Griechenland aus.⁶⁰
CXXI, 1.	296.	*Kassandros stirbt. Thronstreitigkeiten in Makedonien.*⁶¹
CXXI, 3.	294.	*Demetrios bemächtigt sich Makedoniens.*⁶²
CXXIII, 2.	287.	*Demetrios durch Pyrrhos gestürzt.*⁶³
		Die Athener unter Führung des Olympiodoros vertreiben die Besatzungen des Demetrios und machen sich frei.⁶⁴ Staatsverwaltung des Demochares.⁶⁵

erwähnt hat, XX, 111. 113, die Schlacht bei Ipsos als den Anfang des (mit den übrigen Büchern verloren gegangenen) 21. Buchs bildend ankündigt.)

50) Demetrios entkam aus der Schlacht bei Ipsos und befand in seiner großen Flotte und einer Anzahl von Städten, die in seiner Gewalt waren, noch immer eine bedeutende Macht, *Plut. Demetr.* 31—32. Schon sogleich nach der Schlacht war es seine Absicht, sich nach Athen zu begeben, es wurde ihm aber durch Boten, die man ihm entgegenschickte, die Aufnahme verweigert, das. 30. Und zu gleicher Zeit breitete Kassandros, die Niederwerfung seines Gegners benutzend, seine Herrschaft wieder in Griechenland aus, das. 31 (; ἐξέπιπτεν γὰρ ἑκαστηχόθεν τὰ φρουρά καὶ πάντα μεθίστατο πρὸς τοὺς πολεμίους); in Athen sicherte er sich dieselbe dadurch, daß er den Lachares daselbst als Tyrannen einsetzte und durch seine Macht aufrecht erhielt, das. 33. *Paus.* I, 25, 5. Indessen Demetrios kehrte, nachdem er seine Streitkräfte durch einige anderweite Unternehmungen noch mehr verstärkt hatte, wieder zurück [die Zeit, wo dies geschah, läßt sich nicht genau bestimmen, der Zusammenhang der Ereignisse nach Plutarch macht es aber nötig, eine Zwischenzeit von mindestens 2, vielleicht sogar von 3 Jahren anzunehmen], eroberte Athen und legte nun eine Besatzung nicht nur in den Peiräeus und in Munychia, sondern auch in das Museion, *Plut.* 33—34. *Paus. a. a. O.*

60) Plutarch berichtet bis zu dem Zuge des Demetrios nach Makedonien nur so viel, daß Demetrios die Spartaner besiegt habe, *Demetr.* 35; daß er jedoch in dieser Zeit den größten Teil des Peloponnes und in Mittelgriechenland außer Athen auch Megara sich unterwarf, geht aus der Stelle das. 39 hervor, wo von ihm unmittelbar nach der Besitzergreifung von Makedonien gesagt wird: ἔχων δὲ καὶ τῆς Πελοποννήσου τὰ πλεῖστα καὶ τῶν ἐκτὸς Ἰσθμοῦ Μέγαρα καὶ Ἀθήνας.

61) *Plut. Demetr.* 36. *Paus.* IX, 7, 3. Kassandros hinterließ 3 Söhne, Philippos, Antipatros, Alexandros; ersterer starb sehr bald, und zwischen den beiden letzteren entstanden Streitigkeiten, infolge derer Alexandros sowohl den Pyrrhos von Epeiros als den Demetrios zu Hilfe rief. [Die Zeitbestimmung beruht auf *Porphyr. fr.* (ed. *Müller*, vol. III, p. 693 ff.) 3.

§. 2 u. 4. §. 2, wonach Kassandros 19 Jahre nach der Ermordung der Olympias starb.]

62) Demetrios ließ den Alexandros töten und bemächtigte sich dann selbst des Thrones; Antipatros, der Bruder des Alexandros, wurde von Lysimachos getötet, zu dem er sich geflüchtet hatte, s. *Plut. Demetr.* 36—37. *Pyrrh.* 7. *Iustin.* XVI, 1. *Porphyr. fr.* 3. u. 4. §. 3.

63) Demetrios hatte sich durch seinen Hochmut sowohl beim Heere als bei dem Volke verhaßt gemacht; als er daher mit Lysimachos, Seleukos, Ptolemäos und Pyrrhos zugleich Krieg anfing, verließ ihn sein Heer, als er so gegen Pyrrhos führte, und ging zu diesem über, *Plut. Demetr.* 44. *Pyrrh.* 11—12. *Iustin.* XVI, 2. Demetrios floh und starb nach mancherlei Abenteuern im Jahre 283 als Gefangener des Seleukos, *Plut. Demetr.* 52. [Die Herrschaft des Demetrios in Makedonien dauerte 7 Jahre nach *Plut. Demetr.* 44, 6 Jahre nach *Porphyr. fr.* 3 u. 4. §. 3; nach oben dieser letzteren Quelle (fr. 4. §. 3) regierten die Söhne des Kassandros zusammen 3 Jahr 6 Monate, und es würde also hiernach der Regierungsantritt des Demetrios nicht 294, sondern 293 zu setzen sein.]

64) Das Faktum, sowie die Zeit desselben beruht auf der Kombination von *Paus.* I, 26, 1—3 mit *Plut. Demetr.* 46. *Pyrrh.* 12; nach letzterer Stelle geschah die Befreiung mit Hilfe des Pyrrhos.

65) *Plut. Vitt. X or.* p. 847 D. p. 581. *Polyb.* XII, 13. Er war der Neffe des Demosthenes und führte die Staatsverwaltung mit so viel Lob, daß ihm im Jahre 270 infolge eines Volksbeschlusses, der uns bei *Plut. a. a. O.* p. 851 erhalten ist, eine Statue gesetzt wurde. [Das Jahr 270 ergiebt sich aus dem Volksbeschlusse selbst, indem darin Pytharatos als Archon genannt wird, der nach *Diog. Laert.* X. §. 15 in diesem Jahre Archon war; eben daraus ergiebt sich auch, daß Demochares in diesem Jahre tot war; daß er die Staatsverwaltung im Jahre 287 übernahm, ist mit Wahrscheinlichkeit teils aus den obwaltenden Verhältnissen überhaupt, teils aus den in dem Volksbeschlusse enthaltenen speziellen Angaben über seine Verdienste zu schließen.)

66) Dem Antigonos hatte Pyrrhos im Jahre 287 die Behauptung von Griechenland übertragen, *Plut. Demetr.* 44. 51;

Der völlige Untergang der griechischen Freiheit.

Olympiaden-jahr.	Jahr v. Chr.	Geschichte.
CXXIII, 2.	287.	Antigonos Gonatas, der Sohn des Demetrios, behauptet sich in einem Teile von Griechenland.[66]
CXXIII, 3.	286.	*Pyrrhos von Lysimachos aus Makedonien vertrieben.*[67]
CXXIV, 4.	281.	*Lysimachos von Seleukos geschlagen und in der Schlacht getötet.*[68] *Seleukos von Ptolemäos Keraunos ermordet.*[69]
CXXV, 1.	280.	*Einfall der Kelten in Makedonien; Ptolemäos Keraunos von diesen geschlagen und getötet.*[70]

doch wurde ihm ein Teil der Städte von Ptolemäos entrissen, das. 46. *Pyrrh.* 11.
67) *Plut. Pyrrh.* 12. 12. *Porph. fr.* 3 u. 4. §. 4. Pyrrhos behauptete Makedonien nur 7 Monate, *Porph. a. a. O.*
68) *Paus.* I, 10, 3—5. *Iustin.* XVII, 1—2. *Porph. fr.* 3 u. 4. §. 4, Seine Herrschaft über Makedonien dauerte 5 Jahre 6 Monate, *Porph. a. a. O.*; die Schlacht wurde bei Korupedion (im hellospontischen Phrygien) geschlagen, s. ebend. fr. 4.
69) *Iustin.* XVII, 2. *Porph. fr.* 3 u. 4. §. 5. [Nach Porph. wurde Seleukos sogleich nach dem Siege, nach Justin 7 Monate nachher ermordet.]
70) *Diod.* XXII, 13. *Exc. Hoesch. Paus.* X, 19, 4. *Iustin.* XXIV, 4—5. [Nach *Porph. fr.* 3. §. 5. *fr.* 4. §. 6

dauerte die Herrschaft des Ptolemäos 1 Jahr 5 Monate; dafs der Einfall der Gallier in Makedonien nicht später sein kann als 280, ergiebt sich aus den näheren Umständen des Einfalls in Griechenland, welcher mindestens 1 Jahr später und nach *Paus.* X, 23, 9 im 2. Jahre der 125. Olympiade stattgefunden hat.] Nach *Polyb.* II, 41 starben die Könige Ptolemäos Lagi, Lysimachos, Seleukos und Ptolemäos Keraunos, der Bruder des Beherrschers von Ägypten, alle „um die Zeit der 124. Olympiade." In Makedonien folgten dem Letztgenannten zunächst Meleagros (2 Monate), Antipatros (45 Tage) und dann Sosthenes (2 Jahre), *Porph. fr.* 3. §. 7. *fr.* 4. §. 6. 7: Καὶ γίνεται ἀναρχία Μακεδόσι.

Dritter Abschnitt.
280 bis 221 v. Chr.

Ausbreitung und Blüte des achäischen Bundes, Aufstreben von Sparta — bis zum Krieg zwischen dem Bunde und Sparta und der Unterwerfung beider unter den Einfluss von Makedonien.

Olympiaden-jahr.	Jahr v. Chr.	Geschichte.	Kunst und Litteratur.
CXXV, 1.	280.	Erster Anfang des achäischen Bundes durch die Vereinigung von Dyme, Paträ, Tritäa und Pharä.[71]	Der *Geschichtschreiber* Philochoros.[p]

71) In der Landschaft Achaja führten zunächst, seitdem Tisamenos sich vor den Doriern und Herakliden dahin geflüchtet (s. S. 16. *Anm.* 28), dessen Nachkommen die Herrschaft; später wurde auch dort das Königtum abgeschafft und überall in den Städten eine demokratische Verfassung hergestellt, zugleich aber traten die Städte, 12 an der Zahl, in einen Bund zusammen, der sich bis in die Zeit der makedonischen Herrschaft über Griechenland erhielt, wo dann die einzelnen Städte getrennt und, hauptsächlich durch Demetrios Poliorketes und Antigonos Gonatas, Besatzungen in die Städte gelegt oder Tyrannen darin eingesetzt wurden, s. *Pol.* II, 41. *Strab.* p. 384. Die Namen der 12 Städte s. *Herod.* I, 145: Pellene, Ägeira, Ägä, Bura, Helike, Ägion, Rhypes, Paträ, Pharä, Olenos, Dyme, Tritäa, vgl. *Paus.* VII, 6, 1 (wo Keryneia statt Paträ genannt wird). Von diesen Städten war Helike im Jahre 373 durch Erdbeben zerstört, s. *Diod.* XV, 58—49. *Paus.* VII, 24, 4—5. 25, 2; Olenos, Rhypes und Ägä aber waren nach und nach so herabgekommen, daſs sie von ihren Bewohnern verlassen wurden, s. *Paus.* VII, 18, 1. 23, 4. 25, 7. *Strab.* p. 386. 387; dagegen hatten Keryneia und Leontion sich so gehoben, daſs sie Glieder des Bundes bilden konnten, und so zählt Polybios (a. a. O.) folgende 10 Städte: Paträ, Dyme, Pharä, Tritäa, Leontion, Ägeira, Pellene, Ägion, Bura, Keryneia. Über die Vereinigung der erstgenannten 4 Städte als Anfang der Erneuerung des achäischen Bundes, s. *Pol.* a. a. O. *Strab.* p. 384. Sie geschah um die 124. Olympiade zur Zeit, wo Pyrrhos nach Italien übersetzte, *Pol.* und *Strab.* a. a. O., 38 Jahre vor der Schlacht bei den Ägatischen Inseln, *Pol.* II, 43. Über den Zweck des Bundes s. *Pol. ebend.: Ἓν τέλος — τοῦτο δ' ἦν τὸ Μακεδόνας μὲν* ἐκβαλεῖν ἐκ Πελοποννήσου, τὰς δὲ μοναρχίας καταλῦσαι, βεβαιῶσαι δ' ἑκάστοις τὴν κοινὴν καὶ πάτριον ἐλευθερίαν. Die Oberleitung des Bundes lag anfangs in der Hand zweier Strategen nebst einem Grammateus, nachher seit 255 wurde immer nur ein Stratege gewählt, *Pol. ebend.*, neben ihm ein Hipparch, *Pol.* V, 95. XXVIII, 6, ein Hypostrateg, *das.* IV, 59. V, 94, und 10 Demiurgen (auch ἄρχοντες genannt, wahrscheinlich die Vertreter der 10 achäischen Städte, auf welche ursprünglich der Bund beschränkt war), s. *Pol.* XXIV, 5. V, 1. XXIII, 10. *Liv.* XXXII, 22. XXXVIII, 30. Diese letzteren bildeten, mit dem Strategen und vielleicht auch dem Hipparchen zusammen, eine Art vorberatender Behörde für die Volksversammlung (ἐκκλησία), indem sie dieselbe zusammenberiefen und die zu fassenden Beschlüsse vorbereiteten, s. *Pol.* und *Liv. a. a. O.* Die regelmäſsigen Volksversammlungen fanden zweimal des Jahres statt, im Frühling und im Herbst, s. *Pol.* IV, 37. V, 1. II, 54. *Liv.* XXXVIII, 32, und zwar bis in die späteste Zeit des Bundes, wo (im Jahre 189) ein Wechsel der Versammlungsortes eingeführt wurde, zu Ägion, s. *Liv.* XXXVIII, 30. Der Amtsantritt des Strategen und der übrigen Strategen geschah zur Zeit des Aufgangs der Plejaden, das heiſst im Mai, *Pol.* IV, 37. V, 1. Über den Bund überhaupt vergleiche *Paus.* VII, 17, 2: ὅτι ἐν ἀνδρὸς ἑλκηλησίτευον — ἀνειλήσατετον ἐν τῇς Ἑλλάδος τὸ Ἀχαϊκόν, *Plut. Arat.* 9: οἳ τῆς μὲν πόλεως τῶν Ἑλλήνων ἀκμὴς οὐδὲν ὡς εἰπεῖν μέρος ὄντες — εὐβουλίᾳ καὶ ὁμονοίᾳ — οὐ μόνον αὑτοὺς ἐν μέσῳ πόλεσιν τηλικούτων καὶ τυραννίσιν διεφύλαξαν ἐλευθέρους, ἀλλὰ καὶ τῶν ἄλλων Ἑλλήνων ὡς πλείστους ἐλευθεροῦντες καὶ σώζοντες διετέλουν. *Pol.* II, 37: τοιαύτην καὶ τηλικαύτην ἐν τοῖς καθ᾽ ἡμᾶς και-

p) Philochoros aus Athen lebte um 306—262, *Dion. Hal. d. Dinarch.* 3, war Seher und Zeichendeuter, *Suid.* s. v. *Procl. Hesiod. Opp.* 810, und wurde als Anhänger des Ptolemäos Philadelphos nach der Einnahme Athens 262 von Antigonos Gonatas hingerichtet, *Suid. s. v.* Sein wichtigstes Werk ist eine Ἀτθίς in 17 Büchern, eine Geschichte Athens von der ältesten Zeit bis auf Antiochos Theos (Ol. 129, 3), *Suid. s. v. Ikal. a. a. O.* 3, 13. Auſserdem werden noch andere geschichtliche und litterargeschichtliche Schriften von ihm genannt, *Suid. s. v.*; doch sind uns von allen nur Bruchstücke erhalten. *Muell. hist. Graec. fragm.* I, p. 384 bis 417.

Olympiaden-jahr.	Jahr v. Chr.	Geschichte.	Kunst und Litteratur.
CXXV, 2.	279.	Einfall der Kelten in Hellas und Niederlage derselben.[72]	
CXXV, 4.	277.	Antigonos Gonatas König von Makedonien.[73]	
CXXVI, 2.	275.	Beitritt von Ägion, Bura und Korynaia zum achäischen Bunde.[74]	
CXXVII, 1.	272.	Tod des Pyrrhus.[75]	Bukolische Dichtung:[q] Theokritos,[r] Bion,[s] Moschos.[t]

γοῖς ἔχε προκοπὴν καὶ συντέλειαν τοῦτο τὸ μέρος, ἔστι μὴ μόνον συμμιγεσθεν καὶ φιλικὴν κοινωνίαν γεγονέναι πραγμάτων περὶ αὐτούς, ἀλλὰ καὶ νόμοις χρῆσθαι τοῖς αὐτοῖς, σταθμῶν δὲ τούτῳ μόνῳ διαλλάττειν τοῦ μὴ μιᾷ πόλεως διοίκησιν ἔχειν σχεδὸν τὴν σύμπασαν Πελοπόννησον, τῷ μὴ τὸν αὐτὸν περίβολον ὑπάρχειν τοῖς κατοικοῦσιν αὐτήν, τἆλλα δ' εἶναι καὶ κοινῇ καὶ κατὰ πόλεις ἑκάστοις ταυτὰ καὶ παραπλήσια.

72) Paus. I, 4, 1—5. X, 19—23. Diodor. (Exc. Hoesch.) XXI, 13. Iustin. XXIV, 6—8. Nach dem Einfall in Makedonien (s. Anm. 70) kehren die Kelten erst wieder nach ihrer Heimat zurück, Paus. X, 19, 4, und dort worden sie erst durch Brennos wieder zu einem neuen, nunmehr gegen Hellas gerichteten Zuge bewogen, das. §. 5, den sie mit einem Heere von 152000 Mann z. F. und 20400 Reitern unternahmen, das. §. 6, im 2. Jahre der 125. Olympiade, das. 23, 9. Die Griechen besetzten die Thermopylen mit einem zahlreichen Heere aus 10000 Hopliten und 500 Reitern aus Böotien, 7000 ätolischen Hopliten, 3000 Hopliten und 500 Reitern aus Phokis, 1000 athenischen Hopliten u. s. w. bestehend, während die ganze athenische Flotte sich in der Nähe der Küste aufstellte, das. 20, 3. Die Kelten wurden zwar in einer Schlacht geschlagen, sie umgingen indes die Hellenen und richteten ihren Marsch gegen Delphi, erlitten aber hier eine völlige Niederlage, teils durch die Delphier, teils — so meinte man — durch die wunderbare Unterstützung des Gottes, der sich seines Heiligtums schützend annahm.

73) Die Regierungszeit des Antigonos wird (Lucian.) Macrob. 11. Porphyr. fr. 3 u. 4. §. 8 zu 44 J. angegeben, nämlich vom J. 283, dem Todesjahre seines Vaters (s. Anm. 63), an gerechnet. Nach Porphyr. fr. 4. a. a. O. herrschte er, ehe er sich Makedoniens bemächtigte, vorher 10 J. in Griechenland, von der Flucht seines Vaters im J. 287 an gerechnet, s. Anm. 63. Plut. Demetr. 51. An derselben Stelle des Porphyrios wird Olymp. CXXXV, 1 als sein Todesjahr angegeben. Daſs er im J. 277 sich Makedoniens bemächtigte, geht auch aus den Anm. 70 angeführten Zeitbestimmungen über seine Vorgänger hervor.

74) Pol. II, 41. Die Ägier vertrieben „im fünften Jahre" nach der Gründung des Bundes die makedonische Besatzung, gleichzeitig töteten die Burier ihren Tyrannen, während der Tyrann von Koryneia, die Gewalt der Umstände erkennend, freiwillig abdankte.

75) Pyrrhos machte, sobald er Italien verlassen (Plut. Pyrrh. 26), also im J. 274, einen Angriff auf Makedonien, bemächtigte sich dieses Reichs und zog dann nach Griechen-

q) Die bukolische Poesie (εἴδη, εἰδύλλια) ist eine Mischgattung zwischen darstellender und erzählender Dichtung über Hirtenleben und Hirtenliebe, Anon. Περὶ τῶν τῆς ποιήσεως χαρακτ.: τὸ δὲ βουκολικὸν ποίημα μίγμα ἐστὶ παντὸς εἴδους — ἔχον διηγηματικοῦ καὶ δραματικοῦ —, μήτε ἡ ποίησις τὰ τῶν ἀγροίκων ἤδη ἐμφαίνεται. — Entstanden ist diese Dichtung vornehmlich aus volkstümlichen mit dem Dienste der Artemis verbundenen Hirtengesängen in Sicilien, Anon. Περὶ τῆς εὑρέσεως τῶν βουκολ., kunstmäſsig ausgebildet durch Theokritos.

r) Theokritos aus Syrakus blühte zur Zeit des Ptolemäus Philadelphos, war ein Schüler der Dichter Philetas von Kos und Asklepiades von Samos und lebte zu Kos, Syrakus und Alexandreia, Vit. a', Westerm. vitt. min. p. 285. Suid. s. v. Θεοκρ. Id. XV, v. 56. XV. XVII. Masch. Id. III; die Erzählung von seiner Hinrichtung durch Hieron wegen Schmähungen, Schol. Ovid. Ibis v. 551, hat, verglichen mit Id. XVI, wenig Wahrscheinlichkeit. Wir besitzen unter Theo-

kritos' Namen 30 εἰδύλλια, kleine dichterische Bilder des Hirtenlebens oder geselliger Zustände, und 26 Epigramme, zum gröſsten Teil in dorischem Dialekt, vgl. Bucolicor. Graecor. rell. p. 165—175, doch ist die Echtheit mehrerer dieser Gedichte zweifelhaft. Andere Dichtungen desselben sind verloren gegangen, Suid. s. v. vgl. Quint. X, 1, 55: Admirabilis in suo genere Theocritus, sed musa illa rustica et pastoralis non forum verum ipsam etiam urbam reformidat.

s) Bion, geboren bei Smyrna, Zeitgenosse des Theokritos, Suid. s. v. Mosch. Ἐπιταφ. Βίων. v. 70, lebte in Sicilien s. a. O. v. 55 f. 76 f, und starb an Gift, das ihm beigebracht worden war. Von ihm hat sich vollständig erhalten ein Gedicht Ἐπιτάφιος Ἀδώνιδος, außerdem Bruchstücke seiner Hirten- und Liebeslieder, vgl. Ahrens, Bucolicor. Graecor. rell. I, p. 179—193. In seinem Grabliede heißt es: σὺν νεκρῷ [καὶ τὸ μέλος τέθνακε καὶ ὤλετο Δωρὶς ἀοιδά.

Fünfte Periode. Von 336—146 v. Chr.

Olympiaden-jahr.	Jahr v. Chr.	Geschichte.	Kunst und Litteratur.
CXXIX, 3.	262.	Athen wieder der makedonischen Herrschaft unterworfen.[76]	
CXXXII, 2.	251.	Aratos befreit Sikyon und vereinigt es mit dem achäischen Bunde.[77]	*Alexandriner:* Aratos,[*] Kallimachos,[*] Lykophron,[*] Apollonios,[*] Eratosthenes.[*]

land; hier griff er zuerst Sparta an, jedoch ohne Erfolg, und wandte sich dann gegen Argos, wo er bei einem Versuche, die Stadt durch Sturm zu nehmen, seinen Tod fand (wie auch erzählt wird, wurde er, als er schon in die Stadt eingedrungen, durch einen Dachziegel erschlagen). S. *Plut. Pyrrh.* 26—34. *Paus.* I, 13, 5—7. III, 6, 2. *Iustin.* XXV, 3—5. [Das Todesjahr ergiebt sich teils aus der Folge der Begebenheiten, teils daraus, dafs nach *Oros.* IV, 3 die Tarentiner sich auf die Nachricht vom Tode des Pyrrhos den Römern unterwarfen, was nach den Triumphalfasten im Jahre 272 geschah.]

76) *Paus.* III, 6, 3. *Iustin.* XXVI, 2. Aus der Kombination dieser beiden Stellen erhellt, dafs Antigonos, wahrscheinlich kurz nach dem Tode des Pyrrhos, nach Griechenland zog, dafs er dort aufser gegen die Griechen auch gegen eine Flotte des Ptolemäos unter Patroklos zu kämpfen hatte, dafs dieser Patroklos und der König Areus von Sparta den von Antigonos belagerten Athenern zu Hülfe kamen (was vor 265 geschehen sein mufs, da Areus in diesem Jahre in einer Schlacht bei Korinth gegen Alexandros von Epeiros fiel, s. *Plut. Ag.* 3. *Diod.* XX, 29), dafs Antigonos von diesem Kriege zuerst durch einen neuen Einfall der Kelten in Makedonien und dann durch einen Angriff des Sohnes des Pyrrhos, Alexandros, abgerufen wurde, dafs aber Athen endlich (nach *Polyaen.* IV, 6, 20 durch eine Kriegslist des Antigonos) nach

t) Moschos aus Syrakus, *Suid.* s. v., jüngerer Zeitgenosse des Theokritos und Bion, *Enit. Biosv.*, Bekannter des Aristarchos, *Suid.* s. v. Unter den von ihm erhaltenen Gedichten ist das bedeutendste Ευρώπη, *Ahrens, Bucolicor. Graecc. rell.* p. 197—210. [Die Verfasser von mehreren der dem Moschos wie dem Theokritos zugeschriebenen Gedichte sind ungewifs, vgl. *Incert. Idyll. Ahrens, a. a. O.* 213—263.]

u) Aratos, wahrscheinlich aus Soli in Kilikien, nach andern aus Tarsos, aus edlem Geschlechte, *Vit. a', Westerm. ritt. minor.* p. 53. *Vit. β'*, s. a. O. p. 57, *Vit. δ'*, p. 59. *Suid.* s. v., blühte um 284—276, *Vit. a'. Suid.* s. v., hörte zu Athen die Vorträge des Stoikers Persäos, *Vit. δ'*, und ging mit demselben an den Hof des Antigonos Gonatas, bei dem er (nach dem berühmten Astronomen Eudoxon) in Gunst stand, *Vit. n', γ', δ',* und auf dessen Veranlassung er sein Hauptgedicht, Φαινόμενα, von den Bewegungen der Gestirne nebst einem Anhange (nach Theophrastos) über die Wetterzeichen (Διοσημεία), in Hexametern verfafste. Aufserdem schrieb er noch mancherlei anderes, *Suid.* s. v. *Macrob. Sat.*

tapferer Gegenwehr unterlag. Das Jahr der Einnahme wird dadurch bestimmt, dafs der Komödiendichter Philemon nach *Suid.* s. v. Φιλ. unmittelbar vor derselben starb, und dafs dessen Tod nach *Diod.* (*Exc. Hoesch.*) XXIII, 7, ins J. 262 zu setzen ist. [Eine in neuerer Zeit aufgefundene, zuerst von Pittakis (*Έφημ. Αρχαιολογ.* Nr. 1) herausgegebene Inschrift lehrt, dafs Athen und Sparta, letzteres nebst seinen Bundesgenossen, um 270 miteinander und mit Ptolemäos ein Bündnis zur Verteidigung ihrer und der übrigen Griechen Unabhängigkeit geschlossen hatten, und liefert zugleich den interessanten Beweis für die Vermutung Niebuhrs, dafs der zwischen Antigonos und den Griechen geführte Krieg der von Athenäos (p. 250 f.) erwähnte Chremonideische sei, indem Chremonides in der Inschrift erwähnt wird.] Antigonos legte Besatzungen in den Peiräeus, in Munychia und in das Museion; die letztere wurde jedoch bald darauf wieder von ihm zurückgezogen.

77) *Pol.* II, 43 (wo das Jahr angegeben wird). *Plut. Ar.* 2—10. Mit und durch Aratos erhielt der Bund zuerst seine gröfsere Bedeutung und seine höheren Zwecke, s. *Plut. Philop.* 8. Über ihn im allgemeinen s. bes. *Plut. Ar.* 10: πολέμου μὲν καὶ ἀγῶνι χρήσασθαι γενναῖος, κλέψαι δὲ πράγματα καὶ συσκευάσασθαι κρύφα πόλεις καὶ τυράννους ἐπιβουλότατος, vgl. *Pol.* IV, 8, 60.

V, 20. *Vit. γ'.* (αφόδρα πολυγράμματος ἀνήρ). Sein Hauptwerk wurde ins Lateinische übersetzt von Cicero, *de mat. d.* II, 41, Caesar Germanicus und Festus Avienus, und stand trotz seiner gelehrten Eintönigkeit, *Quint.* X, 1, 55, bei den Römern in hohem Ansehen, *Cic. de orat.* I, 16. *de rep.* I, 14. *Ovid. Amor.* I, 15, 16: Cum sole et luna semper Aratus erit.

v) Kallimachos aus dem Geschlechte der Battiaden zu Kyrene, Schüler des Grammatikers Hermokrates, dann Vorsteher einer Schule zu Alexandreia und hierauf von Ptolemäos Philadelphos an das dortige Museum und die Bibliothek berufen, deren Vorstand er zuletzt wurde, *Suid.* s. v. *Περὶ καμ.* VIII, 20 f. *Bergk. Proll. Aristoph.*, lebte um 260—230. Gelehrter Dichter und Kritiker, soll er 800 Schriften verfafst haben, *Suid.* s. v. Wir besitzen von ihm 6 Hymnen und 60 Epigramme, von seinen übrigen Schriften haben sich nur Bruchstücke erhalten. Besonders wurden seine Elegieen geschätzt, *Quint.* X, 1, 58 (princeps elegiae), daher auch nachgebildet von römischen Dichtern, wie Ovidius, Propertius (vgl. *Eleg.* III, 1) und Catullus (LXVI, *de coma Berenices*),

Der völlige Untergang der griechischen Freiheit. 157

Olympiadenjahr.	Jahr v. Chr.	Geschichte.
CXXXIV, 2.	243.	Korinth und Megara mit dem achäischen Bunde vereinigt.[78]
CXXXIV, 3.	242.	Unglücklicher Versuch des Spartanerkönigs Agis IV., die Lykurgische Verfassung wiederherzustellen.[79]

78) *Pol.* II, 43. *Plut. Ar.* 16—24. In Akrokorinth lag eine makedonische Besatzung, durch welche Antigonos den ganzen Peloponnes beherrschte, s. *Plut. a. a. O.* 16 vgl. *Paus.* VII, 7, 3. Aratos eroberte Akrokorinth und führte die somit befreite Stadt dem Bunde zu. Seitdem war Aratos, der in diesem Jahre zum zweitenmal Stratcg war, bis zu seinem Tode der eigentliche Leiter des Bundes, s. *Pol. a. a. O.*: μεγάλην δὲ προσοχὴν ποιήσας τῆς ἐπιβολῆς ἐν ὀλίγῳ χρόνῳ λοιπὸν ἤδη διετέλει προεστὼς μὲν τοῦ τῶν Ἀχαιῶν ἔθνους, *Plut. a. a. O.* 24: ἕως' ἐπεὶ μὴ κατ' ἐνιαυτὸν ἔξῃν, παρ' ἐνιαυτὸν αἱρεῖσθαι στρατηγὸν αὐτόν, ἔργῳ δὲ καὶ γνώμῃ διὰ παντὸς ἄρχειν. Auch Trözen und Epidauros schlossen sich in dieser Zeit dem Bunde an, s. *Plut. ebend. Paus.* II, 8, 4. VII, 7, 1.

79) Der Verfall Spartas, welcher mit dem peloponnesischen Kriege beginnt und besonders durch das Eindringen grofser Geldsummen in und nach demselben gefördert wurde, s. S. 99.

Anm. 152, und welcher bald darauf eine weitere Nahrung durch die Rhetra des Epitadeus erhielt, s. S. 23. *Anm.* 30, zeigte sich besonders darin, dafs der Grundbesitz sich immer mehr in den Händen einer kleinen Minderzahl vereinigte und die Zahl der Vollbürger immer mehr zusammenschmolz, s. *Plut. Ages.* 5: περὶ τῆς εὐπορίας εἰς ὀλίγους συρρυείσης πενίαν τὴν πόλιν κατέσχεν ἀνελευθερίαν καὶ τῶν καλῶν ἀσχολίαν ἐπιφέρουσα — ἀπελείφθησαν ἱππακοσίων οὐ πλείους Σπαρτιᾶται καὶ τούτων ἴσως ἑκατὸν ἦσαν οἱ γῆν κεκτημένοι καὶ κλῆρον, vgl. S. 104. *Anm.* 167. Agis eröffnete daher seine reformatorische Thätigkeit mit einem Gesetz, durch welches die Schulden erlassen wurden, und diesem folgte ein zweites Gesetz, welches bestimmte, dafs eine neue Ackerverteilung vorgenommen und das ganze Gebiet in 4500 Lose für die Spartiaten und in 15000 für die Periöken geteilt, die Zahl der Spartiaten aber durch die Aufnahme von Periöken und Fremden ergänzt werden sollte, s. *Plut. Agid.* 8. Der Haupt-

wie auch sein Schmähgedicht Ἶβις auf den Apollonius von Rhodos das Vorbild zu dem gleichnamigen Gedicht des Ovidius war. Dann sind zu nennen seine αἴτια, eine gelehrte Mythensammlung in 4 Büchern, und seine πτέρυγες, in denen er den gesamten Bestand der griechischen Litteratur nach Fächern verzeichnete und Begründer der griechischen Litteraturgeschichte wurde, *Suid. s. v.* Auch als Lehrer hat er bedeutend gewirkt, Eratosthenes, Aristophanes u. a. waren seine Schüler (Καλλιμάχειοι). Es heifst von ihm: *Ovid. Amor.* I, 15, 14: Battiades semper toto cantabitur orbe; | quamvis ingenio non valet, arte valet.

w) Lykophron aus Chalkis auf Euboia, Dichter und Grammatiker, war von Ptolemäos Philadelphos an der Bibliothek von Alexandreia angestellt, um die Werke der Komiker zu ordnen, *Vit. a', β', Westerm. Vitt. min.* p. 142. *Suid. s. v. Περὶ κωμ.* VIII, 10 f. *Bergk, Proll. Aristoph.*, und wurde zu dem Siebengestirn (Πλειάς) von Dichtern der alexandrinischen Zeit gerechnet. Von seinen Schriften hat sich nur sein episches Gedicht Ἀλεξάνδρα (irrtümlich Κασσάνδρα betitelt) erhalten, *Suid. s. v.*: τὸ σκοτεινὸν ποίημα. Alle übrigen Schriften, namentlich auch seine 20 Tragödien, *Suid. s. v.*, sind verloren gegangen.

x) Apollonios aus Alexandreia lebte um 250—190, verliefs aber seine Vaterstadt, als er mit der Vorlesung seines Epos Ἀργοναυτικαί, angeblich infolge der Mifsgunst und Schmähsucht anderer Dichter, durchfiel, *Vit. a', β', Westerm. Vitt. min.* p. 50. 51. Bei dieser Gelegenheit auch mit seinem Lehrer Kallimachos verfeindet, griff er denselben in einem Epigramm an, *Anthol. Gr. Iac.* T. III, p. 67, worauf dieser

mit dem Schmähgedicht Ibis antwortete. Dann ging er nach Rhodos, eröffnete dort eine Redeschule und erwarb sich durch Vorlesung seiner Gedichte solchen Beifall, dafs er das Bürgerrecht erhielt und daher auch den Zunamen ὁ Ῥόδιος, *Vit. a', β'.* Später ward er nach Alexandreia zurückberufen an das Museum und wurde Oberbibliothekar an der dortigen Bibliothek. Aufser seinem gelehrten Epos Ἀργοναυτικαί und den genannten Epigramm hat sich von seinen Schriften nichts erhalten.

y) Eratosthenes, geboren zu Kyrene im Jahre 276, wurde geladen nach Athen, dann durch Ptolemäos Euergetes zum Vorsteher der alexandrinischen Bibliothek befördert, *Suid. s. v. Περὶ κωμ.* VIII, 21. *Bergk, Proll. Aristoph.*, und starb im Jahre 196 oder 194 angeblich freiwillig den Hungertod, *Suid. s. v. Lucian. Macrob.* 27. Man nannte ihn βῆτα, weil er in jeder Art von Gelehrsamkeit den zweiten Rang einnahm, *Suid.* Er selbst soll sich zuerst Φιλόλογος genannt haben, *Suet. de Grammatt.* 10. Sein grofses Work, Γεωγραφικά (γεωγραφούμενα oder γεωγραφία), erhob die Geographie zur Wissenschaft, ist aber bis auf Anführungen bei Strabo verloren gegangen. Aufserdem erstreckten sich seine Schriften auf das Gebiet der Philosophie, Chronologie, Geschichte, Litteraturgeschichte, Mathematik, Astronomie und Grammatik. Erhalten hat sich von ihm nur ein Epigramm für die Verdoppelung des Würfels, *Anthol. Graec. Iac.* I, P. 2. p. 315, und ein Brief an König Ptolemäos über dieses Problem, *Eratosth. Bernhardy,* p. 175 f. Die unter seinem Namen auf uns gekommenen Καταστερισμοί, ein Verzeichnis von Gestirnen, sind viel späteren Ursprungs.

Olympiaden-jahr.	Jahr v. Chr.	Geschichte.
CXXXV, 2.	239.	*Demetrius II. König von Makedonien.*⁵⁹
CXXXVI, 2.	235.	Kleomenes III. König von Sparta.⁸¹
CXXXVI, 3.	234.	Beitritt von Megalopolis zum Bunde.⁸²
CXXXVII, 4.	229.	*Antigonos II. König von Makedonien.*⁸³
		Athen durch Aratos von der makedonischen Herrschaft befreit.⁸⁴
CXXXVIII, 1.	228.	Beitritt von Argos, Hermione und Phlius zum Bunde.⁸⁵
CXXXVIII, 2.	227.	Anfang des Kleomenischen Krieges. Feindseligkeiten zwischen Sparta und dem achäischen Bunde in Arkadien.⁸⁶

gegner der neuen Gesetze, der andern König Leonidas, wurde abgesetzt und verbannt, *das.* 11. 12, und der glückliche Fortgang des Unternehmens schien völlig gesichert, als der Eigennutz eines der Ephoren, des Agesilaos, eines Anhängers und Verwandten des Agis, durch die Hinausschiebung der Ackervertheilung alles verdarb, *das.* 13. 16. Während daher Agis mit dem Heere abwesend war, um den Achäern gegen die Ätoler Hilfe zu leisten, erfolgte ein völliger Umschlag der öffentlichen Stimmung, Leonidas kehrte zurück, bemächtigte sich der Gewalt, *das.* 19, und liefs Agis nebst seiner Mutter Agesistrata und seiner Grofsmutter Archidamia hinrichten, *das.* 18—20. [Für die Zeitbestimmung bildet die Stelle *Plut. Ag.* 13 die Hauptgrundlage, man erzählt wird, dafs Agis auf jenem Feldzuge sich bei Korinth mit Aratos vereinigt und demselben gerathen habe, durch Besetzung des Isthmos die Ätoler am Eindringen in den Peloponnes zu verhindern. Dies setzt nämlich voraus, dafs die Makedoner nicht mehr im Besitz von Korinth waren, da im andern Falle von einer Besetzung des Isthmos nicht die Rede sein konnte; es mufs also nach 243 geschehen sein, s. *vor. Anm.*; auf der andern Seite aber konnte der Einfall der Ätoler auch nicht nach 239 stattfinden, da nach dem in diesem Jahre erfolgten Tode des Antigonos Ätoler und Achäer Frieden schlossen, s. *Polyb.* II, 44. Jener Feldzug mufs also in die Zeit zwischen 243 und 239, etwa ins Jahr 241 gesetzt werden; dann folgt aber, dafs der Anfang der Reformversuche des Agis ins Jahr 242 gehört, da zwischen demselben und dem Feldzuge ein Wechsel der Ephoren stattfindet, s. *Plut. Ag.* 12.]

80) Er regierte 10 Jahre, *Polyb.* II, 44. *Porphyr. fr.* 3 u. 4. §. 9, und starb in dem Jahre, wo die Römer zuerst nach Illyrien übersetzten, d. h. im Jahre 229, *Polyb. ebend.* vgl. II, 10. 11.

81) Er war der Sohn des Leonidas, s. *Anm.* 79, und regierte 16 Jahre, s. *Plut. Cleom.* 38, was, vorausgesetzt dafs er im Jahre 219 gestorben, s. *Anm.* 95, und dafs das Todesjahr als das Ende seiner Regierung gerechnet ist, das obige Jahr als das seines Regierungsantritts ergiebt.

82) *Polyb.* II, 44. *Plut. Arat.* 30. Lydiadas, der Tyrann von Megalopolis, dankte freiwillig ab und führte die Stadt dem Bunde zu. [Die Zeitbestimmung beruht darauf, dafs

nach *Plut. a. a. O.* die Achäer den Lydiadas nach der Niederlegung der Herrschaft zum Strategen ernannten und diese Wahl noch zweimal und zwar im Wechsel mit Aratos wiederholten, und dafs die letzte dieser Strategieen nicht später als 229 angesetzt werden kann, da 228 Aratos, 227 Aristomachos, 226 wieder Aratos Stratog war und Lydiadas im Jahre 226 in der Schlacht bei Louktra gefallen ist, s. *Plut. a. a. O.* 35. 37. *Anm.* 87, während auf der andern Seite die Vereinigung von Megalopolis mit dem Bunde möglichst kurze Zeit vor dem Tode des Demetrios gesetzt werden mufs, weil Polybios *a. a. O.* sagt, dafs sie noch bei Lebzeiten des Demetrios geschehen. Es ergiebt sich sonach wenigstens als wahrscheinlich, dafs die Strategieen des Lydiadas in die Jahre 233, 231 und 229 fielen und der Beitritt von Megalopolis zum Bunde folglich ins Jahr 234.]

83) Über die Zeit des Todes des Demetrios s. *Anm.* 80. Ihm folgte Antigonos Doson, ein Brudersohn des Antigonos Gonatas, zunächst als Vormund des Philippos, des Sohnes des Demetrios, dann als König, s. *Polyb.* II, 45. *Porphyr. fragm.* 4. §. 10. Er regierte 9 Jahre nach *Diodor.* b. *Porphyr. fr.* 3. §. 10, womit die Stellen *Polyb.* II, 70. *Plutarch. Cleom.* 27. 30, wonach er kurz nach der Schlacht bei Sellasia gestorben, vollkommen übereinstimmen [während die Angabe des Porphyrios sollst *fr.* 3. u. 4. §. 10, dafs er 12 Jahre regiert, mit diesen Stellen unvereinbar ist].

84) Der Befehlshaber der Besatzung, Diogenes, wurde durch die Summe von 150 Talenten, wozu Aratos aus eigenem Mitteln den sechsten Teil beitrug, zum Abzug bewogen, s. *Plut. Arat.* 24. 34. *Cleom.* 16. *Pausan.* II, 8, 5. Athen trat jedoch dem Bunde nicht bei. [Die Befreiung geschah *ἰσημερίας τελευτησάντος*, also wahrscheinlich im Jahre 229.]

85) *Polyb.* II, 44. *Plut. Arat.* 35. In Argos war Aristomachos Tyrann, welcher von Aratos bewogen wurde, die Tyrannis niederzulegen, und dafür zum Strategen für das folgende Jahr ernannt wurde, s. *Plut. a. a. O.* [Die Strategie des Aristomachos ist ins Jahr 227 zu setzen, s. *Anm.* 95, woraus sich das oben angenommene Jahr ergiebt.]

86) Kleomenes wünschte Krieg αἱρούμενος δὲ ἐν πολέμῳ μᾶλλον ἢ κατ' εἰρήνην μεταστήσαι τὰ παρόντα, Plutarch. *Cleom.* 3; ebenso auch Aratos und mit ihm der achäische

Der völlige Untergang der griechischen Freiheit.   159

Olympiaden-jahr.	Jahr v. Chr.	Geschichte.
CXXXVIII, 3.	226.	Die Siege des Kleomenes am Berge Lykäon und bei Leuktra im Gebiete von Megalopolis.[87]
CXXXVIII, 4.	225.	Die Erneuerung der Lykurgischen Verfassung in Sparta durch Kleomenes.[88] Einfall des Kleomenes in Achaia und sein Sieg bei Dyme.[89]
CXXXIX, 1.	224.	Fruchtlose Friedensunterhandlungen.[90] Kleomenes fällt von neuem in Achaia ein. Pellene und Argos von ihm erobert; Kleonä, Phlius und Korinth schliefsen sich ihm freiwillig an.[91]
CXXXIX, 2.	223.	Er belagert Akrokorinth und Sikyon.[92] König Antigonos, von den Achäern zu Hilfe gerufen, dringt in den Peloponnes ein.[93]

Bund, weil Sparta allein seinen auf Vereinigung des ganzen Peloponnes gerichteten Bestrebungen entgegenstand, *ebendas.*, und weil er fürchtete, dafs der ätolische Bund sich mit Sparta und dem Makedonerkönig zur Unterdrückung des achäischen Bundes vereinigen möchte, *Polyb.* II, 45. 46, eine Besorgnis, die sich besonders darauf stützte, dafs die Spartaner um diese Zeit die Städte Tegea, Mantinea und Orchomenos, die in Bündnis mit den Ätolern waren, ohne Widerspruch der Ätoler wegnahmen, *Polyb.* II, 46. Die Ephoren in Sparta, die feindseligen Absichten der Achäer erkennend, gaben dem Kleomenes Auftrag, Belmina, auf der Grenze von Lakonika und Megalopolis, zu besetzen; Kleomenes führte dies aus und befestigte das Athenäon daselbst; hierauf nahmen die Achäer Kaphyä in Arkadien, Kleomenes dagegen Methydrion, und als die Achäer mit einem Heere von 20000 Mann zu Fufs und 1000 Reitern in Arkadien eindrangen und sich bei Pallantion lagerten, rückte ihnen Kleomenes mit 5000 Mann entgegen und bot ihnen die Schlacht an; die Achäer aber zogen sich zurück. Dies die Vorspiele des Kleomenischen Kriegs, über welche s. *Plut. Cleom.* 4. *Arat.* 35. *Polyb.* II, 46. [Über die Chronologie des ganzen Kriegs, von dem Polybius bis zur Ankunft des Antigonos nur einen kurzen Überblick giebt, s. *Anm.* 93.]

87) Die Achäer hatten unter Aratos einen Einfall in Elis gemacht; Kleomenes kam den Eleern zu Hilfe und gewann den ersten Sieg am Berge Lykäon, *Plut. Cleom.* 6. *Arat.* 36. *Polyb.* II, 51; Aratos nahm darauf Mantinea durch einen Handstreich, *Plut. ebendas.*; Kleomenes aber rückte wieder ins Feld, nahm Leuktra bei Megalopolis und brachte den Achäern, als sie dem bedrängten Megalopolis zu Hilfe kamen, eine neue Niederlage bei, *Plutarch. Cleom.* 6. *Arat.* 36—37. *Polyb.* II, 51 (an welcher letzteren Stelle Ladokeia als Ort der Schlacht genannt wird).

88) Kleomenes, welcher thatkräftiger war als Agis (*ἁπλῶς τε θυμοῦ τῇ φύσει προσκείμενος*, *Plut. Cleom.* 1) und den Grund, warum der Versuch des Agis mislungen, hauptsächlich in den Ephoren suchte, begann mit der Ermordung der Ephoren, *Plut. Cleom.* 8. 10, und führte dann die Reform aus, indem er eine neue Länderverteilung vornahm und (mit Hilfe des Stoikers Sphäros) die *ἀγωγή* wieder einführte, *das.* 11. Durch Aufnahme von Periöken brachte er die Zahl der Hopliten bis zu 4000, *ebendas.* Auch setzte er Eukleidas, seinen Bruder, zum Mitkönig ein, *ebendas.*; bis dahin hatte er, wie sein Vater Leonidas durch Ermordung des Agis, den Königsthron allein eingenommen.

89) *Plut. Cleom.* 14. *Polyb.* II, 51 (bei dem Hekatombäon). Vorher hatte er auch Mantinea wieder genommen, *Plut. a. a. O. Polyb.* II, 58.

90) Aratos hatte, durch die wiederholten Niederlagen entmutigt, die Strategie für dieses Jahr, obgleich ihn die Reihe wieder traf, abgelehnt, *Plutarch. Cleomen.* 15. *Arat.* 38, und die Achäer waren geneigt, auf die Forderung des Kleomenes, dafs sie ihm die Hegemonie einräumen möchten, einzugehen, indes wurden die Verhandlungen erst durch Zufälligkeiten und dann durch die Intriguen des Aratos (welcher bereits mit dem Könige von Makedonien in geheimer Unterhandlung stand, *Polyb.* II, 51. *Plut. Arat.* 38) vereitelt, *Plut. Cleom.* 15. 17. *Arat.* 39.

91) *Plut. Cleom.* 17—19. *Arat.* 39. *Polyb.* II, 52. — *Plut. Cleom.* 17: Ἐπιγόνοι δὲ κινήσεις τῶν Ἀχαιῶν, καὶ πρὸς ἀπόστασιν ὁρμησάν αἱ πόλεις, τῶν μὲν δήμων νομήν τε χώρας καὶ χρεῶν ἀποκοπὰς ἐλπισάντων, τῶν δὲ πρώτων πολλαχοῦ βαρυνομένων τὸν Ἄρατον, ἐνίων δὲ καὶ ὀργῆς ἐχόντων ὡς ἐπάγοντι τῇ Πελοποννήσῳ Μακεδόνας. Die Einnahme von Argos geschah bei Gelegenheit der nemeischen Spiele, d. h. im Winter 224/23, vgl. *Anm.* 93.

92) *Plut. Cleom.* 19. *Arat.* 40. *Polyb.* II, 52.

93) Aratos, der eine Verbindung zwischen Sparta, dem ätolischen Bunde und dem König von Makedonien fürchtete und durch Kleomenes nicht nur seinen Lebensplan, den Peloponnes unter der Hegemonie des achäischen Bundes zu vereinigen, sondern auch die bestehenden Verfassungen der einzelnen Städte bedroht sah, hatte schon länger mit Antigonos im geheimen unterhandelt; nach den wiederholten Niederlagen

Olympiaden-jahr.	Jahr v. Chr.	Geschichte.	Kunst und Litteratur.
CXXXIX, 3.	222.	Antigonos erobert die arkadischen Städte Tegea, Orchomenos, Mantinea, Heräa und Telphusa."	
CXXXIX, 4.	221.	Kleomenes bei Sellasia von Antigonos völlig geschlagen.⁹⁵	Die alexandrinischen Grammatiker und Kritiker Zenodotos,ᶻ

wurden die Unterhandlungen offen und mit Zustimmung des Bundes geführt und jetzt zum Abschluß gebracht, da man, nachdem Korinth zu Kleomenes übergegangen und Akrokorinth von demselben eingeschlossen war, kein Bedenken mehr trug, die Bedingung des Antigonos, an die man sich bisher gestossen hatte, zu erfüllen und ihm Akrokorinth zu überlassen, s. *Polyb.* II, 45 — 51 vgl. *Plutarch. Cleom.* 16. *Arat.* 38. Über die Überlassung von Akrokorinth s. *Plutarch. Arat.* a. a. O.: Οὐ γὰρ πρότερον ἐπέβη τοῖς Ἀχαιοῖς διαφύσιος καὶ ἐπαλλάτων αὐτοὺς διὰ τῶν πρεσβεῶν καὶ τῶν πραγματευτῶν ἢ τῇ φρουρᾷ καὶ τοῖς ὁμήροις ὥσπερ χαλινουμένους ἀναγκάσαι. Antigonos kam mit 20000 Mann zu Fuß und 1400 Reitern, *Plut. Arat.* 43. Kleomenes gab bei der Annäherung des Antigonos die Belagerung von Sikyon auf und besetzte den Isthmos; als indes Argos in seinem Rücken abfiel und von den Achäern besetzt wurde, sah er sich genötigt, diese Stellung aufzugeben, und nun drang Antigonos bis an die Grenze Lakonikas vor, wo er die spartanischen Befestigungen bei Belmina und Ägi zerstörte, s. *Polyb.* II, 52—54. *Plut. Cleom.* 20—21. *Arat.* 43—44. Kleomenes suchte sich nun hauptsächlich auf Ptolemäos zu stützen, an den er jetzt seine Mutter und seinen Sohn als Geiseln schickte, *Plut. Cleom.* 22 vgl. *Pol.* II, 51.

94) *Polyb.* II, 54. *Plut. Cleom.* 23. Kleomenes gab allen Heloten, welche 5 Minen bezahlten, die Freiheit und nachdem er durch dieselben sein Heer verstärkt (nach Plutarch betrug die Zahl derselben 6000, nach *Macrob. Sat.* I, 11 betrug sie 9000), überfiel er im Winter Megalopolis, nahm und zerstörte es, *Plut. Cleom.* 23—25. *Philop.* 5. *Polyb.* II, 55. 61.

95) Kleomenes machte im Frühling, ehe Antigonos seine Truppen wieder gesammelt hatte, einen Einfall in das Gebiet von Argos und verwüstete dasselbe, *Polyb.* II, 64. *Plut. Cleom.* 26. Hierauf stellt er sich, den Antigonos erwartend, zu Anfang des Sommers (*Polyb.* II, 65) bei Sellasia mit 20000 Mann in ganzen auf. Antigonos rückt ihm mit 28000 Mann zu Fuß und 1200 Reitern entgegen, und es kommt zur Schlacht, in welcher Kleomenes völlig geschlagen wird, *Polyb.* II, 65—69. *Plut. Cleom.* 27—28. *Philop.* 6. Nach *Plutarch. Cleom.* 28. sollen die 6000 Spartaner, welche in der Schlacht zugegen waren, bis auf 200 gefallen sein. Kleo-

menes flieht nach Ägypten, wo er sich vergeblich bemüht, den König zur Hilfeleistung für sein Vaterland zu bewegen, und wo er nach beinahe drei Jahren (*Polyb.* IV, 35), nachdem er endlich sogar als Gefangener behandelt worden und ein Versuch, sich durch Erregung eines Aufstandes in Alexandreia zu befreien, mißlungen, sich mit seinen Begleitern selbst den Tod giebt, *Polyb.* V, 35—39. *Plutarch. Cleom.* 32—39. Antigonos hebt in Sparta, wo man ihn ohne Widerstand aufnimmt, die Einrichtungen des Kleomenes wieder auf, *Polyb.* VI, 70, und kehrt dann nach Makedonien zurück, wohin er durch einen Einfall der Illyrier gerufen wurde, läßt aber in Korinth und Orchomenos eine Besatzung zurück, durch welche er seine Herrschaft im Peloponnes aufrecht erhielt, s. *Polyb.* IV, 6. *Plutarch. Arat.* 45. Vgl. über die militärische Bedeutung von Korinth *Pol.* VII, 11. *Plut. Arat.* 50. *Flam.* 10. *Paus.* VII, 7, 3. Die Achäer wurden mit den Epeiroten, Phokern, Böotern, Akarnanen und Thessalern zu einem thatsächlich unter der Oberhoheit von Makedonien stehenden Bunde vereinigt, *Polyb.* IV, 9, ebenso wurde auch das Verhältnis von Sparta zu Makedonien durch ein besonderes Bündnis festgestellt, s. *ebendas.* Über die völlige Abhängigkeit des achäischen Bundes von Makedonien s. *Plutarch. Arat.* 45: Ἐψηφίσαντο δ' ἄλλῳ μὴ γράφειν βασιλεῖ μηδὲ πρεσβεύειν πρὸς ἄλλον ἄκοντος Ἀντιγόνου, τρέφειν τε καὶ μισθοδοτεῖν ἐπηναγκάζοντο τοὺς Μακεδόνας. [Daß die Schlacht bei Sellasia im Jahre 221, nicht, wie häufig angenommen wird, im Jahre 222 stattfand, geht daraus hervor, daß Antigonos nach derselben und unbedenn er die Augelegenheiten in Sparta nach seinem Sinne geordnet, den nemeischen Spielen beiwohnte, s. *Pol.* II, 70, welche, wie besonders deutlich aus *Pol.* V, 101 hervorgeht, im Sommer immer am Anfang des 3. Olympiadenjahrs, also diesmal nicht 222, sondern 221 gefeiert wurden. Steht dies fest, so folgt, daß Antigonos im Sommer 221 nach Griechenland kam, da *Polyb.* II, 54 die zweimaligen Winterquartiere desselben im Peloponnes ausdrücklich erwähnt, womit auch übereinstimmt, daß die Eroberung von Argos durch Kleomenes bei Gelegenheit der nemeischen Spiele geschah, s. *Anm.* 91, welche im Winter immer im ersten Olympiadenjahre, also in diesem Falle 224/23 gefeiert wurden. Die übrigen Vorgänge des Kriegs bestimmen sich durch die Strategen, unter denen sie vorfielen; diese sind nacheinander

---

z) Zenodotos aus Ephesos, Schüler des Philetas, erster Vorsteher der Bibliothek zu Alexandreia und Erzieher der Söhne des Ptolemäos Philadelphos, beschäftigte sich mit der Grammatik und Kritik griechischer Dichter und veranstaltete die erste Ausgabe des Homer, *Suid.* s. v. *Ἱεγὶ τοῦ*. Bergk, *Proll. Aristoph.* VIII, 22.

Olympiaden-jahr.	Jahr v. Chr.	Geschichte.	Kunst und Litteratur.
CXXXIX, 4.	221.	. . . .	Aristophanes,ᵃᵃ Aristarchos.ᵇᵇ

Aristomachos (im Jahre 227), s. *Plutarch. Arat.* 35. *Cleomen.* 4, Aratos (im Jahr 226), *Plutarch. Arat. a. a. O.*, Hyperbatas (im Jahre 225), *Plutarch. Cleom.* 14, Timoxenos (im Jahre 224), *Plut. Arat.* 38 vgl. *Cleom.* 15; eine weitere Bestätigung erhält aber die angenommene Chronologie noch dadurch, dass die Einnahme von Mantinea durch Aratos (s. *Anm.* 67) nach *Polyb.* II, 57 im vierten Jahre vor der Ankunft des Antigonos stattfand. Freilich bleiben dabei immer noch einige dunkle Punkte übrig; so ist es hiernach wenigstens nicht genau, wenn von Polybios im Jahre 219 zur Zeit des Strategenwechsels von der Flucht des Kleomenes nach der Schlacht bei Sellasia 3 Jahre gerechnet werden,

s. IV, 35. 37; es ist ferner damit, dass Aratos nach *Polyb.* II, 43 im Jahre 243 zum zweitenmal Strateg war, s. Anm. 78, und dass er die Strategie ein Jahr ums andere führte, nicht vereinbar, dass seine Strategie im Jahre 220 die zwölfte gewesen sein soll, s. *Plut. Arat.* 38; endlich bleibt es auch eine schwer zu lösende Schwierigkeit, dass Timoxenos, welcher im Jahre 224 Strateg war, es auch 223 wieder gewesen sein soll, s. *Polyb.* II, 53, womit jedoch *das.* 52. *Plut. Arat.* 41 zu vergleichen ist. Indes reichen diese Bedenken doch nicht aus, um die oben angegebenen, auf sichere Beweise gegründeten Annahmen umzustossen.)

aa) Aristophanes von Byzantion, Kritiker und Grammatiker, Schüler des Zenodotos, Kallimachos und Eratosthenes, und Lehrer des Aristarchos, dann nach Apollonios Rhodios Vorsteher der Bibliothek zu Alexandreia, *Suid.* s. v. *Ἀριστοφάνης*, v. *Ἐρατοσθένης*. Ihm wird die Erfindung der Accent- und Interpunktionszeichen beigelegt, *Villoison. Anecd. Gr.* II, p. 131. *Apollon. Alex.* IV, p. 304, und in Gemeinschaft mit Aristarchos die Festsetzung des Alexandrinischen Kanons, *Procl. Chrestom.* p. 340 f. *Quint.* X, 1, 40 f. Den Mittelpunkt seiner Studien bildeten bei Aristophanes, wie bei den übrigen Alexandrinischen Gelehrten, die Homerischen Gedichte, welche er mit kritischen Zeichen versehen herausgab; doch wandte er seine Thätigkeit auch anderen griechischen Dichtern zu und schrieb auch ein grosses lexikalisches Werk, *Λέξεις*. Von seinen sämtlichen Büchern haben sich indes nur Bruchstücke in den Scholien zu den Dichtern erhalten.

bb) Aristarchos aus Samothrake, gebildet zu Alexandreia durch Aristophanes, wurde Erzieher des jungen Ptolemäos

Epiphanes und (nach Aristophanes) Oberbibliothekar und bildete als der gefeirteste aller Grammatiker und Kritiker (ὁ κορυφαῖος τῶν γραμματικῶν, ὁ γραμματικώτατος) zahlreiche Schüler, ging endlich aber als Greis nach Kypros, wo er 72 Jahr alt eines freiwilligen Hungertodes gestorben sein soll, *Suid.* s. v. *Ἀρίσταρχος*, *Athen.* II, p. 71 b. Er beschäftigte sich besonders mit der Kritik und der Erklärung der älteren Dichter, des Homer (s. oben S. 21. Anm. a), Pindaros, Archilochos, Äschylos, Sophokles, Ion, Aristophanes und schrieb nach Suidas über 800 Kommentare und mehrere grammatische Werke, von denen sich nur Bruchstücke in den Scholiensammlungen erhalten haben. Seine bedeutenden Verdienste um die Kritik und Erklärung des Homer erhellen namentlich aus den Homerischen Scholien und dem Kommentar des Eustathios. Sein Hauptgegner war Kratos aus Mallos, der zu Pergamon lehrte und dem Hauptwerke des Aristarchos *Περὶ ἀναλογίας* eine Schrift *Περὶ ἀνωμαλίας* entgegensetzte, *Gell.* II, 25 vgl XIV, 6, 3. *Varro de l. l.* IX, 1. Er wurde der Stifter der pergamenischen Schule.

Vierter Abschnitt.
220 bis 146 v. Chr.

Die Griechen werden in den Kampf zwischen Rom und Makedonien gezogen und fallen, sich auf der einen oder der andern Seite an dem Kriege beteiligend, endlich der Herrschaft Roms anheim.

Olympiaden-jahr.	Jahr v. Chr.	Geschichte.
CXL, 1.	220.	*Philipp V. König von Makedonien.*[96]
CXL, 1—4.	220—217.	Bundesgenossenkrieg zwischen den mit Philipp verbündeten Achäern, Böotern, Phokern, Epeiroten, Akarnaniern, Messeniern und den Ätolern, Spartanern, Eleern.[97]
CXLI, 2.	215.	*Krieg zwischen Rom und Makedonien.*[98]
CXLI, 4.	213.	Aratos durch Philipp vergiftet.[99]
CXLII, 2.	211.	Die Ätoler schliefsen ein Bündnis mit den Römern und werden hierdurch in den Kampf zwischen Rom und Makedonien gezogen, dem Vorgange der Ätoler folgen die Spartaner, Eleer und Messenier, während sich die Achäer, Böoter, Phoker, Epeiroten, Akarnanier, Euböer, Lokrer und Thessaler auf seiten Makedoniens an dem Kriege beteiligen.[100]

96) Über die Zeit seines Regierungsantritts s. Anm. 83. Er war jetzt 17 Jahre alt, s. Polyb. IV, 5, und erwarb sich in der ersten Zeit seiner Regierung durch Gerechtigkeit und Milde, wie durch Tapferkeit und militärische Tüchtigkeit allgemeine Anerkennung und Liebe, Polyb. IV, 77. VII, 12 (: τοιοῦτός τις οἷον ἐρώμενος ἐγένετο τῶν Ἑλλήνων διὰ τὸ τῆς αἱρέσεως εὐεργετικόν), artete aber nachher aus, s. Polyb. VII, 12. 13. X, 26. Plut. Arat. 51.

97) Der Krieg (ὁ συμμαχικὸς πόλεμος, Polyb. IV, 13) wurde durch einen plündernden Zug der Ätoler durch Achaja nach Messenien veranlafst, Polyb. IV, 1—13. Über die Zeit des Anfanges s. das. 14. 20. Auf der einen Seite stehen dieselben, welche nach dem Kleomenischen Kriege mit Makedonien in Bündnis getreten waren, s. Anm. 95, nur mit dem Unterschiede, dafs die Spartaner auf die Seite der Ätoler übertraten, s. Polyb. IV, 16. 35, und dafür die Messenier sich an Philipp und den achäischen Bund anschlossen, das. 9. 15. 25; mit den Ätolern hielten es aufser den neu gewonnenen Spartanern noch ihre alten Bundesgenossen, die Eleer, das. 36. Über den ganzen Krieg, welcher von beiden Seiten lediglich durch plündernde Einfälle in das feindliche Gebiet ohne entscheidende Erfolge geführt wird, s. Polyb. IV, 1—37. 57 bis V, 30. 91—105 vgl. Plut. Arat. 47—48; zuletzt ist jedoch Philipp mit seinen Bundesgenossen in Vorteil; er schliefst indes Frieden, als er die Nachricht von dem Siege Hannibals am trasimenischen See erhält, um freie Hand zu gewinnen und sich mit Hannibal gegen Rom verbünden zu können, s. Polyb. V, 101—105 vgl. Römische Zeittaf. (6. Auflage) S. 57. Anm. 18, und zwar unter der Bedingung, ὥστε ἔχειν ἀμφοτέρους, ἃ νῦν ἔχουσι, Plutarch. a. a. O. 103. — Polyb. V, 105: Τῆς μὲν οὖν Ἑλληνικῆς καὶ τῆς Ἰταλικῆς, ἔτι δὲ τῆς Λιβυκῆς πράξεις οὕτως ὁ καιρὸς καὶ τοῦτο τὸ διαβούλιον συνέπλεξε πρῶτον· οὐ γὰρ ἔτι Φίλιππος οὐδ' οἱ τῶν Ἑλλήνων προεστῶτες ἄρχοντες πρὸς τὰς κατὰ τὴν Ἑλλάδα πράξεις ποιούμενοι τὰς ἀναφορὰς οὔτε τοὺς πολέμους οὔτε τὰς διαλύσεις ἐποιοῦντο πρὸς ἀλλήλους, ἀλλ' ἤδη πάντες πρὸς τοὺς ἐν Ἰταλίᾳ σκοποὺς ἀπέβλεπον.

98) S. Römische Zeittaf. S. 57. Anm. 18. 21. Philipp hatte sich sogleich nach Beendigung des Bundesgenossenkriegs gegen Illyrien gewendet, welches er zu erobern suchte, um von da dem Hannibal die Hand reichen zu können, s. Polyb. V, 108—110. VIII, 15. Illyrien war daher auch zunächst der Hauptschauplatz des Kriegs zwischen Philipp und den Römern.

99) Polyb. VIII, 14. Plut. Arat. 52—54. Paus. II, 9, 4. Nach seinem Tode trat immer mehr Philopömen als Leiter der Angelegenheiten des Bundes hervor, „der letzte der Hellenen", Plut. Philop. 1. Über ihn s. Plut. Philop. Paus. VIII, 49—52. Polyb. X, 22—24. XI, 8—10. u. ö.

100) S. Röm. Zeittaf. S. 59. Anm. 31. Vgl. Polyb. XI, 5. Die Messenier, welche bisher auf Philipps Seite gestanden

Olympiaden-jahr.	Jahr v. Chr.	Geschichte.
CXLIII, 4.	205.	Friede zwischen Rom und Philipp und den beiderseitigen Bundesgenossen.[101]
CXLV, 1.	200.	Zweiter makedonischer Krieg.[102]
CXLV, 3.	198.	Die Achäer treten auf die Seite Roms über.[103]
CXLV, 4.	197.	Niederlage Philipps bei Kynoskephalä.[104]
CXLVI, 1.	196.	Friede zwischen Rom und Makedonien.[105]
		Griechenland für frei erklärt.[106]
CXLVI, 2.	195.	Krieg der Römer und Achäer gegen den Tyrannen Nabis von Sparta; Nabis unterwirft sich und wird auf den Besitz der Stadt Sparta beschränkt.[107]
CXLVII, 1.	192.	Ermordung des Nabis und Vereinigung Spartas mit dem achäischen Bunde.[108]
		Anfang des syrischen Krieges zwischen Rom und dem König Antiochos von Syrien.[109]
		Die Ätoler Bundesgenossen des Antiochos.[110]
CXLVII, 4.	189.	Ende des syrischen Krieges.[111]
		Die Macht der Ätoler durch den ihnen von den Römern diktierten Frieden gebrochen.[112]

hatten, waren infolge von Mißhandlungen und Ungerechtigkeiten, die sie von Philipp erlitten, auf die andere Seite übergetreten, Polyb. VIII, 10. 14. Plut. Arat. 49—51.
101) S. Röm. Zeittaf. S. 61. Anm. 45.
102) S. Röm. Zeittaf. S. 63. Anm. 1—5.
103) S. Röm. Zeittaf. S. 63. Anm. 5. Über die schwankende und zweideutige Haltung des Tyrannen Nabis von Sparta, siehe Anm. 107.
104) S. Röm. Zeittaf. S. 63. Anm. 7.
105) S. Röm. Zeittaf. S. 64. Anm. 8.
106) S. Röm. Zeittaf. S. 64 Anm. 9.
107) In Sparta waren nach dem Tode des Kleomenes Agesipolis III. und Lykurgos (letzterer ein Nicht-Herakliede) zu Königen gewählt worden, Polyb. IV, 35; Agesipolis wurde indes von Lykurgos vertrieben, Liv. XXXIV, 26; Lykurgos herrschte nun allein als Tyrann, nach ihm Machanidas, und nachdem dieser von Philopömen erschlagen, s. Pol. XI, 11 bis 18. Plut. Phil. 10, Nabis. Gegen Nabis wurde der Krieg unternommen, teils weil er nach dem Anschluß der Achäer an die Römer (Anm. 103) sich mit Philipp in Verbindung eingelassen und sich der Stadt Argos bemächtigt hatte, Liv. XXXII, 38—40, teils um seine Vereinigung mit Antiochos, mit welchem der Krieg nahe bevorstand, zu verhindern, s. Liv. XXXIII, 44. Über den Krieg mit Nabis s. Liv. XXXIV, 22—41. Plut. Flam. 13. Der Ausgang war, daß der Tyrann auf Sparta und dessen unmittelbares Gebiet beschränkt, von allem Verkehr zur See abgeschnitten und zu einer bedeutenden Geldstrafe verurteilt wurde, Liv. XXXIV, 35. 40 vgl. XXXV, 12. Die Achäer waren aber hiermit nicht zufrieden, weil nach ihrer Meinung der Krieg nur mit dem Sturze des Nabis beendigt werden sollte, s. Plut. a. a. O.: διηρέσαντο

τὰς τῆς Ἑλλάδος ἐλπίδας, Liv. XXXIV, 41: serva Lacedaemon relicta et lateri achaeorum tyrannus non sincerum gaudium praebebant, vgl. ebendas. 48. 49. XXXV, 31.
108) Zwischen Nabis und den Achäern war wieder Krieg ausgebrochen, weil jener, von den Ätolern verlockt, einen Versuch, sich die Küste von Lakonika wieder zu unterwerfen, gemacht hatte. Nabis wird von den Achäern unter Philopömen vollständig geschlagen und genötigt, sich in die Mauern von Sparta einzuschließen, Polyb. XXXV, 12—13. 25—30. Hierauf schicken die Ätoler eine Truppenabteilung nach Sparta, angeblich um ihm beizustehen, in Wahrheit aber, um ihn zu beseitigen und sich der Stadt zu bemächtigen; Nabis wird auch wirklich getötet, die Ätoler versäumen aber sich der Stadt zu versichern, und nun eilt Philopömen herbei und zwingt die Spartaner, dem Bund, jedoch unter Belassung der Lykurgischen Verfassung, beizutreten, ebend. 35—37. Plut. Phil. 15. Paus. VIII, 50.
109) S. Römische Zeittafeln S. 64 Anm. 10 ff.
110) Die Ätoler waren mit den Römern wegen des Friedens mit Philipp unzufrieden, weil sie nach ihrer Meinung dabei ihre Verdienste nicht genug belohnt fanden, Liv. XXXIII, 11. 12. 13. 31. 35. 49. XXXIV, 22. 23. Polyb. XVIII, 17. 21. 22. 28. 31. Plutarch. Flam. 9, ebenso waren sie es sowohl wegen des Krieges als wegen des Friedens mit Nabis, Liv. XXXIV, 23, 41. Daher ihre Verhandlungen und ihr Bündnis mit Antiochos, Liv. XXXIII, 43. 44. XXXV, 12. 32—33. 34. 43—45. Polyb. XX, 1. Appian. Syr. 12.
111) S. Römische Zeittafeln S. 65 Anm. 15.
112) Nach verschiedenen vergeblichen Friedensverhandlungen, über welche s. Liv. XXXVI, 22. 27—29. 34—35. XXXVII, 1. Polyb. XX, 9—11, nachdem ferner die beiden

Olympiaden-jahr.	Jahr v. Chr.	Geschichte.
CXLVIII, 1.	188.	Philopömen zwingt die Spartaner, die letzten Reste der Lykurgischen Verfassung abzuschaffen;[113] darauf fortwährende, von den Römern genährte Streitigkeiten zwischen Sparta und dem achäischen Bunde.[114]
CXLIX, 2.	183.	Krieg des achäischen Bundes mit Messenien und Tod des Philopömen.[115]
CL, 2.	179.	Philipp von Makedonien stirbt; Perseus sein Nachfolger.[116]
CLII, 2.	171.	Dritter makedonischer Krieg.[117]
CLIII, 1.	168.	Perseus bei Pydna geschlagen und gefangen genommen.[118]

Scipionen im Jahre 190, um für den Feldzug nach Asien gegen Antiochus freie Hand zu gewinnen, ihnen einen halbjährigen Waffenstillstand gewährt, s. *Liv.* XXXVII, 4—7. *Polyb.* XXI, 1—3, begann der Konsul des Jahres 189, M. Fulvius, den Krieg von neuem, nahm Amprakia und drohte in Ätolien einzufallen; da kam denn endlich der Friede zu stande, wonach die Ätoler 500 Talente bezahlen, alle Städte, welche ihnen die Römer seit Flamininus abgenommen, aufgeben, Geiseln stellen, nur mit Bewilligung der Römer Krieg zu führen sich verpflichten mußten u. s. w., *Liv.* XXXVII, 49. XXXVIII, 1—15. *Polyb.* XXII, 8—15. Sie richteten sich seitdem durch Fraktionen vollends zu Grunde, *Polyb.* XXX, 14. *Liv.* XLI, 25. XLII, 2.

113) *Liv.* XXXVIII, 30—34. *Pausan.* VII, 8, 4. VIII, 51, 1. *Plut. Phil.* 16. Die Veranlassung gab ein Versuch der Spartaner, sich einer der Küstenstädte zu bemächtigen; Philopömen (anctor semper Achaeis minuendi opes et auctoritatem Lacedaemoniorum, *Liv. a. a. O.* 31) verlangte die Auslieferung der Urheber dieses Versuchs, und als die Spartaner sich nicht nur dessen weigerten, sondern auch den Beschluß faßten, sich vom achäischen Bunde zu trennen, rückte er in Lakonika ein, forderte nunmehr die Auslieferung derer, welche zu jenem Beschlusse geraten hatten, und ließ diese, als die Auslieferung erfolgte, 80 an der Zahl, soweit sie nicht sogleich bei ihrer Ankunft im Lager erschlagen worden waren, hinrichten (Frevel von Kompasion, *Polyb.* XXIII, 1. 7). Die Spartaner selbst mußten aus allen vor Nabis vorbannten Bürger zurückrufen (vgl. *Liv.* XXXIV, 35. *Polyb.* XX, 12), dagegen die von ihm aufgenommenen Bürger verbannen, ihre Mauern niederreißen, die Lykurgische Verfassung aufheben u. s. w. — Per haec enervata civitas Lacedaemoniorum Achaeis diu obnoxia fuit, *Liv.* XXXVIII, 34. Die vollständige Aufnahme der Spartaner in den achäischen Bund geschah erst nachher im Jahre 181, s. *Polyb.* XXV, 1—2.

114) Infolge der häufigen Umwälzungen in Sparta gab es eine Menge verbannter Spartaner, die in Sparta selbst ihren Anhang hatten (nach *Polyb.* XXIV, 4 war Sparta in 4 verschiedene Parteien gespalten) und fortwährend in Rom durch Gesandtschaften Hilfe suchten; dergleichen Gesandtschaften werden erwähnt im Jahre 187, s. *Polyb.* XXIII, 1, im Jahre 185, s. ebend. 4. 5. 7. *Liv.* XXXIX, 33. 35—37, im Jahre 182, *Polyb.* XXIV, 10. *Liv.* XXXIX, 48, im Jahre 181, *Polyb.* XXV, 2. 3. *Liv.* XL, 20, im Jahre 179, *Polyb.* XXVI, 3. Die Römer geben erst zweideutige und ausweichende Antworten, bis sie es an der Zeit halten, thätig einzugreifen. Schon während des Krieges und bevor Philopömen in Lakonien einfiel, senatus responsum ita perplexum fuit, ut et Achaei sibi de Lacedaemone permissum acciperent et Lacedaemonii non omnia concessa iis interpretarentur, *Liv.*XXXVIII, 32; bei den folgenden Gesandtschaften erklärte sie zuerst im Jahre 187 und 185, daß das Verfahren des Philopömen ihnen zwar nicht gefalle, daß sie aber dabei bewenden lassen wollten, *Polyb.* XXIII, 1. 7. 10; im Jahre 182 wiederholen sie zwar diese Erklärung, fügen aber eine leise Drohung hinzu, s. *Polyb.* XXIV, 10: διὸ τοῖς μὲν ἐκ τῆς Λακεδαίμονος ἀπήντησαν, τοῖς περὶ Σέραππον, βουλόμενοι μετέωρον ἔασαι τὴν πόλιν, διότι πάντα πεποιήκασιν αὐτοῖς τὰ δυνατά, κατὰ δὲ τὸ παρὸν οὐ νομίζουσιν εἶναι τοῦτο τὸ πρᾶγμα πρὸς αὐτούς· τῶν δὲ Ἀχαιῶν παρεισελθόντων, — τούτων μὲν οὐδενὶ προσεῖχον, ἀπεκρίθησαν δὲ διότι οὔθ' ἂν ὁ Λακεδαιμονίων ἢ Κορινθίων ἢ Ἀργείων δηλονότι δῆμος, οὐ δή ῥοι τοῖς Ἀχαιοῖς δυσμαίνειν· ἐὰν μὴ πρὸς αὐτοὺς ἡρωτᾶσι ταύτην τὴν ἀπόκρισιν ἐκδέμενοι, προέγματος ἐχοῦσαν διάδοσιν τοῖς βουλομένοις, ἕνεκεν Ῥωμαίων δηλοποιηθαι τῆς τῶν Ἀχαιῶν πολιτείας —; im Jahre 181 und 179 verlangen sie sodann geradezu die Zurückberufung der vorbannten Spartaner, s. *Polyb.* XXV, 2. XXVI, 3. *Liv.* XL, 20. Über den weiteren Verlauf der Verhältnisse zwischen Sparta und dem achäischen Bunde s. *Anm.* 121.

115) Messenien war im Jahre 191 genötigt worden, dem Bunde beizutreten, *Liv.* XXXVI, 31 vgl. *Polyb.* XXIII, 10. Es fällt jetzt ab, wie es scheint, nicht ohne Mitwissen des Flamininus, s. *Plut. Flam.* 17. *Polyb.* XXIV, 5, daher der Krieg mit dem Bunde, in welchem Philopömen seinen Tod findet, s. *Plut. Philop.* 18—21. *Pol.* XIV, 8°. 9. 12, τεσσαράκοντα ἔτη στρατηγὸς πολιτεύσας, *Polyb. a. a. O.* 12. Er wird im folgenden Jahre durch die Wiederunterwerfung der Messenier beendigt, s. ebend.

116) *Röm. Zeittaf.* S. 66. *Anm.* 2.
117) S. ebend. *Anm.* 3 fl.
118) S. ebend. S. 67 *Anm.* 7. u. 8.

Olympiaden- jahr.	Jahr v. Chr.	Geschichte.	Kunst und Litteratur.
CLIII, 2.	167.	Gewaltsamere Maßregeln der Römer gegen den achäischen Bund; tausend der edelsten Achäer werden nach Rom gefordert und als Gefangene in Italien zurückgehalten.[119]	
CLVII, 2.	151.	Entlassung der gefangenen Achäer.[120]	Der *Dichter* Nikandros.[cc]
CLVIII, 3.	146.	Die Achäer erklären den Spartanern und damit zugleich den Römern den Krieg.[121] Ihre Nieder-	Der *Geschichtschreiber* Polybios.[dd]

119) Die Achäer hatten, ungeachtet mancher Verlockungen, sich nicht zu einem Bündnis mit Perseus verleiten lassen, s. *Polyb.* XXVIII, 3—7. Dessenungeachtet wurden die Patrioten des Bundes, an deren Spitze Lykortas, Archon und Polybios standen (*Pol.* XXVIII, 3), von Kallikrates und Andronidas, von denen der erstere seine Verleumdungen und Anklagen schon seit 179 nicht ohne Erfolg begonnen hatte, s. *Polyb.* XXVI, 1—3 (über die Schmach und Schande beider s. *das.* XXX, 20), verklagt, daß sie im geheimen den Perseus begünstigt hätten, und als sie diese Beschuldigung zurückwiesen und sich bereit erklärten, sich auf jede Art zu rechtfertigen, wurden sie nach Rom geladen, wo man sie festhielt, s. *Polyb.* XXX, 10. *Liv.* XLV, 31. *Pausan.* VII, 10, 2.

cc) Nikandros aus Kolophon, *Vit. a', Westerm. vitt. min.* p. 61. *Suid.* s. v. *Cicero de orat.* I, 16, lebte um 160 bis 140, war Priester des klarischen Apollon und zugleich Grammatiker, Arzt und Dichter, *Vit. a'. Suid. s. v.* Von seinen Gedichten sind nur zwei auf uns gekommen: θηριακά, von den giftigen Tieren und den Heilmitteln gegen den Biß derselben, und Ἀλεξιφάρμακα, über die Heilmittel wider den Genuß vergifteter Speisen und Getränke, beide voll von Gelehrsamkeit, aber ohne dichterischen Wert. Von den verloren gegangenen sind die Ἑτεροιούμενα, das Vorbild von Ovids Metamorphosen, zu nennen.

dd) Polybios aus Megalopolis, Sohn des achäischen Feldherrn Lykortas, *Suid.* s. v. *Paus.* VIII. 30, 4, geboren um 208, Verehrer des Philopömen, *Plut. an seu. resp. ger.* p. 790 f, dessen Aschenkrug er aus Messenien heimbrachte, *Plut. Philop.* 20. Im Kriege zwischen den Römern und Perseus riet er zur Neutralität, *Pol.* XXVIII, 3, 6, wirkte dann als Befehlshaber der Reiterei, a. a. O. XXVIII, 7, wie auch vielfach als Gesandter und Diplomat, a. a. O. XXV, 7. XXVII, 10 f. XXIX, 8, wurde aber mit anderen Häuptern der patriotischen Partei nach Rom abgeführt, vgl. *Anm.* 119. 120. Dort fand er im Hause des L. Aemilius Paullus Aufnahme, unterrichtete dessen Söhne, *App. Pun.* 132, und wurde der Vertraute des Scipio Aemilianus, *Pol.* XXXII, 9. 10. *Plut. Symp.* IV, 1. *Vell. Pat.* I, 18. Er kehrte im Jahre 151 mit den übrigen achäischen Gefangenen nach Griechenland zurück und wirkte von nun an mehrfach zu Gunsten seiner Landsleute bei den Römern, *Pol.* XXXII, 7. XII, 5. V XXX 6.

120) Nachdem die Achäer wiederholt durch Gesandtschaften vergeblich um ihre Freilassung gebeten, s. *Pol.* XXXI, 8. XXXII, 7. XXXIII, 1. 2. 13, wurden sie endlich auf die Vorstellung Catos, daß es nicht darauf ankomme περὶ γερόντων Γραικῶν, πότερον ὑπὸ τῶν παρ' ἡμῖν ἢ τῶν ἐν Ἀχαΐᾳ νεκροφόρων ἐκκομισθῶσι, s. *Plut. Cat. mai.* 9, im 17. Jahre, jetzt kaum noch 300 an der Zahl, entlassen, *Paus.* VII, 10, 2.

121) Die Hauptstellen über die letzte Katastrophe von Griechenland sind *Paus.* VII, 11—16 und die Fragmente *Pol.* XXXVIII, 1—5. XL, 1—5. 7—11. Zu den Gegenständen des Streits zwischen Sparta und dem achäischen Bunde war noch eine Grenzstreitigkeit zwischen Sparta und dem zu dem Bunde gehörigen Megalopolis hinzugekommen; der römische Senat gab dem C. Sulpicius Gallus im Jahre 164 Auftrag, hier-

Plut. Cat. mai. 9, folgte dann dem Scipio nach Afrika zur Belagerung Karthagos, *App. Pun.* 132. *Paus.* VIII, 30, 4, und untersuchte mit einer Flotte die Nord- und Westküste von Afrika, *Plin. H. N.* V, 9. 26. VI, 109. Kurz nach der Zerstörung von Korinth nach Griechenland zurückgekehrt, war er unausgesetzt thätig, das Schicksal seines Vaterlandes zu mildern und die Zustände desselben zu ordnen, *Plut. Philop.* 20. *Pol.* XL, 7. 8. 9, weshalb er von Griechen und Römern mit Ehrenbezeigungen überhäuft wurde, a. a. O. *Paus.* VIII, 9, 30. 44, 5. 48, 6. Zur Ausarbeitung seines Geschichtswerks unternahm er Reisen nach Kleinasien, *Pol.* XXII, 21, Ägypten a. a. O. XXXIV, 14, Gallien, Spanien und Afrika, a. a. O. III, 59, und kehrte nach Vollendung desselben nach Griechenland zurück, XXXVII, 2*c*. XL, 2, wo er um das Jahr 127, 82 Jahre alt, in den Folgen eines Sturzes vom Pferde starb, *Lucian. Macrob.* 22 f. Von dem Hauptwerk des Polybios (ἱστορία καθολική) in 40 Büchern sind die 5 ersten vollständig, die übrigen in Bruchstücken und Auszügen vorhanden; er hatte sich in demselben die Aufgabe gestellt, die Unterwerfung der Länder des Mittelmeeres unter die römische Herrschaft vom zweiten punischen Kriege bis zur Eroberung Makedoniens darzustellen, verfuhr dabei synchronistisch und verfolgte den praktischen Zweck durch die ἱστορία ἀποδεικτική (II, 37), d. h. durch eine sorgfältige Darlegung der Ursachen und Folgen der Handlungen (IX, 1), die πολιτικοί zu belehren und zur Führung von Staatsgeschäften heranzubilden (I, 1. IX, 1. 21).

Fünfte Periode. Von 336—146 v. Chr.

Olympiaden-jahr.	J. v. Chr.	Geschichte.
CLVIII, 3.	146.	lagen bei Skarphea und bei Leukopetra; Zerstörung von Korinth, und Unterwerfung von Griechenland unter die römische Herrschaft.[122]

über Entscheidung zu treffen, welcher diese Angelegenheit dem Kallikrates (s. *Anm.* 119) überliess, die Gelegenheit aber zugleich benutzte, um die zum Bunde gehörigen Städte zum Abfall zu reizen, s. *Pol.* XXXI, 9. *Paus.* VII, 11, 1. So wurde einerseits die Feindseligkeit zwischen dem Bunde und Sparta unterhalten, andererseits aber die feindselige Stimmung der Achäer gegen Rom immer mehr genährt; eine weitere Nahrung erhielt letztere dann noch durch die aus Rom zurückkehrenden Gefangnen (s. var. *Anm.*), welche durch die an ihnen verübte Ungerechtigkeit aufs äusserste gereizt waren, s. *Zonar. Ann.* IX, 31. Die Veranlassung zum Krieg ging indes von einer Zwistigkeit zwischen Athen und Oropos aus. Letztere war, obgleich unter Athens Herrschaft stehend, ungerechterweise von den Athenern geplündert, und nach mancherlei vergeblichen Verhandlungen (welche auch die Veranlassung zu der Gesandtschaft der drei berühmten athenischen Philosophen Karneades, Diogenes und Kritolaos nach Rom gaben, s. *Röm. Zeittaf.* S. 67. *Anm.* h) hatten die Oropier den Menalkidas, einen Spartaner, der aber jetzt (im Jahr 150) Stratege des Bundes war, mit 10 Talenten bestochen, damit der Bund ihnen Recht gegen Athen verschaffen möchte, *Paus.* VII, 11, 2—3. Menalkidas, von Kallikrates angeklagt, weil er demselben den ihm versprochenen Anteil von den empfangenen Talenten vorenthalten, bestach hierauf den Strategen des Jahres 149, Diäos, um sich vor der Verurteilung zu sichern, Diäos aber, um die Aufmerksamkeit der Achäer von sich und dieser schimpflichen Sache abzulenken, brachte den Krieg zwischen dem Bunde und Sparta zum Ausbruch, s. *Paus.* VII, 12. 13. Hierauf im Jahre 147 zuerst die Gesandtschaft des L. Aurelius Orestes, welcher dem Achäern ankündigte, dass Sparta, Korinth, Argos, Orchomenos und Heraklea am Öta von dem Bunde losgetrennt werden sollten, hierdurch aber in der Versammlung der Achäer eine solche Wut erregte, dass er selbst kaum der Mishandlung entging, *Paus. a. a. O.* 14, 1—2, alsdann die Gesandtschaft des L. Julius mit

deren Anerbietungen, aber mit nicht besserem Erfolg, *Paus.* ebend. §. 3—4. *Pol.* XXXVIII, 1—3. Ebenso vergeblich war eine weitere Gesandtschaft, die Q. Caecilius Metellus aus Makedonien im Frühjahr 146 an den Bund schickte, *Pol. ebendas.* 4. Kritolaos, der für 146 zum Strategen ernannt war (die Wahl geschah in dieser Zeit abweichend von der früheren Sitte gegen Ende des Jahres), hatte den Winter 147/46 benutzt, um die Achäer durch fanatische Reden und revolutionäre Maßregeln aufzureizen, *Pol. daselbst* 3, und bewirkte nun, dass auf der Versammlung in Korinth, derselben, in welcher die letzte römische Gesandtschaft aufgetreten war, der Krieg erklärt wurde, „den Worten nach gegen die Spartaner, der Sache nach aber gegen die Römer", *Pol. das.* 5. 122) *Paus.* VII, 15—16. *Pol.* XL, 1—5. Mit den Achäern war Thebes und Chalkis verbündet, *Paus.* VII, 14, 4. *Liv.* LII. Metellus wünschte nach Beendigung des makedonischen Krieges auch den griechischen zu beendigen, und zog daher nach Griechenland hinab, wo er den Kritolaos bei Skarphea (in Lokris) schlug; da Kritolaos selbst in dieser Schlacht fiel, so trat Diäos an seine Stelle, der durch die Auflötung der äußersten Maßregeln und durch Auswerbung von Sklaven ein Heer von 14000 Mann zu Fuß und 600 Reitern zusammenbrachte, *Paus. a. a. O.* 15, 4. Metellus mußte jetzt dem Konsul L. Mummius weichen, der sich mit einem Heere von 23000 Mann zu Fuß und 3500 Reitern auf dem Isthmus den Achäern gegenüber aufstellte, *das.* 16, 1. Hier kam es zu der Schlacht, welche das Schicksal Griechenlands entschied, *s. ebend.* §. 6: ἡμιοβροτίης μὲν ἔπαιε, κατέσειστο δὲ ἀπὸ τιμωρίων τὰς ἀρχάς, καὶ φόρος τε ἐτάχθη τῇ Ἑλλάδι, καὶ οἱ τὰ χρήματα ἔχοντες ἐκωλύοντο ἐν τῇ ὑπερορίᾳ κτᾶσθαι, συνέδρια τε κατὰ ἔθνος ἕκαστον, τὸ Ἀχαιῶν καὶ τὸ ἐν Φωκεῦσιν ἢ Βοιωτοῖς ἢ ἐτέρωθί που τῆς Ἑλλάδος, κατελέλυτο ὁμοίως πάντα —, §. 7: ἡγεμῶν δὲ ἔτι καὶ ἐς ἐμὲ ἀπεστέλλετο, καλοῦσι δὲ οὐχ Ἑλλάδος, ἀλλ' Ἀχαΐας ἡγεμόνα οἱ Ῥωμαῖοι, vgl. *Pol.* XL, 7—11.

Halle a. S., Buchdruckerei des Waisenhauses.

www.ingramcontent.com/pod-product-compliance
Lightning Source LLC
Chambersburg PA
CBHW020309170426
43202CB00008B/547